LIAONING STATISTICAL YEARBOOK

辽宁统计年鉴

2017

中国统计出版社
China Statistics Press

图书在版编目（CIP）数据

辽宁统计年鉴. 2017：汉英对照 / 辽宁省统计局，国家统计局辽宁调查总队编. -- 北京 ：中国统计出版社，2017.12
ISBN 978-7-5037-8272-5

Ⅰ. ①辽… Ⅱ. ①辽… ②国… Ⅲ. ①统计资料—辽宁省—2017—年鉴—汉、英 Ⅳ. ①C832.31-54

中国版本图书馆 CIP 数据核字(2017)第 184836 号

辽宁统计年鉴—2017

作　　者/辽宁省统计局　国家统计局辽宁调查总队
责任编辑/佘竞雄
封面设计/李　静
出版发行/中国统计出版社
通信地址/北京市丰台区西三环南路甲 6 号　邮政编码/100073
电　　话/邮购（010）63376907　书店（010）68783172
网　　址/http://www.zgtjcbs.com/
印　　刷/河北鑫兆源印刷有限公司
经　　销/新华书店
开　　本/880×1230 毫米　1/16
字　　数/1100 千字
印　　张/36.25
版　　别/2017 年 12 月第 1 版
版　　次/2017 年 12 月第 1 次印刷
定　　价/390.00 元

本书附同版本 CD-ROM 一张，光盘内容以书面文字为准。
如有印装差错，由本社发行部调换。

《辽宁统计年鉴—2017》编委会和编辑出版人员

编辑委员会

主　　编　魏洪江　张玉平

副 主 编　张兆臣　姜海波　王洪奇　李献堂　郑　坚
孙武军　黄贵顺　陆绍奎　赵贵军　卢　琳
牟　斌　杜德军　黄成海　王克林

编辑委员　（以姓氏笔划为序）
马建伟　毛建春　田　冰　巩士宏　乔智媛
李万海　张旭东　张建华　张振刚　金　萍
赵　荣　琚慧敏　魏静艳　门兆福　王　津
王秀岩　李　宁　吕劲松

编辑工作人员

总 编 辑　王洪奇　卢　琳

副总编辑　琚慧敏　徐　凡　吕劲松

编辑人员　徐蓉蓉　王　方　李明昱　苗广稷　白福生

编者说明

一、《辽宁统计年鉴——2017》是一部信息高度密集的大型资料性年刊。本书收录了全省和各市、县、区 2016 年经济、社会、科技等方面的统计数据，以及重要年份和改革开放以来的主要统计数据。

二、全书分为二十四个部分，即：1. 行政区划和自然资源；2. 综合；3. 国民经济核算；4. 人口；5. 就业人员和职工工资；6. 固定资产投资；7. 能源；8. 财政 9. 物价；10. 人民生活；11. 城市概况；12. 环境保护；13. 农业；14. 工业；15. 建筑业；16. 运输和邮电；17. 国内贸易；18. 对外经济贸易；19. 旅游；20. 金融业；21. 服务业、22. 教育和科技；23. 文化、体育、卫生；24、其他社会活动。另附辽宁省与有关省市经济指标对比及各市、县、区主要经济指标。

三、本年鉴中所使用的计量单位均采用国际统一标准计量单位。

四、本年鉴中的资料大部分来自年度统计报表，部分数据使用年度快报数。全国及分省资料来自国家统计局出版的有关统计资料。

五、本年鉴中部分数据的合计数或相对数由于单位取舍不同产生的计算误差均未作机械调整。

六、本年鉴中凡带续表的资料，如有注解均加在最后一张续表下面，请使用时注意。

七、本年鉴表中的符合使用说明："…"表示数据不足本表最小单位数；"空格"表示该项统计指标数据不详或无该项数据；"#"表示其中的主要项。

目　录

一、行政区划和自然资源
Chapter 1　Administrative Division and Natural Resources

二、综合
Chapter 2　General Survey

三、国民经济核算
Chapter 3　National Economy Accounting

四、人口
Chapter 4 Population

五、就业人员和职工工资
Chapter 5　Employment and Wage

六、固定资产投资
Chapter 6　Investment in Fixed Assets

七、能源
Chapter 7 Energy

八、财政
Chapter 8　Government Finance

九、物价
Chapter 9　Price Indices

十、人民生活

Chapter 10 People's Living Conditions

十一、城市概况
Chapter 11　General Survey of Cities

十二、环境保护
Chapter 12　Environment Protection

十三、农业
Chapter 13 Agriculture

十四、工业
Chapter 14　Industry

十五、建筑业
Chapter 15　Construction

十六、运输和邮电
Chapter 16 Transport, Post and Telecommunication Services

十七、国内贸易
Chapter 17　Domestic Trade

十八、对外经济贸易
Chapter 18 Foreign Trade and Economy Cooperation

十九、旅游
Chapter 19 Tourism

二十、金融业
Chapter 20 Financial Intermediation

二十一、服务业
Chapter 21　Service

二十二、教育和科技
Chapter 22 Education, Science and Technology

二十三、文化、体育和卫生
Chapter 23 Culture, Sports and Public Health

二十四、其他社会活动
Chapter 24 Others Social Activities

附录
Appendix

一、行政区划和自然资源

Chapter 1 Administrative Division and Natural Resources

1-1 行政区划

(2016年末)

地 区	县级市	县	自治县	区	镇	乡	街道
全 省	**16**	**17**	**8**	**59**	**642**	**212**	**677**
沈 阳	1	2		10	55	18	141
大 连	2	1		7	34	19	110
鞍 山	1	1	1	4	52	3	61
抚 顺		1	2	4	26	21	36
本 溪			2	4	18	5	35
丹 东	2		1	3	59	5	26
锦 州	2	2		3	55	12	48
营 口	2			4	35	3	34
阜 新		1	1	5	58	7	30
辽 阳	1	1		5	30	6	26
盘 锦		1		3	24		33
铁 岭	2	3		2	78	11	14
朝 阳	2	2	1	2	81	47	43
葫芦岛	1	2		3	37	55	40

1-2 县区一览表

地 区	县(市)	区
沈 阳	新民市、辽中县、康平县、法库县	和平、沈河、大东、皇姑、铁西、东陵、苏家屯、沈北新区、于洪
大 连	瓦房店市、普兰店市、庄河市、长海县	中山、西岗、沙河口、甘井子、旅顺口、金州
鞍 山	海城市、台安县、岫岩县(满)	铁东、铁西、立山、千山
抚 顺	抚顺县、新宾县(满)、清原县(满)	新抚、东洲、望花、顺城
本 溪	本溪县(满)、桓仁县(满)	平山、溪湖、明山、南芬
丹 东	东港市、凤城市、宽甸县(满)	元宝、振兴、振安
锦 州	凌海市、北镇市、义县、黑山县	古塔、凌河、太和
营 口	大石桥市、盖州市	站前、西市、老边、鲅鱼圈
阜 新	阜新县(蒙)、彰武县	海州、新邱、太平、细河、清河门
辽 阳	辽阳县、灯塔市	白塔、文圣、宏伟、弓长岭、太子河
盘 锦	盘山县、大洼县	双台子、兴隆台
铁 岭	调兵山市、开原市、铁岭县、西丰县、昌图县	银州、清河
朝 阳	北票市、凌源市、朝阳县、建平县、喀左县(蒙)	双塔、龙城
葫芦岛	兴城市、绥中县、建昌县	连山、南票、龙港

1-3 自然状况及资源

指　　标	2016年
一、自 然 状 况	
1.经 纬 度	
东　　经	118°53′ ~125°46′
北　　纬	38°43′ ~43°26′
2.气　　候	
平均降水量	757毫米
平 均 气 温	9.7摄氏度
平均日照时数	2507小时
二、土地资源	
土地总面积	14.84万平方公里
农业用地面积	1153.15万公顷
1.耕地面积	497.45万公顷
2.园地面积	46.82万公顷
3.林地面积	561.59万公顷
4.牧草地面积	0.32万公顷
5.其他农业用地	46.97万公顷
建设用地面积	163.06万公顷
1.城镇村及工矿用地面积	133.63万公顷
2.交通运输用地面积(不含农村道路)	15.66万公顷
3.水库水面、水工建筑工地面积	13.76 万公顷
未利用地面积	167.96万公顷
三、海洋、水产资源	
大陆岸线长度	2110公里
岛屿岸线长度	924公里
海水养殖面积	769.304千公顷
滩 涂 面 积	134.435千公顷
海 上 面 积	541.133千公顷
其　　他	93.736千公顷
内陆水域养殖面积	230.625千公顷
水 库 面 积	107.839千公顷
池 塘 面 积	47.654千公顷
其 他 面 积	75.132千公顷
四、水　资　源	
省内流域面积	14.55万平方公里
#辽　　河	6.92万平方公里
鸭 绿 江	1.66万平方公里
沿海诸河	5.75万平方公里
第二松花江	0.05万平方公里
滦河及冀东沿海	0.17万平方公里
地 表 水:	
河川径流量	286.15亿立方米
#辽　　河	118.69亿立方米
鸭 绿 江	84.63亿立方米
沿海诸河	79.40亿立方米
第二松花江	2.12亿立方米
滦河及冀东沿海	1.31亿立方米
地 下 水:	
资 源 量	120.94亿立方米
水资源总量	331.61亿立方米

1-4　主要城市平均气温

(2016年)　　单位：摄氏度

城　市	1月	2月	3月	4月	5月	6月	7月	8月	9月	10月	11月	12月	年平均
沈　阳	-13.0	-6.1	3.9	11.5	17.9	22.0	25.1	24.4	18.6	8.9	-0.7	-6.6	8.8
大　连	-5.4	-0.7	6.0	12.6	17.8	22.1	24.5	26.0	20.9	14.1	5.7	0.7	12.0
鞍　山	-9.5	-2.9	6.0	13.1	19.1	23.4	26.3	25.6	20.3	11.2	1.7	-2.8	11.0
抚　顺	-16.0	-8.1	2.2	10.1	16.6	21.0	24.2	22.8	17.6	7.8	-1.6	-8.1	7.4
本　溪	-12.7	-5.6	4.0	11.6	17.3	21.6	25.3	23.8	18.4	9.4	-0.1	-5.8	8.9
丹　东	-8.4	-3.5	3.8	10.8	15.8	20.8	24.0	24.6	19.5	11.8	2.2	-3.0	9.9
锦　州	-9.3	-2.9	5.4	12.3	19.0	23.0	25.4	25.6	20.3	11.2	1.1	-3.1	10.7
营　口	-9.5	-3.6	4.6	12.3	17.7	22.2	25.3	25.1	20.0	11.2	1.5	-2.8	10.3
阜　新	-12.8	-6.1	3.3	10.9	18.6	23.0	25.4	23.9	18.4	8.2	-2.4	-7.3	8.6
辽　阳	-11.1	-4.2	5.2	12.8	18.6	22.9	25.9	24.9	19.5	10.2	0.6	-4.8	10.0
盘　锦	-10.9	-4.6	4.1	11.3	17.9	22.4	24.7	24.6	19.3	10.2	0.2	-4.0	9.6
铁　岭	-13.3	-6.0	4.0	11.0	17.9	22.4	25.1	23.9	18.3	8.6	-1.4	-6.6	8.7
朝　阳	-11.3	-4.3	5.5	13.2	19.9	22.9	25.5	24.4	19.0	10.0	-0.8	-4.5	10.0
葫芦岛	-10.1	-4.0	4.3	11.6	18.2	21.9	24.4	24.3	19.3	10.6	0.4	-3.8	9.8

1-5　主要城市平均相对湿度

(2016年)　　单位：%

城　市	1月	2月	3月	4月	5月	6月	7月	8月	9月	10月	11月	12月	年平均
沈　阳	55	53	47	46	52	66	77	76	78	68	65	71	63
大　连	51	53	50	53	51	65	81	71	74	62	60	60	61
鞍　山	44	45	39	40	45	56	68	67	67	56	56	58	53
抚　顺	65	62	53	50	59	69	80	82	80	72	69	73	68
本　溪	60	56	46	44	54	63	70	75	75	64	62	68	61
丹　东	54	60	63	64	74	81	88	84	83	65	62	66	70
锦　州	42	43	43	44	44	63	73	67	69	57	55	53	54
营　口	52	57	54	52	59	71	79	76	77	63	65	66	64
阜　新	45	43	40	43	42	57	69	70	71	65	60	63	56
辽　阳	54	53	47	45	52	65	75	76	74	63	62	67	61
盘　锦	50	54	53	53	57	72	83	79	80	69	67	70	66
铁　岭	53	49	43	46	50	62	75	75	77	65	63	68	61
朝　阳	44	40	34	36	39	59	70	70	69	58	59	51	52
葫芦岛	46	49	48	48	49	69	80	76	76	64	62	59	61

1-6 主要城市降水量

(2016年)　　单位：毫米

城　市	1月	2月	3月	4月	5月	6月	7月	8月	9月	10月	11月	12月	全年
沈　阳	0.8	10.0	7.1	47.8	175.7	170.3	363.6	68.6	40.5	57.4	11.2	14.9	967.9
大　连	2.9	15.7	2.7	27.6	82.8	66.8	65.4	66.0	20.0	12.1	15.3	2.9	380.2
鞍　山	1.5	13.9	5.9	31.0	181.9	153.3	201.2	159.0	60.1	37.5	5.9	9.8	861.0
抚　顺	0.1	11.1	6.7	50.7	170.9	118.1	350.1	167.3	76.5	75.9	10.3	10.5	1048.2
本　溪	1.7	23.2	7.1	37.3	177.0	97.4	176.1	147.7	74.5	56.9	11.9	10.9	821.7
丹　东	1.4	54.9	12.3	18.9	226.8	59.4	259.5	283.3	21.3	29.0	24.5	17.5	1008.8
锦　州	0.3	5.7	4.5	24.1	87.4	79.3	257.7	104.6	28.6	26.7	10.4	0.6	629.9
营　口	0.8	5.6	4.9	24.1	145.0	90.4	96.6	101.2	42.0	14.4	15.9	5.2	546.1
阜　新	0.2	3.4	5.1	33.5	108.7	56.0	204.0	101.2	21.4	26.6	13.8	5.8	579.7
辽　阳	1.4	13.5	6.4	40.0	180.7	134.1	205.5	115.2	70.4	43.8	8.1	12.3	831.4
盘　锦	0.2	5.1	6.8	27.3	107.1	122.4	281.0	95.0	47.4	26.2	24.6	4.4	747.5
铁　岭		7.9	7.3	39.5	172.0	82.7	328.9	108.5	66.6	46.6	14.9	19.3	894.2
朝　阳	0.7	5.8	11.6	17.5	82.3	118.9	144.3	94.9	29.6	26.2	11.1	0.1	543.0
葫芦岛		6.6	6.7	16.2	76.4	69.5	320.0	176.1	35.6	26.9	9.6	0.5	744.1

1-7 主要城市日照时数

(2016年)　　单位：小时

城　市	1月	2月	3月	4月	5月	6月	7月	8月	9月	10月	11月	12月	全年
沈　阳	221.9	222.1	276.2	244.1	257.5	204.0	188.4	224.7	148.1	164.3	152.0	118.8	2422.1
大　连	214.5	221.9	273.4	261.0	271.0	268.7	219.4	236.5	198.6	202.8	162.3	135.9	2666.0
鞍　山	220.8	221.7	285.1	252.2	282.6	247.3	219.9	236.9	188.4	182.1	154.5	139.6	2631.1
抚　顺	207.7	205.2	254.0	248.3	261.7	233.4	215.4	219.4	188.8	162.0	149.2	109.8	2454.9
本　溪	223.3	232.5	279.8	273.2	257.6	203.8	191.7	233.7	187.6	179.6	166.2	160.7	2589.7
丹　东	212.3	212.9	238.0	231.1	232.4	198.7	138.2	198.4	172.6	191.6	144.1	147.7	2319.4
锦　州	232.3	233.1	275.6	255.6	275.8	254.4	218.8	280.9	221.3	218.5	174.5	167.8	2808.6
营　口	225.3	225.7	280.3	254.7	272.1	252.3	205.8	246.2	188.1	198.4	138.3	132.3	2619.5
阜　新	208.4	223.6	263.5	219.3	277.9	251.5	216.1	274.0	228.1	207.0	161.4	153.7	2684.5
辽　阳	171.1	205.2	259.7	248.1	266.6	238.1	211.3	210.7	180.0	183.5	130.5	116.4	2421.2
盘　锦	234.7	224.7	250.8	212.8	234.8	183.7	117.3	145.1	129.5	146.1	169.2	150.4	2199.1
铁　岭	193.2	199.8	256.2	228.1	253.6	220.4	181.0	170.9	155.2	154.7	148.2	115.9	2277.2
朝　阳	190.9	199.9	245.4	228.1	230.9	213.9	202.0	262.6	188.1	188.8	154.2	101.4	2406.2
葫芦岛	223.4	221.8	256.2	227.4	261.4	228.7	221.1	256.8	209.9	205.9	142.8	145.4	2600.8

主要统计指标解释

森林面积 指生长着乔木和竹林，郁闭度在 0.3 以上(不包括 0.3)的林地面积，即有林地面积。它是反映森林资源总面积的重要指标。森林面积包括天然林面积和人工林面积。但不包括灌木林地和疏林面积。

森林覆盖率 通常是指森林面积占土地总面积之比，一般用百分数表示。但国家规定在计算森林覆盖率时，森林面积还包括灌木林面积、农田林网树占地面积以及四旁树木的覆盖面积。森林覆盖率，是反映一个国家或地区森林资源和绿化水平的重要指标。计算公式:

森林覆盖率(%)=（森林面积／土地总面积）×100%

本《年鉴》内所列森林覆盖率是按有林地面积计算的。

活立木总蓄积量 指全部土地上树木蓄积的总量。包括森林蓄积、疏林蓄积、散生木蓄积和四旁树蓄积。

森林蓄积量 指森林面积上生长着的林木树干材积总量。它是反映一个国家或地区森林资源总规模和水平的重要指标。

草地面积 指牧区和农区用于放牧牲畜或割草，植被盖度在 5%以上的草原、草坡、草山等面积。包括天然的和人工种植或改良的草地面积。

矿产保有储量 指探明的矿产储量(包括工业储量和远景储量)扣除已开采部分和地下损失量后的年底实有储量。它反映全省矿产资源的现状。

二、综合

Chapter 2 General Survey

2-1 平均每天主要社会经济活动

指　标	单位	2005年	2009年	2010年	2011年	2012年	2013年	2014年	2015年	2016年
一、全省每天创造财富										
地区生产总值(现价)	亿元	22.05	41.68	50.57	60.90	68.07	74.56	78.43	78.55	60.95
农业总产值	亿元	4.58	7.41	8.51	9.96	11.13	11.92	12.32	12.84	12.11
地方财政一般预算收入	亿元	1.85	4.36	5.49	7.24	8.51	9.16	8.75	5.83	6.03
布	万米	156.00	137.00	197.26	197.26	126.03	112.33	186.30	95.89	43.84
纸及纸板	万吨	0.20	0.20	0.20	0.21	0.20	0.13	0.11	0.10	0.15
卷　烟	亿支	1257.00	0.70	0.70	0.75	0.76	0.76	0.80	0.80	0.76
啤　酒	万升	5058.00	676.70	679.50	717.81	723.65	745.21	745.21	663.01	638.36
发 电 量	亿千瓦小时	2.48	3.18	3.55	3.75	3.98	4.15	4.40	4.46	4.74
原　油	万吨	3.45	2.74	2.60	2.74	2.74	2.74	2.80	2.84	2.79
钢	万吨	8.38	13.10	14.25	14.86	14.19	17.42	17.83	16.15	16.55
水　泥	万吨	7.34	12.89	13.11	15.87	15.91	16.62	16.10	13.02	11.33
二、全省每天消费量										
城乡居民消费总额	万元	82164.40	159249.30	186564.40	219277.30	253605.48	288340.77	323099.01	349967.08	367509.59
每人平均消费额	元	19.70	37.50	43.90	51.55	59.67	67.98	76.18	82.60	86.87
三、其他经济活动量										
货物运输总量	万吨	267.80	382.30	447.41	521.45	583.44	581.66	634.91	571.40	591.75
旅客运输总量	万人	166.02	263.48	280.11	272.13	285.24	253.78	261.27	205.59	205.69
港口货物吞吐量	万吨	82.76	152.09	186.17	214.72	242.47	269.46	284.04	287.28	298.84
邮寄函件	万件	34.15	20.51	21.92	24.11	20.27	18.90	28.49	18.90	12.11
四、人口变动和婚姻										
出　生	人	899	883	1020	862	956	732	781	813	792
死　亡	人	667	797	1272	827	1110	736	748	906	813
结　婚	对	704	1046	882	1021	1022	1013	945	868	856
离　婚	对	218	278	273	305	310	339	346	347	373

注：2007年及以前卷烟产量的计量单位为万箱，啤酒产量的计量单位为万吨。

2-2 国民经济和社会发展

指标	单位	总量指标					
		2011年	2012年	2013年	2014年	2015年	2016年
人口与就业							
人口							
年底总人口	万人	4255.0	4244.8	4238.0	4244.2	4229.7	4232.0
男性人口	万人	2143.6	2136.5	2131.4	2132.2	2122.7	2121.7
女性人口	万人	2111.4	2108.3	2106.6	2112.0	2107.0	2110.3
就业							
从业人员数	万人	2364.9	2423.8	2518.9	2562.2	2409.9	2301.2
# 职工人数	万人	557.2	572.3	648.1	626.9	583.5	526.6
城镇登记失业人数	万人	39.4	38.1	39.6	41.0	46.2	47.3
宏观经济							
地区生产总值(现价)	**亿元**	**22453.8**	**25086.6**	**27500.5**	**28910.7**	**28902.7**	**22246.9**
第一产业	亿元	1915.6	2155.8	2216.2	2285.8	2384.0	2173.1
第二产业	亿元	12326.8	13411.5	14179.3	14597.2	13198.2	8606.5
第三产业	亿元	8211.4	9519.3	11105.0	12027.8	13320.5	11467.3
人均地区生产总值	**元**	**51278**	**57196**	**62648**	**65843**	**65883**	**50791**
固定资产投资							
固定资产投资总额	亿元	17726.3	21836.3	25107.7	24730.8	17917.9	6692.2
# 国有经济	亿元	3718.6	4492.9	5160.3	4944.7	3319.9	1089.4
集体经济	亿元	457.9	505.3	363.2	290.7	246.6	31.5
私营个体	亿元	6637.7	8402.8	10214.2	10607.7	8186.4	2619.7
其他经济	亿元	6912.1	8435.3	9369.9	8887.7	6165.0	2951.6
财政							
地方财政一般预算收入	亿元	2643.2	3105.4	3343.8	3192.8	2127.4	2200.5
地方财政一般预算支出	亿元	3905.9	4558.6	5197.4	5080.5	4481.6	4457.5
物价总指数(上年=100)							
商品零售价格总指数	%	105.0	102.2	101.6	101.0	100.5	101.0
居民消费价格总指数	%	105.2	102.8	102.4	101.7	101.4	101.6
产业							
农业							
乡村从业人员	万人	1223.1	1217.8	1217.1	1222.0	1214.8	1218.6
农林牧渔业总产值(现价)	亿元	3633.6	4062.4	4349.7	4498.4	4686.7	4421.8
主要农产品产量							
粮食	万吨	2035.5	2070.5	2195.6	1753.9	2002.5	2100.6
棉花	吨	736.0	560.0	999.0	100.0	154.0	126.0
油料	万吨	119.8	120.9	113.6	63.7	46.1	81.3
甜菜	万吨	7.8	9.7	17.1	10.1	5.2	9.4
水果	万吨	574.4	632.9	661.4	592.1	601.5	570.0
肉类	万吨	408.2	418.7	420.3	429.2	429.4	430.9
水产品	万吨	453.9	480.8	504.9	515.7	523.7	549.6
工业							
主要工业产品产量							

注：1.本表总量指标中的价值量指标除邮电业务总量指标外均按当年价格计算。
2.本表速度指标中，地区生产总值和三次产业及人均生产总值、农林牧渔业总产值、固定资产投资、城乡居民可支配收入指标均按可比价格计算。
3.住房面积为新口径住户调查汇总指标，与2013年数据不可比。
4.2014年城镇居民和农村居民数据为实施城乡住户调查一体化改革之后发布的新口径数据，城乡居民收入均为人均可支配收入，相关指标定义与2013年及之前有所不同，数据不可比。2013年之前农村居民收入数据为农村居民人均纯收入。下同。
5.本表地区生产总值数据为调整后数据，具体调整办法见核算部分。

总量与速度指标

速度指标								
指数(2016为以下各年)					平均增长速度(%)			
2011年	2012年	2013年	2014年	2015年	2006-2010年	2003-2012年	2010-2015年	2012-2016年
99.5	99.7	99.9	99.7	100.1	0.3	0.2	-0.1	-0.1
99.0	99.3	99.5	99.5	100.0	0.2	0.1	-0.2	-0.2
99.9	100.1	100.2	99.9	100.2	0.4	0.3	0.0	0.0
97.3	94.9	91.4	89.8	95.5	1.8	1.8	0.9	-0.5
94.5	92.0	81.2	84.0	90.2	-1.2	-1.8	0.3	-0.9
120.1	124.1	119.4	115.4	102.5	-8.1	-6.6	1.7	3.1
126.2	**115.3**	**105.9**	**100.2**	**97.5**	**13.9**	**12.8**	**8.8**	**4.8**
111.3	105.9	101.2	99.0	95.4	5.1	6.0	4.7	2.2
113.1	103.1	96.3	91.7	92.3	16.4	14.8	8.5	2.5
145.5	132.2	117.8	109.9	102.5	12.7	11.9	10.0	7.8
126.1	**115.4**	**106.2**	**100.5**	**97.7**	**12.8**	**12.1**	**8.5**	**4.8**
37.8	30.7	26.7	27.1	37.4	30.5	32.0	9.4	-15.0
29.3	24.2	21.1	22.0	32.8	25.5	24.6	7.3	-18.5
6.9	6.2	8.7	10.8	12.8	-0.9	13.2	-7.9	-36.0
39.5	31.2	25.7	24.7	32.0	46.0	44.0	13.9	-14.3
42.8	35.0	31.5	33.2	47.9	30.5	31.6	4.1	-13.2
83.3	70.9	65.8	68.9	103.4	24.3	22.8	5.0	-3.0
114.1	97.8	85.8	87.7	99.5	21.6	20.8	8.9	2.2
106.5	104.2	102.5	101.5	101.0	2.8	2.2	2.2	1.0
110.3	107.3	104.8	103.0	101.6	2.8	2.8	2.7	1.6
99.6	100.1	100.1	99.7	100.3	1.7	2.1	0.5	-0.1
113.2	107.9	103.6	101.1	97.4	5.3	6.0	4.5	2.1
103.2	101.5	95.7	119.8	104.9	0.2	3.2	3.9	0.5
17.1	22.5	12.6	126.0	81.8	-24.6	-15.4	-26.2	-25.5
67.9	67.3	71.5	127.7	176.3	22.0	7.9	-3.0	-6.3
120.5	96.6	55.0	92.7	180.4	-4.6	-13.1	-2.9	3.2
99.2	90.1	86.2	96.3	94.8	9.6	10.4	3.9	-0.1
105.6	102.9	102.5	100.4	100.4	3.3	4.5	1.7	0.9
121.1	114.3	108.8	106.6	104.9	0.2	2.5	-0.3	3.2

2-2 续表 1

指 标	单位	总量指标					
		2011年	2012年	2013年	2014年	2015年	2016年
布	亿米	7.2	4.6	4.1	6.8	3.5	1.6
机制纸及纸板	万吨	76.2	73.3	48.8	41.2	36.0	54.1
糖	万吨	2.3	5.4	4.1	4.5	8.3	0.5
家用电冰箱	万台	102.2	101.5	84.8	157.0	147.1	145.7
彩色电视机	万台	557.5	500.4	440.6	338.2	287.9	146.8
原 油	万吨	1000.0	1000.0	1001.0	1021.9	1037.1	1017.3
发电量	亿千瓦小时	1369.9	1453.1	1516.0	1607.0	1626.8	1731.5
钢	万吨	5424.8	5178.4	6356.5	6507.8	5894.1	6040.5
成品钢材	万吨	5761.1	5924.2	6863.0	6962.2	6337.6	5874.8
水 泥	万吨	5791.1	5809.0	6066.3	5875.6	4751.6	4134.9
全部规模以上工业企业主要指标							
固定资产原价	亿元	19977.7	21748.4	25688.1	26848.3	24422.9	20790.8
利润总额	亿元	2511.2	2435.7	2976.2	2107.6	1069.7	575.4
建 筑 业							
建筑业企业人数	万人	171.7	203.2	197.9	174.4	135.2	127.0
建筑业总产值	亿元	6218.3	7543.3	8629.7	7851.1	5413.8	3927.0
施工房屋面积	万平方米	34906.3	40040.9	42289.0	47861.0	28937.1	20390.7
竣工房屋面积	万平方米	16692.1	17466.1	19786.4	16514.4	10399.3	6855.1
交通运输							
货运量合计	万吨	190329	212957	212306	231743	208563	215989
铁 路	万吨	18716.2	17388	17817	19103	14541	16222
公 路	万吨	151773	174355	172923	189174	172140	177371
水 运	万吨	11632	12631	13379	13810	13439	13464
空 运	万吨	8.9	9.6	9.6	12.0	13.5	14.0
管 道	万吨	8198.93	8573	8177	9644	8429	8918
客运量合计	万人	99328.4	104113	92629	95364	75039	75077
铁 路	万人	12016.4	12018	13012	12820	12911.8	14040
公 路	万人	86013	90650	78168	80789	60269	59054
水 运	万人	549	588	534	542	504	538
空 运	万人	750	857	915	1213	1354	1445
沿海主要港口货物吞吐量	万吨	78374	88502	98354	103675	104859	109081
邮电通信业							
函 件	亿件	0.9	0.7	0.7	1.0	0.7	0.4
报刊期发数	万份	554.6	404.0	365.9	327.0	422.2	361.5
国内商业							
社会消费品零售总额	亿元	8003.6	9256.6	10524.4	11793.1	12773.8	13414.1
对外贸易							
进出口总额	亿美元	959.6	1039.9	1142.8	1139.6	960.9	865.2
进口额	亿美元	449.2	460.4	497.4	552.0	452.5	430.7
出口额	亿美元	510.4	579.5	645.4	587.6	508.4	434.6
国际旅游							
接待旅游人数	万人	410.3	473.1	503.1	260.7	264.0	273.7
旅游外汇收入	亿美元	27.1	31.8	34.8	16.2	16.8	17.4
金 融							
金融机构各项存款余额	亿元	30832.4	35303.5	39418.0	42053.1	47758.2	51692.5
金融机构各项贷款余额	亿元	22831.7	26306.5	29722.0	33023.5	36282.8	38685.6
教育、科技、文化							

速度指标								
指数(2016为以下各年)					平均增长速度(%)			
2011年	2012年	2013年	2014年	2015年	2006-2010年	2003-2012年	2010-2015年	2012-2016年
22.2	34.8	39.0	23.5	45.7	4.8	-0.8	-5.8	-22.2
71.0	73.8	110.9	131.3	150.3	1.2	3.5	-11.9	-5.5
21.7	9.3	12.2	11.1	6.0	7.7	2.5	6.8	-22.5
142.6	143.5	171.8	92.8	99.0	-6.1	7.0	7.3	6.1
26.3	29.3	33.3	43.4	51.0	1.0	2.1	-6.9	-19.9
101.7	101.7	101.6	99.6	98.1	-5.5	-3.0	0.6	0.3
126.4	119.2	114.2	107.7	106.4	7.5	7.2	5.8	4.0
111.3	116.6	95.0	92.8	102.5	11.2	10.3	3.5	1.8
102.0	99.2	85.6	84.4	92.7	11.9	11.0	4.2	0.3
71.4	71.2	68.2	70.4	87.0	12.3	10.5	0.2	-5.5
104.1	95.6	80.9	77.4	85.1	18.0	12.8	8.0	0.7
22.9	23.6	19.3	27.3	53.8	46.1	31.6	-4.2	-21.8
74.0	62.5	64.2	72.8	94.0	12.6	7.9	0.3	-4.9
63.2	52.1	45.5	50.0	72.5	25.9	24.6	8.1	-7.4
58.4	50.9	48.2	42.6	70.5	21.3	12.7	7.5	-8.6
41.1	39.2	34.6	41.5	65.9	20.5	10.8	2.0	-13.8
113.5	101.4	101.7	93.2	103.6	10.8	9.8	6.9	2.1
86.7	93.3	91.0	84.9	111.6	5.5	2.9	-3.7	-2.4
116.9	101.7	102.6	93.8	103.0	11.2	10.5	8.6	2.6
115.7	106.6	100.6	97.5	100.2	12.7	15.2	5.7	2.5
157.8	146.4	145.8	116.7	103.7	1.6	1.7	6.0	7.9
108.8	104.0	109.1	92.5	105.8	18.5	10.1	4.3	1.4
75.6	72.1	81.1	78.7	100.1	11.0	6.7	-4.1	-4.6
116.8	116.8	107.9	109.5	108.7	7.0	2.2	-0.5	2.6
68.7	65.1	75.5	73.1	98.0	11.9	7.6	-4.9	-6.1
98.0	91.5	100.7	99.3	106.7	-5.5	-0.6	-1.2	-0.3
192.7	168.6	157.9	119.1	106.7	7.3	6.5	11.4	11.5
139.2	123.3	110.9	105.2	104.0	17.6	18.2	11.2	5.7
50.0	59.5	62.9	44.0	63.8	-9.3	-8.0	-2.4	-10.9
65.2	89.5	98.8	110.6	85.6	2.5	-0.3	2.9	-6.9
167.6	144.9	127.5	113.7	105.0	17.8	15.2	14.0	9.0
90.2	83.2	75.7	75.9	90.0	14.5	16.9	7.3	-1.7
84.4	74.3	66.7	73.3	84.7	16.4	17.3	7.4	-2.8
96.7	94.4	87.4	78.7	96.0	13.0	16.7	7.2	-0.5
66.7	57.8	54.4	105.0	103.7	22.7	17.7	-1.7	-6.5
64.2	54.7	50.0	107.5	103.4	25.0	19.2	-1.7	-7.1
167.7	146.4	131.1	122.9	108.2	18.0	16.6	13.1	9.0
169.4	147.1	130.2	117.1	106.6	18.6	15.5	15.2	9.2

2-2 续表 2

指　　标	单位	总量指标					
		2011年	2012年	2013年	2014年	2015年	2016年
教　育							
专任教师数							
普通高等学校	万人	5.9	6.1	6.3	6.4	6.5	6.5
中等学校	万人	14.7	14.8	14.8	14.8	14.9	15.0
小　　学	万人	14.5	14.5	14.3	14.1	14.0	14.0
在校学生数							
普通高等学校	万人	90.2	93.4	96.8	99.8	100.6	99.9
中等学校	万人	190.9	183.1	173.9	170.8	164.8	160.3
小　　学	万人	216.8	213.0	204.4	198.5	200.0	198.9
科　技							
科技活动人数	万人	23.8	25.5	27.6	28.2	25.6	25.1
研究与发展经费支出	亿元	363.8	390.9	445.9	435.2	363.4	372.7
技术市场成交额	亿元	159.7	230.7	180.0	250.9	292.0	340.8
家庭、生活、环境							
家　庭							
家庭总户数	万户	1498.7	1508.8	1505.5	1515.1	1512.1	1526.6
城镇居民平均每户家庭人口	人	2.6	2.7	2.5	2.5	2.5	2.6
农村居民平均每户家庭人口	人	3.2	3.2	3.0	2.8	2.8	2.8
婚　姻							
结 婚 数	万对	37.3	37.3	37.0	34.5	31.7	31.3
离 婚 数	万对	11.1	11.3	12.4	12.6	12.7	13.6
居　住							
城市居民人均住宅建筑面积	平方米	27.3	27.3	28.8	29.0	29.0	29.0
农村居民人均住房面积	平方米	29.0	29.5	30.8	32.0	32.6	33.7
生　活							
城镇常住居民人均可支配收入	元	20466.8	23222.7	25578.0	29081.7	31125.7	32876.1
农村常住居民人均可支配收入	元	8297.5	9383.7	10523.0	11191.5	12056.9	12880.7
城乡储蓄存款余额	亿元	15529.6	17967.4	19857.9	21396.8	23995.8	25882.1
工资和福利							
职工工资总额	亿元	2171.6	2466.9	3078.3	3135.9	3179.0	3045.8
在岗职工平均工资	元	38713	42503	46310	49110	53458	57148
卫　生							
医疗机构数	个	4001	4171	4743	4810	4841	4988
医　　生	万人	9.9	10.1	10.3	10.2	10.5	11.0
医疗床位数	万张	21.7	23.4	24.2	25.6	26.7	28.4
市政建设							
自来水供应量	亿吨	26.6	27.5	27.9	27.3	25.1	26.5
排水管道长度	公里	14906	15944.74	16420	16783	17074	18275
城市煤气和天然气供气量	亿立方米	13.4	14.6	15.7	19.1	22.7	25.3
道路长度	公里	14468	15513.3	16244	16692	16914	16394
园林绿地面积	公顷	95968	118297	120514	121982	124193	116601
环境、灾害							
工业固体废物综合利用量	万吨	10747.8	11861.8	11742.3	10719.2	10028.9	9363.2
交通事故发生数	起	6446	5979	5778	5656	5899	4962
交通事故损失	万元	2745.2	2917.8	2887	2024.9	2017.7	1885.8

速度指标								
指数(2016为以下各年)					平均增长速度(%)			
2011年	2012年	2013年	2014年	2015年	2006-2010年	2003-2012年	2010-2015年	2012-2016年
110.7	107.4	103.2	101.2	99.7	5.3	5.9	2.6	1.7
101.7	101.1	101.4	101.5	100.7	0.1	0.4	0.4	0.3
96.2	96.8	97.9	99.3	100.0	-2.2	-1.9	-1.1	-0.6
110.7	107.0	103.2	100.1	99.3	6.0	7.6	2.8	1.7
84.0	87.6	92.2	93.8	97.3	-3.0	-2.7	-3.8	-2.9
91.7	93.4	97.3	100.2	99.5	-3.9	-3.6	-2.0	-1.4
105.5	98.4	90.9	89.0	98.0	3.3	4.9	1.4	0.9
102.4	95.3	83.6	85.6	102.6	18.1	19.9	7.1	0.4
213.4	147.7	189.3	135.8	116.7	8.6	16.3	16.0	13.5
101.9	101.2	101.4	100.8	101.0	1.2	1.2	0.4	0.3
98.0	96.9	103.1	102.7	101.5	-0.7	-1.2	-1.0	-0.3
87.4	88.6	92.0	99.8	99.7	-1.3	-1.1	-2.2	-2.2
83.9	83.9	84.6	90.7	98.7	4.6	4.7	-3.1	-2.9
122.5	120.1	109.7	107.8	107.2	4.6	10.7	3.9	3.4
106.4	106.2	100.8	99.9	100.1	4.1	3.5	1.4	1.0
116.1	114.2	109.5	105.2	103.4	1.7	2.5	3.2	2.5
153.7	135.5	123.0	113.0	105.6	14.2	13.5	11.2	7.4
160.5	142.0	126.6	115.0	106.8	13.4	13.1	13.1	8.2
166.7	144.1	130.3	121.0	107.9	14.5	14.4	12.2	8.9
140.3	123.5	98.9	97.1	95.8	15.5	14.5	12.7	5.8
147.6	134.5	123.4	116.4	106.9	15.1	13.8	9.4	6.7
124.7	119.6	105.2	103.7	103.0	2.3	2.0	4.5	3.7
111.1	109.2	106.8	103.9	105.2	3.5	2.2	2.2	1.8
130.9	121.2	117.4	111.1	106.4	2.8	3.0	5.6	4.6
99.6	96.4	95.0	97.1	105.6	-1.5	-0.2	-2.3	-0.1
122.6	114.6	111.3	108.9	107.0	6.0	6.0	4.2	3.5
188.8	173.3	161.1	132.5	111.5	3.9	4.7	12.2	11.2
113.3	105.7	100.9	98.2	96.9	6.2	4.6	4.7	2.1
121.5	98.6	96.8	95.6	93.9	4.5	6.8	6.7	3.3
87.1	78.9	79.7	87.3	93.4	14.6	14.2	3.3	-2.3
77.0	83.0	85.9	87.7	84.1	-8.1	-3.6	-2.7	-4.3
68.7	64.6	65.3	93.1	93.5	-12.3	-4.0	-7.1	-6.1

2-3 国民经济主要比例关系

单位：%

指 标	2010年	2011年	2012年	2013年	2014年	2015年	2016年
地区生产总值产业比例							
第一产业	8.8	8.5	8.6	8.0	7.9	8.2	9.8
第二产业	54.2	54.9	53.5	51.6	50.5	45.7	38.7
第三产业	37.0	36.6	37.9	40.4	41.6	46.1	51.5
就业人数产业比例							
第一产业	30.4	29.6	28.7	27.1	26.8	28.6	30.7
第二产业	27.7	27.3	26.9	28.8	27.7	26.4	24.9
第三产业	42.0	43.1	44.5	44.1	45.4	45.0	44.5
固定资产投资总额资金来源比例							
国家预算	2.9	5.2	4.1	4.2	4.2	3.6	4.2
国内贷款	15.5	15.2	14.5	13.7	13.8	13.0	13.4
利用外资	1.8	1.7	1.5	1.1	0.7	0.6	5.5
自筹和其他	79.8	77.9	79.9	81.0	81.3	82.8	76.9
农业总产值中五业比例							
农 业	36.7	36.0	37.9	38.5	38.5	44.1	42.1
林 业	2.7	3.0	3.2	3.1	3.4	3.5	3.3
牧 业	40.9	41.9	39.9	38.5	38.2	33.3	35.6
渔 业	15.8	15.4	15.2	15.8	15.6	14.7	14.5
农林牧渔服务业	3.9	3.8	3.8	4.0	4.3	4.3	4.6
工业总产值中分行业比例							
国有企业	8.5	6.2	5.5	2.3	2.3	2.5	2.9
集体企业	2.5	2.2	2.2	1.6	1.5	1.1	0.4
其他经济类型企业	89.0	91.6	92.3	96.0	96.2	96.4	96.7
货运周转总量比例							
铁 路	15.4	14.7	12.0	11.1	9.6	7.6	7.4
公 路	21.3	22.3	23.0	23.2	24.9	24.2	24.0
水 运	62.8	62.4	64.4	65.2	64.6	67.5	67.7
民 航	0.1	0.1	0.1	0.1	0.02	0.0	0.0
管 道	0.5	0.6	0.5	0.4	0.9	0.7	0.9
客运周转总量比例							
铁 路	50.3	51.5	49.3	53.3	51.5	54.0	54.4
公 路	38.3	37.5	38.9	33.8	31.8	28.0	26.8
民 航	0.6	0.7	0.7	0.6	0.6	0.5	0.5
民 航	10.7	10.3	11.1	12.3	16.1	17.5	18.3

2-4 按总人口平均的国民经济主要指标

指　　标	单位	2005年	2009年	2010年	2011年	2012年	2013年	2014年	2015年	2016年
农业总产值(现价)	元／人	3998	6362	7303	8543	9559	10255	10607	11062	10451.4
固定资产投资总额	元／人	10127	28916	37715	41677	51381	59197	58312	42290	15817.9
公共财政预算收入	元／人	1615	3743	4713	6214	7307	7884	7528	5021	5201.1
公共财政预算支出	元／人	2881	6310	7513	9183	10726	11978	12255	10578	10535.8
粮食产量	公斤／人	417.6	374.3	415.0	478.6	487.2	517.7	413.5	472.6	496.5
油料产量	公斤／人	8.8	13.0	23.4	28.2	28.4	26.8	15.0	10.9	19.2
棉花产量	公斤／人	0.1	0.02	0.02	0.02	0.01	0.02	0.002	0.004	0.003
猪牛羊肉产量	公斤／人	57	63	65	65	66	67	68.9	65.1	63.7
水产品产量	公斤／人	101.7	125.8	100.9	106.7	113.1	119.0	121.6	123.6	129.9
水果产量	公斤／人	78.8	112.3	122.6	135.0	148.9	155.9	139.6	142.0	134.7
布产量	米／人	13.6	11.8	16.9	16.9	10.8	9.7	16.0	8.3	3.8
纸及纸板产量	公斤／人	19.9	18.2	20.8	17.9	17.2	11.5	9.7	8.5	12.8
卷烟产量	支／人	11.0	612.0	624.0	645.4	650.4	657.6	684.7	686.1	659.2
钢产量	公斤／人	732	1125	1223	1275	1218	1498.7	1534.5	1391.1	1427.7
发电量	千瓦小时／人	2162	2735	3045	3221	3419	3574.4	3789.2	3839.7	4092.6
原油产量	公斤／人	302	235	223	235	235	236.0	240.9	244.8	240.5
水泥产量	公斤／人	641	1107	1125	1362	1367	1430.3	1385.4	1121.5	977.3
社会消费品零售总额	元／人	7173	13673	16008	18817	21781	24814	27807	30149	31705.8
出口总额	美元／人	561	787	1014	1200	1364	1522	1385	1200	954.2
高等学校在校学生	人／万人	158.0	200.8	206.8	279.0	289.5	300.20	303.8	297.6	294.7
普通中学在校学生	人／万人	655.8	588.4	561.4	569.2	544.0	512.20	501.3	480.1	469.3
医院床位数	张／万人	42.5	45.1	48.0	51.0	52.8	57.1	60.3	60.9	65.0
卫生技术人员数	人／万人	49.9	52.2	53.7	55.8	57.9	60.1	60.4	62.4	65.6
医生	人／万人	21.8	21.6	22.0	23.3	23.7	24.4	24.0	24.7	26.0
储蓄存款余额	元／人	16591	28301	32184	36512	42277	46819	50451	56635	61176

注：2005年及以后各年医生数为执业医师和执业助理医师。

主要统计指标解释

可比价格 指在不同时期的价值指标对比时，扣除了价格变动的因素，以确切反映物量的变化。按可比价格计算有两种方法：一种是直接用产品产量乘某一年的不变价格计算；另一种是用价格指数换算。

不变价格 指用同类产品的年平均价格作为固定价格，来计算各年产品价值。按不变价格计算的产品价值消除了价格变动因素，不同时期对比可以反映生产的发展速度。新中国成立后，随着工农业产品价格水平的变化，国家统计局先后五次制定了全国统一的工业产品不变价格和农业产品不变价格，从1949年到1957年使用1952年工(农)业产品不变价格，从1957年到1971年使用1957年不变价格，从1971年到1981年使用1970年不变价格，从1981年到1990年使用1980年不变价格，从1990年开始使用1990年不变价格。

平均每年增长速度 在我国计算平均增长速度有两种方法，一种是习惯上经常使用的“水平法”，又称几何平均法，是以间隔期最后一年的水平同基期水平对比来计算平均每年增长(或下降)速度。另一种是“累计法”，又称代数平均法或方程法，是以间隔期内各年水平的总和同基期水平对比来计算平均每年增长(或下降)速度。

在一般正常情况下，两种方法计算的平均每年增长速度比较接近，但在经济发展不平衡，出现大起大落时，两种方法计算的结果差别较大。

本《年鉴》内所列的平均每年增长速度均用“水平法”计算。从某年到某年平均增长速度的年份，均不包括基期年在内。如建国四十三年的平均增长速度是以1949年为基期计算的，则写为1950—1992年平均增长速度，余类推。

各个计划时期 表内所用各个“时期”代表的年份如下：恢复时期为1950年到1952年；第一个五年计划时期(简称一五时期)为1953年到1957年；第二个五年计划时期(简称二五时期)为1958年到1962年；第三个五年计划时期(简称三五时期)为1966年到1970年；第四个五年计划时期(简称四五时期)为1971年到1975年；第五个五年计划时期(简称五五时期)为1976年到1980年；第六个五年计划时期(简称六五时期)为1981年到1985年；第七个五年计划时期(简称七五时期)为1986年到1990年；第八个五年计划时期(简称八五时期)为1991到1995年；第九个五年计划时期(简称九五时期)为1996年到2000年。

企业(单位)登记注册类型 是以在工商行政管理机关登记注册的各类企业为划分对象，以工商行政管理部门对企业登记注册的类型为依据，将企业登记注册类型分为内资企业、港澳台商投资企业和外商投资企业三大类。内资企业包括国有企业、集体企业、股份合作企业、联营企业、有限责任公司、股份有限公司、私营公司和其他企业；港澳台商投资企业和外商投资企业分别包括合资经营企业、合作经营企业、独资经营企业和股份有限公司。对不在工商行政管理部门进行登记注册的行政机关、事业单位和社会团体，主要按其经费来源和管理方式进行划分。

国有企业 指企业全部资产归国家所有，并按《中华人民共和国企业法人登记管理条例》规定登记注册的非公司制的经济组织。不包括有限责任公司中的国有独资公司。

集体企业 指企业资产归集体所有，并按《中华人民共和国企业法人登记管理条例》规定登记注册的经济组织。

股份合作企业 指以合作制为基础，由企业职工共同出资入股，吸收一定比例的社会资产投资组建，实行自主经营，自负盈亏，共同劳动，民主管理，按劳分配与按股分红相结合的一种集体经济组织。

联营企业 指两个及两个以上相同或不同所有制性质的企业法人或事业单位法人，按自愿、平等、互利的原则，共同投资组成的经济组织。联营企业包括国有联营企业、集体联营企业、国有与集体联营企业和其他联营企业。

有限责任公司 指根据《中华人民共和国公司登记管理条例》规定登记注册，由两个以上、五十个以下的股东共同出资，每个股东以其所认缴的出资额对公司承担有限责任，公司以其全部资产对其债务承担责任的经济组织。有限责任公司包括国有独资公司以及其他有限责任公司。

(1)国有独资公司：指国家授权的投资机构或者国家授权的部门单独投资设立的有限责任公司。

(2)其他有限责任公司：指国有独资公司以外的有限责任公司。

股份有限公司 指根据《中华人民共和国公司登记管理条例》规定登记注册，其全部注册资本由等额股份构成并通过发行股票筹集资本，股东以其认购的股份对公司承担有限责任，公司以其全部资产对其债务承担责任的经济组织。

私营企业 指由自然人投资设立或由自然人控股，以雇佣劳动为基础的营利性经济组织。包括按照《公司法》、《合伙企业法》、《私营企业暂行条例》规定登记注册的私营有限责任公司、私营股份有限公司、私营合伙企业和私营独资企业。

(1)私营独资企业：指按《私营企业暂行条例》的规定，由一名自然人投资经营，以雇佣劳

动为基础，投资者对企业债务承担无限责任的企业。

(2)私营合伙企业：指按《合伙企业法》或《私营企业暂行条例》的规定，由两个以上自然人按照协议共同投资、共同经营、共负盈亏，以雇佣劳动为基础，对债务承担无限责任的企业。

(3)私营有限责任公司：指按《公司法》、《私营企业暂行条例》的规定，由两个以上自然人投资或由单个自然人控股的有限责任公司。

(4)私营股份有限公司：指按《公司法》的规定，由五个以上自然人投资，或由单个自然人控股的股份有限公司。

其他内资企业 指上述企业之外的其他内资经济组织。

政府对生产单位的单方面收入转移，因此视为负生产税处理，包括政府亏损补贴、粮食系统价格补贴、外贸企业出口退税收入等。

固定资产折旧 固定资产折旧是指一定时期内为弥补固定资产损耗按照核定的固定资产折旧率提取的固定资产折旧，或按国民经济核算统一规定的折旧率虚拟计算的固定资产折旧。它反映了固定资产在当期生产中的转移价值。各种类型企业和企业化管理的事业单位的固定资产折旧指实际计提并计入成本费用中的折旧费；不计提折旧的单位，如政府机关、非企业化管理的事业单位和居民住房的固定资产折旧则是按照统一规定的折旧率和固定资产原值计算的虚拟折旧。原则上，固定资产折旧应按固定资产的重置价值来计算，但是我国目前尚不具备对全社会固定资产进行重估的基础，所以暂时只能采用上述方法来计算。

营业盈余 营业盈余是指常住单位创造的增加值扣除劳动者报酬、生产税净额和固定资产折旧后的余额。它相当于企业的营业利润加上生产补贴，但要扣除从利润中开支的工资和福利等。

三、国民经济核算

Chapter 3 National Economy Accounting

3-1 生产总值

单位：亿元

年 份	生产总值	第一产业	第二产业	第三产业	人均生产总值(元)
1978	229.2	32.4	162.9	33.9	680
1979	245.0	40.7	166.4	37.9	717
1980	281.0	46.1	192.3	42.6	811
1981	288.6	49.1	187.5	51.9	823
1982	315.1	54.7	199.7	60.7	884
1983	364.0	72.2	219.7	72.1	1012
1984	438.2	80.4	268.2	89.6	1203
1985	518.6	74.9	328.1	115.6	1413
1986	605.3	92.9	357.8	154.6	1633
1987	719.1	109.5	417.0	192.6	1917
1988	881.0	141.9	492.5	246.6	2285
1989	1003.8	141.9	545.1	316.9	2574
1990	1062.7	168.6	540.8	353.3	2698
1991	1200.1	180.8	590.1	429.2	3027
1992	1473.0	194.6	741.9	536.5	3693
1993	2010.8	260.8	1039.3	710.8	5015
1994	2461.8	319.0	1259.1	883.8	6103
1995	2793.4	392.2	1390.0	1011.2	6880
1996	3157.7	474.1	1537.7	1145.9	7730
1997	3582.5	474.4	1743.9	1364.2	8725
1998	3881.7	531.5	1855.2	1495.1	9415
1999	4171.7	520.8	2001.5	1649.4	10086
2000	4669.1	503.4	2344.4	1821.2	11177
2001	5033.1	544.4	2440.6	2048.1	12015
2002	5458.2	590.2	2609.9	2258.2	13000
2003	6002.5	615.8	2898.9	2487.9	14270
2004	6736.1	798.4	3109.4	2828.3	15987
2005	8123.1	882.4	3926.2	3314.5	19254
2006	9388.9	939.4	4628.5	3820.9	22112
2007	11267.6	1133.4	5620.5	4513.7	26299
2008	13787.8	1302.0	7246.0	5239.7	32016
2009	15357.3	1414.9	8012.6	5929.8	35484
2010	18633.2	1631.1	10107.8	6894.3	42758
2011	22453.8	1915.6	12326.8	8211.4	51278
2012	25086.6	2155.8	13411.5	9519.3	57196
2013	27500.5	2216.2	14179.3	11105.0	62648
2014	28910.7	2285.8	14597.2	12027.8	65843
2015	28902.7	2384.0	13198.2	13320.5	65883
2016	22246.9	2173.1	8606.5	11467.3	50791

注：1.1999年初进行了第三产业快速调查，本表中1997、1998年生产总值使用的是快速调查数，以前年度未进行调整。下同。
2.2000年以后的人均生产总值按常住人口计算。
3.2004年以前数据未与经济普查数据衔接。下同。
4.2005-2008年数据已根据2008年第二次经济普查数据进行了修订。下同。
5.2013年及以后年份的三次产业分类执行《三次产业划分规定(2012)》，与之前年份分类标准不同。
由于最新产业分类标准中第二产业已非工业与建筑业合计，故将原表式中属于第二产业下的工业、建筑业两列删除，以免误读。下同。
6.2004年及以后年份数据为改革研发支出核算方法后修订的GDP数据，下同。
7.2016年GDP按核实后的基础数据测算。相关年份数据按照核算制度，将结合第四次全国经济普查结果予以修订。

3-2 生产总值指数

(上年=100)

年 份	生产总值				人均生产总值
		第一产业	第二产业	第三产业	
1978	110.7	96.9	115.4	103.4	109.3
1979	104.9	106.9	103.3	111.2	103.6
1980	109.2	103.8	110.0	109.9	107.6
1981	98.4	98.1	94.0	119.4	97.2
1982	105.3	106.6	102.5	113.8	103.7
1983	113.3	128.3	108.8	115.2	112.3
1984	116.8	105.0	119.5	119.5	115.4
1985	113.3	84.0	118.7	120.5	112.4
1986	108.3	111.7	103.5	120.5	107.2
1987	114.1	106.0	111.4	124.8	112.7
1988	111.7	106.9	111.7	113.7	108.7
1989	103.1	95.7	101.6	109.3	101.9
1990	100.9	114.5	97.0	104.8	100.1
1991	106.1	104.2	104.0	110.2	105.4
1992	112.1	104.2	113.6	113.6	111.4
1993	114.9	110.7	116.6	114.3	114.3
1994	111.2	102.1	113.8	111.1	111.2
1995	107.1	104.9	107.1	107.8	106.4
1996	108.6	112.6	107.8	108.4	107.9
1997	108.9	101.3	110.5	109.2	108.7
1998	108.3	113.0	107.6	107.9	107.9
1999	108.2	105.1	108.5	108.9	107.9
2000	108.9	98.4	110.7	109.6	108.6
2001	109.0	106.7	107.5	111.5	108.7
2002	110.2	108.4	109.8	111.3	110.0
2003	111.5	107.2	112.3	111.7	111.3
2004	112.8	107.9	116.0	110.7	112.6
2005	112.7	107.9	114.4	112.0	112.6
2006	113.7	106.3	116.0	112.9	111.2
2007	115.0	104.0	117.7	114.5	114.0
2008	113.3	106.3	116.0	111.5	112.7
2009	113.2	103.1	115.7	112.1	112.6
2010	114.2	105.8	116.8	112.5	113.4
2011	112.3	106.5	114.1	110.9	111.7
2012	109.5	105.1	109.7	110.1	109.3
2013	108.8	104.6	107.0	112.2	108.7
2014	105.7	102.2	105.0	107.2	105.6
2015	102.8	103.8	99.4	107.2	102.9
2016	97.5	95.4	92.3	102.5	97.7

注：本表按可比价计算。

3-3 生产总值指数

(1952年=100)

年 份	生产总值				人均生产总值
		第一产业	第二产业	第三产业	
1952	100.0	100.0	100.0	100.0	100.0
1957	212.8	113.8	297.2	174.9	171.9
1965	251.2	134.7	353.4	203.4	172.3
1970	382.9	168.5	588.5	260.9	237.3
1975	578.8	192.8	955.5	359.7	335.3
1978	665.8	173.9	1178.8	380.1	373.7
1979	698.4	185.9	1217.7	422.7	387.2
1980	762.7	193.0	1339.5	464.5	416.6
1981	750.5	189.3	1259.1	554.6	405.0
1982	790.3	201.8	1290.6	631.2	419.9
1983	895.4	258.9	1404.1	727.1	471.6
1984	1045.8	271.8	1677.9	868.9	544.2
1985	1184.9	228.4	1991.7	1047.0	611.7
1986	1283.2	255.1	2061.4	1261.6	655.7
1987	1464.1	270.4	2296.4	1574.5	739.0
1988	1635.4	289.0	2565.1	1790.2	803.3
1989	1686.1	276.6	2606.1	1956.7	818.6
1990	1701.3	316.7	2528.0	2050.6	819.4
1991	1805.1	330.0	2629.1	2259.8	863.6
1992	2023.5	343.9	2986.6	2567.1	962.1
1993	2325.0	380.7	3482.4	2934.2	1099.7
1994	2585.4	388.7	3963.0	3259.9	1222.9
1995	2768.9	407.7	4244.3	3514.2	1301.1
1996	3007.2	459.1	4575.4	3809.4	1403.9
1997	3274.8	465.1	5055.8	4159.9	1526.0
1998	3546.7	525.6	5440.1	4488.5	1646.6
1999	3837.5	552.4	5902.5	4888.0	1776.7
2000	4179.0	543.6	6534.1	5357.2	1929.5
2001	4555.1	580.0	7024.2	5973.3	2097.4
2002	5019.7	628.7	7712.6	6648.3	2307.1
2003	5596.0	673.8	8657.8	7423.3	2567.8
2004	6312.3	727.0	10043.0	8217.6	2891.3
2005	7114.0	784.4	11489.2	9203.7	3255.6
2006	8087.3	833.9	13324.7	10391.0	3620.2
2007	9300.5	867.2	15683.2	11897.7	4127.1
2008	10537.4	921.9	18192.5	13265.9	4651.2
2009	11928.3	950.4	21048.7	14871.1	5237.3
2010	13622.2	1005.6	24584.9	16730.0	5939.0
2011	15297.7	1070.9	28051.3	18553.5	6633.9
2012	16751.0	1125.5	30772.3	20427.5	7250.9
2013	18225.1	1177.3	32926.4	22919.6	7881.7
2014	19263.9	1203.2	34572.7	24569.8	8323.1
2015	19803.3	1248.9	34365.3	26338.8	8564.4
2016	19308.2	1191.5	31719.1	26997.3	8367.5

注：本表按可比价计算。

3-4 生产总值构成

单位：%

年 份	生产总值	第一产业	第二产业	第三产业
1952	100.0	29.0	48.3	22.7
1953	100.0	23.3	49.5	27.2
1957	100.0	20.3	59.3	20.4
1965	100.0	19.6	60.7	19.7
1970	100.0	20.8	62.4	16.8
1975	100.0	18.1	66.9	15.0
1978	100.0	14.1	71.1	14.8
1979	100.0	16.6	67.9	15.5
1980	100.0	16.4	68.4	15.2
1981	100.0	17.0	65.0	18.0
1982	100.0	17.4	63.4	19.2
1983	100.0	19.9	60.3	19.8
1984	100.0	18.3	61.2	20.5
1985	100.0	14.4	63.3	22.3
1986	100.0	15.3	59.1	25.6
1987	100.0	15.2	58.0	26.8
1988	100.0	16.1	55.9	28.0
1989	100.0	14.1	54.3	31.6
1990	100.0	15.9	50.9	33.2
1991	100.0	15.1	49.2	35.7
1992	100.0	13.2	50.4	36.4
1993	100.0	13.0	51.7	35.3
1994	100.0	13.0	51.1	35.9
1995	100.0	14.0	49.8	36.2
1996	100.0	15.0	48.7	36.3
1997	100.0	13.2	48.7	38.1
1998	100.0	13.7	47.8	38.5
1999	100.0	12.5	48.0	39.5
2000	100.0	10.8	50.2	39.0
2001	100.0	10.8	48.5	40.7
2002	100.0	10.8	47.8	41.4
2003	100.0	10.3	48.3	41.4
2004	100.0	11.8	46.2	42.0
2005	100.0	10.9	48.3	40.8
2006	100.0	10.0	49.3	40.7
2007	100.0	10.0	49.9	40.1
2008	100.0	9.4	52.6	38.0
2009	100.0	9.2	52.2	38.6
2010	100.0	8.8	54.2	37.0
2011	100.0	8.5	54.9	36.6
2012	100.0	8.6	53.5	37.9
2013	100.0	8.0	51.6	40.4
2014	100.0	7.9	50.5	41.6
2015	100.0	8.2	45.7	46.1
2016	100.0	9.8	38.7	51.5

3-5 分行业增加值

单位：亿元

行　业	2005年	2008年	2009年	2010年	2011年	2012年	2013年	2014年	2015年	2016年
总　计	**8123.1**	**13787.8**	**15357.3**	**18633.2**	**22453.8**	**25086.6**	**27500.5**	**28910.7**	**28902.7**	**22246.9**
按产业分类										
第一产业	882.4	1302.0	1414.9	1631.1	1915.6	2155.8	2216.2	2285.8	2384.0	2173.1
第二产业	3926.2	7246.0	8012.6	10107.8	12326.8	13411.5	14179.3	14597.2	13198.2	8606.5
第三产业	3314.5	5239.7	5929.8	6894.3	8211.4	9519.3	11105.0	12027.8	13320.5	11467.3
按行业分类										
农林牧渔业	882.4	1302.0	1414.9	1631.1	1915.6	2155.8	2321.6	2403.2	2505.1	2296.6
工业	3457.8	6445.5	7028.7	8917.1	10868.0	11783.0	12515.3	12868.5	11428.6	6818.3
建筑业	468.4	800.6	983.9	1190.7	1458.8	1628.6	1810.3	1879.0	1881.3	1880.9
交通运输、仓储和邮政业	494.1	734.6	791.8	927.9	1144.2	1298.2	1399.0	1491.3	1705.2	1245.3
批发和零售业	820.4	1257.5	1410.3	1651.7	1960.3	2191.2	2413.0	2653.7	2969.0	2822.9
住宿和餐饮业	180.8	275.9	318.8	369.6	436.1	487.5	536.4	568.8	620.3	457.0
金融业	232.9	455.1	560.2	639.3	755.6	969.4	1249.7	1482.2	1869.5	1829.2
房地产业	256.8	500.8	605.3	733.4	876.1	1050.0	1191.2	1145.7	1169.7	1037.3
其他服务业	1329.6	2015.9	2243.4	2572.6	3039.0	3523.0	4064.0	4418.4	4754.1	3859.5

3-6 三次产业贡献率

单位：%

年　份	生产总值			
		第一产业	第二产业	第三产业
1991	100.0	13.8	41.2	45.0
1992	100.0	6.4	64.2	29.4
1993	100.0	12.1	63.3	24.6
1994	100.0	2.7	63.3	34.0
1995	100.0	8.6	55.7	35.7
1996	100.0	18.0	50.2	31.8
1997	100.0	1.9	64.7	33.4
1998	100.0	17.7	50.2	32.1
1999	100.0	7.4	56.0	36.6
2000	100.0	-2.0	65.4	36.6
2001	100.0	8.0	42.2	49.8
2002	100.0	8.6	47.5	43.9
2003	100.0	6.5	51.0	42.5
2004	100.0	6.4	57.0	36.6
2005	100.0	6.4	53.2	40.4
2006	100.0	2.1	53.5	44.4
2007	100.0	2.7	57.6	39.7
2008	100.0	4.3	60.1	35.6
2009	100.0	2.0	60.9	37.1
2010	100.0	3.1	61.8	35.1
2011	100.0	4.6	62.4	33.0
2012	100.0	4.5	56.5	39.0
2013	100.0	-0.2	36.5	63.7
2014	100.0	2.8	47.8	49.4
2015	100.0	9.6	-11.0	101.4
2016	100.0	19.1	128.5	-47.6

注：产业贡献率指各产业增加值增量与GDP增量之比。

3-7 三次产业对生产总值增长的拉动

单位：百分点

年 份	生产总值	第一产业	第二产业	第三产业
1991	6.1	0.8	2.5	2.7
1992	12.1	0.8	7.8	3.6
1993	14.9	1.8	9.4	3.7
1994	11.2	0.3	7.1	3.8
1995	7.1	0.6	4.0	2.5
1996	8.6	1.6	4.3	2.7
1997	8.9	0.2	5.8	3.0
1998	8.3	1.5	4.2	2.7
1999	8.2	0.6	4.6	3.0
2000	8.9	-0.2	5.8	3.3
2001	9.0	0.7	3.8	4.5
2002	10.2	0.9	4.8	4.5
2003	11.5	0.7	5.9	4.9
2004	12.8	0.8	7.3	4.7
2005	12.7	0.8	6.8	5.1
2006	13.7	0.3	7.3	6.1
2007	15.0	0.4	8.6	6.0
2008	13.3	0.6	8.0	4.7
2009	13.2	0.3	8.0	4.9
2010	14.2	0.4	8.8	5.0
2011	12.3	0.6	7.7	4.1
2012	9.5	0.4	5.4	3.7
2013	8.8	0.0	3.2	5.6
2014	5.7	0.2	2.7	2.8
2015	2.8	0.3	-0.3	2.8
2016	-2.5	-0.5	-3.2	1.2

注：产业拉动指GDP增长速度与各产业贡献率之乘积。

3-8 各地区生产总值

(2016年)

地 区	生产总值(亿元)	第一产业	第二产业	第三产业	人均生产总值(元)	构成(%) 第一产业	第二产业	第三产业	指数(上年=100) 生产总值	第一产业	第二产业	第三产业
沈 阳	5546.4	266.36	2151.56	3128.54	66893	4.8	38.8	56.4	94.4	82.2	85.1	103.7
大 连	6810.2	462.78	2849.85	3497.57	97470	6.8	41.8	51.4	106.5	104.1	106.7	106.6
鞍 山	1462.0	100.02	523.97	837.98	40532	6.8	35.9	57.3	89.7	97.1	83.7	92.9
抚 顺	865.1	58.30	435.82	370.95	41741	6.7	50.4	42.9	92.9	100.1	87.0	99.3
本 溪	766.7	67.76	333.25	365.70	44745	8.8	43.5	47.7	91.2	100.6	81.2	101.0
丹 东	751.2	127.80	231.14	392.29	31223	17.0	30.8	52.2	97.9	86.9	98.4	102.2
锦 州	1032.8	205.59	353.26	473.97	33692	19.9	34.2	45.9	93.4	96.9	79.3	105.8
营 口	1156.2	110.94	471.46	573.85	47358	9.6	40.8	49.6	92.5	100.8	81.5	102.9
阜 新	407.8	96.44	110.79	200.59	22956	23.6	27.2	49.2	87.7	83.2	74.5	100.6
辽 阳	666.9	72.09	272.23	322.56	36145	10.8	40.8	48.4	95.8	102.0	85.3	104.4
盘 锦	1012.5	121.31	449.25	441.97	70486	12.0	44.4	43.6	95.9	101.8	92.3	98.6
铁 岭	589.2	139.65	192.00	257.58	22223	23.7	32.6	43.7	95.4	92.3	99.0	95.2
朝 阳	716.5	179.39	175.84	361.31	24285	25.1	24.5	50.4	94.0	86.9	90.7	100.3
葫芦岛	647.4	109.32	224.99	313.04	25347	16.9	34.7	48.4	101.1	103.7	97.2	103.3

3-9 生产总值(支出法)

单位：亿元

年 份	生产总值	最终消费支出	资本形成总额	货物和服务净流出	消费率%	投资率%
1978	229.2	109.4	62.3	57.5	47.7	27.2
1980	281.0	157.4	56.8	66.8	56.0	20.2
1981	288.6	177.4	53.8	57.4	61.5	18.6
1982	315.1	185.2	67.9	62.0	58.8	21.5
1983	364.0	208.2	86.8	69.1	57.2	23.9
1984	438.2	236.9	127.6	73.7	54.1	29.1
1985	518.6	276.2	174.2	68.2	53.3	33.6
1986	605.3	314.8	216.0	74.6	52.0	35.7
1987	719.1	371.8	256.8	90.5	51.7	35.7
1988	881.2	459.4	335.4	86.2	52.1	38.1
1989	1003.8	543.6	356.5	103.7	54.2	35.5
1990	1062.7	574.2	392.7	95.8	54.0	37.0
1991	1200.1	640.5	452.6	107.0	53.4	37.7
1992	1473.0	769.9	561.8	141.2	52.3	38.1
1993	2010.8	962.5	901.3	147.1	47.9	44.8
1994	2461.8	1239.6	1024.7	197.5	50.4	41.6
1995	2793.4	1501.8	1046.6	244.9	53.8	37.5
1996	3148.2	1728.7	1076.3	343.2	54.9	34.2
1997	3582.5	1943.4	1147.0	491.7	54.3	32.0
1998	3881.7	2128.1	1226.0	527.7	54.8	31.6
1999	4171.7	2330.5	1284.3	556.9	55.9	30.8
2000	4669.1	2587.5	1471.6	609.9	55.4	31.5
2001	5033.1	2828.1	1625.5	579.5	56.2	32.3
2002	5458.2	3031.5	1835.5	591.2	55.5	33.6
2003	6002.5	3102.5	2333.7	566.4	51.7	38.9
2004	6736.1	3243.6	3229.9	262.6	48.2	48.0
2005	8123.1	3683.4	4661.8	-222.1	45.3	57.4
2006	9388.9	4048.8	5610.2	-270.1	43.1	59.8
2007	11267.6	4709.6	6757.0	-198.9	41.8	60.0
2008	13787.8	5587.3	8675.7	-475.2	40.5	62.9
2009	15357.3	6300.5	9567.4	-510.6	41.0	62.3
2010	18633.2	7361.3	11710.6	-438.6	39.5	62.9
2011	22453.8	8850.0	14174.6	-570.7	39.4	63.1
2012	25086.6	10053.4	15752.2	-718.9	40.1	62.8
2013	27500.5	11193.8	17253.0	-946.2	40.7	62.7
2014	28910.7	12176.2	17769.7	-1035.2	42.1	61.5
2015	28902.7	13002.0	12856.8	3043.9	45.0	44.5
2016	22246.9	13149.5	9682.0	-584.6	59.1	43.5

3-10 生产总值结构(支出法)

年 份	资本形成总额		最终消费支出			
	固定资本形成总额	存货增加	居民消费支出	农村居民	城镇居民	政府消费支出
一、绝对数(亿元)						
1985	130.9	43.3	225.5	91.0	134.5	50.7
1986	158.6	57.4	257.9	100.0	157.8	56.9
1987	210.2	46.6	296.9	113.0	183.9	74.9
1988	260.3	75.1	379.6	131.2	248.5	79.8
1989	241.9	114.6	434.1	148.4	285.7	109.5
1990	262.4	130.4	450.8	140.6	310.2	123.5
1991	323.7	129.0	502.2	156.0	346.2	138.3
1992	405.2	156.6	614.3	200.5	413.7	155.7
1993	731.6	169.7	770.2	240.2	530.0	192.3
1994	888.0	136.7	966.0	302.3	663.7	273.7
1995	885.0	161.7	1177.6	350.4	827.2	324.3
1996	920.7	155.6	1327.7	408.8	918.9	401.1
1997	976.5	170.5	1485.8	425.9	1059.9	458.1
1998	1069.6	156.4	1578.5	462.3	1116.2	549.6
1999	1115.8	168.5	1707.3	492.0	1215.3	623.2
2000	1293.9	177.7	1867.4	535.8	1331.5	720.2
2001	1444.2	181.4	2002.0	567.0	1435.0	826.1
2002	1627.6	208.0	2141.5	590.3	1551.2	890.0
2003	2102.1	231.6	2172.1	487.2	1684.9	930.5
2004	2993.9	235.9	2316.0	486.4	1829.7	927.6
2005	4361.2	300.7	2719.9	553.2	2166.7	963.5
2006	5362.7	247.5	2940.8	613.0	2327.8	1108.0
2007	6408.1	348.9	3399.1	653.1	2746.0	1310.5
2008	8226.5	449.2	4172.8	766.6	3406.2	1414.4
2009	9061.8	505.6	4720.3	867.9	3852.4	1580.2
2010	11268.4	442.2	5672.3	1006.0	4666.3	1689.0
2011	13719.0	455.6	6846.4	1167.5	5678.9	2003.5
2012	15309.7	442.5	7894.4	1333.8	6560.6	2158.9
2013	16788.1	464.8	8847.4	1552.4	7295.0	2346.4
2014	17228.1	541.6	9773.6	1777.9	7995.7	2402.6
2015	12350.1	506.7	10393.9	1972.3	8421.6	2608.1
2016	9171.7	510.3	10367.6	1736.4	8631.2	2781.9
二、比重(%)						
1985	75.1	24.9	81.7	40.4	59.7	18.4
1986	73.4	26.6	81.9	38.8	61.2	18.1
1987	81.9	18.1	79.9	38.1	61.9	20.1
1988	77.6	22.4	82.6	34.6	65.5	17.4
1989	67.9	32.1	79.9	34.2	65.8	20.2
1990	66.8	33.2	78.5	31.2	68.8	21.5
1991	71.5	28.5	78.4	31.1	68.9	21.6
1992	72.1	27.9	79.8	32.7	67.4	20.2
1993	81.2	18.8	80.0	31.2	68.8	20.0
1994	86.7	13.3	77.9	31.3	68.7	22.1
1995	84.6	15.5	78.4	29.8	70.3	21.6
1996	85.5	14.5	76.8	30.8	69.2	23.2
1997	85.1	14.9	76.4	28.7	71.3	23.6
1998	87.2	12.8	74.2	29.3	70.7	25.8
1999	86.9	13.1	73.3	28.8	71.2	26.7
2000	87.9	12.1	72.2	28.7	71.3	27.8
2001	88.8	11.2	70.8	28.3	71.7	29.2
2002	88.7	11.3	70.6	27.6	72.4	29.4
2003	90.1	9.9	70.0	22.4	77.6	30.0
2004	92.7	7.3	71.4	21.0	79.0	28.6
2005	93.6	6.5	73.8	20.3	79.7	26.2
2006	95.6	4.4	72.6	20.8	79.2	27.4
2007	94.8	5.2	72.2	19.2	80.8	27.8
2008	94.8	5.2	74.7	18.4	81.6	25.3
2009	94.7	5.3	74.9	18.4	81.6	25.1
2010	96.2	3.8	77.1	17.7	82.3	22.9
2011	96.8	3.2	77.4	17.1	83.0	22.6
2012	97.2	2.8	78.5	16.9	83.1	21.5
2013	97.3	2.7	79.0	17.6	82.5	21.0
2014	97.0	3.1	80.3	18.2	81.8	19.7
2015	96.1	3.9	79.9	19.0	81.0	20.1
2016	94.7	5.3	78.8	16.8	83.3	21.2

3-11 三大需求对生产总值增长的贡献率和拉动

年 份	最终消费支出		资本形成总额		货物和服务净流出	
	贡献率(%)	拉动(百分点)	贡献率(%)	拉动(百分点)	贡献率(%)	拉动(百分点)
1991	62.3	3.8	37.0	2.3	0.7	
1992	62.1	7.5	36.3	4.4	1.7	0.2
1993	40.2	6.0	60.1	8.9	-0.3	
1994	56.3	6.3	52.7	5.9	-9.0	-1.0
1995	80.4	5.7	-14.1	-1.0	33.7	2.4
1996	51.4	4.4	9.3	0.8	39.3	3.4
1997	50.2	4.5	19.4	1.7	30.4	2.7
1998	54.5	4.5	30.0	2.5	15.5	1.3
1999	65.5	5.4	16.2	1.3	18.3	1.5
2000	56.8	5.1	35.1	3.1	8.2	0.7
2001	61.6	5.5	35.2	3.2	3.2	0.3
2002	53.0	5.4	37.1	3.8	9.9	0.5
2003	31.6	3.6	67.5	7.8	0.9	0.1
2004	33.8	4.1	58.6	7.0	7.6	0.9
2005	33.6	4.3	73.3	9.3	-6.9	-0.9
2006	34.2	4.1	73.2	8.7	-7.4	-0.9
2007	32.1	4.8	74.4	11.2	-6.5	-1.0
2008	47.2	6.3	75.8	10.1	-23.0	-3.1
2009	38.9	5.1	77.0	10.2	-15.9	-2.1
2010	39.3	5.6	67.9	9.6	-7.2	-1.0
2011	40.4	5.0	70.9	8.7	-11.3	-1.4
2012	42.2	4.0	71.7	6.7	-13.9	-1.3
2013	40.4	3.6	69.5	6.2	-9.9	-0.9
2014	48.0	2.7	37.7	2.1	14.3	0.9
2015	94.4	2.6	-445.0	-12.5	450.6	12.7
2016	-183.6	4.6	456.9	-11.4	-173.3	4.3

注：1.贡献率指三大需求增量与支出法国内生产总值增量之比。
2.拉动指国内生产总值增长速度与三大需求贡献率的乘积。

3-12 居民消费水平

年 份	居民消费水平(元/人)			城镇与农村消费水平对比
	全体居民	农村居民	城镇居民	
1978	267	173	476	2.75∶1
1980	355	235	573	2.44∶1
1981	400	264	632	2.39∶1
1982	410	270	641	2.37∶1
1983	443	301	669	2.22∶1
1984	510	362	735	2.03∶1
1985	605	414	880	2.13∶1
1986	686	454	1012	2.23∶1
1987	780	508	1160	2.28∶1
1988	985	589	1530	2.60∶1
1989	1113	662	1722	2.60∶1
1990	1144	622	1849	2.97∶1
1991	1267	687	2045	2.98∶1
1992	1540	884	2407	2.72∶1
1993	1921	1065	3021	2.84∶1
1994	2397	1348	3704	2.75∶1
1995	2900	1566	4540	2.90∶1
1996	3250	1826	4975	2.72∶1
1997	3619	1906	5665	2.97∶1
1998	3828	2073	5897	2.84∶1
1999	4128	2209	6366	2.88∶1
2000	4490	2403	6903	2.87∶1
2001	4789	2540	7366	2.90∶1
2002	5095	2643	7874	2.98∶1
2003	5159	2630	7147	2.72∶1
2004	5492	2621	7748	2.96∶1
2005	6447	3175	8749	2.76∶1
2006	6926	3508	9317	2.66∶1
2007	7934	3727	10845	2.91∶1
2008	9690	4409	13265	3.01∶1
2009	10906	5039	14786	2.93∶1
2010	13016	5955	17488	2.94∶1
2011	15635	7221	20560	2.85∶1
2012	17999	8652	23065	2.67∶1
2013	20156	10417	25161	2.42∶1
2014	22260	12178	27282	2.24∶1
2015	23693	13707	28567	2.08∶1
2016	23670	12145	29254	2.41∶1

3-13 居民消费水平指数

年 份	以上年为100			以1952年为100		
	全体居民	农村居民	城镇居民	全体居民	农村居民	城镇居民
1978	108.5	97.6	116.3	170.1	143.4	160.2
1980	107.2	119.1	95.2	210.2	187.3	173.4
1981	108.1	109.1	105.5	227.2	204.3	182.9
1982	101.1	100.8	100.2	229.7	205.9	183.3
1983	106.1	108.6	103.1	243.7	223.6	189.0
1984	111.8	115.9	107.1	272.5	259.2	202.4
1985	106.3	104.7	105.8	289.7	271.4	214.1
1986	107.6	105.7	108.5	311.7	286.9	232.3
1987	106.3	105.1	106.7	331.3	301.5	247.9
1988	107.6	104.6	108.9	356.5	315.4	270.0
1989	122.3	157.4	99.9	436.0	496.4	269.7
1990	83.7	56.8	109.9	364.9	282.0	296.4
1991	105.3	104.5	105.5	384.2	294.7	312.7
1992	112.4	112.9	111.5	431.8	332.7	348.7
1993	108.7	108.9	107.6	469.4	362.3	375.2
1994	108.8	108.9	107.7	510.7	394.5	404.1
1995	106.2	102.3	107.3	542.4	403.6	433.6
1996	106.3	106.1	105.9	576.6	428.2	459.2
1997	110.7	110.2	110.4	638.3	471.9	507.0
1998	107.7	109.9	106.3	687.4	518.6	538.9
1999	108.4	107.0	108.6	745.1	554.9	585.2
2000	108.4	107.9	108.2	807.7	598.7	633.2
2001	107.6	106.1	107.8	869.1	635.2	682.6
2002	108.4	107.2	108.4	942.1	680.9	739.9
2003	105.3	109.1	103.6	992.0	742.9	766.5
2004	106.5	99.7	108.4	1056.5	740.7	830.9
2005	111.6	114.2	107.5	1179.1	845.9	893.2
2006	106.6	108.6	106.0	1256.9	918.6	946.8
2007	110.1	100.1	112.4	1383.8	919.5	1064.2
2008	116.9	112.2	117.2	1617.7	1031.7	1247.2
2009	112.2	114.0	111.1	1815.1	1176.1	1385.6
2010	113.4	112.5	112.4	2058.3	1323.1	1557.4
2011	112.9	114.1	110.5	2323.8	1509.7	1720.9
2012	110.4	114.3	107.7	2564.9	1725.1	1853.0
2013	109.5	117.6	106.7	2807.5	2028.3	1976.3
2014	108.7	115.7	106.6	3051.8	2346.7	2106.7
2015	108.6	113.8	107.1	3314.3	2670.3	2255.6
2016	110.1	107.8	110.4	3649.0	2878.6	2490.2

主要统计指标解释

国内生产总值 是按市场价格计算的国内生产总值的简称。它是一个国家(地区)所有常住单位在一定时期内生产活动的最终成果。国内生产总值有三种表现形态，既价值形态、收入形态和产品形态。从价值形态看，它是所有常住单位在一定时期内所生产的全部货物和服务价值超过同期投入的全部非固定资产货物和服务价值的差额，即所有常住单位的增加值之和；从收入形态看，它是所有常住单位在一定时期内所创造并分配给常住单位和非常住单位的初次分配收入之和；从产品形态看，它是最终使用的货物和服务减去进口货物和服务。在实际核算中，国内生产总值的三种表现形态表现为三种计算方法，即生产法、收入法和支出法。三种方法分别从不同的方面反映国内生产总值及构成。

国民生产总值 是按市场价格计算的国民生产总值的简称。它是一个国家(或地区)所有常住单位在一定时期内收入初次分配的最终成果。一国常住单位从事生产活动所创造的增加值在初次分配过程中主要分配给该国的常住单位，但也有一部分以生产税及进口税(扣除生产和进口补贴)、劳动者报酬和财产收入等形式分配给该国的非常住单位，同时，国外生产所创造的增加值也有一部分以生产税及进口税(扣除生产和进口补贴)、劳动者报酬和财产收入等形式分配给该国的常住单位。从而产生了国民生产总值概念，它等于国内生产总值加上来自国外的初次分配收入净额。与国内生产总值不同，国内生产总值是一个生产概念，而国民生产总值则是个收入概念。

三次产业 根据社会生产活动历史发展的顺序对产业结构的划分，产品直接取自自然界的部门称为第一产业，对初级产品进行再加工的部门称为第二产业。为生产和消费提供各种服务的部门称为第三产业。它是世界上通用的产业结构分类，但各国的划分不尽一致。我国的三次产业划分是:

第一产业：农林牧渔业(包括农业、林业、畜牧业和渔业)。

第二产业：工业(包括采掘业、制造业、电力煤气及水的生产和供应业)、建筑业。

第三产业：除第一、第二产业以外的其他各业。包括农林牧渔服务业、地质勘查业及水利管理业、交通运输仓储及邮电通信业、批发和零售贸易及餐饮业、金融保险业、房地产业、社会服务业、卫生体育和社会福利业、教育文化艺术及广播电影电视业、科学研究和综合技术服务业、国家机关政党机关和社会团体、其他行业。

最终消费 最终消费是指常住单位在一定时期内对于货物和服务的全部最终消费支出，也就是常住单位为满足物质、文化和精神生产的需要，从本国经济领土和国外购买的货物和服务的支出。它不包括非常住单位在本国经济领土内的消费支出。最终消费分为居民消费和政府消费。

居民消费 居民消费指常住住户在一定时期内对于货物和服务的全部最终消费支出。居民消费除了包括直接以货币形式购买的货物和服务的消费支出外，还包括以其他方式获得的货物和服务的消费支出。

政府消费 政府消费指政府部门为全社会提供的公共服务的消费支出和免费或以较低的价格向居民住户提供的货物和服务的净支出，前者等于政府服务的产出价值减去政府单位所获得的经营收入的价值，政府服务的产出价值等于它的经营性业务支出加上固定资产折旧；后者等于政府部门免费或以较低价格向居民住户提供的货物和服务的市场价值减去向住户收取的价值。

资本形成总额 资本形成总额指常住单位在一定时期内对固定资产和存货的投资支出合计，包括固定资产形成总额和存货增加。

(1)固定资产形成总额：指从常住单位在一定时期内购置、转入和资产自用的固定资产，扣除固定资产的销售和转出后的价值。可分为有形固定资本形成总额和无形固定资产形成总额。

(2)存货增加：存货增加指常住单位在一定时期内存货实物量变动的市场价值，即期末价值减期初价值的差额。存货增加可以是正值，也可以是负值，正值表示存货上升，负值表示存货下降。它包括生产单位购进的原材料、燃料和储备物资等存货，以及生产单位生产的产成品、在制品和半成品等存货等。

货物和服务净出口 指货物和服务出口减货物和服务进口的差额。出口包括常住单位向非常住单位出售或无偿转让的各种货物和服务的价值；进口包括常住单位从非常住单位购买或无偿得到的各种货物和服务的价值。由于服务活动的提供与使用同时发生，因此服务的进出口业务并不发生出入境现象，一般把常住单位从国外得到的服务作为进口，非常住单位从本国得到的服务作为出口。货物的出口和进口都按离岸价格计算。

劳动者报酬 劳动者报酬是指劳动者因从事生产活动所获得的全部报酬。它包括劳动者获得的各种形式工资、奖金和津贴，即包括货币形式的，也包括实物形式的，它还包括劳动者所享受的公费医疗和医药卫生费、上下班交通补贴和单位支付的社会保险费等。单位支付的社会保险费，就是单位直接支付给负责社会保险的政府单位(一般指劳动部门)的社会保险金或为本单位职工离退休、发生死亡、伤残、医疗保险等而支付的保险费。对于个体经济来说，其所有者所获得的劳动报酬和经营利润不易区分，这两部分统一作为劳动者报酬处理。

生产税净额 生产税净额是指生产税减生产补贴后的差额。生产税指政府对生产单位生产、销售和从事经营活动以及因从事生产活动使用某些生产要素，如固定资产、土地、劳动力所征收的各种税、附加费和规费。具体包括销售锐金及附加、增值税、管理费中开支的各种税、应交纳的养路费、排污费和水电费附加、烟酒专卖上缴政府的专项收入等。生产补贴与生产税相反，是政府对生产单位的单方面收入转移，因此视为负生产税处理，包括政策亏损补贴、粮食系统价格补贴、外贸企业出口退税收入等。

固定资产折旧 固定资产折旧是指一定时期内为弥补固定资产损耗按照核定的固定资产折旧率提取的固定资产折旧，或按国民经济核算统一规定的折旧率虚拟计算的固定资产折旧。它反映了固定资产在当期生产中的转移价值。各种类型企业和企业化管理的事业单位的固定资产折旧指实际计提并计入成本费用中的折旧费；不计提折旧的单位，如政府机关、非企业化管理的事业单位和居民住房的固定资产折旧则是按照统一规定的折旧率和固定资产原值计算的虚拟折旧。原则上，固定资产折旧应按固定资产的重置价值来计算，但是我国目前尚不具备对全社会固定资产进行重估价的基础，所以暂时只能采用上述方法来计算。

营业盈余 营业盈余是指常住单位创造的增加值扣除劳动者报酬、生产税净额和固定资产折旧后的余额。它相当于企业的营业利润加上生产补贴，但要扣除从利润中开支的工资和福利等。

四、人口

Chapter 4 Population

4-1 人口数

单位：万人

年 份	年末总人口	按性别分	
		男	女
1978	3394.0	1735.3	1658.7
1980	3486.9	1779.2	1707.7
1981	3534.8	1803.2	1731.6
1982	3592.1	1832.0	1760.1
1983	3629.1	1852.9	1776.2
1984	3654.8	1866.6	1788.2
1985	3686.2	1883.2	1803.0
1986	3726.0	1904.1	1821.9
1987	3777.4	1930.4	1847.0
1988	3825.5	1955.5	1870.0
1989	3876.0	1979.5	1896.5
1990	3917.3	1999.1	1918.2
1991	3938.5	2009.8	1928.7
1992	3957.9	2018.9	1939.0
1993	3982.9	2031.6	1951.3
1994	4007.2	2043.6	1963.6
1995	4034.0	2056.9	1977.1
1996	4056.8	2067.5	1989.3
1997	4077.1	2076.9	2000.2
1998	4090.4	2083.1	2007.3
1999	4103.2	2088.4	2014.8
2000	4135.3	2103.3	2032.0
2001	4147.0	2109.1	2037.9
2002	4155.4	2111.6	2043.8
2003	4161.6	2113.2	2048.4
2004	4172.8	2117.3	2055.5
2005	4189.2	2123.4	2065.8
2006	4210.4	2132.5	2077.9
2007	4231.7	2141.5	2090.2
2008	4246.1	2146.9	2099.2
2009	4256.0	2149.9	2106.1
2010	4251.7	2144.7	2107.0
2011	4255.0	2143.6	2111.4
2012	4244.8	2136.5	2108.3
2013	4238.0	2131.4	2106.6
2014	4244.2	2132.2	2112.0
2015	4229.7	2122.7	2107.0
2016	4232.0	2121.7	2110.3

注：本表至4-6表为公安户籍统计数。

4-2 人口构成

单位：%

年 份	总人口	按性别分	
		男	女
1978	100	51.2	48.8
1980	100	51.0	49.0
1981	100	51.0	49.0
1982	100	51.0	49.0
1983	100	51.1	48.9
1984	100	51.1	48.9
1985	100	51.1	48.9
1986	100	51.1	48.9
1987	100	51.1	48.9
1988	100	51.1	48.9
1989	100	51.1	48.9
1990	100	51.0	49.0
1991	100	51.0	49.0
1992	100	51.0	49.0
1993	100	51.0	49.0
1994	100	51.0	49.0
1995	100	51.0	49.0
1996	100	51.0	49.0
1997	100	50.9	49.1
1998	100	50.9	49.1
1999	100	50.9	49.1
2000	100	50.9	49.1
2001	100	50.9	49.1
2002	100	50.8	49.2
2003	100	50.1	49.9
2004	100	50.7	49.3
2005	100	50.7	49.3
2006	100	50.6	49.4
2007	100	50.6	49.4
2008	100	50.6	49.4
2009	100	50.5	49.5
2010	100	50.4	49.6
2011	100	50.4	49.6
2012	100	50.3	49.7
2013	100	50.3	49.7
2014	100	50.2	49.8
2015	100	50.2	49.8
2016	100	50.1	49.9

4-3 人口出生率、死亡率、自然增长率

单位：‰

年 份	出生率	死亡率	自然增长率
1978	18.0	5.3	12.7
1980	14.1	5.4	8.7
1981	16.6	5.3	11.3
1982	18.9	5.4	13.5
1983	13.4	5.0	8.4
1984	10.8	5.0	5.8
1985	11.9	5.3	6.6
1986	14.8	5.2	9.6
1987	17.3	5.3	12.0
1988	15.4	5.2	10.2
1989	14.6	5.2	9.4
1990	14.5	5.7	8.8
1991	9.9	5.2	4.7
1992	10.2	5.4	4.8
1993	10.0	5.6	4.4
1994	10.7	5.8	4.9
1995	9.9	5.5	4.4
1996	9.5	5.8	3.7
1997	8.9	5.7	3.2
1998	7.9	5.8	2.1
1999	8.0	6.0	2.0
2000	10.7	6.7	4.0
2001	7.1	5.3	1.8
2002	7.5	5.4	2.1
2003	6.2	5.6	0.6
2004	7.7	6.5	1.2
2005	7.8	5.8	2.0
2006	7.8	5.5	2.3
2007	8.2	5.8	2.4
2008	7.9	6.5	1.4
2009	7.6	6.8	0.8
2010	8.8	10.9	-2.1
2011	7.4	7.1	0.3
2012	8.1	9.4	-1.3
2013	7.6	8.1	-0.5
2014	9.0	7.1	1.9
2015	7.0	7.8	-0.8
2016	7.8	6.8	1.0

4-4 各地区年末总户数及总人口

单位：万户、万人

地　区	总户数			总人口			男性人口			女性人口		
	2014年	2015年	2016年	2014年	2015年	2016年	2014年	2015年	2016年	2014年	2015年	2016年
全　省	**1515.1**	**1512.1**	**1526.6**	**4244.2**	**4229.7**	**4232.0**	**2132.2**	**2122.7**	**2121.7**	**2112.0**	**2107.0**	**2110.3**
沈　阳	263.0	265.2	268.1	730.8	730.4	733.9	362.2	361.4	362.6	368.6	369.0	371.3
大　连	213.0	213.0	213.9	594.3	593.6	595.6	296.2	295.4	296.0	298.1	298.2	299.6
鞍　山	119.7	115.9	120.1	348.2	346.0	345.7	175.6	174.2	173.8	172.6	171.8	171.9
抚　顺	84.8	84.9	85.1	217.4	215.8	214.8	108.5	107.5	106.9	108.9	108.3	107.9
本　溪	56.9	56.8	56.5	152.0	151.2	150.0	76.0	75.5	74.9	76.0	75.7	75.1
丹　东	84.7	84.2	84.3	239.5	238.1	237.9	120.2	119.3	119.1	119.3	118.8	118.8
锦　州	103.7	103.4	103.5	305.3	302.6	302.2	153.1	151.7	151.4	152.2	150.9	150.8
营　口	88.4	88.7	88.7	233.3	232.6	232.8	118.2	117.8	117.8	115.1	114.8	115.0
阜　新	68.5	67.4	67.8	191.0	189.5	188.9	95.1	94.2	93.8	95.9	95.3	95.1
辽　阳	68.3	68.3	68.5	179.9	179.0	178.6	90.9	90.4	90.1	89.0	88.6	88.5
盘　锦	46.2	46.7	47.2	129.2	129.5	130.1	64.7	64.8	65.0	64.5	64.7	65.1
铁　岭	106.4	106.2	111.1	302.0	300.4	299.9	153.1	152.1	151.7	148.9	148.3	148.2
朝　阳	113.3	112.9	113.0	340.6	340.9	341.1	174.6	174.7	174.7	166.0	166.2	166.4
葫芦岛	98.2	98.5	98.8	280.7	280.1	280.5	143.8	143.7	143.9	136.9	136.4	136.6

4-5 各地区人口自然变动情况

地　区	平均人口(万人)			人口出生率(‰)			人口死亡率(‰)			人口自然增长率(‰)		
	2014年	2015年	2016年	2014年	2015年	2016年	2014年	2015年	2016年	2014年	2015年	2016年
全　省	**4241.1**	**4236.9**	**4230.8**	**9.0**	**7.0**	**7.8**	**7.1**	**7.8**	**6.8**	**1.9**	**-0.8**	**1.0**
沈　阳	729.0	730.6	732.1	9.9	6.7	8.7	7.9	8.3	7.6	2.0	-1.6	1.1
大　连	592.9	593.9	594.6	11.1	8.9	9.4	7.7	8.7	6.7	3.4	0.2	2.7
鞍　山	349.0	347.1	345.9	8.1	5.8	7.8	9.0	8.8	7.7	-0.9	-3.0	0.1
抚　顺	217.6	216.6	215.3	7.2	5.5	6.5	8.1	7.6	6.9	-0.9	-2.1	-0.4
本　溪	152.2	151.6	150.6	7.2	5.9	6.5	6.7	7.6	10.7	0.5	-1.7	-4.2
丹　东	239.5	238.8	238.0	7.9	5.7	7.5	7.8	7.8	7.6	0.1	-2.1	-0.1
锦　州	305.6	303.9	302.4	7.2	5.5	6.0	7.2	8.6	5.4		-3.1	0.6
营　口	232.9	233.0	232.7	9.2	6.7	8.3	6.3	6.7	6.3	2.9		2.0
阜　新	191.0	190.2	189.2	7.9	6.3	6.5	6.6	11.3	7.3	1.3	-5.0	-0.8
辽　阳	179.9	179.4	178.8	7.0	5.5	6.2	5.9	6.8	6.1	1.1	-1.3	0.1
盘　锦	129.1	129.4	129.8	8.9	7.4	8.3	5.5	5.4	4.8	3.4	2.0	3.5
铁　岭	302.0	301.2	300.1	7.8	5.5	5.9	5.7	6.4	5.4	2.1	-0.9	0.5
朝　阳	340.1	340.8	341.0	10.7	11.7	8.7	5.2	5.8	5.9	5.5	5.9	2.8
葫芦岛	280.3	280.4	280.3	9.9	7.6	8.7	5.9	6.7	6.5	4.0	0.9	2.2

4-6 各地区分年龄人口数

(2016年)

单位：万人

地区	总人口	0-17岁	18-34岁	35-59岁	60岁及以上
全省	**4232.0**	**562.0**	**891.4**	**1810.7**	**967.9**
沈阳	733.9	94.1	153.7	314.9	171.2
大连	595.6	76.5	126.3	249.4	143.4
鞍山	345.7	46.4	72.3	147.9	79.1
抚顺	214.8	23.2	42.7	96.6	52.3
本溪	150.0	16.3	30.9	67.4	35.4
丹东	237.9	28.9	47.4	104.1	57.5
锦州	302.2	38.2	60.5	127.7	75.8
营口	232.8	32.1	53.5	96.6	50.6
阜新	188.9	23.9	39.6	84.4	41.0
辽阳	178.6	22.4	36.0	77.9	42.3
盘锦	130.1	18.3	28.4	56.7	26.7
铁岭	299.9	39.1	62.5	131.9	66.4
朝阳	341.1	56.8	74.7	142.4	67.2
葫芦岛	280.5	45.8	62.9	112.8	59.0

4-7 全省历年人口变动抽样调查推算数

年份	总人口(万人)	出生率(‰)	死亡率(‰)	自然增长率(‰)	文盲率(%)	家庭户规模(人/户)
1990	3946	15.60	6.01	9.59	11.51	3.59
1991	3990	12.10	6.64	5.46		3.60
1992	4016	12.57	6.11	6.46		3.57
1993	4042	12.43	6.11	6.32		3.53
1994	4067	12.26	6.03	6.23	10.46	3.48
1995	4092	12.17	6.15	6.02	9.31	3.49
1996	4116	12.15	6.20	5.95	8.86	3.44
1997	4138	11.78	6.38	5.40	8.21	3.31
1998	4157	11.39	6.81	4.58	8.17	3.27
1999	4171	10.38	7.05	3.33	7.18	3.24
2000	4184	8.46	6.06	2.40	5.79	3.15
2001	4194	7.74	6.10	1.64	5.16	3.12
2002	4203	7.38	6.04	1.34	5.16	3.14
2003	4210	6.90	5.83	1.07	4.74	3.10
2004	4217	6.51	5.60	0.91	4.03	3.13
2005	4221	7.32	6.06	1.26	4.75	2.92
2006	4271	6.40	5.30	1.10	4.17	2.95
2007	4298	6.89	5.36	1.53	3.76	2.91
2008	4315	6.32	5.22	1.10	3.45	2.85
2009	4341	6.06	5.09	0.97	3.29	2.87
2010	4375	6.68	6.26	0.42	2.18	2.78
2011	4383	5.71	6.05	-0.34	2.37	2.72
2012	4389	6.15	6.54	-0.39	2.30	2.70
2013	4390	6.09	6.12	-0.03	1.99	2.70
2014	4391	6.49	6.23	0.26	1.92	2.64
2015	4382	6.17	6.59	-0.42	1.91	2.77
2016	4378	6.60	6.78	-0.18	1.96	2.70

注：文盲率是指15岁及15岁以上人口中，文盲和半文盲人口所占比例。

4-8 全省历年人口变动抽样调查年龄构成指数

单位：%

年 份	0-14岁占总人口比重	15-64岁占总人口比重	65岁及以上占总人口比重	总负担系数	负担少儿系数	负担老年系数
1990	23.22	71.10	5.68	40.65	32.66	7.99
1991	23.33	70.48	6.19	41.88	33.10	8.78
1992	22.78	70.62	6.60	41.60	32.25	9.35
1993	22.00	71.21	6.79	40.44	30.90	9.54
1994	22.26	71.20	6.54	40.45	31.27	9.18
1995	21.37	71.61	7.02	40.15	29.96	10.19
1996	20.61	72.47	6.92	37.98	28.44	9.54
1997	19.12	73.63	7.25	36.62	25.95	10.67
1998	18.51	73.94	7.55	35.24	25.03	10.21
1999	18.48	73.71	7.81	35.67	25.07	10.60
2000	17.68	74.44	7.88	34.34	23.75	10.59
2001	17.68	74.44	7.88	34.34	23.75	10.59
2002	15.70	76.20	8.10	31.23	20.60	10.63
2003	15.90	75.60	8.50	32.27	21.03	11.24
2004	14.50	76.60	8.90	30.55	18.93	11.62
2005	14.18	76.08	9.74	31.44	18.64	12.80
2006	12.61	76.85	10.54	30.13	16.41	13.72
2007	12.68	76.69	10.63	30.40	16.54	13.86
2008	12.03	76.56	11.41	30.62	15.72	14.90
2009	11.14	77.43	11.43	29.15	14.38	14.77
2010	11.42	78.27	10.31	27.76	14.59	13.17
2011	11.09	78.26	10.65	27.78	14.17	13.61
2012	10.80	78.04	11.16	28.15	13.84	14.31
2013	10.62	77.86	11.52	28.43	13.63	14.80
2014	10.53	77.37	12.10	29.26	13.62	15.64
2015	10.39	76.79	12.82	30.22	13.52	16.70
2016	10.39	76.10	13.51	31.40	13.65	17.75

主要统计指标解释

人口数 指一定时点、一定地区范围内的有生命的个人的总和。

年度统计的年末人口数是指每年 12 月 31 日 24 时的人口数。

出生率(又称粗出生率) 指在一定时期内(通常为一年)平均每千人所出生的人数的比率，一般用千分率表示。计算公式:

出生率=（年出生人数／年平均人数）× 1000‰

出生人数是指活产婴儿，即胎儿脱离母体时(不管怀孕月数)，有过呼吸或其他生命现象。

年平均人数是指年初、年末人口数的平均数，也可用年中人口数代替。

死亡率(又称粗死亡率) 指在一定时期内(通常为一年)某地区的死亡人数与同期平均人数(或期中人数)之比，一般用千分率表示。计算公式:

死亡率=（年死亡人数／年平均人数）× 1000‰

人口自然增长率 指在一定时期内(通常为一年)人口自然增加数(出生人数减死亡人数)与该时期内平均人数(或期中人数)之比，一般用千分率表示。计算公式:

人口自然增长率=（本年出生人数-本年死亡人数）× 1000‰/年平均人数

人口自然增长率=人口出生率-人口死亡率

五、就业人员和职工工资

Chapter 5 Employment and Wage

5-1 就业基本情况

指　　标	单位	2007年	2008年	2009年	2010年	2011年
年末就业人员	**万人**	**2180.7**	**2198.2**	**2277.1**	**2317.5**	**2364.9**
第一产业	万人	705.7	700.7	697.5	703.6	699.9
第二产业	万人	601.4	605	619.2	641.5	645.1
第三产业	万人	873.6	892.5	960.4	972.4	1019.9
按城乡分就业人员						
城镇就业人员	万人	1027	1033.5	1096.6	1109	1141.8
国有单位	万人	336.8	338.1	313.7	312.1	303.8
城镇集体单位	万人	90.6	83.9	74.6		34.1
其他内资	万人	118	128.2	149.3	154.9	165.7
外商投资单位	万人	44.1	44.7	41	41.8	53.0
港澳台投资单位	万人	11.5	10.8	11.5	11.9	15.1
其　　他	万人	3.9	5	6.5	6.9	7.9
私营企业	万人	202.9	206.1	240.7	271.6	303.3
个　　体	万人	219.2	216.6	259.2	239.9	259.0
乡村就业人员	万人	1153.6	1164.7	1180.5	1208.5	1223.1
在岗职工人数	万人	582.4	585.6	572.1	572.8	557.2
国有单位	万人	327.7	327.2	303.2	300.4	294.6
城镇集体单位	万人	89.6	82.3	72.9	68.5	32.1
其他单位	万人	165.1	176.1	196.1	204	230.5
城镇当年就业(再就业)人数	万人	122.4	112.6	114	115.6	105.4
城镇登记失业人数	万人	44.5	39	41.6	39.5	39.4
#失业女性	万人	23.4	18.6	19.4	20.5	19.7
城镇登记失业率	%	4.4	3.8	3.9	3.7	3.7

5-1 续表

指　　标	单位	2012年	2013年	2014年	2015年	2016年
年末就业人员	**万人**	**2423.8**	**2518.9**	**2562.2**	**2409.9**	**2301.2**
第一产业	万人	694.7	683.8	687.9	689.4	705.4
第二产业	万人	651.1	724.2	710.5	635.2	572.6
第三产业	万人	1078.0	1110.9	1163.9	1085.3	1023.1
按城乡分就业人员						
城镇就业人员	万人	1206.0	1301.8	1340.2	1195.1	1082.6
国有单位	万人	310.3	292.5	292.5	280.2	261.6
城镇集体单位	万人	35.1	36.7	33.5	28.5	24.4
其他内资	万人	177.4	272.5	256.5	234.6	206.6
外商投资单位	万人	51.9	60.1	57.1	50.8	46.3
港澳台投资单位	万人	15.1	19.5	18.5	18.0	15.7
其　　他	万人	9.0	7.7	7.1	6.2	5.8
私营企业	万人	318.7	337.0	380.3	240.5	220.6
个　　体	万人	288.6	275.7	294.8	336.2	301.6
乡村就业人员	万人	1217.8	1217.1	1222.0	1214.8	1218.6
在岗职工人数	万人	572.3	648.1	626.9	583.5	526.6
国有单位	万人	298.8	279.8	281.2	268.9	250.2
城镇集体单位	万人	33.0	34.6	31.5	26.9	22.9
其他单位	万人	240.6	333.7	314.2	287.8	253.5
城镇当年就业(再就业)人数	万人	103.7	102.2	101.7	83.9	81.3
城镇登记失业人数	万人	38.1	39.6	41.0	46.2	47.3
#失业女性	万人	18.3	18.2	20.0	22.0	22.6
城镇登记失业率	%	3.6	3.4	3.4	3.4	3.8

5-2 按三次产业分的就业人员

(年末数)

年份	就业人员合计(万人)	第一产业	第二产业	第三产业	构成(%,以合计为100) 第一产业	第二产业	第三产业
1978	1254.1	595.3	433.4	225.4	47.4	34.6	18.0
1980	1441.7	597.1	564.7	279.9	41.4	39.2	19.4
1985	1769.1	634.3	726.4	408.4	35.9	41.0	23.1
1986	1799.2	640.4	735.3	423.5	35.6	40.9	23.5
1987	1835.4	630.7	770.7	434.0	34.4	42.0	23.6
1988	1858.6	625.1	784.2	449.3	33.6	42.2	24.2
1989	1874.8	638.2	777.1	459.5	34.0	41.5	24.5
1990	1897.3	646.0	778.2	473.1	34.0	41.0	25.0
1991	1938.3	666.3	788.5	483.5	34.4	40.7	24.9
1992	1957.8	652.6	797.4	507.8	33.3	40.7	26.0
1993	2006.1	640.3	827.4	538.4	31.9	41.3	26.8
1994	2009.3	627.7	773.3	608.3	31.2	38.5	30.3
1995	2027.8	632.7	787.5	607.6	31.2	38.8	30.0
1996	2031.8	644.7	751.8	635.3	31.7	37.0	31.3
1997	1967.1	639.7	716.7	610.7	32.5	36.4	31.1
1998	1958.8	657.9	684.7	616.2	33.6	35.0	31.4
1999	1994.4	651.5	658.3	684.6	32.7	33.0	34.3
2000	2052.0	685.4	649.6	717.0	33.4	31.7	34.9
2001	2069.3	686.7	625.9	756.7	33.2	30.2	36.6
2002	2025.3	697.6	580.6	747.1	34.4	28.7	36.9
2003	2018.9	700.8	568.8	749.3	34.7	28.2	37.1
2004	2097.3	721.2	586.8	789.3	34.4	28.0	37.6
2005	2120.3	722.1	596.0	802.2	34.1	28.1	37.8
2006	2128.1	716.2	590.2	821.7	33.7	27.7	38.6
2007	2180.7	705.7	601.4	873.6	32.4	27.6	40.1
2008	2198.2	700.7	605.0	892.5	31.9	27.5	40.6
2009	2277.1	697.5	619.2	960.4	30.6	27.2	42.2
2010	2317.5	703.6	641.5	972.4	30.3	27.7	42.0
2011	2364.9	699.9	645.1	1019.9	29.6	27.3	43.1
2012	2423.8	694.7	651.1	1078.0	28.7	26.9	44.5
2013	2518.9	683.8	724.2	1110.9	27.1	28.8	44.1
2014	2562.2	687.9	710.5	1163.9	26.8	27.7	45.4
2015	2409.9	689.4	635.2	1085.3	28.6	26.4	45.0
2016	2301.2	705.4	572.6	1023.1	30.7	24.9	44.5

5-3 各地区分行业城镇非私营单位就业人数

(2016年末) 单位：人

行 业	沈阳	大连	鞍山	抚顺	本溪	丹东	锦州
总 计	**1217637**	**1077544**	**479003**	**249669**	**227655**	**229921**	**292688**
农、林、牧、渔业	2195	5914	2934	4048	844	5030	8661
采 矿 业	21242	1804	2916	32114	12194	2215	4977
制 造 业	263640	399234	156611	61006	70668	48196	53243
电力、燃气及水的生产和供应业	32624	15646	13348	11296	7512	7823	11185
建 筑 业	223747	79264	67210	22668	31381	32356	34995
批发和零售业	77546	47836	17261	9604	5040	7094	8923
交通运输、仓储及邮政业	43213	69078	22878	9199	9040	7087	13688
住宿和餐饮业	20178	17250	3427	963	1449	2289	1389
信息转输、软件和信息技术服务业	21762	63764	3432	2379	3850	3784	6540
金 融 业	60432	69654	16728	11025	10343	9233	16584
房 地 产 业	26699	39588	8797	3759	2755	9981	5455
租赁和商务服务业	31295	24648	11904	3400	6424	1911	9666
科学研究和技术服务业	49960	19314	16028	4423	2498	8209	10553
水利、环境和公共设施管理业	36249	14870	12709	8121	5313	9007	6279
居民服务、修理和其他服务业	3147	2421	3028	617	420	764	1864
教育	122699	85442	47763	22808	17235	27655	39450
卫生和社会工作	79100	47589	25295	14274	15426	17951	20245
文化、体育和娱乐业	14937	10797	3851	2565	1571	1918	3225
公共管理、社会保障和社会组织	86972	63431	42883	25400	23692	27418	35766
国际组织							

5-3 续表 (2016年末) 单位：人

行 业	营口	阜新	辽阳	盘锦	铁岭	朝阳	葫芦岛
总 计	**256601**	**152441**	**157753**	**442102**	**228303**	**243395**	**216868**
农、林、牧、渔业	951	3478	2807	165434	16751	1796	4914
采 矿 业	330	19681	294	96871	40676	3487	8502
制 造 业	63761	9298	50631	34584	21363	33023	49330
电力、燃气及水的生产和供应业	9401	7573	1390	4969	8447	9531	6132
建 筑 业	17554	15168	21202	24828	16365	25417	25961
批发和零售业	13032	4652	3342	6386	9401	10001	4745
交通运输、仓储及邮政业	37141	3875	4520	7489	6246	7173	7109
住宿和餐饮业	3622	611	333	2221	335	673	1344
信息转输、软件和信息技术服务业	3667	2702	2080	2005	3170	3236	3173
金 融 业	14047	9791	6921	10253	6852	17117	11028
房 地 产 业	3177	2142	3230	3784	3558	3729	2690
租赁和商务服务业	4596	1439	1962	10447	2445	2307	4757
科学研究和技术服务业	3394	2325	2261	4349	6051	2993	4564
水利、环境和公共设施管理业	7700	5922	6489	8653	6523	9137	6714
居民服务、修理和其他服务业	606	385	434	732	429	4543	902
教育	21307	24719	15667	17775	28592	39197	26387
卫生和社会工作	12555	13056	10898	8683	15675	18080	13394
文化、体育和娱乐业	1971	1571	1360	2656	1445	1322	836
公共管理、社会保障和社会组织	37789	24053	21932	29983	33979	50633	34386
国际组织							

5-4 各地区城镇非私营单位就业人员

(年末数) 单位：万人

地区	2013年			2014年			2015年			2016年		
	单位全部就业人员	全部职工	其他就业人员	单位全部就业人员	全部职工	其他就业人员	单位全部就业人员	全部职工	其他就业人员	单位全部就业人员	全部职工	其他就业人员
全　省	**689.1**	**648.1**	**40.9**	**665.2**	**626.9**	**38.3**	**618.4**	**583.5**	**34.9**	**560.4**	**526.6**	**33.8**
沈　阳	144.2	133.1	11.1	145.4	134.2	11.2	139.1	128.9	10.2	121.8	112.0	9.8
大　连	131.4	125.1	6.3	121.3	114.7	6.5	113.7	106.9	6.8	107.8	100.7	7.0
鞍　山	62.9	59.3	3.6	61.3	57.7	3.6	56.0	52.7	3.2	47.9	44.8	3.1
抚　顺	32.8	31.5	1.4	30.7	29.6	1.1	27.4	26.4	1.1	25.0	23.8	1.2
本　溪	31.7	29.1	2.6	32.7	29.9	2.8	27.6	25.9	1.8	22.8	21.2	1.6
丹　东	31.8	29.0	2.8	28.8	27.1	1.7	25.8	24.2	1.5	23.0	21.4	1.6
锦　州	32.1	29.8	2.2	32.8	30.9	1.9	31.7	30.3	1.4	29.3	28.7	0.5
营　口	29.1	28.7	0.5	27.2	26.8	0.4	24.4	24.0	0.4	25.7	25.2	0.5
阜　新	22.7	20.5	2.2	21.5	19.5	2.0	19.3	17.6	1.7	15.2	14.0	1.3
辽　阳	19.9	19.5	0.4	18.5	18.2	0.4	17.4	17.0	0.4	15.8	15.3	0.5
盘　锦	49.8	46.8	3.0	48.3	46.2	2.1	46.4	44.5	2.0	44.2	42.3	1.9
铁　岭	28.2	27.0	1.2	25.4	24.6	0.8	24.5	23.3	1.2	22.8	21.9	1.0
朝　阳	30.4	28.6	1.8	30.3	28.5	1.7	26.7	25.2	1.5	24.3	22.7	1.7
葫芦岛	27.2	25.3	1.9	26.5	24.7	1.8	24.8	23.1	1.6	21.7	19.7	2.0

5-5 各地区个体从业人员

单位：户、万人

地区	2005年		2012年		2013年		2014年		2015年		2016年	
	户数	从业人数	户数	从业人数	户数	从业人数	户数	从业人数	户数	从业人数	户数	从业人数
全　省	**1274219**	**288.3**	**1677398**	**385.4**	**1704510**	**402.7**	**1806437**	**443.6**	**2006318**	**545.6**	**2207051**	**471.9**
沈　阳	191639	56.9	248109	57.8	261272	61.3	272201	63.9	317919	69.1	362972	71.8
大　连	250925	42.1	301268	45.4	312773	47.9	337901	52.6	373228	57.9	403298	62.6
鞍　山	91430	24.6	102302	17.3	93192	14.2	104439	15.8	118597	18.2	132173	21.5
抚　顺	73769	23.9	100944	27.4	96903	24.2	97541	31.3	105666	32.6	113209	33.9
本　溪	38906	12.2	54063	12.4	50323	16.6	49453	15.3	57967	17.4	64654	13.8
丹　东	79254	20.3	88857	16.0	89530	19.1	97792	18.8	105323	20.5	118070	23.0
锦　州	89065	18.5	134019	30.9	130724	40.8	137610	49.3	153319	51.8	165018	35.3
营　口	72557	11.6	129371	53.4	139403	59.6	148877	66.2	158704	147.6	171592	68.3
阜　新	59160	16.2	74591	23.8	77912	19.6	81564	15.3	91309	17.5	97757	18.8
辽　阳	47225	16.3	74311	27.9	61522	12.0	62166	12.3	69455	14.2	78011	16.5
盘　锦	42745	8.6	71051	10.4	67918	10.2	75665	11.4	84307	13.0	89448	14.3
铁　岭	87135	14.0	113012	24.4	121560	21.5	125361	26.0	133006	27.0	142933	28.8
朝　阳	80647	13.4	91425	20.0	97833	20.0	100521	17.5	114604	20.4	132407	23.8
葫芦岛	69762	9.6	94075	18.3	103645	35.8	115346	47.7	122914	38.4	135509	39.6

数据来源于省工商局

5-6 各地区私营企业从业人员

单位：户、万人

地区	2005年		2012年		2013年		2014年		2015年		2016年	
	户数	从业人数	户数	从业人数	户数	从业人数	户数	从业人数	户数	从业人数	户数	从业人数
全　省	**165217**	**252.1**	**374024**	**421.6**	**390953**	**435.7**	**458812**	**483.7**	**538559**	**344.8**	**594585**	**355.5**
沈　阳	47703	54.2	108938	81.9	112173	88.8	132530	90.6	153805	90.6	172286	91.4
大　连	56056	90.2	100970		106582		125156		150804	56.0	176299	72.7
鞍　山	11482	11.0	22007	15.4	21493	14.9	24014	16.1	28325	20.2	31439	20.9
抚　顺	5294	14.6	14684	12.0	15840	12.4	18176	13.1	21218	14.4	18784	11.4
本　溪	3821	7.4	7746	7.6	8113	7.6	9052	7.7	11720	13.5	11228	12.3
丹　东	6556	9.9	17409	12.6	17798	13.2	20181	14.7	23692	16.4	23667	14.4
锦　州	6243	6.9	14865	13.5	15837	13.6	21428	16.0	24916	18.6	25453	18.1
营　口	6218	8.6	22404	30.0	23152	17.4	27311	21.1	26607	19.8	31142	21.8
阜　新	2834	9.6	10316	12.3	11555	17.3	12754	13.4	15076	15.6	15010	13.8
辽　阳	4744	11.2	12302	13.9	12991	14.6	14378	15.2	16431	15.9	17630	15.9
盘　锦	3108	6.2	8950	9.6	10135	10.4	11480	11.1	14187	12.7	15781	12.5
铁　岭	3891	7.1	11994	11.1	12637	11.2	15291	11.1	17837	13.3	17697	12.5
朝　阳	3644	10.0	10905	16.0	11555	17.3	13724	18.2	17179	21.5	20028	21.7
葫芦岛	3623	5.2	10534	13.7	11092	14.2	13337	15.2	16762	16.3	18141	16.0

数据来源于省工商局

5-7 分行业在岗职工人数(一)

单位：万人

行　业	2007年	2008年	2009年	2010年	2011年	2012年	2013年	2014年	2015年	2016年
总　计	**473.0**	**485.7**	**485.0**	**493.4**	**557.2**	**572.3**	**648.1**	**626.9**	**583.5**	**526.6**
农、林、牧、渔业	29.8	30.9	27.2	27.6	26.1	24.5	22.7	23.1	22.1	22.2
采　矿　业	29.6	33.3	35.3	35.0	32.8	31.6	33.2	30.6	28.1	24.4
制　造　业	138.9	140.4	139.2	140.0	164.6	165.6	175.9	163.6	148.0	129.2
电力、燃气及水的生产和供应业	16.8	16.7	16.0	16.3	16.7	16.0	15.8	15.4	14.2	14.3
建　筑　业	26.7	27.2	28.2	29.1	44.2	55.1	94.5	87.0	73.1	55.2
批发和零售业	13.8	14.9	16.6	16.4	21.1	20.0	26.4	25.2	24.0	21.0
交通运输、仓储及邮政业	32.7	32.7	31.0	29.5	32.4	32.3	37.0	37.1	35.5	34.5
住宿和餐饮业	6.1	6.2	6.4	6.0	7.0	7.0	7.8	7.0	6.5	5.9
信息转输、计算机服务和软件业	5.4	5.9	5.9	6.7	8.2	8.8	12.2	12.6	12.7	12.2
金 融 业	14.2	14.7	15.0	15.3	17.3	18.3	18.7	19.2	19.0	19.0
房　地　产　业	5.6	6.0	7.0	8.4	11.0	11.8	13.3	13.9	12.6	11.3
租赁和商务服务业	7.9	9.9	8.3	10.4	12.3	9.2	12.7	11.9	10.9	11.0
科学研究和技术服务业	9.3	9.7	10.4	11.3	13.1	15.1	16.1	15.9	15.2	13.2
水利、环境和公共设施管理业	11.0	10.3	10.2	11.0	12.7	13.1	13.6	14.1	14.1	12.8
居民服务、修理和其他服务业	1.8	1.9	2.2	2.8	2.9	2.6	2.7	2.7	2.5	2.4
教育	50.2	49.1	49.4	50.7	53.3	55.8	56.8	57.8	56.0	51.9
卫生和社会工作	21.8	23.1	23.3	24.2	26.8	29.1	31.7	32.7	31.7	29.4
文化、体育和娱乐业	4.8	4.8	5.3	4.9	5.1	4.9	5.4	5.1	4.9	4.9
公共管理、社会保障和社会组织	46.7	47.7	48.1	47.7	49.2	51.3	51.8	52.1	52.4	51.8

5-8 分行业在岗职工人数(二)

单位：万人

行业	2013年			2014年		
	在岗职工	#国有单位	#集体单位	在岗职工	#国有单位	#集体单位
总　计	**648.1**	**279.8**	**34.6**	**626.9**	**281.2**	**31.5**
农、林、牧、渔业	22.7	22.1	0.1	23.1	22.5	0.1
采　矿　业	33.2	6.7	0.8	30.6	5.9	1.3
制　造　业	175.9	21.5	12.0	163.6	20.7	10.8
电力、燃气及水的生产和供应业	15.8	8.0	0.2	15.4	7.6	0.2
建　筑　业	94.5	11.3	10.6	87.0	13.2	9.2
批发和零售业	26.4	3.7	1.2	25.2	3.4	1.1
交通运输、仓储及邮政业	37.0	22.8	1.6	37.1	22.6	1.3
住宿和餐饮业	7.8	2.2	0.4	7.0	2.0	0.3
信息转输、软件和信息技术服务业	12.2	1.7		12.6	1.9	0.0
金 融 业	18.7	7.6	2.3	19.2	7.5	2.3
房　地　产　业	13.3	1.9	0.2	13.9	2.0	0.2
租赁和商务服务业	12.7	5.9	2.1	11.9	5.4	2.0
科学研究和技术服务业	16.1	11.4	0.6	15.9	11.4	0.4
水利、环境和公共设施管理业	13.6	12.3	0.4	14.1	12.8	0.3
居民服务、修理和其他服务业	2.7	1.5	0.2	2.7	1.7	0.2
教育	56.8	55.0	0.4	57.8	55.6	0.3
卫生和社会工作	31.7	28.8	1.4	32.7	29.7	1.4
文化、体育和娱乐业	5.4	4.3	0.1	5.1	4.0	0.1
公共管理、社会保障和社会组织	51.8	51.3	0.1	52.1	51.6	0.1
国际组织						

5-8 续表

单位：万人

行业	2015年			2016年		
	在岗职工	#国有单位	#集体单位	在岗职工	#国有单位	#集体单位
总　计	**583.5**	**268.9**	**26.9**	**526.6**	**250.2**	**22.9**
农、林、牧、渔业	22.1	21.6	0.0	22.2	21.6	0.0
采　矿　业	28.1	5.6	0.9	24.4	7.2	0.7
制　造　业	148.0	19.0	9.2	129.2	14.6	7.0
电力、燃气及水的生产和供应业	14.2	7.0	0.1	14.3	6.9	0.2
建　筑　业	73.1	10.9	7.4	55.2	8.6	5.9
批发和零售业	24.0	3.1	0.9	21.0	2.8	0.8
交通运输、仓储及邮政业	35.5	20.5	1.2	34.5	18.6	1.0
住宿和餐饮业	6.5	1.8	0.3	5.9	1.7	0.2
信息转输、软件和信息技术服务业	12.7	1.8	0.0	12.2	1.4	0.0
金 融 业	19.0	7.3	2.5	19.0	7.0	2.8
房　地　产　业	12.6	1.7	0.2	11.3	1.7	0.2
租赁和商务服务业	10.9	4.8	1.6	11.0	4.6	1.7
科学研究和技术服务业	15.2	10.9	0.4	13.2	9.3	0.4
水利、环境和公共设施管理业	14.1	12.8	0.2	12.8	11.3	0.2
居民服务、修理和其他服务业	2.5	1.6	0.2	2.4	1.6	0.2
教育	56.0	53.8	0.3	51.9	49.7	0.3
卫生和社会工作	31.7	28.8	1.2	29.4	26.4	1.3
文化、体育和娱乐业	4.9	3.9	0.1	4.9	3.8	0.1
公共管理、社会保障和社会组织	52.4	51.9	0.1	51.8	51.3	0.1
国际组织						

5-9 各地区在岗职工人数

单位：人

地区	2013年				2014年			
	合计	国有单位	城镇集体单位	其他单位	合计	国有单位	城镇集体单位	其他单位
全　省	**6481415**	**2798453**	**346190**	**3336772**	**6268735**	**2812051**	**314607**	**3142077**
沈　阳	1331298	511320	53348	766630	1341739	547743	40954	753042
大　连	1251468	294945	34428	922095	1147373	285615	26832	834926
鞍　山	593092	318047	67961	207084	576973	312440	58194	206339
抚　顺	314594	108580	19902	186112	296239	105177	18930	172132
本　溪	290866	107933	19802	163131	299274	120646	18147	160481
丹　东	290106	145602	14918	129586	270554	134100	11600	124854
锦　州	298123	164614	23301	110208	308935	169511	28927	110497
营　口	286564	109738	16583	160243	268255	111404	13161	143690
阜　新	204930	90744	10511	103675	194535	92602	10948	90985
辽　阳	195356	94502	19035	81819	181687	88389	16285	77013
盘　锦	468051	313717	4139	150195	461880	309714	4017	148149
铁　岭	269888	138977	20372	110539	245717	131812	17882	96023
朝　阳	286350	142730	10873	132747	285378	146499	10709	128170
葫芦岛	253456	109731	31017	112708	246911	113114	38021	95776

5-9 续表

单位：人

地区	2015年				2016年			
	合计	国有单位	城镇集体单位	其他单位	合计	国有单位	城镇集体单位	其他单位
全　省	**5835086**	**2688598**	**268769**	**2877719**	**5265933**	**2501846**	**228895**	**2535192**
沈　阳	1288601	531373	37088	720140	1119710	456511	32737	630462
大　连	1069146	275516	21391	772239	1007326	267815	18220	721291
鞍　山	527484	294360	54827	178297	447675	257383	52284	138008
抚　顺	263562	98879	12531	152152	237953	96189	13125	128639
本　溪	258715	98372	15588	144755	211556	78036	10404	123116
丹　东	242373	123101	10711	108561	213958	113046	8421	92491
锦　州	303060	159399	26379	117282	287410	154030	25535	107845
营　口	240323	105350	10094	124879	252048	95963	6228	149857
阜　新	175761	88155	7039	80567	139761	103558	4474	31729
辽　阳	169781	82108	13496	74177	152781	74090	11746	66945
盘　锦	444795	302392	4127	138276	423150	299026	2239	121885
铁　岭	232932	130834	15777	86321	218535	128143	15908	74484
朝　阳	251760	153296	9663	88801	226713	143456	9359	73898
葫芦岛	231481	110151	30058	91272	197178	104421	18215	74542

5-10 各地区分行业在岗职工人数

(2016年末) 单位：人

行　业	沈阳	大连	鞍山	抚顺	本溪	丹东	锦州
总　计	**1119710**	**1007326**	**447675**	**237953**	**211556**	**213958**	**287410**
农、林、牧、渔业	2151	5800	2884	4004	830	2180	8659
采　矿　业	21211	1804	2844	31916	12194	2215	4977
制　造　业	259116	389019	152957	59232	70135	47109	53067
电力、燃气及水的生产和供应业	32189	15412	12836	11251	6739	7435	11068
建　筑　业	184163	73389	56072	21700	26441	24298	33734
批发和零售业	75751	42965	16730	7279	4908	6785	8529
交通运输、仓储及邮政业	42447	66579	22118	9165	8048	6983	13652
住宿和餐饮业	19168	16394	3259	914	1384	2157	1368
信息转输、软件和信息技术服务业	21636	63234	3425	2363	3547	3322	6538
金 融 业	33879	39767	16604	9186	7323	8846	16536
房 地 产 业	26477	35922	7976	3702	2724	9780	5429
租赁和商务服务业	30545	24087	11764	3322	6376	1885	9657
科学研究和技术服务业	47586	18454	14323	4291	2426	8129	10465
水利、环境和公共设施管理业	31957	13483	10329	6013	4495	8384	6048
居民服务、修理和其他服务业	3110	2292	2978	599	373	759	1854
教育	117483	81130	42521	22546	16770	27610	39097
卫生和社会工作	73771	45420	22712	13847	14718	17669	18649
文化、体育和娱乐业	14601	10282	3810	2407	1561	1880	2959
公共管理、社会保障和社会组织	82469	61893	41533	24216	20564	26532	35124
国际组织							

5-10 续表 (2016年末) 单位：人

行　业	营口	阜新	辽阳	盘锦	铁岭	朝阳	葫芦岛
总　计	**252048**	**139761**	**152781**	**423150**	**218535**	**226713**	**197178**
农、林、牧、渔业	950	3478	2807	165432	16553	1791	3964
采　矿　业	329	18068	294	96017	40676	3487	8270
制　造　业	63018	9052	49940	33895	20902	32717	49067
电力、燃气及水的生产和供应业	9368	7537	1375	4862	8016	9358	5806
建　筑　业	17236	12167	19351	22107	14489	23933	15259
批发和零售业	12878	4423	3309	6357	8287	6177	4611
交通运输、仓储及邮政业	36990	3654	4207	7370	6010	7159	6826
住宿和餐饮业	3614	611	333	2187	319	672	1338
信息转输、软件和信息技术服务业	3664	2001	1723	2002	3040	2531	2616
金 融 业	11444	7525	6781	6513	6438	10548	8664
房 地 产 业	3131	1888	3176	3492	2832	3655	2579
租赁和商务服务业	4589	1410	1884	3483	2443	2238	4562
科学研究和技术服务业	3376	2303	2247	4028	5841	2964	4432
水利、环境和公共设施管理业	7647	4467	6421	8638	5864	8202	6169
居民服务、修理和其他服务业	602	352	417	726	413	4500	893
教育	21209	24472	15539	16667	28409	38768	26020
卫生和社会工作	12430	11599	10097	8189	14147	17013	12746
文化、体育和娱乐业	1872	1538	1290	2637	1424	1293	755
公共管理、社会保障和社会组织	37701	23216	21590	28548	32432	49707	32601
国际组织							

5-11 分细行业从业人员人数

(2016年末)

单位：人

项　目	从业人员人数合计	国有经济单位	城镇集体经济单位	其他经济单位
全省总计	**5603886**	**2615682**	**244479**	**2743725**
按隶属关系分组				
中　央		515880		
省　属		277168		
市　属		585065		
县及县以下		1196029		
其　他		41540		
按企、事业和机关分组				
企　业	3945009	1008020	224992	2711997
#地　方		551221		
事　业	1184031	1151774	17240	15017
#地　方		1117970		
机　关	454333	451589	766	1978
#地　方		426772		
按国民经济行业分组				
农、林、牧、渔业	**226549**	**220041**	**306**	**6202**
农　业	203059	202236	81	742
林　业	10122	10059	42	21
畜牧业	832	633	2	197
渔　业	6406	1101	103	5202
农、林、牧、渔服务业	6130	6012	78	40
采矿业	**247401**	**73771**	**6860**	**166770**
煤炭开采和洗选业	121308	20480	1991	98837
石油和天然气开采业	44127			44127
黑色金属矿采选业	12502	1190	1770	9542
有色金属矿采选业	9438	220	294	8924
非金属矿采选业	6942	172	2805	3965
开采辅助活动	52753	51611		1142
其他采矿业	331	98		233
制造业	**1317333**	**147664**	**73685**	**1095984**
农副食品加工业	50870	3437	194	47239
食品制造业	19641	688	105	18848
酒、饮料和精制茶制造业	18815	234	138	18443
烟草制品业	2121		199	1922
纺织业	11140	715	293	10132
纺织服装、服饰业	49267	518	609	48140
皮革、毛皮、羽毛及其制品和制鞋业	4235	240	175	3820
木材加工和木、竹、藤、棕、草制品业	7680	204	263	7213
家具制造业	13472	25	85	13362
造纸和纸制品业	7721	730	258	6733
印刷和记录媒介复制业	8152	2689	1529	3934
文教、工美、体育和娱乐用品制造业	5324	42	1493	3789
石油加工、炼焦和核燃料加工业	85081	12514	6002	66565
化学原料和化学制品制造业	52933	3901	6419	42613

5-11 续表 1 (2016年末) 单位：人

项　目	从业人员人数合计	国有经济单位	城镇集体经济单位	其他经济单位
医药制造业	28832	651	25	28156
化学纤维制造业	3487			3487
橡胶和塑料制品业	42713	179	6456	36078
非金属矿物制品业	44885	3529	5473	35883
黑色金属冶炼和压延加工业	226489	87564	7335	131590
有色金属冶炼和压延加工业	35524	1719	475	33330
金属制品业	61965	3169	12251	46545
通用设备制造业	133450	7063	6951	119436
专用设备制造业	82187	3131	1633	77423
汽车制造业	111229	1064	457	109708
铁路、船舶、航空航天和其他运输设备制造业	60203	8166	8328	43709
电气机械和器材制造业	54959	368	2506	52085
计算机、通信和其他电子设备制造业	57564	1171	2111	54282
仪器仪表制造业	19196	279	642	18275
其他制造业	6592	3438	298	2856
废弃资源综合利用业	2104	122	296	1686
金属制品、机械和设备修理业	9502	114	686	8702
电力、热力、燃气及水生产和供应业	**146877**	**71577**	**2002**	**73298**
电力、热力生产和供应业	101441	48916	1462	51063
燃气生产和供应业	15251	2490	158	12603
水的生产和供应业	30185	20171	382	9632
建筑业	**646126**	**94553**	**65956**	**485617**
房屋建筑业	328259	46766	34022	247471
土木工程建筑业	193016	39955	14279	138782
建筑安装业	90883	6263	17212	67408
建筑装饰和其他建筑业	33968	1569	443	31956
批发和零售业	**226351**	**30032**	**9211**	**187108**
批发业	70503	20783	3337	46383
零售业	155848	9249	5874	140725
交通运输、仓储和邮政业	**351628**	**189204**	**10127**	**152297**
铁路运输业	109380	104164	501	4715
道路运输业	122195	50077	8202	63916
水上运输业	48621	4222	37	44362
航空运输业	19450	5656	39	13755
管道运输业	3148	1190		1958
装卸搬运和运输代理业	18225	1255	1157	15813
仓 储 业	10275	4999	167	5109
邮政业	20334	17641	24	2669
住宿和餐饮业	**62184**	**18204**	**2006**	**41974**
住宿业	43458	17004	1733	24721
餐饮业	18726	1200	273	17253
信息传输、软件和信息技术服务业	**125846**	**14462**	**219**	**111165**
电信、广播电视和卫星传输服务	60416	12408	181	47827
互联网和相关服务	2289	425	32	1832
软件和信息技术服务业	63141	1629	6	61506

5-11 续表 2 (2016年末) 单位：人

项目	从业人员人数合计	国有经济单位	城镇集体经济单位	其他经济单位
金融业	**270029**	**83037**	**28025**	**158967**
货币金融服务业	154754	64178	26789	63787
资本市场服务业	2712	846		1866
保险业	111663	17754	934	92975
其他金融业	900	259	302	339
房地产业	**119708**	**17351**	**1740**	**100617**
房地产开发经营	48285	2474	239	45572
物业管理	58793	7724	903	50166
房地产中介服务	3208	957	374	1877
租赁和商务服务业	**118773**	**53802**	**17371**	**47600**
租赁业	807	166	25	616
商务服务业	117966	53636	17346	46984
科学研究、技术服务业	**138379**	**95678**	**3902**	**38799**
研究和试验发展	28416	24688	145	3583
专业技术服务业	93603	59714	3301	30588
科技推广和应用服务业	16360	11276	456	4628
水利、环境和公共设施管理业	**143686**	**127266**	**2887**	**13533**
水利管理业	20932	19037	342	1553
生态保护和环境治理业	7282	5914	214	1154
公共设施管理业	115472	102315	2331	10826
居民服务、修理和其他服务业	**24087**	**16163**	**1866**	**6058**
居民服务业	14243	10453	844	2946
机动车、电子产品和日用产品修理业	2525	760	442	1323
其他服务业	7319	4950	580	1789
教育	**537140**	**510222**	**2972**	**23946**
初等教育	143440	141190	350	1900
中等教育	226946	219769	920	6257
高等教育	105937	103530	196	2211
卫生和社会工作	**313038**	**280438**	**13900**	**18700**
卫生	302059	270646	13402	18011
社会工作	10979	9792	498	689
文化、体育和娱乐业	**50434**	**39479**	**667**	**10288**
新闻和出版业	10869	7239	373	3257
广播、电视、电影和影视录音制作业	14224	12383	53	1788
文化艺术业	18134	16769	68	1297
体育	3643	2587	23	1033
娱乐业	3564	501	150	2913
公共管理、社会保障和社会组织	**538317**	**532738**	**777**	**4802**
中国共产党机关	21567	21567		
国家机构	485568	485555	13	
人民政协、民主党派	3237	3237		
社会保障	8527	8527		
群众社团、社会团体和其他成员组织	14975	13463	35	1477

5-12 分细行业在岗职工人数

(2016年末)　　单位：人

项　目	在岗职工人数合计	国有经济单位	城镇集体经济单位	其他经济单位
全省总计	**5265933**	**2501846**	**228895**	**2535192**
按隶属关系分组				
中　央		499892		
省　属		264190		
市　属		555590		
县及县以下		1144879		
其　他		37295		
按企、事业和机关分组				
企　业	3681599	962469	210901	2508229
#地　方		519350		
事　业	1129436	1099188	15877	14371
#地　方		1067456		
机　关	439017	436273	766	1978
#地　方		411686		
按国民经济行业分组				
农、林、牧、渔业	**222263**	**215827**	**305**	**6131**
农　业	199183	198409	81	693
林　业	9939	9876	42	21
畜牧业	722	523	2	197
渔　业	6339	1057	102	5180
农、林、牧、渔服务业	6080	5962	78	40
采矿业	**244400**	**71915**	**6697**	**165788**
煤炭开采和洗选业	119466	18867	1900	98699
石油和天然气开采业	43543			43543
黑色金属矿采选业	12502	1190	1770	9542
有色金属矿采选业	9205	215	294	8696
非金属矿采选业	6870	172	2733	3965
开采辅助活动	52483	51373		1110
其他采矿业	331	98		233
制造业	**1291950**	**146418**	**70072**	**1075460**
农副食品加工业	49722	3277	109	46336
食品制造业	19307	682	94	18531
酒、饮料和精制茶制造业	18303	121	138	18044
烟草制品业	2027		105	1922
纺织业	11001	686	264	10051
纺织服装、服饰业	48108	508	603	46997
皮革、毛皮、羽毛及其制品和制鞋业	4149	227	169	3753
木材加工和木、竹、藤、棕、草制品业	7561	204	245	7112
家具制造业	13439	25	85	13329
造纸和纸制品业	7497	704	252	6541
印刷和记录媒介复制业	7979	2627	1511	3841
文教、工美、体育和娱乐用品制造业	5250	42	1454	3754
石油加工、炼焦和核燃料加工业	84675	12426	6002	66247
化学原料和化学制品制造业	52281	3897	6203	42181

5-12 续表 1 (2016年末) 单位：人

项 目	在岗职工人数合计	国有经济单位	城镇集体经济单位	其他经济单位
医药制造业	27545	640	25	26880
化学纤维制造业	2927			2927
橡胶和塑料制品业	41628	173	6041	35414
非金属矿物制品业	43933	3448	5346	35139
黑色金属冶炼和压延加工业	225083	87520	7091	130472
有色金属冶炼和压延加工业	34480	1711	456	32313
金属制品业	60060	3060	11094	45906
通用设备制造业	130705	6997	6242	117466
专用设备制造业	79650	2933	1525	75192
汽车制造业	109277	1060	457	107760
铁路、船舶、航空航天和其他运输设备制造业	58689	8048	8093	42548
电气机械和器材制造业	54550	341	2491	51718
计算机、通信和其他电子设备制造业	57082	1164	2111	53807
仪器仪表制造业	18943	250	586	18107
其他制造业	6584	3435	298	2851
废弃资源综合利用业	2097	115	296	1686
金属制品、机械和设备修理业	7418	97	686	6635
电力、热力、燃气及水生产和供应业	**143252**	**69480**	**1995**	**71777**
电力、热力生产和供应业	98235	47135	1455	49645
燃气生产和供应业	15175	2490	158	12527
水的生产和供应业	29842	19855	382	9605
建筑业	**552242**	**85502**	**58573**	**408167**
房屋建筑业	264797	42995	28992	192810
土木工程建筑业	179304	36041	13813	129450
建筑安装业	77382	4942	15457	56983
建筑装饰和其他建筑业	30759	1524	311	28924
批发和零售业	**210280**	**28150**	**7942**	**174188**
批发业	68120	19458	3124	45538
零售业	142160	8692	4818	128650
交通运输、仓储和邮政业	**344775**	**186323**	**9916**	**148536**
铁路运输业	109055	103839	501	4715
道路运输业	117958	48312	8103	61543
水上运输业	48114	4215	37	43862
航空运输业	19450	5656	39	13755
管道运输业	3148	1190		1958
装卸搬运和运输代理业	17620	1249	1045	15326
仓 储 业	9539	4448	167	4924
邮政业	19891	17414	24	2453
住宿和餐饮业	**59137**	**16619**	**1935**	**40583**
住宿业	40766	15474	1684	23608
餐饮业	18371	1145	251	16975
信息传输、软件和信息技术服务业	**121944**	**14360**	**204**	**107380**
电信、广播电视和卫星传输服务	57106	12324	181	44601
互联网和相关服务	2257	409	17	1831
软件和信息技术服务业	62581	1627	6	60948

5-12 续表 2　　(2016年末)　　单位：人

项　目	在岗职工人数合计	国有经济单位	城镇集体经济单位	其他经济单位
金融业	**190075**	**69870**	**27729**	**92476**
货币金融服务业	149889	63225	26493	60171
资本市场服务业	2657	829		1828
保险业	36642	5570	934	30138
其他金融业	887	246	302	339
房地产业	**113030**	**16670**	**1661**	**94699**
房地产开发经营	46453	2318	176	43959
物业管理	54470	7279	887	46304
房地产中介服务	3027	942	374	1711
租赁和商务服务业	**109718**	**45987**	**17221**	**46510**
租赁业	807	166	25	616
商务服务业	108911	45821	17196	45894
科学研究、技术服务业	**132006**	**93114**	**3574**	**35318**
研究和试验发展	27460	24060	145	3255
专业技术服务业	88827	57850	3028	27949
科技推广和应用服务业	15719	11204	401	4114
水利、环境和公共设施管理业	**128117**	**113426**	**2281**	**12410**
水利管理业	20750	18856	342	1552
生态保护和环境治理业	6368	5697	148	523
公共设施管理业	100999	88873	1791	10335
居民服务、修理和其他服务业	**23654**	**15936**	**1841**	**5877**
居民服务业	13878	10257	834	2787
机动车、电子产品和日用产品修理业	2497	751	437	1309
其他服务业	7279	4928	570	1781
教育	**518685**	**497490**	**2719**	**18476**
初等教育	141461	139225	336	1900
中等教育	223844	217008	898	5938
高等教育	98867	96819	151	1897
卫生和社会工作	**293591**	**263854**	**12794**	**16943**
卫生	283072	254429	12356	16287
社会工作	10519	9425	438	656
文化、体育和娱乐业	**48688**	**38348**	**659**	**9681**
新闻和出版业	10470	6906	373	3191
广播、电视、电影和影视录音制作业	13708	12281	53	1374
文化艺术业	17509	16159	68	1282
体育	3544	2512	15	1017
娱乐业	3457	490	150	2817
公共管理、社会保障和社会组织	**518126**	**512557**	**777**	**4792**
中国共产党机关	21355	21355		
国家机构	466352	466339	13	
人民政协、民主党派	3158	3158		
社会保障	8087	8087		
群众社团、社会团体和其他成员组织	14740	13236	35	1469

5-13 国有单位分行业在岗职工人数

单位：万人

行 业	2007年	2008年	2009年	2010年	2011年	2012年	2013年	2014年	2015年	2016年
总 计	**289.4**	**292.8**	**271.2**	**271.6**	**294.6**	**298.8**	**279.8**	**281.2**	**268.9**	**250.2**
农、林、牧、渔业	28.8	30.1	26.4	26.6	25.0	23.8	22.1	22.5	21.6	21.6
采 矿 业	17.1	20.8	8.2	8.3	14.6	13.4	6.7	5.9	5.6	7.2
制 造 业	33.8	34.2	30.7	29.4	31.0	30.1	21.5	20.7	19.0	14.6
电力、燃气及水的生产和供应业	10.8	10.4	9.5	9.9	9.6	9.5	8.0	7.6	7.0	6.9
建 筑 业	8.7	9.2	9.2	10.1	13.4	14.8	11.3	13.2	10.9	8.6
批发和零售业	4.1	3.8	4.6	3.7	3.9	3.8	3.7	3.4	3.1	2.8
交通运输、仓储及邮政业	27.5	25.5	23.6	21.6	23.4	22.8	22.8	22.6	20.5	18.6
住宿和餐饮业	1.6	1.4	1.4	1.6	2.0	1.9	2.2	2.0	1.8	1.7
信息转输、软件和信息技术服务业	1.9	2.1	2.0	2.1	2.4	2.5	1.7	1.9	1.8	1.4
金 融 业	6.0	6.6	6.6	6.5	7.2	7.7	7.6	7.5	7.3	7.0
房 地 产 业	2.7	2.5	2.3	2.4	3.2	2.7	1.9	2.0	1.7	1.7
租赁和商务服务业	5.7	6.0	4.7	4.7	6.1	4.7	5.9	5.4	4.8	4.6
科学研究和技术服务业	8.1	8.2	8.7	9.2	10.4	12.0	11.4	11.4	10.9	9.3
水利、环境和公共设施管理业	10.4	9.8	9.6	10.3	11.7	12.0	12.3	12.8	12.8	11.3
居民服务、修理和其他服务业	1.1	1.2	1.4	2.0	2.0	1.7	1.5	1.7	1.6	1.6
教育	49.9	48.5	48.5	49.3	51.2	53.8	55.0	55.6	53.8	49.7
卫生和社会工作	20.3	20.5	21.0	21.9	24.2	26.4	28.8	29.7	28.8	26.4
文化、体育和娱乐业	4.5	4.5	4.9	4.5	4.6	4.5	4.3	4.0	3.9	3.8
公共管理、社会保障和社会组织	46.5	47.6	47.9	47.5	48.8	50.9	51.3	51.6	51.9	51.3
国际组织										

5-14 各地区国有单位分行业在岗职工人数

(2016年末)

单位：人

行 业	沈阳	大连	鞍山	抚顺	本溪	丹东	锦州
总 计	**456511**	**267815**	**257383**	**96189**	**78036**	**113046**	**154030**
农、林、牧、渔业	2143	616	2255	3986	656	2157	8488
采 矿 业			201	52	194	547	6
制 造 业	7940	14315	90592	6057	787	1739	5260
电力、燃气及水的生产和供应业	11684	2384	9370	5426	2818	5655	7955
建 筑 业	39199	5869	4751	1462	1183	6449	1879
批发和零售业	7543	2767	2634	1277	1433	1481	1033
交通运输、仓储及邮政业	12833	11697	11210	5607	2295	5033	8333
住宿和餐饮业	4015	2315	1082	567	291	719	570
信息转输、软件和信息技术服务业	2833	793	426	407	1327	722	3958
金 融 业	19314	12465	3513	1583	5658	3800	6029
房 地 产 业	502	2164	2104	580	930	738	1963
租赁和商务服务业	13655	9413	6059	2119	583	1123	2301
科学研究和技术服务业	33932	8423	9240	2123	2095	6776	7437
水利、环境和公共设施管理业	29548	8254	9096	5571	4282	6909	5167
居民服务、修理和其他服务业	1427	770	583	254	371	437	1565
教育	111141	76292	40139	20798	16669	26057	37752
卫生和社会工作	66892	40583	19418	12963	14353	15068	16617
文化、体育和娱乐业	10189	6810	3589	1141	1558	1804	2711
公共管理、社会保障和社会组织	81721	61885	41121	24216	20553	25832	35006
国际组织							

5-14 续表 (2016年末) 单位：人

行　　业	营口	阜新	辽阳	盘锦	铁岭	朝阳	葫芦岛
总　　计	**95963**	**103558**	**74090**	**299026**	**128143**	**143456**	**104421**
农、林、牧、渔业	950	3421	2807	165390	16553	1744	3881
采　　矿　　业		17502		51373	186	985	771
制　　造　　业	224	448	8030	1377	3168	792	2965
电力、燃气及水的生产和供应业	3600	4528	817	956	3649	6660	3978
建　　筑　　业	1198	1748	762	6720	4032	690	1657
批发和零售业	773	1086	488	873	3521	942	1008
交通运输、仓储及邮政业	3170	2523	2464	2529	5236	5577	4249
住宿和餐饮业	206	463	52	602	38	203	77
信息转输、软件和信息技术服务业	638	493	4	369	1310	705	73
金 融 业	3079	3125	1090	1805	2105	3493	2790
房　地　产　业	870	456	1096	621	1810	1780	789
租赁和商务服务业	901	1098	1225	2879	1731	726	701
科学研究和技术服务业	2879	2210	1984	2457	5630	2552	4235
水利、环境和公共设施管理业	6856	4467	5723	7823	5404	8196	6130
居民服务、修理和其他服务业	484	175	220	343	408	4451	662
教育	20978	24239	15057	16384	28070	37782	25688
卫生和社会工作	10848	10977	9400	7839	11684	15188	11440
文化、体育和娱乐业	1682	1391	1290	2506	1257	1293	748
公共管理、社会保障和社会组织	36627	23208	21581	26180	32351	49697	32579
国际组织							

5-15 城镇集体单位分行业在岗职工人数

单位：万人

行　　业	2007年	2008年	2009年	2010年	2011年	2012年	2013年	2014年	2015年	2016年
总　　计	**34.4**	**32**	**30.3**	**29.6**	**32.1**	**33.0**	**34.6**	**31.5**	**26.9**	**22.9**
农、林、牧、渔业	0.2	0.2	0.2	0.1	0.1	0.1	0.1	0.1	0.0	0.0
采　　矿　　业	1.7	1.4	1.2	1.2	1.4	1.4	0.8	1.3	0.9	0.7
制　　造　　业	14.8	13.6	12.7	11.9	12.5	12.5	12.0	10.8	9.2	7.0
电力、燃气及水的生产和供应业	0.4	0.4	0.3	0.2	0.4	0.4	0.2	0.2	0.1	0.2
建　　筑　　业	7.1	6.3	5.9	6.0	7.6	8.9	10.6	9.2	7.4	5.9
批发和零售业	1.8	1.5	1.5	1.8	1.8	1.3	1.2	1.1	0.9	0.8
交通运输、仓储及邮政业	1.4	0.9	0.9	0.8	0.7	0.6	1.6	1.3	1.2	1.0
住宿和餐饮业	0.3	0.3	0.3	0.3	0.3	0.4	0.4	0.3	0.3	0.2
信息转输、软件和信息技术服务业	0.1									0.0
金 融 业	2.6	2.5	2.3	2.3	2.4	2.4	2.3	2.3	2.5	2.8
房　地　产　业	0.2	0.2	0.2	0.2	0.2	0.3	0.2	0.2	0.2	0.2
租赁和商务服务业	1.4	2.1	1.9	2.0	1.6	1.5	2.1	2.0	1.6	1.7
科学研究和技术服务业	0.3	0.3	0.4	0.3	0.3	0.3	0.6	0.4	0.4	0.4
水利、环境和公共设施管理业	0.3	0.3	0.2	0.2	0.3	0.3	0.4	0.3	0.2	0.2
居民服务、修理和其他服务业	0.3	0.3	0.3	0.3	0.4	0.3	0.2	0.2	0.2	0.2
教育	0.2	0.2	0.2	0.2	0.5	0.4	0.4	0.3	0.3	0.3
卫生和社会工作	1.2	1.3	1.5	1.4	1.4	1.6	1.4	1.4	1.2	1.3
文化、体育和娱乐业							0.1	0.1	0.1	0.1
公共管理、社会保障和社会组织	0.1	0.1	0.1	0.1	0.1	0.1	0.1	0.1	0.1	0.1
国际组织										

5-16 各地区集体单位分行业在岗职工人数

(2016年末) 单位：人

行　　业	沈阳	大连	鞍山	抚顺	本溪	丹东	锦州
总　　计	**32737**	**18220**	**52284**	**13125**	**10404**	**8421**	**25535**
农、林、牧、渔业		98	62	18	42	18	
采　　矿　　业			646	864	1480	109	3128
制　　造　　业	5043	5668	19729	6438	4102	1681	7368
电力、燃气及水的生产和供应业	291	15	160	706	24	159	111
建　　筑　　业	13623	3048	16323	1811	2190	1800	4226
批发和零售业	1896	497	1018	339	402	403	1140
交通运输、仓储及邮政业	356	502	7198	32	316	203	98
住宿和餐饮业	286	641	95	26	5	111	77
信息转输、软件和信息技术服务业	14			23		69	
金 融 业	4008	265	1618	1198	1031	820	4294
房　地　产　业	251	764	77	17	10	264	133
租赁和商务服务业	3730	4292	902	497	202	292	3649
科学研究和技术服务业	1747	359	431	66	24	243	128
水利、环境和公共设施管理业	86	76	572	24	94	385	511
居民服务、修理和其他服务业	435	237	674	89	2	56	
教育	346	980	447	6	101	404	112
卫生和社会工作	569	763	2259	613	365	1374	560
文化、体育和娱乐业	48	15	60	358	3	19	
公共管理、社会保障和社会组织	8		13		11	11	
国际组织							

5-16 续表 (2016年末) 单位：人

行　　业	营口	阜新	辽阳	盘锦	铁岭	朝阳	葫芦岛
总　　计	**6228**	**4474**	**11746**	**2239**	**15908**	**9359**	**18215**
农、林、牧、渔业		57		10			
采　　矿　　业	33	203	207			2	25
制　　造　　业	1432	361	3826	577	4627	589	8631
电力、燃气及水的生产和供应业	336		115	51			27
建　　筑　　业	650	435	4831	162	3847	3430	2197
批发和零售业	319	694	77	611	463	12	71
交通运输、仓储及邮政业	49	240	203	60	191	404	64
住宿和餐饮业		115	12		1		566
信息转输、软件和信息技术服务业	72						26
金 融 业	883	1356	1447	352	3814	3505	3138
房　地　产　业	71			2	72		
租赁和商务服务业	158	230	364	8	642	101	2154
科学研究和技术服务业	105	27	121	77	140	3	103
水利、环境和公共设施管理业	49		137	73	235		39
居民服务、修理和其他服务业	20	76	10		5	6	231
教育	4	10		32	265	8	4
卫生和社会工作	1318	523	396	223	1606	1299	926
文化、体育和娱乐业	8	147		1			
公共管理、社会保障和社会组织	721						13
国际组织							

5-17 其他经济单位分行业在岗职工人数

单位：万人

行　　业	2007年	2008年	2009年	2010年	2011年
总　　计	**149.2**	**160.9**	**183.5**	**192.3**	**230.5**
农、林、牧、渔业	0.7	0.6	0.6	0.9	1.0
采　　矿　　业	10.9	11.1	25.9	25.5	16.8
制　　造　　业	90.3	92.6	95.8	98.7	121.1
电力、燃气及水的生产和供应业	5.7	5.9	6.2	6.1	6.7
建　　筑　　业	10.9	11.7	13.0	13.0	23.3
批发和零售业	7.9	9.6	10.6	10.9	15.5
交通运输、仓储及邮政业	3.8	6.3	6.4	7.2	8.3
住宿和餐饮业	4.2	4.5	4.7	4.1	4.8
信息转输、软件和信息技术服务业	3.3	3.8	3.9	4.6	5.8
金 融 业	5.6	5.5	6.1	6.5	7.7
房　地　产　业	2.7	3.3	4.6	5.8	7.6
租赁和商务服务业	0.8	1.8	1.7	3.7	4.6
科学研究和技术服务业	0.9	1.2	1.4	1.8	2.4
水利、环境和公共设施管理业	0.3	0.3	0.4	0.4	0.7
居民服务、修理和其他服务业	0.4	0.4	0.4	0.5	0.6
教育	0.1	0.5	0.6	1.2	1.7
卫生和社会工作	0.3	1.3	0.8	0.9	1.2
文化、体育和娱乐业	0.3	0.3	0.3	0.4	0.4
公共管理、社会保障和社会组织			0.1	0.1	0.3
国际组织					

5-17 续表

单位：万人

行　　业	2012年	2013年	2014年	2015年	2016年
总　　计	**240.6**	**333.7**	**314.2**	**287.8**	**253.5**
农、林、牧、渔业	0.6	0.5	0.5	0.4	0.6
采　　矿　　业	16.7	25.6	23.5	21.5	16.6
制　　造　　业	123.0	142.5	132.1	119.7	107.5
电力、燃气及水的生产和供应业	6.2	7.7	7.6	7.1	7.2
建　　筑　　业	31.4	72.6	64.7	54.8	40.8
批发和零售业	14.9	21.6	20.8	20.0	17.4
交通运输、仓储及邮政业	8.9	12.6	13.1	13.8	14.9
住宿和餐饮业	4.7	5.2	4.7	4.4	4.1
信息转输、软件和信息技术服务业	6.3	10.5	10.6	10.9	10.7
金 融 业	8.3	8.8	9.4	9.2	9.2
房　地　产　业	8.8	11.2	11.7	10.6	9.5
租赁和商务服务业	3.0	4.6	4.5	4.5	4.7
科学研究和技术服务业	2.8	4.1	4.2	4.0	3.5
水利、环境和公共设施管理业	0.8	1.0	1.0	1.2	1.2
居民服务、修理和其他服务业	0.6	1.0	0.9	0.7	0.6
教育	1.5	1.5	1.9	1.9	1.8
卫生和社会工作	1.2	1.4	1.6	1.6	1.7
文化、体育和娱乐业	0.4	1.0	1.0	0.9	1.0
公共管理、社会保障和社会组织	0.3	0.3	0.4	0.4	0.5
国际组织					

5-18 城镇登记失业人数及失业率

(年末数)

年 份	城镇登记失业人数(万人)	#女性	女性占城镇登记失业人数(%)	失业率(%)
1980	44.7			
1985	19.7			1.9
1986	20.2			2.0
1987	25.4			2.4
1988	25.8			2.4
1989	28.3			3.3
1990	23.7			2.7
1991	24.9			2.2
1992	26.7			2.4
1993	28.5			2.6
1994	30.0			2.5
1995	30.4			2.6
1996	40.8	22.5	55.1	3.6
1997	43.5	23.4	53.8	3.7
1998	40.0	21.0	52.5	3.4
1999	39.8	21.5	54.0	3.5
2000	40.8	21.6	52.9	3.7
2001	55.5	29.2	52.6	4.8
2002	75.5	39.1	51.8	6.8
2003	72.0	46.0	63.9	6.7
2004	68.2	44.2	64.8	6.3
2005	60.4	35.3	58.4	5.7
2006	53.9	28.1	52.1	5.1
2007	44.5	23.4	52.6	4.4
2008	39.0	18.6	47.7	3.8
2009	41.6	19.4	46.6	3.9
2010	39.5	20.5	51.9	3.7
2011	39.4	19.7	50.0	3.7
2012	38.1	18.3	48.0	3.6
2013	39.6	18.2	46.0	3.4
2014	41.0	20.0	48.8	3.4
2015	46.2	22.0	47.6	3.4
2016	47.3	22.6	47.8	3.8

5-19 各地区城镇登记失业人数及失业率

地区	年末城镇登记失业人数(万人)					城镇登记失业率(%)				
	2012年	2013年	2014年	2015年	2016年	2012年	2013年	2014年	2015年	2016年
全　省	**38.1**	**39.6**	**41.0**	**46.2**	47.3	**3.6**	**3.4**	**3.4**	**3.4**	3.8
沈　阳	7.7	9.1	9.5	10.4	10.2	3.0	3.0	3.0	3.2	3.1
大　连	8.5	9.5	9.1	9.6	10.0	2.6	2.6	2.7	2.8	2.9
鞍　山	2.0	2.2	2.8	3.1	3.0	2.0	2.0	2.7	2.9	2.9
抚　顺	3.6	2.4	2.1	2.8	2.8	3.9	2.5	2.8	3.1	4.1
本　溪	2.7	3.0	2.8	2.7	2.2	3.9	4.0	2.9	4.1	3.3
丹　东	2.3	1.5	1.6	2.1	2.1	4.3	2.8	2.9	4.0	3.9
锦　州	1.1	1.4	2.2	2.8	2.6	2.3	2.1	3.5	4.3	3.9
营　口	1.2	1.3	1.6	1.7	1.8	2.0	2.0	2.5	2.7	2.9
阜　新	2.0	2.0	1.6	1.7	2.2	4.0	3.9	3.4	3.5	4.5
辽　阳	0.9	1.2	1.1	1.6	1.5	2.3	2.5	2.5	3.3	3.0
盘　锦	1.7	1.7	1.9	1.7	2.1	2.7	2.7	2.8	2.6	4.2
铁　岭	1.4	1.1	1.3	1.5	2.1	2.7	2.7	3.2	3.5	3.8
朝　阳	1.3	1.0	1.4	1.8	1.9	2.9	1.9	3.1	3.7	2.9
葫芦岛	1.6	1.5	1.5	2.1	2.8	3.1	2.9	3.2	4.0	4.7

注：2016年铁岭含昌图、葫芦岛含绥中。

5-20 职工工资总额及指数

年份、地区	绝对数(亿元)				指数(上年=100)			
	合计	国有经济单位	城镇集体经济单位	其他经济单位	合计	国有经济单位	城镇集体经济单位	其他经济单位
1990	217.8	158.1	55.3	4.4	112.3	113.6	108.2	122.2
1991	242.1	174.8	61.6	5.7	111.2	110.6	111.4	129.5
1992	282.0	204.1	70.1	7.8	116.5	116.8	113.8	136.8
1993	342.5	248.5	79.1	14.9	121.5	121.8	112.8	191.0
1994	439.7	319.4	90.4	29.9	128.4	128.5	114.3	200.7
1995	496.9	368.1	97.2	31.6	113.0	115.2	107.5	105.7
1996	525.3	394.2	94.6	36.5	105.7	107.1	97.3	115.4
1997	544.5	408.1	92.4	44.0	103.6	103.5	97.6	120.6
1998	521.3	384.9	71.7	64.7	95.7	94.3	197.6	147.0
1999	529.6	388.9	62.1	78.6	101.6	101.0	86.6	121.5
2000	553.1	404.2	57.1	91.8	104.4	103.9	91.9	116.8
2001	595.9	425.3	51.9	118.7	107.7	105.2	90.9	129.3
2002	635.9	437.8	43.7	154.4	106.7	102.9	84.1	130.1
2003	680.6	455.6	41.3	183.7	107.0	104.1	94.5	118.9
2004	759.8	501.0	40.8	218.1	111.6	110.0	98.8	118.7
2005	862.9	566.4	39.7	256.8	113.6	113.1	97.3	117.7
2006	973.0	631.9	44.0	297.1	112.8	111.6	110.8	115.7
2007	1143.0	745.1	46.4	351.5	117.5	117.9	105.5	118.3
2008	1396.4	892.0	53.7	450.7	122.2	119.7	115.8	128.2
2009	1552.5	912.5	56.4	583.6	111.2	102.3	105.0	129.5
2010	1771.8	1013.0	63.4	695.5	114.1	111.0	112.3	119.2
2011	2171.6	1186.5	83.5	901.6	122.6	117.1	131.7	129.6
2012	2466.9	1320.7	99.3	1046.9	113.6	111.3	119.0	116.1
2013	3078.3	1303.4	118.9	1656.0	124.8	98.7	119.7	158.2
2014	3135.9	1362.2	110.9	1662.9	101.9	104.5	93.2	100.4
2015	3179.0	1470.6	98.9	1609.5	101.4	108.0	89.2	96.8
2016	3045.8	1470.3	88.0	1487.4	95.8	100.0	89.0	92.4
沈　阳	742.6	324.2	15.7	402.8	94.9	94.7	85.5	95.5
大　连	743.5	232.7	9.2	501.6	99.0	102.4	93.1	97.6
鞍　山	219.8	145.0	15.0	59.7	91.4	97.6	96.7	78.3
抚　顺	129.6	53.3	4.5	71.8	93.6	104.4	104.2	86.4
本　溪	98.8	45.5	2.9	50.4	87.2	97.2	65.2	81.3
丹　东	83.2	48.6	2.3	32.4	96.3	103.6	80.8	88.0
锦　州	142.0	77.1	9.9	55.0	97.7	99.2	105.0	94.4
营　口	123.3	52.9	2.6	67.8	104.1	96.6	79.1	112.3
阜　新	74.7	59.0	1.7	13.9	89.8	130.6	86.0	38.8
辽　阳	86.0	37.0	6.4	42.6	96.2	97.9	97.8	94.5
盘　锦	181.6	96.2	0.8	84.6	96.7	100.8	53.5	93.2
铁　岭	97.4	56.4	5.4	35.6	95.0	103.6	107.2	82.8
朝　阳	112.7	73.8	5.0	33.9	93.1	100.3	75.0	83.2
葫芦岛	99.8	58.0	6.6	35.2	91.0	97.8	72.8	85.2

5-21 在岗职工平均工资及指数

年份、地区	在岗职工平均工资(元)				指数(上年=100)			
	合计	国有经济单位	城镇集体经济单位	其他经济单位	合计	国有经济单位	城镇集体经济单位	其他经济单位
1990	2180	2388	1740	2300	111.0	111.7	108.6	108.6
1991	2371	2582	1904	2741	108.8	108.1	109.4	119.2
1992	2715	2975	2134	3265	114.5	115.2	112.1	119.1
1993	3305	3593	2568	4071	121.7	120.8	120.3	124.7
1994	4269	4766	2940	5717	129.2	132.6	114.5	140.4
1995	4877	5434	3333	6349	114.2	114.0	113.4	111.1
1996	5269	5894	3462	6648	108.0	108.5	103.9	104.7
1997	5591	6226	3583	7266	106.1	105.6	103.5	109.3
1998	7161	7604	4972	8285	128.1	122.1	138.8	114.0
1999	7895	8370	5161	9122	110.2	110.1	103.8	110.1
2000	8811	9221	5721	10196	111.6	110.2	110.9	111.8
2001	10145	10609	6354	11258	115.1	115.1	111.1	110.4
2002	11659	12239	7094	12214	114.9	115.4	111.6	108.5
2003	13008	13603	7629	13665	111.6	111.1	107.5	111.9
2004	14922	15716	8466	15301	114.7	115.5	111.0	112.0
2005	17331	18360	9161	17550	116.1	116.8	108.2	114.7
2006	19624	20681	10888	19797	113.2	112.6	118.9	112.8
2007	23202	24748	12242	22834	118.2	119.7	112.4	115.3
2008	27729	29456	15365	27163	119.5	119.0	125.5	119.0
2009	31104	32572	17369	31266	112.2	110.6	113.0	115.1
2010	35057	36371	20237	35527	112.7	111.7	116.5	113.6
2011	38713	40553	24591	38462	110.4	111.5	121.5	108.3
2012	42503	44062	28634	42559	109.8	108.7	116.4	110.7
2013	46310	46890	32417	47305	109.0	106.4	113.2	111.2
2014	49110	48701	33418	51061	106.0	103.9	103.1	107.9
2015	53458	54738	35208	54024	108.9	112.4	105.4	105.8
2016	57148	58515	38248	57502	106.9	106.9	108.6	106.4
沈　阳	66207	71650	46723	63360	109.2	108.3	96.7	110.4
大　连	73764	86816	50680	69495	106.3	105.3	110.0	106.2
鞍　山	48164	54921	30135	41959	110.3	113.2	107.0	104.1
抚　顺	52708	55282	32406	52937	104.9	107.8	102.9	103.5
本　溪	46297	57961	27875	40507	107.0	122.1	97.4	96.4
丹　东	38763	43006	27336	34645	108.3	113.0	103.2	101.6
锦　州	49162	50933	39252	49010	103.7	102.9	109.0	103.9
营　口	46999	55223	41237	42308	96.0	105.4	128.1	89.0
阜　新	49601	51431	39155	44405	108.0	100.3	135.9	106.0
辽　阳	54507	48892	49434	61600	107.5	108.9	122.2	103.8
盘　锦	42944	32611	35716	67329	103.3	102.3	99.9	109.7
铁　岭	43596	44010	33570	44967	102.6	105.6	106.9	98.9
朝　阳	47846	51495	45154	41775	108.9	107.9	109.7	107.5
葫芦岛	50711	55225	37553	47447	107.8	103.0	125.4	105.9

注：1990-1997年为全部职工平均工资。

5-22 按登记注册类型分在岗职工平均工资

单位：元

年份、地区	合计	国有经济单位	城镇集体经济单位	股份合作单位	联营单位	有限责任公司	股份有限公司	其他经济单位	港澳台商投资单位	外商投资单位
1995	4877	5434	3333							
1996	5269	5894	3462							
1997	5591	6226	3583							
1998	7161	7604	4972	5381	5547	7875	7946	5684	9133	9951
1999	7895	8370	5161	5817	6578	8534	8517	6380	10060	11487
2000	8811	9221	5721	6422	6460	9816	10003	4828	10539	12109
2001	10145	10609	6354	6584	8877	10826	11441	5643	12505	12766
2002	11659	12239	7094	8122	9173	11206	13960	9186	12805	14277
2003	13008	13603	7629	8685	8810	12839	16165	8422	13846	15060
2004	14922	15716	8466	10132	10439	14489	19009	9828	15902	15821
2005	17331	18360	9161	11364	10646	17148	21874	10163	17164	17448
2006	19624	20681	10888	13261	11843	19056	25312	10053	18959	19556
2007	23202	24748	12242	14640	15471	22074	29851	12089	21520	21826
2008	27729	29456	15365	18305	19166	26826	34466	17202	25307	26388
2009	31104	32572	17369	19927	20288	29670	39677	19546	29123	29626
2010	35057	36371	20237	23099	22486	33368	46281	23092	31241	34121
2011	38713	40553	24591	27409	27636	36064	51237	25964	36018	38513
2012	42503	44062	28634	32169	30429	39161	56226	30671	40261	44633
2013	46310	46890	32417	35876	41436	42822	59752	33430	46243	53836
2014	49110	48701	33418	38997	46224	45288	63899	34136	51234	60607
2015	53458	54738	35208	37630	51042	47358	67494	36212	54301	65640
2016	57148	58515	38248	39886	49509	49187	70908	40518	57220	72883
沈　阳	66207	71650	46723	40936	41453	53726	73498	52249	61604	91145
大　连	73764	86816	50680	44746	56620	62727	92132	51315	61097	73139
鞍　山	48164	54921	30135	31137	31268	37872	63108	30747	40723	47160
抚　顺	52708	55282	32406	34328		46143	71417	54072	42185	50642
本　溪	46297	57961	27875	29712		37309	46134	38086	40712	32644
丹　东	38763	43006	27336	31062	21963	34555	43641	24248	33540	31993
锦　州	49162	50933	39252	38931	37427	42391	70133	47293	41193	46433
营　口	46999	55223	41237	31420	74127	36348	57458	29417	51396	49370
阜　新	49601	51431	39155	75778	38931	41841	50078	33780	36813	57288
辽　阳	54507	48892	49434	31847		51052	75491	29108	77999	54015
盘　锦	42944	32611	35716	57664		47665	80751	22303	62444	71839
铁　岭	43596	44010	33570	29384	32467	45696	36974	36656	49476	46371
朝　阳	47846	51495	45154	22757	26710	39376	52048	31194	45770	133847
葫芦岛	50711	55225	37553	117702	42387	41039	60293	38407	25634	53354

注：1995-1997年为全部职工平均工资。

5-23 分细行业从业人员平均工资

(2016年) 单位：元

项 目	从业人员合计	国有经济单位	城镇集体经济单位	其他经济单位
全 省 总 计	**56015**	**57247**	**37530**	**56481**
按隶属关系分组				
中 央		80221		
省 属		70517		
市 属		53784		
县及县以下		45649		
其 他		60398		
按企、事业和机关分组				
企 业	55230	55211	37426	56694
#地 方		35680		
事 业	58579	59196	38946	33042
#地 方		57851		
机 关	56836	57005	47550	22364
#地 方		56165		
按国民经济行业分组				
农、林、牧、渔业	**15497**	**14397**	**41817**	**53237**
农 业	12410	12349	29235	26633
林 业	38882	38904	40489	24762
畜 牧 业	26186	25002	16000	30025
渔 业	52345	26459	29339	58466
农、林、牧、渔服务业	38261	37910	80071	18000
采 矿 业	**55363**	**55445**	**32368**	**56136**
煤炭开采和洗选业	44232	36043	33981	46887
石油和天然气开采业	84004			84004
黑色金属矿采选业	40767	36747	27284	43497
有色金属矿采选业	32168	41439	32090	31732
非金属矿采选业	41120	16715	34979	45891
开采辅助活动	68703	68507		77264
其他采矿业	49353	80584		35815
制 造 业	**56546**	**58335**	**32475**	**57899**
农副食品加工业	45696	67119	31667	44051
食品制造业	41947	31389	22913	42413
酒、饮料和精制茶制造业	50024	28876	25181	50472
烟草制品业	112726		110116	112995
纺织业	32441	29586	22541	32924
纺织服装、服饰业	38213	21234	22821	38584
皮革、毛皮、羽毛及其制品和制鞋业	51501	33350	18966	54239
木材加工和木、竹、藤、棕、草制品业	44358	37529	21912	45369
家具制造业	48339	30654	33872	48468
造纸和纸制品业	41955	32354	23318	43696
印刷和记录媒介复制业	39889	41773	38138	39269
文教、工美、体育和娱乐用品制造业	37238	32810	41032	35825
石油加工、炼焦和核燃料加工业	78982	76580	27798	84154
化学原料和化学制品制造业	52448	45072	56149	52561

5-23 续表 1 (2016年) 单位：元

项 目	从业人员合计	国有经济单位	城镇集体经济单位	其他经济单位
医药制造业	49190	41759	33400	49377
化学纤维制造业	28424			28424
橡胶和塑料制品业	50839	19408	30885	54510
非金属矿物制品业	38702	28779	26288	41435
黑色金属冶炼和压延加工业	52671	58757	26206	49808
有色金属冶炼和压延加工业	51072	66899	30926	50554
金属制品业	46856	37542	26829	52406
通用设备制造业	55946	64426	27362	57149
专用设备制造业	60618	32803	25524	62478
汽车制造业	86582	46701	24764	87240
铁路、船舶、航空航天和其他运输设备制造业	65532	78621	35713	68802
电气机械和器材制造业	50626	26751	35430	51527
计算机、通信和其他电子设备制造业	61898	47691	54261	62514
仪器仪表制造业	49549	43710	25747	50487
其他制造业	46497	52882	12653	42339
废弃资源综合利用业	34238	23707	21058	37258
金属制品、机械和设备修理业	66787	41210	29008	70448
电力、热力、燃气及水生产和供应业	**69357**	**76129**	**32597**	**63761**
电力、热力生产和供应业	78375	94307	31345	64443
燃气生产和供应业	57977	46396	21430	60750
水的生产和供应业	45835	37085	42240	64219
建筑业	**43585**	**46834**	**32327**	**44464**
房屋建筑业	41400	40484	30271	43117
土木工程建筑业	48727	56581	33774	47849
建筑安装业	41467	40014	36102	42920
建筑装饰和其他建筑业	43832	28872	29600	44697
批发和零售业	**47382**	**67434**	**31233**	**44981**
批发业	62187	80200	34776	56197
零售业	40666	39005	29226	41253
交通运输、仓储和邮政业	**66657**	**73043**	**41131**	**60727**
铁路运输业	85590	86077	27321	80797
道路运输业	42749	37964	43849	46344
水上运输业	63246	112657	64344	59251
航空运输业	124912	146239	120128	115988
管道运输业	53746	31301		67440
装卸搬运和运输代理业	67188	65166	22827	70679
仓 储 业	54418	50745	53176	58074
邮政业	71029	71923	20250	65555
住宿和餐饮业	**38871**	**46769**	**35493**	**35656**
住宿业	40783	47754	36654	36284
餐饮业	34577	32939	28466	34786
信息传输、软件和信息技术服务业	**88995**	**68120**	**38518**	**91760**
电信、广播电视和卫星传输服务	80411	68773	41973	83405
互联网和相关服务	59579	65204	12344	59129
软件和信息技术服务业	98758	64070	73333	99716

5-23 续表 2 (2016年) 单位：元

项 目	从业人员合计	国有经济单位	城镇集体经济单位	其他经济单位
金融业	**80323**	**91096**	**62881**	**77626**
货币金融服务业	98661	104097	63353	107953
资本市场服务业	154201	224209		123126
保险业	51461	38283	47018	54228
其他金融业	70535	57724	70634	80894
房地产业	**53808**	**45765**	**43945**	**55383**
房地产开发经营	74339	54799	28588	75675
物业管理	35388	35237	39473	35337
房地产中介服务	58016	49828	70289	59658
租赁和商务服务业	**43422**	**41064**	**37193**	**48083**
租赁业	74695	58911	39778	80636
商务服务业	43213	41008	37189	47684
科学研究、技术服务业	**70180**	**66659**	**62761**	**79414**
研究和试验发展	82646	83177	22884	81498
专业技术服务业	69852	63180	69078	82667
科技推广和应用服务业	50706	49310	30890	56057
水利、环境和公共设施管理业	**34416**	**33933**	**27548**	**40601**
水利管理业	43978	42770	27959	62082
生态保护和环境治理业	38792	37153	37438	47491
公共设施管理业	32414	32118	26592	36621
居民服务、修理和其他服务业	**39022**	**42557**	**32947**	**31632**
居民服务业	34144	32271	39609	39068
机动车、电子产品和日用产品修理业	33262	40373	32349	29163
其他服务业	50683	64872	24279	20773
教育	**66890**	**67904**	**45873**	**47660**
初等教育	63046	63242	66578	47272
中等教育	65275	65569	55485	56001
高等教育	82678	83389	46257	52858
卫生和社会工作	**62230**	**64456**	**37890**	**46925**
卫生	62841	65077	38319	47458
社会工作	45286	47130	26319	33045
文化、体育和娱乐业	**52202**	**51789**	**36051**	**54733**
新闻和出版业	58433	47139	42476	84866
广播、电视、电影和影视录音制作业	54706	55416	31585	50487
文化艺术业	50633	50173	37603	57364
体育	49721	56674	69043	30892
娱乐业	35534	59842	15711	32773
公共管理、社会保障和社会组织	**55348**	**55654**	**26225**	**26235**
中国共产党机关	59179	59179		
国家机构	55634	55634	48385	
人民政协、民主党派	64372	64372		
社会保障	49769	49769		
群众社团、社会团体和其他成员组织	51421	52875	26000	38824

5-24 分细行业在岗职工平均工资

(2016年) 单位：元

项目	在岗职工合计	国有经济单位	城镇集体经济单位	其他经济单位
全省总计	**57148**	**58515**	**38248**	**57502**
按隶属关系分组				
中央		81780		
省属		71602		
市属		55182		
县及县以下		46621		
其他		62706		
按企、事业和机关分组				
企业	56246	56338	38095	57715
#地方		36001		
事业	59997	60619	40451	33222
#地方		59213		
机关	58015	58197	47550	22364
#地方		57381		
按国民经济行业分组				
农、林、牧、渔业	**15440**	**14319**	**41978**	**53566**
农业	12304	12245	29235	26755
林业	39158	39179	41182	24762
畜牧业	26510	25202	16000	30025
渔业	52702	26918	29398	58607
农、林、牧、渔服务业	38402	38050	80071	18000
采矿业	**55668**	**56095**	**32626**	**56270**
煤炭开采和洗选业	44435	36539	33907	46882
石油和天然气开采业	84434			84434
黑色金属矿采选业	40767	36747	27284	43497
有色金属矿采选业	32537	40573	32090	32166
非金属矿采选业	41516	16715	35873	45891
开采辅助活动	68925	68714		78401
其他采矿业	49353	80584		35815
制造业	**56574**	**58560**	**32689**	**57847**
农副食品加工业	45779	67013	32283	44157
食品制造业	42128	32272	22370	42516
酒、饮料和精制茶制造业	50731	32198	25181	51046
烟草制品业	112918		111505	112995
纺织业	32476	30571	23248	32849
纺织服装、服饰业	37682	21703	22955	38037
皮革、毛皮、羽毛及其制品和制鞋业	48445	34709	19291	50679
木材加工和木、竹、藤、棕、草制品业	44568	37545	22566	45523
家具制造业	48121	30654	33872	48248
造纸和纸制品业	42412	33139	23183	44136
印刷和记录媒介复制业	39998	42184	38136	39217
文教、工美、体育和娱乐用品制造业	37340	32810	41703	35740
石油加工、炼焦和核燃料加工业	79099	76673	27798	84305
化学原料和化学制品制造业	52331	45108	56841	52331

5-24 续表 1 (2016年) 单位：元

项 目	在岗职工合计			
		国有经济单位	城镇集体经济单位	其他经济单位
医药制造业	50373	41306	33400	50606
化学纤维制造业	28641			28641
橡胶和塑料制品业	51080	19422	32057	54427
非金属矿物制品业	38847	28891	26540	41570
黑色金属冶炼和压延加工业	52760	58775	26193	49887
有色金属冶炼和压延加工业	51730	67159	31311	51210
金属制品业	46989	38046	26643	52379
通用设备制造业	55394	64868	28303	56314
专用设备制造业	61085	34109	25449	62870
汽车制造业	86882	46797	24764	87553
铁路、船舶、航空航天和其他运输设备制造业	65764	78781	35539	69086
电气机械和器材制造业	49560	27114	35514	50385
计算机、通信和其他电子设备制造业	60790	47928	54261	61336
仪器仪表制造业	48887	47340	26246	49650
其他制造业	46250	52999	12653	41638
废弃资源综合利用业	34311	24397	21058	37258
金属制品、机械和设备修理业	72713	41196	29008	78041
电力、热力、燃气及水生产和供应业	**70119**	**77102**	**32657**	**64410**
电力、热力生产和供应业	79534	95943	31423	65334
燃气生产和供应业	58106	46396	21430	60922
水的生产和供应业	46101	37315	42240	64338
建筑业	**44123**	**46862**	**33121**	**45098**
房屋建筑业	40910	39714	30617	42733
土木工程建筑业	49491	57710	34043	48622
建筑安装业	43965	39614	38041	45950
建筑装饰和其他建筑业	44624	29261	30115	45520
批发和零售业	**48694**	**68962**	**31816**	**46210**
批发业	62226	81846	35865	55718
零售业	42214	40226	29212	42835
交通运输、仓储和邮政业	**67233**	**73657**	**41891**	**61179**
铁路运输业	85605	86094	27321	80797
道路运输业	43310	38487	44309	46937
水上运输业	63235	112691	64344	59169
航空运输业	124912	146239	120128	115988
管道运输业	53746	31301		67440
装卸搬运和运输代理业	66958	63059	24816	70231
仓 储 业	56548	54099	53176	58892
邮政业	71699	71954	20250	70395
住宿和餐饮业	**39170**	**48479**	**35871**	**35579**
住宿业	41239	49651	37166	36032
餐饮业	34742	32870	27631	34972
信息传输、软件和信息技术服务业	**89524**	**68508**	**40459**	**92369**
电信、广播电视和卫星传输服务	82575	69150	41973	86215
互联网和相关服务	60141	67212	12647	59059
软件和信息技术服务业	97340	64138	73333	98264

5-24 续表 2 (2016年) 单位：元

项目	在岗职工合计	国有经济单位	城镇集体经济单位	其他经济单位
金融业	**96057**	**103642**	**63194**	**100156**
货币金融服务业	100613	105161	63687	112032
资本市场服务业	155787	227614		123766
保险业	73274	69118	47018	74867
其他金融业	71274	59617	70634	80894
房地产业	**54848**	**46619**	**44950**	**56498**
房地产开发经营	74827	56118	32257	76013
物业管理	36023	36076	39486	35946
房地产中介服务	60049	50407	70289	63056
租赁和商务服务业	**45137**	**44630**	**37279**	**48312**
租赁业	74695	58911	39778	80636
商务服务业	44924	44578	37275	47906
科学研究、技术服务业	**70974**	**67451**	**62744**	**80826**
研究和试验发展	83022	84223	22884	76966
专业技术服务业	70909	64036	68807	84947
科技推广和应用服务业	50592	49471	33334	55329
水利、环境和公共设施管理业	**36166**	**35770**	**31102**	**40915**
水利管理业	44074	43040	27959	59947
生态保护和环境治理业	39359	38133	45090	51047
公共设施管理业	34348	34096	30567	37333
居民服务、修理和其他服务业	**39261**	**42864**	**33017**	**31677**
居民服务业	34316	32427	39578	39444
机动车、电子产品和日用产品修理业	33437	40727	32547	29221
其他服务业	50842	65048	24352	20788
教育	**68027**	**68906**	**47596**	**46979**
初等教育	63563	63767	67971	47272
中等教育	65632	66110	55383	48982
高等教育	86199	86841	56172	56373
卫生和社会工作	**63556**	**65810**	**38867**	**47071**
卫生	64204	66470	39303	47652
社会工作	45963	47809	26541	32617
文化、体育和娱乐业	**53260**	**52657**	**35938**	**56740**
新闻和出版业	59792	48907	42476	84791
广播、电视、电影和影视录音制作业	55803	55706	31585	57525
文化艺术业	51458	51020	37603	57816
体育	50091	57356	81667	30574
娱乐业	36292	60459	15711	33344
公共管理、社会保障和社会组织	**56623**	**56954**	**26225**	**26227**
中国共产党机关	59562	59562		
国家机构	56981	56982	48385	
人民政协、民主党派	65578	65578		
社会保障	51743	51743		
群众社团、社会团体和其他成员组织	51932	53452	26000	38907

5-25 各地区在岗职工平均工资

单位：元

地区	2013年				2014年			
	合计	国有单位	集体单位	其他单位	合计	国有单位	集体单位	其他单位
全　省	**46310**	**46890**	**32417**	**47305**	**49110**	**48701**	**33418**	**51061**
沈　阳	51344	57771	38042	48270	55365	58915	42106	53678
大　连	59061	68095	47286	56689	63611	71701	39608	61626
鞍　山	40263	45033	26856	37287	43039	47692	29879	39659
抚　顺	42527	41345	28862	44450	45233	42983	30276	47962
本　溪	41277	39572	23354	44406	40724	34993	25381	46714
丹　东	32179	33073	25345	32016	32571	33444	25810	32271
锦　州	39752	39414	28864	42163	41444	41073	30169	44583
营　口	39615	44050	27058	37936	42193	44126	28251	41973
阜　新	40035	40727	23564	41190	41413	43036	28119	41420
辽　阳	43053	39102	38807	48729	46453	41440	41468	53291
盘　锦	37760	29697	22588	54397	39903	30948	33000	58052
铁　岭	39763	35304	31834	46287	39808	36121	35308	45099
朝　阳	39091	42326	44295	35551	40506	43003	42508	37710
葫芦岛	39724	42401	28424	40426	42276	45332	28363	44231

5-25 续表

单位：元

地区	2015年				2016年			
	合计	国有单位	集体单位	其他单位	合计	国有单位	集体单位	其他单位
全　省	**53458**	**54738**	**35208**	**54024**	**57148**	**58515**	**38248**	**57502**
沈　阳	60653	66155	48296	57416	66207	71650	46723	63360
大　连	69390	82466	46060	65437	73764	86816	50680	69495
鞍　山	43652	48508	28160	40320	48164	54921	30135	41959
抚　顺	50225	51277	31488	51146	52708	55282	32406	52937
本　溪	43269	47473	28614	42023	46297	57961	27875	40507
丹　东	35790	38069	26483	34098	38763	43006	27336	34645
锦　州	47416	49509	36021	47178	49162	50933	39252	49010
营　口	48978	52389	32189	47522	46999	55223	41237	42308
阜　新	45939	51270	28816	41880	49601	51431	39155	44405
辽　阳	50716	44891	40446	59359	54507	48892	49434	61600
盘　锦	41579	31875	35748	61375	42944	32611	35716	67329
铁　岭	42473	41681	31410	45446	43596	44010	33570	44967
朝　阳	43950	47705	41150	38860	47846	51495	45154	41775
葫芦岛	47048	53631	29940	44794	50711	55225	37553	47447

5-26 分行业在岗职工工资总额

单位：万元

行业	2013年 合计	国有单位	集体单位	其他单位	2014年 合计	国有单位	集体单位	其他单位
总　计	**30783095**	**13034309**	**1189056**	**16559729**	**31359228**	**13621500**	**1108534**	**16629194**
农、林、牧、渔业	296404	270620	2050	23733	299441	271213	1667	26561
采　矿　业	1911145	425472	19196	1466476	1823710	415244	33033	1375433
制　造　业	8045419	1077873	340693	6626852	8151535	1176399	310478	6664658
电力、燃气及水的生产和供应业	864384	460117	4443	399824	898386	474773	4283	419331
建　筑　业	4477179	500314	433762	3543103	4141968	595180	382296	3164492
批发和零售业	1084220	201097	27132	855991	1126109	206215	28393	891501
交通运输、仓储及邮政业	2067875	1323104	61587	683184	2233999	1411434	53013	769552
住宿和餐饮业	256944	83439	10033	163472	265832	84241	10216	171374
信息转输、软件和信息技术服务业	893682	103508	935	789238	1006524	120405	699	885420
金 融 业	1532328	664268	114233	753826	1684826	690192	123063	871571
房　地　产　业	603348	67084	6546	529719	664376	74851	6990	582535
租赁和商务服务业	451263	194072	56838	200354	458163	190032	56791	211339
科学研究和技术服务业	940494	621211	28836	290447	987733	635974	23030	328729
水利、环境和公共设施管理业	414320	375441	8701	30178	435606	391228	7298	37081
居民服务、修理和其他服务业	94603	59478	6148	28977	95646	62041	5509	28097
教育	2842078	2766091	12221	63766	2925917	2835573	11148	79196
卫生和社会工作	1544353	1437424	50541	56388	1631759	1522005	45695	64059
文化、体育和娱乐业	254331	204423	1873	48035	240509	188670	1909	49930
公共管理、社会保障和社会组织	2208729	2199274	3290	6166	2287188	2275829	3023	8336

5-26 续表

单位：万元

行业	2015年 合计	国有单位	集体单位	其他单位	2016年 合计	国有单位	集体单位	其他单位
总　计	**31790272**	**14706366**	**988784**	**16095121**	**30457908**	**14703452**	**879960**	**14874496**
农、林、牧、渔业	316136	292135	1396	22604	341845	307853	1343	32648
采　矿　业	1628968	376610	25449	1226909	1452304	450456	19725	982123
制　造　业	7827622	1083784	275927	6467911	7413139	900623	231108	6281408
电力、燃气及水的生产和供应业	933987	487492	4161	442335	988326	528246	6669	453411
建　筑　业	3539922	492684	294681	2752558	2558272	413258	199320	1945694
批发和零售业	1133227	200076	27774	905377	1033933	194839	25475	813618
交通运输、仓储及邮政业	2347969	1413056	48675	886239	2381557	1381109	42394	958054
住宿和餐饮业	244485	80405	9486	154593	236157	81144	7081	147932
信息转输、软件和信息技术服务业	1060362	119055	742	940566	1082109	95685	829	985595
金 融 业	1908771	832248	141054	935469	1817010	723471	174170	919370
房　地　产　业	643914	74766	9333	559815	614815	78138	7547	529130
租赁和商务服务业	466149	191947	49662	224539	504731	206344	62424	235963
科学研究和技术服务业	1006147	677000	24597	304550	931542	620223	21929	289390
水利、环境和公共设施管理业	481605	431270	6828	43507	460438	404934	7048	48455
居民服务、修理和其他服务业	92746	67871	5719	19157	93472	68240	6036	19196
教育	3413562	3320257	12353	80953	3501346	3403922	12875	84549
卫生和社会工作	1815881	1705284	45462	65135	1860065	1731126	49583	79357
文化、体育和娱乐业	248189	192996	1959	53234	258854	200450	2368	56036
公共管理、社会保障和社会组织	2680630	2667432	3527	9671	2927994	2913391	2038	12566

5-27 各地区在岗职工工资总额

单位：万元

地区	2013年				2014年			
	合计	国有单位	集体单位	其他单位	合计	国有单位	集体单位	其他单位
全省	**30783095**	**13034309**	**1189056**	**16559729**	**31359228**	**13621500**	**1108534**	**16629194**
沈阳	6999368	2878560	202102	3918705	7501203	3114668	175399	4211136
大连	7427139	1976027	164420	5286692	7350070	2055791	107207	5187072
鞍山	2441401	1458842	181421	801139	2494077	1501105	174099	818874
抚顺	1470479	448375	60739	961365	1430883	452795	57976	920112
本溪	1242888	430334	46185	766370	1236733	424762	47138	764834
丹东	926547	480866	40537	405144	872139	447533	30566	394039
锦州	1241447	630234	68004	543209	1313890	683386	86063	544441
营口	1139923	479954	45504	614465	1138099	489864	36998	611237
阜新	834667	363659	26658	444350	820330	399717	32005	388608
辽阳	897437	370637	105846	420955	906131	373248	93415	439468
盘锦	1778419	926168	9365	842886	1863271	956179	13197	893896
铁岭	1115273	491549	66233	557491	1025765	477826	63367	484572
朝阳	1239660	604403	78571	556686	1263131	632602	82622	547907
葫芦岛	1001364	467619	93472	440273	1043539	512057	108484	422999

5-27 续表

单位：万元

地区	2015年				2016年			
	合计	国有单位	集体单位	其他单位	合计	国有单位	集体单位	其他单位
全省	**31790272**	**14706366**	**988784**	**16095121**	**30457908**	**14703452**	**879960**	**14874496**
沈阳	7824867	3423729	183415	4217722	7426395	3242120	156769	4027507
大连	7510398	2272281	98408	5139709	7435103	2327169	91655	5016280
鞍山	2403314	1484883	155611	762820	2197520	1449678	150429	597414
抚顺	1384624	510713	42774	831137	1295852	533041	44588	718223
本溪	1133296	467870	44987	620439	988301	454596	29352	504352
丹东	864368	468623	27873	367872	832014	485600	22522	323892
锦州	1453727	777092	94582	582053	1419803	770760	99334	549709
营口	1184847	548161	32975	603712	1233496	529306	26074	678117
阜新	831585	451590	20352	359643	746538	589633	17495	139411
辽阳	894268	378143	65268	450858	860278	370262	63844	426172
盘锦	1877790	954374	15007	908409	1816426	962144	8036	846245
铁岭	1024869	544690	50448	429731	973970	564195	54074	355701
朝阳	1209974	735975	66116	407884	1127018	737922	49606	339490
葫芦岛	1097021	592920	90968	413133	997978	579811	66183	351985

5-28 分行业在岗职工平均工资

单位：元

行业	2013年				2014年			
	合计	国有单位	集体单位	其他单位	合计	国有单位	集体单位	其他单位
总　计	**46310**	**46890**	**32417**	**47305**	**49110**	**48701**	**33418**	**51061**
农、林、牧、渔业	13195	12368	32904	45606	12962	12070	29508	46105
采　矿　业	56807	64589	22295	55985	58595	71590	27459	57023
制　造　业	45372	48482	28194	46340	49572	55778	28475	50321
电力、燃气及水的生产和供应业	56246	59312	26683	53712	60510	63130	27039	58502
建　筑　业	39621	43561	34432	39847	41219	42488	34884	41903
批发和零售业	41011	54558	22595	39720	44207	59765	26583	42544
交通运输、仓储及邮政业	56132	58419	37916	54365	60420	62476	40028	58933
住宿和餐饮业	33169	37789	26437	31687	37410	42093	32691	35762
信息转输、软件和信息技术服务业	74059	60320	36252	76437	80021	63652	30671	83030
金 融 业	83404	88083	49529	88430	88942	93184	54804	93811
房　地　产　业	45946	34695	34111	48129	47466	37327	35465	49390
租赁和商务服务业	35564	32848	27010	42844	38722	35613	28329	47054
科学研究和技术服务业	60182	56102	49436	73136	63178	57145	61908	79538
水利、环境和公共设施管理业	31194	31439	23728	30996	31208	30937	27727	35348
居民服务、修理和其他服务业	34995	39037	29558	29821	35128	37244	27571	32777
教育	50771	51060	35027	43819	51900	52267	37918	43264
卫生和社会工作	49340	50459	35844	40194	51107	52564	32020	41438
文化、体育和娱乐业	47401	48053	34302	45454	47733	47078	31812	51421
公共管理、社会保障和社会组织	42985	43175	31478	18087	43995	44217	30200	19990

5-28 续表

单位：元

行业	2015年				2016年			
	合计	国有单位	集体单位	其他单位	合计	国有单位	集体单位	其他单位
总　计	**53458**	**54738**	**35208**	**54024**	**57148**	**58515**	**38248**	**57502**
农、林、牧、渔业	14286	13518	38997	46819	15440	14319	41978	53566
采　矿　业	57084	70517	29568	54933	55668	56095	32626	56270
制　造　业	51678	53568	29427	53076	56574	58560	32689	57847
电力、燃气及水的生产和供应业	66521	70865	28361	63059	70119	77102	32657	64410
建　筑　业	43183	43732	34837	44218	44123	46862	33121	45098
批发和零售业	46999	64146	29666	45142	48694	68962	31816	46210
交通运输、仓储及邮政业	65559	67918	41197	64092	67233	73657	41891	61179
住宿和餐饮业	37544	44477	35987	34814	39170	48479	35871	35579
信息转输、软件和信息技术服务业	85250	67579	34180	88276	89524	68508	40459	92369
金 融 业	100595	114815	56492	101359	96057	103642	63194	100156
房　地　产　业	50990	42763	46065	52430	54848	46619	44950	56498
租赁和商务服务业	42873	39992	31352	50019	45137	44630	37279	48312
科学研究和技术服务业	66794	63353	65593	76096	70974	67451	62744	80826
水利、环境和公共设施管理业	34148	33937	27848	37829	36166	35770	31102	40915
居民服务、修理和其他服务业	37127	41425	29206	28855	39261	42864	33017	31677
教育	62116	62788	43834	45159	68027	68906	47596	46979
卫生和社会工作	57764	59704	36525	39979	63556	65810	38867	47071
文化、体育和娱乐业	50848	49790	32540	56356	53260	52657	35938	56740
公共管理、社会保障和社会组织	51314	51597	30328	22680	56623	56954	26225	26227

5-29 各地区分行业从业人员平均工资

(2016年)

单位：元

行 业	沈阳	大连	鞍山	抚顺	本溪	丹东	锦州
总 计	**64170**	**72447**	**47467**	**51458**	**45320**	**38285**	**48739**
农、林、牧、渔业	40005	59244	25834	29574	42476	33067	13239
采 矿 业	47087	54936	35568	49010	39857	33588	31021
制 造 业	71120	62310	48123	55995	40279	30485	43907
电力、燃气及水的生产和供应业	79663	77238	74321	57763	69916	47743	54562
建 筑 业	46278	53094	36066	39034	38761	40240	45620
批发和零售业	48265	61011	39483	36761	38390	40341	40058
交通运输、仓储及邮政业	67272	90798	42743	43273	37948	36080	47338
住宿和餐饮业	37670	42765	30699	26438	30072	25925	31774
信息转输、软件和信息技术服务业	97537	101813	69640	69256	54348	60044	61136
金 融 业	92544	100959	83321	74879	58432	42058	66412
房 地 产 业	70643	62334	43969	36773	39565	27833	47202
租赁和商务服务业	49935	54237	34320	34417	41891	26801	37893
科学研究和技术服务业	80556	97953	62156	67655	45357	35149	63065
水利、环境和公共设施管理业	37041	49692	34479	28215	34080	26597	44179
居民服务、修理和其他服务业	42223	50512	30002	29561	37490	26015	34776
教育	70822	90727	51760	62548	62640	49152	60168
卫生和社会工作	81756	90932	46227	49505	45682	39807	45317
文化、体育和娱乐业	61373	53782	46103	43373	54233	49444	47127
公共管理、社会保障和社会组织	63105	76312	47930	58300	54063	42347	52195

5-29 续表

(2016年)

单位：元

行 业	营口	阜新	辽阳	盘锦	铁岭	朝阳	葫芦岛
总 计	**46728**	**47783**	**53822**	**42351**	**43057**	**46272**	**48506**
农、林、牧、渔业	20897	24952	13128	11701	15767	43136	15396
采 矿 业	35178	36373	32680	76152	47312	46338	26756
制 造 业	46015	38803	65576	59180	31139	45687	46906
电力、燃气及水的生产和供应业	57594	72507	33434	75330	59678	67746	93051
建 筑 业	35766	36302	44610	50373	39036	32619	32512
批发和零售业	35196	45189	51303	44481	40896	35793	41451
交通运输、仓储及邮政业	34285	42200	46361	59202	32745	48278	40706
住宿和餐饮业	29835	24670	25591	35337	31975	28814	29608
信息转输、软件和信息技术服务业	61195	59554	66886	71257	65144	75145	64219
金 融 业	72439	53263	85174	71350	41627	48337	74961
房 地 产 业	44341	27381	39349	44800	50572	27540	40420
租赁和商务服务业	39851	46216	37321	24457	35864	32418	35894
科学研究和技术服务业	55003	48957	46969	58324	46315	43983	52796
水利、环境和公共设施管理业	27538	25833	33916	33256	31583	23070	31243
居民服务、修理和其他服务业	46698	47586	43648	34919	41033	12473	35540
教育	65750	66911	57488	62060	57860	60740	62339
卫生和社会工作	53926	47352	43695	44273	43802	47556	55532
文化、体育和娱乐业	48548	45868	40473	33671	44551	44987	46047
公共管理、社会保障和社会组织	52760	54977	49049	48097	45880	49286	50302

5-30 各地区分行业在岗职工平均工资

(2016年) 单位：元

行 业	沈阳	大连	鞍山	抚顺	本溪	丹东	锦州
总 计	**66207**	**73764**	**48164**	**52708**	**46297**	**38763**	**49162**
农、林、牧、渔业	40444	59633	25960	29727	42666	50149	13238
采 矿 业	47078	54936	36191	49035	39857	33588	31021
制 造 业	71517	61774	48495	56996	40439	30582	43971
电力、燃气及水的生产和供应业	80280	77836	76202	57861	71962	48661	54726
建 筑 业	46446	54180	35725	39343	36618	41174	46365
批发和零售业	48812	63816	40067	41761	38956	38777	40125
交通运输、仓储及邮政业	68218	92328	43539	43372	38547	36381	47355
住宿和餐饮业	37554	43284	30974	26742	29959	26356	31988
信息转输、软件和信息技术服务业	97659	100457	69725	69618	55252	62475	61105
金 融 业	130706	134439	83529	80704	71832	41996	66515
房 地 产 业	70946	65272	46093	36791	39766	27898	47307
租赁和商务服务业	50235	54651	34562	34532	42089	26399	37879
科学研究和技术服务业	82505	99813	59382	68629	46073	35184	63323
水利、环境和公共设施管理业	38966	52586	36684	33451	36589	27440	44930
居民服务、修理和其他服务业	42349	51517	30123	29916	39845	26009	34823
教育	72656	93062	53414	63020	63830	49206	60467
卫生和社会工作	83336	92753	46877	50293	46647	40104	46899
文化、体育和娱乐业	61969	55572	46407	44867	54436	50157	50255
公共管理、社会保障和社会组织	65184	77371	48788	60078	59347	43031	52767

5-30 续表 (2016年) 单位：元

行 业	营口	阜新	辽阳	盘锦	铁岭	朝阳	葫芦岛
总 计	**46999**	**49601**	**54507**	**42944**	**43596**	**47846**	**50711**
农、林、牧、渔业	20909	24952	13128	11700	15769	43196	16319
采 矿 业	35076	36903	32680	76469	47312	46338	26957
制 造 业	46197	38974	66064	59536	30933	45470	46991
电力、燃气及水的生产和供应业	57736	72755	33641	76754	60848	68146	94796
建 筑 业	35899	36764	45818	51240	40305	32472	36668
批发和零售业	35185	45341	51471	44343	42422	42449	39976
交通运输、仓储及邮政业	34307	43939	48173	60087	32879	48344	41599
住宿和餐饮业	29831	24670	25591	35642	31390	28727	30023
信息转输、软件和信息技术服务业	61233	68275	73297	71320	65748	83670	68353
金 融 业	81326	64222	85846	90509	43428	67064	87077
房 地 产 业	44410	28536	39334	47167	43681	27578	41014
租赁和商务服务业	39753	46895	37760	35923	35871	32672	36354
科学研究和技术服务业	55154	49295	47100	60309	47444	44220	53705
水利、环境和公共设施管理业	27492	29692	33664	33271	33172	23987	32513
居民服务、修理和其他服务业	46207	48326	44884	34942	43661	12398	35615
教育	65767	67387	57801	64045	58092	61203	63071
卫生和社会工作	54172	48707	43116	44614	45224	49152	57407
文化、体育和娱乐业	49547	46292	41595	33725	44973	45631	48459
公共管理、社会保障和社会组织	52824	56392	49505	49199	46903	49816	52247

5-31 国有单位分行业职工工资总额

单位：万元

行　业	2007年	2008年	2009年	2010年	2011年
总　计	**7451021**	**8614665**	**9125030**	**10129558**	**11865251**
农、林、牧、渔业	205179	209295	229049	251731	265099
采　矿　业	516551	819843	208675	221642	703659
制　造　业	1058849	1143282	1216148	1249490	1317555
电力、燃气及水的生产和供应业	356931	367542	365902	468089	479497
建　筑　业	214970	242402	303917	371666	544472
批发和零售业	103330	102246	149227	142834	150366
交通运输、仓储及邮政业	762695	741406	809326	884354	1025582
住宿和餐饮业	26148	25707	29716	39897	54609
信息转输、软件和信息技术服务业	77464	81674	93996	102840	124866
金 融 业	265188	365367	395474	473440	555412
房 地 产 业	52707	54283	56972	69316	95389
租赁和商务服务业	94424	117169	132464	145834	162509
科学研究和技术服务业	246864	283124	357649	432281	556603
水利、环境和公共设施管理业	170072	196485	247954	282774	332004
居民服务、修理和其他服务业	20962	25211	34276	53274	61949
教育	1323509	1579923	1897978	2101899	2293052
卫生和社会工作	507023	593094	726596	850639	1009339
文化、体育和娱乐业	119276	138153	182261	174210	193796
公共管理、社会保障和社会组织	1328879	1528459	1687451	1813348	1939494

5-31 续表

单位：万元

行　业	2012年	2013年	2014年	2015年	2016年
总　计	**13206768**	**13034309**	**13621500**	**14706366**	**14703452**
农、林、牧、渔业	270911	270620	271213	292135	307853
采　矿　业	716153	425472	415244	376610	450456
制　造　业	1282840	1077873	1176399	1083784	900623
电力、燃气及水的生产和供应业	511155	460117	474773	487492	528246
建　筑　业	703373	500314	595180	492684	413258
批发和零售业	164424	201097	206215	200076	194839
交通运输、仓储及邮政业	1197445	1323104	1411434	1413056	1381109
住宿和餐饮业	67680	83439	84241	80405	81144
信息转输、软件和信息技术服务业	137158	103508	120405	119055	95685
金 融 业	631795	664268	690192	832248	723471
房 地 产 业	102396	67084	74851	74766	78138
租赁和商务服务业	162716	194072	190032	191947	206344
科学研究和技术服务业	653892	621211	635974	677000	620223
水利、环境和公共设施管理业	361484	375441	391228	431270	404934
居民服务、修理和其他服务业	64342	59478	62041	67871	68240
教育	2626435	2766091	2835573	3320257	3403922
卫生和社会工作	1217798	1437424	1522005	1705284	1731126
文化、体育和娱乐业	198953	204423	188670	192996	200450
公共管理、社会保障和社会组织	2135821	2199274	2275829	2667432	2913391

5-32 城镇集体单位分行业职工工资总额

单位：万元

行　　业	2007年	2008年	2009年	2010年	2011年	2012年	2013年	2014年	2015年	2016年
总　　计	**464149**	**513765**	**564377**	**633720**	**834721**	**993036**	**1189056**	**1108534**	**988784**	**879960**
农、林、牧、渔业	3646	2861	3349	2965	3237	2551	2050	1667	1396	1343
采　　矿　　业	24057	21292	20853	23021	33614	35417	19196	33033	25449	19725
制　　造　　业	180203	201521	208171	222885	257035	301397	340693	310478	275927	231108
电力、燃气及水的生产和供应业	5611	7470	6423	4994	9066	10292	4443	4283	4161	6669
建　　筑　　业	99303	110885	122143	140216	252843	334392	433762	382296	294681	199320
批发和零售业	22459	17662	21646	34000	38938	28005	27132	28393	27774	25475
交通运输、仓储及邮政业	18582	11415	13073	12678	12483	13117	61587	53013	48675	42394
住宿和餐饮业	3939	4016	5548	6566	5937	9694	10033	10216	9486	7081
信息转输、软件和信息技术服务业	2715	269	373	363	575	865	935	699	742	829
金 融 业	50868	56847	70345	80549	90799	110906	114233	123063	141054	174170
房　地　产　业	2625	4082	3747	4932	5530	6869	6546	6990	9333	7547
租赁和商务服务业	20345	34439	32696	35710	35922	39721	56838	56791	49662	62424
科学研究和技术服务业	5386	8015	10649	12338	14838	17656	28836	23030	24597	21929
水利、环境和公共设施管理业	2999	3054	3919	4436	5230	7844	8701	7298	6828	7048
居民服务、修理和其他服务业	4109	4836	5954	5985	8886	8842	6148	5509	5719	6036
教育	2084	3007	4489	5803	14192	13706	12221	11148	12353	12875
卫生和社会工作	13456	20045	28518	33568	42084	48334	50541	45695	45462	49583
文化、体育和娱乐业	174	344	476	452	603	893	1873	1909	1959	2368
公共管理、社会保障和社会组织	1588	1706	2005	2259	2912	2536	3290	3023	3527	2038

5-33 其它单位分行业职工工资总额

单位：万元

行　　业	2007年	2008年	2009年	2010年	2011年	2012年	2013年	2014年	2015年	2016年
总　　计	**3515195**	**4393707**	**5835691**	**6954732**	**9015665**	**10469070**	**16559729**	**16629194**	**16095121**	**14874496**
农、林、牧、渔业	15924	19108	15728	28976	32984	26609	23733	26561	22604	32648
采　　矿　　业	299490	354712	1047349	1218527	869541	962226	1466476	1375433	1226909	982123
制　　造　　业	1929735	2340636	2686378	3187697	4417126	4982464	6626852	6664658	6467911	6281408
电力、燃气及水的生产和供应业	173102	192945	229511	251388	283178	318466	399824	419331	442335	453411
建　　筑　　业	217824	286419	374188	418731	842378	1189550	3543103	3164492	2752558	1945694
批发和零售业	161097	215881	279667	320051	482880	529776	855991	891501	905377	813618
交通运输、仓储及邮政业	100362	198480	233744	281841	380884	442178	683184	769552	886239	958054
住宿和餐饮业	53718	67996	82665	86156	121626	135490	163472	171374	154593	147932
信息转输、软件和信息技术服务业	148811	207003	232379	269227	355104	440455	789238	885420	940566	985595
金 融 业	260294	260667	334872	415993	537980	683486	753826	871571	935469	919370
房　地　产　业	55500	81550	123943	166214	248888	332886	529719	582535	559815	529130
租赁和商务服务业	20312	43583	46380	111637	161614	99597	200354	211339	224539	235963
科学研究和技术服务业	52034	78131	83136	105741	135564	157761	290447	328729	304550	289390
水利、环境和公共设施管理业	6891	7233	8896	10466	17553	22733	30178	37081	43507	48455
居民服务、修理和其他服务业	6207	6964	8324	10872	15090	16721	28977	28097	19157	19196
教育	1976	13591	18957	33791	54637	62234	63766	79196	80953	84549
卫生和社会工作	6543	12391	21354	25825	39900	43976	56388	64059	65135	79357
文化、体育和娱乐业	5266	6049	7532	10768	14117	16254	48035	49930	53234	56036
公共管理、社会保障和社会组织	110	370	689	834	4624	6209	6166	8336	9671	12566

5-34 农民工基本情况

指　标	单位	2009年	2010年	2011年	2012年	2013年	2014年	2015年	2016年
(一).性别	—								
1.男性	%	68.6	68.6	70.2	69.8	68.0	68.7	68.9	66.0
2.女性	%	31.4	31.4	29.8	30.2	32.0	31.3	31.1	34.0
(二).年龄	—								
1.16-18岁	%	1.5	1.5	2.5	1.4	4.3	2.0	1.5	1.4
2.19-22岁	%	12.0	9.1	9.6	7.8	10.6	6.5	6.4	7.6
3.23-25岁	%	10.7	12.6	11.6	10.7	11.5	9.0	9.7	7.2
4.26-30岁	%	13.7	12.6	9.6	10.5	9.9	10.9	11.8	11.8
5.31-40岁	%	21.4	21.4	22.3	21.8	13.1	21.7	17.6	15.4
6.41-50岁	%	22.7	23.7	26.9	29.1	29.6	28.5	30.0	32.3
7.51-60岁	%	15.5	16.1	14.8	15.4	16.4	16.8	18.5	19.6
8.61-65岁	%	1.8	2.2	1.7	1.9	3.1	3.2	3.2	3.5
9.66岁及以上	%	0.8	0.8	1.1	1.1	1.4	1.3	1.3	1.2
(三).婚姻状况	—								
1.已婚	%	71.9	71.5	72.7	74.1	74.2	73.5	73.4	74.3
2.未婚	%	26.3	26.5	25.3	24.2	22.3	23.3	24.2	23.3
3.离异	%	1.2	1.3	1.2	0.9	2.3	2.4	1.4	1.3
4.丧偶	%	0.5	0.6	0.8	0.6	1.2	0.9	0.7	1.1
5.其他	%	0.1		0.1	0.1			0.2	
(四).文化程度	—								
1.不识字或识字很少	%	0.5	0.4	0.1	0.2	0.4	0.4	0.4	0.4
2.小学	%	9.6	9.4	12.6	13.0	12.7	12.1	12.4	12.3
3.初中	%	69.1	68.8	73.8	72.2	71.5	70.6	69.7	68.9
4.高中及中专		14.4	14.5	9.1	9.2	9.8	10.2	10.1	9.8
5.大专及以上	%	6.5	6.9	4.4	5.4	5.7	6.8	7.4	8.5
(五).是否接受过农业技术培训	—								
1.是	%	4.9	5.3	14.8	13.8	7.0	5.8	5.0	6.6
2.否	%	95.1	94.7	85.2	86.2	93.0	94.2	95.0	93.4
(六).是否接受过非农职业技能培训	—								
1.是	%	17.2	16.9	31.1	30.5	25.6	28.6	25.4	26.8
2.否	%	82.8	83.1	68.9	69.5	74.4	71.4	74.6	73.2
(七).参加医疗保险情况	—								
1.农村新型农村合作医疗	%	86.0	86.9	88.6	88.7	86.5	86.5	83.9	83.7
2.城镇医疗保险	%	5.7	5.7	5.9	6.0	9.6	10.0	11.1	12.5
3.商业医疗保险	%	1.1	0.7	1.7	1.9	0.7	0.9	1.0	1.2
4.其他医疗保险	%	0.9	0.9	0.3	0.7	0.7	0.8	1.0	0.9
5.没有参加任何医疗保险	%	6.5	6.4	4.9	4.5	3.4	3.4	4.0	2.9
(八).参加养老保险情况	—								
1.农村社会养老保险	%	5.0	9.9	35.2	38.6	54.9	53.6	51.5	49.2
2.城镇基本养老保险	%	10.6	11.2	8.3	9.1	14.6	15.3	17.7	20.8
3.商业养老保险	%	2.5	2.7	2.2	2.4	1.2	1.1	1.7	1.4
4.其他养老保险	%	2.6	2.9	2.7	2.6	2.4	2.6	2.1	2.6
5.没有参加任何养老保险	%	79.5	73.7	52.3	48.0	27.0	27.8	27.4	26.3

5-35 农民工从业情况

指　　标	单位	2009年	2010年	2011年	2012年	2013年	2014年	2015年	2016年
(一)农民工	—								
其中：1.整劳动力	%	78.5	77.5	78.1	77.0	73.2	73.6	71.4	70.0
2.半劳动力	%	21.5	22.5	21.9	23.0	26.8	26.4	28.6	30.0
(二)从业地区	—								
1.乡内	%	51.3	51.1	56.4	57.5	56.0	54.4	52.3	54.4
2.县内乡外	%	12.5	14.0	11.5	11.6	15.5	13.6	14.4	13.2
3.省内县外	%	29.5	28.8	25.9	24.6	23.2	25.3	25.9	25.5
4.国内省外	%	5.4	4.5	5.9	5.8	4.8	6.5	7.2	6.6
5.国外	%	1.3	1.5	0.3	0.5	0.5	0.3	0.2	0.3
(三)从事的行业	—								
1.第一产业	%	0.9	1.0	0.8	0.7	0.9	0.7	0.8	1.3
(1)农、林、牧、渔业	%	0.9	1.0	0.8	0.7	0.9	0.7	0.8	1.3
2.第二产业	%	43.3	42.8	56.4	54.7	49.3	49.0	46.5	41.6
(2)采矿业	%	5.1	5.4	5.4	5.8	4.1	3.8	3.4	3.5
(3)制造业	%	22.1	19.7	30.9	29.6	25.5	25.8	24.6	20.9
(4)电力、燃气及水的生产和供应业	%	1.1	1.5	1.6	1.8	1.9	2.4	2.9	2.0
(5)建筑业	%	15.0	16.2	18.4	17.5	17.8	17.0	15.6	15.2
3.第三产业	%	55.8	56.2	42.8	44.5	49.8	50.3	52.7	57.1
(6)交通运输、仓储和邮政业	%	9.6	9.9	8.9	9.9	14.2	15.0	13.7	15.8
(7)信息传输、计算机服务和软件业	%	2.1	1.6	0.7	1.2	9.8	9.6	10.2	9.1
(8)批发和零售业	%	13.7	14.2	13.7	12.0	8.1	7.7	7.1	5.9
(9)住宿和餐饮业	%	6.7	6.6	5.9	5.9	1.3	1.5	1.8	1.5
(10)金融业	%	0.3	0.3	0.1	0.3	0.5	0.4	0.7	0.8
(11)房地产业	%	0.2	0.5	0.2	0.3	0.4	0.3	0.4	0.4
(12)租赁和商务服务业	%	0.6	0.5	0.6	0.7	0.2	0.3	0.4	0.5
(13)科学研究、技术服务和地质勘察业	%			0.3	0.2		0.2	0.3	0.1
(14)水利、环境和公共设施管理业	%	0.3	0.3	0.3	0.3	0.3	0.4	1.0	1.5
(15)居民服务和其他服务业	%	15.1	15.8	8.8	9.6	10.7	10.0	11.5	14.5
(16)教育	%	2.0	1.8	0.4	1.1	1.4	1.5	1.9	2.2
(17)卫生、社会保障和社会福利业	%	1.5	1.4	1.5	1.5	1.8	1.9	2.0	2.4
(18)文化、体育和娱乐业	%	0.7	0.7	0.9	1.0	0.4	0.4	0.3	0.6
(19)公共管理和社会组织	%	3.0	2.6	0.3	0.5	0.7	1.2	1.6	1.8
(20)国际组织	%								
(四)工作种类	—								
1.国家机关、党群组织、企业、事业单位负责人	%	1.8	1.6	1.2	1.3	0.8	0.6	0.7	0.7
2.专业技术人员	%	5.5	7.6	10.7	12.3	11.5	11.8	10.8	11.0
3.办事人员和有关人员	%	3.5	4.2	2.2	3.1	5.8	8.2	7.3	9.1
4.商业、服务业人员	%	35.0	34.0	30.9	29.9	26.8	26.7	25.8	26.8
5.农、林、牧、渔、水利业生产人员	%	1.8	0.8	0.9	0.6	1.8	0.9	1.0	1.7
6.生产、运输设备操作人员及有关人员	%	33.2	33.6	43.0	41.4	39.3	39.1	36.6	30.7
7.不便分类的其他从业人员	%	19.2	18.1	11.0	11.3	13.9	12.6	17.7	20.1
(五)从业时间	—								
1.本地非农自营	月	10.7	10.2	10.3	10.4	9.3	9.3	9.5	10.0
2.本地非农务工	月	12.1	11.7	10.8	10.2	9.0	8.8	9.3	9.4
3.外出从业	月	11.6	11.1	10.9	10.7	9.0	9.2	9.4	9.4
(六)从业收入	—								
1.本地非农自营	元	14443	16109	29245	32434	35949	39944	37099	32308
2.本地非农务工	元	15300	16890	21080	23297	19976	22489	24877	24550
3.外出从业	元	19729	22160	27069	30624	29547	31115	35201	35579
其中：寄回带回	元	11091	12098	13424	15374	17996	18305	20716	20439

5-36 本地农民工基本情况

指　标	单位	2009年	2010年	2011年	2012年	2013年	2014年	2015年	2016年
(一)姓别	—								
1.男劳动力	%	66.5	65.4	68.8	69.4	65.2	66.3	65.3	61.2
2.女劳动力	%	33.5	34.6	31.2	30.6	34.8	33.7	34.7	38.8
(二)年龄	—								
1.16-18岁	%	0.3	0.6	1.2	0.6	1.3	1.0	0.0	0.1
2.19-22岁	%	3.6	1.9	3.1	2.5	3.5	1.3	1.9	2.0
3.23-25岁	%	3.6	7.0	3.4	3.3	7.4	2.5	2.3	1.7
4.26-30岁	%	9.0	6.7	7.3	7.1	7.8	7.6	6.8	7.1
5.31-40岁	%	23.3	22.8	27.3	24.5	15.5	23.4	19.3	16.7
6.41-50岁	%	32.3	32.0	33.8	36.8	35.9	35.4	37.4	40.4
7.51-60岁	%	23.8	23.7	20.1	20.7	21.4	21.8	25.4	25.4
8.60-65岁	%	2.6	3.7	1.8	2.8	4.8	4.7	4.4	4.8
9.65岁及以上	%	1.6	1.5	1.9	1.9	2.4	2.4	2.3	1.8
(三)婚姻状况	—								
1.已婚	%	91.9	89.8	90.9	91.1	87.8	89.8	91.9	91.7
2.未婚	%	6.7	8.4	6.5	6.9	7.8	6.6	6.2	6.8
3.离异	%	0.6	0.8	1.5	1.2	2.7	2.4	0.9	0.6
4.丧偶	%	0.8	1.1	0.9	0.7	1.8	1.2	1.0	0.9
5.其他	%			0.1	0.1				
(四)文化程度	—								
1.不识字或识字很少	%	0.5	0.1	0.1	0.4	0.5	0.6	0.4	0.6
2.小学	%	11.5	10.9	15.3	16.6	15.1	14.7	15.1	14.0
3.初中	%	71.0	70.1	77.2	75.0	72.9	71.8	72.1	72.9
4.高中及中专	%	9.2	9.6	4.7	4.6	8.7	9.2	9.4	9.1
5.大专及以上	%	7.9	9.3	2.7	3.5	2.9	3.7	3.0	3.5
(五).是否接受过农业技术培训	—								
1.是	%	6.7	6.4	14.9	14.8	8.0	6.5	4.5	6.8
2.否	%	93.3	93.6	85.1	85.2	92.0	93.5	95.5	93.2
(六).是否接受过非农职业技能培训	—								
1.是	%	16.8	16.2	28.0	29.2	24.5	24.5	19.7	27.2
2.否	%	83.2	83.8	72.0	70.8	75.5	75.5	80.3	72.8
(七)参加医疗保险情况	—								
1.农村新型农村合作医疗	%	85.8	87.3	89.5	89.8	84.0	85.1	83.3	83.4
2.城镇医疗保险	%	7.5	8.2	6.0	5.7	13.2	12.5	13.0	13.6
3.商业医疗保险	%	0.9	0.4	0.9	0.8	0.8	1.2	1.1	1.5
4.其他医疗保险	%	0.5	0.6		0.4	0.3	0.1	0.5	0.6
5.没有参加任何医疗保险	%	6.6	6.5	4.7	4.3	2.7	2.3	2.9	2.3
(八).参加养老保险情况	—								
1.农村社会养老保险	%	5.1	9.0	36.9	41.1	52.7	52.9	52.6	49.3
2.城镇基本养老保险	%	13.2	14.8	8.3	7.8	18.9	17.5	21.1	24.3
3.商业养老保险	%	1.6	2.1	1.7	2.2	1.3	1.1	2.1	1.8
4.其他养老保险	%	2.3	2.4	2.5	2.5	1.7	2.9	2.6	3.7
5.没有参加任何养老保险	%	78.1	72.3	51.2	47.0	25.7	26.2	22.3	21.4

5-37 本地农民工从业情况

指　　标	单位	2009年	2010年	2011年	2012年	2013年	2014年	2015年	2016年
(一)从事的行业	—								
1.第一产业	%								
(1)农、林、牧、渔业	%								
2.第二产业	%	38.4	36.2	55.4	54.1	48.1	47.5	44.5	39.0
(2)采矿业	%	7.6	9.0	7.7	8.5	5.4	6.1	5.7	5.6
(3)制造业	%	21.6	18.3	33.7	32.9	29.6	27.8	27.6	24.0
(4)电力、燃气及水的生产和供应业	%	1.2	1.9	1.5	1.6	1.9	2.9	3.4	2.1
(5)建筑业	%	7.9	7.0	12.4	11.1	11.1	10.6	7.8	7.4
3.第三产业	%	61.6	63.8	44.6	45.9	51.9	52.5	55.5	61.0
(6)交通运输、仓储和邮政业	%	10.2	10.9	10.7	13.0	18.9	19.8	17.7	20.5
(7)信息传输、计算机服务和软件业	%	0.3	0.1		0.2	11.8	12.0	12.2	9.8
(8)批发和零售业	%	17.4	18.7	17.5	14.7	5.3	4.8	5.4	4.3
(9)住宿和餐饮业	%	4.3	2.7	3.3	2.8	0.1	0.1	0.2	0.3
(10)金融业	%	0.2	0.3	0.1	0.1	0.5	0.1	0.5	0.7
(11)房地产业	%		0.1			0.1		0.0	0.0
(12)租赁和商务服务业	%	0.3	0.3	0.2	0.4	0.1	0.3	0.4	0.2
(13)科学研究、技术服务和地质勘察业	%						0.3	0.2	
(14)水利、环境和公共设施管理业	%	0.5	0.4	0.6	0.4	0.3	0.4	0.5	1.2
(15)居民服务和其他服务业	%	17.7	20.2	8.6	9.7	9.7	8.7	10.4	15.1
(16)教育	%	2.6	2.7	0.5	1.3	1.9	2.1	2.3	2.5
(17)卫生、社会保障和社会福利业	%	2.3	1.9	2.4	2.2	1.6	1.9	2.6	3.0
(18)文化、体育和娱乐业	%	0.8	0.9	0.5	0.7	0.2	0.3	0.4	0.3
(19)公共管理和社会组织	%	5.0	4.3	0.2	0.5	1.3	1.9	2.7	3.0
(20)国际组织	%								
(二)工作种类	—								
1.国家机关、党群组织、企业、事业单位负责人	%	2.0	2.2	1.0	0.4	1.1	0.9	1.2	1.2
2.专业技术人员	%	3.3	4.6	5.4	7.7	7.5	8.2	8.1	8.4
3.办事人员和有关人员	%	3.4	4.6	2.0	2.8	7.0	10.9	7.4	8.1
4.商业、服务业人员	%	40.7	40.7	34.2	35.6	29.0	28.0	27.7	28.5
5.农、林、牧、渔、水利业生产人员	%	2.2		0.2	0.1	1.5	0.4	0.3	0.3
6.生产、运输设备操作人员及有关人员	%	28.0	27.4	40.3	38.6	42.4	40.8	39.5	33.9
7.不便分类的其他从业人员	%	20.5	20.4	16.9	14.8	11.5	10.8	15.8	19.6

5-38 外出农民工基本情况

指　标	单位	2009年	2010年	2011年	2012年	2013年	2014年	2015年	2016年
(一).性别	—								
1.男性	%	70.9	71.9	72.1	70.3	71.5	71.5	72.8	71.6
2.女性	%	29.1	28.1	27.9	29.7	28.5	28.5	27.2	28.4
(二).年龄	—								
1.16-18岁	%	2.8	2.4	4.1	2.5	8.2	3.3	3.1	3.0
2.19-22岁	%	20.9	16.6	17.9	15.0	19.7	12.9	11.2	14.3
3.23-25岁	%	18.2	18.3	22.1	20.9	16.8	16.8	17.8	13.6
4.26-30岁	%	18.7	18.8	12.7	15.2	12.5	14.9	17.3	17.3
5.31-40岁	%	19.4	19.9	15.8	18.2	10.0	19.7	15.8	13.9
6.41-50岁	%	12.5	15.0	17.9	18.8	21.4	20.2	21.9	22.7
7.51-60岁	%	6.7	8.2	7.8	8.4	10.0	10.8	10.9	12.8
8.61-65岁	%	0.8	0.6	1.5	0.9	1.0	1.4	1.8	1.9
9.66岁及以上	%		0.2		0.2	0.2		0.2	0.5
(三).婚姻状况	—								
1.已婚	%	50.6	52.3	48.9	51.0	56.8	53.9	53.2	53.7
2.未婚	%	47.3	45.6	49.7	47.7	40.8	43.3	44.0	42.9
3.离异	%	1.8	1.9	0.8	0.6	1.9	2.4	2.0	2.1
4.丧偶	%	0.2	0.2	0.6	0.5	0.5	0.4	0.4	1.3
5.其他	%	0.2			0.2			0.4	
(四).文化程度	—								
1.不识字或识字很少	%	0.5	0.6	0.2		0.2	0.2	0.3	0.2
2.小学	%	7.6	7.8	9.2	8.2	9.7	9.0	9.3	10.3
3.初中	%	67.2	67.4	69.3	68.2	69.7	69.0	67.1	64.3
4.高中及中专	%	8.0	14.9	12.3	8.1	11.2	11.3	11.0	10.7
5.大专及以上	%	16.7	9.2	9.0	15.5	9.3	10.4	12.3	14.5
(五).是否接受过农业技术培训	—								
1.是	%	3.6	4.1	14.6	12.5	5.8	5.0	5.6	6.4
2.否	%	96.4	95.9	85.4	87.5	94.2	95.0	94.4	93.6
(六).是否接受过非农职业技能培训	—								
1.是	%	18.6	17.7	35.0	32.2	26.9	33.5	31.7	26.3
2.否	%	81.4	82.3	65.0	67.8	73.1	66.5	68.3	73.7
(七).参加医疗保险情况	—								
1.农村新型农村合作医疗	%	86.4	86.6	87.4	87.0	89.6	88.2	84.5	84.0
2.城镇医疗保险	%	4.9	5.1	5.8	6.5	4.9	7.0	9.0	11.2
3.商业医疗保险	%	1.3	0.9	2.8	3.3	0.5	0.7	0.9	0.8
4.其他医疗保险	%	1.3	1.3	0.8	1.3	1.2	1.7	1.5	1.2
5.没有参加任何医疗保险	%	6.4	6.2	5.2	4.7	4.3	4.7	5.3	3.6
(八).参加养老保险情况	—								
1.农村社会养老保险	%	4.9	10.8	32.8	35.4	57.8	54.6	50.3	49.2
2.城镇基本养老保险	%	7.9	7.4	8.3	10.7	9.1	12.7	14.0	16.6
3.商业养老保险	%	3.4	3.3	2.9	2.5	1.1	1.2	1.3	1.0
4.其他养老保险	%	3.0	3.4	2.9	2.8	3.3	2.2	1.6	1.2
5.没有参加任何养老保险	%	81.0	75.1	53.7	49.3	28.8	29.8	33.0	32.3

5-39 外出农民工从业情况

指 标	单位	2009年	2010年	2011年	2012年	2013年	2014年	2015年	2016年
(一)外出从业人员	--								
其中：1.整劳动力	%	91.0	89.5	88.0	88.5	85.0	84.5	84.0	81.9
2.半劳动力	%	9.0	10.5	12.0	11.5	15.0	15.5	16.0	18.1
其中：1.本年新外出的人数	%	16.4	14.1	20.7	12.8	22.1	11.7	9.5	12.8
2.上年外出从业过的人数	%	83.6	85.9	79.3	87.2	77.9	88.3	90.5	87.2
(二)外出地区	--								
1.本省	%	86.2	87.6	85.7	85.0	88.1	85.1	84.2	84.4
(1)乡外县内	%	25.6	28.7	26.5	27.2	34.9	29.7	29.9	29.0
(2)县外省内	%	60.6	58.9	59.2	57.8	53.2	55.4	54.3	55.4
2.省外	%	13.8	12.4	14.3	15.0	11.9	14.9	15.8	15.6
(三)输入地区	--								
(1)东部地区	%	93.6	93.7	93.4	92.6	94.6	94.8	94.5	92.8
北 京	%	1.8	2.0	2.5	2.2	2.8	3.5	4.0	3.2
天 津	%	1.0	0.5	0.5	0.6	0.2	0.7	0.5	1.1
河 北	%	0.8	0.8	1.2	2.4	1.5	2.7	2.2	1.9
辽 宁	%	86.2	87.6	85.7	85.0	88.1	85.1	84.2	84.4
上 海	%	0.5	0.5	0.5	0.3	0.6	0.8	1.3	0.6
江 苏	%	0.7	0.5	0.8	0.8	0.2	0.2	0.3	0.3
浙 江	%	0.5	0.5	0.5	0.3	0.3	0.3	0.8	0.2
福 建	%		0.2	0.2	0.2	0.3	0.2		
山 东	%	1.1	0.6	1.5	0.5	0.5	0.6	0.6	0.6
广 东	%	1.0	0.6	0.2	0.3	0.2	0.6	0.6	0.5
海 南	%								0.2
(2)中部地区	%	2.6	1.9	2.9	3.2	2.2	2.7	3.1	3.7
山 西	%	0.3	0.3			0.3	0.6	0.3	0.3
吉 林	%	1.3	0.5	2.3	2.1	0.6	1.5	2.3	2.7
黑 龙 江	%	0.5	0.6	0.3	0.9	1.1	0.2	0.4	0.3
安 徽	%	0.3							0.1
江 西	%						0.2		
河 南	%	0.2	0.3		0.2	0.2			0.2
湖 北	%			0.2			0.2	0.2	0.2
湖 南	%		0.2	0.2					
(3)西部地区	%	1.1	1.3	3.1	3.0	2.0	1.9	1.8	2.6
内 蒙 古	%	1.0	0.5	1.7	1.7	1.9	1.5	1.2	1.6
广 西	%			0.2			0.2	0.2	0.1
重 庆	%					0.2	0.1	0.1	
四 川	%		0.2	0.3	0.3			0.1	
贵 州	%		0.2						
云 南	%								0.1
西 藏	%			0.2					
陕 西	%		0.2	0.3	0.3			0.3	0.3
甘 肃	%			0.3	0.3				0.3

5-39 续表 1

指　　标	单位	2009年	2010年	2011年	2012年	2013年	2014年	2015年	2016年
青　海	%								
宁　夏	%								0.2
新　疆	%	0.2	0.3	0.2	0.3		0.2		
(4)其他地区	%	2.6	3.1	0.6	1.3	1.2	0.6	0.5	0.8
(四)外出地区类型	--								
1.直辖市	%	3.6	3.1	4.8	3.9	4.5	5.8	6.8	4.5
2.省会城市	%	21.2	21.8	21.2	20.2	20.6	18.5	22.6	21.9
3.地级市	%	38.4	38.1	38.8	38.1	32.6	35.1	37.4	37.0
4.县级市	%	19.2	20.4	23.9	23.1	33.2	30.8	24.6	26.3
5.建制镇	%	8.9	8.6	9.2	10.4	4.9	7.0	7.5	8.4
6.其他地区	%	8.7	8.0	2.1	4.3	4.1	2.7	1.2	1.8
(五)外出方式	--								
1.政府(单位)组织	%	2.3	1.3	2.0	1.6	0.8	0.5	0.6	1.0
2.中介组织介绍	%	4.8	4.2	2.6	2.4	2.9	2.4	3.1	1.8
3.亲朋好友介绍	%	53.2	52.5	47.2	45.7	42.5	40.6	40.1	35.7
4.自发	%	36.3	36.4	43.1	47.2	51.6	49.6	53.9	54.4
5.其他	%	3.4	5.6	5.1	3.2	2.2	7.0	2.3	7.1
(六)外出从事行业	--								
1.第一产业	%	1.8	2.0	1.8	1.7	2.2	1.5	1.7	2.9
(1)农、林、牧、渔业	%	1.8	2.0	1.8	1.7	2.2	1.5	1.7	2.9
2.第二产业	%	47.5	49.7	57.4	55.5	50.6	50.8	48.5	44.5
(2)采矿业	%	1.6	1.7	2.5	2.1	2.5	1.1	0.9	0.9
(3)制造业	%	22.7	21.2	27.1	25.3	20.2	23.5	21.0	17.1
(4)电力、燃气及水的生产和供应业	%	0.7	1.1	1.7	2.1	2.0	1.9	2.4	1.9
(5)建筑业	%	22.5	25.7	26.1	26.1	26.0	24.3	24.1	24.6
3.第三产业	%	50.7	48.3	40.8	42.8	47.2	47.8	49.9	52.6
(6)交通运输、仓储和邮政业	%	9.2	8.8	6.6	5.7	8.3	9.2	9.3	10.1
(7)信息传输、计算机服务和软件业	%	3.8	3.1	1.7	2.5	7.3	6.8	8.1	8.2
(8)批发和零售业	%	9.7	9.4	9.5	8.4	12.0	11.3	8.9	7.7
(9)住宿和餐饮业	%	10.2	10.7	8.9	10.3	2.8	3.2	3.5	3.0
(10)金融业	%	0.3	0.3	0.2	0.5	0.4	0.7	0.9	0.9
(11)房地产业	%	0.7	0.8	0.6	0.6	0.5	0.7	0.7	0.8
(12)租赁和商务服务业	%	0.8	0.8	1.1	1.3	0.3	0.3	0.4	0.9
(13)科学研究、技术服务和地质勘察业	%			0.8	0.5			0.4	0.3
(14)水利、环境和公共设施管理业	%	0.2	0.2		0.2	0.4	0.3	1.5	1.6
(15)居民服务和其他服务业	%	12.2	11.3	8.9	9.5	11.7	11.6	12.9	13.9
(16)教育	%	1.5	0.9	0.3	0.8	0.7	0.8	1.3	2.1
(17)卫生、社会保障和社会福利业	%	0.7	0.8	0.5	0.6	2.0	1.9	1.3	1.8
(18)文化、体育和娱乐业	%	0.7	0.5	1.4	1.4	0.8	0.6	0.2	1.0
(19)公共管理和社会组织	%	1.0	0.8	0.5	0.6	0.0	0.3	0.4	0.3
(20)国际组织	%								
(七)外出从事的工作种类	--								
1.国家机关、党群组织、企业、事业单位负责人	%	1.1	0.9	1.2	1.3	0.4	0.3		0.0

5-39 续表 2

指　标	单位	2009年	2010年	2011年	2012年	2013年	2014年	2015年	2016年
2.专业技术人员	%	8.5	10.7	15.0	16.3	16.5	15.8	13.7	14.1
3.办事人员和有关人员	%	4.4	3.8	2.5	3.5	4.2	5.1	7.4	10.3
4.商业、服务业人员	%	28.7	27.0	27.0	25.6	24.3	25.2	23.7	24.7
5.农、林、牧、渔、水利业生产人员	%	1.3	1.7	1.8	1.4	2.3	1.6	1.6	3.3
6.生产、运输设备操作人员及有关人员	%	37.8	40.1	40.6	38.5	35.4	37.3	33.7	27.1
7.不便分类的其他从业人员	%	18.1	15.8	11.8	13.4	16.8	14.7	19.8	20.5
(八)外出从业住所类型	--								
1.单位宿舍	%	32.3	32.8	37.1	34.3	26.7	32.2	31.0	25.8
2.工地工棚	%	14.0	13.3	13.7	14.5	15.5	9.7	12.0	10.8
3.生产经营场所	%	6.9	6.7	6.1	6.2	4.1	2.4	1.8	3.3
4.与人合租住房	%	12.5	12.2	10.6	10.6	12.0	11.2	10.4	13.3
5.独立租赁住房	%	10.2	10.5	6.3	7.0	7.7	5.9	6.8	10.0
6.务工地自购房	%	2.3	3.4	2.1	1.4	0.2	1.2	1.6	1.1
7.乡外从业但回家居住(老家)	%	16.3	15.8	19.2	21.6	31.1	35.2	33.5	32.3
8.其他	%	5.6	5.2	4.9	4.4	2.7	2.3	2.8	3.4
(九)外出从业时间	--								
1.从事这份工作的时间	月/人	32.5	35.1	28.6	29.4	40.4	41.1	45.0	44.4
其中：1年以下	%	33.5	23.0	34.7	28.6	28.0	23.1	19.4	23.4
1-2年	%	19.5	40.6	30.1	25.4	21.3	24.0	23.8	20.4
2-5年	%	34.2	25.2	24.2	36.5	29.2	31.6	31.3	32.5
5年及以上	%	12.8	11.1	11.0	9.5	21.6	21.3	25.6	23.7
2.每月平均工作的天数	天/人	26.9	26.8	26.3	25.9	25.7	25.8	25.9	26.1
3.每天平均工作的小时数	小时/人	9.1	9.2	8.9	8.9	8.9	8.8	9.0	8.9
其中：6小时以下	%		0.2	0.8	0.8	0.7	0.7	0.6	0.6
6-8小时	%	1.3	0.5	0.8	0.9	1.6	1.3	1.0	0.9
8-10小时	%	57.8	56.1	58.6	60.2	59.9	65.8	57.6	59.9
其中：8小时	%	54.0	49.8	53.2	57.8	50.8	58.2	52.6	54.6
10-12小时	%	31.2	33.4	36.2	32.5	32.6	28.0	34.8	32.0
12小时及以上	%	9.7	9.9	3.7	5.5	5.1	4.1	6.0	6.6
(十)外出收支情况	--								
1.总收入	元/人	16327.4	19316.3	23713.8	27240.4	30432.7	31459.2	35200.8	36111.0
2.月收入	元/人	1719.8	2127.6	2494.2	2779.7	3069.7	3132.0	3323.0	3429.7
其中：800元以下	%	5.7	1.6	0.9	0.8	0.6	0.9	0.5	0.5
800-1200元	%	25.9	16.6	7.1	3.3	1.1	0.8	1.8	0.4
1200-1600元	%	27.6	22.9	19.6	13.9	6.0	3.2	5.0	3.6
1600-2400元	%	23.8	28.4	28.1	28.4	12.3	11.2	20.3	7.5
2400-3000元	%	6.4	11.1	11.2	13.7	31.9	31.3	12.9	29.6
3000元及以上	%	10.5	19.4	33.1	39.8	48.0	52.6	59.5	58.4
3.生活消费总支出	元/人	4160.2	5117.0	5893.1	7310.6	7006.2	7847.3	8791.5	9250.9
4.每月平均居住支出	元/人	156.4	146.2	95.2	127.4	178.8	162.4	183.4	284.2

主要统计指标解释

劳动力资源总数 指在劳动年龄内，具有劳动能力，在正常情况下，可能或实际参加社会劳动的人口数。

从业人员 指从事一定社会劳动并取得劳动报酬或经营收入的全部劳动力。包括:

(1)全部职工

(2)城镇私营企业从业人员

(3)城镇个体劳动者

(4)农村社会劳动者

(5)其他社会劳动者

这一指标反映了一定时期内全部劳动力资源的实际利用情况，是研究国情国力的重要指标。

各单位的从业人员是指在各级国家机关、政党机关、社会团体及企业、事业单位中工作，并取得劳动报酬的全部人员。包括职工、再就业的离退休人员、民办教师以及在各单位中工作的外方人员和港、澳、台方人员。

各单位的从业人员反映了各单位实际参加生产或工作的全部劳动力。

在岗职工 是指在本单位工作并由单位支付劳动报酬的在岗职工。

在岗职工可分为在岗长期职工和在岗临时职工。包括由单位派出学习、劳务及病伤产假并由单位支付劳动报酬的人员。

使用的农村劳动力 指国有经济、城镇集体经济、联营经济、股份制经济、外商和港、澳、台投资经济、其他经济单位的职工中，现仍保留农村户籍关系的人员。

在岗长期职工 指用工期限在一年以上(含一年)的职工。包括原固定职工、合同制职工、长期临时工以及国有单位使用的城镇集体所有制单位的人员和其他使用期限在一年以上的原计划外用工。

在岗临时职工 指用工期限不超过一年的职工。包括各单位根据国家有关规定招用的，签订一年以内的劳动合同或使用期不超过一年的临时性、季节性用工。

其他从业人员 指劳动统计制度规定不作职工统计，但实际参加社会劳动并取得劳动报酬的人员。

各单位的其他从业人员是指单位中除职工以外的全部参加本单位生产或工作并取得劳动报酬的人员。包括再就业的离退休人员、民办教师以及在各单位中工作的外方人员和港、澳、台方人员。

离岗职工(离开本单位仍保留劳动关系的职工) 指由于各种原因已离开本人的生产或工作岗位，并已不在本单位从事其他工作，但仍与用人单位保留劳动关系的职工。

城镇集体经济单位职工 指在城镇集体经济单位及其管理部门工作，并由其支付工资的各类人员。

其他经济单位职工 指在联营经济、股份制经济、外商投资经济、港、澳、台投资经济单位工作，并由其支付工资的各类人员。

城镇个体劳动者 指经工商行政管理部门核准登记，领取营业执照，参加生产经营活动，户口在城镇的全部人员。

农村社会劳动者 指农村人口中经常参加合作经济组织〔包括乡(镇)办企业事业单位〕和家庭副业生产劳动的劳动力。凡是由合作经济组织分配劳动任务或承包各种生产任务，并从中直接取得实物、现金收入和从承包的生产任务中获得实物、现金收入的劳动力，不管从事何种劳动，都要统计为农村社会劳动者。国家从乡(村)调用的建勤民工；由集体经费支付工资或补贴的乡(村)脱产管理干部；乡(村)劳动力到国有经济单位或城镇集体经济单位工作，其收入交给合作经济组织，并从中取得实物或现金收入的合同工、临时工、亦工亦农人员；自行外出，但户口没有转出的劳动力，都应包括在内。

城镇登记失业人员 指有非农业户口，在一定的劳动年龄内(16 岁以上及男 50 岁以下、女 45 岁以下)，有劳动能力，无业而要求就业，并在当地就业服务机构进行求职登记的人员。

城镇登记失业率 是城镇登记失业人数与城镇从业人数与城镇失业人数之和的比。计算公式为:

城镇登记失业率=（城镇登记失业人数／城镇从业人数+城镇登记失业人数）×100%

从业人员劳动报酬 指各单位在一定时期内直接支付给本单位全部从业人员的劳动报酬总额。包括职工工资总额和本单位其他从业人员劳动报酬两部分。

在岗职工工资总额 指各单位在一定时期内直接支付给本单位全部在岗职工的劳动报酬总额。

在岗工资总额的计算原则应以直接支付给在岗职工的全部劳动报酬为根据。各单位支付给在岗职工的劳动报酬以及其他根据有关规定支付的工资，不论是计入成本的还是不计入成本的，不论是按国家规定列入计征奖金税项目的，还是未列入计征奖金税项目的，不论是以货币形式支付的还是以实物形式支付的，均包括在在岗职工工资总额内。

计时工资 指按计时工资标准(包括地区生活费补贴)和工作时间支付给个人的劳动报酬，以及根据国家法律、法规和政策规定，因病、工伤、产假、计划生育假、婚丧假、事假、探亲假、定期休假、停工学习、执行国家或社会义务等原因按计时工资标准或计时工资标准的一定比例支付的工资。

计件标准工资 是指实行计件工资制的单位按照批准的计件单价和规定的劳动定额或工作量应支付给计件工人的劳动报酬。

计件超额工资 是计件工资的一部分，指计件工人超额完成定额任务后所得的工资。即计件工人实得的全部计件工资减去应得的计件标准工资后的数额。某些企业的工人由于从事生产的工作物等级高于本人工资等级，因而其计件标准工资高于本人标准工资，其计件超额工资也应是全部工资减去应得的计件标准工资后的数额。

奖金 指支付给职工的超额劳动报酬和增收节支的劳动报酬。

津贴和补贴 指为了补偿职工特殊或额外的劳动消耗和因其他特殊原因支付给职工的津贴，以及为了保证职工工资水平不受物价影响支付给职工的物价补贴。

离岗生活费(离开本单位仍保留劳动关系的职工生活费) 指离开本单位仍保留劳动关系的职工，在离开本单位仍保留劳动关系期间从单位领取的生活费。

其他从业人员劳动报酬 指各单位在一定时期内直接支付给本单位其他从业人员的全部劳动报酬。

在岗职工平均工资 指企业、事业、机关单位的在岗职工在一定时期内平均每人所得的货币工资额。它表明一定时期在岗职工工资收入的高低程度，是反映在岗职工工资水平的主要指标。计算公式为:

在岗职工平均工资=（报告期实际支付的全部在岗职工工资总额／报告期全部在岗职工平均人数）

在岗职工平均实际工资 指扣除物价变动因素后的在岗职工平均工资。计算公式为:

在岗职工平均实际工资=（报告期在岗职工平均工资／报告期在岗职工生活费价格指数）

六、固定资产投资

Chapter 6　Investment in Fixed Assets

6-1 全社会固定资产投资

指　　标	2008年	2009年	2010年	2011年	2012年	2013年	2014年	2015年	2016年
投资总额(亿元)	**10019.1**	**12292.6**	**16043.0**	**17726.3**	**21836.3**	**25107.7**	**24730.8**	**17917.9**	**6692.2**
1.按经济类型分									
国有经济	2496.8	2845.6	3875.5	3718.6	4492.9	5160.3	4944.7	3319.9	1089.4
集体经济	442.1	480.7	504.4	457.9	505.3	363.2	290.7	246.6	31.5
私营个体经济	3140.7	4108.3	5437.5	6637.7	8402.8	10214.2	10607.7	8186.4	2619.7
其他经济	3939.4	4858.0	6225.7	6912.1	8435.3	9369.9	8887.7	6165.0	2951.6
2.按投资渠道分									
建设项目投资	6821.2	8964.6	11640.6	11927.7	14468.2	16404.6	19125.5	14081.7	4341.5
房地产开发投资	2060.8	2640.6	3465.8	4487.6	5455.8	6450.8	5301.3	3558.6	2094.8
农户个人投资	201.7	228.1	249.4	294.8	300.9	316.3	304.0	277.5	255.9
3.按资金来源分									
国家预算内资金	448.1	518.3	472.5	928.4	898.7	1064.5	1048.9	647.8	281.0
国内贷款	1153.7	1705.1	2485.7	2691.3	3172.2	3437.2	3409.7	2336.6	896.4
利用外资	372.4	350.5	280.9	293.8	330.2	264.2	167.3	102.4	368.7
自筹投资	7238.2	8803.6	11843.5	12215.6	15469.9	18232.5	18348.1	12533.1	4160.8
其他投资	806.7	915.1	960.4	1597.2	1965.2	2109.2	1756.8	2298.0	985.3
4.按构成分									
建筑安装工程	6208.1	7891.1	10348.8	11597.3	14008.2	17262.7	17813.3	13303.5	4921.9
设备、工具、器具购置	2574.2	3007.6	3756.0	3740.9	4953.0	5469.6	5045.4	3365.4	1026.7
其他费用	1236.9	1393.9	1938.3	2388.1	2875.1	2375.4	1872.1	1249.0	743.6
5.按建设性质分									
#新建	4691.7	5666.6	8174.8	9281.0	12060.7	14126.4	15079.7	10638.1	3381.7
扩建	1277.2	1344.6	1217.0	1852.4	2038.4	2157.7	2144.4	1640.1	441.5
改建	1238.8	1764.5	2206.5	1266.9	1359.9	1323.2	1218.7	1178.6	276.0
6.按产业分									
第一产业	325.1	322.6	358.3	537.0	601.4	526.8	566.1	436.7	229.2
第二产业	4833.1	5833.7	7498.1	7468.9	9424.1	10303.2	10365.2	7439.6	2198.5
第三产业	4860.8	6136.3	8186.7	9720.4	11810.8	14277.7	13799.5	10041.6	4264.5
7.按主要行业分									
#农业	325.1	322.6	358.3	537.0	601.4	575.5	662.2	510.3	245.2
工业	4764.4	5704.5	7302.6	7221.3	8954.7	10105.9	10258.3	7471.7	2186.1
#能源工业	541.2	726.8	972.3	767.1	1173.0	1221.1	1097.0	776.5	492.9
运输邮电业	804.2	757.6	1080.8	907.5	1068.6	1603.1	1808.5	1263.6	661.2
本年新增固定资产(亿元)	**6087.6**	**7508.6**	**10150.4**	**10071.2**	**13177.7**	**15029.8**	**17494.8**	**15238.4**	**3433.7**
房屋建筑面积(万平方米)									
施工面积	29420.1	33861.3	49050.4	60774.2	68320.2	71452.5	68646.2	50479.7	31664.1
#住宅	15741.3	18429.9	24867.6	31734.3	34069.7	35972.2	32316.7	24045.6	20117.4
竣工面积	12909.2	12731.0	13603.7	15210.7	16867.6	18807.6	16931.0	13225.1	4819.9
#住宅	6879.9	7152.5	7504.3	9161.0	9103.7	8902.9	8176.7	4971.8	3141.4

注：1.从2011年开始统计范围为500万元的建设项目投资。
2.6-1、6-2表为全社会固定资产投资，其他表为固定资产投资。

6-2 按主要行业分全社会固定资产投资

单位：亿元

指　标	2008	2009	2010	2011	2012	2013	2014	2015	2016
合　计	**10019.07**	**12292.59**	**16043.03**	**17726.29**	**21836.28**	**25107.66**	**24730.80**	**17917.89**	**6692.25**
农林牧渔业	325.14	322.59	358.28	536.95	601.39	575.50	662.18	510.29	245.24
采矿业	400.48	388.20	635.72	547.44	684.21	650.27	617.38	382.83	124.33
制造业	3917.72	4637.55	5838.22	5975.61	7494.21	8632.10	8869.11	6568.31	1765.22
电力、燃气及水的生产和供应业	446.24	678.73	828.65	698.28	776.31	823.53	771.83	520.56	296.56
建筑业	68.67	129.24	195.49	247.58	469.39	253.02	149.13	22.84	15.14
交通运输仓储和邮政业	804.23	757.62	1080.82	907.53	1068.60	1603.14	1808.53	1263.56	217.10
信息传输、计算机服务和软件业	116.42	132.56	146.51	105.46	133.13	122.53	213.07	202.57	661.20
批发和零售业	243.21	393.60	323.93	532.03	763.10	1019.71	1059.98	848.67	74.23
住宿和餐饮业	119.82	177.41	210.19	323.74	428.46	498.25	406.75	296.40	63.06
金融业	47.20	41.06	32.53	56.68	63.88	159.48	105.96	71.65	12.95
房地产业	2306.87	2861.99	3755.53	4884.53	5828.43	6910.35	5789.74	3797.26	2255.72
租赁和商务服务业	128.74	158.40	340.84	410.43	547.80	400.48	557.73	343.48	93.06
科学研究、技术服务和地质勘查业	63.31	95.04	122.30	107.78	161.23	194.94	261.03	246.71	44.04
水利、环境和公共设施管理业	684.55	899.34	1377.03	1489.28	1677.42	2233.35	2459.34	2081.88	505.20
居民服务和其他服务业	39.87	59.94	89.87	156.53	210.09	208.13	211.88	138.90	48.97
教育	110.70	129.12	132.68	178.05	196.22	236.20	254.42	178.43	57.87
卫生、社会保障和社会福利业	54.25	84.35	86.84	92.99	161.89	144.80	127.35	125.47	66.00
文化、体育和娱乐业	64.34	132.16	186.60	184.26	282.61	280.69	253.98	181.67	83.60
公共管理和社会组织	77.31	213.68	301.00	291.14	287.93	161.19	151.42	136.44	62.77

6-3 固定资产投资

指　　标	2008年	2009年	2010年	2011年	2012年	2013年	2014年	2015年	2016年
投资总额（亿元）	**9817.4**	**12064.5**	**15793.6**	**17431.5**	**21535.4**	**24791.4**	**24426.8**	**17640.4**	**6436.3**
1.按投资渠道分									
建设项目	7756.6	9423.9	12327.9	12943.9	16079.6	18340.7	19125.5	14081.7	4341.5
房地产开发	2060.8	2640.6	3465.8	4487.6	5455.8	6450.8	5301.3	3558.6	2094.8
2.按产业分									
第一产业	268.0	268.6	300.2	469.8	528.0	447.8	476.4	345.8	115.3
第二产业	4821.2	5820.9	7484.3	7452.1	9408.7	10287.9	10350.1	7425.6	2198.5
第三产业	4728.2	5975.0	8009.1	9509.5	11598.7	14055.7	13600.4	9869.0	4122.5
3.按隶属关系分									
中央项目	1073.6	816.5	999.7	803.8	795.5	806.6	742.7	515.9	355.1
地方项目	8743.8	11248.0	14793.9	16627.7	20739.9	23984.8	23684.1	17124.5	6081.3
4.按经济类型分									
国有经济	2496.8	2845.6	3875.5	3718.6	4492.9	5160.3	4944.7	3319.9	1089.4
非国有经济	7320.6	9218.9	11918.2	13712.9	17042.5	19631.1	19482.1	14320.5	5346.9
5.按构成分									
建筑安装工程	6073.7	7730.7	10167.4	11399.0	13807.0	17055.3	17597.0	13105.9	4753.7
设备工器购置	2546.6	2977.3	3724.5	3697.9	4903.1	5398.0	4986.4	3313.3	969.4
其它费用	1197.1	1356.5	1901.7	2334.6	2825.3	2338.0	1843.4	1221.2	713.1
6.按建设性质分									
#新建	4691.7	5666.6	8174.8	9281.0	12060.7	14126.4	15079.7	10638.1	3381.7
扩建	1277.2	1764.5	2206.5	1852.4	2038.4	2157.7	2144.4	1640.1	441.5
改建和技术改造	1238.8	1344.6	1217.0	1266.9	1359.9	1323.2	1218.7	1178.6	276.0
新增固定资产(亿元)	**5885.9**	**7280.5**	**9901.0**	**9779.3**	**12879.5**	**14716.7**	**17255.4**	**15058.3**	**3222.8**
固定资产交付使用率(%)	60.0	60.3	62.7	56.1	59.8	59.4	70.6	85.4	50.1
房屋建筑面积(万平方米)									
房屋施工面积	25824.3	29927.3	44982.3	56290.0	63822.1	66871.5	64532.5	47369.5	30260.7
#住宅	12458.7	14901.4	21229.5	27776.5	30107.7	31953.6	28953.2	21779.8	19145.6
房屋竣工面积	9313.4	8827.0	9535.6	11078.1	12691.5	14548.6	13246.9	10341.5	3510.4
#住宅	3597.3	3644.0	3866.2	5486.1	5413.5	5155.7	5070.2	2675.2	2215.8
房屋面积竣工率(%)	36.1	29.5	21.2	19.7	19.9	21.8	20.5	21.8	11.6
#住宅(%)	28.9	24.5	18.2	19.8	18.0	16.1	17.5	12.3	11.6
项目个数(个)									
施工项目	21453	22482	11047	17863	18448	16281	16642	16235	7003
#新开工项目	18904	19951	8683	13173	12058	11369	11624	12401	4213
投产项目	17766	17010	7182	11173	12128	10459	12190	13693	3070
项目投产率(%)	82.8	75.7	65.0	62.5	65.7	64.2	73.2	84.3	43.8

注：从2011年开始统计范围为500万元的建设项目投资,项目个数为建设项目。

6-4 按构成和建设性质分的固定资产投资

单位：亿元

年份、地区	投资额	按构成分			按建设性质分	
		建筑安装工程	设备、工器具购置	其他费用	#新建	#改、扩建
2000	1067.10	676.69	246.37	144.04	249.66	489.24
2001	1203.74	772.27	257.44	174.03	278.91	545.87
2002	1364.04	839.45	276.04	248.55	307.31	600.27
2003	1777.57	1065.42	375.51	336.64	511.82	687.51
2004	2600.80	1579.60	593.60	427.60	807.55	941.98
2005	3672.87	2167.63	882.14	623.09	1388.41	1224.34
2006	3015.85	1164.71	797.28	1976.40	888.65	689.09
2007	6576.05	4176.03	1459.18	940.84	3073.58	1657.19
2008	8881.95	5526.65	2229.01	1126.29	4144.82	2203.95
2009	11605.17	7473.49	2813.46	1318.22	5399.68	2946.08
2010	15106.33	9775.50	3477.08	1853.75	7724.28	3236.78
2011	16415.32	10790.42	3384.03	2240.86	8548.16	2872.64
2012	19924.01	12788.70	4440.28	2695.03	10859.91	3008.00
2013	22855.39	15848.50	4816.44	2190.44	12645.16	3077.30
2014	24426.83	17597.01	4986.40	1843.43	15079.68	3363.13
2015	17640.37	13105.89	3313.27	1221.21	10638.12	2818.68
2016	6436.33	4753.74	969.45	713.14	3381.70	717.52
沈阳	1631.62	1210.50	243.29	177.84	612.17	238.20
大连	1436.36	1028.60	190.88	216.88	655.71	119.09
鞍山	473.69	334.95	92.48	46.26	293.18	27.17
抚顺	157.12	117.52	17.06	22.53	83.98	13.74
本溪	234.98	154.63	42.36	37.99	187.74	18.93
丹东	280.20	240.21	18.62	21.37	174.40	23.47
锦州	379.78	250.81	76.84	52.13	202.49	62.13
营口	410.19	286.98	82.96	40.25	295.17	16.08
阜新	88.98	61.67	17.47	9.84	49.33	13.99
辽阳	197.81	128.11	59.33	10.38	101.96	47.73
盘锦	601.42	529.19	49.74	22.49	443.21	61.06
铁岭	122.24	106.86	6.47	8.91	60.26	3.85
朝阳	243.91	173.83	50.60	19.48	139.24	56.88
葫芦岛	178.03	129.88	21.36	26.79	82.87	15.18

注：2013年之前的年度数据为城镇口径。

6-5 按资金来源和隶属关系分的固定资产投资

单位：亿元

年份、地区	按资金来源分					按隶属关系分	
	国家预算资金	国内贷款	利用外资	自筹资金	其他投资	中央项目	地方项目
2000	65.63	245.25	69.30	511.43	175.48	283.93	783.07
2001	107.69	256.03	51.33	592.83	195.86	302.20	901.54
2002	100.68	265.02	65.80	726.20	206.34	269.85	1094.19
2003	82.89	345.98	49.35	1051.91	247.44	250.90	1526.67
2004	105.02	359.85	79.61	1676.65	379.67	363.65	2237.14
2005	164.74	489.57	117.64	2447.25	453.67	476.68	3196.19
2006	252.39	618.77	127.01	3376.11	603.56	606.17	4371.67
2007	355.49	917.52	199.76	4394.80	708.48	861.29	5714.76
2008	422.62	1117.03	367.31	6198.79	776.20	1073.03	7808.91
2009	510.98	1677.54	348.16	8159.79	908.70	815.50	10789.67
2010	465.62	2417.01	278.85	10996.13	948.72	994.90	14111.43
2011	917.24	2581.58	289.69	11040.79	1586.02	799.57	15615.75
2012	853.62	3040.78	323.91	13755.63	1950.07	779.27	19144.74
2013	1033.49	3126.40	258.42	16348.29	2088.79	782.41	22072.98
2014	1048.90	3408.59	167.33	18046.00	1756.01	742.74	23684.09
2015	838.76	2349.24	92.38	13108.61	1251.38	515.87	17124.50
2016	281.00	895.29	114.76	4160.81	984.47	355.06	6081.27
沈　阳	86.35	309.77	2.29	1043.54	553.36	101.35	1530.27
大　连	89.29	288.29	99.18	855.27	388.10	77.66	1358.69
鞍　山	1.88	60.18	0.30	380.93	73.69	8.26	465.42
抚　顺	14.17	35.19	0.01	71.92	48.44	3.38	153.74
本　溪	2.93	5.15	0.34	214.59	18.12	10.27	224.70
丹　东	24.28	31.15		213.60	52.65	12.70	267.51
锦　州	10.62	66.68	1.28	294.86	50.95	34.65	345.12
营　口	7.99	27.97		353.93	45.22	5.77	404.42
阜　新	4.21	15.12	0.19	83.47	3.42	15.11	73.87
辽　阳	0.66	16.09		179.71	20.26	0.10	197.72
盘　锦	7.60	135.98	10.20	426.68	36.03	53.44	547.98
铁　岭	3.86	15.77		103.41	30.01	2.30	119.95
朝　阳	9.11	15.18		205.26	16.96	15.57	228.34
葫芦岛	13.47	7.60		113.00	53.58	14.49	163.54

注：本表资金来源分市数据为本年到位资金。投资额：2013年之前的年度数据为城镇口径。

6-6 按行业分的固定资产投资额

(2016年) 单位：万元

行业	投资额	建筑安装工程投资	设备工器具购置	其他费用
全省合计	**64363272**	**47537395**	**9694473**	**7131404**
农、林、牧、渔业	**1313815**	**994175**	**217863**	**101777**
农业	570420	445216	74468	50736
林业	71803	65586	5667	550
畜牧业	388499	274071	80370	34058
渔业	122751	98122	15759	8870
农、林、牧、渔服务业	160342	111180	41599	7563
采矿业	**1243278**	**836380**	**365025**	**41873**
煤炭开采和洗选业	79386	49164	26370	3852
石油和天然气开采业	477707	436057	30160	11490
黑色金属矿采选业	301260	126651	168130	6479
有色金属矿采选业	69001	45580	17912	5509
非金属矿采选业	305774	168778	122453	14543
开采辅助活动	7850	7850		
其他采矿业	2300	2300		
制造业	**17652152**	**10399589**	**5998218**	**1254345**
农副食品加工业	1656507	1146400	421833	88274
食品制造业	448829	312246	102602	33981
酒、饮料和精制茶制造业	168493	109749	51232	7512
烟草制品业	4380	580	3800	
纺织业	179567	115103	44088	20376
纺织服装、服饰业	179553	129701	44329	5523
皮革、毛皮、羽毛及其制品和制鞋业	44581	25388	15575	3618
木材加工和木、竹、藤、棕、草制品业	211758	149224	49661	12873
家具制造业	80290	49483	25306	5501
造纸和纸制品业	315422	177058	129930	8434
印刷和记录媒介复制业	64284	32013	30626	1645
文教、工美、体育和娱乐用品制造业	124614	78808	41169	4637
石油加工、炼焦和核燃料加工业	1406669	695592	467212	243865
化学原料和化学制品制造业	1214042	753083	353994	106965
医药制造业	329286	226841	69718	32727
化学纤维制造业	19570	12113	6301	1156
橡胶和塑料制品业	481000	331354	118971	30675
非金属矿物制品业	1733618	1062840	541666	129112
黑色金属冶炼和压延加工业	561234	213772	291152	56310
有色金属冶炼和压延加工业	782695	495806	235856	51033
金属制品业	649592	442943	174288	32361
通用设备制造业	1401287	886241	414081	100965

6-6 续表 1 (2016年) 单位：万元

行业	投资额	建筑安装工程投资	设备工器具购置	其他费用
专用设备制造业	845291	583406	216037	45848
汽车制造业	1793992	1020059	697816	76117
铁路、船舶、航空航天和其他运输设备制造业	685478	501118	128799	55561
电气机械和器材制造业	504286	300431	160810	43045
计算机、通信和其他电子设备制造业	1314942	281067	1027772	6103
仪器仪表制造业	101204	36800	42543	21861
其他制造业	183803	118694	52302	12807
废弃资源综合利用业	146388	96793	34135	15460
金属制品、机械和设备修理业	19497	14883	4614	
电力、热力、燃气及水生产和供应业	**2965566**	**1701364**	**897146**	**367056**
电力、热力生产和供应业	2438500	1254832	827629	356039
燃气生产和供应业	110465	95114	10270	5081
水的生产和供应业	416601	351418	59247	5936
建筑业	**151377**	**102159**	**29923**	**19295**
房屋建筑业	29460	22559	4768	2133
土木工程建筑业	38865	38686	170	9
建筑安装业	26632	18088	8544	
建筑装饰和其他建筑业	56420	22826	16441	17153
批发和零售业	**1965553**	**1477776**	**374418**	**113359**
批发业	855997	637386	162411	56200
零售业	1109556	840390	212007	57159
交通运输、仓储和邮政业	**6526943**	**5059029**	**485332**	**982582**
铁路运输业	713252	458184	52992	202076
道路运输业	2560540	1871704	248536	440300
水上运输业	1440042	1231966	63985	144091
航空运输业	123062	120312	1735	1015
管道运输业	78565	72165	1100	5300
装卸搬运和运输代理业	142295	118445	7340	16510
仓储业	1460676	1179966	107843	172867
邮政业	8511	6287	1801	423
住宿和餐饮业	**739322**	**625644**	**40987**	**72691**
住宿业	627467	529601	32325	65541
餐饮业	111855	96043	8662	7150
信息传输、软件和信息技术服务业	**630607**	**508746**	**90898**	**30963**
电信、广播电视和卫星传输服务	370080	339181	30640	259
互联网和相关服务	21269	15194	5551	524
软件和信息技术服务业	239258	154371	54707	30180

6-6 续表 2 (2016年) 单位：万元

行　业	投资额	建筑安装工程投资	设备工器具购置	其他费用
金融业	**129450**	**116169**	**5253**	**8028**
货币金融服务	32580	24496	56	8028
资本市场服务	87790	82790	5000	
保险业				
其他金融业	9080	8883	197	
房地产业	**21430395**	**17626765**	**438524**	**3365106**
租赁和商务服务业	**930591**	**660233**	**163979**	**106379**
租赁业	45515	18608	26397	510
商务服务业	885076	641625	137582	105869
科学研究和技术服务业	**440356**	**291570**	**118073**	**30713**
研究和试验发展	151417	109679	22105	19633
专业技术服务业	152242	99132	45494	7616
科技推广和应用服务业	136697	82759	50474	3464
水利、环境和公共设施管理业	**5051960**	**4404572**	**184588**	**462800**
水利管理业	735164	570820	35310	129034
生态保护和环境治理业	215009	168089	31941	14979
公共设施管理业	4101787	3665663	117337	318787
居民服务、修理和其他服务业	**489419**	**417127**	**62280**	**10012**
居民服务业	382626	355086	21798	5742
机动车、电子产品和日用产品修理业	66915	41411	21454	4050
其他服务业	39878	20630	19028	220
教育	**578736**	**537061**	**30861**	**10814**
卫生和社会工作	**660001**	**510675**	**71642**	**77684**
卫生	503371	362497	69170	71704
社会工作	156630	148178	2472	5980
文化、体育和娱乐业	**836045**	**688850**	**98671**	**48524**
新闻和出版业	9655	6992	2663	
广播、电视、电影和影视录音制作业	11647	2698	8872	77
文化艺术业	175769	147686	15567	12516
体育	175337	150120	19736	5481
娱乐业	463637	381354	51833	30450
公共管理、社会保障和社会组织	**627706**	**579511**	**20792**	**27403**
中国共产党机关	2598	2598		
国家机构	566889	521619	17897	27373
人民政协、民主党派				
社会保障	2209	2209		
群众团体、社会团体和其他成员组织	46996	44921	2045	30
基层群众自治组织	9014	8164	850	

6-7 按行业、隶属关系和注册类型分固定资产投资

(2016年)

单位：万元

行业	投资额	中央	地方	内资	港澳台商投资	外商投资	个体经营
全省合计	**64363272**	**3550614**	**60812658**	**56997245**	**3210216**	**4096974**	**58837**
农、林、牧、渔业	**1313815**	**660**	**1313155**	**1256946**	**38645**		**18224**
农业	570420		570420	559990	7800		2630
林业	71803		71803	71803			
畜牧业	388499		388499	351412	30845		6242
渔业	122751		122751	114724			8027
农、林、牧、渔服务业	160342	660	159682	159017			1325
采矿业	**1243278**	**426096**	**817182**	**1149391**	**80345**	**13542**	
煤炭开采和洗选业	79386		79386	61036	18350		
石油和天然气开采业	477707	412112	65595	415712	61995		
黑色金属矿采选业	301260	9984	291276	301260			
有色金属矿采选业	69001		69001	61399		7602	
非金属矿采选业	305774		305774	299834		5940	
开采辅助活动	7850	4000	3850	7850			
其他采矿业	2300		2300	2300			
制造业	**17652152**	**500570**	**17151582**	**15151080**	**422371**	**2069150**	**9551**
农副食品加工业	1656507		1656507	1641155	1050	11302	3000
食品制造业	448829	1242	447587	439319	10	9500	
酒、饮料和精制茶制造业	168493		168493	160499		7994	
烟草制品业	4380		4380	4380			
纺织业	179567		179567	179567			
纺织服装、服饰业	179553		179553	168178	8375		3000
皮革、毛皮、羽毛及其制品和制鞋业	44581		44581	41733		2848	
木材加工和木、竹、藤、棕、草制品业	211758		211758	201358		10400	
家具制造业	80290		80290	66242		14048	
造纸和纸制品业	315422		315422	179609	132019	3794	
印刷和记录媒介复制业	64284		64284	64284			
文教、工美、体育和娱乐用品制造业	124614		124614	124614			
石油加工、炼焦和核燃料加工业	1406669	311686	1094983	1319499	87170		
化学原料和化学制品制造业	1214042	28523	1185519	1205684	2745	5602	11
医药制造业	329286		329286	328836			450
化学纤维制造业	19570		19570	19495	75		
橡胶和塑料制品业	481000		481000	443540	7045	30415	
非金属矿物制品业	1733618		1733618	1712528	16000	2000	3090
黑色金属冶炼和压延加工业	561234	3167	558067	539717	21517		
有色金属冶炼和压延加工业	782695	9088	773607	685229	79554	17912	
金属制品业	649592		649592	603774		45818	
通用设备制造业	1401287	7650	1393637	1375052		26235	

6-7 续表 1　　　　(2016年)　　　　单位：万元

行业	投资额						
		中央	地方	内资	港澳台商投资	外商投资	个体经营
专用设备制造业	845291	13855	831436	806681	18330	20280	
汽车制造业	1793992	17456	1776536	910677	28281	855034	
铁路、船舶、航空航天和其他运输设备制造业	685478	89641	595837	627016		58462	
电气机械和器材制造业	504286	8472	495814	471788	20200	12298	
计算机、通信和其他电子设备制造业	1314942		1314942	380421		934521	
仪器仪表制造业	101204	4551	96653	101204			
其他制造业	183803		183803	183803			
废弃资源综合利用业	146388	366	146022	145701		687	
金属制品、机械和设备修理业	19497	4873	14624	19497			
电力、热力、燃气及水生产和供应业	**2965566**	**996483**	**1969083**	**2820675**	**130432**	**13293**	**1166**
电力、热力生产和供应业	2438500	993974	1444526	2325708	104446	8346	
燃气生产和供应业	110465	500	109965	93129	16170		1166
水的生产和供应业	416601	2009	414592	401838	9816	4947	
建筑业	**151377**		**151377**	**151377**			
房屋建筑业	29460		29460	29460			
土木工程建筑业	38865		38865	38865			
建筑安装业	26632		26632	26632			
建筑装饰和其他建筑业	56420		56420	56420			
批发和零售业	**1965553**		**1965553**	**1956562**		**5991**	**3000**
批发业	855997		855997	852997			3000
零售业	1109556		1109556	1103565		5991	
交通运输、仓储和邮政业	**6526943**	**833151**	**5693792**	**5827048**	**135194**	**564701**	
铁路运输业	713252	477421	235831	713252			
道路运输业	2560540	4198	2556342	2556460		4080	
水上运输业	1440042	155563	1284479	1151470		288572	
航空运输业	123062		123062	123062			
管道运输业	78565	68889	9676	78565			
装卸搬运和运输代理业	142295	8843	133452	142295			
仓储业	1460676	118237	1342439	1053433	135194	272049	
邮政业	8511		8511	8511			
住宿和餐饮业	**739322**	**10**	**739312**	**708157**	**15460**	**1815**	**13890**
住宿业	627467	10	627457	612007	15460		
餐饮业	111855		111855	96150		1815	13890
信息传输、软件和信息技术服务业	**630607**	**333359**	**297248**	**278410**	**350197**	**2000**	
电信、广播电视和卫星传输服务	370080	332210	37870	35870	332210	2000	
互联网和相关服务	21269		21269	21269			
软件和信息技术服务业	239258	1149	238109	221271	17987		

6-7 续表 2 (2016年) 单位：万元

行业	投资额						
		中央	地方	内资	港澳台商投资	外商投资	个体经营
金融业	**129450**		**129450**	**129450**			
货币金融服务	32580		32580	32580			
资本市场服务	87790		87790	87790			
保险业							
其他金融业	9080		9080	9080			
房地产业	**21430395**	**390740**	**21039655**	**17974626**	**2031572**	**1413241**	**10956**
租赁和商务服务业	**930591**	**5004**	**925587**	**930541**			**50**
租赁业	45515		45515	45515			
商务服务业	885076	5004	880072	885026			50
科学研究和技术服务业	**440356**	**16045**	**424311**	**432484**		**7872**	
研究和试验发展	151417	11838	139579	150285		1132	
专业技术服务业	152242	4207	148035	152242			
科技推广和应用服务业	136697		136697	129957		6740	
水利、环境和公共设施管理业	**5051960**	**21214**	**5030746**	**5045960**	**6000**		
水利管理业	735164		735164	735164			
生态保护和环境治理业	215009		215009	209009	6000		
公共设施管理业	4101787	21214	4080573	4101787			
居民服务、修理和其他服务业	**489419**	**1917**	**487502**	**487419**			**2000**
居民服务业	382626	1917	380709	380626			2000
机动车、电子产品和日用产品修理业	66915		66915	66915			
其他服务业	39878		39878	39878			
教育	**578736**	**9644**	**569092**	**578736**			
卫生和社会工作	**660001**	**1883**	**658118**	**659041**		**960**	
卫生	503371	1883	501488	502411		960	
社会工作	156630		156630	156630			
文化、体育和娱乐业	**836045**	**9000**	**827045**	**831636**		**4409**	
新闻和出版业	9655		9655	9655			
广播、电视、电影和影视录音制作业	11647		11647	11647			
文化艺术业	175769	9000	166769	171560		4209	
体育	175337		175337	175137		200	
娱乐业	463637		463637	463637			
公共管理、社会保障和社会组织	**627706**	**4838**	**622868**	**627706**			
中国共产党机关	2598		2598	2598			
国家机构	566889	4838	562051	566889			
人民政协、民主党派							
社会保障	2209		2209	2209			
群众团体、社会团体和其他成员组织	46996		46996	46996			
基层群众自治组织	9014		9014	9014			

6-8 各地区按主要行业分固定资产投资

单位：万元

年份、地区	合计	农林牧渔业	采矿业	制造业	电力、燃气及水的生产和供应业	建筑业	交通运输仓储和邮政业	信息传输、计算机服务和软件业	批发和零售业	住宿和餐饮业
2003	17775685	234325	915589	4699166	943523	111335	1929401		796023	
2004	26007969	253367	1288067	7734975	1087657	250849	2194541	503526	970188	416317
2005	36728695	341531	1829455	13593118	1386721	246171	2805633	411454	1190215	379739
2006	49778419	383657	2120810	17907431	2077061	578028	5264691	963092	1276364	561116
2007	65760474	548289	2815200	24505157	3363528	386305	5478029	657518	1876047	850319
2008	88819463	867756	3106769	34622302	4321872	464902	7483593	1149446	2245410	1108692
2009	116051706	1485099	3417380	44368986	6524871	1126099	7214713	1321260	3887762	1726569
2010	151063279	2163769	5643295	55032705	7870743	1717387	10482028	1464595	3098954	1965858
2011	164153167	2655814	4827510	54688918	6669618	2141251	8601729	1046901	4925353	2969173
2012	199240096	2555682	5931491	66438142	7013792	4118104	7238927	10015472	3813846	1296904
2013	228553853	2263570	5449925	75191426	7578787	2231390	9668155	14832606	4686058	1210159
2014	244268339	5724310	6173831	88663513	7718301	1367482	10375930	18008991	4067536	2130734
2015	176403698	4193371	3828263	65655309	5205561	116668	8269836	12553369	2963957	2025749
2016	64363272	1313815	1243278	17652152	2965566	151377	1965553	6526943	739322	630607
沈　阳	16316212	157455	16639	3902610	416659	23732	877881	1451809	73980	515729
大　连	14363557	213034	14410	3001059	714592	21100	243738	1663591	180942	85473
鞍　山	4736858	104274	87580	2128144	111644	9402	147367	115061	52571	400
抚　顺	1571218	5743	19324	237987	102660	13260	7730	189365	22160	3200
本　溪	2349774	8910	104065	765102	148265	66413	34639	273575	26665	20
丹　东	2802029	71656	50584	478446	124911		15890	824297	58148	3873
锦　州	3797753	150832	61679	1435920	180428		82813	438280	7703	4108
营　口	4101911	128404	77447	1717834	153543	2233	138951	427328	46535	
阜　新	889792	57138	12905	138478	134195	5009	15939	95269	26102	2624
辽　阳	1978142	41659	148498	718182	89568	5	97751	40516	173920	
盘　锦	6014213	136682	474107	2021634	278439	5	153542	680075	33630	
铁　岭	1222429	20256		272159	105519		6885	24716	6500	
朝　阳	2439102	194207	161718	554228	246113	3718	95459	164169	25593	9885
葫芦岛	1780282	23565	14322	280369	159030	6500	46968	138892	4873	5295

注：2013年之前的年度数据为城镇口径。

6-8 续表

单位：万元

年份、地区	金融业	房地产业	租赁和商务服务业	科学研究、技术服务和地质勘查业	水利、环境和公共设施管理业	居民服务和其他服务业	教育	卫生、社会保障和社会福利业	文化、体育和娱乐业	公共管理和社会组织
2003	43986	5014438	53077	143409	105645	960830		108821	637396	1078721
2004	41271	7424980	241364	252248	1654275	101378	610905	188193	324261	468059
2005	173555	9232250	370072	268299	2591290	110551	851655	214137	330560	402289
2006	101482	12236920	571007	345972	3016699	187220	888807	284697	532540	480825
2007	208014	15938297	861383	458820	4992339	354511	964571	390367	536500	575280
2008	471310	21885701	1239833	608542	6180492	327680	1048700	510951	580516	594996
2009	410232	27246609	1574604	945500	8834138	547760	1258501	833296	1288585	2039742
2010	325279	35995812	3336478	1219997	13134381	827292	1319221	848511	1812590	2804384
2011	566805	47040827	4022261	1050982	14267792	1451001	1758492	894835	1788613	2785292
2012	630261	58134809	3619489	1587629	16046049	1990149	1809012	1588693	2739483	2672162
2013	1570515	67211868	3955968	1843694	21459000	1938476	2001481	1378555	2628562	1453658
2014	1059566	56289436	5577277	2610300	24593350	2038913	2544183	1273451	2537006	1514229
2015	716469	36635212	3434816	2467055	20818836	1302093	1784324	1254657	1813789	1364364
2016	129450	21430395	930591	440356	5051960	489419	578736	660001	836045	627706
沈阳	53588	7105456	349685	255347	713723	84124	137790	48737	65225	66043
大连	11056	5361010	48129	29969	1957951	119214	240204	273697	172428	11960
鞍山	2583	1580450	13634	13124	169169	93369	13747	44884	43716	5739
抚顺	33098	601082	4850	15710	50437	31404	22657	35059	165316	10176
本溪	1500	312245	104249	43258	363363	9561	5257	13361	44000	25326
丹东	4670	816974	52813	8460	100877	1625	30689	65768	55046	37302
锦州		1045914	47352	32584	111826	21546	46906	37512	34562	57788
营口		1031553	68953	7804	136104	16475	13702	48471	46812	39762
阜新		287510	2292	4949	61141	1177	14532	9893	19178	1461
辽阳		516260	4043	4017	27489	52322	6260	26680	16720	14252
盘锦	22955	897372	153228	3410	809483	41600		11519	64126	232406
铁岭		581406	10880		177922		2530	6210	4000	3446
朝阳		480784	51733	20967	230766		11430	22074	96710	69548
葫芦岛		812379	18750	757	141709	17002	33032	16136	8206	52497

6-9 固定资产投资各行业资金来源和新增固定资产

(2016年) 单位：万元

行业	本年资金来源小计	国家预算内资金	国内贷款	利用外资	自筹资金	其他资金	投资额	新增固定资产	固定资产交付使用率(%)
全省合计	**73512484**	**2764019**	**10301193**	**1137827**	**45401659**	**13907786**	**64363272**	**32228069**	**50.07**
农、林、牧、渔业	**1313319**	**41706**	**97327**	**4848**	**1159621**	**9817**	**1313815**	**835751**	**63.61**
农业	565765	21035	52942	3000	485701	3087	570420	326856	57.30
林业	70136	10370		1848	57918		71803	65996	91.91
畜牧业	396074		26285		366400	3389	388499	218175	56.16
渔业	112787	960	7000		104827		122751	102827	83.77
农、林、牧、渔服务业	168557	9341	11100		144775	3341	160342	121897	76.02
采矿业	**1213789**	**8213**	**48719**	**65000**	**1078791**	**13066**	**1243278**	**910798**	**73.26**
煤炭开采和洗选业	61180	4113	4800		52267		79386	47965	60.42
石油和天然气开采业	480754			65000	415754		477707	341248	71.43
黑色金属矿采选业	301364	4100	16490		279395	1379	301260	291287	96.69
有色金属矿采选业	70121		3859		58575	7687	69001	36062	52.26
非金属矿采选业	290220		23570		266650		305774	190386	62.26
开采辅助活动	7850				3850	4000	7850	3850	49.04
其他采矿业	2300				2300		2300		
制造业	**17494133**	**39423**	**1573411**	**999712**	**14497190**	**384397**	**17652152**	**8230002**	**46.62**
农副食品加工业	1620283	2050	147075	50	1452227	18881	1656507	854186	51.57
食品制造业	451348		37949	10000	401791	1608	448829	129247	28.80
酒、饮料和精制茶制造业	168222		33070		130693	4459	168493	115985	68.84
烟草制品业	4380				4380		4380	4380	100.00
纺织业	158850		10245		148121	484	179567	80791	44.99
纺织服装、服饰业	178544		13223		165321		179553	100943	56.22
皮革、毛皮、羽毛及其制品和制鞋业	45001		6636		38365		44581	21377	47.95
木材加工和木、竹、藤、棕、草制品业	198046		40114		157932		211758	105296	49.72
家具制造业	76193		8200		67993		80290	41807	52.07
造纸和纸制品业	316761		10830		300831	5100	315422	94737	30.04
印刷和记录媒介复制业	63963		11750		50373	1840	64284	119212	185.45
文教、工美、体育和娱乐用品制造业	125134		46470		78664		124614	66773	53.58
石油加工、炼焦和核燃料加工业	1319612	1000	350303		711790	256519	1406669	683009	48.56
化学原料和化学制品制造业	1241622		117809	100	1120753	2960	1214042	474037	39.05
医药制造业	390263		6521		383742		329286	167278	50.80
化学纤维制造业	19647		1500		18147		19570	9147	46.74
橡胶和塑料制品业	478785		71633	14656	387545	4951	481000	379220	78.84
非金属矿物制品业	1659135		208864	2400	1398001	49870	1733618	1283776	74.05
黑色金属冶炼和压延加工业	553389				553319	70	561234	212198	37.81
有色金属冶炼和压延加工业	824653	2000	47250		769696	5707	782695	194555	24.86
金属制品业	647767		48356	8898	586722	3791	649592	523125	80.53
通用设备制造业	1387001	5503	156295	200	1220803	4200	1401287	663634	47.36

6-9 续表 1 (2016年) 单位：万元

行业	本年资金来源小计	国家预算内资金	国内贷款	利用外资	自筹资金	其他资金	投资额	新增固定资产	固定资产交付使用率(%)
专用设备制造业	840259	4800	50055		784254	1150	845291	469517	55.55
汽车制造业	1774823		17022	19011	1722445	16345	1793992	562553	31.36
铁路、船舶、航空航天和其他运输设备制造业	682768	2401	21406		658961		685478	62146	9.07
电气机械和器材制造业	487748	3404	73607		410737		504286	267705	53.09
计算机、通信和其他电子设备制造业	1315659	2416	3616	933021	376556	50	1314942	226607	17.23
仪器仪表制造业	101752	700	10901		90101	50	101204	63131	62.38
其他制造业	184343	12830	4333		164230	2950	183803	100454	54.65
废弃资源综合利用业	158542		17578	11376	129588		146388	143078	97.74
金属制品、机械和设备修理业	19640	2319	800		13109	3412	19497	10098	51.79
电力、热力、燃气及水生产和供应业	**2946679**	**280674**	**857441**	**3150**	**1783021**	**22393**	**2965566**	**2514256**	**84.78**
电力、热力生产和供应业	2444905	155249	831315	1650	1443756	12935	2438500	2106226	86.37
燃气生产和供应业	102253	500	1063	1500	95788	3402	110465	43135	39.05
水的生产和供应业	399521	124925	25063		243477	6056	416601	364895	87.59
建筑业	**132272**	**5309**	**3100**	**100**	**123163**	**600**	**151377**	**27999**	**18.50**
房屋建筑业	29387	4680	2100	100	21907	600	29460	14409	48.91
土木工程建筑业	37100	629			36471		38865	10830	27.87
建筑安装业	28905				28905		26632		
建筑装饰和其他建筑业	36880		1000		35880		56420	2760	4.89
批发和零售业	**2009680**	**3485**	**164780**		**1797874**	**43541**	**1965553**	**1026091**	**52.20**
批发业	846321	3485	50149		783687	9000	855997	407529	47.61
零售业	1163359		114631		1014187	34541	1109556	618562	55.75
交通运输、仓储和邮政业	**6477059**	**999241**	**2094948**	**24977**	**3167426**	**190467**	**6526943**	**2131260**	**32.65**
铁路运输业	862661	68473	470910		236718	86560	713252	252822	35.45
道路运输业	2535055	828892	718667		979566	7930	2560540	585058	22.85
水上运输业	1198927	16568	594185	9977	559127	19070	1440042	569787	39.57
航空运输业	124438	14020	104500		5918		123062	4818	3.92
管道运输业	59977	850	7900		51227		78565	77178	98.23
装卸搬运和运输代理业	175756	38507	39600		86399	11250	142295	59705	41.96
仓储业	1511637	31931	159186	15000	1239863	65657	1460676	574482	39.33
邮政业	8608				8608		8511	7410	87.06
住宿和餐饮业	**681299**	**100**	**50606**	**100**	**607646**	**22847**	**739322**	**327865**	**44.35**
住宿业	568527	100	41351	100	509029	17947	627467	246411	39.27
餐饮业	112772		9255		98617	4900	111855	81454	72.82
信息传输、软件和信息技术服务业	**612724**	**8180**	**40723**	**55**	**563766**		**630607**	**119913**	**19.02**
电信、广播电视和卫星传输服务	365726		300		365426		370080	29275	7.91
互联网和相关服务	21239		2550		18689		21269	7791	36.63
软件和信息技术服务业	225759	8180	37873	55	179651		239258	82847	34.63

6-9 续表 2 (2016年) 单位：万元

行业	本年资金来源小计	国家预算内资金	国内贷款	利用外资	自筹资金	其他资金	投资额	新增固定资产	固定资产交付使用率(%)
金融业	**112551**		**3390**		**105661**	**3500**	**129450**	**41993**	**32.44**
货币金融服务	34548				34548		32580		
资本市场服务	69520		3390		62630	3500	87790	34510	39.31
保险业									
其他金融业	8483				8483		9080	7483	82.41
房地产业	**31305346**	**41732**	**4520138**	**27100**	**13960680**	**12755696**	**21430395**	**10832895**	**50.55**
租赁和商务服务业	**956398**	**29093**	**30664**		**896641**		**930591**	**370783**	**39.84**
租赁业	45627		6868		38759		45515	40227	88.38
商务服务业	910771	29093	23796		857882		885076	330556	37.35
科学研究和技术服务业	**456241**	**17863**	**50958**	**100**	**379458**	**7862**	**440356**	**183945**	**41.77**
研究和试验发展	159997	1450	10702	100	146103	1642	151417	22622	14.94
专业技术服务业	157999	14813	17263		120423	5500	152242	113915	74.82
科技推广和应用服务业	138245	1600	22993		112932	720	136697	47408	34.68
水利、环境和公共设施管理业	**4713185**	**875724**	**517547**	**12685**	**2926285**	**380944**	**5051960**	**3074640**	**60.86**
水利管理业	718191	192349	3000		352027	170815	735164	338930	46.10
生态保护和环境治理业	229802	21761	74531		132352	1158	215009	168171	78.22
公共设施管理业	3765192	661614	440016	12685	2441906	208971	4101787	2567539	62.60
居民服务、修理和其他服务业	**462320**	**801**	**79053**		**382466**		**489419**	**277328**	**56.66**
居民服务业	351498	801	40269		310428		382626	203464	53.18
机动车、电子产品和日用产品修理业	65294		20284		45010		66915	27986	41.82
其他服务业	45528		18500		27028		39878	45878	115.05
教育	**652419**	**165987**	**24163**		**445276**	**16993**	**578736**	**296533**	**51.24**
卫生和社会工作	**615896**	**74668**	**60696**		**468097**	**12435**	**660001**	**236168**	**35.78**
卫生	464297	65455	58396		332011	8435	503371	138771	27.57
社会工作	151599	9213	2300		136086	4000	156630	97397	62.18
文化、体育和娱乐业	**788508**	**67774**	**72295**		**636525**	**11914**	**836045**	**396627**	**47.44**
新闻和出版业	10393				10393		9655	4925	51.01
广播、电视、电影和影视录音制作业	10294				10294		11647	7659	65.76
文化艺术业	181205	43192			131137	6876	175769	89001	50.64
体育	139265	4581	30500		101184	3000	175337	95691	54.58
娱乐业	447351	20001	41795		383517	2038	463637	199351	43.00
公共管理、社会保障和社会组织	**568666**	**104046**	**11234**		**422072**	**31314**	**627706**	**393222**	**62.64**
中国共产党机关	2598				2598		2598	2598	100.00
国家机构	520277	97642	11234		384987	26414	566889	323635	57.09
人民政协、民主党派									
社会保障	2209				2209		2209	2209	100.00
群众团体、社会团体和其他成员组织	34568	3200			26468	4900	46996	59331	126.25
基层群众自治组织	9014	3204			5810		9014	5449	60.45

6-10 各地区固定资产投资施工、竣工房屋面积

单位：万平方米

年份、地区	施工房屋建筑面积	#住宅	竣工房屋建筑面积	#住宅
2000	5693.4	3553.2	3017.0	2092.1
2001	6120.1	3869.7	2991.0	2116.3
2002	7237.3	4429.0	3209.8	2116.1
2003	8254.7	4809.1	3667.4	2214.0
2004	10437.4	5653.5	4711.0	2646.9
2005	12381.8	6329.8	5032.3	2539.0
2006	15104.0	7805.5	6164.4	2950.1
2007	20932.3	10350.5	6847.7	3130.4
2008	23875.5	12389.6	7988.8	3568.3
2009	29221.2	14886.9	8397.8	3638.4
2010	44138.5	21222.0	9245.7	3865.9
2011	54173.3	27752.4	10527.7	5475.6
2012	61131.9	30093.9	11838.7	5407.2
2013	63544.9	31903.4	13418.0	5155.1
2014	64532.5	28953.3	13246.9	5070.2
2015	47374.5	21780.8	10341.5	2675.2
2016	30260.7	19145.6	3510.4	2215.8
沈　阳	7792.8	4970.9	1018.5	802.6
大　连	5137.5	3422.0	269.4	146.6
鞍　山	2446.7	1553.3	334.5	224.9
抚　顺	1702.6	1070.5	422.1	294.4
本　溪	667.3	441.8	49.7	33.3
丹　东	1502.9	897.6	291.6	93.1
锦　州	1390.6	814.8	238.4	101.9
营　口	2305.8	1390.4	319.5	106.5
阜　新	1133.0	592.1	50.9	31.1
辽　阳	614.7	345.0	18.6	14.5
盘　锦	1571.1	967.2	219.3	178.4
铁　岭	1034.8	599.1	76.5	50.6
朝　阳	1299.0	889.8	99.1	65.7
葫芦岛	1661.8	1191.0	102.4	72.3

注：2013年之前的年度数据为城镇口径。

6-11 各地区按行业分固定资产投资新增固定资产

单位：万元

年份、地区	合计	农林牧渔业	采矿业	制造业	电力、燃气及水的生产和供应业	建筑业	交通运输仓储和邮政业	信息传输、计算机服务和软件业	批发和零售业	住宿和餐饮业
2005	23785868	278332	1466943	9828630	956830	188933	1416108	359388	923303	401408
2006	27641611	354483	1944056	11027672	948659	324995	1756914	394289	1059344	421746
2007	36316002	477202	2100599	14261494	2353587	285779	2493073	319701	1445176	584539
2008	50566948	770661	2355216	21893841	2192069	406054	2328227	618041	1799541	973428
2009	68569660	1151381	2295717	29092046	3411559	938757	4058862	864654	3229421	1261212
2010	94292140	1384973	4126137	35728460	3762066	1134045	4108876	958593	1883003	1080068
2011	90101829	2066201	2964006	34722047	3052749	1429403	4192201	576606	2250995	1194100
2012	115723387	1685006	4524880	45738723	4571954	2425923	4398017	5230732	2093167	924977
2013	133161083	1776515	3792500	53042468	5591912	1396815	5594601	9068492	3593408	833118
2014	172553622	4647370	4662320	70546698	7168286	1027723	8474821	12517577	3304060	1510192
2015	150582883	4044132	4286132	64478772	4562631	115553	9356988	11786609	3135276	1828402
2016	32228069	835751	910798	8230002	2514256	27999	1026091	2131260	327865	119913
沈　阳	8554408	48111	4996	2013908	210244	1428	539078	391105	52555	73817
大　连	6142303	162403	12400	917026	1389818	100	176629	325066	47113	32088
鞍　山	1677114	43982	45508	490435	21507	9402	21942	31102	14816	
抚　顺	1814490	5003	1229	99320	15171	12060		41702	13500	1700
本　溪	928721		20360	427525	13556		1590	148463	6637	
丹　东	1155853	64133	44106	257361	105781		15890	116918	25325	2800
锦　州	1816473	75710	50726	779966	111951		51231	216471	5563	4108
营　口	2019795	37724	103629	803001	140028		57400	154052	16840	
阜　新	615885	67625	10146	33630	67025	5009	2117	12798		2650
辽　阳	1019372	33078	130148	339461	64892		41494	35674	129460	
盘　锦	4280565	126965	337648	1599624	185987		39256	500068	230	
铁　岭	495397	15240		134954	87701			21516		
朝　阳	1048759	141371	139502	186366	81551		66509	66015	11000	2750
葫芦岛	658934	14406	10400	147425	19044		12955	70310	4826	

注：2013年之前的年度数据为城镇口径。

6-11 续表

单位：万元

年份、地区	金融业	房地产业	租赁和商务服务业	科学研究、技术服务和地质勘查业	水利、环境和公共设施管理业	居民服务和其他服务业	教育	卫生、社会保障和社会福利业	文化、体育和娱乐业	公共管理和社会组织
2005	98925	4623591	297858	206698	1313070	106320	608380	180826	213179	317146
2006	53810	5801680	348341	166703	1450509	134351	588452	177265	336290	352052
2007	93356	6552689	392885	330772	2710649	250160	708908	282776	290804	381853
2008	219398	9863600	747145	477847	3731698	317367	669226	334031	390321	479237
2009	215985	11230393	848711	581705	5841711	485911	726414	594542	511926	1228753
2010	125389	13411205	1640555	322560	6987561	276354	14752804	620434	779497	1209560
2011	504351	22398101	1772265	537061	8073340	583466	726459	503195	684118	1871165
2012	357002	24793921	1911086	1027945	9294834	1092993	1580444	861322	1531331	1679130
2013	1276918	23964455	2738600	1323299	11077181	1352353	1604392	1079079	2497186	1557791
2014	642717	27149765	4133268	2161256	16647921	1781631	2025684	1061246	1898740	1192347
2015	392257	14201290	3438179	2707700	18474424	1290476	1769135	1383152	2088052	1243723
2016	41993	10832895	370783	183945	3074640	277328	296533	236168	396627	393222
沈　阳	14758	4192152	217620	125593	382299	92508	50103	31054	26209	86870
大　连		1209449	27161	16987	1421600	27022	89586	97687	178635	11533
鞍　山		869684	4500	2926	100208	5311	7650	7641		500
抚　顺		1434625	4850	5275	38755	71550	19353	11866	35052	3479
本　溪		119024	8000	580	169386		5579	5588	1000	1433
丹　东	4280	300934		8610	94560	1625	27246	32568	18396	35320
锦　州		300083	24836	14011	67230	8260	40679	14829	26151	24668
营　口		556908	2728	3875	81635	3200	18242	8900	5851	25782
阜　新		348387		500	24654		14754	7700	14420	4470
辽　阳		135307	4043	517	22489	50852	4800		16720	10437
盘　锦	22955	670724	59265	3410	514750			1425	58734	159524
铁　岭		169885	10880		43614		661	5900	1600	3446
朝　阳		209450	6900	1661	94192		6992	8710	5653	20137
葫芦岛		316283			19268	17000	10888	2300	8206	5623

6-12 按构成和建设性质分的建设项目投资

单位：亿元

年份、地区	投资额	按构成分			按建设性质分	
		建筑安装工程	设备、工器具购置	其他费用	#新建	#改、扩建
2000	784.42	462.30	239.86	82.25	249.66	489.24
2001	873.10	529.57	252.15	91.38	278.91	545.87
2002	969.01	560.24	268.07	140.70	307.31	600.27
2003	1279.14	733.57	368.64	176.92	511.82	687.51
2004	1875.04	1082.72	584.61	207.70	807.55	941.98
2005	2792.27	1570.08	868.22	353.97	1388.41	1224.34
2006	3835.65	2250.14	1153.40	432.10	1976.40	1577.74
2007	5078.47	3009.83	1442.12	626.52	3073.58	1657.19
2008	6821.15	3956.06	2193.86	671.23	4144.82	2203.95
2009	8964.61	5388.60	2777.61	798.39	5399.68	2946.08
2010	11640.57	7100.08	3422.75	1117.75	7724.28	3236.78
2011	11927.76	7183.68	3264.08	1480.00	8548.16	2872.64
2012	14468.19	8527.51	4327.53	1613.15	10859.91	3008.00
2013	16404.63	10540.93	4685.31	1178.40	12645.16	3077.30
2014	19125.53	13072.03	4876.09	1177.41	15079.68	3363.13
2015	14081.73	9996.10	3269.16	816.47	10638.12	2818.68
2016	4341.48	3033.75	928.33	379.41	3381.70	717.52
沈　阳	921.95	628.86	223.92	69.16	612.17	238.20
大　连	901.18	625.25	184.45	91.48	655.71	119.09
鞍　山	324.10	206.50	87.08	30.52	293.18	27.17
抚　顺	100.55	71.41	16.67	12.48	83.98	13.74
本　溪	206.67	129.47	41.79	35.42	187.74	18.93
丹　东	200.15	172.33	17.31	10.52	174.40	23.47
锦　州	275.51	162.33	73.34	39.84	202.49	62.13
营　口	314.58	202.99	82.33	29.26	295.17	16.08
阜　新	63.32	41.17	17.13	5.02	49.33	13.99
辽　阳	159.35	96.16	58.74	4.45	101.96	47.73
盘　锦	514.09	443.48	49.57	21.05	443.21	61.06
铁　岭	64.11	53.44	6.18	4.49	60.26	3.85
朝　阳	197.73	134.24	50.00	13.48	139.24	56.88
葫芦岛	98.18	66.12	19.83	12.23	82.87	15.18

6-13 按资金来源和隶属关系分的建设项目投资

单位：亿元

年份、地区	按资金来源分					按隶属关系分	
	国家预算内资金	国内贷款	利用外资	自筹资金	其他投资	中央项目	地方项目
2000	65.13	184.98	64.15	420.69	67.25	277.40	524.80
2001	107.51	192.97	46.36	479.35	54.48	300.40	580.27
2002	99.49	190.62	59.92	572.13	53.56	266.19	709.54
2003	82.59	229.86	44.51	853.85	80.37	245.37	1045.80
2004	104.88	251.74	71.32	1372.45	74.65	358.04	1516.99
2005	164.74	374.16	108.90	2016.02	128.44	474.18	2318.09
2006	252.39	480.22	102.80	2852.19	148.06	603.41	3232.23
2007	355.49	761.77	121.88	3656.50	182.82	856.53	4221.94
2008	422.62	858.00	260.66	5125.31	154.56	1059.69	5761.46
2009	510.98	1255.05	268.94	6813.10	116.54	787.41	8177.20
2010	465.62	1862.49	209.53	8916.68	186.25	930.91	10709.66
2011	917.25	1908.44	155.06	8707.26	239.75	702.25	11225.51
2012	853.62	2271.51	225.70	10885.87	231.49	702.46	13765.73
2013	1033.49	2345.86	213.26	12600.40	211.62	707.37	15697.26
2014	1048.90	2760.02	103.77	15014.68	198.16	661.84	18463.69
2015	838.76	1885.53	60.76	11200.26	96.42	472.64	13609.09
2016	281.00	588.36	112.92	3242.08	117.13	315.99	4025.49
沈　阳	86.35	157.41	2.29	673.30	20.11	83.97	837.98
大　连	89.29	144.91	99.17	513.21	32.98	60.15	841.03
鞍　山	1.88	42.47	0.30	276.44	3.63	5.11	319.00
抚　顺	14.17	25.85	0.01	42.48	1.14	3.15	97.41
本　溪	2.93	3.15	0.34	190.36	0.915	10.27	196.40
丹　东	24.28	21.16		165.01	1.03	11.90	188.25
锦　州	10.62	24.97	1.28	228.65	12.06	34.65	240.86
营　口	7.99	20.99		264.37	16.48	5.77	308.81
阜　新	4.21	12.17	0.19	53.52	0.32	15.11	48.21
辽　阳	0.66	8.74		155.96	0.70	0.10	159.25
盘　锦	7.60	94.40	7.50	348.45	7.04	53.44	460.66
铁　岭	3.86	8.24		50.36	5.14	2.30	61.82
朝　阳	9.11	11.62		164.76	3.49	15.57	182.16
葫芦岛	13.47	2.67		62.17	10.18	14.49	83.69

注：本表资金来源分市数据为本年到位资金。

6-14 按行业分的建设项目投资额

(2016年) 单位：万元

行业	投资额	#新建	#扩建	#改建	建筑安装工程投资	设备工器具购置	其他费用
全省合计	**43414821**	**33816978**	**4414674**	**2760480**	**30337480**	**9283272**	**3794069**
农、林、牧、渔业	**1313815**	**1105946**	**172541**	**29618**	**994175**	**217863**	**101777**
农业	570420	503239	54431	12750	445216	74468	50736
林业	71803	59393	12410		65586	5667	550
畜牧业	388499	311207	69131	5861	274071	80370	34058
渔业	122751	111937	4604	2800	98122	15759	8870
农、林、牧、渔服务业	160342	120170	31965	8207	111180	41599	7563
采矿业	**1243278**	**888502**	**189696**	**135283**	**836380**	**365025**	**41873**
煤炭开采和洗选业	79386	48704	10980	19702	49164	26370	3852
石油和天然气开采业	477707	474107		3600	436057	30160	11490
黑色金属矿采选业	301260	131524	65814	96315	126651	168130	6479
有色金属矿采选业	69001	51443	17558		45580	17912	5509
非金属矿采选业	305774	176424	93344	13816	168778	122453	14543
开采辅助活动	7850	4000	2000	1850	7850		
其他采矿业	2300	2300			2300		
制造业	**17652152**	**12787786**	**2190059**	**1009993**	**10399589**	**5998218**	**1254345**
农副食品加工业	1656507	1262524	238665	95515	1146400	421833	88274
食品制造业	448829	385366	44145	8774	312246	102602	33981
酒、饮料和精制茶制造业	168493	120969	24902	9134	109749	51232	7512
烟草制品业	4380	580			580	3800	
纺织业	179567	152532	18750	1800	115103	44088	20376
纺织服装、服饰业	179553	116301	36438	9141	129701	44329	5523
皮革、毛皮、羽毛及其制品和制鞋业	44581	26643	13638	3300	25388	15575	3618
木材加工和木、竹、藤、棕、草制品业	211758	154085	20734	16705	149224	49661	12873
家具制造业	80290	58224	14158	4400	49483	25306	5501
造纸和纸制品业	315422	120808	162545	25485	177058	129930	8434
印刷和记录媒介复制业	64284	39787	4750	3140	32013	30626	1645
文教、工美、体育和娱乐用品制造业	124614	99580	7054	4680	78808	41169	4637
石油加工、炼焦和核燃料加工业	1406669	1183806	60980	69249	695592	467212	243865
化学原料和化学制品制造业	1214042	1014276	136535	42201	753083	353994	106965
医药制造业	329286	239689	35387	17594	226841	69718	32727
化学纤维制造业	19570	15970	698		12113	6301	1156
橡胶和塑料制品业	481000	307464	133322	28824	331354	118971	30675
非金属矿物制品业	1733618	1341720	209807	137683	1062840	541666	129112
黑色金属冶炼和压延加工业	561234	489082	11094	61058	213772	291152	56310
有色金属冶炼和压延加工业	782695	679008	35377	68310	495806	235856	51033
金属制品业	649592	549551	55322	31038	442943	174288	32361
通用设备制造业	1401287	1009539	181122	80636	886241	414081	100965

6-14 续表 1 (2016年) 单位：万元

行　业	投资额	#新建	#扩建	#改建	建筑安装工程投资	设备工器具购置	其他费用
专用设备制造业	845291	575182	168695	52520	583406	216037	45848
汽车制造业	1793992	1193584	386517	134830	1020059	697816	76117
铁路、船舶、航空航天和其他运输设备制造业	685478	637264	19203		501118	128799	55561
电气机械和器材制造业	504286	373454	58745	50529	300431	160810	43045
计算机、通信和其他电子设备制造业	1314942	308108	63263	7950	281067	1027772	6103
仪器仪表制造业	101204	75360	5504	1273	36800	42543	21861
其他制造业	183803	130833	35266	15204	118694	52302	12807
废弃资源综合利用业	146388	109925	7443	29020	96793	34135	15460
金属制品、机械和设备修理业	19497	16572			14883	4614	
电力、热力、燃气及水生产和供应业	**2965566**	**2565306**	**157743**	**206503**	**1701364**	**897146**	**367056**
电力、热力生产和供应业	2438500	2108860	131805	172224	1254832	827629	356039
燃气生产和供应业	110465	99510	1163	9792	95114	10270	5081
水的生产和供应业	416601	356936	24775	24487	351418	59247	5936
建筑业	**151377**	**128730**	**15568**	**799**	**102159**	**29923**	**19295**
房屋建筑业	29460	18072	7868		22559	4768	2133
土木工程建筑业	38865	36866	1200	799	38686	170	9
建筑安装业	26632	20132	6500		18088	8544	
建筑装饰和其他建筑业	56420	53660			22826	16441	17153
批发和零售业	**1965553**	**1440271**	**248720**	**159059**	**1477776**	**374418**	**113359**
批发业	855997	528660	180781	63385	637386	162411	56200
零售业	1109556	911611	67939	95674	840390	212007	57159
交通运输、仓储和邮政业	**6526943**	**5344162**	**515384**	**480435**	**5059029**	**485332**	**982582**
铁路运输业	713252	481221	81031	151000	458184	52992	202076
道路运输业	2560540	1751001	341680	314303	1871704	248536	440300
水上运输业	1440042	1430542			1231966	63985	144091
航空运输业	123062	118244	4818		120312	1735	1015
管道运输业	78565	78565			72165	1100	5300
装卸搬运和运输代理业	142295	122253	17626	1903	118445	7340	16510
仓储业	1460676	1353825	70229	13229	1179966	107843	172867
邮政业	8511	8511			6287	1801	423
住宿和餐饮业	**739322**	**569178**	**112079**	**51925**	**625644**	**40987**	**72691**
住宿业	627467	485150	98117	39200	529601	32325	65541
餐饮业	111855	84028	13962	12725	96043	8662	7150
信息传输、软件和信息技术服务业	**630607**	**204430**	**17190**	**353752**	**508746**	**90898**	**30963**
电信、广播电视和卫星传输服务	370080	10740		332210	339181	30640	259
互联网和相关服务	21269	17459		2810	15194	5551	524
软件和信息技术服务业	239258	176231	17190	18732	154371	54707	30180

6-14 续表 2 (2016年) 单位：万元

行业	投资额	#新建	#扩建	#改建	建筑安装工程投资	设备工器具购置	其他费用
金融业	**129450**	**108076**	**11158**	**10216**	**116169**	**5253**	**8028**
货币金融服务	32580	28714		3866	24496	56	8028
资本市场服务	87790	77765	3675	6350	82790	5000	
保险业							
其他金融业	9080	1597	7483		8883	197	
房地产业	**481944**	**466681**	**6823**	**4740**	**426850**	**27323**	**27771**
租赁和商务服务业	**930591**	**783947**	**47012**	**13906**	**660233**	**163979**	**106379**
租赁业	45515	12340	8778	4910	18608	26397	510
商务服务业	885076	771607	38234	8996	641625	137582	105869
科学研究和技术服务业	**440356**	**320822**	**32144**	**21916**	**291570**	**118073**	**30713**
研究和试验发展	151417	137023	4895	8215	109679	22105	19633
专业技术服务业	152242	78532	22681	13701	99132	45494	7616
科技推广和应用服务业	136697	105267	4568		82759	50474	3464
水利、环境和公共设施管理业	**5051960**	**4372944**	**456264**	**159750**	**4404572**	**184588**	**462800**
水利管理业	735164	556954	172802	5408	570820	35310	129034
生态保护和环境治理业	215009	175880	22431	12506	168089	31941	14979
公共设施管理业	4101787	3640110	261031	141836	3665663	117337	318787
居民服务、修理和其他服务业	**489419**	**381286**	**57363**	**10619**	**417127**	**62280**	**10012**
居民服务业	382626	303426	56363	5819	355086	21798	5742
机动车、电子产品和日用产品修理业	66915	54960			41411	21454	4050
其他服务业	39878	22900	1000	4800	20630	19028	220
教育	**578736**	**510449**	**45834**	**17023**	**537061**	**30861**	**10814**
卫生和社会工作	**660001**	**527009**	**66040**	**37662**	**510675**	**71642**	**77684**
卫生	503371	381356	60300	32425	362497	69170	71704
社会工作	156630	145653	5740	5237	148178	2472	5980
文化、体育和娱乐业	**836045**	**754872**	**40747**	**27184**	**688850**	**98671**	**48524**
新闻和出版业	9655	2262		4730	6992	2663	
广播、电视、电影和影视录音制作业	11647	6668			2698	8872	77
文化艺术业	175769	125033	28462	22274	147686	15567	12516
体育	175337	166327	4910		150120	19736	5481
娱乐业	463637	454582	7375	180	381354	51833	30450
公共管理、社会保障和社会组织	**627706**	**556581**	**32309**	**30097**	**579511**	**20792**	**27403**
中国共产党机关	2598	2598			2598		
国家机构	566889	497500	32099	29921	521619	17897	27373
人民政协、民主党派							
社会保障	2209	2209			2209		
群众团体、社会团体和其他成员组织	46996	45470		176	44921	2045	30
基层群众自治组织	9014	8804	210		8164	850	

6-15 按行业、隶属关系和注册类型分建设项目投资

(2016年)

单位：万元

行业	投资额	中央	地方	内资	港澳台商投资	外商投资	个体经营
全省合计	**43414821**	**3159874**	**40254947**	**39502313**	**1180894**	**2683733**	**47881**
农、林、牧、渔业	**1313815**	**660**	**1313155**	**1256946**	**38645**		**18224**
农业	570420		570420	559990	7800		2630
林业	71803		71803	71803			
畜牧业	388499		388499	351412	30845		6242
渔业	122751		122751	114724			8027
农、林、牧、渔服务业	160342	660	159682	159017			1325
采矿业	**1243278**	**426096**	**817182**	**1149391**	**80345**	**13542**	
煤炭开采和洗选业	79386		79386	61036	18350		
石油和天然气开采业	477707	412112	65595	415712	61995		
黑色金属矿采选业	301260	9984	291276	301260			
有色金属矿采选业	69001		69001	61399		7602	
非金属矿采选业	305774		305774	299834		5940	
开采辅助活动	7850	4000	3850	7850			
其他采矿业	2300		2300	2300			
制造业	**17652152**	**500570**	**17151582**	**15151080**	**422371**	**2069150**	**9551**
农副食品加工业	1656507		1656507	1641155	1050	11302	3000
食品制造业	448829	1242	447587	439319	10	9500	
酒、饮料和精制茶制造业	168493		168493	160499		7994	
烟草制品业	4380		4380	4380			
纺织业	179567		179567	179567			
纺织服装、服饰业	179553		179553	168178	8375		3000
皮革、毛皮、羽毛及其制品和制鞋业	44581		44581	41733		2848	
木材加工和木、竹、藤、棕、草制品业	211758		211758	201358		10400	
家具制造业	80290		80290	66242		14048	
造纸和纸制品业	315422		315422	179609	132019	3794	
印刷和记录媒介复制业	64284		64284	64284			
文教、工美、体育和娱乐用品制造业	124614		124614	124614			
石油加工、炼焦和核燃料加工业	1406669	311686	1094983	1319499	87170		
化学原料和化学制品制造业	1214042	28523	1185519	1205684	2745	5602	11
医药制造业	329286		329286	328836			450
化学纤维制造业	19570		19570	19495	75		
橡胶和塑料制品业	481000		481000	443540	7045	30415	
非金属矿物制品业	1733618		1733618	1712528	16000	2000	3090
黑色金属冶炼和压延加工业	561234	3167	558067	539717	21517		
有色金属冶炼和压延加工业	782695	9088	773607	685229	79554	17912	
金属制品业	649592		649592	603774		45818	
通用设备制造业	1401287	7650	1393637	1375052		26235	

6-15 续表 1 (2016年) 单位：万元

行　业	投资额						
		中央	地方	内资	港澳台商投资	外商投资	个体经营
专用设备制造业	845291	13855	831436	806681	18330	20280	
汽车制造业	1793992	17456	1776536	910677	28281	855034	
铁路、船舶、航空航天和其他运输设备制造业	685478	89641	595837	627016		58462	
电气机械和器材制造业	504286	8472	495814	471788	20200	12298	
计算机、通信和其他电子设备制造业	1314942		1314942	380421		934521	
仪器仪表制造业	101204	4551	96653	101204			
其他制造业	183803		183803	183803			
废弃资源综合利用业	146388	366	146022	145701		687	
金属制品、机械和设备修理业	19497	4873	14624	19497			
电力、热力、燃气及水生产和供应业	**2965566**	**996483**	**1969083**	**2820675**	**130432**	**13293**	**1166**
电力、热力生产和供应业	2438500	993974	1444526	2325708	104446	8346	
燃气生产和供应业	110465	500	109965	93129	16170		1166
水的生产和供应业	416601	2009	414592	401838	9816	4947	
建筑业	**151377**		**151377**	**151377**			
房屋建筑业	29460		29460	29460			
土木工程建筑业	38865		38865	38865			
建筑安装业	26632		26632	26632			
建筑装饰和其他建筑业	56420		56420	56420			
批发和零售业	**1965553**		**1965553**	**1956562**		**5991**	**3000**
批发业	855997		855997	852997			3000
零售业	1109556		1109556	1103565		5991	
交通运输、仓储和邮政业	**6526943**	**833151**	**5693792**	**5827048**	**135194**	**564701**	
铁路运输业	713252	477421	235831	713252			
道路运输业	2560540	4198	2556342	2556460		4080	
水上运输业	1440042	155563	1284479	1151470		288572	
航空运输业	123062		123062	123062			
管道运输业	78565	68889	9676	78565			
装卸搬运和运输代理业	142295	8843	133452	142295			
仓储业	1460676	118237	1342439	1053433	135194	272049	
邮政业	8511		8511	8511			
住宿和餐饮业	**739322**	**10**	**739312**	**708157**	**15460**	**1815**	**13890**
住宿业	627467	10	627457	612007	15460		
餐饮业	111855		111855	96150		1815	13890
信息传输、软件和信息技术服务业	**630607**	**333359**	**297248**	**278410**	**350197**	**2000**	
电信、广播电视和卫星传输服务	370080	332210	37870	35870	332210	2000	
互联网和相关服务	21269		21269	21269			
软件和信息技术服务业	239258	1149	238109	221271	17987		

6-15 续表 2 (2016年) 单位：万元

行业	投资额	中央	地方	内资	港澳台商投资	外商投资	个体经营
金融业	**129450**		**129450**	**129450**			
货币金融服务	32580		32580	32580			
资本市场服务	87790		87790	87790			
保险业							
其他金融业	9080		9080	9080			
房地产业	**481944**		**481944**	**479694**	**2250**		
租赁和商务服务业	**930591**	**5004**	**925587**	**930541**			**50**
租赁业	45515		45515	45515			
商务服务业	885076	5004	880072	885026			50
科学研究和技术服务业	**440356**	**16045**	**424311**	**432484**		**7872**	
研究和试验发展	151417	11838	139579	150285		1132	
专业技术服务业	152242	4207	148035	152242			
科技推广和应用服务业	136697		136697	129957		6740	
水利、环境和公共设施管理业	**5051960**	**21214**	**5030746**	**5045960**	**6000**		
水利管理业	735164		735164	735164			
生态保护和环境治理业	215009		215009	209009	6000		
公共设施管理业	4101787	21214	4080573	4101787			
居民服务、修理和其他服务业	**489419**	**1917**	**487502**	**487419**			**2000**
居民服务业	382626	1917	380709	380626			2000
机动车、电子产品和日用产品修理业	66915		66915	66915			
其他服务业	39878		39878	39878			
教育	**578736**	**9644**	**569092**	**578736**			
卫生和社会工作	**660001**	**1883**	**658118**	**659041**		**960**	
卫生	503371	1883	501488	502411		960	
社会工作	156630		156630	156630			
文化、体育和娱乐业	**836045**	**9000**	**827045**	**831636**		**4409**	
新闻和出版业	9655		9655	9655			
广播、电视、电影和影视录音制作业	11647		11647	11647			
文化艺术业	175769	9000	166769	171560		4209	
体育	175337		175337	175137		200	
娱乐业	463637		463637	463637			
公共管理、社会保障和社会组织	**627706**	**4838**	**622868**	**627706**			
中国共产党机关	2598		2598	2598			
国家机构	566889	4838	562051	566889			
人民政协、民主党派							
社会保障	2209		2209	2209			
群众团体、社会团体和其他成员组织	46996		46996	46996			
基层群众自治组织	9014		9014	9014			

6-16 各地区按主要行业分建设项目投资

单位：亿元

年份、地区	合计	农林牧渔业	采矿业	制造业	电力、燃气及水的生产和供应业	建筑业	交通运输仓储和邮政业	信息传输、计算机服务和软件业	批发和零售业	住宿和餐饮业
2003	1291.17	23.43	91.56	469.92	94.35	11.13	192.94		79.60	
2004	1880.05	25.34	128.81	773.50	108.77	25.08	219.45	50.35	97.02	41.63
2005	2798.62	34.15	182.95	1359.31	138.67	24.62	280.56	41.15	119.02	37.97
2006	3835.65	38.37	212.08	1790.74	207.71	57.80	526.47	96.31	127.64	56.11
2007	5078.47	54.83	281.52	2450.52	336.35	38.63	547.80	65.75	187.60	85.03
2008	6821.15	86.78	310.68	3462.23	432.19	46.49	748.36	114.94	224.54	110.87
2009	8964.61	148.51	341.74	4436.90	652.49	112.61	721.47	132.13	388.78	172.66
2010	11640.57	216.38	564.33	5503.27	787.07	171.74	1048.20	146.46	309.90	196.59
2011	11927.76	265.58	482.75	5468.89	666.96	214.13	860.17	104.69	492.54	296.92
2012	14468.19	255.57	593.15	6643.81	701.38	411.81	723.89	1001.55	381.38	129.69
2013	16404.63	226.36	544.99	7519.14	757.88	223.14	966.82	1483.26	468.61	121.02
2014	19125.53	572.43	617.38	8866.35	771.83	136.75	1037.59	1800.90	406.75	213.07
2015	14081.73	419.34	382.83	6565.53	520.56	11.67	826.98	1255.34	296.40	202.57
2016	4341.48	131.38	124.33	1765.22	296.56	15.14	196.56	652.69	73.93	63.06
沈　阳	921.95	15.75	1.66	390.26	41.67	2.37	87.79	145.18	7.40	51.57
大　连	901.18	21.30	1.44	300.11	71.46	2.11	24.37	166.36	18.09	8.55
鞍　山	324.10	10.43	8.76	212.81	11.16	0.94	14.74	11.51	5.26	0.04
抚　顺	100.55	0.57	1.93	23.80	10.27	1.33	0.77	18.94	2.22	0.32
本　溪	206.67	0.89	10.41	76.51	14.83	6.64	3.46	27.36	2.67	0.00
丹　东	200.15	7.17	5.06	47.84	12.49		1.59	82.43	5.81	0.39
锦　州	275.51	15.08	6.17	143.59	18.04		8.28	43.83	0.77	0.41
营　口	314.58	12.84	7.74	171.78	15.35	0.22	13.90	42.73	4.65	
阜　新	63.32	5.71	1.29	13.85	13.42	0.50	1.59	9.53	2.61	0.26
辽　阳	159.35	4.17	14.85	71.82	8.96	0.00	9.78	4.05	17.39	
盘　锦	514.09	13.67	47.41	202.16	27.84	0.00	15.35	68.01	3.36	
铁　岭	64.11	2.03		27.22	10.55		0.69	2.47	0.65	
朝　阳	197.73	19.42	16.17	55.42	24.61	0.37	9.55	16.42	2.56	0.99
葫芦岛	98.18	2.36	1.43	28.04	15.90	0.65	4.70	13.89	0.49	0.53

6-16 续表 单位：亿元

年份、地区	金融业	房地产业	租赁和商务服务业	科学研究、技术服务和地质勘查业	水利、环境和公共设施管理业	居民服务和其他服务业	教育	卫生、社会保障和社会福利业	文化、体育和娱乐业	公共管理和社会组织
2003	4.40	15.05	5.31	14.34	10.56	96.08		10.88	63.74	107.87
2004	4.13	21.75	24.14	25.22	165.43	10.14	61.09	18.82	32.43	46.81
2005	17.36	48.97	37.01	26.83	259.13	11.06	85.17	21.41	33.06	40.23
2006	10.15	81.50	57.10	34.60	301.67	18.72	88.88	28.47	53.25	48.08
2007	20.80	96.25	86.14	45.88	499.23	35.45	96.46	39.04	53.65	57.53
2008	47.13	127.77	123.98	60.85	618.05	32.77	104.87	51.10	58.05	59.50
2009	41.02	84.10	157.46	94.55	883.41	54.78	125.85	83.33	128.86	203.97
2010	32.53	133.83	333.65	122.00	1313.44	82.73	131.92	84.85	181.26	280.44
2011	56.68	216.52	402.23	105.10	1426.78	145.10	175.85	89.48	178.86	278.53
2012	63.03	357.66	361.95	158.76	1604.60	199.01	180.90	158.87	273.95	267.22
2013	157.05	270.44	395.60	184.37	2145.90	193.85	200.15	137.86	262.86	145.37
2014	105.96	327.64	557.73	261.03	2459.34	203.89	254.42	127.35	253.70	151.42
2015	71.65	104.88	343.48	246.71	2081.88	130.21	178.43	125.47	181.38	136.44
2016	12.95	48.19	93.06	44.04	505.20	48.94	57.87	66.00	83.60	62.77
沈　阳	5.36	0.88	34.97	25.53	71.37	8.41	13.78	4.87	6.52	6.60
大　连	1.11	0.93	4.81	3.00	195.80	11.92	24.02	27.37	17.24	1.20
鞍　山	0.26	8.46	1.36	1.31	16.92	9.34	1.37	4.49	4.37	0.57
抚　顺	3.31	3.54	0.49	1.57	5.04	3.14	2.27	3.51	16.53	1.02
本　溪	0.15	2.92	10.42	4.33	36.34	0.96	0.53	1.34	4.40	2.53
丹　东	0.47	1.65	5.28	0.85	10.09	0.16	3.07	6.58	5.50	3.73
锦　州		0.33	4.74	3.26	11.18	2.15	4.69	3.75	3.46	5.78
营　口		7.54	6.90	0.78	13.61	1.65	1.37	4.85	4.68	3.98
阜　新		3.09	0.23	0.49	6.11	0.12	1.45	0.99	1.92	0.15
辽　阳		13.16	0.40	0.40	2.75	5.23	0.63	2.67	1.67	1.43
盘　锦	2.30	2.41	15.32	0.34	80.95	4.16		1.15	6.41	23.24
铁　岭		0.01	1.09		17.79		0.25	0.62	0.40	0.34
朝　阳		1.89	5.17	2.10	23.08		1.14	2.21	9.67	6.95
葫芦岛		1.39	1.88	0.08	14.17	1.70	3.30	1.61	0.82	5.25

6-17 建设项目投资各行业资金来源和新增固定资产

(2016年)

单位：万元

行业	本年资金来源小计	国家预算内资金	国内贷款	利用外资	自筹资金	其他资金	投资额	新增固定资产	固定资产交付使用率(%)
全省合计	**42704374**	**2764019**	**5787280**	**1110727**	**31890258**	**1152090**	**43414821**	**21756025**	**50.11**
农、林、牧、渔业	**1313319**	**41706**	**97327**	**4848**	**1159621**	**9817**	**1313815**	**835751**	**63.61**
农业	565765	21035	52942	3000	485701	3087	570420	326856	57.30
林业	70136	10370		1848	57918		71803	65996	91.91
畜牧业	396074		26285		366400	3389	388499	218175	56.16
渔业	112787	960	7000		104827		122751	102827	83.77
农、林、牧、渔服务业	168557	9341	11100		144775	3341	160342	121897	76.02
采矿业	**1213789**	**8213**	**48719**	**65000**	**1078791**	**13066**	**1243278**	**910798**	**73.26**
煤炭开采和洗选业	61180	4113	4800		52267		79386	47965	60.42
石油和天然气开采业	480754			65000	415754		477707	341248	71.43
黑色金属矿采选业	301364	4100	16490		279395	1379	301260	291287	96.69
有色金属矿采选业	70121		3859		58575	7687	69001	36062	52.26
非金属矿采选业	290220		23570		266650		305774	190386	62.26
开采辅助活动	7850				3850	4000	7850	3850	49.04
其他采矿业	2300				2300		2300		
制造业	**17494133**	**39423**	**1573411**	**999712**	**14497190**	**384397**	**17652152**	**8230002**	**46.62**
农副食品加工业	1620283	2050	147075	50	1452227	18881	1656507	854186	51.57
食品制造业	451348		37949	10000	401791	1608	448829	129247	28.80
酒、饮料和精制茶制造业	168222		33070		130693	4459	168493	115985	68.84
烟草制品业	4380				4380		4380	4380	100.00
纺织业	158850		10245		148121	484	179567	80791	44.99
纺织服装、服饰业	178544		13223		165321		179553	100943	56.22
皮革、毛皮、羽毛及其制品和制鞋业	45001		6636		38365		44581	21377	47.95
木材加工和木、竹、藤、棕、草制品业	198046		40114		157932		211758	105296	49.72
家具制造业	76193		8200		67993		80290	41807	52.07
造纸和纸制品业	316761		10830		300831	5100	315422	94737	30.04
印刷和记录媒介复制业	63963		11750		50373	1840	64284	119212	185.45
文教、工美、体育和娱乐用品制造业	125134		46470		78664		124614	66773	53.58
石油加工、炼焦和核燃料加工业	1319612	1000	350303		711790	256519	1406669	683009	48.56
化学原料和化学制品制造业	1241622		117809	100	1120753	2960	1214042	474037	39.05
医药制造业	390263		6521		383742		329286	167278	50.80
化学纤维制造业	19647		1500		18147		19570	9147	46.74
橡胶和塑料制品业	478785		71633	14656	387545	4951	481000	379220	78.84
非金属矿物制品业	1659135		208864	2400	1398001	49870	1733618	1283776	74.05
黑色金属冶炼和压延加工业	553389				553319	70	561234	212198	37.81
有色金属冶炼和压延加工业	824653	2000	47250		769696	5707	782695	194555	24.86
金属制品业	647767		48356	8898	586722	3791	649592	523125	80.53
通用设备制造业	1387001	5503	156295	200	1220803	4200	1401287	663634	47.36

6-17 续表 1　　(2016年)　　单位：万元

行业	本年资金来源小计	国家预算内资金	国内贷款	利用外资	自筹资金	其他资金	投资额	新增固定资产	固定资产交付使用率(%)
专用设备制造业	840259	4800	50055		784254	1150	845291	469517	55.55
汽车制造业	1774823		17022	19011	1722445	16345	1793992	562553	31.36
铁路、船舶、航空航天和其他运输设备制造业	682768	2401	21406		658961		685478	62146	9.07
电气机械和器材制造业	487748	3404	73607		410737		504286	267705	53.09
计算机、通信和其他电子设备制造业	1315659	2416	3616	933021	376556	50	1314942	226607	17.23
仪器仪表制造业	101752	700	10901		90101	50	101204	63131	62.38
其他制造业	184343	12830	4333		164230	2950	183803	100454	54.65
废弃资源综合利用业	158542		17578	11376	129588		146388	143078	97.74
金属制品、机械和设备修理业	19640	2319	800		13109	3412	19497	10098	51.79
电力、热力、燃气及水生产和供应业	**2946679**	**280674**	**857441**	**3150**	**1783021**	**22393**	**2965566**	**2514256**	**84.78**
电力、热力生产和供应业	2444905	155249	831315	1650	1443756	12935	2438500	2106226	86.37
燃气生产和供应业	102253	500	1063	1500	95788	3402	110465	43135	39.05
水的生产和供应业	399521	124925	25063		243477	6056	416601	364895	87.59
建筑业	**132272**	**5309**	**3100**	**100**	**123163**	**600**	**151377**	**27999**	**18.50**
房屋建筑业	29387	4680	2100	100	21907	600	29460	14409	48.91
土木工程建筑业	37100	629			36471		38865	10830	27.87
建筑安装业	28905				28905		26632		
建筑装饰和其他建筑业	36880		1000		35880		56420	2760	4.89
批发和零售业	**2009680**	**3485**	**164780**		**1797874**	**43541**	**1965553**	**1026091**	**52.20**
批发业	846321	3485	50149		783687	9000	855997	407529	47.61
零售业	1163359		114631		1014187	34541	1109556	618562	55.75
交通运输、仓储和邮政业	**6477059**	**999241**	**2094948**	**24977**	**3167426**	**190467**	**6526943**	**2131260**	**32.65**
铁路运输业	862661	68473	470910		236718	86560	713252	252822	35.45
道路运输业	2535055	828892	718667		979566	7930	2560540	585058	22.85
水上运输业	1198927	16568	594185	9977	559127	19070	1440042	569787	39.57
航空运输业	124438	14020	104500		5918		123062	4818	3.92
管道运输业	59977	850	7900		51227		78565	77178	98.23
装卸搬运和运输代理业	175756	38507	39600		86399	11250	142295	59705	41.96
仓储业	1511637	31931	159186	15000	1239863	65657	1460676	574482	39.33
邮政业	8608				8608		8511	7410	87.06
住宿和餐饮业	**681299**	**100**	**50606**	**100**	**607646**	**22847**	**739322**	**327865**	**44.35**
住宿业	568527	100	41351	100	509029	17947	627467	246411	39.27
餐饮业	112772		9255		98617	4900	111855	81454	72.82
信息传输、软件和信息技术服务业	**612724**	**8180**	**40723**	**55**	**563766**		**630607**	**119913**	**19.02**
电信、广播电视和卫星传输服务	365726		300		365426		370080	29275	7.91
互联网和相关服务	21239		2550		18689		21269	7791	36.63
软件和信息技术服务业	225759	8180	37873	55	179651		239258	82847	34.63

6-17 续表 2 (2016年) 单位：万元

行　　业	本年资金来源小计	国家预算内资金	国内贷款	利用外资	自筹资金	其他资金	投资额	新增固定资产	固定资产交付使用率(%)
金融业	**112551**		**3390**		**105661**	**3500**	**129450**	**41993**	**32.44**
货币金融服务	34548				34548		32580		
资本市场服务	69520		3390		62630	3500	87790	34510	39.31
保险业									
其他金融业	8483				8483		9080	7483	82.41
房地产业	**497236**	**41732**	**6225**		**449279**		**481944**	**360851**	**74.87**
租赁和商务服务业	**956398**	**29093**	**30664**		**896641**		**930591**	**370783**	**39.84**
租赁业	45627		6868		38759		45515	40227	88.38
商务服务业	910771	29093	23796		857882		885076	330556	37.35
科学研究和技术服务业	**456241**	**17863**	**50958**	**100**	**379458**	**7862**	**440356**	**183945**	**41.77**
研究和试验发展	159997	1450	10702	100	146103	1642	151417	22622	14.94
专业技术服务业	157999	14813	17263		120423	5500	152242	113915	74.82
科技推广和应用服务业	138245	1600	22993		112932	720	136697	47408	34.68
水利、环境和公共设施管理业	**4713185**	**875724**	**517547**	**12685**	**2926285**	**380944**	**5051960**	**3074640**	**60.86**
水利管理业	718191	192349	3000		352027	170815	735164	338930	46.10
生态保护和环境治理业	229802	21761	74531		132352	1158	215009	168171	78.22
公共设施管理业	3765192	661614	440016	12685	2441906	208971	4101787	2567539	62.60
居民服务、修理和其他服务业	**462320**	**801**	**79053**		**382466**		**489419**	**277328**	**56.66**
居民服务业	351498	801	40269		310428		382626	203464	53.18
机动车、电子产品和日用产品修理业	65294		20284		45010		66915	27986	41.82
其他服务业	45528		18500		27028		39878	45878	115.05
教育	**652419**	**165987**	**24163**		**445276**	**16993**	**578736**	**296533**	**51.24**
卫生和社会工作	**615896**	**74668**	**60696**		**468097**	**12435**	**660001**	**236168**	**35.78**
卫生	464297	65455	58396		332011	8435	503371	138771	27.57
社会工作	151599	9213	2300		136086	4000	156630	97397	62.18
文化、体育和娱乐业	**788508**	**67774**	**72295**		**636525**	**11914**	**836045**	**396627**	**47.44**
新闻和出版业	10393				10393		9655	4925	51.01
广播、电视、电影和影视录音制作业	10294				10294		11647	7659	65.76
文化艺术业	181205	43192			131137	6876	175769	89001	50.64
体育	139265	4581	30500		101184	3000	175337	95691	54.58
娱乐业	447351	20001	41795		383517	2038	463637	199351	43.00
公共管理、社会保障和社会组织	**568666**	**104046**	**11234**		**422072**	**31314**	**627706**	**393222**	**62.64**
中国共产党机关	2598				2598		2598	2598	100.00
国家机构	520277	97642	11234		384987	26414	566889	323635	57.09
人民政协、民主党派									
社会保障	2209				2209		2209	2209	100.00
群众团体、社会团体和其他成员组织	34568	3200			26468	4900	46996	59331	126.25
基层群众自治组织	9014	3204			5810		9014	5449	60.45

6-18 各地区建设项目施工、竣工房屋面积

单位：万平方米

年份、地区	施工房屋建筑面积	#住宅	竣工房屋建筑面积	#住宅
2000	2125.80	822.50	1132.20	568.50
2001	2019.30	717.10	1018.70	493.50
2002	2368.00	625.40	1110.40	363.90
2003	2830.70	564.50	1417.80	378.20
2004	3633.90	424.80	1898.50	256.60
2005	5250.70	725.60	2516.20	343.40
2006	6525.20	1110.60	3275.60	503.70
2007	9317.20	995.40	3717.70	445.30
2008	8970.97	653.96	4162.71	303.62
2009	10642.16	360.00	4366.03	243.64
2010	17307.47	544.66	4748.32	174.51
2011	19809.01	1107.47	4204.95	250.35
2012	22629.89	808.97	5400.50	274.91
2013	21919.33	486.85	7266.07	129.38
2014	25915.62	428.72	7099.93	129.68
2015	18091.34	374.08	7103.95	145.90
2016	3896.55	40.94	801.13	5.73
沈阳	734.73	0.58	115.31	0.52
大连	482.46	7.89	77.46	0.02
鞍山	252.45	3.37	49.20	0.51
抚顺	196.52		13.73	
本溪	97.06		14.00	
丹东	357.98	4.67	182.24	4.67
锦州	365.40		119.56	
营口	431.06	24.43	178.55	
阜新	176.44		7.73	
辽阳	68.14		0.79	
盘锦	257.36		12.72	
铁岭	248.18		11.36	
朝阳	114.68		18.48	
葫芦岛	114.10			

6-19 各地区按行业分建设项目新增固定资产

单位：万元

年份、地区	合计	农林牧渔业	采矿业	制造业	电力、燃气及水的生产和供应业	建筑业	交通运输仓储和邮政业	信息传输、计算机服务和软件业	批发和零售业	住宿和餐饮业
2005	19464179	278332	1466943	9828630	956830	188933	1416108	359388	923303	401408
2006	22422137	354483	1944056	11027672	948659	324995	1756914	394289	1059344	421746
2007	30472909	477202	2100599	14261494	2353587	285779	2493073	319701	1445176	584539
2008	41978223	770661	2355216	21893841	2192069	406054	2328227	618041	1799541	973428
2009	58021883	1151381	2295717	29092046	3411559	938757	4058862	864654	3229421	1261212
2010	81599523	1384973	4126137	35728460	3762066	1134045	4108876	958593	1883003	1080068
2011	68713502	2066201	2964006	34722047	3052749	1429403	4192201	576606	2250995	1194100
2012	92568783	1685006	4524880	45738723	4571954	2425923	4398017	5230732	2093167	924977
2013	111037073	1776515	3792500	53042468	5591912	1396815	5594601	9068492	3593408	833118
2014	148003856	4647370	4662320	70546698	7168286	1027723	8474821	12517577	3304060	1510192
2015	137463555	4044132	4286132	64478772	4562631	115553	9356988	11786609	3135276	1828402
2016	21756025	835751	910798	8230002	2514256	27999	1026091	2131260	327865	119913
沈　阳	4370696	48111	4996	2013908	210244	1428	539078	391105	52555	73817
大　连	4932854	162403	12400	917026	1389818	100	176629	325066	47113	32088
鞍　山	807430	43982	45508	490435	21507	9402	21942	31102	14816	
抚　顺	415276	5003	1229	99320	15171	12060		41702	13500	1700
本　溪	821697		20360	427525	13556		1590	148463	6637	
丹　东	871382	64133	44106	257361	105781		15890	116918	25325	2800
锦　州	1519687	75710	50726	779966	111951		51231	216471	5563	4108
营　口	1512718	37724	103629	803001	140028		57400	154052	16840	
阜　新	429107	67625	10146	33630	67025	5009	2117	12798		2650
辽　阳	939957	33078	130148	339461	64892		41494	35674	129460	
盘　锦	3611341	126965	337648	1599624	185987		39256	500068	230	
铁　岭	325512	15240		134954	87701			21516		
朝　阳	855717	141371	139502	186366	81551		66509	66015	11000	2750
葫芦岛	342651	14406	10400	147425	19044		12955	70310	4826	

6-19 续表

单位：万元

年份、地区	金融业	房地产业	租赁和商务服务业	科学研究、技术服务和地质勘查业	水利、环境和公共设施管理业	居民服务和其他服务业	教育	卫生、社会保障和社会福利业	文化、体育和娱乐业	公共管理和社会组织
2005	98925	301902	297858	206698	1313070	106320	608380	180826	213179	317146
2006	53810	582206	348341	166703	1450509	134351	588452	177265	336290	352052
2007	93356	709596	392885	330772	2710649	250160	708908	282776	290804	381853
2008	219398	1274875	747145	477847	3731698	317367	669226	334031	390321	479237
2009	215985	682616	848711	581705	5841711	485911	726414	594542	511926	1228753
2010	125389	718588	1640555	322560	6987561	276354	14752804	620434	779497	1209560
2011	504351	1009774	1772265	537061	8073340	583466	726459	503195	684118	1871165
2012	357002	1639317	1911086	1027945	9294834	1092993	1580444	861322	1531331	1679130
2013	1276918	1840445	2738600	1323299	11077181	1352353	1604392	1079079	2497186	1557791
2014	642717	2599999	4133268	2161256	16647921	1781631	2025684	1061246	1898740	1192347
2015	392257	1081962	3438179	2707700	18474424	1290476	1769135	1383152	2088052	1243723
2016	41993	360851	370783	183945	3074640	277328	296533	236168	396627	393222
沈 阳	14758	8440	217620	125593	382299	92508	50103	31054	26209	86870
大 连			27161	16987	1421600	27022	89586	97687	178635	11533
鞍 山			4500	2926	100208	5311	7650	7641		500
抚 顺		35411	4850	5275	38755	71550	19353	11866	35052	3479
本 溪		12000	8000	580	169386		5579	5588	1000	1433
丹 东	4280	16463		8610	94560	1625	27246	32568	18396	35320
锦 州		3297	24836	14011	67230	8260	40679	14829	26151	24668
营 口		49831	2728	3875	81635	3200	18242	8900	5851	25782
阜 新		161609		500	24654		14754	7700	14420	4470
辽 阳		55892	4043	517	22489	50852	4800		16720	10437
盘 锦	22955	1500	59265	3410	514750			1425	58734	159524
铁 岭			10880		43614		661	5900	1600	3446
朝 阳		16408	6900	1661	94192		6992	8710	5653	20137
葫芦岛					19268	17000	10888	2300	8206	5623

6-20 各地区建设项目500万元以上施工、投产项目个数

年份、地区	施工项目(个)	新开工项目(个)	全部建成投产项目(个)	项目建成投产率(%)
2003	8200	6809	5420	66.1
2004	10485	8632	6244	59.6
2005	14339	10535	10068	70.2
2006	13477	10904	9670	71.8
2007	13193	10413	9157	69.4
2008	14749	12544	11710	79.4
2009	19388	16998	14519	74.9
2010	10263	8053	6684	65.1
2011	14690	10624	9063	61.7
2012	14698	9336	9485	64.5
2013	13000	8900	8308	63.9
2014	16642	11624	12190	73.3
2015	16235	12401	13693	84.3
2016	7003	4213	3070	43.8
沈　阳	1473	812	575	39.0
大　连	1257	782	556	44.2
鞍　山	502	221	103	20.5
抚　顺	226	166	114	50.4
本　溪	273	165	49	18.0
丹　东	388	307	279	71.9
锦　州	563	381	280	49.7
营　口	407	275	201	49.4
阜　新	292	109	57	19.5
辽　阳	237	186	167	70.5
盘　锦	642	405	298	46.4
铁　岭	118	63	69	58.5
朝　阳	470	243	234	49.8
葫芦岛	155	98	88	56.8

6-21 按行业分建设项目500万元以上施工、投产项目个数

(2016年)

行　业	施工项目(个)	#新开工	全部建成投产项目(个)	项目建成投产率(%)
全省合计	**7003**	**4213**	**3070**	**43.8**
农、林、牧、渔业	**497**	**332**	**230**	**46.3**
农业	190	147	86	45.3
林业	33	22	19	57.6
畜牧业	159	89	68	42.8
渔业	42	27	15	35.7
农、林、牧、渔服务业	73	47	42	57.5
采矿业	**198**	**111**	**119**	**60.1**
煤炭开采和洗选业	17	11	14	82.4
石油和天然气开采业	14	6	7	50.0
黑色金属矿采选业	61	30	44	72.1
有色金属矿采选业	22	12	9	40.9
非金属矿采选业	79	48	43	54.4
开采辅助活动	3	3	2	66.7
其他采矿业	2	1		
制造业	**2732**	**1546**	**1108**	**40.6**
农副食品加工业	416	275	172	41.4
食品制造业	93	59	26	28.0
酒、饮料和精制茶制造业	43	22	22	51.2
烟草制品业	1	1	1	100.0
纺织业	30	16	14	46.7
纺织服装、服饰业	52	35	23	44.2
皮革、毛皮、羽毛及其制品和制鞋业	13	8	7	53.9
木材加工和木、竹、藤、棕、草制品业	51	31	20	39.2
家具制造业	22	12	7	31.8
造纸和纸制品业	48	34	23	47.9
印刷和记录媒介复制业	15	12	8	53.3
文教、工美、体育和娱乐用品制造业	28	16	11	39.3
石油加工、炼焦和核燃料加工业	117	65	46	39.3
化学原料和化学制品制造业	189	113	84	44.4
医药制造业	62	34	21	33.9
化学纤维制造业	6	2	1	16.7
橡胶和塑料制品业	126	74	59	46.8
非金属矿物制品业	334	215	172	51.5
黑色金属冶炼和压延加工业	52	20	17	32.7
有色金属冶炼和压延加工业	55	30	16	29.1
金属制品业	140	61	61	43.6
通用设备制造业	274	132	106	38.7

6-21 续表 1 (2016年)

行 业	施工项目(个)	#新开工	全部建成投产项目(个)	项目建成投产率(%)
专用设备制造业	183	92	70	38.3
汽车制造业	125	55	33	26.4
铁路、船舶、航空航天和其他运输设备制造业	28	10	8	28.6
电气机械和器材制造业	95	49	38	40.0
计算机、通信和其他电子设备制造业	51	25	13	25.5
仪器仪表制造业	15	9	6	40.0
其他制造业	37	19	13	35.1
废弃资源综合利用业	24	14	8	33.3
金属制品、机械和设备修理业	7	6	2	28.6
电力、热力、燃气及水生产和供应业	**403**	**232**	**190**	**47.2**
电力、热力生产和供应业	280	160	137	48.9
燃气生产和供应业	30	24	12	40.0
水的生产和供应业	93	48	41	44.1
建筑业	**23**	**15**	**4**	**17.4**
房屋建筑业	7	5	1	14.3
土木工程建筑业	10	6	3	30.0
建筑安装业	3	1		
建筑装饰和其他建筑业	3	3		
批发和零售业	**362**	**262**	**162**	**44.8**
批发业	182	137	70	38.5
零售业	180	125	92	51.1
交通运输、仓储和邮政业	**514**	**286**	**205**	**39.9**
铁路运输业	24	4	5	20.8
道路运输业	224	149	112	50.0
水上运输业	58	17	12	20.7
航空运输业	4	3	1	25.0
管道运输业	6	3	3	50.0
装卸搬运和运输代理业	20	14	5	25.0
仓储业	175	93	65	37.1
邮政业	3	3	2	66.7
住宿和餐饮业	**159**	**113**	**73**	**45.9**
住宿业	118	80	53	44.9
餐饮业	41	33	20	48.8
信息传输、软件和信息技术服务业	**60**	**36**	**16**	**26.7**
电信、广播电视和卫星传输服务	7	6	1	14.3
互联网和相关服务	8	7	2	25.0
软件和信息技术服务业	45	23	13	28.9

6-21 续表 2 (2016年)

行 业	施工项目(个)	#新开工	全部建成投产项目(个)	项目建成投产率(%)
金融业	**22**	**14**	**7**	**31.8**
货币金融服务	7	5		
资本市场服务	12	7	5	41.7
保险业				
其他金融业	3	2	2	66.7
房地产业	**48**	**18**	**15**	**31.3**
租赁和商务服务业	**117**	**72**	**39**	**33.3**
租赁业	11	7	5	45.5
商务服务业	106	65	34	32.1
科学研究和技术服务业	**107**	**62**	**32**	**29.9**
研究和试验发展	33	14	6	18.2
专业技术服务业	45	28	20	44.4
科技推广和应用服务业	29	20	6	20.7
水利、环境和公共设施管理业	**1069**	**696**	**595**	**55.7**
水利管理业	148	100	90	60.8
生态保护和环境治理业	52	36	29	55.8
公共设施管理业	869	560	476	54.8
居民服务、修理和其他服务业	**71**	**47**	**29**	**40.9**
居民服务业	51	30	19	37.3
机动车、电子产品和日用产品修理业	11	11	4	36.4
其他服务业	9	6	6	66.7
教育	**214**	**125**	**77**	**36.0**
卫生和社会工作	**129**	**76**	**51**	**39.5**
卫生	87	48	28	32.2
社会工作	42	28	23	54.8
文化、体育和娱乐业	**110**	**61**	**45**	**40.9**
新闻和出版业	2	2		
广播、电视、电影和影视录音制作业	3	1	1	33.3
文化艺术业	38	19	17	44.7
体育	28	17	11	39.3
娱乐业	39	22	16	41.0
公共管理、社会保障和社会组织	**168**	**109**	**73**	**43.5**
中国共产党机关	1	1	1	100.0
国家机构	145	94	59	40.7
人民政协、民主党派				
社会保障	1		1	100.0
群众团体、社会团体和其他成员组织	16	11	8	50.0
基层群众自治组织	5	3	4	80.0

6-22 各地区按经济类型分建设项目投资

(2016年) 单位：万元

地区	总计	国有经济	集体经济	私营个体	联营经济	股份制经济	外商投资经济	港澳台商投资经济	其他经济
全省	**43414821**	**10228625**	**242719**	**16871142**	**74934**	**11448120**	**2683733**	**1180894**	**684654**
沈阳	9219506	2277112	26993	3205839	19730	2167304	848420	555645	118463
大连	9011815	2579451	66821	2578772		2352634	1212001	178255	43881
鞍山	3241013	225749	11287	1797711	4809	1063906	10848	33811	92892
抚顺	1005547	329251	600	163964		493710		13845	4177
本溪	2066710	737038	4100	702209	300	587996		25267	9800
丹东	2001518	340736	15380	745168	30550	351180	468435	12600	37469
锦州	2755136	471804	33969	1334196	2120	656711	27062	145787	83487
营口	3145805	384905	6754	1786260		879090	32979	13562	42255
阜新	633226	218099	120	174862	1896	178180	6814	10559	42696
辽阳	1593475	180535	26955	1146281		95778	300	70035	73591
盘锦	5140932	1361620		1839463	2600	1707299	54259	88065	87626
铁岭	641133	177814	38140	257336		141572	13013	10548	2710
朝阳	1977252	592787	11600	896149	8029	402863	9602	22915	33307
葫芦岛	981753	351724		242932	4900	369897			12300

6-23 房地产开发主要指标

指标	单位	2008年	2009年	2010年	2011年	2012年	2013年	2014年	2015年	2016年
土地购置										
本年土地购置面积	万平方米	2953.8	2086.8	3134.6	3446.3	3199.5	2502.3	1670.8	957.0	654.5
本年完成投资额	**万元**	**20607952**	**26405639**	**34657562**	**44875610**	**54558196**	**64507513**	**53013051**	**35586421**	**20948451**
土地开发投资额	万元	1254806	1316844							
配套工程投资	万元	1019087	709545	738642	630488	744553	885946			
#住宅	万元	15792147	19339201	24813478	34104876	39619482	46649928	38442622	26033152	15054217
#经济适用房屋	万元	495296	637407	503756						
本年资金来源小计	**万元**	**22029829**	**32684449**	**50708103**	**55650848**	**63287555**	**74489873**	**58909738**	**42317830**	**30808110**
#国内贷款	万元	2769112	4737260	6483457	7671009	8507560	8476357	7207044	5514326	4513913
利用外资	万元	1140114	1149245	1742831	1920617	1178814	619242	706300	376069	27100
自筹资金	万元	11475416	15800648	27857536	27758717	33105096	40901661	33685015	22693216	13511401
房屋建筑面积										
施工面积	万平方米	14904.6	18579.1	26831.1	34364.3	38502.0	41625.6	38616.9	29283.2	26364.1
竣工面积	万平方米	3826.1	4031.7	4497.4	6322.8	6438.2	6152.0	6147.0	3237.5	2709.3
本年新开工面积	万平方米	6761.9	8305.4	12647.9	12444.3	13828.9	13444.5	8192.2	4699.4	3733.6
#住宅	万平方米	5563.3	6639.9	9870.4	9910	10644.0	10141.7	6137.7	3604.7	2800.8
#经济适用房屋	万平方米	214	281.6	252.8						
商品房屋销售额	**万元**	**15376463**	**21685950**	**30633172**	**35691155**	**43627815**	**47592106**	**30920972**	**22549726**	**22569067**
#住宅	万元	13338922	18834702	25876571	30092300	36112089	39418642	25188711	19076264	19880253
#经济适用房屋	万元	288019	300723	205561						
商品房屋销售面积	**万平方米**	**4091.2**	**5375.5**	**6800.5**	**7541.5**	**8827.9**	**9292.3**	**5754.8**	**3916.2**	**3711.9**
#住宅	万平方米	3731.2	4864.2	6013.5	6624.1	7655.4	8014.8	4932.1	3477.3	3383.1
#经济适用房屋	万平方米	137.5	138.3	67.1						

6-24 房地产开发企业(单位)的土地购置

年份、地区	本年购置土地面积（万平方米）	本年土地成交价款（万元）
2000	1019.3	
2001	1107.1	
2002	1384.7	
2003	1668.7	1395759
2004	2256.9	1779227
2005	2432.8	2034432
2006	2316.9	2065722
2007	3323.6	2899565
2008	2953.8	3080834
2009	2086.9	2936827
2010	3134.6	4878841
2011	3446.3	5312808
2012	3199.5	4918076
2013	2502.3	5668331
2014	1670.8	4112281
2015	957.0	2460688
2016	654.5	1275173
沈　阳	105.9	368566
大　连	137.2	266877
鞍　山	25.7	41749
抚　顺	30.1	90747
本　溪	35.6	27511
丹　东	26.0	25884
锦　州	29.5	54947
营　口	97.3	168809
阜　新	3.9	5956
辽　阳	12.6	30749
盘　锦	15.5	16677
铁　岭	34.4	29096
朝　阳	24.2	39340
葫芦岛	76.6	108265

6-25 按用途分的房地产开发建设投资

单位：万元

年份、地区	本年完成投资额	住宅	#经济适用房屋	办公楼	商业营业用房	其他
2000	2649062	1812920	250726	155384	445326	235432
2001	3230692	2275667	289402	155329	511287	288409
2002	3883147	2758906	317602	182161	632742	309338
2003	4863947	3434716	234820	131670	866730	430831
2004	7207433	4942767	170802	221662	1253815	789189
2005	8742525	6145405	154200	258764	1502775	835581
2006	11421948	8388987	574098	376442	1539711	1116808
2007	14975793	11658892	509414	391338	1946253	979310
2008	20607952	15792147	495296	668581	3006798	1140426
2009	26405639	19339201	637407	867569	4321470	1877399
2010	34657562	24813478	503756	1029344	5886469	2928271
2011	44875610	34104876		929622	6753253	3087859
2012	54558196	39619482		1633776	8627741	4677197
2013	64507513	46649928		1557668	10979210	5320707
2014	53013051	38442622		1792155	9507965	3270309
2015	35586421	26033152		1166064	6086438	2300767
2016	20948451	15054217		652536	3587950	1653748
沈　阳	7096706	4903834		319677	1258389	614806
大　连	5351742	3924658		221574	668118	537392
鞍　山	1495845	1077826		21329	310152	86538
抚　顺	565671	421870		1925	112089	29787
本　溪	283064	213838		2732	49694	16800
丹　东	800511	624760		2802	120794	52155
锦　州	1042617	852457		16425	109906	63829
营　口	956106	676987		7808	233126	38185
阜　新	256566	116532		6574	106547	26913
辽　阳	384667	230303		15152	94337	44875
盘　锦	873281	677624		9785	160927	24945
铁　岭	581296	424515		3384	123542	29855
朝　阳	461850	333964		6292	94878	26716
葫芦岛	798529	575049		17077	145451	60952

6-26 按构成分房地产开发建设投资

单位：万元

年份、地区	建筑安装工程	设备、工具器具购置	其他费用	#土地购置费
2000	1966063	65137	617862	347314
2001	2351326	52831	826535	516854
2002	2724912	79696	1078539	581343
2003	3198149	68635	1597163	1024229
2004	4918594	89875	2198964	1267595
2005	5912043	139201	2691281	1682273
2006	7657084	113123	3651741	2021204
2007	11662016	170600	3143177	1971841
2008	15705901	351522	4550529	3002435
2009	20848847	358489	5198303	3606763
2010	26754213	543356	7359993	5080384
2011	36067442	1199549	7608619	5225988
2012	42611906	1127517	10818773	7405576
2013	53075712	1311337	10120464	5695472
2014	45249782	1103095	6660174	5351452
2015	31097914	441082	4047425	3081600
2016	17199915	411201	3337335	2580991
沈　阳	5816325	193643	1086738	899187
大　连	4033487	64277	1253978	991266
鞍　山	1284466	53978	157401	131520
抚　顺	461158	3991	100522	51899
本　溪	251625	5687	25752	6134
丹　东	678873	13172	108466	77255
锦　州	884726	35036	122855	101244
营　口	839918	6280	109908	84368
阜　新	205034	3341	48191	42905
辽　阳	319496	5883	59288	35967
盘　锦	857083	1761	14437	14423
铁　岭	534220	2846	44230	21767
朝　阳	395825	6021	60004	40070
葫芦岛	637679	15285	145565	82986

6-27 房地产开发企业(单位)的资金来源

单位：万元

年份、地区	本年资金来源小计	国内贷款	利用外资	自筹资金	其他资金	#定金及预收款
2000	2837089	645522	55167	971842	1159178	910460
2001	3532286	689515	54351	124710	1545785	1179279
2002	4180547	800959	63316	1658685	1644787	1234539
2003	5582992	1332891	55561	2273464	1917688	1578904
2004	8490919	1366702	82619	3496051	3544047	2740905
2005	9372018	1267527	89308	4586225	3428958	2531636
2006	13002851	1728346	242602	5924162	5107741	3266026
2007	18703917	2598871	924053	8429379	6751614	4520319
2008	22029829	2769112	1140114	11475416	6645187	4543873
2009	32684449	4737260	1149245	15800648	10997296	7506860
2010	50708103	6483457	1742831	27857536	14624279	9666914
2011	55650848	7671009	1920617	27758717	18300505	10950702
2012	63287555	8507560	1178814	33105096	20496085	13905878
2013	74489873	8476357	619242	40901661	24492613	15809722
2014	58909738	7207044	706300	33685015	17311379	10962875
2015	42317830	5514326	376069	22693216	13734219	9089005
2016	30808110	4513913	27100	13511401	12755696	8673266
沈　阳	10558630	1523645		3702406	5332579	3918128
大　连	8405671	1433800	100	3420616	3551155	2339288
鞍　山	1922575	177128		1044883	700564	456164
抚　顺	860859	93431		294409	473019	352135
本　溪	434299	20000		242269	172030	100079
丹　东	1102085	99975		485932	516178	284062
锦　州	1468041	417046		662064	388931	252985
营　口	1252920	69840		895657	287423	150413
阜　新	360015	29539		299550	30926	16966
辽　阳	506572	73461		237462	195649	112598
盘　锦	1515114	415856	27000	782333	289925	178125
铁　岭	854515	75288		530532	248695	161171
朝　阳	575286	35612		405009	134665	73192
葫芦岛	991528	49292		508279	433957	277960

6-28 房地产开发建设房屋建筑面积和竣工率

年份、地区	施工房屋面积（万平方米）	竣工房屋面积（万平方米）	房屋建筑面积竣工率（%）	竣工房屋价值（万元）
2000	3301.8	1618.9	49.0	1507495
2001	3971.2	1842.7	46.4	1818229
2002	4754.1	1984.3	41.7	2061219
2003	5314.1	2139.7	40.3	2301203
2004	6294.6	2303.6	36.6	2805817
2005	7058.9	2443.9	34.6	2931979
2006	8615.5	2907.8	33.8	3885888
2007	11615.1	3129.9	26.9	4453006
2008	14904.6	3826.1	25.7	6399392
2009	18579.1	4031.7	21.7	7524878
2010	26831.1	4497.4	16.8	9711392
2011	34364.3	6322.8	18.4	15176420
2012	38502.0	6438.2	16.7	15937814
2013	41625.6	6152.0	14.0	14908128
2014	38616.9	6147.0	15.9	15484701
2015	29278.2	3237.5	11.1	9101806
2016	26364.1	2709.3	10.3	7881953
沈　阳	7058.1	903.2	12.8	3181265
大　连	4655.1	191.9	4.1	896849
鞍　山	2194.3	285.3	13.0	657047
抚　顺	1506.0	408.4	27.1	1072890
本　溪	570.2	35.7	6.3	86552
丹　东	1144.9	109.3	9.6	242912
锦　州	1025.2	118.8	11.6	252720
营　口	1874.7	140.9	7.5	258985
阜　新	956.6	43.2	4.5	89387
辽　阳	546.6	17.8	3.3	53643
盘　锦	1313.7	206.6	15.7	588109
铁　岭	786.6	65.2	8.3	138458
朝　阳	1184.3	80.7	6.8	160210
葫芦岛	1547.7	102.4	6.6	202926

6-29 各地区房地产开发企业基本情况

年份、地区	开发公司个数（个）					年末从业人员人数（人）
		#国有经济	#集体经济	#外商投资经济	#港澳台投资经济	
2000	1417	293	161	73	109	42098
2001	1545	209	106	79	103	44612
2002	1635	158	81	70	94	47284
2003	1800	127	61	78	93	49497
2004	2303	121	65	105	126	53579
2005	2744	134	77	136	157	51692
2006	2771	113	56	150	165	56411
2007	2981	104	50	163	184	57032
2008	4841	142	96	261	254	70435
2009	3920	130	59	203	226	73829
2010	4181	126	57	211	245	79346
2011	3647	97	39	155	229	76248
2012	3961	105	39	142	256	92574
2013	4082	73	14	143	268	90809
2014	4021	66	12	141	263	97510
2015	3513	64	9	115	233	79235
2016	3256	63	6	100	222	73457
沈　阳	549	9		39	63	17734
大　连	785	14		33	88	20311
鞍　山	291	8	2	10	22	4632
抚　顺	153	3	1	1	8	2461
本　溪	87	5			2	2345
丹　东	179	2	2	5	4	3572
锦　州	86	2			4	1931
营　口	244	5		7	5	3675
阜　新	148	5		1	2	1959
辽　阳	94	1			1	1804
盘　锦	153	2		1	13	3845
铁　岭	112	5			6	2233
朝　阳	178	1				3185
葫芦岛	197	1	1	3	4	3770

6-30 各地区房地产开发经营情况

单位：万元

年份、地区	主营业务收入					主营业务税金及附加	利润总额
		土地转让收入	商品房屋销售收入	房屋出租收入	其他收入		
2000	2339911	33981	2156412	10251	139267	129169	3473
2001	2573462	15737	2408399	13501	135825	141554	-10552
2002	2882505	27624	2763036	13909	77936	173135	-22649
2003	3675534	43475	3518507	15173	98379	217110	-32804
2004	5347879	91369	5075229	76381	104900	339651	88536
2005	6144218	20145	6025782	31680	66611	376911	198983
2006	7223740	41758	7036720	42193	103069	486136	282916
2007	8761740	68877	8575020	20793	97050	636021	488180
2008	11731198	102669	11439215	52501	136813	792186	1087841
2009	15404024	25404	15193794	44263	140563	1064018	1269888
2010	20597959	73968	20159693	135406	228891	1421464	1865672
2011	22947376	190599	22177928	204193	374656	1710041	2753903
2012	24747923	122510	24038626	169517	417271	2046951	2336588
2013	27519657	27437	26830178	240002	422040	2296795	3042733
2014	23276385	17870	22442900	362048	453567	1928645	1542985
2015	21030246	29793	20209384	432443	358625	1611816	415876
2016	20877138	64232	20025825	334776	452306	1256025	-543978
沈　阳	6521023	2498	6354491	79005	85030	480384	-170437
大　连	7352453	49221	6915576	177633	210022	393160	-18572
鞍　山	1060580	201	1022419	1366	36594	56804	-74611
抚　顺	661412		644821	364	16228	33405	-41865
本　溪	302503	16	280777	1617	20094	12238	-6185
丹　东	516665	2256	495376	10034	8999	38741	-24027
锦　州	706471	3084	702636	644	108	31910	11238
营　口	748947		739608	2434	6905	41899	-9478
阜　新	229807		226584	1456	1767	13520	-29775
辽　阳	488369	3	487564	709	93	30543	-13383
盘　锦	776031		758629	12552	4850	39477	-66285
铁　岭	260307	6883	195502	829	57094	13633	-48352
朝　阳	504916	71	500984	2023	1839	25543	-7263
葫芦岛	747653		700857	44110	2685	44770	-44982

6-31 按用途分的商品房屋实际销售面积

单位：万平方米

年份、地区	商品房销售面积	住宅	#经济适用房	办公楼	商业营业用房	其他
2000	948.7	804.4	146.8	20.3	114.3	9.7
2001	1165.7	994.7	179.2	27.1	128.4	15.5
2002	1277.5	1120.4	133.3	20.7	127.7	8.7
2003	1499.1	1320.3	110.4	25.9	133.6	19.3
2004	2013.5	1798.4	72.3	17.2	164.0	33.9
2005	2564.5	2340.4	71.4	16.1	182.6	25.3
2006	3026.4	2749.9	151.7	24.1	201.6	50.8
2007	3830.4	3545.6	114.4	19.1	220.4	45.3
2008	4091.2	3731.2	137.5	35.9	268.0	56.1
2009	5375.5	4864.2	138.3	30.1	394.0	87.2
2010	6800.5	6013.5	67.1	64.7	510.0	212.2
2011	7541.5	6624.1		52.4	583.5	281.5
2012	8827.9	7655.4		79.1	775.9	317.5
2013	9292.3	8014.8		53.6	859.0	364.9
2014	5754.8	4932.1		71.2	522.8	228.7
2015	3916.2	3477.3		37.5	311.6	89.8
2016	3711.9	3383.1		34.6	216.7	77.5
沈　阳	1184.3	1099.4		10.8	51.1	23.1
大　连	707.5	654.6		15.3	24.9	12.6
鞍　山	302.4	268.1		0.0	24.4	9.9
抚　顺	156.2	140.3		0.6	13.0	2.3
本　溪	72.8	64.8		0.5	5.3	2.2
丹　东	210.0	197.5		0.0	11.9	0.7
锦　州	161.2	140.4		4.5	6.4	9.8
营　口	178.2	154.3		0.3	18.8	4.8
阜　新	65.5	57.5			7.5	0.5
辽　阳	77.9	74.7		0.8	2.4	0.0
盘　锦	253.5	224.2		1.5	22.4	5.3
铁　岭	123.8	107.6			13.1	3.1
朝　阳	103.4	91.8		0.3	9.1	2.2
葫芦岛	115.1	107.8		0.0	6.3	1.0

6-32 按用途分的商品房屋实际销售额

单位：万元

年份、地区	商品房销售额	住宅	#经济适用房	办公楼	商业营业用房	其他
2000	1969468	1514151	213338	81327	350835	23155
2001	2478449	1988320	261222	78822	387466	23841
2002	2732993	2231000	199616	83089	398162	20742
2003	3434521	2813999	185315	87307	488483	44732
2004	4866124	4165674	138291	50524	564718	85208
2005	7174340	6205959	150932	61993	829475	76913
2006	9278590	7909896	340400	131269	1073899	163526
2007	13368797	11893975	278991	90342	1208087	176393
2008	15376463	13338922	288019	171558	1647920	218063
2009	21685950	18834702	300723	187058	2356123	308067
2010	30633172	25876571	205561	524527	3328874	903200
2011	35691155	30092300		307547	4078586	1212722
2012	43627815	36112089		763539	5464026	1288161
2013	47592106	39418642		363416	6365457	1444591
2014	30920972	25188711		414546	4173247	1144468
2015	22549726	19076264		334753	2656383	482326
2016	22569067	19880253		596740	1749358	342716
沈　阳	8441568	7517359		294153	505102	124954
大　连	6617770	5969343		249125	332835	66467
鞍　山	1248624	1067855		64	152541	28164
抚　顺	695383	591803		2702	91953	8925
本　溪	319938	273642		2414	34389	9493
丹　东	983163	866148		57	114427	2531
锦　州	634099	524525		32408	49989	27177
营　口	735294	613084		2241	100287	19682
阜　新	245562	203378			40152	2032
辽　阳	325400	300972		3194	21233	1
盘　锦	955008	780583		6970	142461	24994
铁　岭	479283	391724			69899	17660
朝　阳	379059	317892		3368	50871	6928
葫芦岛	508916	461945		44	43219	3708

6-33 房地产开发企业(单位)施工、销售情况

(2016年)

指标	单位	合计	住宅	#90平米以下住房	144平米以上住房	别墅、高档公寓	办公楼	商业营业用房	其他
房屋施工面积	万平方米	26364.1	19104.6	10146.3	2611.9	553.1	595.5	4445.3	2218.6
#新开工面积	万平方米	3733.6	2800.8	1739.7	249.7	42.9	57.0	554.1	321.8
房屋竣工面积	万平方米	2709.3	2210.1	1246.8	219.9	23.5	26.7	307.4	165.2
#不可销售面积	万平方米	113.9	63.2	58.7	0.1	0.0	0.5	11.4	38.8
竣工房屋价值	亿元	788.2	635.9	309.9	92.3	11.6	12.5	103.3	36.5
出租房屋面积	万平方米	47.2	1.9	0.5	0.1	1.7	1.0	44.3	
商品房销售面积	万平方米	3711.9	3383.1	1772.9	349.3	43.3	34.6	216.7	77.5
#现房销售面积	万平方米	1345.2	1191.4	676.6	133.0	12.8	19.3	97.1	37.3
期房销售面积	万平方米	2366.7	2191.7	1096.3	216.2	30.5	15.3	119.6	40.1
商品房销售额	亿元	2256.9	1988.0	910.2	328.0	49.7	59.7	174.9	34.3
#现房销售额	亿元	771.3	656.2	328.3	127.7	12.2	28.3	71.4	15.3
期房销售额	亿元	1485.6	1331.8	581.9	200.3	37.4	31.3	103.5	18.9

6-34 房地产开发企业(单位)投资、资金和土地情况

单位：万元

指标	2008年	2009年	2010年	2011年	2012年	2013年	2014年	2015年	2016年
计划总投资	75407081	91859648	144692113	184107428	227292321	258901273	260882757	231204544	216561483
自开始建设累计完成投资	42097592	55564174	83464409	113205599	145384135	178526342	193134053	174022996	157922755
本年完成投资	20607952	26405639	34657562	44875610	54558196	64507513	53013051	35586421	20948451
土地开发投资额	1254806	1316844							
配套工程投资额	1019087	709545	738642	630488	744553	885946			
按构成分:									
建筑工程	14396878	18662694	24417347	32471278	38281458	47339656	39678415	27625346	15044629
安装工程	1309023	2186153	2336866	3596164	4330448	5736056	5571367	3472568	2155286
设备工器具购置	351522	358489	543356	1199549	1127517	1311337	1103095	441082	411201
其他费用	4550529	5198303	7359993	7608619	10818773	10120464	6660174	4047425	3337335
#旧建筑物购置费	202965	173395	296701	252364	313691	407444	71755	34195	25078
土地购置费	3002435	3606763	5080384	5225988	7405576	5695472	5351452	3081600	2580991
按工程用途分:									
住宅	15792147	19339201	24813478	34104876	39619482	46649928	38442622	26033152	15054217
经济适用房	495296	637407	503756						
别墅、高档公寓	1232710	1528912	1915220	2067588	1811848	2435467	2493355	1156492	396493
办公楼	668581	867569	1029344	929622	1633776	1557668	1792155	1166064	652536
商业营业用房	3006798	4321470	5886469	6753253	8627741	10979210	9507965	6086438	3587950
其他	1140426	1877399	2928271	3087859	4677197	5320707	3270309	2300767	1653748
本年新增固定资产	8588725	10547777	12692617	21388327	23154604	22124010	24549766	13119328	10472044
本年购置土地面积(万平米)	2953.8	2086.9	3134.6	3446.3	3199.5	2502.3	1670.8	957.0	654.5
本年土地成交价款	3080834	2936827	4878841	5312808	4918076	5668331	4112281	2460688	1275173

主要统计指标解释

全社会固定资产投资 固定资产投资是社会固定资产再生产的主要手段。通过建造和购置固定资产的活动，国民经济不断采用先进技术装备，建立新兴部门，进一步调整经济结构和生产力的地区分布，增强经济实力，为改善人民物质文化生活创造物质条件。这对我国的社会主义现代化建设具有重要意义。

固定资产投资额是以货币表现的建造和购置固定资产活动的工作量，它是反映固定资产投资规模、速度、比例关系和使用方向的综合性指标。全社会固定资产投资包括国有经济单位投资、城乡集体经济单位投资、各种经济类型的单位投资和城乡居民个人投资。按照我国现行计划管理体制，国有经济单位固定资产投资总额分为基本建设、更新改造、商品房屋建设投资和其他固定资产投资四个部分；城乡集体经济单位投资包括城镇集体所有制单位投资和农村集体所有制单位投资；各种经济类型的单位投资包括联营经济、股份制经济、中外合资经营、中外合作经营、外资、与大陆合资经营、与大陆合作经营、港澳台独资及其他经济类型的单位投资。城镇居民个人投资包括城市、县城、镇、工矿区所辖范围内的个人建房和农村个人建房及购买生产性固定资产的投资。

基本建设投资 基本建设是国有企业、事业单位以扩大生产能力或工程效益为主要目的的新建、扩建工程及有关工作。包括工厂、矿山、铁路、桥梁、港口、农田水利、商店、住宅、学校、医院等工程的建造和机器设备、车辆、船舶、飞机等的购置。

基本建设投资额是以货币表现的基本建设完成的工作量，是反映一定时期内基本建设规模和建设进度的综合性指标。它是根据工程的实际进度按预算价格(预算价格是编制施工图预算时所用的价格)计算的工作量，没有形成工程实体的建筑材料和没有开始安装的设备，都不计算投资完成额。

更新改造投资 更新改造是指国有企业、事业单位对原有设施进行固定资产更新和技术改造，以及相应配套的工程和有关工作(不包括大修理和维护工程)。更新改造投资是以货币表现的更新改造完成的工作量。根据我国现行统计制度，基本建设和更新改造的划分是：(1)列入基本建设计划的项目作为基本建设投资，列入更新改造计划的项目作为更新改造投资；(2)更新改造计划与基本建设计划结合安排的项目及未列入计划的项目，根据工程性质分别作为基本建设投资或更新改造投资。属于对企业、事业单位原有设施进行技术改造或更新的项目和增建主要生产车间、分厂等，其新增生产能力或效益尚未达到大中型标准的项目，以及由于城市环境保护和安全生产的需要而进行的迁建工程，作为更新改造投资。

其他固定资产投资 是指按照国家规定不纳入基本建设和更新改造计划管理，其总投资在五万元以上的固定资产投资。具体包括：国有经济单位用油田维护费和石油开发基金进行的油田维护和开发工程；煤炭、铁矿、森林工业等采掘采伐业用维检费进行的开拓延伸工程；交通部门用公路养路费对原有公路、桥梁进行改建的工程；商业部门用简易建筑费建造的仓库工程。

固定资产投资的资金来源 根据固定资产投资的资金来源不同，分为上年末结余资金、本年资金来源小计和各项应付款。其中本年资金来源小计又分为国家预算内资金、国内贷款、股票、债券、利用外资、自筹资金和其他资金来源七种：

(1)国家预算内资金指国家预算、地方财政、主管部门和国家专业投资公司拨给或委托银行贷给建设单位的基本建设拨款和中央基本建设基金，拨给企业单位的更新改造拨款，以及中央财政安排的专项拨款中用于基本建设的资金。

(2)国内贷款指报告期企、事业单位向银行及非银行金融机构借入的用于固定资产投资的各种国内借款。国内贷款包括：银行利用自有资金及吸收的存款发放的贷款、上级主管部门拨入的国内贷款、国家专项贷款(包括煤代油贷款、劳改煤矿专项贷款等)，地方财政专项资金安排的贷款、国内储备贷款、周转贷款等。

(3)股票是股份制企业通过发行股票筹集到的，用于固定资产投资的资金。

(4)债券是企业(公司)或金融机构通过发行各种债券筹集到的用于固定资产投资的资金，包括由银行代理国家专业投资公司发行的重点企业债券和重点建设债券。

(5)利用外资指报告期收到的用于固定资产投资的国外资金，包括统借统还、自借自还的国外贷款，中外合资项目中的外资，以及无偿捐赠等。其中，国家统借统还的外资，是指由我国政府出面同外国政府、团体或金融组织签订贷款协议、并负责偿还本息的国外贷款。

(6)自筹资金指建设单位报告期收到的，用于进行固定资产投资的上级主管部门、地方和本单位自筹资金。

(7)其他资金来源指报告期收到的除以上各种拨款、借款、自筹资金之外，其他用于固定资产投资的资金。

固定资产投资按国民经济行业分　建设项目归哪个行业，按其建成投产后的主要产品或主要用途及社会经济活动性质来确定。基本建设按建设项目划分国民经济行业，更新改造、国有经济单位其他固定资产投资及城镇集体投资根据整个企业、事业单位所属的行业来划分。一般情况下，一个建设项目或一个企业、事业单位只能属于一种国民经济行业。为了更准确地反映国民经济各行业之间的比例关系，联合企业(总厂)所属分厂属于不同行业的，原则上按分厂划分行业。

固定资产投资按建设性质分　建设项目的性质一般分为新建、扩建、改建、迁建、恢复。基本建设按建设项目划分建设性质，更新改造、国有经济单位其他固定资产投资及城镇集体投资按整个企业、事业单位的建设情况确定建设性质。目前基本建设和更新改造是根据我国现行的计划管理体制区分的，所以基本建设和更新改造都可以分别按新建、扩建等划分。

(1)新建一般是指从无到有、“平地起家”新开始建设单位。有的单位原有的基础很小，经过建设后其新增加的固定资产价值超过原有固定资产价值(原值)三倍以上的也算新建。

(2)扩建一般是指为扩大原有产品的生产能力，在厂内或其他地点增建主要生产车间(或主要工程)、独立的生产线或总厂之下的分厂的企业；事业单位和行政单位在原单位增建业务用房(如学校增建教学用房、医院增建门诊部或病床用房、行政机关增建办公楼等)也作为扩建。

(3)改建一般是指现有企业、事业单位为了技术进步，提高产品质量，增加花色品种，促进产品升级换代、降低消耗和成本，加强资源综合利用和三废治理、劳保安全等，采用新技术、新工艺、新设备、新材料等对现有设施、工艺条件进行技术改造或更新(包括相应配套的辅助性生产、生活福利设施)。有的企业为充分发挥现有生产能力，进行填平补齐而增建不增加本单位主要产品生产能力的车间等，也属于改建。

固定资产投资按用途分　固定资产投资按工程的经济用途分为用于第一产业、第二产业、第三产业和住宅四部分的建设，是研究不同用途的固定资产投资之间比例关系的重要指标。基本建设投资、国有经济单位其他固定资产投资及城镇集体投资的用途按单项工程确定，现有企业、事业单位更新改造投资的用途按更新改造项目确定。

固定资产投资按构成分　固定资产投资活动按其工作内容和实现方式分为建筑安装工程，设备、工具、器具购置，其他费用三个部分。

(1)建筑安装工程(建筑工作量)指各种房屋、建筑物的建造工程和各种设备、装置的安装工程。包括各种房屋建造工程，各种用途设备基础和各种工业窑炉的砌筑工程；为施工而进行的各种准备工作和临时工程以及完工后的清理工作等；铁路、道路的铺设，矿井的开凿及石油管道的架设等；水利工程；防空地下建筑等特殊工程；以及各种机械设备的安装工程；为测定安装工程质量，对设备进行的试行工作。在安装工程中，不包括被安装设备本身的价值。

(2)设备、工具、器具购置指购置或自制达到固定资产标准的设备、工具、器具的价值，固定资产的标准按财务部门规定。新建单位、扩建单位的新建车间按照设计和计划要求购置或自制的全部设备、工具、器具，不论是否达到固定资产标准均计入“设备、工具、器具购置中”。

(3)其他费用指除建筑安装工程和设备、工具、器具购置以外的投资完成额。它包括两种性质的费用，一种是属于增加固定资产的费用，主要有：建设单位管理费，土地、青苗等补偿费和安置补助费、勘察设计费，研究实验费、农林单位牲畜购置费、各种经济林木的营造费、办公和生活家具、器具购置费、引进技术和进口设备项目的其他费用、联合试运转费等；一种是属于不增加固定资产的费用，主要有：施工机械转移费、生产职工培训费、农业开荒费用及报废工程损失费等。

基本建设项目按大中小型划分 基本建设划分大中小型项目原则上应按照上级批准的设计任务书或初步设计所确定的总规模或总投资划分，没有正式批准设计任务书或初步设计的，按国家或省、自治区、直辖市年度基本建设投资计划中所列的总规模或总投资划分。上述两条均不具备的，按本年计划施工工程的建设总规模或总投资划分。生产单一产品的工业项目，按产品的设计能力划分的；生产多种产品的工业项目，按其主要产品的设计能力划分。品种繁多，难以按生产能力划分的，按全部计划投资额划分。划分标准以国家颁发的《大中小型建设项目划分标准》依据。国家曾在1958年、1962年、1977年和1979年先后五次修订《大中小型建设项目划分标准》，因此各历史时期的大中型项目数不完全可比。

施工项目 指报告期内曾进行建筑或安装工程施工活动的建设项目。包括报告期内新开工项目、报告期以前开工跨入报告期继续施工的项目以及报告期施过工并在报告期内全部建设投产或停缓建的项目。

全部建成投产项目 工业项目是指设计文件规定形成生产能力的主体工程及其相应配套的辅助设施全部建成，经负荷试运转，证明具备生产设计规定合格产品的条件，并经过验收鉴定合格或达到竣工验收标准，与生产性工程配套的生产福利设施可以满足近期正常生产的需要，正式移交生产的建设项目。非工业项目是指设计文件规定的主体工程和相应的配套工程全部建成，能够发挥设计规定的全部效益，经验收鉴定合格或达到竣工验收标准，正式移交使用的建设项目。

新增生产能力 指通过固定资产投资活动而增加的设计能力或工程效益，它是用实物形态表示的固定资产投资的成果。新增生产能力的计算，是以能独立发挥生产能力或效益的单项工程(或项目)为对象，当单项工程(或项目)建成，经有关部门鉴定合格，正式移交投入生产，即可计算新增生产能力。

新增生产能力或工程效益有以下几种表现形式:

(1)以建设项目或单项工程建成后的年产能力表示。如煤炭开采、石油开采等。

(2)以建设项目或单项工程建成后处理原料的能力表示。如选矿工程的年处理矿石能力，洗煤厂年洗原煤能力等。

(3)以新增的主要设备数量或容量表示。如棉纺绽枚数、发电机组容量等。

(4)以建筑物容积、容量、面积或长度表示。如水库容量、铁路公路里程等。

新增生产能力的数量一般按设计能力计算。设计能力是指设计文件中规定的在正常情况下能够达到的生产能力，而不论投产后的实际产量如何。以设备数量、建筑物容积、面积、长度等表示的新增生产能力(或效益)，则按建成的实际数量计算。

施工和竣工房屋建筑面积 房屋建筑面积是从房屋外墙线算起的各层平面面积的总和，包括房屋结构(如柱、墙)占用的面积和地下室面积。多层建筑按各自然层面积总和计算，包括房屋内的楼隔层，突出墙面的眺望间、门斗、有柱雨罩的面积。不包括突出墙面结构的构件、艺术装饰等所占的面积，如台阶等。凹阳台、挑阳台按其水平投影面积一半计算建筑面积。

竣工面积 指在报告期内房屋建筑按照设计要求已全部完工，达到住人和使用条件，经验收鉴定合格，正式移交使用单位的建筑面积。

房屋建筑面积竣工率 指一定时间内房屋竣工面积占同期房屋施工面积的比率。它是从房屋建筑施工速度的角度反映投资效果和建筑业经济效益的指标。

新增固定资产 指通过投资活动所形成的新的固定资产价值。包括已经建成投入生产或交付使用的工程价值和达到固定资产标准的设备、工具、器具的价值及有关应摊入的费用。它是以价值形式表示的固定资产投资成果的综合性指标，可以综合反映不同时期、不同部门、不同地区的固定资产投资成果。

建设项目投资率 指一定时期内全部建成投入生产项目个数占同期正式施工项目个数的比率。它是从项目建设速度的角度反映投资效果的指标。

固定资产交付使用率 指一定时期新增固定资产与同期完成投资额的比率。它是反映各个时期固定资产动用速度，衡量建设过程中投资效果的一个综合性指标。

未完工程占用率 指年末未完工程累计完成投资额占全年实际完成投资额的比率。它反映未完工程的相对规模，并可从资金占用的角度反映固定资产投资效果。由于未完工程是指已经开工，但尚未建成交付使用的工程，有个跨年度问题，因此未完工程占用率会出现大于1的情况。

七、能源

Chapter 7　Energy

7-1 能源生产总量及构成

年 份	能源生产总量(万吨标准煤)	占能源生产总量的%			
		原煤	原油	天然气	水电、核电、其他能发电
1978	3890.7	78.9	14.0	5.6	1.5
1980	3765.8	70.8	20.2	6.3	2.7
1985	4953.2	66.2	26.6	4.1	3.1
1986	5011.4	63.4	29.1	4.0	3.5
1987	5094.9	60.5	32.1	4.1	3.3
1988	5410.9	60.6	33.5	4.0	2.0
1989	5766.6	61.7	33.3	4.0	2.0
1990	5958.9	61.1	32.8	3.9	2.2
1991	6082.4	61.4	32.3	3.9	2.4
1992	6233.4	61.8	31.8	4.5	1.9
1993	6327.2	62.8	32.1	4.6	0.5
1994	6384.8	61.6	33.6	4.4	0.4
1995	6239.3	59.5	35.6	4.1	0.8
1996	6610.8	63.0	32.5	3.6	0.9
1997	6638.7	63.3	32.4	3.8	0.5
1998	6422.5	64.3	32.3	2.9	0.5
1999	5649.5	60.4	36.2	3.0	0.4
2000	5380.5	59.1	37.2	3.3	0.3
2001	5376.8	59.4	36.8	3.3	0.5
2002	5809.8	63.6	33.2	2.8	0.4
2003	6288.3	66.7	30.3	2.6	0.4
2004	6749.9	70.3	27.1	1.9	0.7
2005	6219.8	67.4	29.0	2.5	1.1
2006	6513.4	69.8	26.9	2.4	0.9
2007	6311.2	69.2	28.0	1.9	0.9
2008	6257.5	69.7	27.4	1.8	1.1
2009	6037.8	73.3	23.7	1.8	1.2
2010	6769.5	73.9	22.2	1.6	1.9
2011	6890.0	75.5	20.7	1.4	1.9
2012	6393.3	72.8	22.4	1.5	2.8
2013	5521.1	65.7	25.9	2.0	5.4
2014	5147.7	62.1	28.4	2.1	6.4
2015	5071.5	60.8	29.2	1.7	7.0
2016	4792.8	58.4	30.3	1.5	9.7

注：1.本表中2013年、2014年是第三次经济普查调整后数据，以前年度未进行调整。
2.能源生产总量按照电热当量计算法计算。

7-2 能源消费总量及构成

年 份	能源消费总量(万吨标准煤)	占能源消费总量的%			
		煤炭	石油	天然气	水电、核电、其他能发电
1978	5261.5	64.6	30.2	4.2	1.0
1980	5272.1	67.8	25.8	4.5	1.9
1985	6325.1	78.7	15.2	3.7	2.4
1986	6360.3	79.4	14.6	3.2	2.8
1987	6475.8	81.5	12.7	3.2	2.6
1988	6824.6	83.0	12.3	3.1	1.6
1989	7000.1	83.1	12.8	3.3	0.8
1990	7170.8	82.2	12.8	3.3	1.7
1991	7218.0	83.0	11.7	3.3	2.0
1992	7191.6	83.7	10.7	3.9	1.7
1993	8695.5	74.6	21.8	3.3	0.3
1994	9204.6	76.0	20.9	2.9	0.2
1995	9381.7	77.1	19.6	2.7	0.6
1996	9417.6	79.6	17.3	2.5	0.6
1997	9191.6	82.0	14.9	2.7	0.4
1998	8873.7	82.5	14.6	2.6	0.3
1999	8869.9	80.5	16.7	2.6	0.2
2000	9877.2	77.5	19.8	2.5	0.2
2001	10356.9	73.8	23.7	2.2	0.3
2002	10333.5	77.8	19.8	2.2	0.2
2003	11430.7	78.6	18.8	2.3	0.3
2004	12454.0	79.2	19.0	1.5	0.3
2005	12883.3	71.3	24.1	1.5	0.6
2006	14228.0	71.4	24.3	1.2	0.4
2007	15757.9	73.2	22.6	1.2	0.4
2008	16925.7	73.1	22.7	1.3	0.4
2009	18172.5	73.0	22.5	1.2	0.4
2010	19856.4	67.9	27.3	1.3	0.6
2011	21492.1	65.3	29.0	2.4	0.6
2012	22313.9	61.3	31.6	3.8	0.8
2013	20499.6	62.5	28.2	5.0	1.5
2014	20585.7	62.1	28.2	5.4	1.6
2015	20522.1	61.2	31.0	3.6	1.7
2016	19861.4	59.9	32.1	3.4	2.3

注：1.本表中2013年、2014年是第三次经济普查调整后数据，以前年度未进行调整。
2.能源消费总量按照电热当量计算法计算。

7-3 能源生产弹性系数

年 份	能源生产比上年增长 %	电力生产比上年增长 %	生产总值比上年增长 %	能源生产弹性系数	电力生产弹性系数
1985	10.3	8.8	13.3	0.84	0.72
1990	3.3	3.6	1.1	3.30	3.60
1991	2.1	3.0	6.1	0.50	0.70
1992	0.5	9.5	12.1	0.40	0.80
1993	11.0	5.2	14.9	0.75	0.35
1994	0.9	-2.2	11.2	0.08	
1995	-2.1	1.3	7.1		0.18
1996	6.0	8.4	8.6	0.70	0.98
1997	0.4	8.9	8.9	0.45	1.00
1998	-3.3	-8.5	8.3		
1999	-12.0	-3.5	8.2		
2000	-4.8	5.3	8.9		0.59
2001	-0.1	2.5	9.0		0.27
2002	8.1	14.5	10.2	0.79	1.42
2003	8.2	10.7	11.5	0.71	0.93
2004	7.3	4.2	12.8	0.57	0.33
2005	0.3	4.0	12.3	0.02	0.33
2006	1.9	10.8	13.8	0.14	0.78
2007	-5.6	10.2	14.5		0.70
2008	-0.9	2.4	13.4		0.18
2009	-3.5	4.9	13.1		0.37
2010	12.1	12.2	14.2	0.85	0.86
2011	1.8	6.2	12.2	0.15	0.51
2012	-7.2	4.5	9.5		0.47
2013	-12.1	5.7	8.7		
2014	-6.8	2.8	5.8		0.48
2015	-1.5	0.1	3.0		0.03
2016	-5.5	6.8	-2.5		

7-4 能源消费弹性系数

年 份	能源消费比上年增长 %	电力消费比上年增长 %	生产总值比上年增长 %	能源消费弹性系数	电力消费弹性系数
1985	6.8	7.6	13.3	0.55	0.62
1990	1.4	2.6	1.1	1.40	2.60
1991	0.6	6.0	6.1	0.10	1.30
1992	1.0	10.0	12.1	0.10	0.90
1993	11.0	10.6	14.9	0.75	0.72
1994	8.2	-1.8	11.2	0.73	
1995	2.5	4.8	7.1	0.35	0.68
1996	0.4	8.4	8.6	0.04	0.98
1997	-2.5	7.6	8.9		0.85
1998	-3.5	-5.2	8.3		
1999	0.1	12.1	8.2	0.14	1.47
2000	14.1	4.8	8.9	1.58	0.54
2001	1.3	2.0	9.0	0.14	0.22
2002	-0.2	6.0	10.2		0.59
2003	7.2	5.5	11.5	0.63	0.48
2004	12.4	16.5	12.8	0.96	1.28
2005	12.0	5.0	12.3	0.97	0.40
2006	10.8	10.6	13.8	0.78	0.77
2007	9.9	10.7	14.5	0.68	0.74
2008	7.6	3.9	13.1	0.58	0.30
2009	7.4	5.4	13.1	0.56	0.41
2010	9.6	15.3	14.2	0.68	1.08
2011	8.4	8.5	12.2	0.69	0.70
2012	3.6	2.1	9.5	0.38	0.22
2013	3.7	5.7	8.7	0.43	0.66
2014	0.4	1.5	5.8	0.07	0.26
2015	-0.3	-2.6	3.0		
2016	-2.9	2.7	-2.5		

7-5 分行业主要能源品种消费量

(2016年)

行业	煤炭消费量(万吨)	焦炭消费量(万吨)	原油消费量(万吨)	汽油消费量(万吨)	煤油消费量(万吨)	柴油消费量(万吨)	燃料油消费量(万吨)	天然气消费量(亿立方米)	电力消费量(亿千瓦小时)
消费总量	**16943.70**	**2993.06**	**7057.00**	**786.21**	**38.99**	**1008.72**	**305.07**	**49.25**	**2083.11**
农、林、牧、渔业	**22.00**			**57.20**		**97.33**			**33.80**
采矿业	**1305.49**	**11.72**	**69.66**	**2.12**	**0.56**	**27.60**	**33.13**	**11.33**	**112.96**
煤炭开采和洗选业	1209.12	0.01		0.67	0.56	4.18	0.11		29.30
石油和天然气开采业			22.78	0.42		0.56	32.42	11.18	27.65
黑色金属矿采选业	11.41	11.64		0.16		10.58			28.21
有色金属矿采选业	36.70		1.22	0.12		0.73			21.70
非金属矿采选业	29.51	0.05		0.26		7.82			3.76
开采辅助活动	18.75	0.02	45.66	0.49		3.73	0.60	0.15	2.32
其他采矿业									0.02
制造业	**6290.42**	**2979.47**	**6978.84**	**67.65**	**0.66**	**49.58**	**74.68**	**25.42**	**1040.08**
农副食品加工业	119.82	0.20		3.83		5.30	0.02	0.11	26.92
食品制造业	11.51	0.09		0.84		0.54	0.01	0.31	5.39
酒、饮料和精制茶制造业	25.22			1.94		0.62		0.15	4.76
烟草制品业	0.18							0.05	0.47
纺织业	13.01	0.16		0.74		0.14		0.03	5.10
纺织服装、服饰业	8.05			1.92		0.25	0.01	0.01	2.68
皮革、毛皮、羽毛及其制品和制鞋业	0.26			0.65		0.09			0.48
木材加工及木、竹、藤、棕、草制品业	1.63			0.89		0.40			3.65
家具制造业	0.80			0.74		0.37			2.09
造纸及纸制品业	19.64			0.79		0.38		0.04	5.68
印刷和记录媒介复制业	0.54			0.67		0.10		0.02	0.84
文教、工美、体育和娱乐用品制造业	0.74			0.70		0.14			0.36
石油加工、炼焦和核燃料加工业	911.62		6978.84	0.91	0.01	0.40	57.28	9.87	100.38
化学原料和化学制品制造业	393.40	2.81		4.43	0.46	1.73	0.32	4.41	72.25
医药制造业	40.71			0.73		0.22	0.16	0.16	6.26
化学纤维制造业	38.58			0.51		0.01			4.48
橡胶和塑料制品业	25.27			2.36		0.96	0.09	0.21	18.59
非金属矿物制品业	721.27	21.58		6.46	0.01	14.60	15.87	4.76	106.98
黑色金属冶炼和压延加工业	3839.98	2877.46		6.04		11.01	0.37	1.66	447.73
有色金属冶炼和压延加工业	28.73	28.43		0.75		1.26	0.10	1.43	103.31
金属制品业	10.47	0.29		4.72		1.02	0.01	0.37	26.78
通用设备制造业	9.96	9.75		5.29	0.04	2.36	0.02	0.20	21.43
专用设备制造业	36.97	36.31		5.93	0.04	4.41		0.12	20.32
汽车制造业	11.51	2.25		3.87	0.01	0.98	0.04	1.06	26.78
铁路、船舶、航空航天和其他运输设备制造业	4.46	0.09		3.22	0.08	0.83	0.38	0.03	4.39
电气机械和器材制造业	10.33	0.05		5.45	0.01	0.73		0.37	11.14
通信设备、计算机和其他电子设备制造业	0.86			0.73		0.09		0.04	7.41
仪器仪表制造业	0.31			0.79		0.12			1.51
其他制造业	0.09			0.56		0.09			0.66
废弃资源综合利用业	4.38			0.54		0.33		0.01	0.84
金属制品、机械和设备修理业	0.12			0.65		0.10			0.42
电力、燃气及水的生产和供应业	**8540.33**	**1.87**		**5.68**	**0.04**	**1.61**	**0.54**	**0.98**	**337.03**
电力、热力的生产和供应业	8525.05			3.91	0.04	1.39	0.53	0.01	307.93
燃气生产和供应业	12.51	1.87		0.79		0.03		0.97	4.97
水的生产和供应业	2.77			0.98		0.19	0.01		24.13
建筑业	**3.05**			**0.62**	**0.52**	**21.87**	**0.08**	**0.05**	**25.77**
房屋和土木工程建筑业				0.02		18.61		0.05	21.63
建筑安装业	2.89			0.37	0.52	3.05	0.08		0.89
建筑装饰业									2.50
其它建筑业	0.16			0.23		0.21			0.75
交通运输储运业和邮政业	**87.79**		**8.50**	**308.00**	**36.56**	**611.31**	**196.14**	**3.03**	**53.13**
铁路运输业	66.17			0.33		15.24		0.03	38.91
道路运输业				306.63		539.92	1.50	2.05	2.62
水上运输业	21.62			0.26		14.61	93.34	0.92	0.06
航空运输业				0.08	36.56	38.00	99.00		2.50
管道运输业			8.50	0.02		0.21			2.78
装卸搬运及其他运输服务业				0.68		0.01		0.01	0.03
仓储业						3.32	2.30		5.65
邮政业								0.02	0.58
批发、零售业和住宿、餐饮业	**67.70**			**15.00**	**0.08**	**10.01**	**0.21**	**0.04**	**92.93**
其他行业	**151.56**			**126.02**	**0.57**	**170.01**	**0.29**	**0.01**	**144.23**
城乡居民生活	**475.36**			**203.92**		**19.40**		**8.39**	**243.18**

7-6 能源加工转换效率

单位：%

年　份	总效率	发电及电站供热	炼焦	炼油
1985	79.1	37.2	94.5	98.6
1990	82.7	48.1	97.1	98.0
1991	82.2	49.1	98.5	98.9
1992	81.0	48.3	97.5	86.3
1993	80.6	48.1	83.0	99.0
1994	75.2	46.0	72.6	97.0
1995	80.2	50.3	98.6	97.4
1996	77.6	46.0	90.6	98.0
1997	75.9	43.8	91.7	97.8
1998	76.9	44.9	96.0	99.6
1999	76.0	44.8	97.1	95.6
2000	75.3	41.9	93.2	96.7
2001	73.5	43.8	92.8	89.9
2002	76.8	42.8	98.1	98.0
2003	73.3	39.9	98.1	96.2
2004	72.4	38.2	92.3	96.6
2005	74.7	42.1	98.9	92.4
2006	74.1	43.0	96.7	93.6
2007	75.4	43.3	97.3	95.5
2008	75.9	43.5	97.8	95.0
2009	75.6	43.4	98.1	94.4
2010	77.4	46.2	97.3	95.2
2011	76.9	46.5	97.5	94.7
2012	78.6	47.5	97.4	95.7
2013	80.9	52.7	95.8	95.1
2014	81.9	52.8	96.5	97.0
2015	81.2	53.4	96.5	96.2
2016	82.6	54.4	96.6	96.0

注：本表中2013年、2014年是第三次经济普查调整后数据，以前年度未进行调整。

7-7 平均每天能源消费量

能源品种	单位	2007年	2008年	2009年	2010年	2011年	2012年	2013年	2014年	2015年	2016年
煤　炭	万吨	41.71	42.05	43.92	46.32	49.46	49.91	49.67	49.32	47.50	46.42
焦　炭	万吨	6.30	6.69	7.66	8.67	9.28	9.43	8.77	9.03	8.73	8.20
原　油	万吨	16.15	16.29	16.09	17.97	18.37	19.18	17.75	17.44	17.64	19.33
燃料油	万吨	0.61	1.04	0.82	0.98	1.04	1.16	0.99	0.99	0.85	0.84
汽　油	万吨	1.21	1.12	1.27	1.63	1.94	2.14	1.81	1.93	2.03	2.15
煤　油	万吨	0.10	0.07	0.06	0.06	0.04	0.09	0.08	0.08	0.08	0.11
柴　油	万吨	1.90	2.13	2.22	2.64	3.02	3.35	2.80	2.90	3.04	2.76
天然气	亿立方米	0.04	0.04	0.05	0.05	0.11	0.17	0.14	0.15	0.15	0.13
电　力	亿千瓦小时	3.72	3.87	4.08	4.70	5.10	5.21	5.50	5.59	5.44	5.71

注：本表中2013年、2014年是第三次经济普查调整后数据，以前年度未进行调整。

7-8 综合能源平衡表

单位：万吨标准煤

指 标	2005年	2008年	2009年	2010年	2011年	2012年	2013年	2014年	2015年	2016年
一、可供本地区消费的能源量	**12883.32**	**16925.68**	**18172.45**	**19856.39**	**21492.07**	**22313.93**	**20499.56**	**20585.67**	**20522.12**	**19861.40**
1.年初库存量	1066.82	1456.92	1572.40	1474.50	1670.64	1907.08	1725.08	1778.87	1124.47	2458.77
2.一次能源生产量	6219.88	6257.47	6037.79	6769.52	6889.99	6393.34	5521.10	5147.66	5071.45	4792.84
3.外省(区、市)调入量	11124.33	13665.53	12946.55	14076.39	17776.98	17124.83	15284.65	18102.45	18122.24	20188.48
4.进口量	1188.15	2187.54	2947.55	3099.70	2665.47	3485.17	6342.11	4454.40	5510.26	6193.42
5.境内轮船和飞机在境外加油量	24.78	51.80	47.80	59.43	75.80	82.09	59.53	56.49	47.79	42.78
6.本省(区、市)调出量(-)	-5018.42	-5749.84	-4336.85	-3933.12	-4884.43	-4264.85	-5821.08	-6861.03	-6446.71	-9766.05
7.出口量(-)	-353.65	-381.40	-795.18	-974.54	-726.50	-571.30	-785.01	-923.19	-1275.64	-1214.53
8.境外轮船和飞机在境内加油量(-)	-108.77	-95.19	-93.91	-92.16	-84.07	-76.76	-46.09	-45.09	-45.59	-46.89
9.年末库存量(-)	-1340.71	-1481.48	-1516.50	-1638.51	-1891.80	-1765.67	-1780.73	-1124.89	-1586.14	-2787.41
二、加工转换投入(-)产出(+)量	**-4060.09**	**-4537.95**	**-4661.20**	**-4496.71**	**-4450.23**	**-4277.36**	**-2906.01**	**-2507.35**	**-2505.13**	**-2300.13**
1.火力发电	-2389.89	-2886.08	-2916.90	-2813.32	-2941.65	-2938.61	-2391.30	-2392.16	-2321.01	-2395.61
2.供热	-372.14	-516.80	-521.81	-475.59	-483.23	-452.82	-439.18	-433.50	-496.08	-452.99
3.煤炭洗选	-673.11	-672.78	-698.50	-700.73	-799.94	-721.06	-530.41	-469.41	-477.82	-258.18
4.炼焦	-18.28	-47.39	-43.22	-61.70	-62.58	-68.38	-114.03	-96.49	-91.65	-90.57
5.炼油	-577.62	-407.06	-447.83	-233.92	-297.45	-298.89	214.87	442.60	-63.64	5.81
6.制气	-28.99	513.73	363.66	-2.01	-1.53	-5.64	-23.31	-30.12	-11.69	-8.19
7.天然气液化								-0.70	-1.32	-1.11
8.煤制品加工					-2.79	-1.78	-0.01	-0.30	-1.62	-0.51
9.回收能					340.18	351.24	1079.00	1214.93	1259.52	1328.77
三、损失量	**118.82**	**87.25**	**103.73**	**203.89**	**201.80**	**202.01**	**209.36**	**192.24**	**155.07**	**148.23**
# 运输和输配损失	118.82	87.25	103.73	203.89	201.80	202.01	209.36	192.24	155.07	148.23
四、终端消费量	**8704.41**	**12300.47**	**13407.52**	**15155.78**	**16840.05**	**17834.56**	**17384.18**	**17886.08**	**17861.92**	**17413.05**
(一)第一产业	215.59	244.14	249.85	266.73	284.55	287.59	283.99	287.54	288.33	285.70
(二)第二产业	6176.60	8885.83	9833.29	11112.25	12378.85	13014.25	12624.12	12784.46	12643.04	12025.99
工业	6093.39	8775.85	9708.30	10966.99	12217.15	12835.51	12344.40	12494.22	12358.69	11743.18
建筑业	83.21	109.98	124.99	145.26	161.70	178.75	279.72	290.24	284.35	282.81
(三)第三产业	1323.69	1960.00	2088.74	2348.51	2614.63	2819.72	2772.44	2994.96	2973.21	3051.81
交通运输、仓储及邮电通讯业	1031.92	1374.72	1445.64	1597.03	1746.40	1879.08	1775.40	1919.24	1926.87	1976.44
批发和零售贸易业、餐饮业	85.04	135.16	154.11	170.34	203.95	216.58	237.15	249.48	245.94	261.18
其他	206.73	450.12	488.99	581.15	664.28	724.06	759.88	826.25	800.40	814.19
(四)生活消费	988.53	1210.50	1235.64	1428.30	1562.02	1713.00	1703.64	1819.12	1957.33	2049.55
城镇	772.71	993.67	1023.37	1175.58	1276.00	1393.40	1412.93	1508.33	1634.13	1711.07
乡村	215.81	216.84	212.27	252.72	286.02	319.60	290.71	310.79	323.20	338.49
五、平衡差额										

注：1.本表中2013年、2014年是第三次经济普查调整后数据，以前年度未进行调整。
2.能源消费量按照电热当量计算法计算。

主要统计指标解释

能源生产总量 指一定时期内全省一次能源生产量的总和，是观察全省能源生产水平、规模、构成和发展速度的总量指标。一次能源生产量包括原煤、原油、天然气、水电及其他动力能(如风能、地热能等)发电量。不包括低热值燃料生产量、生物质能、太阳能等的利用和由一次能源加工转换而成的二次能源产量。

能源消费总量 指一定时期内全省物质生产部门、非物质生产部门和生活消费的各种能源的总和，是观察能源消费水平、构成和增长速度的总量指标，能源消费总量包括原煤和原油及其制品、天然气、电力。不包括低热值燃料、生物质能和太阳能等的利用。能源消费总量分为三部分，即终端能源消费量、能源加工转换损失量和损失量。

(1)终端能源消费量指一定时期内全省物质生产部门、非物质生产部门和生活消费的各种能源在扣除了用于加工转换二次能源消费量和损失量以后的数量。

(2)能源加工转换损失量指一定时期内全省投入加工转换的各种能源数量之和与产出各种能源产品之和的差额。它是观察能源在加工转换过程中损失量变化的指标。

(3)能源损失量指一定时期内能源在输送、分配、储存过程中发生的损失和由客观原因造成的各种损失量。不包括各种气体能源放空、放散量。

能源生产弹性系数 是研究能源生产量的增长与国民经济增长之间关系的指标。计算公式:

能源生产弹性系数=（能源生产总量年平均增长速度／国民经济年平均增长速度）

国民经济年平均增长速度，可根据不同的目的或需要，用国内生产总值等指标来计算，本资料是采用国内生产总值指标计算的。

电力生产弹性系数 是研究电力生产量的增长与国民经济增长之间关系的指标。一般来说，电力的发展应当快于国民经济的发展，也就是说电力应超前发展。计算公式:

电力生产弹性系数=（电力生产量年平均增长速度／国民经济年平均增长速度）

能源消费弹性系数 是反映能源消费增长速度与国民经济增长速度之间的比例关系的指标。计算公式:

能源消费弹性系数=（能源消费量年平均增长速度／国民经济年平均增长速度）

电力消费弹性系数 是反映电力消费增长速度与国民经济增长速度之间比例关系的指标。计算公式:

电力消费弹性系数=（电力消费量年平均增长速度／国民经济年平均增长速度）

能源加工转换效率 指一定时期内能源经过加工转换后，产出的各种能源产品的数量与同期内投入加工转换的各种能源数量的比率。它是观察能源加工转换装置和生产工艺先进与落后、管理水平高低等的重要指标。计算公式:

能源加工转换效率=（加工转换产出量／加工转换投入量）×100%

八、财政

Chapter 8 Government Finance

8-1 历年公共财政预算收入

单位：亿元

年 份	公共财政预算收入	各项税收	国有资本经营收入	国有企业计划亏补	其他各项收入
1980	86.9	41.6	43.3		2.0
1985	85.2	102.3	1.4	-20.2	1.7
1986	98.9	107.1	1.4	-13.3	3.7
1987	108.0	115.5	1.4	-14.8	5.9
1988	115.9	128.4	1.7	-24.9	10.7
1989	133.9	145.6	1.6	-29.7	16.4
1990	129.3	140.3	2.0	-31.0	18.0
1991	161.5	155.7	1.6	-30.2	34.4
1992	151.6	158.6	1.5	-24.5	16.0
1993	213.7	220.0	1.9	-24.8	16.6
1994	153.7	147.5	0.8	-17.3	22.7
1995	184.4	174.0	0.6	-18.0	27.8
1996	211.7	195.8	0.7	-17.1	32.3
1997	228.2	215.1	1.0	-16.6	28.7
1998	264.6	233.5	2.6	-13.1	41.6
1999	279.6	247.5	2.5	-11.2	40.8
2000	295.6	266.4	3.7	-9.7	35.2
2001	370.4	320.0	3.5	-4.7	51.6
2002	399.7	333.0	6.7	-3.5	63.5
2003	447.0	361.4	9.1	-3.3	79.8
2004	529.6	411.5	13.0	-2.9	108.0
2005	675.3	528.4	24.5	-3.0	125.4
2006	817.7	626.2	40.9	-3.0	153.6
2007	1082.7	815.7	57.8	-	209.2
2008	1356.1	1017.1	92.9	-	246.1
2009	1591.2	1184.0	145.7	-	261.5
2010	2004.8	1516.7	131.2	-	356.9
2011	2643.2	1974.9	142.8	-	525.5
2012	3105.4	2317.2	157.4	-	630.8
2013	3343.8	2521.6	180.9	-	641.3
2014	3192.8	2330.6	199.7	-	662.5
2015	2127.4	1650.4	23.0	-	453.9
2016	2200.5	1687.5	19.0	-	494.0

注：1.本表财政收入为当年财政决算数据。
2.各项税收1983年利改税以后含企业所得税，1994年以后为新税制收入。
3.国有资产经营收益1998年以前指国企上缴利润，1983年前含企业上缴的基本折旧。
4.其他各项收入指行政性收费、罚没收入、海域场地矿区使用费收入、专项收入和其他各项收入。
5.国有资本经营收入2007年以前为“国有资产经营收益”。

8-2 公共财政预算收入

单位：亿元

项　目	2007年	2008年	2009年	2010年	2011年	2012年	2013年	2014年	2015年	2016年
合　计	**1082.69**	**1356.08**	**1591.22**	**2004.84**	**2643.15**	**3105.38**	**3343.81**	**3192.78**	**2127.39**	**2200.49**
一、各项税收小计	**815.67**	**1017.10**	**1183.98**	**1516.65**	**1974.85**	**2317.19**	**2521.62**	**2330.57**	**1650.45**	**1687.45**
增值税	149.11	172.76	163.56	188.84	218.32	216.70	248.41	291.33	286.17	534.57
营业税	252.01	304.00	363.94	453.75	556.20	606.49	657.00	562.24	471.30	238.91
企业所得税	108.06	142.44	125.09	174.06	227.16	242.39	250.68	252.18	235.26	238.68
个人所得税	45.78	51.73	48.94	64.20	76.94	60.92	64.15	70.28	72.43	76.68
资源税	24.26	28.25	32.65	46.45	68.12	109.30	142.05	102.14	37.63	29.85
城市维护建设税	51.58	58.71	57.69	71.62	102.79	108.41	119.25	118.22	117.56	124.28
房产税	29.86	35.38	41.09	45.91	55.87	64.17	72.35	82.20	82.37	84.10
印花税	12.66	16.38	16.67	22.81	27.71	28.15	30.28	30.53	25.98	27.51
城镇土地使用税	49.42	66.03	85.18	108.05	145.75	221.92	246.28	248.05	125.41	125.20
土地增值税	18.24	24.78	47.99	77.59	128.80	190.38	190.21	177.57	46.14	60.08
车船税	3.02	11.11	9.80	12.28	14.98	19.90	23.59	26.31	28.81	31.28
耕地占用税	5.97	24.33	69.56	96.43	140.40	225.20	239.92	203.89	15.07	14.97
契税	64.74	78.15	116.89	152.94	209.84	217.47	235.55	163.84	105.05	100.25
烟叶税	0.46	0.53	0.83	0.53	0.83	1.07	1.45	1.47	1.08	0.92
其他税收收入	0.51	2.07	4.10	1.20	1.13	4.73	0.45	0.32	0.19	0.16
二、非税收入小计	**267.03**	**338.98**	**407.24**	**488.18**	**668.30**	**788.19**	**822.20**	**862.21**	**476.94**	**513.04**
专项收入	50.85	50.67	45.67	55.02	99.28	110.53	107.12	105.53	161.04	152.91
行政事业性收费收入	96.54	117.17	93.76	131.92	158.64	194.59	198.04	182.46	112.81	131.80
罚没收入	32.91	35.91	41.89	60.10	69.96	88.06	78.94	69.63	76.64	77.94
国有资本经营收入	57.79	92.93	145.66	131.19	142.77	157.43	180.86	199.73	22.99	19.03
国有资源有偿使用收入	25.63	39.03	69.46	97.84	171.42	206.29	225.58	257.46	87.45	85.18
其他收入	3.32	3.27	10.80	12.10	26.23	31.31	31.66	47.39	16.01	46.18

8-3 地区各项税收及附加收入

单位：亿元

税种分类	2005年	2008年	2009年	2010年	2011年	2012年	2013年	2014年	2015年	2016年
收入合计	**1270.34**	**2295.04**	**2651.89**	**3504.61**	**4216.10**	**4749.42**	**4963.68**	**4822.58**	**3914.74**	**3961.08**
一、税收合计	**1244.35**	**2256.94**	**2605.57**	**3445.44**	**4125.00**	**4646.47**	**4856.03**	**4717.13**	**3812.02**	**3858.44**
1.增值税	517.03	861.83	816.22	1091.61	1208.15	1307.98	1353.13	1430.91	1143.29	1448.34
#国内增值税	455.11	694.15	677.09	821.27	914.36	919.74	977.66	988.94	953.69	1183.37
2.消费税	67.39	112.76	392.64	495.03	493.84	557.48	525.59	525.02	652.53	537.84
#国内消费税	62.80	99.56	366.23	443.31	435.76	532.49	478.12	480.10	613.67	556.04
3.营业税	164.69	303.99	363.94	453.83	556.25	606.74	655.91	562.40	471.36	265.25
4.个人所得税	82.02	129.32	122.36	160.51	192.36	152.30	159.83	174.23	180.08	190.91
5.外商外国企业所得税	31.46		82.30	128.22	158.05	167.16	183.80	199.49	184.41	194.18
6.企业所得税	160.64	373.50	222.42	303.72	407.03	432.10	432.17	424.54	380.43	396.43
7.资源税	12.05	28.33	32.73	46.43	68.08	109.16	141.91	101.99	37.54	29.77
8.投资方向调节税	0.20	0.45	0.05			0.03				
9.城市维护建设税	39.92	58.71	74.35	95.09	125.00	136.11	141.71	141.16	139.01	140.36
10.房产税	24.83	35.38	41.08	45.92	55.87	64.17	72.35	82.20	82.38	84.10
11.印花税	7.51	16.38	16.67	22.81	27.71	28.15	30.26	30.47	25.94	27.49
12.城镇土地使用税	9.76	66.03	85.18	108.05	145.75	221.92	246.28	248.05	125.41	125.20
13.土地增值税	5.95	24.78	47.99	77.59	128.80	190.37	190.21	177.57	46.14	60.09
14.车船使用税	1.68	11.11	9.80	12.28	14.98	19.90	23.59	26.31	28.81	31.28
15.耕地占用税	3.69	24.33	69.56	96.43	140.40	225.20	239.92	203.71	15.07	14.97
16.契税	38.93	78.12	116.89	152.94	209.84	217.47	235.55	163.84	105.05	100.25
17.车辆购置税	22.64	39.19	44.72	66.46	78.35	80.38	91.17	94.20	84.20	81.89
18.烟叶税		0.53	0.83	0.53	0.83	1.07	1.45	1.47	1.08	0.92
19.关税	52.80	90.02	61.89	86.80	112.80	125.66	129.16	129.16	109.10	129.16
20.其他税收	1.16	2.18	3.95	1.20	0.91	3.12	2.03	0.40	0.19	
二、其他收入	**25.99**	**38.10**	**46.32**	**59.17**	**91.10**	**102.95**	**107.65**	**105.45**	**102.72**	**102.64**
1.教育费附加	17.35	27.13	33.52	42.95	55.90	60.76	63.26	63.07	61.39	61.50
2.文化事业建设费	0.91	1.27	1.27	1.53	1.87	2.02	1.47	0.24	0.21	0.05
3.地方教育费收入	5.41	8.72	10.74	13.15	32.58	39.76	42.57	41.75	40.83	40.92
4.矿区使用费	0.33									
5.罚没收入	1.43	0.30	0.20	0.85	0.45	0.34	0.28	0.27	0.24	0.15
6.其他收入	0.56	0.68	0.58	0.69	0.30	0.07	0.07	0.12	0.04	0.01

注：1.本表按1994年新税制改革以来的地区实际税收收入整理。
2.增值税和消费税含海关代征，不含出口退税绝对值；国内增值税和国内消费税不含海关代征，含出口退税绝对值。

8-4 各地区地方公共财政预算收入

(2016年) 单位：万元

项 目	沈阳	大连	鞍山	抚顺	本溪	丹东	锦州
合 计	**6209494**	**6119041**	**1329602**	**773283**	**555520**	**684913**	**848118**
一、各项税收小计	**5116436**	**4866238**	**967143**	**611965**	**367271**	**496021**	**650830**
增值税	1548628	1538085	324624	265143	124284	135203	209740
营业税	739518	676343	117554	63414	49547	89732	93264
企业所得税	804669	760683	85056	47724	23516	72063	98210
个人所得税	262219	308850	23957	20146	11573	14408	20346
资源税	17087	72814	53311	8165	21161	8872	11218
城市维护建设税	361076	385800	58691	62334	23817	27385	53116
耕地占用税	49407	45752	-369	3078	1786	5387	3618
契税	341852	267995	56308	26296	22134	33888	40371
其他税收收入	991980	809916	248011	115665	89453	109083	120947
二、非税收入小计	**1093058**	**1252803**	**362459**	**161318**	**188249**	**188892**	**197288**
专项收入	362383	384633	64490	63314	37507	30272	66500
行政事业性收费收入	294455	232305	71435	54239	40345	64551	67498
罚没收入	135000	271374	32943	17288	42226	26966	23027
国有资本经营收入	42150	14405	91719	285	8433	8297	-145
国有资源有偿使用收入	195133	193206	84056	18782	57020	45109	26207
其他收入	63937	156880	17816	7410	2718	13697	14201

8-4 续表 (2016年) 单位：万元

项 目	营口	阜新	辽阳	盘锦	铁岭	朝阳	葫芦岛
合 计	**1051831**	**358394**	**707749**	**1004831**	**464309**	**510204**	**607138**
一、各项税收小计	**826527**	**259800**	**549075**	**822419**	**345150**	**366110**	**470419**
增值税	248793	87875	187092	285708	112539	105355	161968
营业税	115437	49618	68269	106108	53562	68675	98100
企业所得税	91708	33186	69105	48887	33945	31900	40513
个人所得税	21821	8123	14600	19622	13059	13339	14771
资源税	3689	3613	26857	43264	6051	22841	-483
城市维护建设税	64133	17158	41458	61931	20847	20824	42601
耕地占用税	20622	2310	4505	1078	2386	6740	3386
契税	49235	14443	34473	38652	22943	23639	30293
其他税收收入	211089	43474	102716	217169	79818	72797	79270
二、非税收入小计	**225304**	**98594**	**158674**	**182412**	**119159**	**144094**	**136719**
专项收入	64620	17522	46855	64518	25122	28074	45482
行政事业性收费收入	63902	29085	39884	39529	48255	60699	31775
罚没收入	36288	18745	18879	48378	22722	26752	27747
国有资本经营收入	11454		-552		6011	602	7627
国有资源有偿使用收入	30688	16173	50228	22494	12658	17032	13657
其他收入	18352	17069	3380	7493	4391	10935	10431

8-5 地方公共财政预算支出

单位：亿元

行　业	2007年	2008年	2009年	2010年	2011年	2012年	2013年	2014年	2015年	2016年
合　计	**1764.28**	**2153.43**	**2682.39**	**3195.82**	**3905.85**	**4558.59**	**5197.42**	**5080.49**	**4481.61**	**4577.47**
一般公共服务	271.16	307.65	329.16	352.40	415.23	485.71	501.34	436.29	356.51	370.92
国　防	5.89	5.38	7.49	7.58	11.43	13.75	11.99	11.97	7.90	8.17
公共安全	126.77	147.58	154.16	191.29	210.29	228.80	244.57	235.67	256.72	297.15
教　育	252.13	306.36	346.73	405.39	544.09	728.79	669.48	604.49	610.24	633.95
科学技术	38.69	49.02	57.49	68.90	87.20	101.24	118.99	108.82	68.92	61.61
文化体育与传媒	24.80	29.94	76.25	56.76	68.60	79.25	95.34	92.60	88.59	84.70
社会保障和就业	402.98	469.97	518.07	579.84	657.36	727.71	824.03	895.91	995.10	1145.49
医疗卫生	66.60	83.90	163.32	151.36	182.07	200.19	229.50	273.61	281.96	307.31
节能环保	28.07	48.18	55.71	77.44	74.20	93.27	108.59	106.10	116.79	87.23
城乡社区事务	171.78	217.22	289.66	360.31	442.58	595.19	807.26	849.50	494.34	392.74
农林水事务	121.80	149.29	240.71	289.00	329.20	405.02	466.52	443.85	446.07	480.73
交通运输	26.92	37.25	106.60	140.29	220.53	256.10	302.51	310.89	269.98	188.37
工业商业金融等事务	150.22	221.28	211.64	441.88	298.81	315.94	366.59	288.56	172.55	155.69
其他支出	76.48	80.40	125.40	73.38	364.26	327.63	450.71	422.23	315.94	363.41

8-6 各地区地方公共财政预算支出

(2016年) 单位：万元

行　业	沈阳	大连	鞍山	抚顺	本溪	丹东	锦州
合　计	**8253935**	**8702783**	**2499227**	**1751798**	**1376437**	**1880389**	**2170940**
一般公共服务	781680	695107	230387	131513	96437	140416	151425
国　防	10899	16800	11204	1871	470	1266	925
公共安全	611231	595430	171430	96394	107120	114347	127405
教　育	1151256	1093409	316868	184715	189195	302156	293422
科学技术	223880	205481	11573	4272	5920	10011	9223
文化体育与传媒	129381	115076	28024	16030	26744	28938	31241
社会保障和就业	1877382	1798966	804448	654894	381303	458025	586769
医疗卫生	555839	570303	201852	114899	90584	139988	191764
环境保护(节能环保)	276547	163232	28508	30351	36788	68379	41239
城乡社区事务	968154	1474823	189161	91715	106458	130074	128530
农林水事务	539557	587768	182393	180108	103167	277495	409449
交通运输	236549	217301	45457	42366	62392	48642	54747
商业服务业金融等事务	74203	87927	8122	27318	16683	21646	12422
其他支出	817377	1081160	269800	175352	153176	139006	132379

8-6 续表 (2016年) 单位：万元

行　业	营口	阜新	辽阳	盘锦	铁岭	朝阳	葫芦岛
合　计	**1978871**	**1379752**	**1425655**	**1831204**	**1865251**	**2151690**	**1867305**
一般公共服务	155538	103353	139889	178395	201417	158728	170648
国　防	1904	819	1543	1594	928	2049	1081
公共安全	120909	83286	78438	81958	112149	100962	106659
教　育	217182	232631	187116	179672	308676	328459	303972
科学技术	3707	3076	6044	12559	9522	3364	2631
文化体育与传媒	31976	19683	14904	70149	23699	26200	24277
社会保障和就业	569841	327087	373568	357988	347605	508275	455471
医疗卫生	137786	115742	115975	113835	161608	211414	147708
环境保护(节能环保)	11403	18765	14343	25576	37344	35836	11029
城乡社区事务	193208	57825	128713	168391	92398	95621	95390
农林水事务	142827	306827	134483	183778	383607	480262	343535
交通运输	178807	33686	32788	22375	42635	48571	70132
商业服务业金融等事务	4663	8874	9358	19390	8899	13134	9989
其他支出	209120	68098	188493	415544	134764	138815	124783

主要统计指标解释

财政总收入 指国家财政参与社会产品分配所取得的收入，是实现国家职能的财力保证。财政收入所包括的内容几经变化，目前主要包括:

（1）**税收收入** 包括增值税、营业税、企业所得税、个人所得税、资源税、固定资产投资方向调节税、城市维护建设税、房产税、印花税、城镇土地使用税、土地增值税、车船税、耕地占用税、契税、烟叶税、其他税收收入。

（2）**非税收入** 包括专项收入、行政事业性收费收入、罚没收入、国有资本经营收入、国有资源有偿使用收入、其他收入。

财政总支出 国家财政将筹集起来的资金进行分配使用，以满足经济建设和各项事业的需要，主要包括以下各项支出:

（1）**一般公共服务** 反映政府提供一般公共服务的支出。

（2）**公共安全** 反映政府维护社会公共安全方面的支出，有关事务包括武装警察、公安、国家安全、检察、法院、司法行政、监狱、劳教、国家保密、缉私警察等。

（3）**教育支出** 反映政府教育事务支出。有关具体教育事务包括教育行政管理、学前教育、小学教育、初中教育、普通高中教育、普通高等教育、初等职业教育、中专教育、技校教育、职业高中教育、高等职业教育、广播电视教育、留学生教育、特殊教育、干部继续教育、教育机关服务等。

（4）**科学技术** 反映政府用于科学技术方面的支出。

（5）**文化体育与传媒** 反映政府在文化、文物、体育、广播电视、新闻出版等方面的支出。

（6）**社会保障和就业** 反映政府在社会保障与就业方面的支出。有关事项包括社会保障与就业管理事务、民政管理事务、财政对社会保险基金的补助、补充全国社会保障基金、行政事业单位离退休、企业改革补助、就业补助、抚恤、退役安置、社会福利、残疾人事业、城市居民最低生活保障、其他城镇社会救济、农村社会救济、自然灾害生活补助、红十字事务等。

（7）**医疗卫生** 反映政府医疗卫生方面的支出。具体包括医疗卫生管理事务支出、医疗服务支出、医疗保障支出、疾病预防控制支出、卫生监督支出、妇幼保健支出、农村卫生支出等。

（8）**环境保护** 反映政府环境保护支出。具体包括: 环境保护管理事务支出、环境监测与监察支出、污染治理支出、自然生态保护支出、天然林保护工程支出、退耕还林支出、风沙荒漠治理支出、退牧还草支出、已垦草原退耕还草支出。

（9）**城乡社区事务** 反映政府城乡社区事务支出。具体包括: 城乡社区管理事务支出、城乡社区规划与管理支出、城乡社区公共设施支出、城乡社区住宅支出、城乡社区环境卫生支出、建设市场管理与监督支出等

（10）**农林水事务** 反映政府农林水事务方面的支出。具体包括农业、林业、水利、扶贫支出、农业综合开发支出等。

（11）**交通运输** 反映政府交通运输方面的支出。包括公路运输支出、水路运输支出、铁路运输支出、民用航空运输支出等。

（12）**工业商业金融等事务** 反映政府工业、商业、金融等事务支出。具体包括: 采掘业支出、制造业支出、电力支出、信息产业支出、旅游业支出、涉外发展支出、粮油事务支出、商业流通事务支出、物资储备支出、金融保险支出、烟草事务支出、安全生产支出、国有资产监督支出、中小企业发展支出、清

洁生产支出等。

（13）**其他支出** 反映不能划分到上述功能科目的其他政府支出。包括预备费、年初预留、住房改革支出以及其他支出。

中央财政和地方财政 财政是国家为了实现其职能，凭借政治权力，对一部分社会产品进行分配和再分配的经济活动。中央财政和地方财政，是指财政体制上划分中央政府和地方政府以及地方各级政府之间财政管理权限的一项根本制度，它是经济管理体制的重要组成部分，它在财政管理体制中居于主导地位。它具体规定了各级政府筹集资金、支配使用资金的权力、范围和责任，使各级政府在财政管理上有责有权。这对于正确处理中央和地方之间，以及地方各级之间的分配关系，充分发挥各级政府的积极性，更好地完成国家财政收支任务，促进社会主义建设的发展有着极其重要的意义。中央财政收入和地方财政收入，是指中央和地方各级负责组织征收的收入，不是按财政体制计算的收入分成数。其收入中还包括了国外借款。

预算外资金 是指不纳入国家财政预算，由各地方、各部门、各企业、事业、行政单位，按国家规定范围自行筹集和使用的资金。它是国家财政预算内资金的补充财力。

九、物价

Chapter 9 Price Indices

9-1 各种价格指数

(上年=100)

年 份	居民消费价格指数	城市居民消费价格指数	农村居民消费价格指数	商品零售价格指数	工业生产者出厂价格指数	工业生产者购进价格指数	固定资产投资价格指数
1980		104.4		105.9			
1985	110.7	111.4	106.7	110.0			
1986	106.7	107.0	105.0	106.0			
1987	108.6	109.8	105.6	109.0			
1988	119.3	119.6	115.9	119.3	122.4	133.9	
1989	118.2	117.2	120.1	118.4	121.2	133.3	
1990	103.3	103.1	104.1	102.7	103.8	117.6	105.9
1991	105.6	106.0	104.2	104.1	119.2	108.1	108.2
1992	106.7	108.1	102.3	106.0	112.1	116.6	120.9
1993	115.2	116.7	110.9	113.5	138.4	149.9	136.4
1994	124.3	126.1	120.9	120.6	119.9	118.2	117.4
1995	116.1	116.1	116.0	114.0	109.9	114.2	104.9
1996	107.9	108.2	106.8	105.4	102.8	103.7	102.2
1997	103.1	103.8	102.1	101.0	100.1	103.1	102.3
1998	99.3	99.8	98.7	97.6	95.8	99.3	99.8
1999	98.6	98.7	98.3	96.1	102.0	99.0	100.0
2000	99.9	100.0	99.7	98.4	108.8	103.9	101.1
2001	100.0	99.9	100.2	99.4	98.6	100.0	100.4
2002	98.9	98.9	98.7	97.4	97.8	98.3	100.7
2003	101.7	101.2	103.7	98.9	103.6	105.1	102.5
2004	103.5	102.8	106.3	101.9	107.1	112.1	104.8
2005	101.4	100.8	104.0	100.1	105.1	108.1	102.8
2006	101.2	101.1	101.6	101.3	104.1	104.2	102.1
2007	105.1	104.6	107.0	104.4	104.4	104.8	104.3
2008	104.6	104.4	105.5	105.3	110.9	111.5	109.1
2009	100.0	100.0	100.3	99.8	94.0	93.3	97.0
2010	103.0	102.8	104.0	103.2	107.4	108.6	103.3
2011	105.2	105.1	105.5	105.0	106.5	108.3	106.6
2012	102.8	102.9	102.5	102.2	99.9	99.0	101.0
2013	102.4	102.4	102.4	101.6	99.0	98.5	100.0
2014	101.7	101.8	101.4	101.0	98.2	98.0	99.7
2015	101.4	101.4	101.4	100.5	93.9	93.5	97.9
2016	101.6	101.5	101.8	101.0	98.8	97.9	99.2

9-2 各种价格定基指数

年 份	居民消费价格指数(1984=100)	城市居民消费价格指数(1978=100)	农村居民消费价格指数(1984=100)	商品零售价格总指数(1978=100)	工业生产者出厂价格指数(1988=100)	工业生产者购进价格指数(1988=100)	固定资产投资价格指数(1990=100)
1979		101.7		101.4			
1980		106.2		105.4			
1981		112.3		108.8			
1982		113.9		110.1			
1983		115.8		111.8			
1984		120.0		116.2			
1985	110.7	133.7	106.7	127.8			
1986	118.1	143.1	112.0	135.5			
1987	128.3	157.1	118.3	147.7			
1988	153.0	187.9	137.1	176.2			
1989	180.9	220.2	164.7	208.6	121.2	133.3	
1990	186.8	227.0	171.4	214.3	125.8	156.8	
1991	197.3	240.6	178.6	223.0	150.0	169.5	108.2
1992	210.5	260.1	182.7	236.4	168.1	197.6	130.9
1993	242.5	303.6	202.7	268.3	232.7	296.2	178.6
1994	301.4	382.8	245.0	323.6	279.0	350.1	209.6
1995	350.0	444.4	284.2	368.9	306.6	399.8	219.9
1996	377.6	480.8	303.5	388.8	315.2	414.6	224.7
1997	389.3	499.1	309.9	392.7	315.5	427.4	229.9
1998	386.6	498.1	305.9	383.3	302.2	424.5	229.4
1999	381.2	491.6	305.0	368.4	308.3	420.2	229.4
2000	380.8	491.6	304.1	362.5	335.4	436.6	231.9
2001	380.8	491.1	304.7	360.3	330.7	436.6	232.9
2002	376.6	485.7	300.7	350.9	323.4	429.2	234.5
2003	383.0	494.0	311.9	347.0	335.1	451.1	240.6
2004	396.4	507.8	331.5	353.6	358.9	505.7	252.1
2005	401.9	511.9	344.8	354.0	377.2	546.7	259.2
2006	406.7	517.5	350.3	358.6	392.7	569.7	264.6
2007	427.4	541.3	374.8	374.4	409.9	596.9	275.9
2008	447.2	565.0	395.5	394.4	454.6	665.5	301.0
2009	447.2	565.0	396.7	393.6	427.3	621.0	291.9
2010	460.6	580.8	412.6	406.2	458.9	674.4	301.6
2011	484.6	610.4	435.3	426.5	488.7	730.3	321.5
2012	498.2	628.1	446.2	435.9	488.2	723.0	324.7
2013	510.2	643.2	456.9	442.9	483.3	712.2	324.7
2014	518.9	654.8	463.3	447.3	474.6	698.0	323.7
2015	526.2	664.0	469.8	449.5	445.6	652.6	316.9
2016	534.6	674.0	478.3	454.0	440.3	638.9	314.4

9-3 居民消费价格分类指数

(2016年，上年=100)

项　目	全省	城市	农村
居民消费价格总指数	**101.6**	**101.5**	**101.8**
一、食品烟酒	**102.5**	**102.4**	**103.1**
1.食品	103.0	102.8	103.6
(1)粮食	100.2	100.0	100.6
大　米	100.8	100.7	101.0
面　粉	101.4	101.4	101.5
(2)薯类	107.6	107.7	107.1
(3)豆类	100.9	101.2	99.3
(4)食用油	100.0	100.3	99.3
(5)菜	107.3	107.0	109.5
鲜　菜	107.9	107.5	110.0
(6)畜肉类	107.6	106.8	111.4
猪　肉	114.7	114.4	116.0
(7)禽肉类	100.5	100.2	102.4
(8)水产品	106.4	106.8	103.3
(9)蛋类	96.8	96.6	98.4
鸡　蛋	96.5	96.2	98.2
(10)奶类	99.0	98.9	100.3
(11)干鲜瓜果类	98.5	98.5	98.5
鲜 瓜 果	97.4	97.3	98.2
(12)糖果糕点类	100.8	100.8	100.6
(13)调味品	102.2	102.6	100.7
(14)其他食品类	101.3	101.1	101.5
2.茶及饮料	101.0	101.1	100.2
3.烟酒	101.8	101.6	102.3
(1)烟草	102.6	102.3	103.5
(2)酒类	100.4	100.5	100.1
4.在外餐饮	101.3	101.3	101.3
二、衣着	**101.4**	**101.4**	**101.4**
1.服装	101.0	100.9	101.2
2.服装材料	100.7	100.6	101.1
3.其他衣着及配件	100.4	100.4	100.7
4.衣着加工服务费	103.8	104.3	100.7
5.鞋类	102.5	102.6	102.1
(1)鞋	102.5	102.6	102.0
(2)鞋类加工服务	101.9	101.5	106.7
三、居住	**100.5**	**100.6**	**99.8**
1.租赁房房租	101.9	102.0	100.2

9-3 续表 1 (2016年，上年=100)

项　目	全省	城市	农村
2.住房保养维修及管理	100.2	100.3	100.0
(1)住房装潢材料	100.0	100.1	99.7
(2)物业管理费	100.3	100.3	100.4
(3)住房装潢维修	100.4	100.5	100.2
3.水电燃料	98.8	98.9	98.2
(1)水	109.0	109.4	102.4
(2)电	100.0	100.0	100.0
(3)燃气	100.5	101.4	94.2
(4)取暖费	94.6	94.6	97.1
(5)其他燃料	100.1	102.3	97.3
4.自有住房	101.5	101.7	100.5
四、生活用品及服务	**100.7**	**100.7**	**100.2**
1.家具及室内装饰品	101.5	101.5	100.9
(1)家具	101.6	101.7	101.1
(2)室内装饰品	100.4	100.5	99.4
2.家用器具	99.3	99.3	99.4
(1)大型家用器具	99.2	99.1	99.3
(2)小家电	100.2	100.2	99.8
3.家用纺织品	100.2	100.2	100.1
(1)床上用品	100.2	100.2	99.9
(2)窗帘门帘	100.5	100.4	101.0
(3)其他家用纺织品	99.6	99.5	100.3
4.家庭日用杂品	100.5	100.5	100.2
(1)洗涤卫生用品	100.3	100.3	100.0
(2)厨具餐具茶具	100.2	100.3	100.0
(3)家用手工工具	100.8	100.8	100.9
(4)其他家庭日用杂品	101.1	101.1	100.6
5.个人护理用品	101.2	101.3	100.0
(1)化妆品	101.4	101.5	100.2
(2)其他护理用品类	100.8	100.9	99.8
6.家庭服务	103.5	103.7	102.1
五、交通和通信	**99.8**	**99.9**	**99.3**
1.交通	100.2	100.3	99.6
(1)交通工具	100.0	99.9	100.0
(2)交通工具用燃料	97.2	97.2	97.2
(3)交通工具使用和维修	100.4	100.3	100.6
(4)交通费	102.6	102.8	100.9
2.通信	99.1	99.1	98.8
(1)通信工具	97.1	97.5	95.1
(2)通信服务	99.8	99.7	100.4
(3)邮递服务	99.8	99.8	99.6

9-3 续表 2　　(2016年，上年=100)

项　目	全省	城市	农村
六、教育文化和娱乐	**102.8**	**102.6**	**103.7**
1.教育	104.9	105.0	104.7
(1)教育用品	101.8	102.0	101.1
(2)教育服务	105.1	105.1	104.8
2.文化娱乐	99.2	99.2	99.6
(1)文娱耐用消费品	98.6	98.5	98.8
(2)其他文娱用品	100.3	100.4	99.9
(3)文化娱乐服务	100.4	100.4	100.2
(4)旅游	98.4	98.4	100.7
七、医疗保健	**102.5**	**102.3**	**103.2**
1.药品及医疗器具	103.1	103.4	101.6
(1)中药	103.0	102.9	103.6
(2)西药	103.8	104.4	101.1
(3)滋补保健品	102.5	102.7	101.2
(4)医疗卫生器具	100.7	100.8	100.5
(5)保健器具	99.8	99.9	98.7
2.医疗服务	102.1	101.5	104.0
(1)综合医疗类	103.8	103.1	106.3
(2)诊断类	101.0	101.0	101.1
(3)治疗类	102.5	101.1	106.8
(4)康复类	100.0	100.0	100.0
(5)中医医疗服务类	99.9	99.9	100.0
(6)其他医疗服务	102.2	101.6	103.3
八、其他用品和服务	**101.6**	**101.5**	**102.0**
1.其他用品类	101.9	101.7	103.2
(1)首饰手表	103.0	102.6	106.2
(2)其他杂项用品	100.2	100.2	100.2
2.其他服务类	101.3	101.4	101.1
(1)旅馆住宿	99.5	99.2	105.6
宾馆住宿	98.1	97.8	103.1
其他住宿	102.1	101.6	108.4
(2)美容美发洗浴	103.1	103.0	103.2
(3)养老服务	100.1	100.1	100.1
(4)金融保险	100.9	101.1	100.2
(5)其他服务类	100.9	101.1	100.0

9-4 商品零售价格分类指数

(2016年，上年=100)

项　　目	全省	城市	农村
商品零售价格指数	101.0	101.0	100.9
一、食品	102.9	102.8	103.6
1.粮食	100.3	100.1	100.9
2.薯类	107.2	107.3	106.0
3.豆类	101.1	101.4	99.3
4.食用油	100.2	100.4	98.6
5.菜	107.0	106.7	109.8
6.畜肉类	107.7	107.3	111.0
7.禽肉类	100.5	100.3	103.1
8.水产品	106.5	106.7	103.6
9.蛋类	96.8	96.6	98.5
10.奶类	98.8	98.7	100.0
11.干鲜瓜果类	98.7	98.7	98.6
12.糖果糕点类	101.0	101.0	100.8
13.调味品	102.6	102.8	100.7
14.其他食品类	101.3	101.3	101.8
15.在外餐饮	101.5	101.5	101.3
二、饮料、烟酒	101.7	101.7	101.8
1.茶及饮料	101.4	101.5	100.1
2.烟草	102.5	102.3	103.7
3.酒类	100.6	100.7	99.7
三、服装、鞋帽	101.3	101.3	101.3
1.服装	100.8	100.8	101.1
2.鞋帽袜	102.3	102.4	101.8
3.其他衣着配件	103.3	103.5	100.6
四、纺织品	99.9	99.8	100.1
1.服装材料	100.9	100.9	101.3
2.床上用品	99.6	99.6	99.9
五、家用电器及音像器材	98.3	98.2	99.1
1.家庭设备	98.9	98.9	99.4
2.文娱用耐用消费品	97.0	96.8	98.4
3.专业音像器材	100.0	100.0	100.2
六、文化办公用品	100.4	100.5	99.8
七、日用品	100.2	100.2	100.0
1.日用百货	100.0	100.0	100.1
2.厨具餐具茶具	100.2	100.2	100.0
3.清洗用品	100.5	100.5	99.9
4.其他日用品	100.1	100.1	100.1
八、体育娱乐用品	100.0	100.0	100.1
1.体育户外用品	99.4	99.6	98.5
2.娱乐用品	100.1	100.1	100.3
九、交通、通信用品	99.3	99.3	98.9
1.交通运输机械	100.1	100.1	100.0
2.通信器材	97.2	97.2	96.7
十、家具	101.4	101.4	101.3
十一、化妆品	101.4	101.5	100.1
十二、金银饰品	103.5	103.1	107.0
十三、中西药品及医疗保健用品	104.0	104.2	101.9
1.医疗卫生器具	100.9	100.9	100.3
2.中药	103.3	103.3	103.5
3.西药	104.7	105.1	101.4
4.保健器具及用品	102.8	102.8	100.1
十四、书报杂志及电子出版物	101.3	101.3	100.5
1.教材及参考书	102.2	102.3	101.0
2.书报杂志	100.3	100.4	99.9
3.计算机办公软件	100.4	100.5	99.9
十五、燃料	99.2	99.5	96.3
1.煤炭及制品	101.5	102.3	96.8
2.石油及制品	98.6	98.8	96.1
十六、建筑材料及五金电料	99.9	99.9	99.8
1.建筑装璜材料	99.9	99.9	99.7
2.五金水暖	99.9	99.8	100.3

9-5 各市居民消费价格分类指数

(2016年，上年=100)

市名称	居民消费价格指数	食品烟酒	#粮食	#食用油	#畜肉类	#蛋类	#水产品	#菜	#干鲜瓜果类	#奶类
全　省	**101.6**	**102.5**	**100.2**	**100.0**	**107.6**	**96.8**	**106.4**	**107.3**	**98.5**	**99.0**
沈　阳	101.7	102.8	101.0	101.6	105.9	96.2	106.2	107.6	99.4	98.1
大　连	101.9	102.8	99.3	101.2	107.4	96.4	109.8	105.1	99.9	99.2
鞍　山	101.4	101.3	99.8	98.6	108.8	98.0	103.0	103.1	93.1	97.5
抚　顺	101.8	102.3	99.9	99.2	107.0	98.9	103.9	108.1	97.0	97.1
本　溪	101.2	101.7	99.1	98.0	106.0	97.7	104.0	110.4	95.0	100.1
丹　东	101.5	102.9	101.0	100.4	106.9	94.4	108.1	104.2	99.1	97.5
锦　州	101.8	102.8	100.1	101.1	107.3	96.6	99.9	107.7	104.6	99.1
营　口	101.5	103.1	99.5	100.9	108.5	97.3	106.8	112.8	102.4	99.7
阜　新	101.2	101.5	98.6	100.3	107.8	101.0	105.2	104.9	92.1	100.0
辽　阳	100.9	101.6	100.2	100.2	106.3	93.7	103.8	104.5	99.9	100.1
盘　锦	101.4	102.5	99.2	96.4	109.8	96.1	106.5	108.8	97.3	100.1
铁　岭	101.1	102.2	99.7	99.3	106.7	95.1	101.3	111.3	98.4	99.2
朝　阳	101.0	102.7	100.0	98.6	107.5	96.1	111.8	112.7	93.1	98.5
葫芦岛	101.3	102.1	98.6	98.8	107.9	95.1	106.7	105.9	97.8	100.5

9-5 续表

市名称	茶及饮料	烟酒	衣着	居住	生活用品及服务	交通和通信	教育文化和娱乐	医疗保健	其他用品和服务
全　省	**101.0**	**101.8**	**101.4**	**100.5**	**100.7**	**99.8**	**102.8**	**102.5**	**101.6**
沈　阳	103.4	101.2	99.9	101.7	99.7	100.1	102.2	102.4	102.0
大　连	100.0	102.5	102.8	101.3	102.1	99.6	101.7	101.8	102.5
鞍　山	99.0	101.3	102.1	100.9	100.1	99.3	99.1	108.2	100.7
抚　顺	101.9	103.4	102.4	101.6	101.4	100.3	102.0	101.8	101.5
本　溪	101.2	101.3	102.5	99.8	101.3	100.2	103.7	100.1	99.9
丹　东	103.1	101.3	100.9	101.5	100.7	99.3	101.2	100.9	101.6
锦　州	99.7	101.4	101.2	99.6	101.0	100.1	104.3	103.5	101.9
营　口	100.2	101.7	100.5	100.1	100.9	99.9	102.9	100.4	101.0
阜　新	100.0	101.2	102.4	100.0	100.6	99.7	103.8	100.2	101.4
辽　阳	100.1	102.3	100.5	99.4	100.2	100.6	102.3	101.9	101.6
盘　锦	100.0	101.1	101.3	99.6	100.5	100.0	103.0	101.4	101.1
铁　岭	99.8	101.1	100.8	98.8	100.2	99.6	105.6	100.6	100.8
朝　阳	100.1	99.6	101.7	98.9	100.4	99.7	100.5	101.9	100.7
葫芦岛	100.0	100.5	100.1	97.7	99.3	99.5	111.0	101.1	100.0

9-6 农业生产资料价格指数

(上年=100)

项　　目	2007年	2008年	2009年	2010年	2011年	2012年	2013年	2014年	2015年	2016年
农业生产资料价格指数	**114.2**	**128.1**	**96.7**	**103.7**	**112.8**	**106.9**	**99.9**	**98.9**	**99.5**	**100.4**
1.农用手工工具	105.6	112.0	102.5	104.9	105.0	106.8	101.8	103.1	100.3	100.1
2.饲　　料	109.6	120.9	104.7	112.8	108.1	106.4	103.8	100.7	99.7	97.5
3.仔畜幼畜及产品畜	196.6	157.9	71.3	99.6	135.5	104.2	91.6	97.9	106.5	131.2
4.半机械化农具	102.1	107.2	100.4	102.9	102.2	101.3	100.1	100.1	99.2	99.4
5.机械化农具	102.0	106.5	101.4	103.4	103.3	102.0	100.3	101.4	99.0	99.6
6.化 学 肥 料	100.9	134.3	94.1	95.3	116.4	108.5	98.0	96.1	99.4	95.8
7.农药及农药械	102.0	108.7	103.1	99.0	102.9	102.9	102.0	101.0	100.8	99.4
8.农 机 用 油	105.5	114.8	87.3	112.5	111.7	104.4	99.8	97.6	84.9	98.5
9.其他农业生产资料	105.4	115.1	101.9	103.6	108.2	111.6	104.2	101.8	100.4	101.6
10.农业生产服务	118.1	121.1	112.6	108.4	108.2	106.6	104.0	102.9	101.3	99.8

9-7 各地区农村消费价格分类指数

(2016年，上年=100)

项　　目	辽中	瓦房店	海城	新宾	凤城	昌图	建平	北票	绥中
总 指 数	**101.4**	**101.4**	**101.8**	**101.9**	**101.7**	**103.5**	**101.1**	**101.8**	**101.1**
一、食品烟酒	102.5	104.3	103.3	101.5	103.3	102.9	103.0	101.8	103.6
二、衣着	99.4	100.4	102.2	100.8	103.1	102.8	101.4	100.6	100.5
三、居住	99.4	100.1	98.5	99.6	100.7	100.5	100.0	100.2	99.9
四、生活用品及服务	99.0	99.9	100.8	99.8	100.5	99.6	100.1	100.2	100.3
五、交通和通讯	99.7	99.4	99.8	101.0	100.4	99.6	98.8	97.8	98.2
六、教育文化和娱乐	105.0	100.4	105.4	101.6	100.6	118.7	98.9	99.4	102.2
七、医疗保健	101.9	100.7	102.2	110.3	101.8	102.6	102.6	112.0	98.3
八、其他用品和服务	102.2	103.1	101.1	103.8	102.2	101.4	101.0	102.6	103.0

9-8 工业生产者出厂价格主要分组指数

(上年=100)

项　目	2005年	2008年	2009年	2010年	2011年	2012年	2013年	2014年	2015年	2016年
总指数	**105.1**	**110.9**	**94.0**	**107.4**	**106.5**	**99.9**	**99.0**	**98.2**	**93.9**	**98.8**
一、按轻重工业分										
1. 轻　工　业	101.7	106.3	98.8	102.9	104.7	101.4	100.0	99.2	98.8	100.2
以农产品为原料	100.0	108.9	98.5	103.8	105.5	102.0	100.3	99.2	98.7	100.1
以非农产品为原料	102.7	103.6	99.2	102.0	101.7	99.1	98.9	99.0	99.1	100.6
2. 重工业	107.3	112.1	92.2	109.2	106.9	99.6	98.8	97.9	92.9	98.4
采　掘	119.0	114.7	85.8	120.3	110.2	95.5	97.3	96.5	88.2	102.4
原材料	107.5	114.0	91.9	115.2	111.7	101.9	99.0	97.4	87.1	96.5
加　工	103.6	108.9	93.8	103.5	104.6	99.2	98.8	98.3	95.7	98.8
二、按生产生活资料分										
1. 生产资料	106.5	111.3	93.2	108.2	107.0	99.7	98.8	98.0	92.9	98.5
采　掘	119.1	115.8	87.6	119.1	110.2	95.5	97.3	96.5	88.2	102.4
原材料	107.2	113.7	91.6	115.8	111.9	101.8	98.9	97.3	87.0	96.2
加　工	103.7	108.1	95.0	103.2	104.7	99.3	99.0	98.4	95.7	98.9
2. 生活资料	99.7	107.3	98.9	103.0	104.1	101.2	99.8	99.2	98.9	100.0
食　品	99.8	110.9	97.6	104.3	106.8	101.9	100.0	99.3	99.3	100.3
衣　着	99.6	102.6	101.8	100.8	102.3	102.1	100.7	98.6	97.7	99.0
一般日用品	100.0	103.2	97.9	101.5	102.1	99.8	99.6	99.2	97.9	101.1
耐用消费品	99.6	100.1	101.0	102.4	100.6	100.1	99.1	99.4	99.3	99.1
三、按工业部门分										
1. 冶 金 工 业	105.3	117.4	84.9	109.4	108.3	94.6	97.4	95.7	88.8	101.7
2. 电 力 工 业	103.3	101.8	102.4	102.2	100.8	103.6	100.0	99.4	98.5	98.5
3. 煤炭及炼焦工业	122.8	120.1	109.0	112.8	109.6	100.1	94.9	94.5	94.2	99.8
4. 石 油 工 业	117.4	117.1	87.0	125.1	119.4	105.4	99.4	96.7	77.8	92.5
5. 化 学 工 业	109.6	108.9	94.3	108.4	106.0	98.0	98.4	98.6	94.5	98.0
6. 机 械 工 业	101.5	102.6	99.9	99.3	102.5	100.1	99.4	99.3	98.9	98.6
7. 建筑材料工业	102.6	105.0	100.3	102.8	104.4	103.5	100.0	99.4	98.2	98.2
8. 森 林 工 业	101.3	102.9	99.6	104.1	104.6	103.1	99.5	100.0	98.9	100.4
9. 食 品 工 业	99.5	112.6	97.3	103.9	106.6	102.1	100.5	99.3	98.8	100.0
10. 纺 织 工 业	101.7	101.1	97.7	111.2	106.9	98.4	99.9	99.1	98.4	99.4
11. 缝 纫 工 业	100.8	101.4	101.2	100.5	102.3	102.1	100.7	98.4	97.2	99.1
12. 皮 革 工 业	95.6	107.3	104.7	103.3	99.2	101.1	100.7	101.2	103.4	98.5
13. 造 纸 工 业	102.2	107.3	98.0	103.5	103.2	100.4	98.8	98.8	98.4	99.7
14. 文教艺术用品工业	99.5	100.3	98.5	102.1	99.3	100.1	96.8	98.6	99.0	99.9
15. 其 他 工 业	102.2	105.2	98.6	103.0	104.3	99.7	96.8	100.9	98.2	98.4

9-9 工业生产者购进价格主要分组指数

(上年=100)

项　目	2005年	2008年	2009年	2010年	2011年	2012年	2013年	2014年	2015年	2016年
总指数	**108.1**	**111.5**	**93.3**	**108.6**	**108.3**	**99.0**	**98.5**	**98.0**	**93.5**	**97.9**
1.燃 料、动 力 类	112.5	111.7	97.1	112.4	109.6	101.1	97.0	98.1	86.8	94.2
2.黑色金属材料类	108.2	120.6	85.5	106.8	108.7	95.9	97.0	96.1	90.0	98.0
3.有色金属材料及电线类	112.8	99.1	84.3	111.1	108.9	97.4	95.0	97.1	96.3	99.9
4.化 工 原 料 类	110.4	107.1	90.6	108.1	107.3	96.5	97.8	98.9	96.1	97.1
5.木材及纸浆类	101.1	106.9	99.0	101.2	104.6	101.8	100.5	100.7	100.1	99.7
6.建筑材料及非金属类	105.5	117.1	98.5	105.3	109.4	103.3	99.8	99.5	98.1	98.4
7.其它工业原材料及半成品类	103.2	108.1	97.5	104.4	103.0	99.7	100.5	97.9	94.5	99.1
8.农 副 产 品 类	103.9	115.0	95.6	110.8	114.6	99.3	100.6	98.8	96.6	100.3
9.纺 织 原 料 类	102.9	103.5	99.9	105.2	106.3	99.7	99.8	99.3	98.9	100.3

主要统计指标解释

商品零售价格指数 商品零售价格，是指工业、商业、餐饮业和其他零售企业向城乡居民、机关团体出售生活消费品和办公用品的价格。商品零售价格指数，是反映一定时期内商品零售价格变动趋势和变动程度的相对数，利用商品零售价格指数，可以全面掌握市场商品零售价格的变动状况，为国家制定经济政策提供参考依据，同时还可在此基础上编制出其他各种派生价格指数，为研究市场流通、进行国民经济核算提供科学依据。

商品零售价格指数的汇总计算公式为加权算术平均公式，权数资料来源于社会消费品销售额统计和重点调查资料。所选商品为十四个大类，必报商品为 304 种。

居民消费价格指数 居民消费价格，是指城乡居民支付生活消费品和服务项目消费的价格，是社会产品和服务项目的最终价格。居民消费价格指数，是反映一定时期内居民消费价格变动趋势和变动程度的相对数，利用居民消费价格指数，可以全面观察居民消费价格变动对居民生活的影响，为党政领导和决策部门掌握消费价格状况，研究和制定居民消费政策、价格政策、工资政策、货币政策以及进行国民经济核算提供科学依据。

居民消费价格指数还是反映通货膨胀程度的重要指标。

农产品收购价格指数 农产品收购价格，是指各种经济类型的工商企业和其他单位以及个人直接从农民个人和国有农业生产单位收购农产品的价格。农产品收购价格指数，是反映一定时期内农产品收购价格变动趋势和变动程度的相对数，利用这一指数，可以反映农产品收购价格的变动情况及其对农产品生产者、收购者货币收支的影响，为国家制定、检查农产品收购政策，研究收购价格水平，差价政策和比价政策提供科学依据。

农产品收购价格指数的计算公式为加权倒数平均公式，权数资料来源于农村住户主要农村产品出售量、农村住户出售畜禽及渔业产品情况、国家和社会其他农产品收购部门的收购金额或收购量资料、历年农产品收购金额资料等。所选商品为十一个大类，250 种商品。

农业生产资料价格指数 农业生产资料价格，是指工商企业、供销合作社和其他单位及个人向农民出售农业生产资料的价格，也是农业生产资料在流通领域中最后一个环节的价格。农业生产资料价格指数，是反映一定时期内农业生产资料价格变动趋势和变动程度的相对数。利用这一指数可以掌握农业生产资料价格的变动情况，为国家制定有关政策，保障农民利益，促进农业发展提供决策参考依据；同时，也为研究市场流通和新国民经济核算体系提供科学依据。1994 年以前，农业生产资料价格指数仅仅是商品零售价格指数的一个类别，此后，从商品零售价格指数中单列出来，独立编制。

农业生产资料价格指数的计算公式为加权算术平均公式。权数资料来源于供销合作社等部门的销售统计资料和农村住户调查资料中的农业生产资料购买数量和金额资料。所选商品为十个大类，49 种主要商品。

工业生产者价格 是反映工业产品价格变化趋势和变动幅度的统计指标，是工业品价格在不同时间和空间条件下平均变动的相对数。工业生产者价格包括工业品第一次出售时的出厂价格和企业作为中间投入的原材料、燃料、动力购进价格，是进行国民经济核算和经济管理的重要依据。

十、人民生活

Chapter 10 People's Living Conditions

10-1　人民物质文化生活提高情况

项　　目	单位	2005年	2008年	2009年	2010年	2011年	2012年	2013年	2014年	2015年	2016年
就　　业											
每一农村劳动力负担人数	人	1.34	1.31	1.30	1.30	1.30	1.30	1.38	1.34	1.32	1.29
每一城镇就业者负担人数	人	2.03	1.97	1.95	1.95	2.03	1.99	1.84	-	-	-
收　　入											
农村常住居民人均可支配收入	元	3690.2	5576.5	5958.0	6908.0	8296.5	9383.7	10522.7	11191.5	12056.9	12880.7
城镇常住居民人均可支配收入	元	9107.6	14392.7	15761.4	17712.6	20466.8	23222.7	25578.2	29081.7	31125.7	32876.1
在岗职工平均工资	元	17331.0	27729.0	31104.0	35057.0	38713.4	42502.9	46309.8	49110.4	53457.9	57148.3
消费水平											
全省居民消费水平	元	6447	9690	10906	13016	15635	17999	20156	22260	23693	23670
农村居民	元	3175	4409	5039	5955	7221	8652	10417	12178	13707	12145
城镇居民	元	8749	13265	14786	17488	20560	23065	25161	27282	28567	29254
储　　蓄											
城乡居民年底储蓄存款余额	亿元	6950.2	10127.3	12030.9	13690.3	15529.6	17967.4	19857.9	21396.8	23995.8	25882.1
平均每人储蓄存款余额	元	16591.0	23891.4	28300.8	32183.6	36511.9	42277.2	46819.3	50451.1	56635.3	61175.5
住　　房											
农村平均每人住房面积	平方米	25.1	26.4	27.0	27.3	29.0	29.5	30.8	32.0	32.6	33.7
城市平均每人建筑面积	平方米	22.0	25.7	26.6	26.9	27.3	27.3	28.8	29.0	29.0	29.0
交通、邮电											
城市每万人拥有公共汽车	辆	8.9	10.6								
每人每年函件交寄	件	3.0	2.0	1.8	2.0	2.1	1.7	1.7	2.5	1.6	1.0
城市公用事业											
自来水普及率	%	93.8	96.9	97.2	97.4	98.4	98.5	98.8	98.7	98.8	99.0
燃气普及率	%	88.1	92.4	93.7	94.2	95.5	96.0	96.2	96.2	94.8	96.1
文　　化											
每百户拥有彩色电视机											
城　　镇	台	122.1	119.3	121.8	123.1	115.7	114.7	106.9	107.5	108.0	108.5
农　　村	台	102.3	109.8	110.9	111.7	112.1	112.2	109.5	109.8	111.0	112.0
教　　育											
学龄儿童入学率	%	99.7	99.9	99.9	99.9	99.9	99.9	99.9	99.9	99.9	99.9
每万人口有大学生	人	158.0	193.9	200.8	206.8	279.0	289.5	300.2	303.8	297.6	294.7
卫　　生											
每万人拥有医院病床	张	42.5	43.1	45.1	48.0	51.0	52.8	57.1	60.3	60.9	65.0
每万人拥有医生	人	21.8	21.4	21.6	22.0	23.3	23.7	24.4	24.0	24.7	25.1

注：1.表中2014－2016年住房面积为新口径住户调查汇总指标，与2013年数据不可比。

2.2014－2016年城镇居民和农村居民数据为实施城乡住户调查一体化改革之后发布的新口径数据，城乡居民收入均为人均可支配收入，相关指标定义与2013年及之前有所不同，数据不可比。2013年之前农村居民收入数据为农村居民人均纯收入。下同。

10-2 城乡居民家庭人均收入及恩格尔系数

年份	城镇常住居民人均可支配收入(元)	指数(1978=100)	农村常住居民人均可支配收入(元)	指数(1978=100)	城镇居民家庭恩格尔系数(%)	农村居民家庭恩格尔系数(%)
1978	363.3	100.0	185.2	100.0		63.8
1979			235.0	126.9		60.5
1980	493.9	136.0	273.0	147.4		56.3
1981	508.1	139.9	306.6	165.6		53.8
1982	529.4	145.7	334.3	180.5		54.7
1983	548.7	151.0	452.5	244.3		53.0
1984	636.1	175.1	477.4	257.8		54.9
1985	704.3	193.9	485.7	262.3	54.7	51.6
1986	881.9	242.8	533.2	287.9	53.6	51.0
1987	992.4	273.2	599.3	323.6	53.6	50.7
1988	1204.0	331.4	699.6	377.8	50.7	48.5
1989	1417.3	390.1	740.2	399.7	54.3	49.5
1990	1551.0	426.9	836.2	419.2	55.3	54.1
1991	1705.6	469.5	896.7	484.2	55.9	52.6
1992	1936.0	532.9	995.1	537.3	54.4	51.7
1993	2299.5	633.0	1161.0	626.9	50.5	55.1
1994	3047.0	838.7	1423.5	768.6	51.5	58.0
1995	3691.4	1016.1	1756.5	948.4	51.9	60.3
1996	4207.2	1158.1	2150.0	1160.9	50.1	56.5
1997	4518.1	1243.6	2301.5	1242.7	48.1	55.4
1998	4617.2	1270.9	2579.8	1393.0	44.6	52.8
1999	4898.6	1348.4	2501.0	1350.4	43.4	50.6
2000	5357.8	1474.8	2355.6	1271.9	40.7	46.5
2001	5797.0	1595.7	2557.9	1381.2	39.7	45.6
2002	6524.6	1795.9	2751.3	1485.6	38.8	45.0
2003	7240.6	1993.0	2934.2	1584.3	39.4	43.2
2004	8007.6	2204.1	3307.1	1785.7	40.4	46.4
2005	9107.6	2506.9	3690.2	1992.6	38.8	41.6
2006	10369.6	2854.3	4090.4	2208.6	38.8	41.2
2007	12300.4	3385.7	4773.4	2577.4	37.8	39.6
2008	14392.7	3961.7	5576.5	3011.0	39.0	40.6
2009	15761.4	4338.4	5958.0	3217.1	38.0	36.7
2010	17712.6	4875.5	6908.0	3730.0	35.1	38.2
2011	20466.8	5633.6	8297.5	4480.3	35.5	39.1
2012	23222.7	6392.2	9383.7	5066.8	35.0	38.4
2013	25578.2	7040.5	10522.7	5681.8	32.2	32.9
2014	29081.7	—	11191.5	—	28.3	28.3
2015	31125.7	—	12056.9	—	28.3	28.2
2016	32876.1	-	12880.7	-	27.6	26.9

注：1.1978年可支配收入为推算数。
2.1978-1984年为全省城市数。

10-3 城镇居民家庭基本情况

指　标	单位	2005年	2008年	2009年	2010年	2011年	2012年	2013年	2014年	2015年	2016年
一、平均每户家庭人口	人	**2.85**	**2.75**	**2.73**	**2.71**	**2.64**	**2.67**	**2.51**	**2.52**	**2.55**	**2.59**
二、平均每户就业人口	人	**1.40**	**1.39**	**1.40**	**1.38**	**1.30**	**1.34**	**1.36**	-	-	-
三、平均每户就业面	%	**49.12**	**50.50**	**51.28**	**50.92**	**49.24**	**50.19**	**54.30**	-	-	-
四、负担系数	人	**2.03**	**1.98**	**1.95**	**1.96**	**2.03**	**1.99**	**1.84**	-	-	-
五、平均每人全部年收入	元	**9837.20**	**15836.25**	**17757.70**	**20014.57**	**22879.77**	**25915.72**	**27904.89**			
#可支配收入	元	9107.55	14392.69	15761.38	17712.58	20466.84	23222.67	25578.17	29081.75	31125.73	32876.09
(一)工资性收入	元	6103.41	9494.59	10420.60	11712.68	13093.86	14846.05	15882.02	16239.60	17126.74	18315.81
1.工资及补贴收入	元	6003.75	9283.71	10233.65	11563.68	12835.69	14589.80	15653.81			
2.其它劳动收入	元	99.66	210.88	186.95	149.01	258.18	256.25	228.21			
(二)经营净收入	元	486.03	1483.30	1553.18	1797.82	2285.41	2710.30	3009.60	3421.92	3611.94	3950.81
(三)财产性收入	元	95.60	248.04	239.81	249.59	333.55	493.01	674.17	2147.74	2149.29	1832.59
1.利息收入	元	13.12	42.94	42.01	49.71	59.60	248.98	211.48			
2.股息与红利收入	元	9.45	58.23	41.41	34.23	33.01	18.36	112.45			
3.保险收益	元	3.57	9.10	7.50	3.02	4.20	7.15	15.42			
4.其它投资收入	元	13.14	64.46	62.40	65.71	81.66	23.66	54.07			
5.出租房屋收入	元	55.29	69.11	75.05	79.84	99.24	182.01	251.79			
6.知识产权收入	元	0.09	0.02	1.78	10.73	49.37	3.96	4.65			
7.其它财产性收入	元	0.93	4.17	9.66	6.36	6.47	8.90	16.96			
(四)转移性收入	元	3152.17	4610.32	5544.11	6254.48	7166.95	7866.35	8339.10	7272.49	8237.76	8776.87
1.养老金或离退休金	元	2573.62	3865.03	4638.72	5379.14	6160.02	7017.41	6713.28			
2.社会救济收入	元	35.68	53.02	50.57	45.48	65.27	70.65	123.77			
3.辞退金	元	44.24	7.69	6.31	20.68	8.24	1.78	5.35			
4.赔偿收入	元	5.32	15.92	12.11	3.63	5.70	4.28	2.09			
5.保险收入	元	46.31	20.46	17.04	17.06	9.87	14.67	5.24			
#失业保险金	元	42.51	9.92	9.18	11.32	7.37	10.80	5.24			
6.赡养收入	元	82.20	196.29	224.46	172.73	201.86	199.88	616.60			
7.捐赠收入	元	250.35	306.19	385.53	379.87	484.48	237.13	370.01			
8.亲友搭伙费	元	13.07					61.93				
9.提取住房公积金	元	43.82	33.35	77.89	55.53	39.10	221.93	166.11			
10.记帐补贴	元	42.51	79.30	102.67	142.68	135.49	36.68	230.16			
11.其它转移性收入	元	15.05	33.06	28.81	37.68	56.92		106.48			
六、平均每人出售财物收入	**元**	**164.41**	**267.81**	**222.36**	**349.45**	**274.92**	**137.88**	**185.85**			
1.出售住房收入	元	161.11	257.75	217.88	306.42	242.69	117.13	179.41			
2.出售其它物品收入	元	3.29	10.06	4.47	43.03	32.23	20.75	6.44			
七、平均每人消费性支出	**元**	**7369.27**	**11231.48**	**12324.58**	**13280.04**	**14789.61**	**16593.60**	**18029.65**	**20519.57**	**21556.72**	**24995.89**
1.食品支出	元	2860.98	4378.14	4680.85	4658.00	5254.96	5809.39	5803.90	5816.91	6092.46	6901.64
2.衣着支出	元	740.83	1187.41	1338.84	1586.81	1854.63	2042.40	2100.71	1987.20	2065.55	2321.27
3.家庭设备用品及服务	元	304.80	507.40	607.51	785.67	929.37	1069.65	1145.57	1234.80	1359.46	1558.19
4.医疗保健支出	元	751.16	913.13	1018.44	1079.81	1208.30	1309.62	1343.05	1630.76	1761.91	2313.64
5.交通和通信支出	元	744.02	1295.70	1493.17	1773.26	1899.06	2323.29	2589.18	2434.29	2768.95	3446.97
6.教育和文化娱乐服务支出	元	849.53	1145.46	1283.68	1495.90	1614.52	1843.89	2258.46	2275.93	2418.70	3018.52
7.居住支出	元	792.75	1270.95	1293.00	1314.79	1385.62	1433.28	1936.10	4428.24	4416.13	4632.83
8.其它商品和服务支出	元	325.18	533.29	609.09	585.78	643.15	762.07	852.69	711.45	673.57	802.83

注：表中2013年后数据为新口径住户调查汇总指标，与2013年数据不可比，下同。

10-4 城镇居民家庭平均每人可支配收入

(2016年)

指　　标	单位	合计	低收入户	中　低 收入户	中　等 收入户	中　高 收入户	高收入户
可支配收入	**元**	**32876.09**	**13573.49**	**24182.04**	**31390.96**	**40007.34**	**61711.93**
一、工资性收入	**元**	**18315.81**	**9128.22**	**14046.71**	**15799.70**	**22061.03**	**33832.23**
(一)工资	元	16746.04	8842.93	13289.49	14687.44	19910.46	29786.52
(二)实物福利	元	294.19	131.28	205.51	286.33	361.76	542.22
(三)其他	元	1275.59	154.01	551.71	825.93	1788.80	3503.50
二、经营净收入	**元**	**3950.81**	**1670.87**	**2797.08**	**3078.11**	**3715.05**	**9421.52**
(一)第一产业经营净收入	元	364.26	257.30	355.05	186.04	378.81	694.39
1.农业	元	152.57	169.68	145.41	111.09	264.10	66.91
2.林业	元	19.54	33.56	20.19	9.76	30.58	0.00
3.牧业	元	77.23	33.77	125.76	27.21	55.27	155.51
4.渔业	元	114.92	20.29	63.68	37.98	28.87	471.98
(二)第二产业经营净收入	元	289.05	-98.74	187.23	227.70	349.17	907.20
(三)第三产业经营净收入	元	3297.50	1512.31	2254.80	2664.38	2987.07	7819.93
三、财产净收入	**元**	**1832.59**	**645.32**	**1239.99**	**1616.36**	**2121.71**	**3970.49**
(一)利息净收入	元	6.27	-246.30	62.24	57.64	4.75	208.91
(二)红利收入	元	48.43	6.78	8.32	39.91	17.65	190.20
(三)储蓄性保险净收益	元	0.63	0.26	1.53	1.31		
(四)转让承包土地经营权租金净收入	元	14.83	25.00	10.69	9.16	27.03	
(五)出租房屋财产性收入	元	220.28	91.12	126.51	116.35	137.76	696.97
(六)出租机械、专利、版权等资产的收入	元	5.95	24.26	1.89			0.16
(七)其他财产净收入	元	5.13	-3.06	-0.79	5.10	-2.17	30.24
(八)房屋虚拟租金	元	1531.06	747.27	1029.62	1386.90	1936.68	2844.02
四、转移净收入	**元**	**8776.87**	**2129.08**	**6098.26**	**10896.78**	**12109.55**	**14487.68**
(一)转移性收入	元	11099.23	3863.57	7704.28	12810.14	14553.76	18716.45
1.养老金或离退休金	元	9840.35	3237.84	7038.17	11921.48	13273.91	15572.51
2.社会救济和补助	元	70.28	107.88	23.91	56.07	67.00	95.18
3.政策性生活补贴	元	26.28	19.77	30.21	16.31	15.00	53.10
4.报销医疗费	元	519.03	86.61	165.76	322.60	605.96	1607.13
5.家庭外出从业人员寄回带回收入	元	92.10	54.81	46.68	110.07	125.35	137.11
6.赡养收入	元	278.22	188.52	240.82	229.61	315.64	450.61
7.其他经常转移收入	元	228.06	113.53	116.66	122.11	88.74	768.90
8.从政府和组织得到的实物产品和服务折价	元	28.07	21.20	22.20	19.67	50.09	29.63
9.现金政策性惠农补贴	元	16.83	33.43	19.85	12.23	12.07	2.28
(二)转移性支出	元	2322.35	1734.50	1606.02	1913.36	2444.21	4228.77

10-5 各地区城镇常住居民人均可支配收入

单位：元

地 区	2006年	2008年	2009年	2010年	2011年	2012年	2013年	2014年	2015年	2016年
全 省	**10370**	**14393**	**15761**	**17713**	**20467**	**23223**	**25578**	**29082**	**31126**	**32876**
沈 阳	11651	17013	18475	20541	23326	26431	29074	34233	36643	38995
大 连	13350	17500	19014	21293	24276	27539	30238	33591	35889	38050
鞍 山	10761	15074	16530	18423	21297	24194	26662	27846	29943	31443
抚 顺	9305	12434	13557	15303	18069	20545	22702	25035	26818	28467
本 溪	9478	13311	14705	16775	19752	22466	24960	25972	27720	29137
丹 东	7860	11641	12827	14536	17123	19625	21745	22931	24724	26111
锦 州	9981	13963	15386	17375	20171	22995	25340	25214	27040	28484
营 口	10135	14352	15858	18055	20894	23986	26600	28222	30458	32318
阜 新	7598	10114	11117	12711	14994	17123	19058	21195	22662	23980
辽 阳	9649	13262	14568	16570	19469	22259	24619	24382	26389	28133
盘 锦	12205	17046	18563	21035	24266	27533	30148	30857	32465	34322
铁 岭	7437	10907	12055	13730	16203	18587	20576	19276	20689	21788
朝 阳	7440	10517	11554	12961	14958	17112	18891	19634	21211	22381
葫芦岛	9795	13942	15305	17371	20159	22941	25304	23010	24768	26338

10-6 城镇居民家庭平均每人总支出

(2016年)

单位：元

指 标	合计	低收入户	中低收入户	中等收入户	中高收入户	高收入户
家庭总支出	**37178.87**	**26148.82**	**27228.47**	**32527.63**	**40855.21**	**64074.64**
(一)消费支出	24995.89	13566.09	19061.90	23821.82	29230.29	43295.72
1.食品烟酒	6901.64	4119.09	6035.93	6905.26	8057.33	10232.38
2.衣着	2321.27	1158.13	1731.34	2148.04	2733.99	4246.46
3.居住	4632.83	2590.30	3436.30	4302.88	5877.02	7677.50
4.生活用品及服务	1558.19	698.98	1033.97	1421.29	1939.74	3011.37
5.交通通信	3446.97	1774.62	2416.66	3441.98	3826.20	6381.39
6.教育文化娱乐	3018.52	2004.10	2516.12	2703.76	3451.16	4788.49
7.医疗保健	2313.64	942.23	1351.93	2109.23	2421.02	5293.76
8.其他用品和服务	802.83	278.63	539.64	789.37	923.84	1664.37
(二)财产性支出	176.92	293.72	54.83	142.84	174.13	209.80
1.生活贷款利息支出	173.84	289.65	53.85	138.36	171.96	206.10
2.其他财产性支出	3.09	4.07	0.98	4.48	2.17	3.69
(三)转移性支出	2322.57	1734.50	1607.14	1913.36	2444.21	4228.67
1.个人所得税	101.83	6.26	12.17	12.36	89.89	439.94
2.社会保障支出	1859.34	1350.07	1358.83	1554.31	2024.70	3253.75
其中：个人缴纳的养老保险	1386.68	1063.42	992.09	1131.40	1497.82	2422.79
个人缴纳的医疗保险	395.04	270.85	317.08	356.45	419.63	660.89
个人缴纳的失业保险	65.70	12.47	40.79	57.69	93.50	142.02
其他社会保障支出	11.92	3.32	8.86	8.76	13.74	28.06
3.外来从业人员寄给家人的支出	0.68	0.18				3.61
4.赡养支出	224.54	286.55	165.97	212.00	212.18	240.13
5.其他转移性支出	136.17	91.45	70.17	134.70	117.45	291.24
(四)购置资产及非经常性转移支出	4688.79	2765.26	3830.56	3687.32	5872.69	8000.22
1.购置资产支出	1409.54	965.00	1003.38	562.34	2060.17	2700.43
2.非经常性转移支出	3279.25	1800.26	2827.17	3124.99	3812.52	5299.79

10-7 各地区城市居民平均每人全年消费支出

单位：元

地 区	2005年	2008年	2009年	2010年	2011年	2012年	2013年	2014年	2015年	2016年
全 省	**7369.27**	**11231.48**	**12324.58**	**13280.04**	**14789.61**	**16593.60**	**18029.65**	**20519.57**	**21556.72**	**24995.89**
沈 阳	7862.83	14667.90	16110.85	16961.44	18146.92	20002.92	24633.69	22519.80	26531.74	32548.92
大 连	9996.41	14101.38	15329.83	16579.70	18846.40	20417.46	23071.24	24781.60	25824.40	27118.67
鞍 山	7631.91	11136.03	12065.20	13709.68	14909.06	16388.93	17456.16	16975.10	18537.00	21384.28
抚 顺	6747.38	8747.72	9265.29	10006.53	12440.24	13767.50	15342.68	17352.58	18060.54	20631.88
本 溪	6730.90	10166.97	11218.02	12119.39	13981.95	16064.51	17863.27	20134.07	21293.94	22763.33
丹 东	5909.87	9210.15	10380.10	11322.67	12725.15	14490.39	13773.37	15219.00	16315.20	17903.70
锦 州	7203.15	9904.18	10795.09	11801.50	13651.75	16967.55	14279.09	15118.29	17629.63	19202.51
营 口	7254.28	10448.16	11301.20	12223.26	12994.43	16453.15	16467.43	16674.32	18215.40	20478.07
阜 新	5413.73	7509.61	8384.05	9047.36	11126.98	12796.58	14914.06	15849.16	16574.80	17763.19
辽 阳	6527.26	9234.49	10459.60	11070.63	12651.18	15090.31	15258.59	15908.24	17319.32	20041.57
盘 锦	8858.99	12631.38	13486.39	13923.00	15213.02	18152.64	18883.27	18882.00	20322.62	21897.00
铁 岭	5503.11	8404.29	9366.00	10322.56	12039.06	14385.68	11590.30	12817.00	13820.00	14816.00
朝 阳	5329.45	8111.40	8634.90	9318.12	10334.12	11375.56	12008.59	12586.00	13219.00	16114.32
葫芦岛	6694.50	9012.12	10051.28	10969.40	12132.26	12990.57	13344.81	14181.53	15103.33	16055.73

注：由于居民收支调查一体化改革，2013年后消费数据为全省城镇常住居民新口径数据，与2012年以前的老口径数据不匹配。

10-8 城镇居民家庭平均每人消费支出

(2016年)

单位：元

指 标	合计	低收入户	中低收入户	中等收入户	中高收入户	高收入户
消费支出	**24995.89**	**13566.09**	**19061.90**	**23821.82**	**29230.29**	**43295.72**
一、食 品	**6901.64**	**4119.09**	**6035.93**	**6905.26**	**8057.33**	**10232.38**
1.食品	4777.41	3040.45	4350.52	4879.31	5622.48	6483.35
2.烟酒	574.23	367.84	543.56	579.41	608.12	831.90
3.饮料	138.65	83.33	116.50	129.76	162.89	219.21
4.饮食服务	1411.35	627.47	1025.35	1316.79	1663.85	2697.91
二、衣 着	**2321.27**	**1158.13**	**1731.34**	**2148.04**	**2733.99**	**4246.46**
1.衣类	1762.92	856.90	1283.48	1651.31	2082.98	3261.12
2.鞋类	558.36	301.23	447.86	496.72	651.01	985.34
三、生活用品及服务	**1558.19**	**698.98**	**1033.97**	**1421.29**	**1939.74**	**3011.37**
1.家具及室内装饰品	209.11	49.27	101.14	121.84	255.16	586.67
2.家用器具	378.93	152.33	214.57	358.88	550.74	699.07
3.家用纺织品	147.94	60.41	115.27	134.83	186.57	271.28
4.家庭日用杂品	421.39	238.06	309.10	399.21	471.21	757.60
5.个人用品	345.03	180.20	248.37	350.99	403.61	598.95
6.家庭服务	55.80	18.70	45.53	55.53	72.45	97.80
四、医疗保健	**2313.64**	**942.23**	**1351.93**	**2109.23**	**2421.02**	**5293.76**
1.医疗器具及药品	982.18	476.15	667.04	1080.99	1170.35	1684.68
2.医疗服务	1331.46	466.08	684.90	1028.24	1250.67	3609.08
五、交通通信	**3446.97**	**1774.62**	**2416.66**	**3441.98**	**3826.20**	**6381.39**
交 通	2322.22	1062.47	1478.66	2350.45	2541.36	4645.69
通 信	1124.75	712.15	938.00	1091.54	1284.84	1735.70
六、教育文化娱乐	**3018.52**	**2004.10**	**2516.12**	**2703.76**	**3451.16**	**4788.49**
1.教育	1678.23	1501.15	1698.99	1484.49	1647.29	2128.81
2.文化娱乐	1340.29	502.94	817.13	1219.27	1803.87	2659.68
七、居 住	**4632.83**	**2590.30**	**3436.30**	**4302.88**	**5877.02**	**7677.50**
1.租赁房房租	154.35	65.96	153.19	183.03	219.62	167.62
2.住房维修及管理	488.22	255.54	302.26	310.58	830.88	835.28
3.水电燃料及其他	1402.66	947.58	1184.74	1412.81	1613.24	2002.24
八、其它商品和服务	**802.83**	**278.63**	**539.64**	**789.37**	**923.84**	**1664.37**
1.其他用品	359.74	131.57	260.51	382.07	377.91	722.22
2.其他服务	443.09	147.06	279.13	407.31	545.93	942.15

10-9 城镇居民家庭平均每人消费支出构成

(2016年)

单位：%

指 标	合计	低收入户	中低收入户	中等收入户	中高收入户	高收入户
消费支出	**100.00**	**100.00**	**100.00**	**100.00**	**100.00**	**100.00**
一、食 品	**27.61**	**30.36**	**31.66**	**28.99**	**27.57**	**23.63**
1.食品	19.11	22.41	22.82	20.48	19.24	14.97
2.烟酒	2.30	2.71	2.85	2.43	2.08	1.92
3.饮料	0.55	0.61	0.61	0.54	0.56	0.51
4.饮食服务	5.65	4.63	5.38	5.53	5.69	6.23
二、衣 着	**9.29**	**8.54**	**9.08**	**9.02**	**9.35**	**9.81**
1.衣类	7.05	6.32	6.73	6.93	7.13	7.53
2.鞋类	2.23	2.22	2.35	2.09	2.23	2.28
三、生活用品及服务	**6.23**	**5.15**	**5.42**	**5.97**	**6.64**	**6.96**
1.家具及室内装饰品	0.84	0.36	0.53	0.51	0.87	1.36
2.家用器具	1.52	1.12	1.13	1.51	1.88	1.61
3.家用纺织品	0.59	0.45	0.60	0.57	0.64	0.63
4.家庭日用杂品	1.69	1.75	1.62	1.68	1.61	1.75
5.个人用品	1.38	1.33	1.30	1.47	1.38	1.38
6.家庭服务	0.22	0.14	0.24	0.23	0.25	0.23
四、医疗保健	**9.26**	**6.95**	**7.09**	**8.85**	**8.28**	**12.23**
1.医疗器具及药品	3.93	3.51	3.50	4.54	4.00	3.89
2.医疗服务	5.33	3.44	3.59	4.32	4.28	8.34
五、交通通信	**13.79**	**13.08**	**12.68**	**14.45**	**13.09**	**14.74**
交 通	9.29	7.83	7.76	9.87	8.69	10.73
通 信	4.50	5.25	4.92	4.58	4.40	4.01
六、教育文化娱乐	**12.08**	**14.77**	**13.20**	**11.35**	**11.81**	**11.06**
1.教育	6.71	11.07	8.91	6.23	5.64	4.92
2.文化娱乐	5.36	3.71	4.29	5.12	6.17	6.14
七、居 住	**18.53**	**19.09**	**18.03**	**18.06**	**20.11**	**17.73**
1.租赁房房租	0.62	0.49	0.80	0.77	0.75	0.39
2.住房维修及管理	1.95	1.88	1.59	1.30	2.84	1.93
3.水电燃料及其他	5.61	6.98	6.22	5.93	5.52	4.62
八、其它商品和服务	**3.21**	**2.05**	**2.83**	**3.31**	**3.16**	**3.84**
1.其他用品	1.44	0.97	1.37	1.60	1.29	1.67
2.其他服务	1.77	1.08	1.46	1.71	1.87	2.18

10-10 城镇居民家庭平均每人食品消费情况(含自产自用)

(2016年) 单位：千克

品 名	合计	低收入户	中低收入户	中等收入户	中高收入户	高收入户
小麦	47.14	38.37	46.39	49.48	49.84	53.79
稻谷	52.69	52.34	59.03	51.99	49.85	49.61
猪肉	18.58	14.78	19.69	19.88	20.11	19.10
牛肉	3.56	1.89	3.22	3.99	4.44	4.64
羊肉	2.30	1.17	2.21	2.43	2.92	3.04
鸡	4.00	3.19	4.28	4.08	4.33	4.29
鲜蛋	13.84	11.61	14.06	14.29	14.74	15.00
鱼类	9.97	6.49	9.85	10.41	11.81	12.13
虾贝蟹类	5.81	2.90	5.25	5.61	7.39	8.71
藻类	0.67	0.49	0.72	0.72	0.73	0.74
鲜菜	117.99	91.03	116.95	125.32	129.80	133.00
白酒	3.22	2.93	3.71	3.54	2.98	2.92
啤酒	13.34	9.85	14.28	13.40	14.27	15.67
果酒	0.21	0.08	0.17	0.22	0.26	0.33
茶叶	0.19	0.10	0.16	0.17	0.23	0.29
鲜瓜果	71.52	53.05	62.49	74.57	83.07	89.96
糕点	5.30	3.66	4.77	5.78	5.85	6.87
鲜奶	13.65	8.94	12.71	13.28	16.58	18.05
酸奶	4.37	1.97	2.88	4.74	5.91	7.13
奶粉	0.49	0.24	0.72	0.37	0.54	0.65

10-11 城镇居民家庭平均每百户年末耐用品拥有量

(2016年)

品 名	单位	合计	低收入户	中低收入户	中等收入户	中高收入户	高收入户
1.家用汽车	辆	27.9	15.7	22.5	23.7	31.7	45.9
2.摩托车	辆	8.9	19.2	9.7	5.1	6.0	4.3
3.助力车	台	15.0	24.0	16.5	13.9	9.9	10.7
4.洗衣机	台	94.6	90.5	94.4	94.9	96.3	96.7
5.电冰箱(柜)	台	98.7	95.6	96.8	99.8	100.0	101.1
6.微波炉	台	59.5	37.2	51.7	61.6	69.5	77.3
7.彩色电视机	台	108.5	104.4	106.4	107.1	109.1	115.3
8.其中：接入有线电视	台	90.1	80.3	84.5	91.4	93.8	100.4
9.空调	台	35.3	15.1	24.0	30.6	43.5	63.0
10.热水器	台	76.9	56.1	69.8	78.7	87.5	92.3
11.其中：太阳能热水器	台	13.1	14.5	13.5	13.5	11.8	12.1
12.消毒碗柜	台	3.9	1.2	1.3	3.0	4.5	9.5
13.洗碗机	台	0.9	1.0	0.0	0.2	0.4	3.0
14.排油烟机	台	78.4	60.6	73.9	82.8	85.9	88.9
15.固定电话	线	46.5	41.3	42.1	47.6	47.7	53.8
16.移动电话	部	210.7	215.2	215.7	210.5	205.8	206.2
17.其中：接入互联网	部	120.2	105.0	114.3	120.1	121.5	140.1
18.计算机	台	71.3	60.5	64.2	68.3	76.1	87.2
19.其中：接入互联网	台	62.9	52.7	56.0	60.1	69.3	76.6
20.摄像机	台	8.7	1.9	4.4	7.5	10.6	19.0
21.照相机	台	29.5	13.9	19.3	29.2	37.2	47.8
22.中高档乐器	架	5.1	1.6	3.8	4.7	5.9	9.6
23.健身器材	台	4.0	1.5	2.3	2.7	4.9	8.8
24.组合音响	套	4.4	2.2	2.8	3.4	5.8	7.9

10-12 农民家庭基本情况

指　　标	单位	2005年	2008年	2009年	2010年	2011年
调查户人口						
1.平均每户常住人口	人	3.37	3.26	3.20	3.18	3.20
2.平均每户整、半劳动力	人	2.52	2.49	2.46	2.45	2.47
3.平均每个劳动力负担人口(含本人)	人	1.34	1.31	1.30	1.30	1.30
平均每人全年收入						
1.总收入	元	6028.30	9346.41	9912.58	10902.52	13898.12
2.可支配收入	元	3690.20	5576.48	5958.00	6907.93	8296.54
3.现金收入	元	5491.40	8449.53	9219.59	9907.70	12855.16
按人均纯收入分组的户数占调查户数比重						
200元以下	%	1.69	1.69	1.75	2.01	2.87
200—500元	%	1.06	0.63	0.69	0.63	0.69
500—800元	%	1.43	0.79	0.90	0.85	0.83
800—1000元	%	1.38	1.06	0.74	0.42	0.37
1000—1200元	%	2.38	1.38	0.79	0.85	0.32
1200—1500元	%	4.87	2.06	2.22	1.06	0.74
1500—1700元	%	4.18	1.75	1.69	1.01	0.83
1700—2000元	%	6.35	2.75	3.02	1.96	1.25
2000—2500元	%	10.21	5.50	4.92	4.18	2.31
2500—3000元	%	11.22	7.25	5.66	4.39	2.96
3000—3500元	%	8.84	6.77	6.19	4.76	3.70
3500—4000元	%	9.26	6.19	6.14	4.81	3.52
4000—4500元	%	8.31	5.50	6.19	5.93	3.98
4500—5000元	%	5.03	7.09	7.09	5.45	4.35
5000元以上	%	23.81	49.58	52.01	61.69	71.25
平均每人全年支出	**元**	**5566.30**	**8289.70**	**9147.74**	**9604.74**	**12241.38**
家庭经营费用支出	元	2061.20	3386.63	3551.88	3618.78	4833.96
购置生产性固定资产支出	元	238.50	240.50	316.35	403.47	609.30
税费支出	元	6.30	4.60	9.72	1.76	9.41
生活消费支出	元	2699.70	3814.03	4255.61	4489.50	5406.41
财产性支出	元	37.10	31.36	61.36	79.80	0.73
转移性支出	元	521.80	808.18	949.15	1003.41	1371.32

10-12 续表

指　　标	单位	2012年	2013年	2014年	2015年	2016年
调查户人口						
1.平均每户常住人口	人	3.15	3.04	2.80	2.80	2.80
2.平均每户整、半劳动力	人	2.42	2.20	2.09	2.12	2.16
3.平均每个劳动力负担人口(含本人)	人	1.30	1.38	1.34	1.32	1.29
平均每人全年收入						
1.总收入	元	15274.61	17280.05	20135.55	21755.79	24246.40
2.可支配收入	元	9383.72	10522.69	11191.49	12056.87	12880.71
3.现金收入	元	14171.21	16924.77	19266.85	20612.00	22857.97
按人均纯收入分组的户数占调查户数比重						
200元以下	%	3.80	3.07	2.99		
200—500元	%	0.42	0.40	0.21		
500—800元	%	0.51	0.56	0.38		
800—1000元	%	0.46	1.02	0.74		
1000—1200元	%	0.37	0.56	0.41		
1200—1500元	%	0.74	0.82	0.93		
1500—1700元	%	0.65	0.60	0.86		
1700—2000元	%	1.16	1.03	1.09		
2000—2500元	%	1.71	1.45	1.15		
2500—3000元	%	2.69	1.78	1.89		
3000—3500元	%	2.87	3.10	1.86		
3500—4000元	%	2.92	2.40	2.94		
4000—4500元	%	3.43	2.50	2.93		
4500—5000元	%	3.38	3.47	3.14		
5000元以上	%	74.91	77.26	78.50		
平均每人全年支出	**元**	**13326.99**	**16054.71**	**20783.33**	**22126.83**	**26681.86**
家庭经营费用支出	元	5175.80	6266.44	7840.57	8521.88	9948.73
购置生产性固定资产支出	元	571.16	448.26	865.93	894.43	1766.52
税费支出	元	9.64	0.53	-	-	-
生活消费支出	元	5998.39	7158.96	7800.75	8872.84	9953.15
财产性支出	元	22.75	4.27	10.91	27.34	13.75
转移性支出	元	1537.96	2172.19	499.98	568.83	619.82

10-13 农民家庭人均总收入与常住居民人均可支配收入

单位：元

指 标	2007年	2008年	2009年	2010年	2011年	2012年	2013年	2014年	2015年	2016年
一、人均总收入	**7680.4**	**9346.4**	**9912.6**	**10902.5**	**13898.1**	**15274.6**	**17280.1**	**20135.6**	**21755.8**	**24246.4**
(一)工资性收入	1719.7	2035.5	2239.8	2650.0	3179.7	3630.2	4209.4	4362.3	4730.1	5071.2
在非企业组织中得到收入	398.5	452.6	518.9	543.4	277.3	297.6				
在本乡地域内劳动得到收入	831.3	977.3	1038.0	1195.1	1694.0	2001.4				
外出从业得到收入	489.9	605.6	682.8	911.5	1208.4	1331.3				
(二)家庭经营收入	5394.8	6529.3	6830.1	7383.6	9632.2	10497.2	11873.8	13681.3	14676.4	16367.6
(三)财产性收入	179.4	201.3	205.5	234.2	244.6	246.2	283.2	249.9	259.1	271.3
(四)转移性收入	386.5	580.3	637.2	634.8	841.6	901.0	913.7	1842.1	2090.2	2536.3
二、人均可支配收入	**4773.4**	**5576.5**	**5958.0**	**6907.9**	**8296.5**	**9383.7**	**10522.7**	**11191.5**	**12056.9**	**12880.7**
(一)工资性收入	1719.7	2035.5	2239.8	2650.0	3179.7	3630.2	4209.4	4362.3	4730.1	5071.2
在非企业组织中得到收入	398.5	452.6	518.9	543.4	277.3	297.6				
在本乡地域内劳动得到收入	831.3	977.3	1038.0	1195.1	1694.0	2001.4				
外出从业得到收入	489.9	605.6	682.8	911.5	1208.4	1331.3				
(二)家庭经营净收入	2592.2	2931.3	3017.3	3486.1	4271.0	4783.4	5160.2	5252.4	5573.7	5635.5
1.农业	1603.4	1802.5	1823.0	2188.9	2708.0	3219.4	3407.7	3025.4	3166.9	3033.7
2.林业	22.1	11.1	16.9	18.2	23.8	32.1	67.3	154.7	148.2	147.6
3.牧业	587.9	652.3	629.8	665.0	825.7	710.7	758.5	795.4	886.4	1049.7
4.渔业	33.1	44.7	46.7	52.2	15.1	20.3	59.9	88.8	87.2	101.8
5.工业	55.6	61.7	68.9	77.6	109.2	133.6	177.1			
6.建筑业	23.7	46.9	55.8	48.8	65.7	83.0	56.0			
7.交通运输、邮电业	62.6	69.1	77.4	91.7	124.2	148.0	380.0			
8.批零贸易、餐饮业	130.2	148.1	189.7	223.1	295.0	323.0	183.2			
9.社会服务业	32.5	37.2	46.4	53.2	61.6	67.0	42.6			
10.文教卫生业	17.0	22.3	20.9	24.0	31.7	37.1				
11.其他家庭经营	24.3	35.4	42.0	43.5	10.9	9.0	27.9			
(三)财产性净收入	179.4	201.3	205.5	234.2	244.6	246.2	283.2	234.7	231.7	257.6
(四)转移性净收入	282.1	408.4	495.4	537.7	601.2	724.0	870.0	1342.1	1521.3	1916.4

10-13 续表

单位：元

指　标	构成(%)									
	2007年	2008年	2009年	2010年	2011年	2012年	2013年	2014年	2015年	2016年
一、人均总收入	**100.0**	**100.0**	**100.0**	**100.0**	**100.0**	**100.0**	**100.0**	**100.0**	**100.0**	**100.0**
(一)工资性收入	22.4	21.8	22.6	24.4	22.9	23.8	24.4	21.7	21.7	20.9
在非企业组织中得到收入	5.2	4.8	5.2	5.0	2.0	1.9				
在本乡地域内劳动得到收入	10.8	10.5	10.5	11.0	12.2	13.1				
外出从业得到收入	6.4	6.5	6.9	8.4	8.7	8.7				
(二)家庭经营收入	70.2	69.9	68.9	67.7	69.3	68.7	68.7	67.9	67.5	67.5
(三)财产性收入	2.3	2.2	2.1	2.1	1.8	1.6	1.6	1.2	1.2	1.1
(四)转移性收入	5.0	6.2	6.4	5.8	6.0	5.9	5.3	9.1	9.6	10.5
二、人均可支配收入	**100.0**	**100.0**	**100.0**	**100.0**	**100.0**	**100.0**	**100.0**	**100.0**	**100.0**	**100.0**
(一)工资性收入	36.0	36.5	37.6	38.4	38.3	38.7	40.0	39.0	39.2	39.4
在非企业组织中得到收入	8.3	8.1	8.7	7.9	3.3	3.2				
在本乡地域内劳动得到收入	17.4	17.5	17.4	17.3	20.4	21.3				
外出从业得到收入	10.3	10.9	11.5	13.2	14.6	14.2				
(二)家庭经营净收入	54.3	52.6	50.6	50.5	51.5	51.0	49.0	46.9	46.2	43.8
1.农业	33.6	32.3	30.6	31.7	32.6	34.3	32.4	27.0	26.3	23.6
2.林业	0.5	0.2	0.3	0.3	0.3	0.3	0.6	1.4	1.2	1.1
3.牧业	12.3	11.7	10.6	9.6	10.0	7.6	7.2	7.1	7.4	8.1
4.渔业	0.7	0.8	0.8	0.8	0.2	0.2	0.6	0.8	0.7	0.8
5.工业	1.2	1.1	1.2	1.1	1.3	1.4	1.7			
6.建筑业	0.5	0.8	0.9	0.7	0.8	0.9	0.5			
7.交通运输、邮电业	1.3	1.2	1.3	1.3	1.5	1.6	3.6			
8.批零贸易、餐饮业	2.7	2.7	3.2	3.2	3.6	3.4	1.7			
9.社会服务业	0.7	0.7	0.8	0.8	0.7	0.7	0.4			
10.文教卫生业	0.4	0.4	0.4	0.4	0.4	0.4				
11.其他家庭经营	0.5	0.6	0.7	0.6	0.1	0.1	0.3			
(三)财产性净收入	3.8	3.6	3.4	3.3	3.0	2.6	2.7	2.1	1.9	2.0
(四)转移性净收入	5.9	7.3	8.3	7.8	7.2	7.7	8.3	12.0	12.6	14.9

10-14 各地区农村常住居民人均可支配收入

单位：元

地　区	2005年	2008年	2009年	2010年	2011年	2012年	2013年	2014年	2015年	2016年
全　省	**3690**	**5576**	**5958**	**6908**	**8297**	**9384**	**10523**	**11191**	**12057**	**12881**
沈　阳	5050	8029	8753	10022	11575	13045	14467	12521	13486	14385
大　连	5903	9818	10725	12317	14213	15990	17717	13547	14667	15664
鞍　山	4750	7291	8094	9250	11146	12617	14207	12093	13117	14161
抚　顺	3743	5560	6146	7203	8780	10062	11310	10971	11766	12545
本　溪	4022	6164	6750	7845	9524	10800	12204	11726	12667	13574
丹　东	4178	6630	7295	8340	10033	11428	12822	11528	12493	13450
锦　州	3730	6089	6627	7756	9447	10788	12137	11723	12599	13539
营　口	4503	6944	7687	8863	10662	12080	13675	12609	13631	14587
阜　新	3090	5030	5382	6372	7615	8772	9939	10566	11109	11812
辽　阳	4133	6423	7076	8095	9844	11183	12379	11156	12036	12969
盘　锦	5067	7701	8479	9750	11437	12935	14462	12723	13763	14845
铁　岭	3756	6050	6585	7739	9271	10569	11869	10888	11683	12531
朝　阳	3002	4900	5170	6142	7536	8689	9949	9754	10514	11193
葫芦岛	3428	5152	5595	6597	7901	8983	9927	9556	10233	10986

10-15 农民家庭人均总支出

单位：元

指　标	2007年	2008年	2009年	2010年	2011年	2012年	2013年	2014年	2015年	2016年
总 支 出	**6922.2**	**8289.7**	**9147.7**	**9604.7**	**12241.4**	**13327.0**	**16054.7**	**20783.3**	**22126.8**	**26681.9**
(一)家庭经营费用支出	2609.2	3386.6	3551.9	3618.8	4834.0	5175.8	6266.4	7840.6	8521.9	9948.7
(二)购置生产性固定资产支出	212.3	240.5	316.4	403.5	609.3	571.2	448.3	865.9	894.4	1766.5
(三)税费支出	6.2	4.6	9.7	1.8	9.4	9.6	0.5			
(四)生 活 消 费 支 出	3368.2	3814.0	4255.6	4489.5	5406.4	5998.4	7159.0	7800.7	8872.8	9953.1
1.食　　品	1334.2	1549.0	1563.3	1714.2	2116.3	2300.0	2518.9	2210.9	2498.8	2678.6
2.衣　　着	281.2	298.8	335.9	369.2	446.1	517.9	584.2	531.7	598.6	636.7
3.居　　住	513.1	601.7	795.5	745.0	860.2	979.8	1279.3	1491.7	1666.4	1906.5
4.家庭设备、用品及服务	142.1	158.9	185.5	185.2	225.4	250.5	299.4	331.7	396.5	459.2
5.医 疗 保 健	265.0	283.4	409.6	413.8	482.9	548.8	789.5	1026.4	1064.5	1139.2
6.交 通 和 通 讯	361.8	426.5	416.4	449.0	577.7	668.7	850.3	1049.7	1351.2	1663.9
7.文教娱乐用品及服务	362.8	388.0	437.8	500.3	550.0	556.6	632.9	1014.5	1122.0	1274.2
8.其他商品和服务	108.1	107.8	111.5	112.9	147.8	176.2	204.4	144.2	174.8	194.9
(五)财产性支出	38.2	31.4	61.4	79.8	0.7	22.8	4.3	10.9	27.3	13.7
(六)转移性支出	673.5	808.2	949.2	1003.4	1371.3	1538.0	2172.2	500.0	568.8	619.8

10-15 续表

单位：元

指 标	构成(%)									
	2007年	2008年	2009年	2010年	2011年	2012年	2013年	2014年	2015年	2016年
总 支 出	**100**	**100**	**100**	**100**	**100**	**100.0**	**100.0**	**100.0**	**100.0**	**100.0**
(一)家庭经营费用支出	37.7	40.9	38.8	37.7	39.5	38.8	39.0	37.7	38.5	37.3
(二)购置生产性固定资产支出	3.1	2.9	3.5	4.2	5.0	4.3	2.8	4.2	4.0	6.6
(三)税费支出	0.1	0.1	0.1		0.1	0.1	0.0			
(四)生 活 消 费 支 出	48.7	46.0	46.5	46.7	44.2	45.0	44.6	37.5	40.1	37.3
1.食 品	19.3	18.7	17.1	17.8	17.3	17.3	15.7	10.6	11.3	10.0
2.衣 着	4.1	3.6	3.7	3.8	3.7	3.9	3.6	2.6	2.7	2.4
3.居 住	7.4	7.3	8.7	7.8	7.0	7.4	8.0	7.2	7.5	7.1
4.家庭设备、用品及服务	2.1	1.9	2.0	1.9	1.8	1.9	1.9	1.6	1.8	1.7
5.医 疗 保 健	3.8	3.4	4.5	4.3	4.0	4.1	4.9	4.9	4.8	4.3
6.交 通 和 通 讯	5.2	5.1	4.6	4.7	4.7	5.0	5.3	5.1	6.1	6.2
7.文教娱乐用品及服务	5.2	4.7	4.8	5.2	4.5	4.2	3.9	4.9	5.1	4.8
8.其他商品和服务	1.6	1.3	1.2	1.2	1.2	1.3	1.3	0.7	0.8	0.7
(五)财产性支出	0.6	0.4	0.7	0.8	0.0	0.2	0.0	0.1	0.1	0.1
(六)转移性支出	9.7	9.7	10.4	10.4	11.2	11.5	13.5	2.4	2.6	2.3

10-16 农村居民人均食品消费情况

单位：公斤

指 标	2007年	2008年	2009年	2010年	2011年	2012年	2013年	2014年	2015年	2016年
一、谷物和薯类	**186.71**	**192.83**	**176.14**	**171.47**	**169.71**	**158.50**	**130.67**	**138.23**	**142.99**	**140.51**
#小 麦	35.89	34.24	35.92	36.94	38.30	36.13	31.73	41.21	42.30	44.38
稻 谷	97.05	98.46	92.44	92.58	103.61	98.36	78.98	80.86	82.51	79.16
玉 米	36.51	42.45	31.30	26.72	15.79	16.15	11.65	8.74	9.37	7.40
薯 类	2.26	3.06	2.19	1.74	1.03	0.70	2.39	2.29	3.24	3.07
二、豆类及豆制品	**8.24**	**9.04**	**7.66**	**11.07**	**6.97**	**6.20**	**11.47**	**6.98**	**7.41**	**10.38**
大 豆	3.60	4.04	3.22	6.21	2.70	1.93	1.81	1.82	1.56	2.93
三、蔬菜及菜制品	**168.25**	**162.79**	**167.92**	**150.33**	**111.75**	**103.09**	**95.43**	**101.95**	**120.05**	**110.85**
四、油 脂 类	**7.49**	**7.87**	**7.57**	**7.58**	**9.03**	**9.27**	**9.65**	**9.97**	**10.48**	**11.23**
植 物 油	6.87	7.11	6.89	7.00	8.64	8.78	9.30	9.58	10.19	10.94
动 物 油	0.62	0.76	0.68	0.58	0.39	0.50	0.35	0.40	0.30	0.29
五、肉禽及其制品	**20.14**	**21.22**	**22.61**	**20.46**	**18.63**	**19.58**	**20.72**	**21.28**	**22.39**	**24.89**
#猪 肉	15.22	15.86	17.80	15.77	14.22	15.17	15.60	16.88	16.90	17.79
牛 肉	0.49	0.49	0.38	0.40	0.49	0.46	0.51	0.37	0.47	0.67
羊 肉	0.31	0.30	0.34	0.26	0.23	0.25	0.22	0.23	0.51	0.75
家 禽	2.58	2.68	2.36	2.01	1.50	1.48	2.27	2.10	2.68	3.45
肉禽制品	1.55	1.88	1.74	2.01	2.19	2.22	2.11	-	-	-
六、蛋类及蛋制品	**8.87**	**10.96**	**10.23**	**8.72**	**8.31**	**8.48**	**7.30**	**7.21**	**9.22**	**10.25**
七、奶及奶制品	**3.11**	**3.05**	**3.19**	**2.82**	**3.68**	**3.54**	**4.68**	**4.36**	**4.77**	**5.06**
八、水 产 品	**5.80**	**5.50**	**5.20**	**4.85**	**5.19**	**5.21**	**6.20**	**5.40**	**6.01**	**7.06**
鱼 类	4.24	4.08	3.82	3.52	3.91	3.81	4.31	3.85	4.13	4.80
虾、贝、蟹类	1.02	0.94	0.94	0.86	0.81	0.89	1.22	0.93	1.15	1.45
藻 类	0.17	0.15	0.16	0.16	0.15	0.18	0.18	0.17	0.20	0.21
其 他	0.36	0.32	0.27	0.30	0.32	0.33	0.49	0.44	0.53	0.60
九、食 糖	**0.70**	**0.81**	**0.77**	**0.87**	**0.61**	**0.68**	**0.76**	**0.81**	**0.93**	**1.12**
十、酒	**14.21**	**13.29**	**13.96**	**12.78**	**15.14**	**15.35**	**14.61**	**15.50**	**17.23**	**19.81**
#白 酒	4.32	3.93	3.83	3.57	4.24	4.03	4.15	4.32	4.80	5.05
啤 酒	9.79	9.28	10.07	9.15	10.83	11.24	10.42	11.15	12.41	14.73
果 酒	0.06	0.06	0.05	0.04	0.04	0.03	0.03	0.03	0.03	0.03
十一、糖 果								**0.24**	**0.30**	**0.31**
十二、水果及水果制品	**23.10**	**23.27**	**24.46**	**21.58**	**20.96**	**25.88**	**13.87**	**28.77**	**31.22**	**36.92**
十三、坚果及果仁制品	**0.64**	**0.56**	**0.58**	**0.54**	**0.64**	**0.88**	**1.25**	**1.28**	**1.72**	**2.40**

10-17 农民家庭平均每百户年末耐用消费品拥有量

品　名	单位	2005年	2007年	2008年	2009年	2010年	2011年	2012年	2013年	2014年	2015年	2016年
洗衣机	台	63.71	67.72	72.28	74.23	76.24	79.03	80.74	76.46	76.53	80.12	85.89
电冰箱	台	28.04	38.84	44.44	53.97	58.73	77.87	81.99	77.12	79.94	85.96	97.32
空调机	台	0.79	0.58	0.79	1.01	1.01	2.27	2.22	1.75	1.74	2.13	3.51
抽油烟机	台	7.35	7.83	8.36	9.79	10.74	10.14	11.25	12.10	9.61	12.46	16.62
吸尘器	台	1.48	1.11	1.27	1.38	1.59	0.97	0.97				
微波炉	台	2.70	5.45	5.98	6.77	7.25	7.13	7.78	8.39	7.08	8.74	11.66
热水器	台	5.19	5.61	7.35	8.73	10.26	14.12	15.88	13.74	12.02	16.27	21.12
自行车	辆	104.29	103.12	102.54	103.12	101.61	79.68	81.81	23.34			
摩托车	辆	45.40	54.60	56.46	57.83	59.21	63.19	64.03	53.48	60.00	63.88	63.16
汽车(生活用)	台	0.26	0.48	1.11	1.11	1.43	3.01	3.94	8.00	8.90	11.64	16.59
电话机	部	87.25	92.41	91.11	92.35	92.51	80.79	80.69	64.63	71.54	63.66	58.19
移动电话	部	53.49	77.94	91.06	107.35	117.72	150.60	158.06	161.83	174.69	191.20	208.78
彩色电视机	台	102.28	106.03	109.79	110.90	111.69	112.08	112.18	109.47	109.81	111.00	111.98
黑白电视机	台	9.05	4.50	2.65	2.28	2.01	0.42	0.28				
摄像机	台	0.58	0.74	1.11	1.27	1.22	0.97	1.44	0.69	0.49	0.83	0.77
影碟机	台	43.54	41.53	41.96	42.28	41.22	29.17	29.58				
照相机	架	6.14	6.72	7.09	7.30	7.30	5.65	5.97	4.85	3.80	4.09	3.88
家用计算机	台	2.59	2.43	4.02	5.93	9.95	16.67	20.23	20.14	22.07	28.86	34.46
中高档乐器	件	0.69	0.69	0.48	0.74	0.74	0.09	0.14	0.16	0.37	0.39	0.56

主要统计指标解释

可支配收入 指调查户在调查期内获得的、可用于最终消费支出和储蓄的总和，即调查户可以用来自由支配的收入。可支配收入既包括现金，也包括实物收入。按照收入的来源，可支配收入包含四项，分别为：工资性收入、经营净收入、财产净收入和转移净收入。计算公式为：

可支配收入=工资性收入+经营净收入+财产净收入+转移净收入

工资性收入 指就业人员通过各种途径得到的全部劳动报酬和各种福利，包括受雇于单位或个人、从事各种自由职业、兼职和零星劳动得到的全部劳动报酬和福利。

经营净收入 指住户或住户成员从事生产经营活动所获得的净收入，是全部经营收入中扣除经营费用、生产性固定资产折旧和生产税之后得到的净收入。计算公式具体为：

经营净收入=经营收入－经营费用－生产性固定资产折旧－生产税

财产净收入 指住户或住户成员将其所拥有的金融资产、住房等非金融资产和自然资源交由其他机构单位、住户或个人支配而获得的回报并扣除相关的费用之后得到的净收入。财产净收入包括利息净收入、红利收入、储蓄性保险净收益、转让承包土地经营权租金净收入、出租房屋净收入、出租其他资产净收入和自有住房折算净租金等。

转移净收入计算公式为：转移净收入=转移性收入－转移性支出

转移性收入 指国家、单位、社会团体对住户的各种经常性转移支付和住户之间的经常性收入转移。包括养老金或退休金、社会救济和补助、政策性生产补贴、政策性生活补贴、救灾款、经常性捐赠和赔偿、报销医疗费、住户之间的赡养收入，以及本住户非常住成员寄回带回的收入等。

转移性支出 指调查户对国家、单位、住户或个人的经常性或义务性转移支付。包括缴纳的税款、各项社会保障支出、赡养支出、经常性捐赠和赔偿支出以及其他经常转移支出等。

消费支出 指住户用于满足家庭日常生活消费需要的全部支出，包括用于消费品的支出和用于服务性消费的支出。根据用途不同，消费支出可划分为食品烟酒、衣着、居住、生活用品及服务、交通通信、教育文化娱乐、医疗保健、其他用品及服务八大类。根据来源不同，消费支出可划分为现金消费支出、实物消费支出（含自产自用、来自单位、来自政府和其他社会组织）。

城镇居民家庭就业人口 指城镇居民从事社会劳动并取得劳动报酬或经营收入的人口。就业人口包括通过国家统筹规划和指导由劳动部门介绍就业，自愿组织起来就业和自谋职业等方式，在国有制、集体所有制、中外合资、中外合作、外资在华独资的企事业单位和私营企业单位工作或从事个体劳动的有固定性职业或临时性职业的人口。被聘用和留用的离退休人员也计入就业人口。本指标可以反映城镇居民的就业情况，是计算就业面、负担系数的重要资料。

农村居民家庭整半劳动力 指农村常住居民家庭成员中有劳动能力并经常参加实际劳动的人员。是生产的基本要素指标之一，是发展生产增加农民家庭收入的重要源泉。按规定，农村男 18 周岁至 50 周岁、女 18 周岁至 45 周岁为整劳动力；男 16 周岁至 17 周岁、51 周岁至 60 周岁、女 16 周岁至 17 周岁、46 周岁至 55 周岁为半劳动力。农民家庭整半劳动力，既包括在上述规定劳动年龄内和在劳动年龄以外有劳动能力并经常参加实际劳动的男女整半劳动力；也包括农民家庭常住人员中属于职工的劳动力。但不包括在劳动年龄内已丧失劳动能力的人员。

城乡储蓄存款余额 城乡储蓄存款，包括城镇居民储蓄存款和农民个人储蓄存款两部分。不包括居民的手存现金和工矿企业、部队、机关团体等集团存款。储蓄存款余额，是指城乡居民存入银行及农村信用社储蓄的时点数(存入数扣除取出数的余额)，如月末、季末或年末数额。

十一、城市概况

Chapter 11 General Survey of Cities

11-1 城市公用事业基本情况

指　　标	单位	2005年	2008年	2009年	2010年	2011年	2012年	2013年	2014年	2015年	2016年
自来水全年供水总量	亿吨	28.3	18.4	28.9	26.2	26.6	27.5	27.9	27.3	25.1	26.5
#生活用水量	亿吨	10.4	7.1	9.2	9.1	9.9	10.4	10.8	10.7	11.1	11.9
人均日生活用水量	升	147.3	125.8	124.2	121.0	126.0	128.1	128.7	131.8	135.5	146.3
用水普及率	%	93.8	96.9	97.2	97.4	98.4	98.5	98.8	98.7	98.8	99.0
公共车辆(汽、电车)数	辆	17548	19490	19457	20146	21025					
道路长度	公里	10556	12111	12866	14238	14468	15513	16244	16692	16914	16394
道路面积	万平米	16337	20546	21857	23658	24727	26200	28091	28997	30585	29277
排水管道长度	公里	10519	12192	13350	14070	14906	15945	16420	16783	17074	18275
公用煤气、液化气											
人工煤气全年供气总量	亿立米	6.4	6.2	5.4	5.5	5.7	6.0	5.9	6.4	5.7	4.9
##家庭用量	亿立米	4.3	3.7	3.7	3.8	3.8	4.0	4.0	4.1	3.8	3.5
煤气管道长度	公里	4897	5033	5081	5476	5580	5465	5567	5835	5428	5661
天然气全年供气总量	亿立米	3.7	5.6	6.0	6.6	7.7	8.6	9.8	12.7	17.0	20.4
液化气家庭用量	亿立米	25.1	24.3	24.1	23.6	23.8	25.0	23.1	22.5	21.0	21.5
燃气普及率	%	88.1	92.4	93.7	94.2	95.5	96.0	96.2	96.2	94.8	96.1
城市绿化											
园林绿地面积	公顷	74583	78841	84145	92751	95968	118297	120514	121982	124193	116601
公园个数	个	259	283	294	316	322	338	347	374	379	439
公园面积	公顷	8300	9959	10263	11005	11693	12222	12877	13829	13629	14595
清洁卫生											
生活垃圾清运量	万吨	769.0	796.7	813.3	837.3	876.0	929.9	927.1	917.1	933.2	933.1
粪便清运量	万吨	148.0	176.3	129.2	124.3	118.5	113.4	98.1	90.4	89.4	85.9

注：人均指标按全部城镇人口计算，2000年以前是按城镇人口中的非农人口计算。

11-2 各地区城市设施水平

年份、城市	城市用水普及率 (%)	城市燃气普及率 (%)	人均城市道路面积 (平方米)	人均公园绿地面积 (平方米)
2000	98.20	89.30	6.47	5.72
2001	86.92	76.79	6.91	5.01
2002	87.08	81.96	7.08	5.68
2003	87.88	85.55	7.35	6.25
2004	92.99	87.16	7.67	7.12
2005	93.83	88.11	7.95	7.49
2006	96.74	92.34	8.93	8.32
2007	96.94	91.99	9.61	9.03
2008	96.90	92.40	10.00	9.40
2009	97.23	93.74	10.41	9.76
2010	97.44	94.19	11.19	10.21
2011	98.36	95.46	11.27	10.56
2012	98.45	96.02	11.55	10.89
2013	98.77	96.15	12.09	11.06
2014	98.72	96.19	12.75	11.61
2015	98.84	94.76	13.43	11.52
2016	98.96	96.07	13.01	11.33
沈　阳	99.91	99.94	11.70	11.52
大　连	99.76	94.38	14.28	11.02
鞍　山	100.00	100.00	12.57	11.09
抚　顺	98.62	98.61	10.83	10.71
本　溪	99.56	98.94	11.40	10.75
丹　东	100.00	100.00	13.97	11.07
锦　州	100.00	98.91	12.32	13.55
营　口	100.00	84.81	19.29	11.75
阜　新	98.94	86.79	12.87	12.93
辽　阳	100.00	98.90	17.64	10.90
盘　锦	98.58	90.05	13.72	11.56
铁　岭	99.00	97.50	14.17	11.97
朝　阳	91.65	100.00	7.02	9.82
葫芦岛	100.00	100.00	11.25	14.72

11-3 各地区城市建设情况

年份、城市	建成区面积(平方公里)	征用土地面积(平方公里)	城市人口密度(人/平方公里)
2000	1558.6	22.6	1174
2001	1612.4	11.2	1236
2002	1660.4	21.2	1246
2003	1694.6	36.6	1244
2004	1737.3	38.7	1256
2005	1779.9	71.9	1243
2006	1859.6	77.2	2163
2007	1917.6	72.0	1945
2008	1955.5	226.7	1916
2009	2030.7	83.8	1922
2010	2220.5	128.2	1814
2011	2276.5	185.7	1712
2012	2329.1	194.8	1624
2013	2386.5	105.4	1663
2014	2422.0	70.0	1615
2015	2462.0	67.9	1590
2016	2798.2	28.2	1485
沈　阳	588.3	5.2	1501
大　连	433.3	2.3	2329
鞍　山	172.1	2.1	2191
抚　顺	139.3	1.3	2159
本　溪	109.0	1.7	602
丹　东	77.1	1.8	2916
锦　州	88.3		2163
营　口	188.8	0.1	1675
阜　新	76.5		1723
辽　阳	105.3	7.5	1078
盘　锦	192.3		1411
铁　岭	56.8	0.0	2088
朝　阳	57.1		1114
葫芦岛	87.3	0.4	896

11-4 各地区城市市政设施情况

年份、城市	年末实有道路长度（公里）	年末实有道路面积（万平方米）	城市桥梁（座）	城市排水管道长度（公里）	城市污水日处理能力（万立方米）	道路照明灯（千盏）
2000	9249	10152	1253	8354	110.7	298
2001	9462	13793	1260	8394	122.9	372
2002	9875	14270	1247	8880	200.4	482
2003	10204	14885	1326	9120	249.0	635
2004	10407	15635	1300	9308	306.1	664
2005	10556	16337	1232	10519	347.1	786
2006	11096	17623	1314	10860	365.6	804
2007	11530	19452	1395	11655	385.6	947
2008	12111	20546	1406	12192	416.8	1270
2009	12866	21857	1462	13350	444.8	1337
2010	14238	23658	1514	14070	503.1	1380
2011	14468	24727	1549	14906	547.2	1446
2012	15513	26200	1612	15945	606.0	1487
2013	16244	28091	1682	16420	748.2	1558
2014	16692	28997	1663	16783	767.7	1562
2015	16914	30585	1637	17074	787.1	1581
2016	16394	29277	1862	18275	831.4	1283
沈　阳	2881	6273	415	4581	226.0	178
大　连	3284	5031	430	2995	138.8	359
鞍　山	688	1724	47	794	56.0	66
抚　顺	877	1416	92	954	56.0	28
本　溪	744	1042	187	362	66.5	29
丹　东	365	921	83	450	15.4	26
锦　州	620	1161	46	471	35.6	29
营　口	728	1711	31	1380	22.5	55
阜　新	506	993	33	619	21.5	26
辽　阳	1099	1385	121	952	39.6	91
盘　锦	721	1285	74	739	21.7	74
铁　岭	277	640	27	402	15.0	44
朝　阳	283	446	14	667	16.0	21
葫芦岛	419	580	47	691	17.8	25

11-5 各地区城市供水情况

年份、城市	年末供水综合生产能力（万立方米/日）	年末供水管道长度（公里）	全年供水总量（万立方米）			用水人口（万人）	人均日生活用水量（升）
				#生活用水	#生产用水		
2000	1393	20627	308500	103812	163667	1751	162.4
2001	1351	21708	297247	101406	164091	1734	160.2
2002	1338	21602	279644	95501	136908	1755	149.1
2003	1347	21999	280510	94322	131973	1780	145.2
2004	1357	23636	281080	101877	126676	1896	147.2
2005	1339	23211	282618	103683	130232	1929	147.3
2006	889	22093	193825	73794	45301	1736	134.1
2007	1333	25422	283174	91560	121342	1963	127.9
2008	1384	26850	294792	91717	121806	2001	125.8
2009	1386	27735	288732	92470	120376	2042	124.2
2010	1391	29123	261879	90763	92543	2060	121.0
2011	1355	31487	266033	99151	87156	2158	126.0
2012	1339	32062	274953	104179	97403	2233	128.1
2013	1320	33118	278710	107547	98206	2295	128.7
2014	1338	36706	272641	107482	93146	2246	131.8
2015	1289	38265	251064	110770	87408	2251	135.5
2016	1238	39313	265148	118880	77677	2227	146.3
沈　阳	202	7061	67181	43268	8357	536	221.3
大　连	193	6220	43735	21022	8924	351	163.9
鞍　山	62	2719	14616	5692	4437	137	113.8
抚　顺	129	2411	20344	3799	9415	129	80.7
本　溪	118	1134	25192	3876	19691	91	116.7
丹　东	48	1133	6673	2862	1482	66	118.9
锦　州	80	1705	14094	4588	6535	94	133.3
营　口	53	2800	9863	3626	2668	89	112.0
阜　新	35	2068	7494	3961	2145	76	142.1
辽　阳	46	951	7571	2864	1797	78	100.0
盘　锦	77	1775	9131	3771	3649	92	111.9
铁　岭	22	941	3647	1674	744	45	102.7
朝　阳	27	601	5387	1855	1489	58	87.3
葫芦岛	22	1206	5249	3394	1038	52	180.4

11-6 各地区城市燃气情况

年份、城市	人工煤气生产能力(万立米/日)	管道长度(公里)			全年供气总量			用气人口(万人)		
		人工煤气	液化石油气	天然气	人工煤气(万立米)	液化石油气(吨)	天然气(万立米)	人工煤气	液化石油气	天然气
2000	163.1	4470	195	2950	81957	379194	24923	422.1	568.8	409.9
2001	201.5	4595	217	3169	58642	387530	30764	458.5	645.8	427.6
2002	218.7	4718	254	3355	61430	377990	30701	511.6	698.5	441.5
2003	230.5	4871	290	4286	69121	432358	30338	541.6	734.4	456.5
2004	214.4	4535	198	5214	61112	456355	37698	474.7	726.8	575.9
2005	190.8	4897	437	4979	63614	402659	36817	531.5	713.1	566.6
2006	168.9	4702	478	5610	54347	487296	53495	474.1	718.5	629.5
2007	273.9	4828	550	5940	55785	456504	54085	486.6	718.7	657.3
2008	293.9	5033	589	6364	61958	396282	57736	503.3	693.7	710.5
2009	293.9	5081	626	6941	54441	398309	60035	523.7	693.6	751.1
2010	321.2	5476	644	7405	55177	395058	66173	542.4	652.1	797.0
2011	313.2	5580	656	9059	56625	504938	76601	573.6	665.9	852.4
2012	254.6	5465	690	10160	59736	516426	85701	556.7	665.7	955.9
2013	335.6	5567	670	12426	59264	495244	97745	573.6	639.4	1021.2
2014	338.0	5835	679	13468	63604	492406	126814	591.3	601.1	995.7
2015	317.0	5428	666	15018	57394	468889	170434	530.9	558.9	1068.0
2016	317.0	5661	641	15979	48835	492499	204093	506.3	500.7	1154.7
沈阳				6799		123342	71726		50.2	485.7
大连	140.0	2216	444	96	24683	159548	464	231.9	95.8	4.8
鞍山	26.0	1873		85	13220	5204	1965	124.8	8.7	3.6
抚顺				863		38288	52464		52.0	76.9
本溪				823		4358	4059		11.0	79.4
丹东	61.0	536		178	4255	13260	1557	59.5	2.3	4.1
锦州	60.0	1024	14	221	6578	4	1051	88.3		5.0
营口				1202		10000	4341		4.0	71.2
阜新				395		5200	4294		17.0	50.0
辽阳			3	791		11315	8974		34.7	42.9
盘锦				883		12817	3882		10.4	74.0
铁岭			0	893		3280	7058		7.0	37.0
朝阳				357		5570	1251		9.0	54.5
葫芦岛				86		34598	8200		5.1	46.4

11-7 各地区城市集中供热情况

年份、城市	供热能力		供热总量		管道长度(公里)		供热面积(万平方米)
	蒸汽(吨/小时)	热水(兆瓦)	蒸汽(万吉焦)	热水(万吉焦)	蒸汽	热水	
2000	11569	19154	2201	11388	1303	7211	20030
2001	11435	20564	2747	12888	1659	8617	22048
2002	10911	29269	3437	19616	1722	9679	24963
2003	10975	30874	3999	19719	1707	10927	29669
2004	11844	30488	5269	18729	1711	12376	38150
2005	12583	36051	6435	22508	2312	14093	47621
2006	10967	43765	5936	26157	2143	14770	46773
2007	11718	39717	5886	28036	2023	15387	54118
2008	11612	46395	6253	31218	2228	17057	60990
2009	12013	51183	6479	35643	2294	18129	68464
2010	13186	55770	6521	39613	2302	20599	74526
2011	11544	59855	6599	41926	2283	22694	81581
2012	13038	62826	6320	42748	2259	24787	87108
2013	12787	68631	6521	43494	1357	30493	92109
2014	12776	69158	7505	44083	1373	32045	96587
2015	12933	71834	7208	49005	1561	34298	104543
2016	12915	74373	7340	51245	2923	35207	108760
沈阳	774	18465	227	13678	244	10218	29826
大连	5719	13859	3466	7189	505	3790	22576
鞍山	180	5235	165	4125	12	2750	6750
抚顺	865	6673	254	2700	5	1300	5050
本溪		2612		1314		1571	2925
丹东	2592	1198	1388	623	1470	345	3476
锦州	1020	2449	79	2220	289	1254	3544
营口	341	2665	285	2930	19	2510	3498
阜新		2680		1847		1573	3805
辽阳		1878		2372		1147	3588
盘锦		2535		2163		1937	3957
铁岭		1838		1030		840	2129
朝阳		1662		2135		863	3050
葫芦岛	697	1243	947	1616	50	612	2525

11-8 各地区城市园林绿化情况

年份、城市	城市园林绿地面积(公顷)	#公园绿地	公园(个)	公园面积(公顷)
2000	61432	8977	197	4751
2001	65394	10002	206	5852
2002	61519	11451	212	6083
2003	65211	12654	225	6946
2004	71797	14513	247	7862
2005	74583	15387	259	8300
2006	63535	16426	260	9814
2007	76888	18291	270	10287
2008	78841	19351	283	9959
2009	84145	20501	294	10263
2010	92751	21593	316	11005
2011	95968	23174	322	11693
2012	118297	24710	338	12222
2013	120514	25708	347	12877
2014	121982	26406	374	13829
2015	124193	26233	379	13629
2016	116601	25500	439	14595
沈　阳	21194	6179	99	3694
大　连	19436	3880	98	2316
鞍　山	6166	1521	11	501
抚　顺	5200	1400	16	842
本　溪	23191	982	13	437
丹　东	3029	730	11	662
锦　州	3673	1278	19	378
营　口	4162	1042	14	664
阜　新	3184	998	18	669
辽　阳	4181	856	11	215
盘　锦	3440	1083	23	534
铁　岭	1935	540	13	324
朝　阳	1410	624	8	272
葫芦岛	3140	759	12	453

11-9 各地区城市环境卫生情况

年份、城市	清扫保洁面积(万平方米)	生活垃圾清运量(万吨)	粪便清运量(万吨)	市容环卫专用车辆总数(台)	公共厕所(座)	
						#三类以上
2000	16588	838	160	3009	10523	
2001	16574	768	148	2997	9211	
2002	17772	774	152	3017	10352	
2003	18590	791	144	2920	9529	
2004	18931	779	159	2883	10077	
2005	19588	769	148	3313	9661	
2006	21864	756	132	3381	8321	753
2007	24282	771	152	4058	7889	851
2008	25620	797	176	4134	7868	1041
2009	27546	813	129	4457	6948	1337
2010	28122	837	124	4998	6322	1493
2011	132135	876	119	5200	5863	1653
2012	33403	930	113	5323	5582	1713
2013	35713	927	98	5743	5500	1810
2014	33721	917	90	6097	5353	1896
2015	36637	933	89	6535	5056	1839
2016	38296	933	86	7005	5393	2004
沈阳	8855	263	19	1931	1042	630
大连	6466	130	4	1154	628	286
鞍山	3015	55	7	379	178	135
抚顺	1682	36	3	427	73	68
本溪	870	32	1	220	245	72
丹东	763	22	9	349	105	68
锦州	1405	30	1	274	146	58
营口	3155	39	4	353	180	26
阜新	1093	18	3	175	296	63
辽阳	1028	26	11	283	267	15
盘锦	1398	44	2	185	112	28
铁岭	538	15	1	130	155	60
朝阳	1033	33		146	211	102
葫芦岛	726	18		57	97	25

主要统计指标解释

年底自来水生产能力 指年底城建部门管理的自来水厂和自备水源的社会单位取水、净化、送水、出厂输水干管等环节的实际生产能力。

年底供水管道长度 指从送水泵到用户水表之间所有管道的长度。

全年供水总量 指公用自来水厂和自备水源的社会单位全年的供水总量，包括有效供水量及损失水量。

生活用水量 指居民日常生活与公共福利设施的用水量。包括居民、饮食店、旅馆、医院、理发店、浴池、洗衣店、游泳池、商店、学校、机关、部队等单位的用水量。

城市人口用水普及率 指城市用水的非农业人口数(不包括临时人口和流动人口)与城市非农业人口总数之比。计算公式:

用水普及率=（城市用水的非农业人口数／城市非农业人口数）× 100%

人工煤气生产能力 指城市煤气厂制气、净化、输送等环节的综合实际生产能力。

全年供气总量 指全年售给各类用户的全部煤气量。包括工业用量、家庭用量和其他用量。

城市用气普及率 指使用煤气(包括人工煤气、液化石油气、天然气)的城市非农业人口数(不包括临时人口和流动人口)与城市非农业人口总数之比。计算公式:

城市煤气普及率=（城市用气的非农业人口数／城市非农业人口总数）× 100%

城市供热能力 指热电厂、热力公司和达到标准的集中采暖锅炉房向城市输送的供热源的设计能力。每小时向城市输送的蒸汽、热水能力。

城市供热总量 指热电厂、热力公司和达到标准的集中采暖锅炉房全年向城市输送的全部蒸汽、热水量。

城市供热管道长度 指热电厂、热力公司 和达到标准的集中采暖锅炉房管理的集中供热热源到用户之间的全部供气、供热水的管道长度。

年底实有铺装道路长度 指除土路外，路面经过铺装宽度在3.5米以上的道路，包括高级、次高级道路和普通道路。

城市桥梁 指城市范围内，修建在河道上的桥梁和道路与道路立交、道路跨越铁路的立交桥，以及人行天桥，包括永久性桥和半永久性桥，不包括临时性桥、铁路桥、涵洞。

城市下水道总长度 指所有排水总管、干管、支管及暗渠、检查井、连接井进出口等长度之和。

城市污水日处理能力 指污水处理厂每昼夜处理污水量的设计能力。

年末实有公共汽(电)车 指年底可参加营运的全部车辆数，包括年底营运车辆数和库存查封未参加营运的车辆，不包括非营运车辆，如架线车、油罐车、工程车、货车及其他专用车辆和借人的客运车辆。

营运线路长度 指设置的固定营运线路长度，包括郊区营运线路长度。不包括临时行驶的线路长度。

城市园林绿地面积 指城市公共绿地、专用绿地、生产绿地、防护绿地、郊区风景名胜区的全部面积。

公共绿地 指供游览休息的各种公园、动物园、植物园、陵园以及花园、游园和供游览休息用的林荫道绿地、广场绿地。不包括一般载植的行道树及林荫道的面积。

十二、环境保护

Chapter 12 Environment Protection

12-1 环境保护基本情况

指　标	单位	2007年	2008年	2009年	2010年	2011年
废水排放总量	万吨	220996.73	212021.33	217154.68	215868.50	232247.02
#工业废水排放量	万吨	95196.71	83072.94	75158.59	71284.39	90457.12
生活污水排放量	万吨	125800.02	128948.39	141996.09	144584.11	141698.99
工业废气排放量	万标立方米	239459177	402189043	252111855	270887017	317007874
二氧化硫排放量	万吨	123.38	113.07	105.14	91.40	112.62
#工业	万吨	106.72	100.08	91.88	78.48	104.89
生活	万吨	16.67	12.99	13.26	12.92	7.72
烟粉尘排放量	万吨	71.64	69.20	61.27	61.90	69.32
#工业	万吨	48.72	46.90	40.15	39.79	59.12
生活	万吨	22.92	22.30	21.12	22.11	7.05
一般工业固体废物产生量	万吨	14341.81	15841.42	17221.41	17419.57	28269.61
危险废物产生量	万吨	61.96	91.24	90.98	105.98	78.49
工业固体废物综合利用量	万吨	5710.82	7581.81	8240.68	8417.48	10747.78
工业固体废物综合利用率	%	39.01	46.83	47.19	47.68	37.89
工业固体废物排放量	万吨	4.48	1.16	2.75	2.88	8.18

12-1　续表

指　标	单位	2012年	2013年	2014年	2015年	2016年
废水排放总量	万吨	238786.35	234508.18	262878.96	260044.58	228221.55
#工业废水排放量	万吨	87167.54	78285.60	90630.78	83140.28	57639.21
生活污水排放量	万吨	151495.12	156106.49	172114.92	176707.20	170438.37
工业废气排放量	万标立方米	319169877	294434651	345274533	340165250	328043147
二氧化硫排放量	万吨	105.87	102.70	99.46	96.88	50.79
#工业	万吨	97.90	94.73	92.60	86.93	40.16
生活	万吨	7.96	7.97	6.85	9.9	10.62
烟粉尘排放量	万吨	72.63	67.05	112.07	100	64.92
#工业	万吨	62.63	57.28	95.79	83.67	50.9
生活	万吨	6.99	7.06	13.71	13.87	11.67
一般工业固体废物产生量	万吨	27279.74	26759.45	28666.32	32434.38	22821.81
危险废物产生量	万吨	73.21	104.64	98.08	72.27	75.38
工业固体废物综合利用量	万吨	11861.83	11742.28	10719.24	10028.87	9363.19
工业固体废物综合利用率	%	43.37	43.82	37.14	30.69	40.89
工业固体废物排放量	万吨	10.40	9.05	5.93	7.54	5.97

12-2 各地区废水排放及处理情况

(2016年)

地　区	汇总工业企业数(个)	废水治理设施数(套)	工业废水排放总量(万吨)	生活污水排放量(万吨)
全　省	**7177**	**1889**	**57639.21**	**170438.37**
沈　阳	1224	318	5547.39	41253.63
大　连	705	363	27709.00	36695.86
鞍　山	623	141	3097.76	14708.93
抚　顺	300	56	2167.00	6810.19
本　溪	389	136	2052.88	5763.71
丹　东	425	186	1667.24	4920.93
锦　州	510	82	2099.80	9542.70
营　口	1035	150	1891.07	8988.25
阜　新	214	49	700.95	8642.85
辽　阳	377	104	4541.93	6401.70
盘　锦	303	76	2821.44	5571.00
铁　岭	223	90	912.99	6286.31
朝　阳	546	69	485.83	6919.48
葫芦岛	303	69	1943.94	7932.84

12-3 各地区工业废气排放及处理情况

(2016年)

地　区	废气治理设施数(套)	工业废气排放总量(亿标立方米)	工业二氧化硫排放量(吨)	工业烟粉尘排放量(吨)
全　省	**13001**	**32804.31**	**401584.83**	**508980.07**
沈　阳	2302	1998.64	37530.49	30130.04
大　连	1557	3047.19	51020.99	32709.77
鞍　山	1407	5519.32	58167.97	78425.30
抚　顺	501	2338.09	24714.63	40231.91
本　溪	708	4266.13	32824.08	97303.23
丹　东	588	775.20	9779.42	8905.60
锦　州	567	915.40	15441.62	17259.99
营　口	2031	5848.04	35250.55	95883.40
阜　新	188	694.41	41512.80	7984.94
辽　阳	1145	1197.87	12676.42	14835.36
盘　锦	288	893.85	24700.54	10805.85
铁　岭	398	1056.94	12490.79	12129.22
朝　阳	849	2899.28	21712.29	55516.37
葫芦岛	472	1353.96	23762.25	6859.09

12-4 各地区工业固体废物产生及处理利用情况

(2016年)

地　区	一般工业固体废物产生量(万吨)	一般工业固体废物综合利用量(万吨)	一般工业固体废物贮存量(万吨)	一般工业固体废物处置量(万吨)	一般工业固体废物倾倒丢弃量(万吨)
全　省	**22821.81**	**9363.19**	**10286.24**	**3253.00**	**5.97**
沈　阳	587.51	457.34	44.54	85.73	0.09
大　连	462.42	449.66	0.00	14.56	
鞍　山	5398.93	1210.47	4118.72	69.80	
抚　顺	2275.59	968.67	224.60	1082.31	
本　溪	2575.83	1159.34	64.90	1345.74	5.86
丹　东	786.05	151.73	587.12	62.31	0.01
锦　州	198.76	179.01	0.57	20.21	
营　口	881.97	826.66	32.26	23.26	
阜　新	371.66	303.31	0.35	68.00	
辽　阳	6454.37	1446.86	4977.82	31.90	
盘　锦	151.71	132.76	0.00	18.99	
铁　岭	807.32	557.75	130.48	180.71	
朝　阳	1461.51	1164.22	50.25	248.09	0.00
葫芦岛	408.16	355.39	54.62	1.38	

12-4 续表

地　区	危险废物产生量(万吨)	危险废物综合利用量(万吨)	危险废物处置量(万吨)	危险废物贮存量(万吨)
全　省	**75.38**	**33.57**	**37.17**	**6.97**
沈　阳	8.22	3.18	4.52	0.53
大　连	11.16	1.68	9.37	0.11
鞍　山	2.22	0.15	2.02	0.05
抚　顺	8.14	2.60	6.00	0.18
本　溪	0.80	0.58	0.16	0.06
丹　东	4.09	0.06	0.10	3.95
锦　州	9.89	6.63	2.53	0.75
营　口	1.04	0.17	0.31	0.58
阜　新	0.66	0.02	0.62	0.06
辽　阳	11.21	8.77	2.41	0.04
盘　锦	9.03	2.83	7.00	0.41
铁　岭	0.03	0.00	0.01	0.01
朝　阳	1.62	1.52	0.10	0.00
葫芦岛	7.26	5.37	2.03	0.21

主要统计指标解释

工业废水排放量 指经过企业厂区所有排放口排到企业外部的工业废水量。包括生产废水、外排的直接冷却水、超标排放的矿井地下水和与工业废水混排的厂区生活污水，不包括外排的间接冷却水(清污不分流的间接冷却水应计算在内)。

工业废水排放达标量 指报告期内废水中各项污染物指标都达到国家或地方排放标准的外排工业废水量，包括未经处理外排达标的，经废水处理设施处理后达标排放的，以及经污水处理厂处理后达标排放的。

工业废水排放达标率 指工业废水排放达标量占工业废水排放量的百分率，计算公式为:

工业废水排放达标率=工业废水排放达标量/工业废水排放量 × 100%

城镇生活污水排放量 指城镇居民每年排放的生活污水。用人均系数法测算。测算公式为:

城镇生活污水排放量=城镇生活污水排放系数 × 市镇非农业人口 × 365

城镇生活污水中化学需氧量（COD)产生量 指城镇居民每年排放的生活污水中的 COD 的产生量。用人均系数法测算。测算公式为:

城镇生活污水中 COD 产生量=城镇生活污水中 COD 产生系数 × 市镇非农业人口 × 365

化学需氧量(COD) 测量有机和无机物质化学所消耗氧的质量浓度的水污染指数。

工业废气排放量 指报告期内企业厂区内燃料燃烧和生产工艺过程中产生的各种排入大气的含有污染物的气体的总量，以标准状态(273K，101325Pa)计算。测算公式为:

工业废气排放量=燃料燃烧过程中废气排放量+生产工艺过程中废气排放量

生活及其他 SO_2 排放量 以生活及其他煤炭消费量和其含硫量为基础，根据以下公式计算:

生活及其他 SO_2 排放量=生活及其他煤炭消费量 × 含硫量 × 0.8 × 2

工业排放量 指报告期内企业在燃料燃烧和生产工艺过程中排入大气的 SO_2 总量，计算公式为:

工业 SO_2 排放量=燃料燃烧过程中 SO_2 排放量+生产工艺过程中 SO_2 排放量

工业烟尘排放量 指企业厂区内燃料燃烧过程中产生的烟气中夹带的颗粒物排放量。

生活及其他烟尘排放量 指除工业生产活动以外的所有社会、经济活动及公共设施的经营活动中燃烧所排放的烟尘纯重量。以生活及其他煤炭消费量为基础进行测算。

工业粉尘排放量 指企业在生产工艺过程中排放的能在空气中悬浮一定时间的固体颗粒物排放量。如钢铁企业的耐火材料粉尘、焦化企业的筛焦系统粉尘、烧结机的粉尘、石灰窑的粉尘、建材企业的水泥粉尘等。不包括电厂排入大气的烟尘。

工业固体废物产生量 指报告期内企业在生产过程中产生的固体状、半固体状和高浓度液体状废弃物的总量，包括危险废物、冶炼废渣、粉煤灰、炉渣、煤矸石、尾矿、放射性废物和其他废物等；不包括矿山开采的剥离废石和掘进废石(煤矸石和呈酸性或碱性的废石除外)。酸性或碱性废石指采掘的废石其流经水、雨淋水的 pH 值小于 4 或 pH 值大于 10.5 者。

危险废物 指列入国家危险废物名录或根据国家规定的危险废物鉴别标准和鉴别方法认定的，具有爆炸性、易燃性、易氧化性、毒性、腐蚀性、易传染疾病等危险特性之一的废物。

工业固体废物综合利用量 指报告期内企业通过回收、加工、循环、交换等方式，从固体废物中提取或者使其转化为可以利用的资源、能源和其他原材料的固体废物量(包括当年利用往年的工业固体废物贮存量)，如用作农业肥料、生产建筑材料、筑路等。综合利用量由原产生固体废物的单位统计。

工业固体废物综合利用率 指工业固体废物综合利用量占工业固体废物产生量(包括综合利用往年贮存量)的百分率。计算公式为:

工业固体废物综合利用率=工业固体废物综合利用量/（工业固体废物产生量+综合利用往年贮存量）×100%

工业固体废物贮存量 指报告期内企业以综合利用或处置为目的，将固体废物暂时贮存或堆存在专设的贮存设施或专设的集中堆存场所内的数量。专设的固体废物贮存场所或贮存设施必须有防扩散、防流失、防渗漏、防止污染大气、水体的措施。

工业固体废物处置量 指报告期内企业将固体废物焚烧或者最终置于符合环境保护规定要求的场所，并不再回取的工业固体废物量(包括当年处置往年的工业固体废物贮存量)。处置方式有填埋(其中危险废物应安全填埋)、焚烧、专业贮存场(库)封场处理、深层灌注、回填矿井及海洋处置(经海洋管理部门同意投海处置)等。

工业固体废物排放量 指报告期内企业将所产生的固体废物排到固体废物污染防治设施、场所以外的数量，不包括矿山开采的剥离废石和掘进废石(煤矸石和呈酸性或碱性的废石除外)。

"三废"综合利用产品产值 指报告期内利用"三废"作为主要原料生产的产品价值(现行价)；已经销售或准备销售的应计算产品价值，留作生产自用的不应计算产品价值。

十三、农业

Chapter 13 Agriculture

13-1 农村基层组织和农业基本情况

指　　标	单位	2008年	2010年	2011年	2012年	2013年	2014年	2015年	2016年
乡　镇　数	个	944	924	903	889	876	869	863	857
#镇　数	个	574	590	598	605	622	636	640	655
村 民 委 员 会	个	11822	11764	11707	11659	11296	11313	11307	11319
乡 村 户 数	万户	703.8	722.9	722.5	720.1	719.2	721.9	718.9	717.4
乡村从业人员	万人	1164.7	1208.5	1223.1	1217.8	1217.1	1222.0	1214.8	1218.6
按行业分的乡村从业人员									
农林牧渔业	万人	662.3	663.6	663.6	660.0	652.0	655.5	659.7	675.3
工　　业	万人	124.0	138.6	142.9	143.3	144.1	145.8	139.3	135.2
建 筑 业	万人	91.6	101.7	110.0	110.7	111.9	110.4	106.9	103.6
交通运输业、仓储及邮电通信业	万人	47.2	51.0	52.8	53.0	54.0	55.3	56.7	55.2
批发零售贸易业、餐饮业	万人	78.8	87.1	90.1	88.4	92.2	94.8	95.7	95.3
其他非农行业	万人	160.7	166.5	163.6	162.4	163.0	160.2	156.5	153.9
年末常用耕地面积	千公顷	4085.3							4974.52
水　　田	千公顷	643.1							673.36
旱　　田	千公顷	3442.1							4301.16
农业机械总动力	万千瓦	2192.9	2408.3	2558.1	2678.0	2788.5	2886.9	2983.6	2325.6
农用大中型拖拉机	台	117651	151708	174321	190581	208000	223374	231500	242600
农用大中型拖拉机	万千瓦	306.6	388.2	463.1	510.3	564.2	612.4	655.3	694.2
小型拖拉机	台	236861	263303	282623	308368	322500	332527	340100	327600
小型拖拉机	万千瓦	253.0	276.9	287.5	304.8	314.2	322.9	326.3	314.2
大中型拖拉机配套农具	部	155061	187426	223748	251948	274000	291961	305500	322600
小型拖拉机配套农具	部	323030	410555	445088	472436	491700	501750	509400	483800
渔用机动船	艘	47264	48238	47115	45770	43343	40902	40095	37000
渔用机动船	万千瓦	154.0	159.6	158.2	151.1	155.6	156.7	169.7	157.2
灌 溉 面 积	千公顷	1693.3	1722.8	1758.0	1860.1	1531.7	1612.5	1663.0	1712.1
化肥施用量(折纯)	万吨	128.8	140.1	144.6	146.9	151.8	151.6	152.1	148.1
乡村办水电站个数	个	162	169	174	177	180	185	188	187
装 机 容 量	千瓦	379000	395488	397348	476073	511373	519243	526554	442554
农 村 用 电 量	亿千瓦小时	270.8	359.5	366.3	373.4	394.8	433.1	457.8	489.8
农作物总播种面积	千公顷	3946.4	4184.9	4356.2	4361.3	4208.8	4164.1	4219.9	4064.1
粮　　食	千公顷	3035.9	3179.3	3169.8	3217.3	3226.4	3235.1	3297.4	3231.4
谷　　物	千公顷	2739.2	2948.3	2943.3	2995.4	3013.3	3032.4	3100.2	2975.0
#稻　谷	千公顷	658.7	677.5	659.6	661.8	649.2	562.1	544.9	562.5
小　麦	千公顷	10.3	7.5	6.9	6.8	5.6	5.8	5.8	5.8
玉　米	千公顷	1884.9	2093.0	2134.6	2206.7	2245.6	2330.1	2416.8	2258.9
豆　　类	千公顷	203.9	151.0	143.4	139.9	134.2	117.0	114.5	149.7
薯　　类	千公顷	92.8	80.0	83.1	82.0	78.9	85.7	82.7	106.7
油　　料	千公顷	282.4	347.4	392.0	376.7	354.7	314.0	285.3	289.0
棉　　花	千公顷	1.4	0.4	0.4	0.3	0.5	0.1	0.1	0.1
糖　　料	千公顷	2.0	1.1	1.8	1.9	3.3	2.1	1.8	1.9
烟　　叶	千公顷	11.5	10.9	10.8	11.8	9.8	11.6	9.8	9.7
蔬　　菜	千公顷	388.7	430.2	465.4	487.1	492.1	473.7	500.0	419.3
果 园 面 积	千公顷	323.6	354.2	359.9	368.5	400.4	403.0	405.5	380.3

注：农作物总播种面积由粮食作物、经济作物和其他作物构成，2013年粮食作物数据采用抽样调查数据，2013年以前该项指标为全面统计数据。

13-2 主要农牧渔业生产情况

指　标	单位	2005年	2008年	2009年	2010年	2011年	2012年	2013年	2014年	2015年	2016年
农 产 品 产 量											
粮　食	万吨	1745.8	1860.3	1591.0	1765.4	2035.5	2070.5	2195.6	1753.9	2002.5	2100.6
谷　物	万吨	1877.0	1760.0	1517.2	1677.1	1933.5	1986.5	2122.7	1674.8	1927.3	2017.1
#稻 谷	万吨	414.5	505.6	506.0	457.6	501.3	507.8	506.9	451.5	467.7	484.6
小 麦	万吨	8.9	4.9	4.5	3.7	3.7	3.2	2.7	2.8	2.7	2.2
玉 米	万吨	1340.3	1189.0	963.1	1150.5	1360.3	1423.5	1563.2	1170.5	1403.5	1465.64
豆　类	万吨	49.3	52.9	32.1	37.0	37.0	34.2	31.3	25.7	27.2	30.7
薯　类	万吨	50.0	47.5	41.7	51.3	65.0	49.8	41.6	53.5	48.0	52.8
油　料	万吨	36.8	83.5	55.3	99.6	119.8	120.9	113.6	63.7	46.1	81.3
#花　生	万吨	33.0	80.1	53.5	96.1	116.5	116.5	111.3	62.0	44.8	77.7
油 菜籽	吨	1071.0	1188.0	798.0	546.0	758.0	937.0	1221.0	1856.0	2168.0	1411.6
芝　麻	吨	6036.0	2997.0	815.0	2176.0	2330.0	2139.0	686.0	361.0	358.0	124.0
棉　花	吨	2685.0	2401.0	956.0	655.0	736.0	560.0	999.0	100.0	154.0	126.0
麻　类	吨	114.0	21.0	9.0		15.0					9968.0
甜　菜	吨	62379.0	74952.0	61941.0	48728.0	77977.0	97317.0	171219.0	101387.0	52095.0	94017.0
烟　叶	吨	34234.0	32255.0	31531.0	28560.0	29846.0	33621.0	27960.0	33512.6	26156.0	27222.9
#烤　烟	吨	31742.0	29655.0	29155.0	24505.0	26423.0	30537.0	26852.0	31994.6	24496.0	25736.1
柞 蚕 茧	吨	43200.0	53516.0	50142.0	49847.0	54827.0	50856.0	51674.0	50774.5	52631.6	44160.6
水　果	万吨	329.3	422.5	477.2	521.6	574.4	632.9	661.4	592.1	601.5	570.0
农产品单位面积产量											
谷　物	公斤/公顷	6536.0	6425.2	5326.1	6375.6	6569.2	6631.8	6805.1	5523.0	6216.6	6780.3
棉　花	公斤/公顷	1167.0	1696.0	1098.9	1523.3	1821.8	1842.1	1881.4	1111.1	1621.1	1354.8
花生	公斤/公顷	2347.0	3041.0	2052.0	2892.9	3090.5	3240.4	3259.2	2030.2	1611.9	2764.1
油菜籽	公斤/公顷	1471.0	1977.0	1995.0	1950.0	2071.0	1952.1	1910.8	1712.2	1723.4	1875.6
芝麻	公斤/公顷	1161.0	1281.0	465.7	1490.4	1906.7	2254.0	1943.3	1823.2	1577.1	1441.9
甜菜	公斤/公顷	41865.0	37608.0	34033.5	45969.8	44482.0	52041.2	51401.7	49457.1	29700.7	50628.4
烤烟	公斤/公顷	2109.0	2778.0	2559.7	2500.5	2733.3	2830.6	2875.9	2955.6	2702.9	2808.5
大牲畜年末头数	万头	495.9	524.1	515.6	525.9	530.8	524.4	515.5	502.2	499.7	462.0
#牛	万头	344.7	356.4	354.0	366.7	371.2	367.1	365.4	361.8	384.6	399.6
马	万头	28.2	27.7	26.5	26.9	24.8	22.9	22.2	20.5	17.0	7.3
驴	万头	98.9	116.2	113.9	112.1	116.3	117.4	111.9	105.5	86.3	48.3
骡	万头	24.1	23.7	21.2	20.1	18.5	17.0	16.1	14.5	11.8	6.8
肉猪出栏头数	万头	2063.2	2435.5	2597.0	2682.7	2652.1	2728.5	2785.8	2839.4	2675.7	2608.8
猪年底头数	万头	1642.4	1548.5	1606.2	1567.6	1585.4	1592.6	1624.5	1558.8	1457.5	1406.5
羊年底只数	万只	830.2	733.4	717.0	733.5	725.6	721.8	735.4	793.5	908.7	889.6
山羊	万只	426.3	428.0	447.8	414.1	401.8	392.3	401.0	427.4	483.4	471.7
绵羊	万只	404.0	305.4	269.2	319.4	323.8	329.5	334.4	366.1	425.3	417.8
肉类产量	万吨	346.1	376.0	389.2	406.7	408.2	418.7	420.3	429.2	429.4	430.9
#猪牛羊肉	万吨	238.8	252.4	266.8	277.9	275.8	281.3	284.9	292.0	275.8	269.5
猪肉	万吨	184.7	204.2	218.8	228.4	225.9	230.2	233.6	240.3	227.1	219.2
牛肉	万吨	42.2	40.5	40.2	41.6	42.0	43.2	43.2	42.8	40.3	41.6
羊肉	万吨	11.9	7.8	7.8	7.9	7.9	7.9	8.1	8.9	8.5	8.7
奶类	万吨	78.8	120.1	115.6	126.7	132.0	130.2	125.7	134.5	142.6	144.2
#牛奶	万吨	74.9	114.1	110.0	121.2	124.5	124.7	120.9	131.2	140.3	143.1
绵羊毛	吨	10412.0	11468.0	10136.0	12154.0	13471.4	14660.0	14987.9	14977.4	12779.9	9276.6
山羊毛	吨	1680.0	2401.0	2736.0	2565.0	2169.3	1827.0	2554.1	2530.9	2346.5	2357.8
羊绒	吨	1053.0	1372.0	1216.0	1293.0	1115.9	1056.0	995.9	1062.6	956.2	1016.9
禽蛋	万吨	224.0	230.0	263.1	275.7	277.4	279.9	278.2	280.1	277.1	287.9
水产品总产量	万吨	425.3	494.9	534.7	429.1	453.9	480.8	504.9	515.7	523.7	549.6
海水产品	万吨	364.2	411.6	437.9	348.4	368.3	391.5	411.0	419.7	424.4	446.5
淡水产品	万吨	61.1	83.3	96.8	80.6	85.7	89.3	93.9	96.0	99.3	103.1

注：1.粮食作物产量为抽样调查定产数，其他品种产量为全面调查报表数。
2.2006年水产品产量为农业普查衔接数据，2010年、2011年为国家核定数据，下同。
3.全省畜牧业数据为国家核定数据，下同。
4.国家新制度,山羊毛中包括羊绒产量。

13-3 农村基层组织情况

年份、地区	乡镇数(个)	#镇数	村民委员会(个)	乡村户数(万户)	乡村人口数(万人)	乡村从业人员(万人)
1990	1216	436	16498	631.4	2337.5	869.4
1991	1208	453	16512	641.4	2345.5	888.1
1992	1221	466	16535	645.0	2342.9	891.3
1993	1265	483	16529	646.9	2320.0	892.9
1994	1225	505	16509	651.6	2311.7	894.2
1995	1235	538	16483	655.5	2311.1	903.0
1996	1217	580	16444	656.1	2302.9	907.5
1997	1198	592	16372	660.4	2298.8	921.4
1998	1217	634	16310	663.8	2289.9	933.2
1999	1156	652	16287	674.6	2315.5	938.8
2000	1134	639	16192	680.1	2311.5	966.0
2001	1143	658	16033	685.3	2318.6	977.5
2002	1033	622	15950	685.9	2314.5	993.5
2003	1011	617	13720	692.1	2325.6	1016.3
2004	1007	620	12024	696.2	2338.9	1083.8
2005	993	611	11920	695.6	2331.4	1113.5
2006	976	598	11902	689.2	2289.3	1132.9
2007	945	575	11896	701.1	2323.5	1153.6
2008	944	574	11822	703.8	2320.4	1164.7
2009	940	576	11770	710.7	2327.6	1180.5
2010	924	590	11764	722.9	2328.2	1208.5
2011	903	598	11707	722.5	2322.9	1223.1
2012	889	605	11659	720.1	2310.5	1217.8
2013	876	625	11296	719.2	2301.7	1217.1
2014	869	636	11313	721.9	2305.4	1222.0
2015	863	640	11307	718.9	2289.6	1214.8
2016	857	655	11319	717.4	2292.4	1218.6
沈　阳	73	55	1197	88.3	273.8	141.0
大　连	53	34	832	86.9	261.7	132.6
鞍　山	55	52	834	52.7	179.5	95.2
抚　顺	47	26	614	27.4	83.5	49.7
本　溪	23	18	288	16.6	55.7	29.5
丹　东	63	58	672	45.3	146.5	80.2
锦　州	67	55	1131	60.4	195.4	104.7
营　口	38	35	644	45.4	138.6	76.2
阜　新	65	56	623	34.6	113.9	66.3
辽　阳	36	30	533	36.1	108.7	56.8
盘　锦	28	25	317	23.2	71.0	41.4
铁　岭	90	91	1190	62.3	207.0	99.9
朝　阳	128	81	1375	78.0	262.1	144.9
葫芦岛	91	39	1069	60.3	195.0	100.2

13-4 乡村从业人员

(年末数) 单位：万人

年份、地区	农林牧渔业	工业	建筑业	交通运输业、仓储及邮电通信业	批发零售贸易业、餐饮业	其他非农行业
1990	631.2	99.1	34.6	20.0	23.1	61.4
1991	650.6	97.0	33.5	20.2	24.8	62.1
1992	637.0	100.0	36.0	22.3	29.2	67.1
1993	621.2	94.4	43.6	25.6	31.5	76.4
1994	611.3	91.8	47.6	30.3	37.6	75.5
1995	617.5	89.1	48.9	31.7	39.7	76.1
1996	629.4	89.7	51.9	32.3	40.7	63.5
1997	624.3	83.9	49.5	33.1	42.7	87.9
1998	633.3	78.1	49.2	33.4	43.8	95.3
1999	643.2	76.8	51.3	35.7	47.3	84.5
2000	651.2	77.6	56.3	37.5	49.8	93.7
2001	649.0	77.2	57.9	37.5	50.7	105.3
2002	659.2	80.5	60.2	38.2	51.5	103.9
2003	667.3	85.8	65.7	39.8	55.0	102.7
2004	685.8	94.9	71.1	43.2	68.9	119.9
2005	686.4	106.1	77.1	44.5	70.0	129.4
2006	680.9	112.9	81.9	43.6	71.3	142.2
2007	669.1	121.8	89.8	45.9	74.4	152.5
2008	662.3	124.0	91.6	47.2	78.8	160.7
2009	661.0	130.0	94.9	48.7	83.4	162.4
2010	663.6	138.6	101.7	51.0	87.1	166.5
2011	663.6	142.9	110.0	52.8	90.1	163.6
2012	660.0	143.3	110.7	53.0	88.4	162.4
2013	652.0	144.1	111.9	54.0	92.2	163.0
2014	655.5	145.8	110.4	55.3	94.8	160.2
2015	659.7	139.3	106.9	56.7	95.7	156.5
2016	675.3	135.2	103.6	55.2	95.3	153.9
沈　阳	73.9	19.4	9.4	7.2	14.5	16.6
大　连	61.5	19.9	12.8	6.7	9.4	22.3
鞍　山	48.1	16.1	7.9	6.1	9.0	8.0
抚　顺	30.0	5.0	3.2	2.1	3.3	6.1
本　溪	14.2	3.6	2.4	1.6	2.8	4.9
丹　东	45.8	10.1	5.7	3.2	6.0	9.4
锦　州	67.7	7.3	7.9	4.9	7.3	9.5
营　口	36.0	13.7	5.8	4.7	7.1	8.8
阜　新	39.2	3.7	4.2	1.9	3.6	13.7
辽　阳	32.8	7.8	3.9	3.0	4.4	4.9
盘　锦	23.0	4.9	2.4	1.9	5.2	4.0
铁　岭	59.8	7.0	9.1	3.4	6.8	13.8
朝　阳	83.0	11.1	18.5	4.5	8.4	19.5
葫芦岛	60.2	5.8	10.4	3.8	7.5	12.5

注：1.本表分行业劳动力是按从事的主行业划分的，如以农业为主、兼营商业的，仍作为农林牧渔业劳动力。
2.工业劳动力中包括村及村以下办的工业劳动力。

13-5 农林牧渔业总产值

单位：亿元

年 份	农林牧渔业总产值	农业	林业	牧业	渔业	农林牧渔服务业
1978	49.2	38.9	1.1	7.1	2.1	
1979	59.9	45.8	1.4	10.6	2.1	
1980	73.5	55.6	2.5	13.2	2.2	
1985	118.1	74.6	4.2	31.3	8.0	
1986	142.0	95.0	4.2	32.3	10.5	
1987	169.2	108.3	4.9	39.6	16.4	
1988	227.4	131.8	5.0	67.7	22.9	
1989	222.8	125.4	4.8	69.8	22.8	
1990	273.8	163.5	6.6	75.5	28.2	
1991	295.9	175.3	6.9	80.6	33.1	
1992	330.1	193.8	7.5	88.6	40.2	
1993	425.7	245.7	9.4	117.4	53.3	
1994	546.8	294.2	11.0	171.9	69.7	
1995	691.8	382.7	12.9	206.0	90.2	
1996	804.7	449.5	13.9	224.7	116.6	
1997	834.7	433.8	15.1	247.1	138.6	
1998	969.8	534.7	17.4	269.6	148.1	
1999	977.1	510.9	18.5	282.4	165.2	
2000	967.4	463.5	19.7	304.2	180.0	
2001	1045.7	503.1	21.8	332.3	188.5	
2002	1132.5	540.1	27.9	361.3	203.2	
2003	1215.0	497.3	38.4	422.0	224.0	33.3
2004	1510.5	611.3	40.7	548.3	272.2	38.0
2005	1671.6	640.1	44.5	636.5	306.7	43.8
2006	1738.1	713.0	52.3	615.3	292.6	64.9
2007	2128.0	837.5	60.3	830.8	326.1	73.3
2008	2476.9	896.9	69.4	1052.4	374.5	83.7
2009	2704.6	913.5	70.0	1171.4	441.9	107.8
2010	3106.5	1140.3	82.5	1270.6	491.0	122.1
2011	3633.6	1307.2	107.4	1521.1	560.0	138.0
2012	4062.4	1539.6	128.7	1621.2	618.7	154.1
2013	4349.7	1673.9	136.5	1675.4	689.3	174.7
2014	4498.4	1734.1	152.4	1717.5	699.8	194.5
2015	4686.7	2068.6	166.1	1561.4	689.8	200.8
2016	4421.8	1859.5	143.7	1575.7	639.6	203.1

注：1.本表按当年价格计算。2003年以后数据按新的国民经济行业分类标准和新的产值计算方法计算。
2.2006—2007年农林牧渔业总产值为与农业普查衔接后国家核定数据。

13-6 农林牧渔业总产值指数

(1952年=100)

年 份	农林牧渔业合计	农业	林业	牧业	渔业
1952	100	100	100	100	100
1978	200.0	197.4	489.6	189.7	298.3
1979	206.7	204.0	536.2	199.3	283.2
1980	222.2	206.9	564.9	209.1	279.9
1985	270.0	223.4	734.9	465.3	463.3
1986	288.6	250.0	659.1	444.2	524.0
1987	303.6	263.0	700.2	441.5	664.2
1988	337.0	274.8	627.6	591.3	748.9
1989	322.6	249.9	613.2	606.5	837.7
1990	371.9	309.4	738.0	603.3	885.4
1991	388.5	319.7	737.8	636.8	947.0
1992	419.7	340.3	795.3	699.0	1044.3
1993	474.4	386.3	866.4	827.1	1091.3
1994	473.8	335.1	939.8	1008.3	1126.1
1995	530.7	373.1	1001.3	1111.7	1327.5
1996	612.3	453.8	1065.4	1166.2	1595.9
1997	629.7	426.7	1137.1	1282.3	1802.0
1998	730.9	529.5	1263.6	1407.3	1979.1
1999	755.4	512.8	1319.5	1514.1	2212.7
2000	749.2	470.2	1349.4	1603.6	2302.3
2001	799.0	510.1	1474.7	1710.3	2373.3
2002	865.1	547.2	1856.1	1861.5	2547.0
2003	926.3	570.2	2120.4	2028.8	2726.9
2004	999.5	607.2	2250.0	2225.9	2933.0
2005	1074.5	630.3	2493.0	2473.0	3164.7
2006	1149.7	653.0	2744.8	2683.2	3436.9
2007	1195.7	682.4	2882.0	2777.1	3591.6
2008	1273.6	708.8	3041.1	2999.6	3931.8
2009	1315.6	691.1	3238.8	3167.6	4277.8
2010	1392.4	729.8	3452.6	3310.1	4662.3
2011	1475.9	810.1	3763.3	3349.8	4942.0
2012	1548.3	864.4	3970.3	3453.7	5159.5
2013	1613.3	915.4	4216.5	3477.8	5556.8
2014	1652.7	929.1	4436.2	3557.8	5722.8
2015	1715.5	1073.1	4485.0	3401.3	5722.8
2016	1670.9	1093.5	4193.5	3326.5	6295.1

注：本表按不变价格计算，2007年以后农林牧渔业产值指数为调整后的口径。

13-7 农林牧渔业总产值指数

(上年=100)

年 份	农林牧渔业合计	农业	林业	牧业	渔业	农林牧渔服务业
1978	106.4	110.1	84.3	94.0	103.5	
1979	103.4	103.3	109.5	105.0	94.9	
1980	101.9	101.4	105.4	104.9	98.8	
1985	90.8	80.3	92.2	124.8	118.0	
1986	106.9	111.9	89.7	95.5	113.1	
1987	105.2	105.2	106.2	99.4	126.7	
1988	111.0	104.5	89.6	133.9	112.7	
1989	95.7	90.9	97.7	102.6	111.9	
1990	115.3	123.8	120.4	99.5	105.7	
1991	104.5	103.3	100.0	105.6	106.9	
1992	108.0	106.4	107.8	109.8	110.3	
1993	113.0	113.5	108.9	118.3	104.5	
1994	99.9	86.7	108.5	121.9	103.2	
1995	112.0	111.3	106.5	110.3	117.9	
1996	115.4	121.6	106.4	104.9	120.2	
1997	102.8	94.0	106.7	110.0	112.9	
1998	116.1	124.1	111.1	109.7	109.8	
1999	103.3	96.9	104.4	107.6	111.8	
2000	99.2	91.7	102.3	105.9	104.0	
2001	106.6	108.5	109.3	106.7	103.1	
2002	108.3	107.3	125.9	108.8	107.3	
2003	107.1	104.2	114.2	109.0	107.1	110.8
2004	107.9	106.5	106.1	109.7	107.6	110.3
2005	107.5	103.8	110.8	111.1	107.9	109.2
2006	107.0	103.6	110.1	108.5	108.6	119.7
2007	104.0	104.5	105.0	103.5	104.5	104.0
2008	106.5	103.9	105.5	108.0	109.5	107.6
2009	103.3	97.5	106.5	105.6	108.8	103.2
2010	105.8	105.6	106.6	104.5	109.0	109.0
2011	106.0	111.0	109.0	101.2	106.0	107.0
2012	104.9	106.7	105.5	103.1	104.4	109.2
2013	104.2	105.9	106.2	100.7	107.7	109.0
2014	102.4	101.5	105.2	102.3	103.0	108.5
2015	103.8	115.5	101.1	95.6	100.0	102.0
2016	97.4	101.9	93.5	97.8	108.5	110.0

13-8 各地区农林牧渔业总产值及指数

(2016年)

地　区	农林牧渔业总产值	农业	林业	牧业	渔业
一、绝对数(万元)					
全　　省	**44217771.39**	**18595475**	**1437276**	**15757458.39**	**6396376**
沈　阳	5342066	2432412	125554	2274951	271755
大　连	9545439	2787473	83696	1814720	4068839
鞍　山	1740471	908948	6887	719210	66844
抚　顺	1204717	442830	233352	326960	171511
本　溪	1328555	397820	414442	434311	62957
丹　东	2176211	633251	115829	487808	852686
锦　州	4280943	1741976	19198	2096590	361890
营　口	1777144	630102	34652	473979	615286
阜　新	2380093	973985	101939	1241962	7673
辽　阳	1474893	751428	26484	483487	179836
盘　锦	2116098	900410	3366	444073	729606
铁　岭	2939474	1638858	68669	1177404	37363
朝　阳	3949792	1815561	239164	1804982	12888
葫芦岛	2119212	827243	38791	780317	415326
二、指数(以上年为100)					
全　　省	**97.4**	**101.9**	**93.5**	**97.8**	**108.5**
沈　阳	81.4	96.2	118.5	65.3	111.4
大　连	104.3	126.0	100.4	91.3	108.3
鞍　山	83.1	111.5	97.9	60.3	100.3
抚　顺	100.2	100.0	102.2	99.0	101.0
本　溪	101.1	97.4	107.5	103.7	80.0
丹　东	85.0	72.7	106.4	70.5	107.4
锦　州	95.8	104.5	94.7	95.0	111.7
营　口	93.0	102.5	92.2	80.4	110.0
阜　新	98.2	145.6	82.0	86.0	90.4
辽　阳	101.2	103.4	92.5	95.8	108.7
盘　锦	101.9	104.2	58.4	96.4	104.5
铁　岭	89.6	98.9	96.2	82.5	87.3
朝　阳	88.4	84.2	78.4	94.9	277.5
葫芦岛	103.0	121.1	104.0	85.8	109.9

注：绝对数按当年价格计算。指数按可比价计算。2014年各市产值数据与省产值数据进行了调整衔接。

13-9 农林牧渔业增加值

(2016年) 单位：万元

指　　标	农林牧渔业合计	农业	林业	牧业	渔业	农林牧渔服务业
一、当年现价产值	**44217771**	**18595475**	**1437276**	**15757458**	**6396376**	**2031185**
二、农林牧渔业中间消耗	21252226	8085531	633990	9351555	2384910	796239
1.物 质 消 耗	16703627	5741395	406677	8384427	1713200	457928
(1)用 种 量	1401602	986143	184724	230736		
(2)饲料、饲草	8574079	387161		7319651	867267	
(3)肥　　料	1879508	1854314	25194			
(4)燃　　料	1171391	693872	36507	104707	336305	
(5)农药或兽药	567039	271776	8671	286592		
(6)用 电 量	352476	254364	5781	66486	25846	
(7)农用塑料薄膜	289645	289645				
(8)其它物质消耗	1616005	678735	86826	376256	474187	
2.生产服务支出	4548598	2344136	227313	967128	671710	338311
三、农林牧渔业增加值	**22965545**	**10509944**	**803286**	**6405903**	**4011466**	**1234946**
中间消耗占总产值(%)	48	43	44	59	37	39
增加值占总产值(%)	52	57	56	41	63	61

13-10 农业机械和农产品加工机械拥有量

机械名称	单位	2007年	2008年	2009年	2010年	2011年
农业机械总动力	万千瓦	2087.4	2192.9	2299.4	2408.3	2558.1
农用大中型拖拉机	台	67556	117651	135725	151629	174321
小 型 拖 拉 机	台	240121	236861	244596	263306	282623
大中型拖拉机配套农具	万部	7.66	15.51	17.02	18.74	22.37
小型拖拉机机引农具	万部	33.43	32.3	35.52	41.06	44.51
机 引 犁	万部	7.25	8.75	9.12	11.37	8.91
机 引 耙	万部	2.92	3.31	3.22	3.70	2.85
机 引 播 种 机	万部	11.62	13.22	15.12	16.70	17.66
机动水稻插秧机	台	4274	7296	12098	16124	21566
农用排灌动力机械	万台/万千瓦	103.56/328.87	98.81/345.00	103.96/350.59	103.83/353.26	107.51/359.20
#柴 油 机	万台/万千瓦	17.64/143.04	19.41/159.00	21.42/166.48	22.87/173.64	21.56/170.06
电 动 机	万台/万千瓦	85.46/181.32	78.85/180.00	82.05/179.27	79.49/175.77	83.18/180.37
农 用 水 泵	万台	118.6	121.81	128.99	127.67	129.71
节 水 灌 溉 机 械	套	53061	104370	105316	110531	116001
联 合 收 割 机	台	1456	2374	3924	5432	7984
机 动 脱 粒 机	万台	11.92	11.7	11.71	12.66	13.36
谷 物 烘 干 机	台	368	327	266	412	466
粮食加工机械	万台	12.12	14.4	14.61	14.57	14.33
棉花加工机械	万台	0.02	0.01	0.02	0.02	0.02
油料加工机械	万台	0.53	0.47	0.61	0.67	0.67
机动喷雾(粉)机	万部	5.59	7.04		9.66	9.46
饲草料加工机械	万台	8.93	15.91	16.42	17.17	16.44
渔 用 机 动 船	艘	47312	47264	44302	48238	47115

13-10 续表

机械名称	单位	2012年	2013年	2014年	2015年	2016年
农业机械总动力	万千瓦	2678.02	2788.5	2886.9	2983.6	2325.6
农用大中型拖拉机	台	190581	208000	223374	231500	242600
小 型 拖 拉 机	台	308368	322500	332527	340100	327600
大中型拖拉机配套农具	万部	25.19	27.40	29.20	30.55	32.26
小型拖拉机机引农具	万部	47.24	49.17	50.18	50.94	48.38
机 引 犁	万部	10.44	11.28	11.61	11.92	11.26
机 引 耙	万部	2.95	2.95	2.69	2.69	2.6
机 引 播 种 机	万部	20.13	21.28	20.87	21.20	21.78
机动水稻插秧机	台	26324	32896	34038	35500	35700
农用排灌动力机械	万台/万千瓦	106.06/361.02	105.47/361.15	106.62/370.50	105.97/361.43	104.15/349.19
#柴 油 机	万台/万千瓦	23.90/171.70	21.63/171.98	22.68/179.90	22.59/173.48	22.64/171.52
电 动 机	万台/万千瓦	81.71/181.04	80.99/181.11	80.80/182.24	80.38/179.48	78.41/168.19
农 用 水 泵	万台	127.33	125.30	121.92	121.52	117.47
节 水 灌 溉 机 械	套	123306	125200	132176	133300	131600
联 合 收 割 机	台	10922	14500	18630	24500	26578
机 动 脱 粒 机	万台	13.77	14.72	14.91	14.75	14.63
谷 物 烘 干 机	台	545	751	1149	1302	1590
粮食加工机械	万台	14.72	14.94	14.91	15.02	14.91
棉花加工机械	万台	0.02	0.013	0.012	0.01	0.01
油料加工机械	万台	0.67	0.68	0.67	0.67	0.66
机动喷雾(粉)机	万部	9.55	9.67	9.70	9.83	9.57
饲草料加工机械	万台	16.97	17.07	17.10	17.05	16.75
渔 用 机 动 船	艘	45770	43343	40902	40095	37000

13-11 机耕、灌溉面积、化肥施用量、农村小水电站和农村售电量

年 份	机耕面积(万公顷)	有效灌溉面积(万公顷)		机电提灌面积占有效灌溉面积比重(%)	化肥施用量(万吨)		农村小型水电站		农村售电量(亿千瓦小时)
			#机电提灌		实物量	折纯量	个数(个)	装机容量(千瓦)	
1978	204.5	85.3	68.5	80.2	205.8		111	33837	17.8
1980	208.4	76.0	59.6	78.4	298.4		57	10469	23.8
1985	187.7	72.4	59.7	82.5	273.4	70.9	75		29.3
1986	194.5	73.1	60.1	82.2	264.0	70.1	73		33.8
1987	207.8	76.9	62.8	81.7	265.2	67.3	66		38.7
1988	219.8	76.3	63.4	83.1	273.6	70.1	111	74617	50.6
1989	219.2	76.0	62.8	82.6	281.8	74.6	113	92522	46.0
1990	236.3	105.9	51.6	48.7	301.1	81.4	116	94123	51.3
1991	251.8	108.9	87.7	80.5	313.4	85.1	114	95638	54.8
1992	258.1	114.0	91.3	80.1	320.6	90.5	115	98363	63.5
1993	256.7	117.0	92.7	79.2	320.7	95.1	115	99218	73.7
1994	250.4	118.4	92.3	78.0	325.7	100.2	116	105440	72.7
1995	246.3	120.4	94.0	78.1	334.9	103.1	120	134721	81.6
1996	249.8	123.4	96.6	78.3	346.5	110.7	124	181531	91.3
1997	260.9	127.7	99.0	77.5	344.2	113.0	121	183000	96.0
1998	265.0	133.5	100.8	75.5	349.1	114.1			89.1
1999	278.8	138.9	105.0	75.6	353.8	116.7	97	100360	93.7
2000	290.9	144.1	106.9	74.0	334.6	109.4	119	148000	103.5
2001	277.2	148.2	106.3	71.7	329.2	109.8	133	208800	105.4
2002	275.4	150.0	109.9	73.3	330.8	111.4	134	218800	119.2
2003	272.1	151.3	105.6	69.8	329.3	112.6	134	208800	145.8
2004	277.8	152.0	105.7	69.5	341.2	117.9	140	346700	149.6
2005	297.9	152.7	104.1	68.2	354.2	119.9	146	384200	153.3
2006	301.0	150.0	97.4	64.9	358.5	121.2	152	358000	219.0
2007	301.2	149.1	115.8	77.7	370.1	127.5	153	385300	265.4
2008	321.0	149.3	110.2	73.8	385.5	128.8	162	379000	270.8
2009	328.9	151.0	108.2	71.7	392.8	133.6	165	391333	283.9
2010	342.0	153.8	108.7	70.7	403.4	140.1	169	395488	359.5
2011	373.3	158.8	109.7	69.1	418.3	144.6	174	397348	366.3
2012	384.5	169.9	120.9	71.2	428.3	146.9	177	476073	373.4
2013	388.8	140.8			432.6	151.8	180	511373	394.8
2014	381.9	147.4			433.7	151.6	185	519243	433.1
2015	388.7	152.0			432.9	152.1	188	526554	457.8
2016	380.9	157.3			420.2	148.1	187	442554	489.8

13-12 各地区化肥施用量

(2016年)

单位：万吨

地区	合计		氮肥		磷肥		钾肥		复合肥	
	实物量	折纯量	实物量	折纯量	实物量	折纯量	实物量	折纯量	实物量	折纯量
全省	**420.2**	**148.1**	**171.3**	**60.5**	**45.4**	**10.8**	**29.1**	**11.6**	**174.4**	**65.2**
沈阳	65.6	20.5	24.7	7.6	6.6	1.3	5.1	2.2	29.2	9.3
大连	47.0	15.7	19.1	5.4	4.8	1.2	3.8	1.8	19.2	7.4
鞍山	25.6	10.7	11.9	4.7	1.9	0.6	1.2	0.6	10.6	4.8
抚顺	9.0	3.3	4.1	1.6	1.2	0.4	0.8	0.3	2.9	1.0
本溪	4.4	1.3	2.4	0.8	0.6	0.1	0.4	0.1	1.0	0.2
丹东	20.0	6.7	12.1	3.7	1.9	0.3	1.1	0.5	4.9	2.2
锦州	41.8	16.7	17.6	7.3	3.4	0.8	3.0	1.3	17.8	7.3
营口	17.1	6.2	7.7	3.0	2.5	0.6	2.0	0.8	4.9	1.8
阜新	42.3	16.5	14.7	6.1	2.5	0.4	1.7	0.8	23.3	9.1
辽阳	16.3	5.4	6.2	2.1	2.1	0.6	1.3	0.5	6.8	2.2
盘锦	13.4	4.7	6.1	2.7	2.8	0.8	1.2	0.4	3.2	0.8
铁岭	52.7	22.1	14.1	5.6	4.6	1.2	1.9	0.8	32.1	14.5
朝阳	40.6	10.2	19.2	5.8	6.8	1.4	2.7	0.7	11.9	2.4
葫芦岛	24.4	8.3	11.4	4.1	3.7	1.0	2.8	0.9	6.5	2.2

13-13 灌溉、水库和除涝、治水、治碱情况

指标	单位	2005年	2008年	2009年	2010年	2011年	2012年	2013年	2014年	2015年	2016年
年底灌区数	处	79	73	72	70	74	73	221	220	220	220
#50万亩以上	处	4	4	4	4	4	4	6	6	6	6
30-50万亩	处	5	4	5	5	6	6	5	5	5	5
灌区耕地面积	万公顷	52.6	48.4	48.4	48.2	50.5	50.1			57.9	56.0
#50万亩以上	万公顷	17.4	17.4	17.4	17.4	17.4	17.4			21.0	21.0
30-50万亩	万公顷	12.6	10.6	12.9	12.9	14.9	14.9			10.1	7.9
水库座数	座	963	952	952	951	922	905	911	833	803	798
大型水库	座	29	33	33	33	33	33	33	34	35	35
中型水库	座	71	74	74	74	74	74	76	76	77	77
小型水库	座	863	845	845	844	815	798	802	723	691	686
水库总容量	亿立方米	335.5	357.5	359.9	359.3	358.3	358.1			364.0	366.6
大型水库	亿立方米	303.1	325.6	328.0	327.7	326.8	326.8			333.5	336.1
中型水库	亿立方米	21.2	21.3	21.3	21.1	21.2	20.9			20.0	21.2
小型水库	亿立方米	11.2	10.6	10.6	10.5	10.3	10.3			10.4	9.3
除涝面积	千公顷	996.3	995.0	983.2	985.3	989.1	993.1	911.2	911.0	911.5	931.2
本年新增除涝面积	千公顷	0.3	0.2	1.4	6.2	4.9	15.8	2.2	1.6	2.6	19.7
治理水土流失面积	万平方公里	5.7	6.1	6.2	6.3	6.5	6.7	4.5	4.7	4.9	5.0
本年水土流失治理面积	千公顷	192.6	128.2	140.4	144.0	181.8	265.9	233.8	217.3	170.7	166.5
堤防长度	万公里	1.9	2.0	2.2	2.1	2.2	2.2	2.0	2.1	2.1	2.1
堤防保护耕地面积	千公顷	1806.6	1885.2	1934.7	1935.8	1997.6	2046.6			1461.2	1469.2

注：1.大型水库为库容1亿立方米以上；中型水库为库容1千万至1亿立方米；小型水库为库容10万至1千万立方米。
2.年底灌区数中往年不包含万亩以下灌区，2013年以后包含。

13-14 各地区农田水利情况

地　区	有效灌溉面积(千公顷)				规模以上机电井数(眼)			
	2013年	2014年	2015年	2016年	2013年	2014年	2015年	2016年
全　省	**1407.84**	**1473.97**	**1520.31**	**1572.99**	**155875**	**161388**	**165444**	**166365**
沈　阳	257.54	255.88	261.74	262.46	25652	26082	27558	27558
大　连	69.07	72.50	73.60	74.71	21761	19007	19298	18967
鞍　山	72.75	74.38	74.41	74.44	3998	4001	4001	4081
抚　顺	33.68	37.09	40.42	43.46	1785	1831	1835	1835
本　溪	17.34	17.17	17.17	17.34	400	419	430	430
丹　东	77.57	79.17	79.17	79.38	1373	1408	1391	1391
锦　州	157.20	169.34	181.86	188.85	15827	16758	17865	18745
营　口	73.18	73.71	73.71	74.11	12268	12268	12268	12268
阜　新	97.96	127.99	138.89	144.44	20709	26561	26599	26611
辽　阳	67.97	72.41	72.46	72.91	4040	4062	3958	3958
盘　锦	95.46	95.46	96.17	98.17	1081	1081	1022	1022
铁　岭	157.25	165.93	172.19	175.39	17193	17450	17708	18102
朝　阳	158.88	158.39	168.19	195.04	15963	16392	17349	17376
葫芦岛	71.99	74.55	70.32	72.29	13825	14068	14162	14021

13-15 各地区水利设施和除涝治碱面积

(2016年)

地　区	水库数(座)	水库总库容量(亿立方米)	除涝面积(千公顷)
全　省	**798**	**366.64**	**931.22**
沈　阳	30	6.87	324.44
大　连	206	25.23	53.83
鞍　山	17	0.92	97.66
抚　顺	116	25.75	
本　溪	32	60.79	
丹　东	57	162.03	39.35
锦　州	25	9.78	105.40
营　口	34	2.70	48.10
阜　新	50	5.45	29.49
辽　阳	4	14.19	58.01
盘　锦	7	1.41	84.20
铁　岭	89	21.75	88.40
朝　阳	67	20.86	0.41
葫芦岛	64	8.93	1.93

13-16 农作物播种面积

单位：千公顷

年份	农作物总播种面积				占总播种面积比重(%)			粮食作物							
		粮食作物	经济作物	其他作物	粮食作物	经济作物	其他作物		水稻	小麦	玉米	高粱	谷子	薯类	大豆
1980	3914.8	3221.1	392.1	301.5	82.3	10.0	7.7	3221.1	385.7	40.9	1416.2	558.3	190.1	42.5	472.9
1985	3705.8	2889.5	532.3	283.9	78.0	14.4	7.6	2889.5	480.2	11.8	1198.0	416.7	210.1	72.3	393.0
1986	3663.7	3036.9	338.3	288.4	82.9	9.2	7.9	3036.9	510.1	20.5	1258.5	441.3	205.9	65.7	410.3
1987	3620.6	3130.8	199.3	290.5	86.5	5.5	8.0	3130.8	548.4	27.2	1341.1	448.4	188.7	64.0	395.2
1988	3603.2	3101.3	203.7	298.1	86.1	5.6	8.3	3101.3	553.7	34.4	1318.0	450.5	179.4	70.6	381.5
1989	3594.5	3083.5	211.8	299.2	85.8	5.9	8.3	3083.5	553.4	55.0	1313.2	420.3	177.3	73.6	370.3
1990	3618.9	3121.6	204.9	292.4	86.3	5.7	8.1	3121.6	543.3	112.8	1365.7	395.0	169.3	73.7	349.0
1991	3638.1	3089.9	257.5	290.7	84.9	7.1	8.0	3089.9	542.2	147.2	1372.4	367.5	147.2	78.8	326.2
1992	3633.1	3051.5	281.7	299.9	84.0	7.7	8.3	3051.5	556.6	165.7	1384.0	342.0	120.4	88.0	302.3
1993	3630.0	3049.2	224.6	356.2	84.0	6.1	9.9	3049.2	484.1	183.1	1416.2	326.0	120.1	99.9	325.1
1994	3623.5	3026.4	226.8	370.3	83.5	6.3	10.2	3026.4	458.7	162.4	1464.6	321.7	109.0	95.9	318.6
1995	3623.7	3030.9	210.4	382.4	83.6	5.8	10.6	3030.9	472.6	171.3	1517.5	308.3	102.8	102.5	273.0
1996	3627.8	3073.1	165.8	388.9	84.7	4.6	10.7	3073.1	478.1	177.9	1576.7	300.2	104.9	110.0	239.2
1997	3627.0	3037.1	181.1	408.8	83.7	5.0	11.3	3037.1	491.7	167.9	1573.4	257.6	106.1	105.6	249.2
1998	3630.2	3039.2	178.4	412.6	83.7	4.9	11.4	3039.2	496.0	150.2	1638.0	222.8	100.8	109.6	249.6
1999	3643.1	3055.3	163.3	424.5	83.9	4.5	11.7	3055.3	501.5	152.9	1677.8	202.5	89.6	130.5	235.1
2000	3622.0	2858.6	248.0	515.4	78.9	6.8	14.2	2858.6	489.7	117.5	1422.5	188.6	86.9	167.1	301.9
2001	3559.9	2758.1	279.9	522.0	77.5	7.9	14.7	2758.1	449.5	86.1	1366.3	163.0	130.5	151.1	290.4
2002	3577.0	2658.6	327.8	590.6	74.3	9.2	16.5	2658.6	457.1	47.2	1395.1	168.8	101.6	145.1	266.6
2003	3476.6	2563.6	344.6	568.4	73.7	9.9	16.3	2563.6	392.0	19.8	1401.4	125.3	111.2	138.8	285.2
2004	3666.5	2965.8	242.2	458.5	80.9	6.6	12.5	2965.8	492.1	19.9	1835.9	106.4	94.2	103.4	244.4
2005	3801.0	3179.7	199.4	421.9	83.7	5.2	11.1	3179.7	538.1	21.4	2076.7	107.8	86.6	93.2	184.9
2006	3627.2	3089.7	118.6	418.9	85.2	3.3	11.5	3089.7	624.9	8.0	1983.1	95.7	82.8	103.5	128.9
2007	3703.9	3127.2	118.1	458.6	84.4	3.2	12.4	3127.2	660.6	12.4	1998.6	85.1	82.2	96.3	130.4
2008	3946.4	3035.9	320.7	589.8	76.9	8.1	15.0	3035.9	658.7	10.3	1884.9	72.7	76.1	92.8	181.0
2009	4064.7	3124.1	313.6	627.0	76.9	7.7	15.4	3124.1	656.7	8.8	1964.1	95.2	87.4	91.9	164.1
2010	4184.9	3179.3	380.8	624.8	76.0	9.1	14.9	3179.3	677.5	7.5	2093.0	70.6	76.8	80.0	123.4
2011	4356.2	3169.8	428.3	758.1	72.8	9.8	17.4	3169.8	659.6	6.9	2134.6	58.9	63.5	83.1	120.2
2012	4361.3	3217.3	390.7	753.3	73.8	9.0	17.3	3217.3	661.8	6.8	2206.7	51.1	52.0	82.0	115.8
2013	4208.8	3226.4	368.4	614.0	76.7	8.8	14.6	3226.4	649.2	5.6	2245.6	47.1	51.9	78.9	114.9
2014	4164.1	3235.1	327.7	601.3	77.7	7.9	14.4	3235.1	562.1	5.8	2330.1	55.6	61.9	85.7	106.4
2015	4219.8	3297.4	296.9	625.5	78.1	7.0	14.8	3297.4	544.9	5.8	2416.8	53.2	61.0	82.7	107.1
2016	4064.1	3231.4	302.1	530.6	79.5	7.4	13.1	3231.4	562.5	5.8	2258.9	62.1	64.4	106.7	132.4

注：2013年农作物总播种面积为粮食作物抽样数据与经济作物全面数据合计，2013年以前为两类作物全面数据合计。

13-16 续表　　单位：千公顷

年 份	其他杂粮	经济作物	棉花	油料				麻类	甜菜	烟叶		其他作物		
					#花生	芝麻	向日葵(籽)				#烤烟		#蔬菜	绿肥
1980	114.7	392.1	38.5	303.2	97.5	12.3	169.6	25.5	11.1	9.6	8.7	301.5	202.1	67.6
1985	107.5	532.3	39.1	447.5	251.7	92.7	77.7	2.7	13.7	18.6	10.1	283.9	217.3	23.0
1986	124.6	338.3	17.9	280.6	161.6	22.9	81.5	2.7	12.9	15.7	7.2	288.4	230.6	19.9
1987	117.8	199.3	4.6	151.3	86.6	7.1	50.1	2.5	16.1	14.3	8.4	290.5	234.2	17.6
1988	113.3	203.7	10.3	135.4	83.8	3.3	42.9	2.5	25.9	18.6	12.4	298.1	241.5	13.3
1989	120.5	211.8	16.2	132.0	83.2	5.1	37.4	1.7	17.0	31.7	24.1	299.2	248.3	11.6
1990	112.8	204.9	19.1	125.1	78.0	4.7	37.7	1.8	22.5	26.0	20.3	292.4	253.3	11.9
1991	81.6	257.5	55.4	142.6	92.6	15.0	31.8	1.6	25.1	23.0	18.0	290.7	255.0	6.6
1992	74.8	281.7	74.9	142.7	90.4	24.5	25.5	1.5	20.8	24.3	19.6	299.9	267.8	6.7
1993	94.5	224.6	24.6	141.3	91.6	24.4	21.5	0.9	23.2	24.1	17.5	356.2	294.6	43.4
1994	95.4	226.8	25.7	144.4	102.9	18.1	22.2	0.7	28.8	18.7	13.5	370.3	318.3	
1995	82.9	210.4	31.0	131.8	94.1	14.1	22.0	0.8	30.2	16.6	13.4	382.4	330.6	33.4
1996	86.1	162.4	12.4	95.1	67.1	6.5	20.4	0.4	27.2	27.3	24.8	388.9	342.2	
1997	85.5	181.1	19.5	98.2	69.1	6.1	22.5	0.3	23.8	33.2	29.0	408.8	354.2	
1998	72.2	178.4	20.5	122.4	91.0	9.0	21.9	0.2	17.1	15.2	13.0	412.6	353.2	
1999	65.2	163.4	6.9	122.1	89.0	6.7	25.0	0.4	13.7	17.0	15.3	424.5	369.9	
2000	84.5	248.0	7.3	199.5	142.8	1.4	28.2	0.7	16.5	18.4	16.7	515.4	413.2	
2001	121.2	279.9	7.3	235.4	184.1	13.1	32.1	0.2	18.0	11.5	10.1	522.0	412.9	
2002	77.1	327.8	2.9	286.1	227.9	16.2	37.5	0.1	13.1	13.0	11.8	590.6	467.3	
2003	89.9	344.6	3.9	312.0	253.3	12.3	40.7	0.5	1.1	12.8	11.0	568.4	450.1	
2004	69.6	242.2	4.4	205.2	173.3	8.2	19.8	0.2	0.9	11.6	10.4	458.5	378.4	
2005	71.0	199.4	2.3	164.3	140.6	5.2	15.8	0.1	1.5	16.1	15.1	421.9	353.1	
2006	41.8	118.6	1.5	106.6	96.1	2.6	7.4		0.8	8.3	7.5	418.9	354.0	
2007	40.4	118.1	1.1	106.8	98.7	2.0	5.8		0.7	8.0	7.3	458.6	376.0	
2008	59.4	320.7	1.4	282.5	263.3	2.3	14.5	0.01	2.0	11.5	10.7	589.8	388.7	
2009	55.9	313.6	0.9	277.3	260.6	1.8	12.3	0.01	1.8	12.5	11.4	627.0	402.7	
2010	50.5	380.8	0.4	347.4	332.4	1.5	12.0		1.1	10.9	9.8	624.8	430.2	
2011	43.0	428.3	0.4	392.0	377.1	1.2	12.0	0.01	1.8	10.8	9.7	758.1	465.4	
2012	41.1	390.7	0.3	376.7	359.6	0.9	8.1	0.01	1.9	11.8	10.8	753.3	487.1	
2013	33.3	368.4	0.5	354.7	341.5	0.4	7.4		3.3	9.8	9.3	614.0	492.1	
2014	27.5	327.7	0.1	314.0	305.6	0.2	5.7		2.1	11.6	10.8	601.3	473.7	
2015	25.8	296.9	0.1	285.3	277.8	0.2	4.5		1.8	9.8	9.1	625.5	500.0	
2016	38.5	302.1	0.1	289.0	281.3	0.1	4.7	1.5	1.9	9.7	9.2	530.6	419.3	

13-17 各地区农作物播种面积

(2016年) 单位：千公顷

地　区	农作物总播种面积	粮食作物								
			水稻	小麦	玉米	高粱	谷子	薯类	大豆	其他杂粮
全　省	**4064.1**	**3231.4**	**562.5**	**5.8**	**2258.9**	**62.1**	**64.4**	**106.7**	**132.4**	**38.5**
沈　阳	656.0	508.3	117.6	1.8	352.0	4.0	3.3	14.8	12.7	2.1
大　连	327.0	270.8	22.1	0.1	180.7	0.7	1.3	25.1	36.2	4.5
鞍　山	247.7	210.0	38.8	0.3	161.5	0.8	0.3	2.8	4.8	0.7
抚　顺	116.1	95.8	20.3		65.1	0.1	0.0	2.9	7.3	0.1
本　溪	58.0	49.6	9.7		35.0	0.3	0.5	1.9	1.9	0.4
丹　东	190.4	160.7	51.9	0.1	94.8	0.7	0.2	5.6	6.0	1.4
锦　州	457.2	365.8	32.7	0.1	307.7	10.5	1.8	6.4	6.5	0.2
营　口	109.4	93.4	44.3		45.3	0.4	0.4	0.8	1.9	0.3
阜　新	479.4	324.1	4.0	0.1	265.2	15.1	16.8	1.8	12.5	8.6
辽　阳	162.8	135.7	47.9		83.6	0.1	0.0	2.6	1.0	0.3
盘　锦	143.0	124.8	104.6		14.9			0.1	5.2	0.0
铁　岭	548.5	472.9	59.7		390.1	0.8	0.9	12.7	8.8	0.0
朝　阳	464.5	379.6	0.03	0.9	298.7	20.7	42.0	4.9	2.4	9.9
葫芦岛	249.7	185.4	6.9	0.001	144.9	3.6	5.5	12.1	11.6	0.8

13-17 续表 (2016年) 单位：千公顷

地　区	经济作物								其他作物
	棉花	油料				甜菜	烟叶		蔬菜
			花生	芝麻	向日葵(籽)			烤烟	
全　省	**0.1**	**289.0**	**281.3**	**0.1**	**4.7**	**1.9**	**9.7**	**9.2**	**419.3**
沈　阳		36.7	36.1						71.5
大　连	0.015	8.1	7.7		0.1				39.2
鞍　山		5.9	5.9				0.0		28.0
抚　顺		0.5	0.5				0.4		7.9
本　溪		0.3	0.3		0.0				4.2
丹　东		3.7	3.4				3.5	3.5	15.4
锦　州	0.004	39.6	38.6		0.4	0.2	0.037	0.037	43.8
营　口	0.005	0.2	0.2						12.4
阜　新		128.2	128.0				1.7	1.7	19.0
辽　阳		1.3	1.1		0.035				22.2
盘　锦		0.1	0.1			0.1			16.5
铁　岭		23.0	22.8				2.2	2.2	39.7
朝　阳	0.1	5.2	0.7	0.1	4.2	1.6	1.8	1.7	71.9
葫芦岛	0.002	36.1	35.9				0.004		27.5

13-18 主要农产品产量

年 份	粮食(万吨)	水稻	小麦	玉米	高粱	谷子	薯类	大豆	其他杂粮	棉花(吨)
1978	1117.2	206.8	9.4	560.0	225.2	30.0	18.5	53.5	13.8	23372
1980	1221.6	235.3	5.5	653.6	226.8	23.3	10.5	53.6	13.0	21348
1985	976.0	263.0	2.8	448.1	150.7	29.9	15.8	54.6	11.2	24166
1986	1222.2	323.8	4.0	607.3	168.4	27.9	15.3	63.5	12.0	11647
1987	1276.2	340.7	5.6	671.5	159.0	25.7	13.5	49.2	11.1	3337
1988	1307.2	340.2	8.2	680.6	161.6	20.0	18.8	44.4	13.6	6381
1989	1018.2	283.8	15.3	496.7	106.9	16.2	12.1	24.1	13.1	7808
1990	1494.7	375.7	44.3	812.3	180.8	30.5	19.4	43.5	14.5	13595
1991	1532.4	403.4	49.8	848.6	181.2	23.3	24.6	37.5	13.1	41987
1992	1568.4	417.7	65.5	864.5	152.7	18.5	26.2	32.4	11.1	27949
1993	1696.0	389.6	66.5	989.1	178.1	24.4	34.5	52.2	14.0	19439
1994	1337.1	297.7	49.5	613.9	181.5	25.5	28.3	48.3	14.4	16727
1995	1423.5	255.3	63.3	804.5	156.6	22.2	35.9	40.3	12.4	23666
1996	1660.1	366.1	59.4	1047.3	183.0	29.1	42.5	43.6	15.8	10813
1997	1313.5	389.4	56.5	674.7	100.3	18.7	39.5	35.1	11.3	15067
1998	1828.9	407.5	61.4	1205.3	141.6	28.6	47.8	52.8	15.0	17876
1999	1648.8	415.8	59.2	988.3	77.1	13.2	51.0	39.3	9.5	4574
2000	1140.0	375.5	35.4	547.9	51.6	9.3	61.5	47.9	8.7	5604
2001	1394.4	341.2	15.7	833.7	74.5	25.7	54.7	55.2	19.2	7508
2002	1510.4	359.2	11.5	889.4	83.1	23.3	60.3	52.6	31.0	2983
2003	1498.3	310.6	6.1	930.5	58.9	24.4	66.2	63.7	16.4	3481
2004	1720.0	382.4	6.9	1352.1	62.0	26.9	50.6	59.2	15.6	4742
2005	1745.8	414.5	8.9	1340.3	70.8	30.8	48.0	43.5	11.6	2685
2006	1797.0	426.6	3.1	1211.5	41.0	17.9	48.2	38.0	8.6	2000
2007	1835.0	505.0	5.3	1167.8	38.7	23.2	50.8	32.0	8.2	2100
2008	1860.3	505.6	4.9	1189.0	31.9	20.4	47.5	48.8	12.2	2401
2009	1591.0	506.0	4.5	963.1	22.9	15.1	41.7	30.0	7.7	956
2010	1765.4	457.6	3.7	1150.5	35.2	24.7	51.3	34.1	8.3	655
2011	2035.5	501.3	3.7	1360.3	36.3	22.1	65.0	34.1	12.7	736
2012	2070.5	507.8	3.2	1423.5	30.5	16.5	49.8	31.2	8.0	560
2013	2195.6	506.9	2.7	1563.2	29.5	16.5	41.6	28.4	6.8	999
2014	1753.9	451.5	2.8	1170.5	28.0	17.4	53.5	22.3	8.0	100
2015	2002.5	467.7	2.7	1403.5	29.9	19.0	48.0	24.0	7.7	154
2016	2100.6	484.6	2.2	1465.6	36.2	22.8	52.8	28.2	8.2	126

13-18 续表

年 份	油料(吨)	#花生	芝麻	向日葵	麻类(吨)	甜菜(吨)	烟叶(吨)	#烤烟	蔬菜(万吨)
1978	105271	44811	1471	41080	14994	63376	31280	29483	652.0
1980	282529	137440	4059	13142	9487	127239	23617	22361	548.7
1985	540147	402737	43717	76731	2446	226775	34143	18424	589.5
1986	316211	221858	8899	76336	2054	218267	27137	10370	700.9
1987	192045	130062	3070	54351	1660	283685	28869	15692	756.1
1988	167916	133437	1362	29448	2875	481603	36383	22094	784.8
1989	70809	46084	1365	20354	2334	233945	45378	31376	790.0
1990	174537	133427	2879	33939	2586	497538	44005	31575	861.3
1991	202878	153230	8895	38066	2011	585929	39022	28525	893.5
1992	176256	129402	15415	29663	2494	523226	44297	32283	1003.2
1993	218478	168448	18427	27973	1234	538234	49878	31591	1162.7
1994	244305	200079	14022	29192	1050	392366	35721	23534	1130.6
1995	197717	162764	10040	22518	1039	504147	31959	21913	1268.1
1996	170003	134450	5618	28367	396	585516	56091	50344	1438.6
1997	160745	134136	3901	21826	294	400727	60890	51527	1492.2
1998	233611	198115	5798	28422	210	416120	31319	26182	1588.1
1999	197797	166326	4320	24736	355	263581	32487	29938	1650.8
2000	295527	256249	8298	12685	883	286894	31507	28589	1757.0
2001	462553	420504	10367	22994	245	355910	23548	19787	1826.6
2002	564529	507904	14139	34245	155	397226	28679	25987	2098.6
2003	614049	548406	10099	40844	611	33964	26487	22945	2148.2
2004	459299	419110	7293	24153	606	27427	26932	24243	2034.6
2005	368411	330103	6036	27337	114	62379	34234	31742	1954.8
2006	257100	245000	2036	9064	12	30000	26900	24200	2129.8
2007	263800	250000	2159	10541	9	50300	29100	23300	2232.0
2008	835027	800740	2997	25225	21	74952	32255	29655	2438.3
2009	553499	534697	815	11004	9	61941	31531	29155	2604.4
2010	995980	961477	2176	20507		48728	28560	24505	2668.2
2011	1197565	1165363	2330	25917	15	77977	29846	26423	2832.5
2012	1208739	1165335	2139	20284		97317	33621	30537	2977.6
2013	1136411	1112920	686	17764		171219	27960	26852	3171.4
2014	636881	620365	361	10333		101387	33513	31995	3090.1
2015	461225	447730	358	6996		52095	26156	24496	2933.0
2016	813279	777448	124	11357	9968	94017	27223	25736	2257.5

13-19 各地区主要农产品产量

(2016年)

地区	粮食(万吨)	水稻	小麦	玉米	高粱	谷子	薯类	大豆	其他杂粮	棉花(吨)
全省	**2100.6**	**484.6**	**2.2**	**1465.6**	**36.2**	**22.8**	**52.8**	**28.2**	**8.2**	**126**
沈阳	360.4	102.3	0.6	244.2	2.2	0.2	7.3	3.3	1.0	
大连	133.1	14.1	0.1	103.3	0.1	0.2	8.8	6.0	0.6	1
鞍山	139.5	29.4	0.1	107.5	0.4	0.1	0.9	0.9	0.3	
抚顺	60.8	13.7		43.8	0.0	0.0	1.4	1.3	0.6	
本溪	32.8	7.1		23.3	0.1	0.2	1.6	0.4	0.1	
丹东	97.3	38.2		55.0	0.2	0.0	2.7	1.0	0.2	
锦州	249.7	28.5	0.1	211.2	5.6	0.4	2.8	1.1	0.1	9
营口	68.4	45.3		21.8	0.2	0.1	0.4	0.5	0.1	5
阜新	170.0	2.8		154.1	6.7	3.1	0.8	1.8	0.6	
辽阳	97.7	39.1		56.7	0.1	0.0	1.5	0.2	0.1	
盘锦	111.3	96.7		12.8			0.3	1.5	0.0	
铁岭	397.1	47.9		338.5	0.3	0.4	7.6	2.5	0.0	
朝阳	238.8	0.0	0.4	209.1	12.2	12.7	1.8	0.4	2.5	109
葫芦岛	90.0	5.6		72.5	1.7	1.2	6.9	2.0	0.1	2

13-19 续表 (2016年)

地区	油料(吨)	#花生	#芝麻	#向日葵	麻类(吨)	甜菜(吨)	烟叶(吨)	#烤烟	蔬菜(万吨)
全省	**813279**	**777448**	**124**	**11357**	**9968**	**94017**	**27223**	**25736**	**2257.5**
沈阳	107323	106010			1827				371.3
大连	33517	30880		29					216.0
鞍山	16904	16904					12		213.6
抚顺	1558	1553					1179		31.4
本溪	1741	1541		20					19.0
丹东	13630	13031					8112	8017	74.1
锦州	119924	116741		977		6023	87	87	260.9
营口	472	472							66.6
阜新	314524	299257			8141		5679	5679	68.5
辽阳	3784	3646		50					83.9
盘锦	223	221				2369			112.8
铁岭	76717	76662					6756	6756	163.1
朝阳	14792	2685	124	10281		85625	5338	5197	397.5
葫芦岛	108171	107846					60		178.7

13-20 主要农产品单位面积产量

(按播种面积计算)

单位：公斤/亩

年 份	粮食									棉花
		水稻	小麦	玉米	高粱	谷子	薯类	大豆	其他杂粮	
1978	224	367	93	279	238	95	161	69	86	16
1980	253	407	89	308	271	82	165	76	76	37
1985	225	365	158	249	241	95	146	93	69	41
1986	268	427	129	322	254	90	155	103	64	43
1987	272	421	136	334	236	91	141	83	63	48
1988	281	419	159	344	239	74	178	78	80	41
1989	220	348	185	252	170	61	110	44	59	32
1990	319(325)	461	262	397	305	120	176	83	86	48
1991	331(341)	491	226	412	329	105	208	77	85	51
1992	343(347)	500	264	416	298	103	199	71	80	25
1993	371(382)	536	242	466	364	135	231	107	99	53
1994	295(277)	433	204	279	376	156	197	101	100	43
1995	313(306)	360	246	353	339	144	233	98	100	51
1996	360(388)	511	222	443	406	185	257	122	122	58
1997	288(291)	528	224	286	259	118	249	94	88	52
1998	401(430)	548	273	491	424	189	291	141	139	58
1999	360(361)	553	258	393	254	98	261	111	97	44
2000	266(265)	511	201	257	182	71	245	106	69	51
2001	337(343)	506	122	407	305	131	241	127	106	69
2002	379(375)	524	163	425	328	153	277	132	268	69
2003	390(384)	528	206	443	313	146	318	149	122	59
2004	395(440)	518	232	491	389	190	326	162	149	72
2005	381(414)	514	278	430	438	237	343	157	187	78
2006	357(397)	455	258	407	286	144	310	197	137	89
2007	391	510	285	390	303	188	352	164	135	127
2008	409	512	319	421	293	179	341	180	149	113
2009	340	514	341	327	160	115	303	122	92	73
2010	370	450	329	366	332	214	428	184	110	103
2011	428	507	357	425	411	232	521	189		121
2012	429	512	314	430	398	212	405	180	92	123
2013	454	521	324	464	417	213	352	165	136	125
2014	361	535	322	335	335	187	416	140	194	74
2015	405	572	310	387	375	207	387	149	200	108
2016	452	574	253	433	388	236	330	142	142	90

13-20 续表 (按播种面积计算) 单位：公斤/亩

年 份	油料	#花生	#芝麻	#向日葵	麻类	甜菜	烟叶	#烤烟	蔬菜
1978	33	69	20	37	28	428	147	160	1956
1980	62	94	22	52	25	767	164	171	1811
1985	81	107	31	61	59	1101	122	122	1808
1986	75	92	26	62	51	1131	122	96	2026
1987	85	100	28	72	44	1178	135	125	2152
1988	83	106	28	46	76	1240	130	119	2167
1989	36	37	18	36	88	917	96	87	2121
1990	93	114	40	60	97	1473	113	104	2267
1991	95	110	39	80	83	1554	113	106	2336
1992	82	95	42	78	113	1674	122	109	2498
1993	103	123	50	87	93	1547	138	120	2631
1994	113	130	52	88	80	908	128	116	2368
1995	100	115	47	68	91	1115	128	109	2557
1996	119	134	58	92	71	1437	137	135	2803
1997	109	129	43	65	77	1121	122	119	2809
1998	127	145	43	87	88	1618	137	134	2998
1999	108	125	43	66	60	1278	127	130	2975
2000	99	120	40	30	88	1157	114	114	2835
2001	131	152	53	48	74	1319	137	130	2949
2002	132	149	58	61	110	2015	147	147	2994
2003	131	144	55	67	75	2132	138	139	3088
2004	149	161	60	81	210	2078	155	155	3585
2005	149	156	77	115	158	2791	141	141	3691
2006	161	170	52	82	73	2500	216	215	4011
2007	165	169	72	121	100	2630	243	213	3957
2008	197	203	85	116	117	2507	187	185	4182
2009	133	137	31	60	60	2269	168	171	4311
2010	191	193	99	114		3053	175	167	4135
2011	204	206	127	144	100	2965	185	182	4057
2012	214	216	150	167		3469	190	189	4074
2013	214	217	130	160		3427	190	192	4296
2014	135	135	122	121		3297	193	197	4349
2015	108	107	105	104		1980	178	180	3911
2016	188	184	96	163	456	3375	187	187	3589

13-21 各地区主要农产品单位面积产量

(按播种面积计算，2016年)　　单位：公斤/公顷

地区	粮食								棉花
		水稻	小麦	玉米	高粱	谷子	薯类	大豆	
全省	**6780**	**8615**	**3793**	**6488**	**5821**	**3536**	**4948**	**2133**	**1355**
沈阳	7090	8697	3424	6937	5453	634	4932	2562	
大连	4914	6367	6464	5715	1301	1738	3481	1662	67
鞍山	6642	7567	4124	6655	4970	2487	3244	1950	
抚顺	6343	6738		6723	3925	2400	4740	1780	
本溪	6606	7352		6657	4953	3265	8366	2104	
丹东	6057	7358	2800	5799	3274	1202	4838	1713	
锦州	6826	8737	6929	6864	5312	1949	4396	1714	2250
营口	7325	10215		4820	5088	2995	4959	2705	1000
阜新	5244	7067	2970	5811	4413	1869	4479	1420	
辽阳	7202	8153		6781	5046	3381	5853	2203	
盘锦	8918	9249		8603			24000	2905	
铁岭	8397	8016		8678	4124	4113	5990	2812	
朝阳	6292	5488	4299	7000	5921	3026	3788	1456	1627
葫芦岛	4852	8104	5000	5002	4557	2171	5716	1762	1000

13-21 续表　　(按播种面积计算，2016年)　　单位：公斤/公顷

地区	油料				麻类	甜菜	烟叶		蔬菜
		#花生	#芝麻	#向日葵				#烤烟	
全省	**2814**	**2764**	**1442**	**2439**	**6841**	**50628**	**2801**	**2808**	**53835**
沈阳	2924	2939			10500				51901
大连	4126	3998		261					55152
鞍山	2853	2853					1000		76177
抚顺	3055	3361					2890		39928
本溪	5611	5578		2857					45549
丹东	3644	3885					2286	2294	48029
锦州	3027	3022		2791		27884	2351	2351	59551
营口	2538	2538							53501
阜新	2453	2338			6345		3329	3329	35993
辽阳	2962	3200		1415					37859
盘锦	2139	2146				33366			68575
铁岭	3330	3355					3047	3047	41043
朝阳	2858	3880	1442	2476		54538	2990	3042	55261
葫芦岛	2998	3006					15000		64883

13-22 水果、蚕茧、人参、芦苇生产情况

指标	单位	2005年	2008年	2009年	2010年	2011年	2012年	2013年	2014年	2015年	2016年
一、水果											
果园面积	千公顷	317.0	323.6	349.7	354.1	359.86	368.5	400.4	403.0	405.5	380.3
#苹果园	千公顷	110.3	114.0	121.9	125.9	133.96	139.0	155.0	158.0	161.0	155.4
梨园	千公顷	91.6	83.2	97.9	98.6	98.84	98.8	113.4	111.1	110.3	100.7
葡萄园	千公顷	28.1	26.6	26.8	26.6	27.38	35.3	36.8	37.7	38.4	34.2
山楂园	千公顷	14.0	10.6	12.8	12.7	12.44	11.5	10.9	10.8	9.4	8.5
果树株数	万株	32435.0	37020.1	47340.6	46704.8	42561.3	46785.4	44711.8	45065.5	43891.5	41852.2
#苹果	万株	5838.5	6961.3	8036.5	8799.7	10015.4	12174.0	13341.4	14130.8	12965.9	12033.7
梨	万株	5600.2	5308.9	6469.2	6580.2	6527.1	6921.0	7940.4	7915.3	6513.4	6012.6
葡萄	万株	11679.0	11928.3	17060.5	16722.8	12207.6					
山楂	万株	1337.5	1035.9	1166.9	1286.4	1292.0					
结果株数	万株	22553.0	26275.9	30634.2	31517.8	32039.7	34673.0	34128.7	34253.8	33119.7	31639.4
#苹果	万株	3562.3	4803.7	5340.5	5830.2	6572.8	7727.0	9139.1	9499.8	8261.7	7852.7
梨	万株	3196.4	3563.9	4443.6	4691.4	4719.9	5119.0	6002.6	5935.2	4934.0	4510.1
葡萄	万株	9785.8	9685.6	10856.5	10735.0	10427.1					
山楂	万株	1123.2	808.7	932.2	960.1	969.8					
水果产量	吨	3292674	4225182	4772144	5215623	5743860	6329172	6613757	5920688.1	6014548.1	5700338.9
#苹果	吨	1299595	1709138	1948100	2094719	2396805	2634128	2752280	2476010.9	2484103.4	2566013.4
梨	吨	690345	937944	1103509	1261402	1401586	1547193	1653343	1370946.5	1404692.6	1209663.9
葡萄	吨	581711	614422	642124	634296	672695	769027	816325	826598.4	851883.5	695134.4
山楂	吨	64756	64934	86032	84087	92281	82659	93482	73051.5	70193.1	58022.9
二、蚕业											
柞蚕茧产量	吨	43200	53516	50142	49847	54827	50856	51674	50774.5	52631.6	44160.6
桑蚕茧产量	吨	159	194	224	102	103.0	107	77	58	131.1	100.0
三、人参											
人参产量	吨	2461.5	1817.3	2928.7	3788.0	4392.9	1175.0	1256.0	1494.4	1357.0	881.0
四、芦苇											
芦苇产量	万吨	50.9	56.7	53.8	46.9	51.9	46.2	46.0	41.8	41.2	35.3

13-23 水果、蚕茧、人参产量

单位：吨

年 份	水果总产量	#苹果	#梨	#葡萄	#山楂	蚕茧总产量	柞蚕茧	桑蚕茧	人参总产量
1978	937915	656750	227700	7130		40587	40521	66	
1980	782677	610133	109907	6244		56757	56634	123	775
1985	806799	547791	173077	20902	14342	26996	26945	51	985
1986	803832	546862	171840	23521	14717	24790	24760	30	1302
1987	933062	637092	177808	35017	21571	39137	39086	51	1813
1988	958557	621544	195066	53092	24643	34825	34768	57	2639
1989	1003137	655737	174370	72170	33395	39415	39348	67	2437
1990	1112886	759244	166806	73567	36562	40772	40641	131	2766
1991	1011230	570542	204839	89895	50659	23982	23812	170	2704
1992	1527272	979434	222916	121829	73918	26124	25926	198	2719
1993	1888380	1196127	300099	146162	97312	36486	36349	137	3720
1994	1845580	1069137	323985	158210	99411	27808	27720	178	2073
1995	2199889	1277295	402963	153317	98566	32988	32805	183	1431
1996	2480339	1505993	477330	185421	80719	29411	29158	253	1226
1997	2641058	1611487	471870	193380	79456	39685	39532	153	2141
1998	2985505	1674628	610898	275557	85093	44563	44455	108	1304
1999	2566685	1469839	424605	307453	71638	28760	28720	40	1297
2000	2499660	1231479	455404	430282	67148	39051	38959	92	1218
2001	2416697	1134657	509942	396991	61151	43870	43790	80	1492
2002	2344015	1005142	412724	522061	59314	41998	41652	34	2132
2003	2678104	1089937	515892	586124	54253	44402	44362	40	3001
2004	3076521	1222119	605679	613683	61482	39152	38867	285	2316
2005	3292674	1299595	690345	581711	64756	43359	43200	159	2462
2006	3437027	1301399	705232	587191	62783	44266	44075	191	2390
2007	3961160	1551508	874282	625421	66256	48285	48025	260	1892
2008	4225182	1709138	937944	614422	64934	53710	53516	194	1817
2009	4772144	1948100	1103509	642124	86032	50366	50142	224	2929
2010	5215623	2094719	1261402	634296	84087	49949	49847	102	3788
2011	5743860	2396805	1401586	672695	92281	54930	54827	103	4393
2012	6329172	2634128	1547193	769027	82659	50963	50856	107	1175
2013	6613757	2752280	1653343	816325	93482	51751	51674	77	1256
2014	5920688	2476011	1370947	826598	73052	50833	50775	58	1494
2015	6014548	2484103	1404693	851883	70193	52763	52632	131	1357
2016	5700339	2566013	1209664	695134	58023	44261	44161	100	881

13-24 林业生产情况

指 标	单位	2005年	2008年	2009年	2010年	2011年
造 林 面 积	千公顷	126.49	81.53	129.97	190.67	246.77
按造林用途分:						
用 材 林	千公顷	20.93	6.15	2.85	26.33	11.95
经 济 林	千公顷	6.18	3.64	4.26	7.50	16.67
防 护 林	千公顷	98.21	71.74	122.62	156.80	218.03
薪 炭 林	千公顷	1.17		0.24		0.06
特种用材林	千公顷				0.03	0.05
封山育林面积	千公顷		866.98	989.55	1562.33	1213.83
#本年新封面积	千公顷	68.48	26.66			
零 星 植 树	万株		9982.00		14169.00	9777.38
育 苗 面 积	千公顷	17.11	19.34	16.92	17.94	19.48
#当年新育	千公顷	6.16	7.33	6.31	7.93	7.35
当年苗木产量	万株	175414.00	233273.00	261320.00	489432.00	789389.62
中、幼林抚育作业面积	千公顷		186.82	366.12	202.00	175.45
商品材采运量	万立方米	147.07	181.00	187.00	194.00	198.00

13-24 续表

指 标	单位	2012年	2013年	2014年	2015年	2016年
造 林 面 积	千公顷	246.67	233.30	226.47	202.90	142.44
按造林用途分:						
用 材 林	千公顷	13.36	8.00	13.47		
经 济 林	千公顷	17.85	38.70	25.44		
防 护 林	千公顷	215.42	186.60	187.56		
薪 炭 林	千公顷					
特种用材林	千公顷	0.03				
封山育林面积	千公顷	1101.40	1368.32	100.06	100.26	528.51
#本年新封面积	千公顷			100.06	100.26	55.34
零 星 植 树	万株	7330.27	6645.66	5979.10	5149.27	6018.26
育 苗 面 积	千公顷	21.26	21.10	39.37	36.82	30.38
#当年新育	千公顷	5.96	6.43	8.25		
当年苗木产量	万株	415997.72	417302.82	311263.48	203769.78	209826.98
中、幼林抚育作业面积	千公顷		95.64	60.46	99.96	93.42
商品材采运量	万立方米	191.00	178.20	199.96	166.81	187.01

13-25　各地区造林面积

单位：千公顷

地　区	2010年	2011年	2012年	2013年	2014年	2015年	2016年
全　省	**190.1**	**246.8**	**246.7**	**233.3**	**226.5**	**202.9**	**142.4**
沈　阳	8.3	29	10.3	16.7	8.7	9.5	3.7
大　连	10	8.8	10.0	20.7	4.2	3.0	2.0
鞍　山	7.3	6.3	6.3	9.7	6.1	3.3	0.9
抚　顺	9.5	4.8	6.1	6.3	9.8	7.9	7.5
本　溪	19.4	2.5	2.0	2.4	3.5	2.9	3.2
丹　东	8.8	8.3	1.5	5.1	7.0	6.9	3.8
锦　州	12.1	15.8	31.4	33.5	27.1	27.4	19.1
营　口	8.2	4	11.1	7.7	4.4	0.3	0.4
阜　新	20.4	27.7	45.4	35.3	50.0	18.3	11.6
辽　阳	7.5	4.5	5.4	4.6	2.9	4.5	0.5
盘　锦	0.4	0.7	0.7				
铁　岭	11.2	14.5	37.0	20.8	19.6	20.2	12.7
朝　阳	54.7	104	39.2	41.7	55.5	66.4	48.9
葫芦岛	12.3	15.2	40.3	28.6	27.6	32.2	27.7
厅直单位				0.2	0.2	0.1	0.5

13-26　大牲畜头数

单位：万头

年　份	大牲畜年末头数	#役畜	牛	马	驴	骡
1978	287.3	193.7	136.0	61.4	52.7	37.2
1980	279.1	177.3	130.6	61.9	46.9	39.7
1985	303.3	216.4	134.9	56.9	70.3	41.2
1986	313.9	219.5	140.2	56.1	75.3	42.3
1987	315.2	254.6	140.7	53.7	77.9	42.9
1988	319.1	217.4	142.8	51.9	80.8	43.6
1989	323.8	217.3	147.7	49.4	83.1	43.6
1990	326.1	217.2	150.9	47.0	84.4	43.8
1991	326.0	220.1	149.4	46.1	86.6	43.9
1992	331.6	214.2	155.4	45.1	87.5	43.6
1993	368.3	219.3	192.0	44.7	89.0	42.6
1994	438.9	228.6	261.2	44.3	91.2	42.2
1995	476.4	232.3	301.6	42.2	92.6	40.0
1996	505.4	244.4	330.9	42.2	93.5	38.9
1997	366.7	182.2	193.5	39.5	96.2	37.5
1998	382.1	187.9	209.3	40.6	95.2	37.0
1999	399.8	198.9	228.1	39.9	95.8	35.9
2000	420.7	212.8	254.0	37.0	95.3	34.4
2001	411.7	208.0	251.1	35.7	93.5	31.5
2002	421.5	198.7	264.8	34.4	92.9	29.4
2003	455.0	196.6	301.9	33.3	91.9	28.0
2004	476.9	192.6	329.1	31.3	91.8	24.8
2005	495.9	193.8	344.7	28.2	98.9	24.1
2006	427.1	165.7	281.5	26.7	95.9	23.0
2007	475.9	165.5	332.2	25.9	96.2	21.6
2008	524.1	188.1	356.4	27.7	116.2	23.7
2009	515.6	223.5	354.0	26.5	113.9	21.2
2010	525.9	127.0	366.7	26.9	112.1	20.1
2011	530.8	118.3	371.2	24.8	116.3	18.5
2012	524.4	89.3	367.1	22.9	117.4	17.0
2013	515.5	75.9	365.4	22.2	111.9	16.1
2014	502.2		361.8	20.5	105.5	14.5
2015	499.7		384.6	17.0	86.3	11.8
2016	462.0		399.6	7.3	48.3	6.8

13-27 肉类产量和猪羊头数

年份	猪牛羊肉产量(万吨)	肉猪出栏头数(万头)	猪年末存栏头数(万头)	羊年末只数(万只)	
					山羊	绵羊
1978		554.3	1184.6	138.2	28.1	110.1
1980	42.9	656.3	1057.5	194.7	36.6	158.1
1985	57.0	647.4	1035.6	193.6	35.5	158.1
1986	58.1	650.9	1031.7	215.5	39.5	176.0
1987	57.3	626.4	930.4	233.7	47.0	186.7
1988	68.9	691.4	1065.4	274.2	60.9	213.3
1989	71.9	733.4	1089.6	294.9	74.3	220.6
1990	78.8	797.2	1093.5	267.2	73.4	193.8
1991	88.8	865.0	1137.7	239.5	75.7	163.8
1992	99.7	945.4	1222.0	247.9	73.7	174.2
1993	115.4	1020.9	1228.6	264.4	88.8	175.6
1994	144.5	1254.4	1340.1	302.0	115.8	186.2
1995	173.9	1461.6	1468.4	373.2	146.5	226.7
1996	190.4	1640.6	1426.5	403.1	164.1	238.9
1997	126.9	1131.0	953.3	292.6	133.7	158.9
1998	138.8	1223.9	1039.9	318.1	146.3	171.7
1999	148.4	1320.3	1123.4	347.8	159.3	188.5
2000	156.5	1413.8	1270.7	386.1	187.3	198.8
2001	169.0	1525.2	1291.8	449.4	212.6	236.8
2002	182.8	1648.7	1304.3	548.4	251.9	296.5
2003	198.6	1754.3	1365.8	730.8	319.7	411.1
2004	216.8	1894.6	1498.0	819.2	387.4	431.8
2005	238.8	2063.2	1642.4	830.2	426.3	404.0
2006	231.0	2245.4	1416.1	673.9	410.9	263.0
2007	236.2	2265.8	1429.4	675.9	412.6	263.3
2008	252.4	2435.5	1548.5	733.4	428.0	305.4
2009	266.8	2597.0	1606.2	717.0	447.8	269.2
2010	277.9	2682.7	1567.6	733.5	414.1	319.4
2011	275.8	2652.1	1585.4	725.6	401.8	323.8
2012	281.3	2728.5	1592.6	721.8	392.3	329.5
2013	284.9	2785.8	1624.5	735.4	401.0	334.4
2014	292.0	2839.4	1558.8	793.5	427.4	366.1
2015	275.8	2675.7	1457.5	908.7	483.4	425.3
2016	269.5	2608.8	1406.5	889.6	471.7	417.8

13-28 畜牧业生产情况

指 标	单位	2005年	2008年	2009年	2010年	2011年	2012年	2013年	2014年	2015年	2016年
一、畜产品产量											
1.猪牛羊出栏头数											
肉猪出栏头数	万头	2063.2	2435.5	2597.0	2682.7	2652.1	2728.5	2785.8	2839.4	2675.7	2608.8
出售和自宰的牛	万头	278.8	277.8	270.0	278.9	281.8	286.9	287.2	283.3	266.3	272.3
出售和自宰的羊	万只	774.8	695.9	721.0	729.7	725.8	719.7	734.3	797.5	753.6	769.9
2.肉类总产量	万吨	346.1	376.0	389.2	406.7	408.2	418.7	420.3	429.18	429.4	430.9
#猪 肉	万吨	184.7	204.2	218.8	228.4	225.9	230.2	233.6	240.3	227.1	219.2
牛 肉	万吨	42.2	40.5	40.2	41.6	42.0	43.2	43.2	42.8	40.3	41.6
羊 肉	万吨	11.9	7.8	7.8	7.9	7.9	7.9	8.1	8.9	8.5	8.7
禽 肉	万吨	102.1	116.3	115.1	121.9	125.2	130.3	128.1	130.6	147.3	156.8
兔 肉	万吨	0.4	0.4	0.4	0.4	0.3	0.3	0.2	0.3	0.3	0.05
3.其他畜产品产量											
奶 类	万吨	78.8	120.1	115.6	126.7	132.0	130.2	125.7	134.5	142.6	144.2
#牛 奶	万吨	74.9	114.1	110.0	121.2	124.5	124.7	120.9	131.2	140.3	143.1
山 羊 毛	吨	1680.0	2401.1	2735.6	2565.1	2169.3	1827.0	2554.1	2530.9	2346.5	2357.8
绵 羊 毛	吨	10412.0	11468.5	10136.0	12153.7	13471.4	14660.0	14987.9	14977.4	12779.9	9276.6
羊 绒	吨	1053.0	1371.8	1215.5	1292.6	1115.9	1056.0	995.9	1062.6	956.2	1016.9
蜂 蜜	吨	1942.0	2006.7	1683.9	1728.1	1659.4	1484.0	1187.0	706.3	637.7	2279.5
禽 蛋	万吨	224.0	230.0	263.1	275.7	277.4	279.9	278.2	280.1	277.1	287.9
二、牲畜年末头数											
1.大 牲 畜	万头	495.9	524.1	515.6	525.9	530.8	524.4	515.5	502.2	499.7	462.0
牛	万头	344.7	356.4	354.0	366.7	371.2	367.1	365.4	361.8	384.6	399.6
马	万头	28.2	27.7	26.5	26.9	24.8	22.9	22.2	20.5	17.0	7.3
驴	万头	98.9	116.2	113.9	112.1	116.3	117.4	111.9	105.5	86.3	48.3
骡	万头	24.1	23.7	21.2	20.1	18.5	17.0	16.1	14.5	11.8	6.8
2.猪	万头	1642.4	1548.5	1606.2	1567.6	1585.4	1592.6	1624.5	1558.8	1457.5	1406.5
3.羊	万只	830.2	733.4	717.0	733.5	725.6	721.8	735.4	793.5	908.7	889.6
山 羊	万只	426.3	428.0	447.8	414.1	401.8	392.3	401.0	427.4	483.4	471.7
绵 羊	万只	404.0	305.4	269.2	319.4	323.8	329.5	334.4	366.1	425.3	417.8

13-29 各地区牲畜饲养情况

(2016年)

地　区	牛	#乳牛	马	驴	骡	肉猪出栏头数(万头)	猪年末头数(万头)	羊年末只数(万只)	山羊	绵羊
全　省	**399.6**	**34.8**	**7.3**	**48.3**	**6.8**	**2608.8**	**1406.5**	**889.6**	**471.7**	**417.8**
沈　阳	52.3	10.1	0.6	1.5	0.5	484.9	216.5	76.1	22.8	53.3
大　连	17.5	1.3	0.6	0.9	0.8	262.4	159.5	54.4	52.7	1.7
鞍　山	6.2	0.5	0.3	0.5	0.3	154.1	71.9	30.2	25.8	4.4
抚　顺	4.8	1.1	0.1	0.1	0.5	32.4	18.5	27.9	27.1	0.8
本　溪	6.2	0.1	0.1	0.1	0.1	50.1	27.1	18.2	17.5	0.7
丹　东	4.9	0.5	0.6	0.7	0.5	46.0	38.1	32.2	32.1	0.1
锦　州	27.5	9.0	1.2	3.8	0.8	473.1	185.0	69.6	7.8	61.8
营　口	3.0	0.1	0.1	0.2	0.1	42.0	24.3	50.7	48.9	1.8
阜　新	34.6	6.4	1.5	10.6	0.4	360.9	182.9	173.4	6.9	166.5
辽　阳	3.9	0.2	0.1	0.2	0.1	66.6	39.9	20.6	17.9	2.8
盘　锦	1.7	0.4	0.0	0.0	0.0	85.3	44.9	2.8	1.3	1.5
铁　岭	26.1	2.8	0.5	0.9	0.4	357.1	230.1	33.1	20.3	12.8
朝　阳	47.6	3.3	1.3	24.6	1.8	413.1	200.4	202.4	54.5	147.9
葫芦岛	8.7	0.3	0.4	4.3	0.7	279.6	116.1	86.8	45.5	41.3

13-30 各地区畜产品产量

(2016年)

地　区	肉类总产量(万吨)	猪肉	牛肉	羊肉	奶类(万吨)	#牛奶	绵羊毛(吨)	山羊毛(吨)	羊绒(吨)	禽蛋(万吨)	蜂蜜(吨)
全　省	**430.9**	**219.2**	**41.6**	**8.7**	**144.2**	**143.1**	**9276.6**	**2357.8**	**1016.9**	**287.9**	**2279.5**
沈　阳	64.5	36.0	10.1	1.6	48.4	48.4	437.0	13.1	6.4	19.3	5.4
大　连	70.8	21.4	2.1	0.5	5.5	4.7	3.4	246.8	181.2	23.8	24.1
鞍　山	36.7	13.8	0.4	0.2	1.2	1.1	19.0	411.0	138.0	27.5	
抚　顺	10.4	2.9	0.4	0.4	2.8	2.7	18.6	166.7	145.7	3.9	26.2
本　溪	9.3	4.9	0.8	0.2	0.3	0.3	4.1	209.7	79.8	3.0	31.8
丹　东	20.2	3.8	0.3	0.2	1.5	1.5		322.0	151.8	12.4	31.7
锦　州	64.0	38.9	7.6	1.7	37.5	36.5	1373.8	17.9	7.9	23.8	469.2
营　口	13.5	3.3	0.3	0.5	0.2	0.2	1.1	319.5	148.1	9.6	6.9
阜　新	49.6	31.2	4.6	6.4	24.1	22.4	4768.6	1.0		11.5	35.7
辽　阳	11.0	6.4	0.5	0.1	1.0	1.0	13.9	64.8	21.8	8.5	16.9
盘　锦	23.8	6.5	0.4	0.0	1.1	1.1				7.9	
铁　岭	46.0	29.7	2.3	0.4	7.3	7.2	61.7	79.1	14.7	8.3	247.0
朝　阳	63.6	31.8	7.5	3.9	12.4	12.4	1886.1	76.4	5.7	26.3	812.2
葫芦岛	35.4	24.7	0.6	1.2	1.5	1.4	689.5	430.0	116.0	7.0	572.4

13-31 水产品生产情况

指　　标	2005年	2008年	2009年	2010年	2011年	2012年	2013年	2014年	2015年	2016年
水产品养殖面积(千公顷)	616.5	735.0	832.9	961.2	953.0	1015.6	1148.9	1145.4	1152.2	999.9
海水养殖面积	449.3	534.5	630.7	763.1	751.4	813.0	942.1	928.5	933.1	769.3
海上 养 殖	301.0	340.4	412.2	547.2	553.9	611.7	732.4	723.6	714.1	541.1
滩 涂 养 殖	95.8	136.5	141.3	139.0	128.2	130.1	132.7	125.9	132	134.4
其他 养 殖	52.5	57.7	77.2	76.9	69.4	71.3	77.0	79.0	87	93.7
内陆水域养殖面积	167.2	200.5	202.7	198.1	201.6	202.6	206.8	216.9	219.1	230.6
#池　　塘	46.7	53.2	59.6	52.4	48.2	47.2	47.9	48.9	48.3	47.7
水　　库	98.5	114.5	111.7	103.4	105.0	103.9	104.5	105.8	108.2	107.8
河　　沟	2.0	1.8	1.8	2.7	2.7	1.9	1.9	7.5	7.1	7.1
水产品产量(万吨)	425.3	494.9	534.7	429.1	453.9	480.8	504.9	515.7	523.7	549.6
海水产品产量	364.1	411.6	437.9	348.4	368.3	391.5	411.0	419.7	424.4	446.5
#海洋捕捞	152.0	147.8	148.3	117.0	124.7	128.0	128.2	111.9	110.8	108.2
人工养殖	212.1	263.8	289.6	231.5	243.5	263.6	282.8	289.1	294.2	310.3
#鱼　类	91.3	76.1	80.3	59.6	70.6	71.5	71.8	5.9	6.2	7.2
甲壳类	35.0	30.2	29.7	22.4	23.1	23.4	23.3	2.5	2.8	3.8
贝　类	173.5	220.2	241.0	190.5	201.9	219.1	237.3	232.7	236.5	251.9
藻　类	39.5	33.3	33.6	26.5	31.2	32.6	32.0	35.1	34.8	32.6
其　他	24.8	18.9	39.5	33.2	22.8	24.9	26.3	12.9	13.9	14.8
淡水产品产量	61.2	83.3	96.8	80.6	85.7	89.3	93.9	96.0	99.3	103.1
#天然生产	4.3	4.9	5.6	5.7	4.6	5.2	5.4	5.6	5.6	5.4
人工养殖	56.9	78.4	91.1	75.0	81.1	84.1	88.5	90.4	93.7	97.7
#鱼　类	54.4	75.5	87.9	72.6	77.1	79.8	83.3	80.3	83.4	86.8
甲壳类	5.6	6.1	7.4	6.4	7.4	8.4	9.2	8.8	9.2	9.8
国营农场水产品产量	18.2	23.8	28.2	33.4	40.2	44.4	48.8	49.8	46.29	39.6

注：指标口径调整，表中2014年鱼类、甲壳类产量与上年不可比。

13-32 水产品产量

单位：万吨

年 份	水产品合计	海水产品		淡水产品		比重(%)	
			#人工养殖		#人工养殖	海水	淡水
1978	46.9	46.2	10.7	0.7	0.7	98.5	1.5
1980	42.1	41.2	11.3	0.9	0.7	97.9	2.1
1985	58.3	55.2	16.7	3.1	2.5	94.7	5.3
1986	67.0	63.2	24.5	3.8	3.4	94.3	5.7
1987	80.6	75.9	32.1	4.7	4.5	94.2	5.8
1988	94.7	88.8	43.2	5.9	5.7	93.8	6.2
1989	101.2	94.8	48.1	6.4	6.0	93.7	6.3
1990	107.3	100.7	51.4	6.6	6.0	93.8	6.2
1991	114.1	106.4	54.9	7.7	6.9	93.3	6.7
1992	132.2	122.6	65.5	9.6	8.8	92.7	7.3
1993	151.7	139.7	73.8	12.0	11.3	92.1	7.9
1994	167.8	151.3	76.5	16.5	15.8	90.2	9.8
1995	197.9	178.4	87.3	19.5	15.8	90.1	9.9
1996	258.0	235.3	111.2	22.7	21.6	91.2	8.8
1997	285.1	258.0	112.3	27.1	24.6	90.5	9.5
1998	312.7	281.4	120.8	31.3	28.5	90.0	10.0
1999	333.8	296.8	139.2	37.0	31.3	88.9	11.1
2000	338.5	302.3	152.1	36.1	29.1	89.3	10.7
2001	350.8	310.5	160.9	40.3	36.8	88.5	11.5
2002	374.8	327.0	178.2	47.8	44.6	87.2	12.8
2003	382.0	330.8	182.8	51.1	48.0	86.6	13.4
2004	402.5	346.1	197.0	56.4	52.2	86.0	14.0
2005	425.3	364.1	212.1	61.2	56.9	85.6	14.4
2006	351.3	296.0	177.6	55.3	52.5	84.3	15.7
2007	361.3	302.1	185.5	59.2	55.1	83.6	16.4
2008	494.9	411.6	263.8	83.3	78.4	83.2	16.8
2009	534.7	437.9	289.6	96.8	91.1	81.9	18.1
2010	429.1	348.4	231.5	80.6	75.0	81.2	18.8
2011	453.9	368.3	243.5	85.7	81.1	81.1	18.9
2012	480.8	391.5	263.6	89.3	84.1	81.4	18.6
2013	504.9	411.0	282.8	93.9	88.5	81.4	18.6
2014	515.7	419.7	289.1	96.0	90.4	81.4	18.6
2015	523.7	424.4	294.2	99.3	93.7	81.0	19.0
2016	549.6	446.5	310.3	103.1	97.7	81.2	18.8

13-33 农业事业机构和人员数

单位：个、人

年份	农业技术推广站		家畜繁育改良站		乡镇畜牧兽医站		种畜禽场总数		种子站、种子公司	
	机构	人数	机构	人数	机构	人数	机构	人数	机构	人数
1979	1289	8514					70	2629		
1980					1210	9204	69	2946	48	3751
1985	1268	8390	309	764	1224	8479	70	3959	46	3346
1986			89	290	1321	8738	71	4025	46	3300
1987	1268	8514	72	226	1280	8709	74	4660	46	3258
1988	1276	8602	63	218	1323	8902	76	4567	46	3150
1989	1329	8552	72	212	1232	8327	77	5072	46	3070
1990	1332	8323	122	418	1246	8480	77	4734	49	3041
1991	1337	8323	122	381	1234	8988	78	5160	49	2976
1992	1337	8268	99	377	1240	9975	78	5370	49	2898
1993	1105	6074	64	207	1230	10244	49	2917	77	4848
1994	1122	6779	58	419	1233	10374	49	2876	82	5499
1995	1209	13065	7	25	1254	10597	49	2897	82	5499
1996	1292	7738	3	18	1234	10422	49	2342	83	5560
1997	1337	8018	3	18	1240	10674	49	2658	88	5930
1998	1337	8018	93	1301	1242	9838				
1999	1337	8400	55	1196	1217	9800				
2000					1190	9681	49			
2001					1200	9551	49			
2002			70	1325	1038	9399	336			
2003			61		1141	8862	379			
2004			65	1212	1116	8491	441			
2005			67	1195	1081	7529	423			
2006			110	1067	660	4781	639			
2007			33	420	473	2746	796			
2008			32	318	105	1440	944			
2009			32	475	26	186	1268			
2010			37	500	3	39	1333			
2011			33	473	3	21	1279			
2012			35	411	2	22	1091			
2013			33	371	2	22	1114			
2014			28	344	2	18	973			
2015			27	319	717	3468	772			
2016			27	299	730	3488	655			

注：2002年以后种畜场总数为全社会口径。
2015年以后乡镇畜牧兽医站机构和人数统计范围包括乡(镇)或区域性动物防疫监督所等公益性服务机构。

13-34 农作物受灾及成灾面积

单位：千公顷

年 份	粮豆成灾面积			
		减产三至五成的	减产五至八成的	减产八成以上的
1981	893.9	348.6	276.7	268.6
1982	1599.7	781.8	544.9	272.9
1983	672.3	432.0	177.2	63.1
1984	1343.3	776.7	391.1	175.5
1985	1983.9	918.8	675.8	389.2
1986	1068.1	502.9	293.1	272.2
1987	1353.1	867.4	371.3	114.4
1988	1676.1	952.6	538.8	184.8
1989	2448.1	1050.0	868.4	529.7
1990	1156.3	776.3	279.5	100.5
1991	1207.2	773.7	272.8	160.8
1992	1431.8	609.0	399.9	203.0
1993	914.9	632.8	161.8	64.0
1994	1995.8	907.6	605.4	442.7
1995	1500.9	799.5	363.5	337.9
1996	996.1	702.8	191.0	102.3
1997	2249.9	1148.0	844.5	257.4
1998	590.4	345.3	141.5	102.9
1999	1321.0	598.4	399.0	323.2
2000	2101.0	690.0	678.0	731.0
2001	1454.6	654.1	480.7	315.7
2002	1437.4	874.5	423.8	139.1
2003	1143.3	665.1	352.7	125.0
2004	500.7	370.4	93.2	37.0
2005	1316.5	888.5	254.2	129.9
2006	1299.2	685.3	412.3	198.5
2007	885.0	637.9	189.9	53.1
2008	1013.7	327.8	386.6	64.2
2009	2042.0	573.1	511.6	465.8
2010	1204.9	683.5	317.0	190.4
2011	418.5	142.5	43.7	12.4
2012	475.3	288.1	86.5	75.6
2013	525.5	307.2	124.9	80.3
2014	1537.9	634.9	452.9	450.1
2015	1734.3	585.7	566.7	582.0
2016	906.9	550.7	280.8	75.3

13-35 国营农场基本情况

指　标	单位	2005年	2008年	2009年	2010年	2011年	2012年	2013年	2014年	2015年	2016年
一、农　场　数	个	120	109	109	108	108	109	109	109	109	106
职工人数	万人	26.7	28.3	29.3	29.6	29.7	30.5	30.5	29	28	29
二、耕地面积	万公顷	13.4	14.5	14.7	14.7	15.6	15.5	15.5	15.5	16.1	15.8
三、农业机械总动力	万千瓦	67.9	84.5	97.1	98.8	106.8	113.6	115.5	118.1	120.1	124.9
四、农业机械拥有量											
大中型农用拖拉机	台	1653	1789	2843	3815	4023	4097	4340	4489	5051	5516
小型及手扶拖拉机	台	8538	10825	10757	10383	11274	11815	11997	11753	11585	10404
农用排灌动力机械	台	16131	19230	23020	18488	18394	19514	20139	21434	18746	15142
联合收割机	台	20	39	35	120	262	738	926	1061	1973	1183
农用载重汽车	辆	756	935	958	961	1238	1362	1389	1456	1580	1601
五、农用化肥施用量(折纯)	吨	53294	81110	95435	97923	89164	81233	99534	100980	115594	128614
六、农业总产值	亿元	63.6	92.1	103.6	125.0	143.3	159.4	178.5	192.6	177.3	174.0
七、盈亏总额	亿元	1.2		3.0	3.3		3.6	3.8	4.1	3.4	2.6
八、农作物总播种面积	万公顷	14.6	15.7	15.9	16.0	17.4	16.9	17.2	17.0	17.1	17.2
#粮食作物	万公顷	13.1	13.7	14.0	14.1	15.5	14.9	15.3	15.2	15.3	15.1
棉　花	公顷		2								
油　料	公顷	1470	5104	4540	4575	4976	4268	4197	2627	3724	4307
糖　料	公顷	51	139	27	4	31	35	24	30	14	48
年末实有果园面积	公顷	11521	12797	13062	13091	12395	13044	13115	12069	11586	11981
九、主要农产品产量											
#粮食作物	万吨	99.47	117.45	116.83	120.08	131.27	133.80	139.03	139.39	141.36	142.38
棉　花	吨		2								
油　料	吨	3236	11121	10027	19078	24504	13995	13927	5969	11102	14363
糖　料	万吨	0.20	0.57	0.13	0.02	0.13	0.16	0.10	0.12	0.04	0.20
水　果	万吨	7.2	9.2	11.3	11.9	13.5	16.0	18.8	17.6	17.4	16.9
十、畜牧业、渔业生产											
1.大牲畜年末头数	万头	9.9	11.1	12.6	11.6	13.3	12.3	10.5	10.4	8.7	8.8
2.猪年末头数	万头	50.7	65.9	84.8	80.9	79.3	81.4	107.6	101.7	105.3	101.0
3.羊年末只数	万只	9.2	13.5	15.1	9.7	15.8	14.2	13.0	12.8	10.3	13.0
#绵　羊	万只	4.2	6.4	8.9	4.9	10.2	7.4	7.3	6.8	4.4	6.4
4.畜产品产量											
猪牛羊肉产量	万吨	10.2	15.6	18.5	22.4	24.9	27.1	29.8	31.2	33.2	34.3
#猪肉产量	万吨	6.0	8.5	9.2	10.7	11.8	13.8	12.4	12.8	13.6	14.8
牛奶产量	万吨	8.8	11.0	12.1	13.4	13.0	13.9	14.9	14.7	14.0	13.1
禽蛋产量	万吨	3.2	4.6	5.6	6.0	7.8	8.3	8.8	9.3	9.8	10.0
羊毛产量	吨	111	109	193	195	210	191	217	257	264	268
5.水产品总产量	万吨	18.2	23.8	28.2	33.4	40.2	44.4	48.8	49.8	46.3	39.6

主要统计指标解释

农业总产值 是以货币表现的农、林、牧、渔业全部产品的总量，它反映一定时期内农业生产的总规模和总成果。

农、林、牧、渔业的统计范围是:

(1) 农业 包括农作物种植业和其他农业。

农作物种植业 包括谷物、豆类、薯类、棉、油料、糖料、麻类、烟叶、蔬菜、药材、瓜类和其他农作物的种植，以及茶园、桑园、果园的生产经营。

其他农业 包括采集野生植物的果实、纤维、树胶、树脂、油料以及柴草、野生药材、菌类等及农民家庭兼营的商品性工业。

(2) 林业 包括林木的栽培(不包括茶园、桑园和果园的栽培、管理和收获等活动)、林产品的采集和村及村以下合作经济组织和农户的竹木采伐。

(3) 牧业 包括除渔业养殖以外的一切动物饲养和放牧以及野生动物的捕猎和饲养。

(4) 渔业 包括水生动物和海藻类植物的养殖和捕捞。

从所有制看，包括国有经济的各种专业农(农、林、牧、渔)场以及国家各级机关团体学校、科研机构、部队经营的农业；集体所有制的乡镇村各级办农场；农村各种经济组织经营的农、林、牧、渔业以及工矿企业家属集体经营的农业；农民家庭自营的农林牧渔业及兼营商品性工业等。

农业总产值的计算方法通常是按农林牧渔业产品及其副产品的产量分别乘以各自单位产品价格求得，少数生产周期较长，当年没有产品或产品产量不易统计的，则采用间接方法匡算其产值，然后将四业产品产值相加即为农业总产值。

1957 年以前的农业总产值中包括了厩肥和农民自给性手工业(如农民自制衣服、鞋、袜，自己从事粮食初步加工等)。1958 年及以后的农业总产值，林业中增加了村及村以下竹木采伐产值；牧业中取消费厩肥产值；副业中取消了农民自给性手工业产值，增加了村及村以下办的工业产值；渔业中增加了海洋捕捞水产品产值。1980 年及以后的农业总产值，在副业中增加了农民家庭兼营业商品部分的产值。从 1984 年起村及村以下办工业产值划归工业。从 1993 年起，取消副业。将野生动物的捕猎划入牧业，野生植物采集和农民家庭兼营商品性工业划归农业。

粮食产量 指全社会的产量。包括国有经济经营的、集体统一经营的和农民家庭经营的粮食产量，还包括工矿企业家属办的农场和其他生产单位的产量。粮食除包括稻谷、小麦、玉米、高粱、谷子及其他杂粮外，还包括薯类和大豆。其产量计算方法，豆类按去豆荚后的干豆计算；薯类(包括甘薯和马铃薯，不包括芋头和木薯)1963 年以前按每 4 公斤鲜薯折 1 公斤粮食计算，从 1964 年开始及以后改为按 5 公斤鲜薯折 1 公斤粮食计算。城市郊区作为蔬菜的薯类(如: 马铃薯等)按鲜品计算，并且不做为粮食统计。其他粮食一律按脱粒后的原粮计算。

油料产量 指全部油料作物的生产量。包括花生、油菜籽、芝麻、向日葵籽、胡麻籽(亚麻籽)和其他油料。不包括大豆，也不包括木本油料和野生油料。花生以带壳干花生计算。

水产品产量 指人工养殖的水产品和天然生长的水产品的捕捞量。包括海水的鱼类、虾蟹类、贝类和藻类以及内陆水域的鱼类、虾蟹类和贝类，不包括淡水生植物。

猪、牛、羊肉产量 指当年出栏并已屠宰后除去头蹄下水后带骨肉(即胴体重)的重量。

耕地面积 指年初可以用来种植农作物、经常进行耕锄的田地，除包括熟地、当年新开荒地、连续撂荒未满三年的耕地和当年的休闲地(轮歇地)外，还包括以种植农作物为主并附带种植桑树、茶树、果树和其他林木的土地，以及沿海、沿湖地区已围垦利用的“海涂”、“湖田”等面积。但不包括属于专业性的桑园、茶园、果园、果木苗圃、林地、芦苇地、天然或人工草地面积。

农作物播种面积 指实际播种或移植有农作物的面积。凡是实际种植有农作物的面积，不论种植在耕地上还是种植在非耕地上，均包括在农作物播种面积中，同时还包括因遭灾而重新改种和补种的农作物面积，种一公顷算一公顷。

有效灌溉面积 指具有一定水源，地块比较平整，灌溉工程或设备已经配套，在一般年景下当年能够进行正常灌溉的耕地面积。

农用化肥施用量 指本年内实际用于农业生产的化肥数量。包括氮肥、磷肥、钾肥和复合肥。化肥施用量要求按折纯量计算数量。折纯法化肥施用量是把氮肥、磷肥和钾肥分别按含氮、含五氧化二磷、含氧化钾含量的百分比折算。复合肥按其所含主要成分折算。

农业机械总动力 指主要用于农、林、牧、渔业的各种动力机械的动力总和。包括耕作机械、排灌机械、收获机械、农产品加工机械、运输机械、植物保护机械、牧业机械、林业机械、渔业机械和其他农业机械〔内燃机按引擎马力折成瓦(特)计算，电动机按功率折成瓦(特)计算〕。不包括专门用于乡、镇、村、组办工业、基本建设、非农业运输、科学试验和教学等非农业生产方面用的动力机械与作业机械。

农林牧渔业劳动力 指直接参加农林牧渔业生产劳动的劳动力。

谷物 指籽实主要供作粮食的作物。这类作物包括稻谷、小麦、玉米、谷子、高粱和其他谷物，不包括豆类和薯类作物。

十四、工业

Chapter 14 Industry

14-1 规模以上工业企业单位数和总产值

分 类	企业单位数(个)							
	2009年	2010年	2011年	2012年	2013年	2014年	2015年	2016年
总 计	**23364**	**23832**	**16914**	**17347**	**17305**	**15707**	**12304**	**8025**
在总计中								
国有经济	424	387	250	241	161	133	113	83
中央企业	81	75	67	65	42	33	28	22
地方企业	343	312	183	176	119	100	85	61
集体企业	1254	1166	689	632	529	417	291	122
股份合作企业	288	261	160	134	85	72	53	38
联营经济	34	33	24	22	15	11	5	4
有限责任公司	2565	2601	2022	2158	2657	2596	2289	1830
股份有限公司	429	432	332	337	391	374	333	298
私营企业	15157	15898	11172	11653	11512	10319	7660	4366
港澳台投资企业	619	601	482	470	464	435	380	329
合资经营企业(港或澳台)	369	356	290	280	275	257	215	178
合作经营企业(港或澳台)	29	28	22	17	15	14	12	5
港澳台商独资经营企业	210	204	163	164	164	155	144	137
港澳台商投资股份有限公司	11	13	7	8	9	9	8	8
外商投资经济	2470	2310	1551	1499	1411	1288	1133	928
中外合资经营企业	1231	1142	779	734	682	620	536	406
中外合作经营企业	129	128	93	92	76	63	49	33
外资企业	1082	1010	655	646	628	580	525	468
外商投资股份有限公司	28	30	19	20	21	19	17	13
其他工业	124	143	232	201	80	62	47	27
在总计中								
国有及国有控股企业	883	852	630	635	651	624	606	589
在总计中								
轻工业	6420	6523	4612	4690	4624	4194	3351	2319
重工业	16944	17309	12302	12657	12681	11513	8953	5706
在总计中								
大型企业	134	147	247	296	300	278	221	201
中型企业	1249	1358	1578	1914	1972	1796	1331	979
小型企业	21981	22327	14250	14555	14358	13633	9492	6845

注：规模以上2010年以前是指年主营业务收入500万元及以上工业企业，企业规模为大、中、小型，2011年是年主营业务收入2000万元及以上工业企业，2011年企业规模分为大、中、小、微型。

14-1 续表

分　类	工业总产值(亿元)							
	2009年	2010年	2011年	2012年	2013年	2014年	2015年	2016年
总　计	**28152.7**	**36219.4**	**41776.7**	**49031.5**	**52892.0**	**50090.6**	**33498.6**	**21318.5**
在总计中								
国有经济	2705.0	3082.9	2589.3	2719.8	1225.8	1139.5	832.4	607.7
中央企业	2073.4	2362.3	1957.3	1979.6	959.7	901.6	660.3	553.4
地方企业	631.6	720.6	632.0	740.2	266.1	237.9	172.1	54.3
集体企业	729.6	893.5	931.4	1057.7	870.2	727.4	370.1	87.3
股份合作企业	183.1	204.4	244.8	253.9	131.8	121.5	85.3	29.8
联营经济	43.1	56.7	40.7	35.5	30.5	19.7	1.6	1.9
有限责任公司	5576.9	7040.7	7647.2	8333.1	10521.7	10289.2	7851.0	6816.0
股份有限公司	2916.6	3775.1	5451.3	5771.7	6162.4	5975.8	4308.1	3482.9
私营企业	10185.0	14166.4	16897.1	22277.3	24636.3	22788.4	12909.9	4400.0
港澳台投资企业	1281.1	1571.4	1766.6	1836.9	2270.7	2160.3	1595.9	1088.4
合资经营企业(港或澳台)	728.4	938.8	993.5	1055.1	1463.6	1364.7	912.2	515.4
合作经营企业(港或澳台)	39.5	45.2	52.6	57.2	74.6	43.5	21.4	13.0
港澳台商独资经营企业	496.9	571.7	705.9	702.5	701.7	705.0	614.3	515.5
港澳台商投资股份有限公司	16.3	15.7	14.7	19.7	28.6	47.1	45.2	38.9
外商投资经济	4391.6	5336.9	5859.9	6452.6	6919.6	6762.7	5457.4	4794.3
中外合资经营企业	2867.1	3385.0	3462.8	4068.3	4517.4	4454.3	3672.9	3200.0
中外合作经营企业	122.7	147.0	170.6	191.4	192.7	143.2	85.1	37.2
外资企业	1331.5	1707.5	2117.3	2090.5	2073.8	2030.0	1577.6	1496.8
外商投资股份有限公司	70.3	97.4	102.5	96.9	125.8	123.9	114.3	38.3
其他工业	140.9	91.5	348.5	293.1	123.0	106.1	87.0	10.3
在总计中								
国有及国有控股企业	9289.7	11220.0	12420.8	12889.8	12437.7	12664.8	10126.0	9591.5
在总计中								
轻工业	5441.0	7053.1	8153.5	10225.9	11164.4	10280.8	6731.5	3474.6
重工业	22711.8	29166.3	33623.2	38805.6	41727.6	39809.8	26767.1	17844.0
在总计中								
大型企业	8842.0	11181.9	13798.2	15003.2	15609.2	14666.6	11350.5	10737.7
中型企业	6136.5	7155.0	6999.8	9895.1	11404.7	10223.0	6563.3	4241.2
小型企业	13174.3	17882.5	19689.9	23717.3	25515.0	25201.0	14249.8	6339.7

14-2 规模以上工业职工人数

单位：万人

分 类	2005年	2008年	2009年	2010年	2011年	2012年	2013年	2014年	2015年	2016年
总 计	**276.55**	**319.88**	**386.62**	**401.74**	**368.92**	**405.81**	**400.62**	**369.40**	**305.17**	**212.27**
在总计中										
国有经济	52.06	55.33	53.80	49.58	38.92	47.23	28.02	25.08	28.29	18.45
中央企业	26.42	35.31	35.38	32.39	26.50	30.27	22.25	20.17	19.51	15.54
地方企业	25.64	20.02	18.42	17.19	12.42	16.97	5.77	4.91	8.77	2.91
集体企业	18.92	15.03	17.03	16.79	13.79	13.09	10.35	8.61	6.27	3.96
股份合作企业	2.93	2.23	2.48	2.06	2.02	1.96	1.02	0.83	0.69	0.37
联营经济	0.34	1.11	1.24	1.37	0.73	0.73	0.75	0.14	0.04	0.25
有限责任公司	74.20	61.64	80.68	81.91	77.57	78.90	101.44	92.63	79.71	74.91
股份有限公司	15.88	18.91	17.53	19.50	25.53	28.66	30.99	30.04	28.79	25.91
私营企业	59.28	100.57	140.70	153.86	142.31	165.75	164.87	153.10	108.94	44.69
港澳台投资企业	10.97	12.85	15.05	16.27	13.90	14.21	13.51	12.77	12.13	10.52
合资经营企业(港或澳台)	6.77	7.87	9.27	9.83	7.12	7.47	7.02	6.41	5.85	5.41
合作经营企业(港或澳台)	0.72	0.73	0.73	0.95	0.67	0.63	0.47	0.39	0.32	0.28
港澳台商独资经营企业	3.36	4.07	4.88	5.30	5.95	5.89	5.80	5.67	5.61	4.53
港澳台商投资股份有限公司	0.11	0.19	0.16	0.19	0.15	0.16	0.17	0.29	0.34	0.27
外商投资经济	41.96	50.88	56.33	59.37	51.36	53.24	48.86	45.52	39.72	33.09
中外合资经营企业	17.37	22.05	25.79	26.88	21.70	23.83	22.87	21.41	18.67	15.02
中外合作经营企业	2.06	2.35	2.44	2.58	2.55	2.80	2.32	1.92	1.32	0.92
外资企业	21.95	25.43	26.75	28.59	26.12	25.26	22.19	20.74	18.37	16.50
外商投资股份有限公司	0.58	1.05	1.34	1.32	0.92	1.24	1.33	1.32	1.22	0.44
其他工业		1.32	1.79	1.02	2.81	2.04	0.82	0.66	0.59	0.13
在总计中										
国有及国有控股企业	116.99	109.48	116.84	111.85	103.28	113.84	113.56	103.49	100.57	91.22
在总计中										
轻工业	68.94	78.71	96.62	100.47	86.47	95.17	93.97	85.38	67.11	42.87
重工业	207.61	241.16	290.00	301.27	282.45	310.64	306.66	284.02	238.06	169.41
在总计中										
大型企业	100.69	104.40	115.91	119.70	120.15	141.76	140.03	127.40	114.54	97.29
中型企业	70.07	78.95	87.11	91.83	88.70	105.66	106.91	99.33	72.80	56.22
小型企业	105.79	136.53	183.61	190.21	150.85	157.52	152.04	142.66	107.07	58.76

14-3 工业总产值

(按经济类型分)

单位：亿元

年 份	工业总产值	#国有企业	#集体企业	#其他经济类型工业	总计中:国有及国有控股工业
1978	370.40	313.80	63.00		313.80
1980	443.99	362.00	74.80	7.19	362.00
1985	715.07	530.95	163.00	21.12	530.95
1986	786.79	578.69	183.15	24.95	578.69
1987	913.72	668.19	213.22	32.25	668.19
1988	1112.44	798.37	267.13	46.94	798.37
1989	1316.09	951.87	305.04	59.18	951.87
1990	1348.17	983.92	305.42	58.83	983.92
1991	1544.39	1121.03	341.09	82.26	1121.03
1992	1876.95	1326.63	426.56	123.76	1326.63
1993	2609.99	1813.61	551.94	244.44	1813.61
1994	3117.82	1966.44	692.66	458.72	1966.44
1995	3055.54	1876.53	716.28	462.73	1876.53
1996	3354.61	1947.05	804.87	602.69	2106.14
1997	3644.88	2040.10	783.34	821.45	2292.03
1998	3147.86	1687.23	364.46	1096.17	2109.37
1999	3390.27	1600.68	337.14	1452.45	2208.77
2000	4249.46	1326.14	315.12	2608.20	2827.94
2001	4480.32	999.33	265.07	3215.92	2928.95
2002	4888.02	971.82	258.34	3657.86	3051.61
2003	6112.96	973.99	285.24	4853.73	3552.30
2004	8603.90	1303.10	292.76	7008.04	4881.66
2005	10814.51	1375.59	368.45	9070.47	5771.15
2006	14167.95	1641.23	419.10	12107.62	6449.76
2007	18249.53	2092.66	505.28	15651.59	8058.78
2008	22720.54	3372.05	540.98	18807.51	9262.58
2009	28152.73	2705.00	729.60	24718.13	9289.74
2010	36219.42	3082.92	893.45	32243.05	11219.96
2011	41776.73	2589.31	931.40	38256.02	12420.83
2012	49031.54	2719.81	1057.68	45254.05	12889.82
2013	52892.01	1225.80	870.17	50796.04	12437.74
2014	50090.56	1139.53	727.39	48223.64	12664.82
2015	33498.57	832.35	370.05	32296.17	10125.98
2016	21318.53	607.67	87.26	20623.60	9591.54

注:本表1997年以前为乡及乡以上工业，1998年以后为规模以上工业产值。

14-4 各地区全部规模以上工业企业主要指标

单位：亿元

年份、地区	企业单位数（个）	流动资产合计	固定资产小计	固定资产原价合计	流动负债合计	所有者权益合计	实收资本
1998	6249	2668.69	3497.46	4537.00	2912.85	2283.44	1484.05
1999	5816	2983.00	3859.10	5141.10	3165.20	2947.60	1746.30
2000	6017	3155.90	3912.00	5372.80	3220.90	3066.30	2056.60
2001	5847	3354.48	4354.16	6112.04	3475.59	3460.95	2288.31
2002	6017	3540.88	4514.29	6543.85	3695.87	3598.88	2419.70
2003	6842	3843.47	4367.12	6814.11	4003.90	3776.27	2417.98
2004	10635	4770.35	5026.97	7543.08	5036.77	4519.86	3316.46
2005	11510	5330.42	5493.10	8202.52	5323.14	4852.41	3225.57
2006	14754	6476.86	6453.31	9191.33	6237.06	5845.19	3546.87
2007	16556	7895.35	7141.43	10922.97	7817.31	7001.69	3911.88
2008	17269	8851.42	8857.95	12731.65	8957.66	8314.19	4790.97
2009	23364	11357.33	11022.98	15419.80	10906.67	10478.28	5778.87
2010	23832	13283.41	12230.66	18742.09	12600.82	12082.43	6072.07
2011	16914	14645.77	12456.53	19977.69	13164.38	13298.77	6664.29
2012	17347	15899.64	13152.82	21748.37	14388.74	14448.05	6982.16
2013	17305	17432.94	15137.56	25688.13	16625.95	16076.49	7662.33
2014	15707	17387.88	14954.25	26848.32	16935.31	16266.41	7976.97
2015	12304	17661.38	14251.63	24422.87	17819.97	14743.93	7792.61
2016	8025	17310.89	12038.00	20790.78	17665.87	12286.17	7211.59
沈　阳	2371	4292.29	2353.61	3423.07	4231.31	2523.40	1347.33
大　连	1745	5165.09	3075.67	4362.38	4078.73	3203.56	1768.21
鞍　山	740	1625.10	887.05	1698.23	1752.21	1574.90	590.88
抚　顺	215	452.30	547.98	986.02	654.75	378.93	172.57
本　溪	164	778.61	541.12	1021.92	1046.74	383.70	237.44
丹　东	336	437.90	239.68	354.65	364.95	288.69	171.34
锦　州	377	491.81	349.97	546.05	447.48	398.89	243.27
营　口	580	1118.31	729.89	1118.28	1310.54	672.35	592.94
阜　新	237	268.87	296.08	454.77	282.04	255.60	161.03
辽　阳	223	767.26	330.88	728.76	786.05	574.46	315.37
盘　锦	345	929.86	1045.06	2597.96	1027.38	781.72	698.58
铁　岭	240	295.60	391.35	686.38	437.84	326.93	180.05
朝　阳	240	325.42	230.75	554.52	464.30	258.57	203.40
葫芦岛	211	297.64	281.23	552.68	371.62	229.38	192.00

14-4 续表

单位：亿元

年份、地区	主营业务收入	主营业务成本	主营业务税金及附加	销售费用	利润总额	利税总额	本年应交增值税
1998	3090.51	2608.76	54.75	78.92	-16.50	183.72	145.47
1999	3429.70	2875.10	55.10	92.26	58.20	268.20	154.90
2000	4311.90	3623.50	65.40	109.24	176.20	432.10	190.40
2001	4580.34	3892.85	62.88	114.44	144.46	401.93	194.59
2002	5013.91	4221.40	71.17	135.99	156.16	437.79	210.46
2003	6340.92	5321.37	84.67	163.18	235.95	566.20	245.58
2004	8540.71	7264.61	99.44	199.85	430.78	824.61	294.39
2005	10747.31	9409.07	120.57	236.69	355.98	813.02	336.47
2006	13997.96	12223.93	160.37	282.29	449.75	1028.36	418.24
2007	17965.81	15213.19	234.95	380.86	852.67	1653.14	565.52
2008	22355.49	19640.09	249.38	428.73	658.19	1518.86	611.30
2009	27870.09	23760.52	578.11	539.37	1381.95	2725.25	765.19
2010	36049.59	30578.87	702.10	703.63	2371.35	4042.14	968.69
2011	42845.44	36381.14	734.54	835.36	2511.21	4310.54	1047.26
2012	48199.85	41146.95	872.31	973.43	2435.69	4612.30	1295.54
2013	51533.44	44185.02	882.60	1098.70	2976.15	5372.62	1492.37
2014	48801.56	42575.06	929.58	1039.01	2107.63	4222.06	1175.39
2015	33243.29	28635.12	878.10	819.88	1069.66	2732.40	780.74
2016	22038.95	18553.13	742.15	689.18	575.39	1972.40	645.20
沈　阳	5484.57	4480.81	120.14	274.81	274.62	540.46	145.13
大　连	6021.61	4895.32	246.48	209.77	295.82	694.91	151.74
鞍　山	1623.62	1419.84	15.93	45.36	19.49	83.16	47.42
抚　顺	803.59	590.97	75.97	14.62	39.58	162.30	45.34
本　溪	793.77	693.44	5.83	20.87	23.54	41.40	12.02
丹　东	420.12	355.27	2.31	10.54	20.88	32.09	8.85
锦　州	627.20	473.81	58.99	13.21	28.18	111.37	23.68
营　口	1166.95	1014.07	28.92	30.33	15.41	75.21	30.77
阜　新	260.13	213.73	2.15	7.93	10.73	22.00	9.00
辽　阳	671.82	543.67	34.92	11.96	5.08	66.36	26.21
盘　锦	1848.34	1816.57	78.14	19.62	-186.74	-49.65	54.72
铁　岭	451.55	399.45	4.61	7.78	-2.48	17.40	14.97
朝　阳	381.78	327.99	3.74	14.79	3.28	20.07	12.80
葫芦岛	563.38	436.16	59.94	7.53	12.80	96.12	22.67

14-5 全部规模以上工业企业主要指标

(2016年)

单位：亿元

甲栏分组	企业单位数(个)	工业总产值(当年价格)	资产总计	流动资产合计	固定资产合计	固定资产原价	负债合计	流动负债合计
总　　计	**8025**	**21318.53**	**36106.92**	**17310.89**	**12038.00**	**20790.78**	**23272.90**	**17665.87**
按登记注册类型分组								
内资企业	6768	15435.79	28057.69	12920.31	9616.88	16760.39	18329.65	13903.84
国有企业	83	607.67	2869.37	1081.2	755.9	1572.31	1787.61	1409.61
中央企业	22	553.4	2583.71	985.2	591.31	1416.19	1628.14	1296.8
地方企业	61	54.26	285.66	96	164.59	156.13	159.47	112.82
集体企业	122	87.26	130.91	79.62	34.18	62.95	105.12	84.16
股份合作企业	38	29.78	50.52	25.05	8.72	15.21	24.78	16.54
联营企业	4	1.91	3.63	3.06	0.39	0.65	2.52	2.46
国有联营企业								
集体联营企业	3	1.54	3.48	2.99	0.39	0.65	2.41	2.35
国有与集体联营企业	1	0.37	0.15	0.07			0.11	0.11
其他联营企业								
有限责任公司	1830	6815.99	14475.79	6696.65	5304.51	8364.94	10048.81	7577.42
国有独资公司	94	1671.09	3581.77	1057.1	1709.45	3314.98	2419.89	1892.76
其他有限责任公司	1736	5144.9	10894.02	5639.56	3595.06	5049.96	7628.92	5684.67
股份有限公司	298	3482.85	4442.18	1793.66	1970.68	4482.48	2747.58	1984.08
私营企业	4366	4400	6064.47	3232.1	1538.56	2256.22	3600.46	2821.86
私营独资企业	519	210.03	243.54	117.95	45.27	71.5	118	78.41
私营合伙企业	22	10.85	23.18	7.46	11.39	24.83	7.11	1.68
私营有限责任公司	3597	3713	5185.4	2755.13	1350.77	1976.15	3096.71	2457.88
私营股份有限公司	228	466.12	612.35	351.55	131.13	183.73	378.63	283.9
其他企业	27	10.34	20.83	8.96	3.95	5.64	12.78	7.7
港、澳、台商投资企业	329	1088.44	2268.87	1149.79	543.34	824.37	1308.11	1022.32
合资经营企业(港或澳、台资)	178	515.36	964.87	526.25	255.29	373.14	634.71	553.63
合作经营企业(港或澳、台资)	5	12.96	13.76	4.47	7.03	10.05	5.39	5.18
港澳台商独资经营企业	137	515.53	1216.86	578.87	256.51	410.5	631.75	430.8
港澳台商投资股份有限公司	8	38.87	59.99	33.67	19.42	25.09	31.05	29.33
其他港澳台商投资企业	1	5.73	13.4	6.53	5.09	5.58	5.22	3.38
外商投资企业	928	4794.29	5780.35	3240.78	1877.78	3206.02	3635.14	2739.71
中外合资经营企业	406	3200.02	3808.62	2249.74	1093.93	1853.21	2653.15	2052.94
中外合作经营企业	33	37.24	58.75	36.47	18.19	40.24	37.26	34.08
外资企业	468	1496.82	1816.47	926.48	706.12	1224.01	881.77	616.61
外商投资股份有限公司	13	38.34	58.37	19.19	34.21	53.62	32.33	20.4
其他外商投资企业	8	21.87	38.15	8.9	25.34	34.93	30.63	15.68
在总计中：轻工业	2319	3474.55	4404.16	2416.99	1151.34	1794.14	2388.55	1863.77
重工业	5706	17843.98	31702.76	14893.9	10886.66	18996.63	20884.35	15802.1
在总计中：大型企业	201	10737.66	18894.79	8887.62	6406.3	11720.95	12880.2	9522.25
中型企业	979	4241.19	7590.64	3963.42	2375.08	3767.17	4831.65	3829.13
小型企业	5059	4740.25	7540.34	3994.44	2347.98	3353.63	4656.23	3739.23
微型企业	1786	1599.42	2081.15	465.41	908.64	1949.03	904.83	575.26

14-5 续表 (2016年) 单位：亿元

甲栏分组	所有者权益合计	实收资本	主营业务收入	主营业务成本	主营业务税金及附加	利润总额	利税总额	本年应交增值税
总计	**12286.17**	**7211.59**	**22038.95**	**18553.13**	**742.15**	**575.39**	**1972.40**	**645.20**
按登记注册类型分组								
内资企业	9191.53	5316	16024.3	13808.5	601.39	193.08	1258.31	454.8
国有企业	1079.96	548.16	867.61	771.36	8.65	-19.82	26.6	33.64
中央企业	954.62	489.73	806.18	714.71	8.35	-15.7	28.81	32.06
地方企业	125.35	58.43	61.43	56.65	0.29	-4.12	-2.2	1.58
集体企业	17.52	11.76	103.45	90.84	0.87	-0.11	4.6	3.81
股份合作企业	22.34	8.25	32.03	27.57	0.18	1.24	2.11	0.6
联营企业	1.11	0.61	4.03	3.73	0.02	0.22	0.37	0.13
国有联营企业								
集体联营企业	1.07	0.58	3.66	3.39	0.02	0.21	0.36	0.13
国有与集体联营企业	0.04	0.03	0.37	0.34		0.01	0.01	
其他联营企业								
有限责任公司	4359.2	2751.66	7014.55	6157.99	102.74	130.46	428.44	192.44
国有独资公司	1159.45	655.71	1679.86	1572.1	15.65	13.59	99.14	68.64
其他有限责任公司	3199.74	2095.95	5334.69	4585.89	87.08	116.87	329.3	123.8
股份有限公司	1664.32	946.24	3336.44	2618.26	459.15	-71.02	538.79	149.33
私营企业	2034.31	1047.38	4648.26	4123.09	29.64	151.56	256.49	74.64
私营独资企业	55.87	25.93	260.5	238.09	1.91	6.75	13.2	4.46
私营合伙企业	13.54	6.79	11.65	10.62	0.04	-0.18	0.18	0.32
私营有限责任公司	1747.98	920.27	3895.02	3457.52	20.56	119.81	199.42	58.58
私营股份有限公司	216.93	94.4	481.08	416.87	7.13	25.18	43.7	11.28
其他企业	12.77	1.95	17.93	15.67	0.15	0.54	0.9	0.21
港、澳、台商投资企业	957.6	653.19	1144.89	942.95	6.96	65.37	102.78	30.33
合资经营企业(港或澳、台资)	327.92	239.25	566.27	498.24	3.09	13.46	25.88	9.31
合作经营企业(港或澳、台资)	8.37	2.11	12.27	9.95	0.02	1.15	1.48	0.31
港澳台商独资经营企业	584.19	386.64	531.12	403.31	3.75	51.22	75.85	20.8
港澳台商投资股份有限公司	28.94	18.83	31.14	28.37	0.11	-1.36	-1.31	-0.06
其他港澳台商投资企业	8.18	6.36	4.09	3.08		0.9	0.89	-0.02
外商投资企业	2137.04	1242.39	4869.76	3801.68	133.79	316.94	611.31	160.06
中外合资经营企业	1149.96	520.06	3276.12	2531.91	120.98	209.23	448.38	117.76
中外合作经营企业	21.34	20.6	40.35	34.87	0.26	1.11	2.73	1.35
外资企业	932.58	664.02	1495.51	1186.42	11.51	104.54	155.54	39.38
外商投资股份有限公司	25.64	19.66	36.19	28.43	1.03	3.09	5.65	1.54
其他外商投资企业	7.52	18.06	21.59	20.04	0.01	-1.03	-0.99	0.02
在总计中：轻工业	1882.52	914.76	3641.54	3003.29	58.12	189.04	326.65	79.17
重工业	10403.65	6296.83	18397.41	15549.84	684.03	386.35	1645.75	566.02
在总计中：大型企业	6001.39	3344.04	10932.22	8920.51	625.6	193.94	1209.08	381.77
中型企业	2763.52	1574.51	4324	3628.84	78.8	177.53	376.64	119.54
小型企业	2876.86	1819.81	4862.05	4212.48	27.16	150.4	266.5	87.98
微型企业	644.39	473.24	1920.68	1791.3	10.59	53.51	120.18	55.9

14-6 按行业分的全部规模以上工业企业主要指标

(2016年)　　单位：亿元

甲栏分组	企业单位数(个)	工业总产值(当年价格)	资产总计	流动资产合计	固定资产合计	固定资产原价	负债合计	流动负债合计
总　计	**8025**	**21318.53**	**36106.92**	**17310.89**	**12038.00**	**20790.78**	**23272.90**	**17665.87**
煤炭开采和洗选业	41	208.16	1009.04	338.24	505.52	774.18	675.42	499.62
石油和天然气开采业	2	167.97	434.93	47.13	387.80	1407.26	286.16	40.54
黑色金属矿采选业	90	137.77	622.54	302.57	125.67	219.04	384.28	346.20
有色金属矿采选业	77	60.24	128.21	74.67	32.75	51.18	90.37	79.86
非金属矿采选业	107	60.80	164.50	61.01	53.86	35.68	56.31	28.29
开采辅助活动	13	103.67	319.50	149.50	112.30	254.99	193.58	188.87
其他采矿业	1	0.31	0.19	0.16	0.03	0.09	0.16	0.12
农副食品加工业	894	1558.30	1401.51	804.23	356.81	549.11	809.99	645.51
食品制造业	167	262.34	372.30	212.63	107.52	149.51	229.05	186.11
酒、饮料和精制茶制造业	116	186.75	216.92	88.64	89.15	143.72	93.16	70.54
烟草制品业	4	70.56	60.50	39.23	18.08	35.99	56.41	56.41
纺织业	123	83.35	138.62	74.78	30.00	49.21	77.05	55.41
纺织服装、服饰业	239	155.22	167.85	90.52	21.29	47.25	75.39	64.13
皮革、毛皮、羽毛及其制品和制鞋业	35	45.01	35.44	24.19	7.20	11.03	19.69	16.60
木材加工和木、竹、藤、棕、草制品业	112	78.29	90.25	44.15	20.43	32.23	38.91	31.73
家具制造业	67	76.52	116.36	66.99	20.96	41.43	50.94	38.48
造纸和纸制品业	102	97.67	130.13	59.26	49.63	59.87	61.46	45.99
印刷和记录媒介复制业	43	20.38	45.96	20.96	15.58	34.54	27.91	22.88
文教、工美、体育和娱乐用品制造业	51	25.31	37.49	24.08	5.70	9.21	14.28	12.49
石油加工、炼焦和核燃料加工业	154	2989.41	1928.24	860.34	837.36	1817.65	1414.50	1202.18
化学原料和化学制品制造业	496	1391.74	1991.17	984.25	745.57	1071.22	1314.74	1057.76
医药制造业	143	419.05	587.03	340.53	129.99	177.09	303.62	228.60
化学纤维制造业	11	30.83	49.17	20.59	19.85	28.37	31.06	26.75
橡胶和塑料制品业	446	430.60	912.61	406.62	265.51	481.95	482.73	334.33
非金属矿物制品业	824	721.70	1621.45	827.07	472.05	688.29	992.49	815.57
黑色金属冶炼和压延加工业	367	2080.41	5158.00	1982.89	1455.00	3164.64	3468.58	2746.96
有色金属冶炼和压延加工业	170	537.83	1117.99	537.58	168.23	314.47	705.09	516.33
金属制品业	424	494.65	841.63	531.70	195.32	316.46	500.39	408.10
通用设备制造业	739	1224.63	2269.81	1454.90	404.11	669.28	1415.25	1029.06
专用设备制造业	360	603.96	1647.23	1125.13	303.88	461.91	1171.37	996.63
汽车制造业	332	2665.49	2899.47	1583.81	786.95	1183.80	1986.38	1731.83
铁路、船舶、航空航天和其他运输设备制造业	146	964.05	2138.37	1389.88	579.62	595.49	1457.74	1174.13
电气机械和器材制造业	446	709.61	1157.87	733.79	205.74	324.05	653.34	559.13
计算机、通信和其他电子设备制造业	133	480.69	951.67	529.85	214.75	359.87	455.98	326.91
仪器仪表制造业	109	130.67	228.64	151.99	37.85	61.54	71.85	59.62
其他制造业	18	16.08	21.73	11.06	4.87	17.00	10.04	9.07
废弃资源综合利用业	24	71.92	75.07	53.17	10.45	13.92	55.97	53.79
金属制品、机械和设备修理业	24	196.79	637.65	447.96	167.23	214.18	640.87	396.43
电力、热力生产和供应业	293	1631.30	3775.15	623.72	2791.64	4499.95	2586.28	1354.58
燃气生产和供应业	35	67.05	224.23	63.05	111.63	150.62	124.36	107.77
水的生产和供应业	47	61.44	380.51	128.05	170.11	273.51	189.76	100.54

14-6 续表 (2016年) 单位：亿元

甲栏分组	所有者权益合计	实收资本	主营业务收入	主营业务成本	主营业务税金及附加	利润总额	利税总额	本年应交增值税
总计	**12286.17**	**7211.59**	**22038.95**	**18553.13**	**742.15**	**575.39**	**1972.40**	**645.20**
煤炭开采和洗选业	331.75	96.72	219.63	169.72	6.64	-13.47	17.68	23.44
石油和天然气开采业	148.78	148.67	165.49	334.88	9.01	-220.10	-204.63	6.46
黑色金属矿采选业	238.30	81.39	152.27	125.54	5.77	8.27	24.85	10.69
有色金属矿采选业	37.09	15.57	67.89	51.30	1.04	4.91	9.20	3.16
非金属矿采选业	95.08	16.89	76.74	61.94	1.00	3.35	6.84	2.39
开采辅助活动	125.78	273.38	200.66	203.90	0.98	-3.81	8.25	7.28
其他采矿业	0.03	0.01	0.31	0.23	0.03	-0.01	0.04	0.01
农副食品加工业	537.43	268.40	1673.39	1523.44	3.93	49.18	64.94	11.74
食品制造业	136.12	87.34	225.89	182.88	1.46	18.77	25.75	5.46
酒、饮料和精制茶制造业	110.34	63.19	181.32	129.52	8.19	16.98	35.69	10.52
烟草制品业	4.09	3.07	69.23	26.52	35.06	-0.87	41.67	7.49
纺织业	52.14	27.70	112.17	102.60	0.56	2.05	4.44	1.83
纺织服装、服饰业	83.96	28.21	169.92	149.78	0.74	4.66	7.49	2.02
皮革、毛皮、羽毛及其制品和制鞋业	14.20	6.33	44.81	36.67	0.31	3.80	5.44	1.34
木材加工和木、竹、藤、棕、草制品业	30.27	20.47	78.43	68.66	0.48	2.16	3.56	0.92
家具制造业	52.24	14.22	71.53	61.77	0.42	2.71	4.20	1.08
造纸和纸制品业	64.97	36.99	99.06	83.63	0.61	5.81	8.56	2.14
印刷和记录媒介复制业	17.24	8.65	21.06	18.31	0.12	0.64	1.43	0.67
文教、工美、体育和娱乐用品制造业	16.91	7.70	30.54	27.24	0.15	0.93	1.63	0.54
石油加工、炼焦和核燃料加工业	511.38	331.11	2985.38	2162.65	489.86	126.29	768.67	151.13
化学原料和化学制品制造业	647.50	425.13	1372.87	1234.15	19.82	14.81	54.42	19.72
医药制造业	289.36	95.59	396.97	210.87	3.42	64.62	94.41	26.36
化学纤维制造业	18.10	15.22	30.11	26.15	0.07	1.33	1.22	-0.18
橡胶和塑料制品业	384.96	251.49	483.57	411.34	2.08	24.80	35.27	8.35
非金属矿物制品业	589.84	362.43	785.86	674.09	6.08	18.64	48.54	23.75
黑色金属冶炼和压延加工业	1661.54	983.78	2290.25	2026.94	14.99	13.48	81.93	52.58
有色金属冶炼和压延加工业	409.43	257.93	562.70	475.98	2.28	43.39	60.73	14.42
金属制品业	316.61	174.63	553.41	472.72	2.95	22.22	33.56	8.35
通用设备制造业	770.92	363.85	1198.89	1011.02	6.18	24.87	59.14	28.01
专用设备制造业	436.75	306.85	608.09	526.98	3.14	-22.83	-10.03	9.49
汽车制造业	884.89	367.15	2725.16	2128.85	91.50	194.39	383.95	98.03
铁路、船舶、航空航天和其他运输设备制造业	669.55	359.79	917.89	808.02	4.02	42.70	56.69	9.86
电气机械和器材制造业	459.84	244.40	760.46	647.58	3.58	29.51	47.13	13.85
计算机、通信和其他电子设备制造业	494.22	208.28	537.64	437.12	2.54	58.04	66.71	6.05
仪器仪表制造业	146.93	33.54	129.02	95.56	0.72	13.59	18.08	3.74
其他制造业	10.11	11.77	17.50	13.95	0.13	0.93	1.59	0.54
废弃资源综合利用业	18.70	6.75	72.45	68.71	0.24	0.52	1.12	0.36
金属制品、机械和设备修理业	-5.57	25.53	192.97	180.49	0.61	-44.48	-42.93	0.94
电力、热力生产和供应业	1186.20	979.43	1630.63	1476.21	10.70	61.76	139.82	67.08
燃气生产和供应业	98.28	80.92	67.35	56.02	0.47	1.81	4.02	1.68
水的生产和供应业	189.92	121.11	59.45	49.18	0.29	-0.96	1.30	1.93

14-7 按行业分的全部规模以上工业企业主要经济效益指标

(2016年)

行　业	总资产贡献率 (%)	资产负债率 (%)	工业成本费用利润率 (%)	产品销售率 (%)
总　计	**6.58**	**64.46**	**2.66**	**98.67**
煤炭开采和洗选业	3.17	66.94	-4.43	97.66
石油和天然气开采业	-45.14	65.79	-58.82	100.18
黑色金属矿采选业	5.38	61.73	5.49	101.23
有色金属矿采选业	8.40	70.49	7.71	99.68
非金属矿采选业	4.14	34.23	4.56	99.19
开采辅助活动	3.18	60.59	-1.81	99.98
其他采矿业	18.74	82.16	-2.58	100.00
农副食品加工业	5.72	57.79	2.95	98.48
食品制造业	7.85	61.52	8.65	92.52
酒、饮料和精制茶制造业	16.93	42.94	10.32	102.90
烟草制品业	68.97	93.25	-2.21	98.09
纺织业	4.19	55.58	1.83	99.41
纺织服装、服饰业	5.00	44.92	2.82	94.82
皮革、毛皮、羽毛及其制品和制鞋业	15.94	55.57	9.28	97.02
木材加工和木、竹、藤、棕、草制品业	4.59	43.11	2.82	98.59
家具制造业	3.87	43.78	3.86	99.61
造纸和纸制品业	7.40	47.23	6.19	95.59
印刷和记录媒介复制业	3.81	60.73	2.92	101.12
文教、工美、体育和娱乐用品制造业	5.22	38.08	3.02	104.90
石油加工、炼焦和核燃料加工业	41.57	73.36	5.03	98.97
化学原料和化学制品制造业	4.97	66.03	1.03	96.77
医药制造业	16.84	51.72	19.47	89.89
化学纤维制造业	4.17	63.16	3.91	98.89
橡胶和塑料制品业	4.81	52.89	5.31	100.02
非金属矿物制品业	3.87	61.21	2.40	97.14
黑色金属冶炼和压延加工业	3.07	67.25	0.57	99.93
有色金属冶炼和压延加工业	6.45	63.07	7.09	99.88
金属制品业	4.83	59.46	4.04	99.56
通用设备制造业	3.73	62.35	2.05	96.45
专用设备制造业	0.29	71.11	-3.63	100.75
汽车制造业	13.70	68.51	7.68	100.19
铁路、船舶、航空航天和其他运输设备制造业	2.55	68.17	4.80	99.15
电气机械和器材制造业	4.94	56.43	3.91	98.68
计算机、通信和其他电子设备制造业	7.29	47.91	11.44	99.07
仪器仪表制造业	8.38	31.43	11.54	95.87
其他制造业	8.00	46.20	5.60	109.72
废弃资源综合利用业	1.68	74.57	0.72	99.74
金属制品、机械和设备修理业	-4.79	100.51	-20.60	97.55
电力、热力生产和供应业	5.31	68.51	3.89	99.10
燃气生产和供应业	2.19	55.46	2.51	98.42
水的生产和供应业	1.07	49.87	-1.41	97.18

14-8 国有及国有控股工业企业主要指标

(2016年)

单位：亿元

行业	企业单位数(个)	资产总计	流动资产合计	固定资产合计	固定资产原价	负债合计	流动负债合计	所有者权益
总计	**589**	**18588.12**	**7798.37**	**7450.78**	**13743.82**	**12950.87**	**9602.04**	**5623.14**
在总计中：中央企业	179	10440.96	3988.26	4824.51	9384.06	7129.15	4950.47	3309.79
地方企业	410	8147.16	3810.11	2626.27	4359.76	5821.72	4651.57	2313.35
在总计中：轻工业	93	893.22	488.51	258.58	410.7	485.34	352.88	406.31
重工业	496	17694.9	7309.86	7192.2	13333.12	12465.54	9249.15	5216.83
在总计中：大型企业	93	14283.82	6459.13	5161.98	9783.38	10210.64	7586.57	4064.15
中型企业	195	2259.43	915.5	1014.48	1523.26	1553.14	1150.43	703.48
小型企业	278	1041.28	348.41	487.8	671.44	645.48	443.49	394.41
微型企业	23	1003.59	75.33	786.53	1765.73	541.62	421.55	461.1
煤炭开采和洗选业	6	935.99	301.4	476.32	731.85	634.57	465.53	301.42
石油和天然气开采业	1	434.77	46.97	387.80	1407.26	286.12	40.50	148.65
黑色金属矿采选业	6	336.72	134.04	67.68	120.03	223.84	209.89	112.88
有色金属矿采选业	3	11.41	3.26	5.46	8.84	12.17	11.39	-0.77
非金属矿采选业	4	76.81	16.61	36.78	11.40	9.01	3.03	67.77
开采辅助活动	3	308.04	142.60	108.82	249.50	186.30	181.92	121.74
其他采矿业								
农副食品加工业	14	58.59	41.63	14.10	25.28	40.71	37.70	17.08
食品制造业	4	6.15	3.52	2.51	5.23	3.94	3.34	2.21
酒、饮料和精制茶制造业	4	11.90	3.78	1.07	2.35	10.21	4.50	1.69
烟草制品业	3	60.25	38.99	18.08	35.97	56.39	56.39	3.86
纺织业	1	0.20	0.18	0.01	0.06	0.18	0.18	0.02
纺织服装、服饰业	6	2.04	1.24	0.43	0.99	0.96	0.55	1.08
皮革、毛皮、羽毛及其制品和制鞋业	1	0.24	0.09	0.12	0.23	0.03	0.03	0.21
木材加工和木、竹、藤、棕、草制品业	1	1.71	1.35	0.19	0.50	1.26	0.93	0.45
家具制造业	3	3.13	2.06	0.95	1.93	1.27	1.27	1.86
造纸和纸制品业	1	2.72	1.06	1.20	1.55	1.32	0.98	1.40
印刷和记录媒介复制业	8	14.63	6.50	4.02	12.95	11.92	9.90	2.67
文教、工美、体育和娱乐用品制造业	1	0.49	0.49		0.27	0.43	0.43	0.06
石油加工、炼焦和核燃料加工业	22	1234.38	402.11	688.45	1627.12	874.84	748.46	358.83
化学原料和化学制品制造业	24	218.56	88.56	91.82	153.24	163.68	136.70	55.11
医药制造业	9	173.54	97.77	57.18	65.58	101.60	69.33	71.94
化学纤维制造业								
橡胶和塑料制品业	5	22.86	15.95	5.74	11.38	12.16	11.22	10.51
非金属矿物制品业	25	171.11	54.42	106.51	74.82	85.31	80.93	85.40
黑色金属冶炼和压延加工业	34	4414.98	1625.22	1224.19	2765.99	3022.77	2399.03	1392.21
有色金属冶炼和压延加工业	17	133.17	48.99	24.10	95.64	89.09	69.59	44.08
金属制品业	19	97.12	59.39	26.57	53.72	53.14	48.00	43.98
通用设备制造业	29	748.91	537.89	135.29	210.16	603.06	446.93	145.38
专用设备制造业	28	1000.42	740.26	190.44	280.84	851.25	729.83	149.09
汽车制造业	52	1595.04	832.31	426.72	593.98	1203.91	1067.04	391.13
铁路、船舶、航空航天和其他运输设备制造业	38	1858.73	1267.29	458.37	513.79	1259.86	999.44	597.92
电气机械和器材制造业	15	47.80	32.63	10.28	18.43	25.12	19.81	22.68
计算机、通信和其他电子设备制造业	13	279.89	207.35	20.95	30.72	116.71	98.96	163.14
仪器仪表制造业	5	74.17	50.80	6.20	7.59	5.98	3.66	59.88
其他制造业	1	4.87	1.75		3.01	2.10	2.10	2.77
废弃资源综合利用业	2	8.62	3.52	4.55	6.84	2.64	2.52	5.98
金属制品、机械和设备修理业	4	620.49	439.99	163.41	207.67	633.69	390.70	-13.30
电力、热力生产和供应业	135	3132.10	392.62	2460.23	4055.94	2126.54	1098.71	1004.18
燃气生产和供应业	10	150.35	43.93	74.68	104.78	74.99	66.92	75.36
水的生产和供应业	32	335.22	109.84	149.56	246.39	161.81	83.70	172.57

14-8 续表 (2016年) 单位：亿元

行　　业	实收资本	主营业务收　　入	主营业务成　　本	主营业务税金及附加	利润总额	本年应交增 值 税	利税总额
总　　计	**3574.80**	**9865.09**	**8201.97**	**630.31**	**-22.14**	**1000.96**	**384.92**
在总计中：中央企业	2393.87	6021.51	5059.06	527.77	-113.75	678.27	258.16
地方企业	1180.93	3843.58	3142.91	102.54	91.61	322.69	126.76
在总计中：轻工业	176.79	435.41	327.38	36.58	11.52	61.53	13.29
重工业	3398.01	9429.68	7874.58	593.72	-33.66	939.43	371.62
在总计中：大型企业	2407.16	7611.59	6167.23	580.5	-42.88	850.41	305.53
中型企业	493.62	909.42	777.45	41.75	-6.61	66.3	30.93
小型企业	316.29	414.19	358.74	3.9	10.83	23.14	8.12
微型企业	357.73	929.89	898.54	4.15	16.52	61.1	40.34
煤炭开采和洗选业	82.61	193.36	149.45	6.05	-14.42	13.96	21.27
石油和天然气开采业	148.65	165.28	334.59	9.01	-220.13	-204.67	6.45
黑色金属矿采选业	57.73	63.81	62.58	1.97	1.78	5.82	2.08
有色金属矿采选业	2.03	6.16	3.75	0.12	-0.57	0.01	0.46
非金属矿采选业	2.17	4.26	2.97	0.21	0.26	0.74	0.27
开采辅助活动	270.42	194.98	198.97	0.95	-3.60	8.46	7.30
其他采矿业							
农副食品加工业	3.82	116.67	108.75	0.11	1.28	1.26	-0.17
食品制造业	1.70	8.26	6.58	0.04	0.44	0.77	0.29
酒、饮料和精制茶制造业	2.62	3.07	2.83	0.08	-0.20	0.01	0.12
烟草制品业	3.04	68.98	26.48	35.05	-0.88	41.65	7.48
纺织业		0.32	0.30				
纺织服装、服饰业	0.42	2.85	1.93	0.02	0.10	0.40	0.26
皮革、毛皮、羽毛及其制品和制鞋业	0.10	0.43	0.30		-0.01	0.04	0.04
木材加工和木、竹、藤、棕、草制品业	0.38	0.98	0.82	0.01	0.07	0.08	
家具制造业	1.08	2.59	2.18	0.02	0.10	0.38	0.26
造纸和纸制品业	0.50	1.34	1.06	0.01	0.06	0.14	0.07
印刷和记录媒介复制业	3.01	6.23	5.63	0.04	0.20	0.45	0.21
文教、工美、体育和娱乐用品制造业	0.09	0.20	0.16		-0.02	-0.02	
石油加工、炼焦和核燃料加工业	242.58	2193.89	1429.65	483.24	105.78	732.27	142.09
化学原料和化学制品制造业	74.69	82.82	82.04	0.15	-11.53	-10.44	0.90
医药制造业	28.16	74.66	47.68	0.55	5.66	8.36	2.15
化学纤维制造业							
橡胶和塑料制品业	3.68	18.74	14.41	0.19	0.95	1.49	0.35
非金属矿物制品业	34.51	35.82	29.54	0.30	-2.39	-0.05	2.03
黑色金属冶炼和压延加工业	807.35	1688.90	1488.86	12.40	-10.95	41.59	39.63
有色金属冶炼和压延加工业	36.86	84.15	73.30	0.17	0.31	2.55	1.48
金属制品业	19.14	78.56	67.26	0.42	5.66	8.37	2.29
通用设备制造业	58.92	328.47	292.69	1.05	-15.13	-7.46	6.62
专用设备制造业	157.54	324.43	295.50	1.32	-26.32	-22.45	2.42
汽车制造业	118.16	1410.33	1037.87	62.13	113.05	235.94	60.75
铁路、船舶、航空航天和其他运输设备制造业	321.51	772.28	689.00	3.08	31.32	41.07	6.57
电气机械和器材制造业	11.39	14.42	12.36	0.07	-0.87	-0.36	0.44
计算机、通信和其他电子设备制造业	28.36	155.84	124.86	0.75	13.09	16.24	2.33
仪器仪表制造业	4.03	21.87	15.11	0.09	5.64	6.36	0.64
其他制造业	2.80	0.99	0.87	0.01		0.03	0.02
废弃资源综合利用业	0.76	2.29	1.59	0.06	0.24	0.52	0.22
金属制品、机械和设备修理业	23.08	172.31	162.76	0.34	-45.24	-44.70	0.20
电力、热力生产和供应业	855.75	1469.74	1345.72	9.72	44.95	118.56	63.65
燃气生产和供应业	55.12	45.66	37.93	0.37	2.04	4.78	2.32
水的生产和供应业	110.04	49.15	43.67	0.22	-2.89	-1.19	1.44

14-9 各地区国有及国有控股工业企业主要指标

(2016年)　单位：亿元

指　　标	沈阳	大连	鞍山	抚顺	本溪	丹东	锦州
企业单位数(个)	170	139	29	26	30	15	17
资产总计	4189.24	4463.53	2597.55	742.36	1410.82	223.62	176.46
流动资产合计	2293.55	2449.23	868.2	230.27	639.02	86.56	45.09
固定资产合计	1263	1760.92	629.26	417.23	437.35	91.81	128.21
固定资产原价合计	1783	2246.57	1305.62	771.4	905.4	150.93	226.64
流动负债合计	2520.23	2049.57	1182.81	424.8	904.41	116.66	69.22
实收资本	504.8	725.86	360.33	80.68	173.96	56.69	67.22
主营业务收入	2527.79	2099.89	660.27	527.6	659.82	65.5	214.13
主营业务成本	1980.92	1645.59	564.21	353.67	591.45	56.43	129.15
主营业务税金及附加	80.12	209.55	8.68	73.76	4.15	0.43	56.42
利润总额	126.03	45.64	-18.12	34.98	16.17	2.02	5.66
利税总额	295.15	325.02	18.4	147.32	25.28	3.82	75.86
本年应交增值税	88.64	69.25	27.81	37.26	4.96	1.36	13.6

14-9　续表　(2016年)　单位：亿元

指　　标	营口	阜新	辽阳	盘锦	铁岭	朝阳	葫芦岛
企业单位数(个)	20	24	19	25	23	29	22
资产总计	707.92	279.4	218.02	1203.92	564.66	483.66	385.56
流动资产合计	204.39	64.15	76.49	378.21	124.37	130.62	143.38
固定资产合计	411.14	207.06	82.61	692.13	279.86	114.81	197.7
固定资产原价合计	667.09	329.31	312.53	1993.93	535.24	387.24	423.8
流动负债合计	371.95	108.75	207.5	507.7	253.07	278.69	196.74
实收资本	328.97	88.82	15.89	499.82	85.25	125.41	123.95
主营业务收入	382.35	70.59	179.07	835.66	190.6	213.49	317.8
主营业务成本	333.6	54.06	155.03	884.56	160.03	186.28	214.94
主营业务税金及附加	25.61	1.08	31.67	70.22	3.74	1.77	59.03
利润总额	-11.32	2.63	-40.03	-206.15	-3.43	0.46	8.12
利税总额	25.72	8.81	-1.49	-90.61	12.58	10.08	85.78
本年应交增值税	11.42	4.99	6.82	41.34	12.02	7.63	17.95

14-10 各地区全部规模以上工业企业主要经济效益指标

年份、地区	总资产贡献率(%)	资产负债率(%)	工业成本费用利润率(%)	产品销售率(%)
1998	4.90	65.55	-0.53	98.18
1999	5.20	60.35	1.73	97.88
2000	7.08	60.46	4.27	97.79
2001	6.13	58.69	3.26	97.33
2002	6.25	59.18	3.24	98.24
2003	7.31	58.76	3.92	98.09
2004	8.48	58.30	5.34	98.13
2005	7.84	58.22	3.46	98.47
2006	8.22	57.50	3.38	98.31
2007	10.67	58.64	5.13	98.06
2008	8.65	58.56	7.15	97.37
2009	11.66	58.36	5.37	97.84
2010	14.84	58.11	7.15	97.85
2011	14.78	57.23	6.26	98.38
2012	14.45	57.93	5.37	97.79
2013	15.00	57.92	6.09	97.81
2014	11.89	58.02	4.52	97.35
2015	8.20	61.67	3.33	98.29
2016	6.58	64.46	2.66	98.67
沈　阳	7.50	63.97	5.19	99.94
大　连	8.58	65.04	5.24	97.48
鞍　山	3.19	58.50	1.20	99.22
抚　顺	15.50	67.34	5.36	100.61
本　溪	4.05	77.52	2.89	99.59
丹　东	5.25	64.75	5.12	93.30
锦　州	12.00	55.79	4.87	99.48
营　口	4.71	68.75	1.30	98.65
阜　新	4.80	59.66	4.14	99.56
辽　阳	5.34	65.06	0.68	96.99
盘　锦	-0.74	65.55	-9.02	97.91
铁　岭	3.02	64.39	-0.52	98.96
朝　阳	3.97	69.70	0.80	99.93
葫芦岛	15.67	65.48	2.57	98.76

14-11 各地区国有及国有控股工业企业主要经济效益指标

年份、地区	总资产贡献率(%)	资产负债率(%)	工业成本费用利润率(%)	产品销售率(%)
1998	4.60	65.99	-1.41	97.90
1999	4.64	59.96	0.76	98.47
2000	6.64	60.85	3.98	98.95
2001	5.59	59.63	2.60	98.38
2002	5.57	61.00	2.16	98.93
2003	6.76	59.51	3.14	98.76
2004	8.42	58.06	5.84	98.69
2005	7.45	59.33	2.78	99.86
2006	7.28	57.75	2.62	99.31
2007	8.86	60.88	4.14	99.21
2008	4.16	63.05	3.66	98.63
2009	7.63	65.38	1.96	98.80
2010	9.77	66.00	3.31	98.78
2011	8.96	66.25	1.95	98.94
2012	7.86	67.29	0.08	99.33
2013	8.05	67.68	1.93	98.76
2014	7.78	66.80	1.41	98.33
2015	6.42	69.21	-0.94	99.30
2016	6.58	64.46	2.66	98.67
沈　阳	7.50	63.97	5.19	99.94
大　连	8.58	65.04	5.24	97.48
鞍　山	3.19	58.50	1.20	99.22
抚　顺	15.50	67.34	5.36	100.61
本　溪	4.05	77.52	2.89	99.59
丹　东	5.25	64.75	5.12	93.30
锦　州	12.00	55.79	4.87	99.48
营　口	4.71	68.75	1.30	98.65
阜　新	4.80	59.66	4.14	99.56
辽　阳	5.34	65.06	0.68	96.99
盘　锦	-0.74	65.55	-9.02	97.91
铁　岭	3.02	64.39	-0.52	98.96
朝　阳	3.97	69.70	0.80	99.93
葫芦岛	15.67	65.48	2.57	98.76

14-12 按行业分的规模以上外商投资工业企业主要指标

(2016年) 单位：亿元

行业	企业单位数(个)	资产总计	负债合计	所有者权益	主营业务收入	利税总额	本年应交增值税
总计	**1257**	**8049.22**	**4943.25**	**3094.64**	**6014.65**	**714.09**	**190.39**
在总计中：轻工业	428	1251.38	657.28	590.84	1160.66	137.79	40.47
重工业	829	6797.85	4285.97	2503.80	4853.99	576.30	149.92
在总计中：大型企业	67	4196.51	2792.17	1403.11	3298.79	488.88	122.74
中型企业	283	2207.66	1277.24	930.57	1570.62	144.09	44.95
小型企业	834	1573.75	842.23	732.14	1106.08	79.32	21.98
微型企业	73	71.30	31.62	28.81	39.14	1.81	0.72
煤炭开采和洗选业							
石油和天然气开采业							
黑色金属矿采选业	1	14.62	7.58	7.04	3.49	1.99	0.36
有色金属矿采选业	4	3.57	1.40	2.15	2.62	0.44	0.32
非金属矿采选业	6	8.60	1.99	6.62	7.72	1.55	0.45
开采辅助活动	1	1.35	0.12	1.23	0.29	-0.32	0.02
其他采矿业							
农副食品加工业	111	307.82	196.10	112.60	365.28	9.82	5.66
食品制造业	35	156.02	100.13	56.46	93.09	10.06	1.92
酒、饮料和精制茶制造业	30	147.16	61.04	84.74	124.22	28.70	8.48
烟草制品业							
纺织业	13	13.36	6.32	7.00	10.57	-0.33	0.10
纺织服装、服饰业	78	38.70	22.24	15.43	47.75	1.58	0.44
皮革、毛皮、羽毛及其制品和制鞋业	9	23.34	12.94	10.40	30.07	4.80	1.11
木材加工和木、竹、藤、棕、草制品业	16	27.50	12.63	12.41	27.59	1.44	0.25
家具制造业	25	69.50	28.60	41.57	51.77	2.98	0.69
造纸和纸制品业	23	60.37	21.03	39.31	41.52	4.21	0.76
印刷和记录媒介复制业	4	4.00	0.65	3.36	2.47	0.21	0.09
文教、工美、体育和娱乐用品制造业	13	6.21	1.69	2.27	10.44	0.29	0.06
石油加工、炼焦和核燃料加工业	16	121.54	159.07	-37.69	219.51	57.29	10.70
化学原料和化学制品制造业	68	400.64	242.59	158.05	198.30	3.50	4.34
医药制造业	13	221.96	93.46	127.70	206.99	63.53	17.17
化学纤维制造业	2	6.40	4.10	2.29	4.74	0.28	0.19
橡胶和塑料制品业	60	435.81	247.36	188.35	190.76	19.37	3.72
非金属矿物制品业	90	189.58	110.33	78.40	110.70	6.15	3.33
黑色金属冶炼和压延加工业	37	334.51	227.23	106.94	242.91	8.86	4.11
有色金属冶炼和压延加工业	21	608.47	331.62	276.85	212.25	51.85	11.66
金属制品业	71	189.28	98.26	90.65	125.29	12.22	2.62
通用设备制造业	119	447.97	198.86	246.68	312.45	27.77	8.40
专用设备制造业	42	424.50	294.24	129.68	156.05	-7.27	0.14
汽车制造业	127	1795.95	1089.73	705.99	2247.03	364.07	90.09
铁路、船舶、航空航天和其他运输设备制造业	20	120.98	64.15	56.83	74.70	5.78	0.09
电气机械和器材制造业	77	399.96	245.82	154.07	313.66	21.82	5.60
计算机、通信和其他电子设备制造业	39	359.59	180.18	179.28	235.51	25.42	0.28
仪器仪表制造业	24	51.29	18.91	32.35	35.12	3.87	0.50
其他制造业	5	13.48	4.70	8.78	10.81	1.42	0.44
废弃资源综合利用业	1	6.01	0.66	5.34	1.33	0.64	0.14
金属制品、机械和设备修理业	3	619.99	633.48	-13.58	172.17	-44.72	0.19
电力、热力生产和供应业	32	303.47	175.70	127.77	95.92	18.63	4.70
燃气生产和供应业	16	104.20	42.05	62.10	26.97	5.32	1.12
水的生产和供应业	5	11.53	6.29	5.24	2.57	0.85	0.16

14-13 按行业分的大中型工业企业主要指标

(2016年)

单位：亿元

行 业	企业单位数(个)	资产总计	流动资产合计	固定资产合计	固定资产原价	负债合计	流动负债合计	所有者权益
总 计	**1180**	**26485.43**	**12851.04**	**8781.37**	**15488.12**	**17711.84**	**13351.38**	**8764.91**
煤炭开采和洗选业	18	970.84	315.99	491.83	760.14	649.14	479.29	319.83
石油和天然气开采业	1	434.77	46.97	387.80	1407.26	286.12	40.50	148.65
黑色金属矿采选业	19	482.66	238.25	81.98	154.73	325.60	290.79	157.10
有色金属矿采选业	14	60.76	30.67	19.29	31.20	38.73	33.28	22.02
非金属矿采选业	5	66.08	22.41	38.80	13.31	20.94	4.15	45.14
开采辅助活动	3	308.04	142.60	108.82	249.50	186.30	181.92	121.74
其他采矿业								
农副食品加工业	114	680.61	388.76	178.54	287.11	393.03	290.82	289.86
食品制造业	28	246.03	152.69	64.70	88.02	158.35	131.54	87.68
酒、饮料和精制茶制造业	27	121.54	48.66	50.71	95.34	42.98	36.42	77.84
烟草制品业	3	60.25	38.99	18.08	35.97	56.39	56.39	3.86
纺织业	17	67.79	41.88	13.44	27.08	42.82	29.90	24.97
纺织服装、服饰业	56	108.12	54.57	11.52	28.48	40.65	36.73	67.40
皮革、毛皮、羽毛及其制品和制鞋业	4	17.76	14.21	3.26	5.75	8.25	7.54	9.51
木材加工和木、竹、藤、棕、草制品业	7	21.24	13.30	6.39	12.50	9.79	8.55	11.37
家具制造业	13	73.51	45.28	14.82	30.91	33.17	28.54	40.34
造纸和纸制品业	10	56.01	18.55	27.31	23.74	27.57	19.31	28.40
印刷和记录媒介复制业	5	7.68	3.09	3.10	8.59	4.83	4.59	2.85
文教、工美、体育和娱乐用品制造业	3	3.67	2.35	0.99	1.62	1.82	1.82	1.85
石油加工、炼焦和核燃料加工业	25	1710.35	738.98	775.70	1739.90	1275.16	1086.26	435.16
化学原料和化学制品制造业	55	1367.16	669.19	567.64	839.51	948.12	752.13	419.05
医药制造业	28	436.17	262.79	89.45	115.89	220.11	167.89	225.84
化学纤维制造业	4	42.47	16.59	18.05	25.74	27.40	23.21	15.07
橡胶和塑料制品业	37	583.83	221.55	193.61	343.63	312.85	203.26	270.87
非金属矿物制品业	59	730.35	337.81	253.80	309.36	428.70	361.56	301.29
黑色金属冶炼和压延加工业	59	4728.20	1781.70	1356.51	3001.73	3201.54	2529.46	1526.26
有色金属冶炼和压延加工业	22	878.05	389.30	118.12	241.62	558.74	388.97	319.31
金属制品业	43	484.05	334.65	99.74	169.97	308.31	249.89	175.57
通用设备制造业	83	1567.34	1091.20	256.29	441.63	1076.36	780.33	490.07
专用设备制造业	46	1216.15	878.34	213.10	332.79	910.80	786.64	305.05
汽车制造业	91	2452.04	1325.58	672.70	1017.41	1718.35	1516.57	733.17
铁路、船舶、航空航天和其他运输设备制造业	49	1932.23	1308.03	483.88	549.33	1302.46	1034.81	628.74
电气机械和器材制造业	53	630.87	407.11	119.69	185.85	364.49	312.52	263.33
计算机、通信和其他电子设备制造业	38	835.49	444.86	198.06	331.12	389.80	267.40	445.26
仪器仪表制造业	18	142.38	95.46	22.09	36.67	34.14	26.66	99.91
其他制造业	3	10.71	5.95	3.71	12.00	2.12	2.12	8.59
废弃资源综合利用业	2	7.28	3.38	3.31	5.10	1.77	1.68	5.51
金属制品、机械和设备修理业	8	625.72	443.14	163.71	207.92	636.76	393.05	-11.14
电力、热力生产和供应业	76	1877.36	325.91	1451.43	2016.82	1430.49	625.15	445.44
燃气生产和供应业	16	154.64	51.69	64.86	88.49	98.10	86.90	56.35
水的生产和供应业	18	285.24	98.61	134.55	214.40	138.81	72.85	145.82

14-13 续表 (2016年) 单位：亿元

行业	实收资本	主营业务收入	主营业务成本	主营业务税金及附加	利润总额	利税总额	本年应交增值税
总计	**4918.54**	**15256.22**	**12549.35**	**704.40**	**371.48**	**1585.72**	**501.32**
煤炭开采和洗选业	91.16	211.17	162.35	6.55	-13.38	17.45	23.22
石油和天然气开采业	148.65	165.28	334.59	9.01	-220.13	-204.67	6.45
黑色金属矿采选业	34.39	107.59	86.61	4.56	10.18	22.27	7.54
有色金属矿采选业	7.07	26.47	18.09	0.51	1.28	3.52	1.73
非金属矿采选业	4.81	9.12	7.60	0.10	-0.09	0.39	0.29
开采辅助活动	270.42	194.98	198.97	0.95	-3.60	8.46	7.30
其他采矿业							
农副食品加工业	148.44	752.65	678.01	0.99	26.20	33.15	5.94
食品制造业	57.64	118.31	92.94	0.67	13.09	16.99	3.17
酒、饮料和精制茶制造业	40.20	108.19	69.18	6.81	12.14	28.04	9.09
烟草制品业	3.04	68.98	26.48	35.05	-0.88	41.65	7.48
纺织业	14.29	38.52	34.87	0.18	0.36	1.18	0.65
纺织服装、服饰业	16.44	85.28	73.87	0.37	2.95	4.48	1.13
皮革、毛皮、羽毛及其制品和制鞋业	2.97	27.08	20.58	0.20	3.49	4.86	1.18
木材加工和木、竹、藤、棕、草制品业	6.30	22.99	19.58	0.16	1.25	1.54	0.13
家具制造业	7.66	52.38	45.00	0.32	2.37	3.56	0.88
造纸和纸制品业	24.27	33.89	28.02	0.13	1.89	2.28	0.26
印刷和记录媒介复制业	2.10	4.83	4.16	0.03	-0.19	0.01	0.16
文教、工美、体育和娱乐用品制造业	1.45	3.27	2.72	0.03	0.15	0.20	0.03
石油加工、炼焦和核燃料加工业	286.61	2628.38	1832.57	486.73	117.24	752.41	147.07
化学原料和化学制品制造业	270.12	982.73	896.16	18.03	13.28	42.97	11.60
医药制造业	63.54	289.37	140.19	2.49	53.74	76.65	20.42
化学纤维制造业	13.63	24.70	21.82	0.04	0.77	0.32	-0.49
橡胶和塑料制品业	172.03	229.34	180.57	1.18	19.21	25.98	5.58
非金属矿物制品业	159.14	246.12	204.70	2.22	7.84	20.11	10.05
黑色金属冶炼和压延加工业	863.22	2001.86	1762.46	13.55	10.05	73.01	48.54
有色金属冶炼和压延加工业	199.45	365.35	293.15	1.93	41.47	56.86	12.87
金属制品业	84.89	311.25	265.43	1.62	16.89	21.70	3.20
通用设备制造业	190.59	770.18	649.74	3.30	6.23	28.44	18.86
专用设备制造业	225.57	413.26	361.23	1.99	-26.15	-18.86	5.24
汽车制造业	262.87	2383.91	1836.04	90.06	179.05	360.88	91.75
铁路、船舶、航空航天和其他运输设备制造业	332.14	839.70	740.15	3.53	41.10	53.12	8.39
电气机械和器材制造业	119.29	418.85	350.88	2.03	17.90	28.98	8.92
计算机、通信和其他电子设备制造业	180.83	451.46	366.46	2.20	52.75	59.21	4.18
仪器仪表制造业	13.93	76.66	56.82	0.41	10.04	12.34	1.87
其他制造业	7.21	8.66	6.18	0.07	0.70	1.14	0.37
废弃资源综合利用业	0.38	2.13	1.39	0.06	0.36	0.63	0.21
金属制品、机械和设备修理业	23.70	182.30	171.34	0.44	-44.78	-43.57	0.77
电力、热力生产和供应业	428.24	514.70	432.93	5.45	22.45	51.28	23.29
燃气生产和供应业	43.68	43.31	37.97	0.32	-1.81	-0.68	0.79
水的生产和供应业	96.18	41.02	37.55	0.15	-3.94	-2.56	1.21

14-14 按行业分的大中型工业企业主要经济效益指标

(2016年)

行　　业	总资产贡献率(%)	资产负债率(%)	工业成本费用利润率(%)	产品销售率(%)
总　　计	**7.22**	**66.87**	**2.48**	**98.79**
煤炭开采和洗选业	3.25	66.86	-4.52	97.63
石油和天然气开采业	-45.17	65.81	-58.89	100.18
黑色金属矿采选业	6.29	67.46	9.68	100.78
有色金属矿采选业	7.30	63.74	4.91	91.23
非金属矿采选业	0.10	31.69	-0.91	99.53
开采辅助活动	3.35	60.48	-1.76	100.00
其他采矿业				
农副食品加工业	6.28	57.75	3.43	97.76
食品制造业	7.87	64.36	11.39	88.43
酒、饮料和精制茶制造业	23.09	35.36	13.14	104.76
烟草制品业	69.21	93.60	-2.25	98.08
纺织业	3.10	63.16	0.91	105.27
纺织服装、服饰业	4.58	37.59	3.57	91.85
皮革、毛皮、羽毛及其制品和制鞋业	27.86	46.44	14.90	96.53
木材加工和木、竹、藤、棕、草制品业	7.37	46.08	5.75	98.09
家具制造业	5.16	45.12	4.62	100.95
造纸和纸制品业	5.00	49.23	5.84	88.60
印刷和记录媒介复制业	0.72	62.89	-3.45	108.32
文教、工美、体育和娱乐用品制造业	5.76	49.61	4.67	100.00
石油加工、炼焦和核燃料加工业	45.82	74.56	5.49	98.86
化学原料和化学制品制造业	5.91	69.35	1.26	96.78
医药制造业	18.40	50.46	22.98	88.04
化学纤维制造业	2.40	64.52	2.65	98.29
橡胶和塑料制品业	5.70	53.58	8.88	101.05
非金属矿物制品业	3.69	58.70	3.21	96.69
黑色金属冶炼和压延加工业	3.09	67.71	0.48	100.13
有色金属冶炼和压延加工业	7.49	63.63	10.01	99.71
金属制品业	5.29	63.69	5.44	99.69
通用设备制造业	3.26	68.67	0.79	95.27
专用设备制造业	-0.60	74.89	-6.02	102.98
汽车制造业	15.14	70.08	8.16	100.51
铁路、船舶、航空航天和其他运输设备制造业	2.56	67.41	5.06	99.74
电气机械和器材制造业	5.70	57.78	4.23	99.64
计算机、通信和其他电子设备制造业	7.32	46.65	12.41	99.48
仪器仪表制造业	8.83	23.97	14.77	95.65
其他制造业	10.72	19.78	8.83	116.49
废弃资源综合利用业	9.22	24.31	20.76	100.00
金属制品、机械和设备修理业	-5.01	101.76	-21.78	97.53
电力、热力生产和供应业	4.88	76.20	4.45	99.67
燃气生产和供应业	-0.17	63.44	-3.57	97.58
水的生产和供应业	-0.34	48.67	-7.62	96.18

14-15 各地区大中型工业企业主要指标

单位：亿元

年份、地区	企业单位数（个）	资产总计	流动资产合计	固定资产合计	固定资产原价	负债合计	流动负债合计	所有者权益
1998	1331	5699.55	2189.07	3118.29	4065.90	3705.71	2378.86	1993.84
1999	847	5933.87	2259.48	3238.46	4362.61	3409.07	2296.96	2524.79
2000	857	5908.55	2312.97	3088.51	4351.57	3515.17	2338.83	2386.85
2001	869	6398.33	2471.46	3463.49	4947.97	3645.86	2527.98	1635.55
2002	883	6718.00	2605.10	3573.53	5269.20	3879.93	2706.67	2837.12
2003	810	6879.72	2771.05	3309.07	5432.53	3870.74	2924.72	2999.36
2004	964	8343.69	3372.61	4090.47	6285.24	4668.19	3528.31	3587.59
2005	1013	9209.77	3981.22	4486.60	6910.54	5374.15	4002.55	3715.13
2006	1085	10721.56	4726.19	5175.40	7592.23	6162.70	4610.99	4394.64
2007	1164	12761.68	5744.25	5537.97	8709.02	7591.30	5842.09	5126.57
2008	1135	14960.78	6547.99	6725.85	9983.83	9206.41	6971.63	5754.37
2009	1383	17995.86	8089.60	7874.67	11128.84	11147.83	8221.30	6815.16
2010	1505	20118.92	9398.47	8481.96	12939.61	12554.80	9331.80	7529.34
2011	1825	21237.69	10030.88	8169.94	13295.54	13100.38	9766.00	8063.52
2012	2210	24664.73	11530.95	8676.11	14257.71	15391.41	11113.24	9180.03
2013	2272	27329.27	12510.92	10105.70	17253.10	17031.50	12783.97	10206.28
2014	2074	26779.73	12244.72	9533.76	16666.09	16601.78	12470.13	10143.94
2015	1552	27483.19	12966.18	9504.11	16172.63	17999.49	13457.60	9492.95
2016	1180	26485.43	12851.04	8781.37	15488.12	17711.84	13351.38	8764.91
沈阳	209	5777.16	3168.01	1672.42	2431.25	3997.08	3302.55	1778.55
大连	382	7472.28	4162.67	2620.03	3678.00	4976.20	3246.62	2493.69
鞍山	79	3173.09	1238.50	734.42	1499.38	1867.56	1438.69	1303.89
抚顺	48	943.09	344.66	489.85	902.93	623.47	524.04	319.54
本溪	47	1536.31	698.67	488.64	939.44	1223.56	970.39	312.80
丹东	65	488.10	276.37	136.56	212.85	307.99	204.03	179.85
锦州	52	607.97	338.71	199.63	350.48	379.47	319.67	226.63
营口	67	1436.21	679.02	584.40	903.74	979.22	888.91	456.57
阜新	35	309.07	125.77	149.16	260.26	186.13	146.14	122.91
辽阳	45	1331.33	592.78	222.86	577.30	850.70	607.50	480.43
盘锦	39	1763.41	697.62	845.53	2303.13	1205.92	821.40	557.46
铁岭	34	595.62	151.86	278.94	532.18	394.19	293.64	201.17
朝阳	41	552.38	172.94	118.23	405.67	407.97	327.16	144.42
葫芦岛	37	499.40	203.45	240.71	491.50	312.39	260.64	187.01

14-15 续表

单位：亿元

年份、地区	实收资本	主营业务收入	主营业务成本	主营业务税金及附加	利润总额	利税总额	本年应交增值税
1998	1210.42	2378.74	2005.48	49.13	-25.30	146.61	122.79
1999	1334.40	2568.69	2146.07	47.74	50.13	224.28	126.41
2000	1458.65	3196.35	2681.87	56.32	142.54	349.32	150.46
2001	1635.55	3398.32	2874.07	55.32	118.89	324.27	150.07
2002	1703.09	3671.30	3072.43	61.50	121.10	342.80	160.23
2003	1763.21	4751.49	3937.53	76.37	194.97	460.60	189.26
2004	2451.48	6349.30	5352.85	88.45	367.20	686.31	230.66
2005	2408.23	8000.32	6990.98	105.92	268.27	636.57	262.38
2006	2551.74	9733.03	8502.61	134.49	307.39	759.19	317.32
2007	2735.46	11597.55	9788.64	194.05	547.28	1139.52	398.19
2008	3536.14	13787.29	12304.22	173.37	217.70	790.26	399.19
2009	3987.07	15120.81	12831.03	477.81	655.13	1580.55	447.61
2010	4001.97	18663.03	15734.42	588.10	1113.86	2276.57	574.62
2011	4276.04	21459.08	18213.55	602.50	1058.85	2313.16	645.83
2012	4599.30	24719.23	21022.81	724.25	974.84	2528.44	822.60
2013	4994.98	26269.38	22245.91	679.06	1329.03	2897.85	870.47
2014	5060.21	24419.18	20789.05	709.02	886.84	2260.91	656.76
2015	5037.58	18031.03	15065.52	772.14	404.49	1699.06	519.55
2016	4918.54	15256.22	12549.35	704.40	371.48	1585.72	501.32
沈　阳	879.08	3872.80	3102.70	111.27	200.91	428.27	115.70
大　连	1299.19	4652.41	3723.80	238.74	230.12	598.46	129.01
鞍　山	416.67	1003.44	847.82	12.47	12.59	63.20	38.03
抚　顺	115.39	661.83	462.80	75.35	41.95	162.04	43.36
本　溪	196.86	721.98	637.54	4.84	20.72	34.21	8.65
丹　东	102.84	233.71	198.49	1.24	11.33	16.29	3.68
锦　州	162.88	434.06	310.88	57.75	17.36	95.42	19.82
营　口	452.67	769.91	667.51	24.95	12.88	59.17	21.27
阜　新	81.49	144.43	118.88	1.43	4.05	11.25	5.68
辽　阳	249.25	522.80	409.89	34.38	10.57	68.60	23.58
盘　锦	580.34	1325.23	1334.83	75.98	-194.96	-64.85	49.94
铁　岭	91.40	225.23	192.12	4.12	-5.44	12.28	13.39
朝　阳	138.15	269.00	235.13	2.56	0.70	12.56	9.11
葫芦岛	152.34	419.40	306.95	59.33	8.70	88.82	20.11

14-16 历年主要工业产品产量

年份、地区	化学纤维（万吨）	纱（万吨）	布（亿米）	毛线（吨）	呢绒（万米）	丝（吨）	机制纸及纸板（万吨）	缝纫机（万架）	自行车（万辆）	手表（万只）	灯泡（亿只）
1990	15.6	109.8	6.5	5087.0	1840.0	2905.0	77.5	0.5	97.2	430.4	1.2
1991	15.8	110.1	6.4	4099.0	1781.1	2667.0	75.1	0.4	85.5	467.7	1.5
1992	17.1	112.0	6.0	4981.0	1672.7	1917.0	79.1	0.3	125.9	359.9	1.5
1993	15.7	99.3	5.6	3524.0	1431.4	2280.0	75.4	0.4	195.4	554.5	1.1
1994	17.9	18.2	5.4	2785.0	1548.6	3292.0	82.3	0.3	190.7	397.7	3.3
1995	19.8	18.0	5.8	2725.0	1185.0	3484.0	97.5	0.2	112.1	409.9	3.7
1996	20.7	16.9	4.7	4449.0	745.4	4550.0	95.7	0.2	87.9	316.4	4.3
1997	28.1	17.2	5.4	1902.0	648.5	3588.0	84.2	0.2	55.1	212.4	1.4
1998	30.5	14.3	4.7	1970.0	373.2	1996.0	72.0	0.1	53.1	98.0	1.3
1999	29.2	15.2	5.3	1655.0	606.1	1328.0	58.8	0.1	16.3	97.0	1.1
2000	34.2	18.3	5.0	1633.0	479.0	2414.0	55.2	0.2	46.2	69.0	0.5
2001	36.0	16.0	4.3	1179.0	230.3	1675.0	62.9	0.3	15.2	69.2	1.3
2002	33.5	16.4	5.0	1491.0	168.1	2110.0	52.0	0.3	2.2	86.0	1.5
2003	26.3	15.6	3.4	1447.0	109.2	1640.0	59.1	0.3			1.4
2004	30.7	17.2	4.3	1840.0	379.8	3297.0	72.6	0.7	1.4	152.8	1.8
2005	24.1	18.7	5.7	1541.0	106.0	2191.0	83.4	0.6	0.4	169.6	1.8
2006	22.5	18.2	5.4	1811.0	118.4	2592.0	67.5	0.6		145.1	5.1
2007	21.1	18.0	7.7	1015.0	60.3	2955.0	87.5	0.5		133.4	6.2
2008	17.0	16.8	4.7		54.1	3045.0	56.9	0.1		139.3	8.1
2009	21.4	16.0	5.0	1736.6	88.6	4812.0	77.2			9.1	1.1
2010	19.9	15.4	7.2	2191.0	74.0	7182.0	88.5	0.1	1.2	5.7	1.4
2011	16.4	13.8	7.2	2402.7		4184.3	76.2			6.2	1.5
2012	18.4	12.9	4.6	1526.1		2462.5	73.3		5.0		2.1
2013	17.9	10.3	4.1	2796.0		2310.4	48.8		10.0		2.0
2014	19.8	13.8	6.8	4725.7		4504.2	41.2		4.7		1.9
2015	29.0	8.3	3.5	4801.1		2948.0	36.0		7.0		1.9
2016	27.5	6.5	1.6	2519.2		1508.6	54.1				1.8
沈阳		1.1		33.7			5.8				1.7
大连		1.1					17.9				
鞍山	2.6	0.9	0.5								
抚顺	0.5	0.5									
本溪											
丹东	5.2	0.1					3.5				
锦州	15.3	1.2					3.2				
营口	0.9	0.4	0.5			115.0					
阜新		0.7	0.2	2485.5			0.8				
辽阳	3.0										
盘锦							5.5				
铁岭						1393.6	17.4				
朝阳		0.6	0.2								
葫芦岛											

注：1. 1993年以前纱产量的计量单位为万件。2007年及以前卷烟产量的计量单位为万箱、啤酒产量的计量单位为万吨。从2009年起自行车产量中不仅包括两轮自行车，还包括电动自行车。
2. 能源产品产量为规上工业企业产量

14-16 续表 1

年份、地区	合成洗涤剂(万吨)	原盐(万吨)	糖(万吨)	卷烟(亿支)	罐头(万吨)	啤酒(亿升)	家用电冰箱(万台)	电视机(万台)	原煤(万吨)	原油(万吨)	天然气(亿立方米)
1990	5.3	129.9	3.2	50.6	5.8	55.0	16.4	115.1	5101.0	1368.7	20.4
1991	4.2	240.4	3.6	42.8	7.6	64.3	11.8	59.6	5234.7	1374.2	20.6
1992	4.3	293.2	5.4	45.3	8.8	78.5	10.3	73.2	5394.6	1387.8	21.1
1993	2.9	282.9	5.2	40.3	4.0	62.8	12.0	49.9	5566.8	1420.1	23.8
1994	3.5	275.9	3.8	40.3	7.6	108.0	12.2	54.3	5509.3	1502.5	21.2
1995	2.9	230.9	3.8	43.2	8.2	113.4	14.2	47.7	5626.4	1552.7	21.1
1996	6.9	232.5	4.0	40.3	8.1	118.8	9.4	56.7	6040.6	1504.3	19.6
1997	5.7	286.1	5.3	40.5	6.0	128.7	6.9	73.2	5883.8	1504.1	19.1
1998	6.8	190.9	5.1	41.8	4.1	129.1	8.5	173.2	5785.7	1452.1	15.6
1999	6.3	282.2	4.5	33.2	2.7	144.3	13.2	229.3	4779.3	1430.3	14.3
2000	7.0	275.9	2.1	23.0	2.9	149.7	23.1	374.7	4454.9	1401.1	14.7
2001	9.1	284.6	4.0	31.0	2.8	144.2	14.7	378.0	4468.2	1385.0	14.7
2002	10.4	280.6	4.2	38.0	3.4	137.1	51.6	404.9	5180.8	1351.2	13.3
2003	9.7	166.6	5.1	41.3	5.2	149.4	106.8	446.0	5871.0	1332.0	13.3
2004	9.8	200.6	3.8	45.9	10.7	155.4	116.3	346.2	6641.9	1283.2	10.3
2005	8.9	180.6	4.2	45.9	5.6	184.6	120.4	550.2	6395.0	1261.0	11.7
2006	14.0	191.3	1.3	47.8	7.3	200.4	133.5	333.9	7367.3	1226.5	11.9
2007	14.7	216.2	1.4	51.1	7.6	231.0	134.3	423.2	6349.1	1207.2	8.7
2008	12.4	184.2	2.0	260.4	7.5	23.5	139.3	500.2	6415.5	1199.3	8.7
2009	10.5	152.5	5.6	260.3	16.4	24.7	96.2	441.4	6624.2	1000.0	8.1
2010	12.2	161.6	6.1	265.3	20.0	24.8	87.8	576.9	6641.6	950.0	8.0
2011	13.8	114.5	2.3	274.5	25.2	26.2	102.2	557.5	7005.1	1000.0	7.2
2012	14.7	141.9	5.4	276.4	40.8	26.4	101.5	500.4	6431.3	1000.0	7.2
2013	16.5	127.7	4.1	278.9	41.0	27.2	84.8	440.6		1001.0	7.2
2014	16.5	165.2	4.5	290.4	59.0	27.2	157.0	338.2	4906.4	1021.9	7.0
2015	12.6	178.7	8.3	290.7	40.8	24.2	147.1	287.9	4635.4	1037.1	5.8
2016	9.9	146.1	0.5	278.9	28.0	23.3	145.7	146.8	4082.1	1017.3	5.4
沈　阳	1.5			125.0	2.3	9.3	90.8	145.1	900.0		
大　连	4.8	91.4			21.9	3.4	54.9				
鞍　山					2.1	1.9					
抚　顺	1.6					1.1			654.9	43.2	0.7
本　溪	1.5					1.0			22.0		
丹　东					1.6	0.9		1.7			
锦　州						1.3			13.3		
营　口	0.1	25.9		153.9	0.1	0.7					
阜　新						0.6			545.4		0.1
辽　阳	0.3					0.4					
盘　锦		28.7				0.7				974.1	4.6
铁　岭						0.8			1633.6		
朝　阳			0.5			1.0			138.0		
葫芦岛		0.2							174.9		

14-16 续表 2

年份、地区	发电量（亿千瓦小时）	#水电	生铁（万吨）	钢（万吨）	成品钢材（万吨）	铁合金（万吨）	水泥（万吨）	平板玻璃（万重量箱）	硫酸（万吨）	纯碱（万吨）	烧碱（万吨）
1990	435.8	35.5	1145.5	1216.3	939.9	16.0	1092.0	995.3	74.1	76.2	28.3
1991	448.3	40.3	1227.8	1262.5	978.8	15.9	1312.2	1022.4	81.2	71.2	29.4
1992	489.1	32.4	1262.7	1349.9	1082.9	20.3	1644.4	1188.5	86.2	72.4	29.7
1993	505.3	27.4	1314.0	1413.3	1270.3	21.4	1947.9	1350.2	78.6	74.8	27.8
1994	504.0	18.5	1274.1	1340.6	1186.9	24.1	1891.2	1299.0	95.8	73.9	30.5
1995	540.1	41.7	1337.1	1335.9	1074.2	30.4	1911.0	1233.3	106.9	69.1	26.3
1996	583.9	45.2	1358.5	1369.3	1210.3	30.2	1743.1	1591.6	108.7	71.9	37.5
1997	615.2	28.8	1358.1	1354.9	1223.5	23.9	1829.0	1494.2	108.7	71.2	33.4
1998	608.1	21.6	1419.0	1406.5	1149.2	19.5	1663.7	1546.9	100.0	69.2	32.5
1999	610.5	25.5	1448.9	1492.2	1235.6	14.3	1711.1	1536.8	105.5	72.1	30.9
2000	645.6	14.9	1555.4	1553.8	1443.2	13.3	1954.9	1475.3	119.9	74.1	33.4
2001	662.1	22.7	1593.7	1660.7	1655.2	13.6	2090.5	1537.7	118.8	76.5	37.2
2002	725.3	14.5	1886.4	1942.5	2086.7	12.9	2145.8	1470.9	113.1	82.5	45.0
2003	837.0	22.9	2061.0	2169.0	2334.0	17.2	2332.0	1362.0	110.6	80.0	48.3
2004	874.9	38.6	2547.8	2612.8	2657.9	48.6	2495.7	1785.2	121.7	80.7	48.1
2005	904.2	56.7	3113.9	3059.0	3235.9	36.4	2680.7	1854.0	120.7	74.9	53.6
2006	1013.4	47.0	3759.5	3702.3	3848.9	52.3	3341.4	1650.9	107.6	47.4	62.6
2007	1115.0	43.8	4057.6	4140.3	4364.3	61.6	3893.2	1941.2	105.6	32.8	63.4
2008	1139.0	41.8	4101.5	4068.6	4285.3	60.2	4074.4	2275.2	90.5	24.7	55.1
2009	1162.5	28.8	5062.2	4783.2	4943.4	77.0	4704.8	1674.2	81.1		45.8
2010	1295.1	44.0	5508.1	5389.8	5669.4	83.2	4790.9	1635.3	84.4	13.2	56.4
2011	1369.9	31.7	5450.2	5424.8	5761.1	89.7	5791.1	2258.0	78.9	33.8	56.2
2012	1453.1	38.2	5338.2	5178.4	5924.2	92.9	5809.0	2523.4	74.6	45.4	56.7
2013	1516.0	37.6	5968.6	6356.5	6863.0	95.3	6066.3	3015.7	75.5	46.8	56.4
2014	1607.0	19.7	6307.5	6507.8	6962.2	129.5	5875.6	2529.8	180.7	56.2	64.8
2015	1626.8	8.8	6059.0	5894.1	6337.6	113.0	4751.6	1186.8	147.3	55.0	64.6
2016	1731.5	16.2	6160.1	6040.5	5874.8	43.1	4134.9	1403.4	130.9	50.4	70.7
沈　阳	197.2			0.4	18.7		57.1				12.9
大　连	407.0		116.8	135.7	195.2		698.9	316.2	4.2	50.4	
鞍　山	68.7		1977.2	1972.5	1892.6	0.4	243.4				
抚　顺	94.9	0.0	400.0	388.3	353.3	3.3	129.7		0.6		
本　溪	46.0	11.6	1564.2	1439.3	1387.3	2.6	199.1	664.4			
丹　东	61.3	4.0	3.1		3.8		182.0				
锦　州	48.1		2.9	27.0	25.0	23.6	193.3		4.4		
营　口	148.1		1393.2	1363.9	1117.4	0.2	145.7		24.1		6.7
阜　新	113.7		0.3				215.4				
辽　阳	12.3	0.6	13.5	19.1	120.3	3.0	1048.0	27.0			
盘　锦	34.3						123.6				7.1
铁　岭	210.8				1.8	0.7	393.3				
朝　阳	89.2		688.8	694.3	704.9	3.6	370.8	395.9	2.4		
葫芦岛	199.8				54.5	5.7	134.6		95.2		44.0

14-16 续表 3

年份、地区	农用氮、磷、钾化肥(万吨)			化学农药(万吨)	乙烯(万吨)	电石(万吨)	塑料(万吨)	轮胎外胎(万条)	金属切削机床(万台)	汽车(万辆)	铁路机车(台)
		#氮肥	#磷肥								
1990	63.4	55.0	8.3	1.5	8.4	6.4	14.0	191.8	1.6	2.4	
1991	60.3	51.4	8.9	1.5	14.9	6.8	24.3	223.5	1.8	4.2	
1992	62.8	50.9	11.9	1.5	20.4	5.2	30.0	311.1	2.1	6.1	
1993	54.8	49.6	5.2	1.2	25.1	6.1	39.1	426.7	2.4	5.1	
1994	79.1	67.0	10.3	1.2	28.8	6.8	42.0	292.4	1.7	3.0	238.0
1995	78.2	70.1	7.8	2.3	32.1	8.9	51.3	303.7	1.4	2.5	257.0
1996	82.0	73.9	6.9	1.7	35.3		58.5	309.5	1.3	2.8	300.0
1997	84.7	74.3	8.9	2.1	35.7	3.2	65.7	361.2	1.1	3.9	274.0
1998	76.8	70.7	4.2	1.9	38.7	2.6	71.5	472.9	0.9	4.3	
1999	87.2	78.5	5.2	2.3	39.7	1.4	80.9	499.6	0.9	5.8	
2000	97.6	82.4	8.4	2.2	41.7	2.6	94.1	576.0	1.6	8.2	63.0
2001	97.9	86.6	8.7	2.2	40.2	2.2	99.7	621.2	2.1	7.9	58.0
2002	88.8	80.9	6.1	2.6	44.2	4.3	104.6	643.5	3.1	9.0	71.0
2003	91.7	82.6	6.9	2.1	47.9	5.3	117.4	787.1	5.6	13.0	
2004	88.1	85.4	2.8	1.8	48.2	11.6	129.5	935.7	9.4	14.3	242.0
2005	89.6	84.9	4.7	2.7	47.1	1.9	121.6	1095.6	11.3	15.0	202.0
2006	87.7	79.7	7.9	3.6	49.3	6.9	122.6	1141.8	13.1	29.0	256.0
2007	89.4	84.7	4.7	4.0	42.3	18.4	126.9	1263.3	15.0	37.7	310.0
2008	89.1	85.1	3.9	4.0	46.2	11.8	117.3	1275.8	14.6	34.1	406.0
2009	85.8	70.4	5.4	4.5	48.0	8.9	108.6	1281.9	14.1	50.9	435.0
2010	75.1	67.1	5.1	3.0	91.8	8.7	150.7	1507.9	13.6	70.8	589.0
2011	67.5	65.8	1.6	2.1	106.8	14.0	177.9	1669.9	16.9	75.5	701.0
2012	83.2	82.1	0.8	2.1	103.1	13.7	175.2	1767.2	12.0	87.3	486.0
2013	77.2	77.2		1.8	128.5	5.8	208.4	1956.7	10.4	108.0	437.0
2014	71.9	71.9		2.5	155.2	7.4	300.3	2155.8	11.4	121.8	485.0
2015	64.7	64.7		1.3	160.5	6.8	321.6	2448.2	9.9	116.6	402.0
2016	58.8	58.8		1.0	162.7	19.3	352.4	2724.5	9.3	113.2	161.0
沈 阳	0.1	0.1		0.5	9.6		22.9	985.6	5.3	105.3	
大 连	11.6	11.6					45.2	1326.4	3.8	5.5	161.0
鞍 山	1.9	1.9						61.0			
抚 顺					85.2		151.0				
本 溪	6.4	6.4				3.3					
丹 东	0.3	0.3								2.3	
锦 州											
营 口	0.8	0.8					51.6				
阜 新											
辽 阳					15.6		6.6				
盘 锦	11.4	11.4		0.4	52.4		69.9				
铁 岭									0.1		
朝 阳								351.5		0.1	
葫芦岛	26.3	26.3				15.9	5.1				

14-17 工业产品产量

产品名称	单位	2005年	2008年	2009年	2010年	2011年
化学纤维	万吨	24.1	17.0	21.4	19.9	16.4
#合成纤维	万吨	18.1	11.6	14.0	11.5	9.4
纱	万吨	18.7	16.8	16.0	15.4	13.8
布	亿米	5.7	4.7	5.0	7.2	7.2
#纯棉布	亿米	1.5	1.8	1.8	4.7	4.7
混纺交织布	亿米	1.4	1.1	1.7	1.1	0.8
毛线	吨	1541.0		1736.0	2191.0	2402.7
丝	吨	2190.9	3045.0	4812.0	7182.0	4184.3
机制纸及纸板	万吨	83.4	56.9	77.2	88.5	76.2
自行车	万辆	0.4			1.2	
表	万只	169.6	139.3	9.1	5.7	6.2
日用玻璃制品	万吨	8.4	33.3	31.9	24.7	3.7
灯泡	万只	18491.7	81217.6	10797.0	14101.0	15319.0
合成洗涤剂	吨	89198.5	123528.0	104685.4	122031.4	137701.8
原盐	万吨	180.6	184.2	152.5	161.6	114.5
糖	万吨	1.1	2.0	5.6	6.1	2.3
卷烟	亿支	45.9	260.4	260.3	265.3	274.5
白酒	亿升	27.3	4.3	4.7	6.4	6.8
啤酒	亿升	184.6	23.5	24.7	24.8	26.2
食用植物油	万吨	89.6	171.7	177.8	193.7	171.8
化学原料药	万吨	3.8	3.8	14.4	13.2	11.9
家用电冰箱	万台	120.4	139.3	96.2	87.8	102.2
电视机	万部	550.2	500.2	441.4	576.9	557.5
#彩电	万部	550.2	500.2	441.4	576.9	557.5
农用化肥	万吨	89.6	89.1	85.8	75.1	67.5
#氮肥	万吨	84.9	85.1	70.4	67.1	65.8
磷肥	万吨	4.8	3.9	5.4	5.1	1.6
化学农药	万吨	2.7	4.0	4.5	3.0	2.1
乙烯	万吨	47.1	46.2	48.0	91.8	106.8
合成橡胶	吨	11119.0	22190.6	28270.7	36628.7	40170.1
轮胎外胎	万条	1095.7	1275.8	1281.9	1507.9	1669.9
交流电动机	万千瓦	773.4	585.7	671.6	830.5	758.4
金属切削机床	台	112727.0	145771.0	140988.0	135872.0	168760.0
数控机床	台	14887.0	34332.0	37212.0	39426.0	48984.0
汽车	辆	150488.0	340778.0	508452.0	707690.0	755421.0
#载货汽车	辆	43438.0	96262.0	95480.0	100015.0	114606.0
摩托车	辆	1952.0	22125.0	30195.0	33045.0	34900.0
轴承	万套	10312.0	10249.0	7492.0	19798.0	16811.0
原煤	万吨	6395.0	6415.5	6624.2	6641.6	7005.1
原油	万吨	1261.0	1199.3	1000.0	950.0	1000.0
汽油	万吨	965.6	1017.1	1043.6	1057.7	1017.5
柴油	万吨	1899.6	2045.9	2101.4	2379.9	2284.8
天然气	亿立方米	11.7	8.7	8.1	8.0	7.2
发电量	亿千瓦小时	904.2	1139.0	1162.5	1295.1	1369.9
#水电	亿千瓦小时	56.7	41.8	28.8	44.0	31.7
生铁	万吨	3114.0	4101.5	5062.2	5508.1	5450.2
钢	万吨	3059.1	4068.6	4783.2	5389.8	5424.8
成品钢材	万吨	3235.9	4285.3	4943.4	5669.4	5761.1
#铁道用钢材	万吨	75.1	88.1	112.5	91.2	76.0
线材	万吨	261.8	394.9	506.9	572.1	688.6
铁合金	万吨	36.4	60.2	77.0	83.2	89.7
焦炭	万吨	1237.9	1738.1	1876.5	1875.8	2027.0
水泥	万吨	2680.7	4074.4	4704.8	4790.9	5791.1
平板玻璃	万重量箱	1854.0	2275.2	1674.2	1635.3	2258.0
硫酸	万吨	120.7	90.5	81.2	84.4	78.9
纯碱	万吨	74.9	24.7		13.2	33.8
烧碱	万吨	53.6	55.1	45.8	56.4	56.2
合成氨	万吨	99.1	77.0	80.0	79.1	82.9

注：1. 2007年及以前卷烟产量的计量单位为万箱、啤酒及白酒产量的计量单位为万吨；从2009年起自行车产量中不仅包括两轮自行车，还包括电动自行车。

2. 能源产品产量为规上工业企业产量。

14-17 续表

产品名称	单位	2012年	2013年	2014年	2015年	2016年
化学纤维	万吨	18.4	17.9	19.8	29.0	27.5
#合成纤维	万吨	11.5	11.1	15.2	23.9	22.4
纱	万吨	12.9	10.3	13.8	8.3	6.5
布	亿米	4.6	4.1	6.8	3.5	1.6
#纯棉布	亿米	2.5	2.3	3.7	2.4	0.8
混纺交织布	亿米	0.7	0.4	1.6	0.5	0.2
毛　　线	吨	1526.1	2796.0	4725.7	4801.1	2519.2
丝	吨	2462.5	2310.4	4504.2	2948.0	1508.6
机制纸及纸板	万吨	73.3	48.8	41.2	36.0	54.1
自 行 车	万辆	5.0	10.0	4.7	7.0	
表	万只					
日用玻璃制品	万吨	2.0	2.2	16.3	18.2	1.1
灯　　泡	万只	20915.0	19531.0	19130.2	18684.6	17592.0
合成洗涤剂	吨	146668.4	164651.0	164737.6	125559.0	98596.0
原　　盐	万吨	141.9	127.7	165.2	178.7	146.1
糖	万吨	5.4	4.1	4.5	8.3	0.5
卷　　烟	亿支	276.4	278.9	290.4	290.7	278.9
白　　酒	亿升	8.1	5.5	5.0	4.6	0.8
啤　　酒	亿升	26.4	27.2	27.2	24.2	23.3
食用植物油	万吨	236.4	244.9	263.6	240.8	193.0
化学原料药	万吨	14.4	18.0	21.8	11.3	5.2
家用电冰箱	万台	101.5	84.8	157.0	147.1	145.7
电 视 机	万部	500.4	440.6	338.2	287.9	146.8
#彩　电	万部	500.4	440.6	338.2	287.9	146.8
农用化肥	万吨	83.2	77.2	71.9	64.7	58.8
#氮　　肥	万吨	82.1	77.2	71.9	64.7	58.8
磷　　肥	万吨	0.8				
化学农药	万吨	2.1	1.8	2.5	1.3	1.0
乙　　烯	万吨	103.1	128.5	155.2	160.5	162.7
合成橡胶	吨	25026.6	23535.7	13261.0	5001.0	37045.0
轮胎外胎	万条	1767.2	1956.7	2155.8	2448.2	2724.5
交流电动机	万千瓦	612.8	505.4	460.9	334.2	190.9
金属切削机床	台	119672.0	104469.0	114473.0	98582.0	92700.0
数控机床	台	46356.0	45994.0	63328.0	62340.0	68351.0
汽　　车	辆	872692.0	1080121.0	1217813.0	1166122.0	1132288.0
#载货汽车	辆	120490.0	168474.0	146297.0	86391.0	52930.0
摩 托 车	辆	27900.0	1575.0	278.0		
轴　　承	万套	19938.0	17248.4	15330.1	14059.9	11966.9
原　　煤	万吨	6431.3		4906.4	4635.4	4082.1
原　　油	万吨	1000.0	1001.0	1021.9	1037.1	1017.3
汽　　油	万吨	1088.1	1069.0	1057.7	1128.5	1212.1
柴　　油	万吨	2358.0	2396.5	2331.0	2270.9	2044.3
天 然 气	亿立方米	7.2	7.2	7.0	5.8	5.4
发 电 量	亿千瓦小时	1453.1	1516.0	1607.0	1626.8	1731.5
#水　　电	亿千瓦小时	38.2	37.6	19.7	8.8	16.2
生　　铁	万吨	5338.2	5968.6	6307.5	6059.0	6160.1
钢	万吨	5178.4	6356.5	6507.8	5894.1	6040.5
成品钢材	万吨	5924.2	6863.0	6962.2	6337.6	5874.8
#铁道用钢材	万吨	77.5	91.5	86.2	79.8	78.3
线　　材	万吨	664.8	750.5	895.4	882.6	806.2
铁 合 金	万吨	92.9	95.3	129.5	113.0	43.1
焦　　炭	万吨	2127.8	2146.6	2141.5	2097.2	2131.5
水　　泥	万吨	5809.0	6066.3	5875.6	4751.6	4134.9
平板玻璃	万重量箱	2523.4	3015.7	2529.8	1186.8	1403.4
硫　　酸	万吨	74.6	75.5	180.7	147.3	130.9
纯　　碱	万吨	45.4	46.8	56.2	55.0	50.4
烧　　碱	万吨	56.7	56.4	64.8	64.6	70.7
合 成 氨	万吨	103.4	106.0	99.8	92.6	82.1

14-18 规模以上农产品加工业主要经济指标

(2016年) 单位：亿元

甲栏分组	企业单位数(个)	资产总计	流动资产合计	负债合计	主营业务收入	主营业务成本
农产品加工业合计	**1914**	**2819.82**	**1560.13**	**1576.24**	**2780.97**	**2405.64**
农副食品加工业	894	1401.51	804.23	809.99	1673.39	1523.44
焙烤食品制造	30	52.44	16.70	16.35	36.16	27.54
糖果、巧克力及蜜饯制造	7	2.60	1.15	0.96	3.09	2.64
方便食品制造	20	36.24	17.15	21.41	34.28	27.16
乳制品制造	17	164.25	124.68	117.84	73.89	62.97
罐头食品制造	32	34.69	19.95	22.48	25.01	20.63
调味品、发酵制品制造	23	15.48	6.44	6.13	22.79	20.08
营养食品制造	4	7.37	2.53	4.55	2.68	2.07
保健食品制造	6	30.49	11.11	19.14	10.24	6.48
冷冻饮品及食用冰制造	8	7.24	2.73	4.48	5.08	4.05
食品及饲料添加剂制造	14	10.18	6.57	4.81	9.60	6.81
其他未列明的食品制造	3	0.56	0.20	0.26	1.04	0.91
酒、饮料和精制茶制造	116	216.92	88.64	93.16	181.32	129.52
烟草制品业	4	60.50	39.23	56.41	69.23	26.52
纺织业	123	138.62	74.78	77.05	112.17	102.60
纺织服装、服饰业	239	167.85	90.52	75.39	169.92	149.78
皮革、毛皮、羽毛及其制品和制鞋业	35	35.44	24.19	19.69	44.81	36.67
木制品制造	54	44.95	23.29	18.96	43.20	37.26
竹、藤、棕、草等制品制造	3	1.63	0.97	0.81	1.14	0.98
木质家具制造	56	99.75	60.66	43.03	65.00	56.11
竹、藤家具制造						
其他家具制造	4	1.23	0.63	0.26	1.74	1.56
造纸和纸制品业	102	130.13	59.26	61.46	99.06	83.63
印刷	42	45.15	20.62	27.88	20.56	17.95
装订及印刷相关服务	1	0.82	0.34	0.03	0.50	0.37
天然植物纤维编织工艺品制造	9	6.06	0.93	0.67	2.13	1.94
地毯、挂毯制造	1	2.39	1.05	1.55	1.01	0.84
动物胶制造	1	0.05	0.01	0.01	0.02	0.02
肥皂及合成洗涤剂制造	10	24.42	15.27	26.58	9.35	7.10
中药饮片加工	22	19.18	9.80	7.86	24.96	21.50
中成药生产	31	54.43	30.07	30.34	28.98	18.77
纤维素纤维原料及纤维制造	2	6.97	6.23	6.56	8.28	7.47
鬃毛加工、制刷及清扫工具的制造	1	0.29	0.20	0.12	0.33	0.28

14-18 续表 (2016年) 单位：亿元

甲栏分组	主营业务税金及附加	利润总额	利税总额	本年应交增值税	全部从业人员年平均人数（万人）
农产品加工业合计	**52.12**	**108.44**	**208.55**	**47.76**	**31.72**
农副食品加工业	3.93	49.18	64.94	11.74	12.57
焙烤食品制造	0.36	7.57	9.15	1.18	0.71
糖果、巧克力及蜜饯制造	0.03	0.17	0.29	0.08	0.04
方便食品制造	0.25	2.13	3.79	1.41	0.53
乳制品制造	0.18	3.38	4.12	0.56	0.57
罐头食品制造	0.24	0.52	1.18	0.40	0.52
调味品、发酵制品制造	0.13	1.24	1.75	0.38	0.21
营养食品制造		0.06	0.08	0.01	0.05
保健食品制造	0.08	1.91	2.75	0.75	0.16
冷冻饮品及食用冰制造	0.04	0.26	0.48	0.18	0.10
食品及饲料添加剂制造	0.11	1.57	2.11	0.43	0.09
其他未列明的食品制造	0.02	0.05	0.08		0.01
酒、饮料和精制茶制造	8.19	16.98	35.69	10.52	2.19
烟草制品业	35.06	-0.87	41.67	7.49	0.20
纺织业	0.56	2.05	4.44	1.83	1.87
纺织服装、服饰业	0.74	4.66	7.49	2.02	5.90
皮革、毛皮、羽毛及其制品和制鞋业	0.31	3.80	5.44	1.34	0.52
木制品制造	0.27	1.44	2.08	0.37	0.84
竹、藤、棕、草等制品制造	0.01	0.08	0.11	0.03	0.01
木质家具制造	0.38	2.49	3.80	0.93	1.54
竹、藤家具制造					
其他家具制造	0.01	-0.01	0.02	0.02	0.04
造纸和纸制品业	0.61	5.81	8.56	2.14	1.19
印刷	0.12	0.64	1.43	0.67	0.60
装订及印刷相关服务					0.04
天然植物纤维编织工艺品制造	0.01	0.13	0.15	0.01	0.02
地毯、挂毯制造			0.01		0.02
动物胶制造			0.01		
肥皂及合成洗涤剂制造	0.06	-0.99	-0.32	0.61	0.16
中药饮片加工	0.13	1.39	1.82	0.29	0.17
中成药生产	0.27	2.46	4.87	2.14	0.52
纤维素纤维原料及纤维制造	0.02	0.31	0.53	0.20	0.27
鬃毛加工、制刷及清扫工具的制造		-0.01		0.01	0.05

14-19 规模以上原材料工业主要经济指标

(2016年) 单位：亿元

甲栏分组	企业单位数(个)	资产总计	流动资产合计	负债合计	主营业务收入	主营业务成本
原材料工业合计	**2744**	**14128.80**	**6104.72**	**9226.31**	**8973.12**	**7584.97**
石化工业	1109	5316.12	2318.93	3529.18	5037.41	4169.17
石油和天然气开采业	2	434.93	47.13	286.16	165.49	334.88
石油加工、炼焦和核燃料加工业	154	1928.24	860.34	1414.50	2985.38	2162.65
化学原料和化学制品制造业	496	1991.17	984.25	1314.74	1372.87	1234.15
化学纤维制造业	11	49.17	20.59	31.06	30.11	26.15
橡胶和塑料制品业	446	912.61	406.62	482.73	483.57	411.34
冶金工业	704	7026.73	2897.71	4648.33	3073.12	2679.76
黑色金属矿采选业	90	622.54	302.57	384.28	152.27	125.54
有色金属矿采选业	77	128.21	74.67	90.37	67.89	51.30
黑色金属冶炼和压延加工业	367	5158.00	1982.89	3468.58	2290.25	2026.94
有色金属冶炼和压延加工业	170	1117.99	537.58	705.09	562.70	475.98
建材工业	931	1785.95	888.08	1048.80	862.59	736.04
非金属矿采选业	107	164.50	61.01	56.31	76.74	61.94
非金属矿物制品业	824	1621.45	827.07	992.49	785.86	674.09

14-19 续表 (2016年) 单位：亿元

甲栏分组	主营业务税金及附加	利润总额	利税总额	本年应交增值税	全部从业人员年平均人数(万人)
原材料工业合计	**552.00**	**39.17**	**887.06**	**292.47**	**73.97**
石化工业	520.84	-52.87	654.96	185.48	27.56
石油和天然气开采业	9.01	-220.10	-204.63	6.46	4.77
石油加工、炼焦和核燃料加工业	489.86	126.29	768.67	151.13	8.86
化学原料和化学制品制造业	19.82	14.81	54.42	19.72	7.88
化学纤维制造业	0.07	1.33	1.22	-0.18	0.52
橡胶和塑料制品业	2.08	24.80	35.27	8.35	5.53
冶金工业	24.08	70.05	176.72	80.85	34.08
黑色金属矿采选业	5.77	8.27	24.85	10.69	2.51
有色金属矿采选业	1.04	4.91	9.20	3.16	1.68
黑色金属冶炼和压延加工业	14.99	13.48	81.93	52.58	25.91
有色金属冶炼和压延加工业	2.28	43.39	60.73	14.42	3.98
建材工业	7.08	21.99	55.38	26.13	12.32
非金属矿采选业	1.00	3.35	6.84	2.39	0.97
非金属矿物制品业	6.08	18.64	48.54	23.75	11.35

14-20 规模以上装备制造业主要经济指标

(2016年) 单位：亿元

甲栏分组	企业单位数(个)	资产总计	流动资产合计	负债合计	主营业务收入	主营业务成本
装备制造业合计	**2713**	**12772.32**	**7949.01**	**8353.18**	**7623.52**	**6308.35**
金属制品业	424	841.63	531.70	500.39	553.41	472.72
通用设备制造业	739	2269.81	1454.90	1415.25	1198.89	1011.02
专用设备制造业	360	1647.23	1125.13	1171.37	608.09	526.98
汽车制造业	332	2899.47	1583.81	1986.38	2725.16	2128.85
铁路、船舶、航空航天和其他运输设备制造业	146	2138.37	1389.88	1457.74	917.89	808.02
电气机械和器材制造业	446	1157.87	733.79	653.34	760.46	647.58
计算机、通信和其他电子设备制造业	133	951.67	529.85	455.98	537.64	437.12
仪器仪表制造业	109	228.64	151.99	71.85	129.02	95.56
金属制品、机械和设备修理业	24	637.65	447.96	640.87	192.97	180.49

14-20 续表 (2016年) 单位：亿元

甲栏分组	主营业务税金及附加	利润总额	利税总额	本年应交增值税	全部从业人员年平均人数(万人)
装备制造业合计	**115.24**	**318.00**	**612.29**	**178.30**	**72.61**
金属制品业	2.95	22.22	33.56	8.35	7.60
通用设备制造业	6.18	24.87	59.14	28.01	16.58
专用设备制造业	3.14	-22.83	-10.03	9.49	7.89
汽车制造业	91.50	194.39	383.95	98.03	13.35
铁路、船舶、航空航天和其他运输设备制造业	4.02	42.70	56.69	9.86	9.43
电气机械和器材制造业	3.58	29.51	47.13	13.85	7.49
计算机、通信和其他电子设备制造业	2.54	58.04	66.71	6.05	6.05
仪器仪表制造业	0.72	13.59	18.08	3.74	2.20
金属制品、机械和设备修理业	0.61	-44.48	-42.93	0.94	2.02

主要统计指标解释

工业 指从事自然资源的开采，对采掘品和农产品进行加工和再加工的物质生产部门。具体包括：(1)对自然资源的开采，如采矿、晒盐、森林采伐等(但不包括禽兽捕猎和水产捕捞)；(2)对农副产品的加工、再加工，如粮油加工、食品加工、轧花、缫丝、纺织、制革等；(3)对采掘品的加工、再加工，如炼铁、炼钢、化工生产、石油加工、机器制造、木材加工等，以及电力、自来水、煤气的生产和供应等；(4)对工业品的修理、翻新，如机器设备的修理、交通运输工具(包括小卧车)的修理等。

1984 年以前农村的村及村以下办工业归属农业，1984 年以后的划归工业。

工业统计调查单位 工业统计调查单位分为两类：独立核算法人工业企业和工业活动单位。

(1)独立核算法人工业企业是指从事工业生产经营活动的单位。独立核算法人工业企业应同时具备以下条件：①依法成立，有自己的名称、组织机构和场所，能够承担民事责任；②独立拥有和使用资产，承担负债，有权与其他单位签订合同；③独立核算盈亏，并能够编制资产负债表。

(2)工业活动单位是指在一个场所从事一种或主要从事一种工业生产活动的经济单位。它包括独立核算工业企业按主营业务活动(即工业生产活动)划分的主营业务活动单位和非工业企业所属的工业生产活动单位(即原非独立核算工业生产单位)。工业活动单位，一般应同时具备以下三个条件：①具有一个场所，从事一种或主要从事一种工业活动；②单独组织工业生产、经营或业务活动；③单独核算收入和支出。

国有经济工业(即过去的全民所有制工业或国营工业) 指生产资料归国家所有的一种经济类型。包括中央和地方各级国家机关、部队、科研机构、学校、人民团体和国有经济企事业单位等举办的国有经济工业。1957 年以前的公私合营和私营工业，后均改造为国营工业，1992 年改为国有工业，这部分工业的资料不单独分列时，均包括在国有工业内。

集体经济工业 指生产资料归公民集体所有的一种经济类型，是社会主义公有制经济的组成部分。包括城乡所有使用集体投资举办的企业，以及部分个人通过集资自愿放弃所有权并依法经工商行政管理机关认定为集体所有制的企业。

其他经济类型工业 指除国有经济工业、集体经济工业以外的其他经济类型工业企业(单位)。包括私营经济、个体经济、联营经济、股份制经济(股份有限公司，有限责任公司)；外商投资经济(中外合资经营、中外合作经营、外资企业)；港、澳、台投资经济(与大陆合资经营、与大陆合作经营、港、澳、台独资企业)及其他经济类型的工业。

轻工业 指主要提供生活消费品和制作手工工具的工业。按其所使用的原料不同，可分为两大类：(1)以农产品为原料的轻工业，是指直接或间接以农产品为基本原料的轻工业。主要包括食品制造、饮料制造、烟草加工、纺织、缝纫、皮革和毛皮制作、造纸以及印刷等工业；(2)以非农产品为原料的轻工业，是指以工业品为原料的轻工业。主要包括文教体育用品、化学药品制造、合成纤维制造、日用化学制品、日用玻璃制品、日用金属制品、手工工具制造、医疗器械制造、文化和办公用机械制造等工业。

重工业 是指为国民经济各部门提供物质技术基础的主要生产资料的工业。按其生产性质和产品用途，可以分为下列三类：(1)采掘(伐)工业，是指对自然资源的开采，包括石油开采、煤炭开采、金属矿开采、非金属矿开采和木材采伐等工业；(2)原材料工业，指向国民经济各部门提供基本材料、动力和燃料的工业。包括金属冶炼及加工、炼焦及焦炭化学、化工原料、水泥、人造板以及电力、石油和煤炭加工等工业；(3)加工工业，是指对工业原材料进行再加工制造的工业。包括装备国民经济各部门的机械设备制造工业、金属结构、水泥制品等工业，以及为农业提供的生产资料如化肥、农药等工业。根据上述划分原则，修理业中以重工业产品为修理作业对象的划为重工业，反之划为轻工业。

工业总产值 是以货币表现的工业企业在一定时期内生产的已出售或可供出售工业产品总量，它反映一定时间内工业生产的总规模和总水平。它包括：在本企业内不再进行加工，经检验、包装入库(规定了需包装的产品除外)的成品价值，工业性作业价值，自制半成品、在产品期末初差额价值(生产周期较长的企业计算)。工业总产值采用“工厂法”计算，即以工业企业作为一个整体，按企业工业生产活动的最终成果来计算，企业内部不允许重复计算，不能把企业内部各个车间(分厂)生产的成果相加。但在企业之间、行业之间、地区之间存在着重复计算。

轻重工业总产值的划分也是按“工厂法”计算的，即一个工业企业在正常情况下生产的主要产品的性质属于轻工业，则该企业的全部总产值作为轻工业总产值；一个工业企业生产的主要产品的性质属于重工业，则该企业的全部总产值作为重工业总产值。

工业销售产值 是以货币表现的工业企业在一定时期内销售的本企业生产的工业产品产量。包括已销售的成品、半成品价值，对外提供的工业性作业价值和对本单位基本建设部门、生活福利部门等提供的产品和工业性作业及自制设备的价值。已销售的成品、半成品不论是本期生产的、还是上期生产的，只要是本期销售出去的均包括在内。对外提供的工业性作业是指企业按合同对外提供的工业性劳务。企业为本单位基本建设部门、生活福利部门等提供的产品和工业性作业及自制设备也应视同销售，这部分也作为销售统计。

工业销售产值的计算范围、计算价格和计算方法与工业总产值一致，但两者计算的基础不同：工业销售产值计算的基础是产品销售总量，工业总产值计算的基础是工业产品生产总量。

工业增加值 是指工业企业在报告期内以货币表现的工业生产活动的最终成果。是企业生产产品或提供劳务过程中新增加的价值，是总产出与中间投入之间的差额。

固定资产原值 指企业在建造、购置、安装、改建、扩建、技术改造某项固定资产时所支出的全部货币总额。它一般包括买价、包装费、运杂费和安装费等。

固定资产净值 是指固定资产原价减去历年已提折旧额后的净额。

流动资产 流动资产是指可以在一年或者超过一年的一个营业周期内变现或者耗用的资产，包括现金及各种存款、短期投资、应收及预付货款、存货等。

总资产贡献率 反映企业全部资产的获利能力，是企业经营业绩和管理水平的集中体现，是评价和考核企业盈利能力的核心指标。计算公式为：

总资产贡献率(%)=（(利润总额+税金总额+利息支出)／平均资产总额）×100%

资产负债率 该指标既反映企业经营风险的大小，也反映企业利用债权人提供的资金从事经营活动的能力。计算公式为：

资产负债率(%)=（负债总额／资产总额）×100%

利税总额 指企业产品销售税金及附加加本年应交增值税加利润总额之和。

资金利税率 指在一定时期内已实现的利润、税金总额与同期的资产(固定资产净值和流动资产)之比。计算公式：

资金利税率(%)=（报告期累计实现利税总额／（固定资产净值平均余额+流动资产平均余额））×100%

资金利税率反映每单位(通常是每万元)资金所提供的利税金额。它是考察和评价部门或企业资金运用的经济效益，分析资金投入效果的主要分析指标。

工业成本利润率 指在一定时期的利润与成本费用之比，是反映工业生产成本及费用投入的经济效益指标，同时也是反映降低成本的经济效益的指标。计算公式：

工业成本费用利润率(%)=（利润总额／成本费用总额）×100%

工业增加值率 指在一定时期内工业增加值占同期工业总产值的比重，反映降低中间消耗的经济效益。

计算公式:

工业增加值率(%)=（工业增加值(现价)／（工业总产值(现价)+本年应交销项税额））× 100%

流动资产周转次数 指在一定时期内流动资产完成的周转次数，反映流动资产的周转速度。计算公式:

流动资金周转次数=（产品销售收入／全部流动资产平均余额）

产品销售率 指一定时期内销售产值与同期全部工业总产值之比，反映工业产品生产已实现销售的程度。计算公式:

工业产品销售率(%)=（报告期现价工业销售产值／报告期现价工业总产值) × 100%

产品销售收入 指企业销售产品的销售收入和提供劳务等主要经营业务取得的业务收入总额。

产品销售工厂成本 指企业销售产品和提供劳务等主要经营业务的实际成本。

产品销售税金及附加 指企业销售产品和提供工业性劳务等主要经营业务应负担的城市维护建设税、消费税、资源税和教育费附加。

产品销售利润 指企业销售产品和提供工业性劳务等主要经营业务收入扣除其成本、费用、税金后的利润。

利润总额 指企业实现的利润。

应交增值税 指企业在报告期内应交纳的增值税额。

全员劳动生产率 指根据产品的价值量指标计算的平均每一个职工在单位时间内的产品生产量。是考核企业经济活动的重要指标，是企业生产技术水平、经营管理水平、职工技术熟练程度和劳动积极性的综合表现。目前我国的全员劳动生产率是将工业企业的工业增加值除以同一时期全部职工的平均人数来计算的。计算公式:

全员劳动生产率=（工业增加值／全部职工平均人数）

为了使各年度的全员劳动生产率数字可以比较，各年的全员劳动生产率均按指数换算成 1990 年不变价格。

实物劳动生产率 指根据某种产品实物量计算的平均每个职工(或工人)在单位时间内生产的产品数量。这是通过产品实物来反映劳动者在生产中的劳动效率指标。我国目前有全员实物劳动生产率(通常简称全员效率)和工人实物劳动生产率两个指标。计算公式:

全员实物劳动生产率(全员效率)=（产品产量／全部职工平均人数）

工人实物劳动生产率=（产品产量／生产工人(包括学徒)平均人数）

计算实物劳动生产率的产品产量，是指报告期生产的，并经检验符合质量标准或合同规定的技术要求的合格产品产量。不包括不合格品和废品的数量。

资本金 指企业在工商行政管理部门登记的注册资金合计。企业资本金按投资主体可分为国家资本金、法人资本金、个人资本金和外商资本金等。资本金合计包括企业各种投资主体注册的全部资本金。

总资产 指企业拥有或控制的全部资产。包括流动资产、长期投资、固定资产、无形及递延资产、其他长期资产等，即为企业资产负债表的资产总计项。

(1)流动资产指企业可以在一年内或者超过一年的一个生产周期内变现或耗用的资产合计。包括现金及各种存款、短期投资、应收及预付款项、存货等。

(2)固定资产指企业固定资产净值、固定资产清理、在建工程、待处理固定资产损失所占用的资金合计。

(3)无形资产指企业长期使用而没有实物形态的资产。包括专利权、非专利技术、商标权、著作权、土地使用权、商誉等。

总负债 指企业承担并需要偿还的全部债务。包括流动负债和长期负债等，即为企业资产负债表的负债合计项。

(1)流动负债指企业在一年内或者超过一年的一个营业周期内需要偿还的债务合计，其中包括短期借款、应付及预收款项、应付工资、应交税金和应交利润等。

(2)长期负债指企业在一年以上或者超过一年的一个生活周期内需要偿还的债务合计，其中包括长期借款、应付债务、长期应付款项等。

所有者权益 指企业投资人对企业净资产的所有权。企业净资产等于企业全部资产减去全部负债后的余额，其中包括投资者对企业的最初投入，以及资本公积金、盈余公积金和未分配利润，对股份制企业即为股东权益。

十五、建筑业

Chapter 15 Construction

15-1 建筑业企业概况

年 份	施工企业	内资企业	国有企业	集体企业	港澳台商投资企业	外商投资企业
企业单位数(个)						
1985	892	892	192	700		
1990	1537	1537	294	1243		
1991	1509	1509	302	1207		
1992	1652	1652	340	1312		
1993	2425	2396	464	1908	8	21
1994	2757	2715	554	2130	9	33
1995	2648	2607	568	1999	13	28
1996	2410	2368	562	1747	23	19
1997	2387	2329	554	1712	26	32
1998	2366	2299	557	1447	38	29
1999	2626	2547	580	1465	39	40
2000	2738	2667	556	1463	38	33
2001	2662	2585	555	1027	47	30
2002	2505	2426	448	657	42	37
2003	2716	2633	397	526	35	48
2004	3124	3044	373	409	30	50
2005	3299	3215	348	370	33	51
2006	3435	3357	319	350	28	50
2007	3493	3417	298	324	28	48
2008	4265	4189	293	318	24	52
2009	4785	4704	282	299	24	57
2010	5417	5345	277	335	21	51
2011	5534	5460	253	253	24	50
2012	6428	6359	274	323	24	44
2013	6724	6654	189	298	30	40
2014	6711	6649	178	283	27	35
2015	6477	6416	170	256	27	34
2016	6374	6324	153	236	20	29
年末从业人员(万人)						
1985	69.26	69.26	36.63	32.63		
1990	97.07	97.07	44.81	52.26		
1991	97.34	97.34	45.27	52.07		
1992	108.55	108.55	47.86	60.69		
1993	159.70	159.70	46.80	63.90		
1994	135.20	135.20	40.08	45.07		
1995	89.66	89.66	37.48	49.49		
1996	102.69	102.69	48.63	52.43		
1997	107.35	107.35	50.39	54.87		
1998	98.51	97.66	43.88	44.89	0.44	0.41
1999	103.22	102.26	43.08	43.78	0.39	0.57
2000	95.99	95.06	35.96	40.55	0.42	0.51
2001	98.62	97.40	31.26	31.48	0.83	0.39

注：1.施工企业总产值即是施工产值。
2.1996年建筑业统计范围为资质等级四级以上。
3.从1996年以后，农村建筑队改为建筑业企业资质等级四级以下即非等级企业。
4.2004年以后数据，建筑业部分的所有指标口径均为总承包与专业承包企业。

15-1 续表

年 份	施工企业	内资企业	国有企业	集体企业	港澳台商投资企业	外商投资企业
2002	95.14	94.07	25.97	23.72	0.58	0.49
2003	96.68	95.04	22.41	19.80	0.34	1.30
2004	100.35	98.79	19.85	15.58	0.32	1.24
2005	91.72	89.92	19.27	13.07	0.36	1.44
2006	99.65	97.65	16.79	12.37	0.80	1.20
2007	99.35	97.08	15.67	10.90	0.42	1.85
2008	109.31	107.61	16.26	11.24	0.42	1.28
2009	132.61	130.66	16.21	12.82	0.46	1.49
2010	165.80	163.80	16.71	14.00	0.33	1.72
2011	171.70	168.24	18.10	11.67	1.63	1.83
2012	203.19	201.83	15.85	13.15	0.48	0.87
2013	197.88	196.44	10.69	11.14	0.40	1.03
2014	174.45	173.28	11.54	8.86	0.58	0.59
2015	135.18	134.24	9.89	7.02	0.44	0.50
2016	127.02	125.70	6.07	7.21	1.02	0.31
建筑业总产值(亿元)						
1980	18.4	18.4	14.5	3.9		
1985	49.6	49.6	30.4	19.2		
1990	126.6	126.6	74.5	52.1		
1991	144.1	144.1	82.6	61.5		
1992	217.3	217.3	120.5	96.8		
1993	318.7	317.3	162.5	144.7	0.4	1.0
1994	385.2	383.0	209.0	168.5	0.4	1.8
1995	407.3	405.0	222.3	176.8	0.4	1.9
1996	400.5	396.9	174.3	130.9	1.7	1.9
1997	429.1	425.1	245.7	169.5	1.7	2.3
1998	419.0	412.7	216.9	143.8	4.1	2.2
1999	489.3	476.7	224.9	160.0	7.2	5.4
2000	598.1	584.9	252.1	176.3	7.7	5.5
2001	761.2	581.5	262.8	162.9	114.8	64.9
2002	839.3	819.9	265.3	140.7	10.1	9.3
2003	1017.1	981.7	285.5	131.6	6.6	28.8
2004	1245.1	1209.8	323.7	104.3	4.6	30.7
2005	1481.7	1447.0	386.6	114.0	6.2	28.5
2006	1775.0	1716.7	387.9	130.2	16.8	41.5
2007	2100.0	2038.7	413.7	133.2	10.7	50.6
2008	2505.2	2467.4	492.0	139.4	9.8	37.8
2009	3384.6	3333.2	565.0	172.0	8.8	42.6
2010	4690.3	4637.5	601.9	219.4	7.1	45.7
2011	6218.3	6086.1	682.4	308.7	71.2	61.0
2012	7543.3	7490.1	750.2	344.8	17.2	35.7
2013	8629.7	8574.7	500.9	346.1	23.3	31.7
2014	7851.1	7802.8	383.7	295.8	23.1	25.3
2015	5413.8	5378.6	268.7	172.6	18.3	16.9
2016	3927.0	3854.1	194.3	123.3	63.2	9.6

15-2 建筑施工企业个数(不含劳务分包)

(2016年) 单位：个

地区	企业个数	按登记注册类型分组						
		国有企业	集体企业	股份合作企业	联营企业	有限责任公司	股份有限公司	私营企业
全省	**6374**	**153**	**236**	**39**	**3**	**1983**	**162**	**3741**
沈阳	1965	45	42	9	1	505	51	1294
大连	1599	24	25	13	1	358	23	1131
鞍山	374	14	42	1	1	173	18	124
抚顺	183	9	22	1		86	6	58
本溪	219	5	29	1		110	5	68
丹东	234	8	12	7		72	13	121
锦州	245	8	15	1		101	7	108
营口	254	6	3	1		72	3	168
阜新	205	7	4			69	2	122
辽阳	264	4	18	3		66	6	166
盘锦	233	8	2	2		126	16	78
铁岭	110	6	6			26	2	69
朝阳	219	2	5			94	4	114
葫芦岛	270	7	11			125	6	120

15-2 续表 (2016年) 单位：个

地区	按登记注册类型分组			按经济组织类型分组			
	其他企业	港澳台商投资企业	外商投资企业	独资企业	合作伙伴企业	股份有限公司	有限责任公司
全省	**7**	**20**	**29**	**413**	**51**	**336**	**5573**
沈阳	1	9	8	94	11	89	1771
大连	2	8	13	53	17	80	1448
鞍山			1	56	2	32	284
抚顺	1			31	2	11	139
本溪	1			35	2	11	171
丹东	1			20	8	26	180
锦州			5	24	1	14	206
营口		1		9	1	7	237
阜新		1		11	1	2	191
辽阳			1	28	3	18	215
盘锦	1			10	3	22	198
铁岭		1		14		5	91
朝阳				7		6	206
葫芦岛			1	21		13	236

15-3 建筑施工企业主要经济指标

(2016年)

指　　标	单位	合计	按登记注册类型分组						
			国有企业	集体企业	股份合作企　业	联营企业	有限责任公　　司	股份有限公　　司	私营企业
施工企业单位个数	个	6374	153	236	39	3	1983	162	3741
全部从业人员年期末人数	万人	127.0	6.1	7.2	0.4	0.1	62.2	4.3	45.3
固定资产原价	亿元	750.4	64.7	21.0	2.4	2.7	343.7	40.3	254.8
固定资产合计	亿元	486.7	33.4	12.6	3.4	0.9	198.6	28.3	190.1
年末自有施工机械设备台数	万台	24.1	2.1	1.3	0.1	0.1	11.3	1.0	8.0
年末自有施工机械设备净值	亿元	138.8	11.7	5.3	0.4	0.1	60.7	4.9	55.4
年末自有施工机械设备总功率	万千瓦	1018.4	198.8	19.2	1.7	1.3	377.1	127.0	292.0
建筑业总产值	亿元	3927.0	194.3	123.3	10.4	3.3	1896.6	285.2	1340.6
资产合计	亿元	6170.5	381.2	123.9	14.2	3.9	3238.2	443.9	1751.6
流动资产合计	亿元	5026.7	307.0	91.7	9.1	3.0	2605.7	419.3	1411.5
#实收资本	亿元	1019.8	50.7	21.7	3.0	0.5	433.2	61.1	415.7
#固定资产本年折旧	亿元	42.3	2.7	0.6	0.1	0.1	20.1	2.8	15.4
#营业收入	亿元	4114.7	225.4	140.0	10.8	3.7	1998.9	289.8	1318.8
#营业成本	亿元	3651.9	201.3	124.1	9.2	3.3	1797.7	267.2	1142.0
#应付职工薪酬	亿元	431.4	35.6	18.4	1.6	0.8	200.1	21.6	146.4
#营业税金及附加	亿元	91.1	4.1	3.5	0.3	0.1	38.0	3.9	40.3
#管理费用	亿元	203.9	14.2	8.4	0.7	0.36	91.9	9.6	65.7
#管理费用中的税金	亿元	12.1	1.0	0.4	0.0	0.005	5.0	0.4	4.9
#财务费用	亿元	32.4	1.3	0.2	0.01	-0.011	18.6	0.7	9.6
#营业利润	亿元	119.8	4.7	2.5	0.6	0.02	41.7	7.8	60.2
房屋建筑施工面积	万平方米	20390.7	256.4	679.4	46.4		10977.6	1481.8	6944.1
#本年新开工房屋建筑面积	万平方米	7921.1	115.3	386.4	20.1		3438.6	418.5	3538.5
房屋建筑竣工面积	万平方米	6855.1	143.8	383.7	29.3		2825.4	409.3	3062.5
利润总额	亿元	120.3	5.0	2.4	0.6	0.1	42.1	8.2	57.2
利税总额	亿元	206.6	9.8	5.5	1.0	0.1	78.6	11.5	94.3
从事主营业务活动的从业人员平均人数	万人	130.5	6.2	7.4	0.6	0.2	56.7	5.6	52.5
全员劳动生产率	–								
按总产值计算	元/人	300878	312731	166876	175164	207016	334698	506922	255565
技术装备率	元/人	10637	18827	7144	6154	9190	10713	8685	10565
动力装备率	千瓦/人	7.8	32.0	2.6	2.9	7.9	6.7	22.6	5.6
房屋建筑面积竣工率	%	0.3	0.6	0.6	0.6		0.3	0.3	0.4
产值利润率	%	3.1	2.6	2.0	6.1	1.9	2.2	2.9	4.3
产值利税率	%	5.3	5.0	4.5	9.6	3.6	4.1	4.0	7.0
亏损企业个数	个	1491	34	58	12		481	39	848

15-3 续表(2016年)

指　　标	单位				按经济组织类型分组			
		其他企业	港澳台商投资企业	外商投资企　业	独资企业	合作伙伴企　业	股份有限公　司	有限责任公　司
施工企业单位个数	个	7	20	29	413	51	336	5573
全部从业人员年期末人数	万人	0.0	1.0	0.3	14.3	0.6	6.9	105.2
固定资产原价	亿元	0.4	15.8	4.6	102.2	5.5	53.8	589.0
固定资产合计	亿元	0.3	15.6	3.5	55.8	4.5	41.2	385.1
年末自有施工机械设备台数	万台	0.0	0.0	0.0	3.5	0.2	1.5	18.9
年末自有施工机械设备净值	亿元	0.0	0.2	0.2	17.3	0.5	7.5	113.6
年末自有施工机械设备总功率	万千瓦	0.0	0.9	0.5	219.5	3.1	141.1	654.7
建筑业总产值	亿元	0.5	63.2	9.6	376.0	14.3	366.5	3170.1
资产合计	亿元	1.0	192.9	19.7	651.5	19.1	566.9	4932.9
流动资产合计	亿元	0.7	165.0	13.6	528.7	12.9	516.4	3968.6
#实收资本	亿元	0.3	28.6	5.0	95.6	3.8	83.6	836.8
#固定资产本年折旧	亿元	0.0	0.5	0.2	3.7	0.2	3.4	35.0
#营业收入	亿元	0.4	117.0	9.8	454.8	15.0	366.9	3278.0
#营业成本	亿元	0.3	99.0	7.9	399.4	12.8	332.7	2906.9
#应付职工薪酬	亿元	0.0	5.7	1.2	59.2	2.4	34.2	335.6
#营业税金及附加	亿元	0.0	0.7	0.1	8.1	0.4	5.8	76.7
#管理费用	亿元	0.0	11.9	1.0	32.9	1.1	12.7	157.2
#管理费用中的税金	亿元	0.0	0.30	0.1	1.6	0.0	0.6	9.8
#财务费用	亿元	0.0	1.93	0.2	3.1	0.0	1.4	27.9
#营业利润	亿元	0.1	1.8	0.4	8.8	0.7	13.5	96.9
房屋建筑施工面积	万平方米			5.0	945.3	46.4	1857.8	17541.1
#本年新开工房屋建筑面积	万平方米			3.8	508.6	20.1	578.3	6814.1
房屋建筑竣工面积	万平方米			1.1	534.5	29.3	514.5	5776.7
利润总额	亿元	0.1	4.2	0.4	11.4	0.7	14.1	94.0
利税总额	亿元	0.1	5.2	0.5	20.0	1.2	19.2	166.2
从事主营业务活动的从业人员平均人数	万人	0.0	1.0	0.3	14.7	0.8	9.1	106.0
全员劳动生产率	–							
按总产值计算	元/人	129423	614686	276498	256237	179526	404623	299106
技术装备率	元/人	1300	1548	4973	11761	6521	8227	10719
动力装备率	千瓦/人	0.2	0.8	1.4	15.0	3.8	15.6	6.2
房屋建筑面积竣工率	%			0.2	0.6	0.6	0.3	0.3
产值利润率	%	10.0	6.7	4.1	3.0	5.2	3.8	3.0
产值利税率	%	13.3	8.3	5.5	5.3	8.3	5.2	5.2
亏损企业个数	个	1	8	10	96	13	76	1306

15-4 建筑业总产值

(2016年)　　单位：千元

地　区	建筑业总产值	按登记注册类型分组						
		国有企业	集体企业	股份合作企业	联营企业	有限责任公司	股份有限公司	私营企业
全　省	**392697261**	**19426199**	**12327623**	**1039072**	**332881**	**189658447**	**28518427**	**134059262**
沈　阳	137263374	7726465	3825040	350156	42134	71071230	21408360	26518045
大　连	100156436	2731221	768347	189582	220747	37306673	621179	57691246
鞍　山	25750536	1363274	2970800	8790	70000	16053275	340309	4862931
抚　顺	8490770	475727	207630	21191		6511676	272720	983326
本　溪	9679694	83000	376526			6287585	175865	2756718
丹　东	14856594	394633	448261	279642		8468717	351103	4911438
锦　州	14268111	1010455	882080	36691		6948697	2591812	2712414
营　口	17450817	130183	270084	16000		4750623	525088	11747039
阜　新	5646361	279747	50856			2803271	121803	2390684
辽　阳	17318254	467783	931198	114020		12143283	231335	3414449
盘　锦	13696588	3385015	25019	23000		6537687	582228	3133954
铁　岭	8296634	707481	316525			3424554	41133	3742881
朝　阳	10881215	49682	601330			4517927	182520	5529756
葫芦岛	8941877	621533	653927			2833249	1072972	3664381

15-4　续表　　(2016年)　　单位：千元

地　区	按登记注册类型分组			按经济组织类型分组			
	其他企业	港澳台商投资企业	外商投资企业	独资企业	合作伙伴企业	股份有限公司	有限责任公司
全　省	**51769**	**6320814**	**962767**	**37603533**	**1432974**	**36653951**	**317006803**
沈　阳	6100	5955746	360098	17082213	398390	22185100	97597671
大　连	14684	289208	323549	3596105	434265	5304295	90821771
鞍　山			81157	4334074	78790	524724	20812948
抚　顺	18500			683357	39691	318811	7448911
本　溪				466026		329085	8884583
丹　东	2800			842894	282442	648468	13082790
锦　州			85962	1896695	36691	2621380	9713345
营　口		11800		400267	16000	1484520	15550030
阜　新				330603		121803	5193955
辽　阳			16186	1450947	114020	584641	15168646
盘　锦	9685			3410034	32685	827228	9426641
铁　岭		64060		1158506		128813	7009315
朝　阳				651012		327411	9902792
葫芦岛			95815	1300800		1247672	6393405

15-5 建筑业企业资产

(2016年) 单位：千元

地区	资产合计	按登记注册类型分组						
		国有企业	集体企业	股份合作企业	联营企业	有限责任公司	股份有限公司	私营企业
全省	**617045386**	**38116635**	**12391809**	**1416858**	**387471**	**323815356**	**44387723**	**175160113**
沈阳	187733262	11963304	3161335	499634	70192	82082492	34915925	35428533
大连	155271407	4744284	576625	162493	278239	71162085	1077547	76632068
鞍山	38130086	2301588	3021953	4620	39040	27488899	335274	4631001
抚顺	29883816	1200527	514533	13630		25955158	452925	1723070
本溪	14926167	82039	460492			11342582	346676	2694378
丹东	38433677	1123066	584149	224345		29610553	713403	6132331
锦州	25010092	1255377	524760	445069		15781713	2955116	3696477
营口	24530304	2736812	126683	13755		6009742	851199	14757093
阜新	11229144	731881	108909			4240457	751596	5396301
辽阳	21834122	347754	879802	36362		12609607	555872	7363534
盘锦	34040877	9023892	20899	16950		20137454	972674	3869008
铁岭	13887138	1491268	512011			7774557	64683	3955874
朝阳	9897747	346066	740002			4811892	123615	3876172
葫芦岛	12237547	768777	1159656			4808165	271218	5004273

15-5 续表 (2016年) 单位：千元

地区	按登记注册类型分组			按经济组织类型分组			
	其他企业	港澳台商投资企业	外商投资企业	独资企业	合作伙伴企业	股份有限公司	有限责任公司
全省	**104040**	**19293085**	**1972296**	**65150329**	**1912787**	**56689396**	**493292874**
沈阳	14140	18950734	646973	29296146	583966	36019858	121833292
大连	20097	218586	399383	5382089	465247	6892102	142531969
鞍山			307711	5323541	43660	1048359	31714526
抚顺	23973			1715060	37603	632585	27498568
本溪				546396		587036	13792735
丹东	45830			1707215	270175	1814989	34641298
锦州			351580	1783847	445069	3021476	19759700
营口		35020		2863495	13755	2407349	19245705
阜新				840790		751596	9636758
辽阳			41191	1494088	36362	1514164	18789508
盘锦				9044791	16950	1151169	23827967
铁岭		88745		2127798		287594	11471746
朝阳				1086068		220018	8591661
葫芦岛			225458	1939005		341101	9957441

15-6 各地区建筑业企业负债

(2016年)　　单位：千元

地区	负债合计	按登记注册类型分组						
		国有企业	集体企业	股份合作企业	联营企业	有限责任公司	股份有限公司	私营企业
全省	**423443567**	**26918546**	**8968288**	**1024911**	**168189**	**241685164**	**34872030**	**94743683**
沈阳	134281298	9943610	2152771	364643	63661	61529511	28595351	17728217
大连	94320767	3435159	283602	59836	74638	48644507	703836	40708413
鞍山	27623724	1423709	2276342	970	29890	21422505	88631	2166808
抚顺	25686974	1009010	477021	5540		23032936	292173	864713
本溪	9883187	28897	314669			8190423	214401	1134797
丹东	26967057	753878	379021	135466		22081833	101994	3493907
锦州	17433784	829510	335464	423088		10986452	2723634	1938989
营口	11859076	562402	55191	6148		2653251	560461	8001703
阜新	7289341	503566	85291			2835980	186613	3677891
辽阳	16432914	102487	514535	21060		10422371	459749	4880812
盘锦	27007316	6612318	23404	8160		17056318	729316	2577800
铁岭	10277229	1081710	402278			6449699	65967	2208831
朝阳	5850799	189637	728076			2932341	90577	1910168
葫芦岛	8530101	442653	940623			3447037	59327	3450634

15-6 续表　　(2016年)　　单位：千元

地区	按登记注册类型分组			按经济组织类型分组			
	其他企业	港澳台商投资企业	外商投资企业	独资企业	合作伙伴企业	股份有限公司	有限责任公司
全省	**39867**	**13720457**	**1302432**	**46357403**	**1233402**	**41456288**	**334396474**
沈阳	4385	13492554	406595	22365124	432689	29249900	82233585
大连	8943	139239	262594	3748303	143852	3506985	86921627
鞍山			214869	3700051	30860	291572	23601241
抚顺	5581			1486031	11121	385108	23804714
本溪				342431		365741	9175015
丹东	20958			1132899	156424	714158	24963576
锦州			196647	1164974	423088	2753663	13092059
营口		19920		617593	6148	1682947	9552388
阜新				588857		186613	6513871
辽阳			31900	716408	21060	1063461	14631985
盘锦				6635722	8160	824393	19539041
铁岭		68744		1555124		237503	8484602
朝阳				917713		117980	4815106
葫芦岛			189827	1386173		76264	7067664

15-7 各地区建筑业企业实收资本

(2016年) 单位：千元

地 区	实收资本合 计	按登记注册类型分组						
		国有企业	集体企业	股份合作企 业	联营企业	有限责任公 司	股份有限公 司	私营企业
全 省	**101979889**	**5065290**	**2174529**	**299900**	**50026**	**43318614**	**6111579**	**41569987**
沈 阳	31684379	1417891	574110	138068	6531	12108731	4130994	10311918
大 连	29158391	535999	157302	67234	34345	11285166	260867	16687651
鞍 山	6103750	518015	506482		9150	3840167	190147	953918
抚 顺	2872748	72670	63944	8090		2014711	146364	554969
本 溪	2696947	16560	78506			1691896	116696	793289
丹 东	3109470	83763	120355	57171		1401920	106269	1337992
锦 州	4184804	323362	160027	6000		2191018	132702	1261626
营 口	4052050	114291	38000	5100		1011326	198033	2670462
阜 新	2682760	125841	8537			962205	540000	1046177
辽 阳	3891055	154280	279998	12087		1745236	79675	1610488
盘 锦	4320545	1388118	4299	6150		1844177	158312	919489
铁 岭	2396571	67272	85728			1014983	6000	1202588
朝 阳	2544479	61164	12939			1255726	20500	1194150
葫芦岛	2281940	186064	84302			951352	25020	1025270

15-7 续表 (2016年) 单位：千元

地 区				按经济组织类型分组			
	其他企业	港澳台商投资企业	外商投资企 业	独资企业	合作伙伴企 业	股份有限公 司	有限责任公 司
全 省	**26516**	**2861677**	**501771**	**9562167**	**379442**	**8356351**	**83681929**
沈 阳	8000	2784142	203994	4223278	152599	4484661	22823841
大 连	4516	42697	82614	724461	109095	1265783	27059052
鞍 山			85871	1024497	9150	236107	4833996
抚 顺	12000			136614	20090	230564	2485480
本 溪				100066		186716	2410165
丹 东	2000			204118	59171	262897	2583284
锦 州			110069	487099	6000	155753	3535952
营 口		14838		152291	5100	329413	3565246
阜 新				134378		540000	2008382
辽 阳			9291	453429	12087	229535	3196004
盘 锦				1392417	6150	235512	2686466
铁 岭		20000		178500		50000	2168071
朝 阳				74103		85500	2384876
葫芦岛			9932	276916		63910	1941114

15-8 各地区建筑业企业主营业务税金及附加与管理费用中的税金

(2016年) 单位：千元

地区	税金合计	按登记注册类型分组						
		国有企业	集体企业	股份合作企业	联营企业	有限责任公司	股份有限公司	私营企业
全省	**8632673**	**475046**	**308732**	**36058**	**5678**	**3651529**	**326687**	**3712358**
沈阳	2297541	196399	116799	10458	199	956732	205634	714987
大连	2263333	54982	18447	4802	3969	568270	8239	1596671
鞍山	515785	32265	45224	840	1510	284194	5216	143287
抚顺	302255	7290	10896	1389		218192	6344	57371
本溪	404055	1442	14112			300938	4985	82578
丹东	422982	5132	17475	12163		233014	15297	139365
锦州	304914	10615	24514	87		164851	11420	89528
营口	436644	4589	8363	1077		87419	7502	327364
阜新	144688	4688	574			70983	2306	66137
辽阳	356637	3706	22057	4538		230134	6393	89758
盘锦	428744	56426	268	704		248835	41019	81492
铁岭	244581	76972	6362			80826	314	78372
朝阳	302363	1957	1376			129308	10416	159306
葫芦岛	208151	18583	22265			77833	1602	86142

15-8 续表 (2016年) 单位：千元

地区				按经济组织类型分组			
	其他企业	港澳台商投资企业	外商投资企业	独资企业	合作伙伴企业	股份有限公司	有限责任公司
全省	**1681**	**101102**	**13802**	**860979**	**43598**	**516436**	**7211660**
沈阳	65	93889	2379	385007	10722	226402	1675410
大连	307	5148	2498	74059	9259	95224	2084791
鞍山			3249	77489	2350	13554	422392
抚顺	773			18186	2162	7351	274556
本溪				16181		9191	378683
丹东	536			22607	12699	25268	362408
锦州			3899	35359	87	14054	255414
营口		330		12952	1077	36143	386472
阜新				5262		2306	137120
辽阳			51	27045	4538	16076	308978
盘锦				56694	704	48024	323322
铁岭		1735		84888		2573	157120
朝阳				3333		14288	284742
葫芦岛			1726	41917		5982	160252

15-9 各地区建筑业企业利润总额

(2016年) 单位：千元

地　区	利润总额	按登记注册类型分组						
		国有企业	集体企业	股份合作企业	联营企业	有限责任公司	股份有限公司	私营企业
全　省	**12027346**	**500581**	**244514**	**63494**	**6227**	**4205159**	**823369**	**5716326**
沈　阳	4249231	282689	44219	6568	546	1431133	703447	1336958
大　连	3840581	62415	39012	16704	4331	1233236	41831	2463441
鞍　山	581857	145193	49540	-10	1350	155501	-3952	233728
抚　顺	69887	-9190	-29257	351		55098	3324	46558
本　溪	341134	8422	16729			188753	12829	114401
丹　东	724289	-830	16216	18386		358710	25991	304016
锦　州	435714	-3190	25939	17334		191181	-1765	196382
营　口	948198	-928	11359	109		325061	542	611139
阜　新	99212	-3926	-484			34317	4078	65227
辽　阳	110160	7414	17945	2572		2870	4134	75920
盘　锦	132639	-98321	75	1480		98201	22711	108493
铁　岭	9344	106652	3055			-70882	-1299	-26193
朝　阳	274749	6256	5755			165765	4468	92505
葫芦岛	210351	-2075	44411			36215	7030	93751

15-9 续表 (2016年) 单位：千元

地　区				按经济组织类型分组			
	其他企业	港澳台商投资企业	外商投资企业	独资企业	合作伙伴企业	股份有限公司	有限责任公司
全　省	**5188**	**423220**	**39268**	**1141402**	**74910**	**1407638**	**9403396**
沈　阳	117	426086	17468	712455	7231	758056	2771489
大　连	268	-1793	-18864	102079	21304	392054	3325144
鞍　山			507	194733	1340	47621	338163
抚　顺	3003			-38447	3354	-2145	107125
本　溪				25146		42542	273446
丹　东	1800			15386	20186	50493	638224
锦　州			9833	22889	17334	507	394984
营　口		916		10431	109	51941	885717
阜　新				-4410		4078	99544
辽　阳			-695	32763	2572	9925	64900
盘　锦				-98246	1480	39383	190022
铁　岭		-1989		111243		-6499	-95400
朝　阳				12011		11259	251479
葫芦岛			31019	43369		8423	158559

15-10 各地区建筑业企业利税总额

(2016年) 单位：千元

地区	利税总额	按登记注册类型分组						
		国有企业	集体企业	股份合作企业	联营企业	有限责任公司	股份有限公司	私营企业
全省	**20660019**	**975627**	**553246**	**99552**	**11905**	**7856688**	**1150056**	**9428684**
沈阳	6546772	479088	161018	17026	745	2387865	909081	2051945
大连	6103914	117397	57459	21506	8300	1801506	50070	4060112
鞍山	1097642	177458	94764	830	2860	439695	1264	377015
抚顺	372142	-1900	-18361	1740		273290	9668	103929
本溪	745189	9864	30841			489691	17814	196979
丹东	1147271	4302	33691	30549		591724	41288	443381
锦州	740628	7425	50453	17421		356032	9655	285910
营口	1384842	3661	19722	1186		412480	8044	938503
阜新	243900	762	90			105300	6384	131364
辽阳	466797	11120	40002	7110		233004	10527	165678
盘锦	561383	-41895	343	2184		347036	63730	189985
铁岭	253925	183624	9417			9944	-985	52179
朝阳	577112	8213	7131			295073	14884	251811
葫芦岛	418502	16508	66676			114048	8632	179893

15-10 续表 (2016年) 单位：千元

地区				按经济组织类型分组			
	其他企业	港澳台商投资企业	外商投资企业	独资企业	合作伙伴企业	股份有限公司	有限责任公司
全省	**6869**	**524322**	**53070**	**2002381**	**118508**	**1924074**	**16615056**
沈阳	182	519975	19847	1097462	17953	984458	4446899
大连	575	3355	-16366	176138	30563	487278	5409935
鞍山			3756	272222	3690	61175	760555
抚顺	3776			-20261	5516	5206	381681
本溪				41327		51733	652129
丹东	2336			37993	32885	75761	1000632
锦州			13732	58248	17421	14561	650398
营口		1246		23383	1186	88084	1272189
阜新				852		6384	236664
辽阳			-644	59808	7110	26001	373878
盘锦				-41552	2184	87407	513344
铁岭		-254		196131		-3926	61720
朝阳				15344		25547	536221
葫芦岛			32745	85286		14405	318811

15-11 各地区总承包与专业承包建筑企业个数、设备及人数

(2016年)

地　区	建筑业企业个数(个)	年末自有机械设备总功率(万千瓦)	年末自有机械设备净值(万元)	计算建筑业劳动生产率的平均人数(万人)	劳动生产率(元/人)
全　省	**6093**	**1018.1**	**1387737.3**	**133.2**	**294656**
沈　阳	1867	244.7	269700.2	38.8	353683
大　连	1554	213.8	355443.6	35.0	285773
鞍　山	360	49.2	76646.8	8.4	305971
抚　顺	160	28.9	49254.1	3.6	237970
本　溪	193	58.8	165387.3	4.4	220942
丹　东	233	11.5	62321.5	4.2	354158
锦　州	234	50.9	54368.8	5.0	285488
营　口	240	32.1	83506.0	5.3	328777
阜　新	196	29.5	24097.3	2.5	222727
辽　阳	248	39.2	79639.6	6.7	258915
盘　锦	226	196.0	62129.4	4.5	305994
铁　岭	109	22.6	31121.1	3.2	256014
朝　阳	216	24.4	37358.9	7.6	142387
葫芦岛	257	16.5	36762.7	4.0	225611

15-12 各地区国有总承包与专业承包建筑企业个数、设备及人数(按经济类型分)

(2016年)

地　区	建筑业企业个数(个)	年末自有机械设备总功率(万千瓦)	年末自有机械设备净值(万元)	计算建筑业劳动生产率的平均人数(万人)	劳动生产率(元/人)
全　省	**211**	**285.4**	**230592.9**	**11.8**	**353329**
沈　阳	69	58.9	78325.7	4.8	391933
大　连	29	13.4	16899.6	1.7	338647
鞍　山	15	10.6	25858.4	0.9	577347
抚　顺	12	5.8	7875.1	0.8	220385
本　溪	10	13.2	21906.8	0.4	176248
丹　东	9	2.4	6869.4	0.1	273651
锦　州	11	6.3	9225.8	0.5	542422
营　口	7	1.1	707	0.1	139517
阜　新	12	1.6	5788.8	0.4	131569
辽　阳	5	1.9	6880	0.3	220529
盘　锦	10	154.7	32218.3	0.6	530276
铁　岭	7	8.1	7148.7	0.5	190427
朝　阳	5	3.3	3748.6	0.3	78213
葫芦岛	10	4.0	7140.7	0.4	167614

15-13 各地区集体总承包与专业承包建筑企业个数、设备及人数(按经济类型分)

(2016年)

地　区	建筑业企业个数(个)	年末自有机械设备总功率(万千瓦)	年末自有机械设备净值(万元)	计算建筑业劳动生产率的平均人数(万人)	劳动生产率(元/人)
全　省	**276**	**21.1**	**56579.8**	**8.0**	**167359**
沈　阳	52	4.5	16590.9	2.2	189936
大　连	38	1.9	3541.2	0.6	172818
鞍　山	43	2.2	4313	1.6	190389
抚　顺	23	2.3	1957.1	0.3	91091
本　溪	30	1.6	752.7	0.2	182602
丹　东	19	0.5	18168.2	0.4	183860
锦　州	16	0.7	1330	0.3	266465
营　口	4	0.4	981.2	0.2	185168
阜　新	4	0.0	173.1	0.0	140099
辽　阳	21	2.4	2953.5	0.9	116941
盘　锦	4	0.0	181.2	0.0	117694
铁　岭	6	1.3	155.4	0.4	83472
朝　阳	5	1.9	2611.7	0.6	108917
葫芦岛	11	1.4	2870.6	0.4	156629

15-14 各地区总承包与专业承包建筑企业施工及竣工产值

(2016年)　　单位：千元

地　区	建筑业总产值				竣工产值
		建筑工程产值	安装工程产值	其他产值	
全　省	**392697261**	**322470622**	**55213948**	**15012691**	**204724743**
沈　阳	137263374	116061706	19590459	1611209	58210188
大　连	100156436	81627434	14645947	3883055	51243658
鞍　山	25750536	19695320	3316370	2738846	14886108
抚　顺	8490770	5968361	1385377	1137032	5884595
本　溪	9679694	7376043	1246284	1057367	5706143
丹　东	14856594	12820516	1533616	502462	9873173
锦　州	14268111	12131749	1867036	269326	9051696
营　口	17450817	15631972	1687940	130905	13516378
阜　新	5646361	4155404	767036	723921	3017035
辽　阳	17318254	15076723	1923130	318401	6718046
盘　锦	13696588	8091537	4195331	1409720	9720842
铁　岭	8296634	6361166	1246712	688756	5055969
朝　阳	10881215	9782195	1056444	42576	6725324
葫芦岛	8941877	7690496	752266	499115	5115588

15-15 各地区国有总承包与专业承包建筑企业施工及竣工产值(按经济类型分)

(2016年)

单位：千元

地　区	建筑业总产值				竣工产值
		建筑工程产值	安装工程产值	其他产值	
全　省	**41685057**	**32055887**	**6623127**	**3006043**	**17679338**
沈　阳	18824949	16838391	1252995	733563	5116448
大　连	5739387	4255426	1478961	5000	2648746
鞍　山	4937474	4333014	322981	281479	2157592
抚　顺	1868204	729600	419751	718853	1591425
本　溪	655112	516466	138646		185725
丹　东	401993	364373	28660	8960	297572
锦　州	2684445	2402983	281462		1204330
营　口	130309	112269	18040		35001
阜　新	464569	404858	33151	26560	262532
辽　阳	730173	462391	267782		509711
盘　锦	3425584	700370	2206062	519152	2761111
铁　岭	935951	322424	12876	600651	492921
朝　阳	204214	178782	25432		58414
葫芦岛	682693	434540	136328	111825	357810

15-16 各地区集体总承包与专业承包建筑企业施工及竣工产值(按经济类型分)

(2016年)

单位：千元

地　区	建筑业总产值				竣工产值
		建筑工程产值	安装工程产值	其他产值	
全　省	**13408829**	**8732726**	**3482365**	**1193738**	**8399917**
沈　阳	4217330	1716998	2490648	9684	1493546
大　连	957929	519886	123157	314886	296281
鞍　山	2979590	1940357	401183	638050	2025533
抚　顺	228821	176047	52774		210641
本　溪	376526	168126	97500	110900	139426
丹　东	727903	620315	27041	80547	634434
锦　州	918771	817408	62372	38991	794766
营　口	286084	286084			286084
阜　新	50856	27456	23400		48116
辽　阳	1045218	1003289	41899	30	606740
盘　锦	48019	23000	25019		48019
铁　岭	316525	316523		2	316523
朝　阳	601330	601330			960340
葫芦岛	653927	515907	137372	648	539468

15-17 各地区总承包与专业承包建筑企业施工及竣工房屋面积

(2016年)

单位：万平方米、万元

地　区	房屋建筑施工面积			房屋建筑竣工面积	房屋建筑竣工价值
		#本年新开工面积	#投标承包面积		
全　省	**20390.7**	**7921.1**	**12424.5**	**6855.1**	**9793622.1**
沈　阳	8636.0	2452.5	4771.6	1876.5	2768185.9
大　连	4496.2	1731.8	3158.0	1535.7	2442998.8
鞍　山	1437.4	496.1	998.0	573.1	813462.4
抚　顺	282.2	126.6	126.5	149.5	204571.1
本　溪	418.4	203.9	253.7	159.4	213980.4
丹　东	618.3	440.4	391.4	479.3	617779.3
锦　州	666.7	287.6	431.2	297.9	410612.3
营　口	1026.5	537.7	562.2	620.1	790512.1
阜　新	372.9	211.5	198.5	87.4	104876.9
辽　阳	450.5	274.9	379.9	179.6	221997.8
盘　锦	186.2	149.7	96.6	142.5	218297.7
铁　岭	449.5	251.7	281.6	200.9	274698.0
朝　阳	826.3	446.3	540.7	333.7	381977.1
葫芦岛	523.6	310.2	234.6	219.4	329672.3

15-18 各地区国有总承包与专业承包建筑企业施工及竣工房屋面积(按经济类型分)

(2016年)

单位：万平方米、万元

地　区	房屋建筑施工面积			房屋建筑竣工面积	房屋建筑竣工价值
		#本年新开工面积	#投标承包面积		
全　省	**822.6**	**291.6**	**655.1**	**276.7**	**419507.2**
沈　阳	474.6	208.7	353.8	123.4	183782
大　连	16.2	12.5	9.5	8.1	16030
鞍　山	184.8	33.6	171.6	72.6	105144.8
抚　顺	20.1			14.5	25769
本　溪	13.2	0.7	12.7		
丹　东					
锦　州	38.8	1.9	38.8	10.7	17121.2
营　口					
阜　新					
辽　阳	58.4	17.6	58.4	27.4	34980.2
盘　锦	2.5	2.5	2.0	2.5	6396
铁　岭	0.2	0.2		0.2	259
朝　阳					
葫芦岛	14.0	14.0	8.5	17.3	30025

15-19 各地区集体总承包与专业承包建筑企业施工及竣工房屋面积(按经济类型分)

(2016年)

单位：万平方米、万元

地区	房屋建筑施工面积	#本年新开工面积	#投标承包面积	房屋建筑竣工面积	房屋建筑竣工价值
全省	**725.8**	**406.5**	**481.0**	**413.0**	**497425**
沈阳	156.8	98.8	134.6	96.6	78795.6
大连	60.0	15.4	57.4	7.1	7462.6
鞍山	118.5	68.8	42.9	46.9	73214.5
抚顺	5.2	5.0	4.9	4.9	6647.2
本溪	4.2	4.2		4.2	6471
丹东	38.1	20.2	27.8	27.2	42155.3
锦州	50.5	47.7	48.8	46.6	50542.4
营口	13.6			13.6	22500
阜新	2.0	2.0	1.7	2.0	2745.6
辽阳	84.3	69.7	82.6	38.1	43190.9
盘锦	1.3	1.3	1.3	1.3	1200
铁岭	14.3	11.4	9.8	14.3	19856.1
朝阳	126.9	32.9	54.0	68.2	94033
葫芦岛	50.1	29.3	15.3	42.1	48610.8

15-20 各地区总承包与专业承包建筑企业年末资产负债

(2016年)

单位：千元

地区	流动资产合计	固定资产合计	固定资产原价	固定资产累计折旧	资产总计	流动负债合计	长期负债合计	负债合计	所有者权益合计
全省	**502665154**	**48673415**	**75038188**	**37520359**	**617045386**	**369438803**	**16430366**	**423443567**	**191862863**
沈阳	165536823	11938390	18204755	9228106	187733262	124124710	4541546	134281298	52899286
大连	126428266	13062909	21239468	10907940	155271407	85398393	3260482	94320767	60583106
鞍山	31487850	2852132	5346626	2991966	38130086	25042285	1428983	27623724	9881613
抚顺	13070072	1290850	3074831	1893586	29883816	9894805	531293	25686974	4184928
本溪	11933314	1961015	2891439	1202302	14926167	8962240	295929	9883187	5036804
丹东	29088624	3291775	3846954	1391666	38433677	21991512	2773166	26967057	11436250
锦州	20106966	2665322	3615893	1384860	25010092	15745997	932768	17433784	7564940
营口	18724831	2102937	2940603	1242501	24530304	10619038	197244	11859076	12618352
阜新	8344349	1207548	1476936	683876	11229144	6321946	255578	7289341	3933830
辽阳	18781366	2189594	4262066	2369406	21834122	15761877	460732	16432914	5392777
盘锦	29599682	2462436	3712569	2264200	34040877	23475280	1410639	27007316	7023438
铁岭	11902344	1002994	1240792	609594	13887138	9523484	14503	10277229	3609909
朝阳	8074229	1173877	1329521	594328	9897747	5360245	125287	5850799	4031635
葫芦岛	9586438	1471636	1855735	756028	12237547	7216991	202216	8530101	3665995

15-21 各地区国有总承包与专业承包建筑企业年末资产负债(按经济类型分)

(2016年)

单位：千元

地区	流动资产合计	固定资产合计	固定资产原价	固定资产累计折旧	资产总计	流动负债合计	长期负债合计	负债合计	所有者权益合计
全省	**68994874**	**6362783**	**12243293**	**6679456**	**83971512**	**60840813**	**1805965**	**64164519**	**19798019**
沈阳	22093361	1828807	3631321	2070807	25686925	19689850	538631	20705415	4979741
大连	12368470	1017192	2091720	1140828	14653232	11549321	440588	12054726	2593801
鞍山	10699337	698841	1088945	448718	13060838	10420628	450320	10985089	2075749
抚顺	1634894	273064	529099	263824	2293475	1535613	13676	1731208	559767
本溪	2279249	153636	400535	265630	2764860	1989155	199839	2188994	575866
丹东	813373	248410	318985	92967	1130085	672042	52272	755817	374268
锦州	5446168	859911	973985	273070	6419630	5170085	43471	5213557	1206073
营口	721927	115183	80492	35039	2756948	342521	200	562538	2194410
阜新	601772	211051	336470	185054	952951	548665	19814	604113	348838
辽阳	545325	116640	217676	117481	992817	383541		383541	609276
盘锦	9300450	420387	1779519	1399352	9875543	6621772	20603	6830361	3045182
铁岭	1204198	79850	174978	97488	1570978	906431		1111420	459558
朝阳	517394	132200	275270	143070	811447	423193	23494	446687	364760
葫芦岛	768956	207611	344298	146128	1001783	587996	3057	591053	410730

15-22 各地区集体总承包与专业承包建筑企业年末资产负债(按经济类型分)

(2016年)

单位：千元

地区	流动资产合计	固定资产合计	固定资产原价	固定资产累计折旧	资产总计	流动负债合计	长期负债合计	负债合计	所有者权益合计
全省	**10151817**	**1605850**	**2345471**	**1207849**	**13878859**	**7985986**	**64323**	**10056860**	**3753139**
沈阳	1742629	524081	677077	385467	3731161	1346003	5095	2581075	1148281
大连	561572	146560	185570	72036	739118	313590	11	343438	335486
鞍山	2622681	230627	415652	213165	3026573	2079591	5870	2277312	742400
抚顺	407361	66705	158800	93756	528163	423385	43	482561	45602
本溪	361397	43329	82219	45050	460492	230062	40764	314669	145823
丹东	542033	165856	192177	40186	808494	447632		514487	294007
锦州	873613	83770	73258	27812	969829	726211	7735	758552	211277
营口	120389	19078	22041	2963	140438	61339		61339	79099
阜新	26712	24283	14817	9288	108909	85291		85291	23618
辽阳	674999	161196	407505	260535	916164	519002	4423	535595	380569
盘锦	33088	3811	10868	7057	37849	31564		31564	6285
铁岭	431510	53013	62090	21928	512011	225727		402278	109733
朝阳	734291	5485	13016	7531	740002	715797		728076	11926
葫芦岛	1019542	78056	30381	21075	1159656	780792	382	940623	219033

15-23 各地区总承包与专业承包建筑企业损益及分配

(2016年)

单位：千元

地 区	主营业务收入	主营业务成本	主营业务税金及附加	其他业务利润	管理费用	营业利润	利润总额	应收工程款	亏损企业个数（个）
全 省	**393075341**	**339582104**	**7427350**	**358921**	**20389285**	**11980612**	**12027346**	**149335241**	**1491**
沈 阳	141109681	126844344	1969645	38541	7751714	4175959	4249231	49369535	457
大 连	93247475	79257389	2031482	104527	4907349	3839287	3840581	41256371	369
鞍 山	25399832	19830152	417767	26143	1290222	574906	581857	10490312	81
抚 顺	8960244	7929578	228663	7015	559424	88734	69887	5294140	52
本 溪	10174148	8372199	348981	11905	688034	319588	341134	3523485	45
丹 东	13519774	10470279	362625	76826	654424	739132	724289	4894924	44
锦 州	16615397	14976921	265086	2350	753226	433841	435714	6779584	46
营 口	16127717	13846355	396248	11717	540859	941598	948198	7163062	39
阜 新	5483754	4549980	124102	888	357451	101115	99212	1894430	61
辽 阳	20320864	18536339	317132	8270	996640	91033	110160	5413218	84
盘 锦	15097840	11362571	353873	68411	569429	153583	132639	5232518	66
铁 岭	7561652	6373539	167173	356	522814	27716	9344	2592689	33
朝 阳	10210964	8939491	258455	1205	436664	276554	274749	2754306	36
葫芦岛	9245999	8292967	186118	767	361035	217566	210351	2676667	78

15-24 各地区国有总承包与专业承包建筑企业损益及分配(按经济类型分)

(2016年)

单位：千元

地 区	主营业务收入	主营业务成本	主营业务税金及附加	其他业务利润	管理费用	营业利润	利润总额	应收工程款	亏损企业个数（个）
全 省	**46989187**	**42001684**	**690523**	**57426**	**2662607**	**845878**	**901608**	**20189050**	**40**
沈 阳	24510288	22161698	329021	9189	1324917	506104	536169	5959980	12
大 连	5341382	4728731	84168	16864	353959	57776	85069	3089617	3
鞍 山	5659325	5003613	65079	5459	198022	224173	228133	4596043	3
抚 顺	1790061	1657031	35650	147	90148	9390	9230	705786	2
本 溪	655986	436021	13328	2154	54961	5871	8160	1341845	2
丹 东	172655	132159	3953	335	35186	1033	-810	349876	2
锦 州	2855469	2570608	33078		128245	2143	2007	1884555	2
营 口	139371	116376	4379	15	17923	-4323	-1138	58868	3
阜 新	392830	281084	11943		31664	-130	22	269824	4
辽 阳	726655	684516	9578	2182	28343	6603	15663	238182	2
盘 锦	3080729	2944794	49017	21781	99078	-80215	-98534	1291566	4
铁 岭	925165	631745	24787		212589	111011	111024	262789	
朝 阳	217285	190263	7234	-700	28967	8356	8398	82655	
葫芦岛	521986	463045	19308		58605	-1914	-1785	57464	1

15-25 各地区集体总承包与专业承包建筑企业损益及分配（按经济类型分）

（2016年）

单位：千元

地区	主营业务收入	主营业务成本	主营业务税金及附加	其他业务利润	管理费用	营业利润	利润总额	应收工程款	亏损企业个数（个）
全省	**14525105**	**11133496**	**304997**	**13277**	**915995**	**315232**	**308554**	**3459692**	**70**
沈阳	4806050	3910880	116714	269	513577	56628	51333	640723	16
大连	989037	878089	22243	112	35834	55230	55716	249156	5
鞍山	2770673	1265000	37252	12327	118361	49256	49530	575222	16
抚顺	202620	182237	8869		32801	-29151	-28906	218995	9
本溪	467041	400084	10486	-531	34092	16240	16729	57543	4
丹东	851819	756692	28700	190	28657	34879	34602	160416	2
锦州	1053902	951864	23899	298	32417	43238	43273	259166	2
营口	283060	258760	8522		5060	11489	11468	9314	
阜新	31603	27116	521	179	3604	-427	-484	17464	2
辽阳	1186201	946735	18946	433	56083	21742	20517	201500	6
盘锦	53119	45665	852		4992	1555	1555	18165	1
铁岭	245066	170044	4957		15118	3167	3055	29462	2
朝阳	565412	433967	1337		5896	5755	5755	321119	1
葫芦岛	1019502	906363	21699		29503	45631	44411	701447	4

主要统计指标解释

建筑业统计单位 指从事房屋、构筑物建造和设备安装活动的生产单位，根据不同的组织方式，建筑业统计的调查单位分为法人建筑业企业和附营建筑施工单位。法人建筑业企业是指专门组织的独立核算的法人建筑业企业，它应同时具备的条件是：①依法成立，有自己的名称、组织机构和场所，能够承担民事责任；②独立拥有和使用资产，承担负债，有权与其他单位签订合同；③独立核算盈亏，能够编制资产负债表。另一种调查单位是其他行业的企业、事业单位为完成本单位固定资产建造任务而自行组织的附营建筑施工单位，它应同时具备的条件是：①具有一个场所，从事或主要从事建筑安装活动；②单独组织生产经营活动；③在企业内部单独核算收支。

建筑业总产值(即自行完成施工产值) 指建筑业企业或附属施工单位自行完成的按工程进度计算的建筑安装生产总值。施工产值包括:

①建筑工程产值：指列入建筑工程预算内的各种工程价值。

②设备安装工程产值：指设备安装工程价值。

③房屋、构筑物修理产值：指房屋、构筑物修理所完成的价值，但不包括被修理房屋、构筑物本身的价值和生产设备的修理价值。

④非标准设备制造产值：指加工制造没有定型的、非标准的生产设备的加工费和原材料价值，不论是现场还是附属加工厂为本单位承建工程制造的非标准设备的价值，都应计算产值。

竣工产值 指在报告期内，按照设计所规定的工程内容全部完成，达到了设计规定的交工条件，经有关部门检查验收鉴定合格的单位工程价值之和。

房屋建筑施工面积 指在报告期内施工的全部房屋建筑面积。包括本期内新开工的、上期施工跨入本期继续施工、上期停建本期复工的房屋建筑面积；不包括上期开工后又停工，本期未施工的房屋建筑面积。

房屋建筑竣工面积 指在报告期内，按照设计所规定的工程内容全部完成，达到了设计规定的交工条件，经有关部门检查验收鉴定合格的房屋建筑面积。

住宅竣工面积 指房屋建筑竣工面积中供居住用的房屋建筑竣工面积。

自有机械设备年末总台数 指归本企业(或单位)所有，属于本企业固定资产的生产性机械设备年末总台数。包括施工机械、生产设备、运输设备以及其他设备。

自有机械设备年末总功率 指本企业(或单位)自有施工机械、生产设备、运输设备以及其他设备等列为在册固定资产的生产性机械设备年末总功率，按设定能力或查定能力计算。包括机械本身的动力和为该机械服务的单独动力设备，如电动机等。计量单位用千瓦，动力换算可按 1 马力=0.735 千瓦折合成千瓦数。电焊机、变压器、锅炉不计算动力。

工程结算收入 指企业(或单位)按工程的分部分项自行完成的建筑产品价值并已与甲方在报告期内办理结算手续的工程价款收入，以及向甲方收取的除工程价款以外的按规定列作营业收入的各种款项，如临时设施费、劳动保险费、施工机械调迁费等以及向甲方收取的各种索赔款。

工程结算利润 指已结算工程实现的利润。如为亏损以“-”号表示。其计算公式为:

工程结算利润=工程结算收入-工程结算成本-工程结算税金及附加

企业总收入 指与企业生产经营直接有关的各项收入，包括工程结算收入和其他业务收入，即:

企业总收入=工程结算收入+其他业务收入

十六、运输和邮电

Chapter 16 Transport, Post and Telecommunication Services

16-1 交通运输业基本情况

指　标	2005年	2008年	2009年	2010年	2011年	2012年	2013年	2014年	2015年	2016年
运输线路长度(公里)										
铁路营业里程	3922	3928	3962	3988	4035	4757	4875	4899	5328	5340
公路通车里程	53521	101144	101117	101545	104026	104679	110072	114504	119362	119688
内河通车里程	813	813	813	813	813	813	813	813	813	813
民航定期航班航线里程	329166	200359	243991	242959	255196	244980	294175	25484833	31505963	33101550
#国际航线	69703	32901	43718	45094	51294	34188	39564	32166	32259	34896
客运量总计(万人)	60599	90729	96172	102241	99328	104113	92629	95364	75039	75077
铁路	9503	11958	13336	13298	12016	12018	13012	12820	12912	14040
公路	49917	77510	81585	87699	86013	90650	78168	80789	60269	59054
水运	650	597	543	490	549	588	534	542	504	538
民用航空	529	664	708	754	750	857	915	1213	1354	1445
货运量总计(万吨)	97748	126939	139541	163303	190329	212957	215375	231743	208562	215989
铁路	14271	17400	18262	18622	18716	17388	20484	19103	14541	16222
公路	74799	92938	105088	127361	151773	174355	172923	189174	172140	177371
水运	5730	9267	9651	10434	11632	12631	13379	13810	13439	13464
民用航空	9	10	10	10	9	10	10	12	14	14
管道	2939	7323	6531	6876	8199	8573	8579	9644	8429	8918
民用汽车拥有量(万辆)	153.8	242.0	300.1	347.9	402.2	449.6	482.8	538.6	596.8	666.7
载客汽车辆数(万辆)	89.6	144.9	182.4	225.7	276.2	328.6	379.9	436.5	496.1	568.5
载货汽车辆数(万辆)	42.4	44.0	56.8	67.4	76.9	82.2	73.5	80.0	82.7	87.1
私人汽车拥有量(万辆)	71.8	155.8	200.7	242.3	288.9	334	377.8	434.1	491.9	559.8
民用运输船舶拥有量(艘)										
#机 动 船	735	862	736	553	546	557	524	528	493	462
驳船	25	23	20	11	10	17	10	7	7	9
私人运输船舶拥有量(艘)										
#机 动 船	293	304	292							
沿海主要港口货物吞吐量(万吨)	30208	48768	55513	67952	78374	88502	98354	103675	104859	109076

注：1.2014年民航加入深航沈阳分公司数据。下同。
2.2013年、2014年管道加入中国石油管道锦州输油气分公司数据。下同。
3.2013年、2014年铁路货运量和货物周转量加入地方铁路数据。下同。

16-2 运输线路长度

单位：公里

年 份	铁路营业里程	#辽宁省	公路通车里程	#有铺装路面简易铺装路面	#高速公路	内河航道里程	民航通航里程	#国内航线
1990	8798	3702	40109	10172	375	508	99545	89199
1991	8993	3758	40195	11471	375	508	136027	129195
1992	8993	3758	41548	13644	391	508	204870	200822
1993	8993	3758	41638	15382	406	508	271841	258947
1994	8807	3758	42763	17155	420	508	305884	242445
1995	8811	3568	43434	18590	509	508	277945	259264
1996	8811	3568	43753	19365	509	508	321207	246776
1997	8813	3569	44041	20171	509	508	179369	166238
1998	8796	3558	44483	21419	707	508	124089	110587
1999	8798	3558	45020	23023	877	813	192148	170339
2000	8800	3556	45547	24264	1068	813	219198	201702
2001	8792	3548	46603	25664	1068	813	192148	170339
2002	8809	3565	48051	27557	1637	813	239243	211331
2003	8887	3939	50095	30600	1637	813	238429	191061
2004	9299	3939	52415	34838	1637	813	335729	276409
2005	9282	3922	53521	37930	1773	813	329166	255545
2006	9309	3927	97191	43333	1849	813	376435	312239
2007	9321	3934	98101	46738	1975	813	248179	204584
2008	9431	3928	101144	52762	2747	813	200359	167458
2009	9437	3962	101117	62497	2833	813	243991	200273
2010	9460	3988	101545	63324	3056	813	242959	197865
2011	9843	4035	104026	65636	3300	813	255196	199802
2012	10948	4757	104679	68762	3912	813	244980	210792
2013	11580	4875	110072	71425	4023	813	294175	254611
2014	11727	4899	114504	72382	4172	813	25484833	25447867
2015	12894	5328	119362	78155	4195	813	31505963	31472704
2016	12906	5340	119688	81253	4195	813	33101550	33066654

16-3 旅客运输量

单位：万人

年 份	总计	铁路	公路	水运	民航
1990	44547	15823	28367	302	55
1991	46643	14733	31480	355	75
1992	50908	15083	35263	465	97
1993	49756	15072	34050	521	113
1994	50223	15366	34223	502	132
1995	52228	13928	37591	533	176
1996	55828	11884	43193	553	198
1997	53430	10403	42276	540	211
1998	51140	9960	40468	474	238
1999	49239	9937	38382	595	325
2000	51555	10174	40385	616	380
2001	52259	10038	41207	602	412
2002	54339	9701	43554	626	458
2003	50813	8706	41076	542	489
2004	58099	9591	47370	637	501
2005	60599	9503	49917	650	529
2006	64543	9883	53317	714	629
2007	71322	10417	59562	651	692
2008	90729	11958	77510	597	664
2009	96172	13336	81585	543	708
2010	102241	13298	87699	490	754
2011	99328	12016	86013	549	750
2012	104113	12018	90650	588	857
2013	92629	13012	78168	534	915
2014	95364	12820	80789	542	1213
2015	75039	12912	60269	504	1354
2016	75077	14040	59054	538	1445

16-4 旅客周转量

单位：亿人公里

年 份	总计	铁路	公路	水运	民航
1990	369.3	254.9	97.4	5.9	11.1
1991	392.8	259.1	111.5	6.9	15.3
1992	503.7	285.2	125.9	8.7	19.6
1993	465.9	306.0	121.3	8.7	29.9
1994	471.4	312.8	120.4	7.7	30.5
1995	451.5	292.5	109.9	8.6	40.5
1996	457.0	261.2	149.5	9.4	36.9
1997	460.9	271.5	145.5	9.2	34.7
1998	476.3	276.7	159.1	7.3	33.2
1999	496.4	291.9	149.6	11.9	43.0
2000	534.4	314.1	159.9	10.7	49.7
2001	562.4	326.5	167.1	8.4	60.4
2002	585.5	340.1	173.8	8.6	63.0
2003	545.3	306.9	164.1	7.2	67.0
2004	662.2	370.4	194.9	8.4	88.5
2005	673.1	381.4	210.1	8.4	73.2
2006	747.2	412.6	236.6	9.2	88.8
2007	806.1	436.6	263.5	8.4	97.6
2008	892.6	465.9	323.0	7.8	95.9
2009	940.0	483.5	350.1	7.0	99.4
2010	1014.0	510.1	388.8	6.4	108.7
2011	1065.4	549.0	399.7	7.0	109.7
2012	1099.4	542.2	427.2	7.5	122.5
2013	1074.7	572.7	362.4	6.5	133.1
2014	1181.5	609.0	375.6	6.5	190.4
2015	1119.4	604.7	313.1	6.0	195.7
2016	1145.1	623.4	306.7	6.0	209.0

注：1.铁路1978以前为沈阳、锦州两路局合计数，1979年以后扣除长春分局数，1983年以后为辽宁境内数，1988年以后还包括地方铁路。
2.公路、水运口径同客运量。

16-5 货物运输量

单位：万吨

年 份	总计	铁路	公路	水运	民航	管道
1990	76326.3	14306	56105	1521	1.3	4393
1991	79057.3	14624	58197	1861	2.3	4373
1992	81084.0	14852	59739	2145	2.0	4346
1993	91578.0	14953	69964	2325	2.0	4334
1994	89876.0	14096	68953	2396	3.0	4428
1995	88464.9	13073	68524	2649	3.2	4216
1996	84823.0	13053	65174	2472	4.0	4120
1997	99588.0	12972	80471	2145	5.0	3995
1998	83478.0	12100	65481	1977	5.4	3915
1999	84625.0	12162	66253	2542	7.4	3660
2000	83603.9	12523	64515	3091	8.9	3466
2001	82295.0	12990	63281	2726	6.8	3292
2002	83573.1	13126	64101	3071	8.1	3264
2003	85825.6	13135	65981	3649	9.0	3052
2004	91401.6	13844	70164	4447	8.6	2938
2005	97748.4	14271	74799	5730	9.4	2939
2006	109140.0	15750	82142	7518	11.0	3719
2007	120615.2	16552	90387	8778	11.2	4887
2008	126938.7	17400	92938	9267	10.4	7323
2009	139541.3	18262	105088	9651	9.5	6531
2010	163303.2	18622	127361	10434	10.2	6876
2011	190329.0	18716	151773	11632	8.9	8199
2012	212956.6	17388	174355	12631	9.6	8573
2013	215375.0	20484	172923	13379	9.6	8579
2014	231743.0	19103	189174	13810	12.0	9644
2015	208562.7	14541	172140	13439	13.5	8429
2016	215989.0	16222	177371	13464	14.0	8918

16-6 货物周转量

单位：亿吨公里

年 份	总计	铁路	公路	水运	民航	管道
1990	1062.5	943.3	150.8	289.3	0.2	218.9
1991	1791.1	980.1	174.2	419.6	0.3	216.9
1992	1947.6	1023.2	207.6	501.3	0.4	215.1
1993	2078.8	1044.1	227.8	593.7	0.6	212.7
1994	2085.8	1038.2	221.3	605.8	0.6	219.9
1995	2090.2	1011.4	198.5	671.1	0.7	208.5
1996	1929.0	1003.6	245.1	479.4	0.9	200.0
1997	1846.7	1047.8	297.6	316.1	0.7	191.5
1998	1568.3	900.7	206.5	314.7	0.9	145.5
1999	1794.3	926.2	207.7	531.2	1.2	127.9
2000	1809.2	962.4	209.4	572.4	1.1	63.9
2001	1861.8	976.7	215.8	607.9	1.1	60.3
2002	1914.3	970.6	221.8	661.0	1.4	59.6
2003	2426.5	1012.8	226.5	1130.6	1.6	55.0
2004	2995.6	1154.2	327.0	1461.1	1.7	51.6
2005	3400.6	1194.8	415.6	1738.2	1.6	50.5
2006	4090.9	1206.0	474.7	2361.6	1.8	46.7
2007	5865.1	1293.3	568.1	3956.6	1.8	45.2
2008	7076.8	1342.5	1354.2	4333.0	1.8	45.3
2009	7793.8	1302.1	1550.5	4896.8	1.6	42.8
2010	9071.2	1398.3	1930.3	5695.7	1.7	45.2
2011	10464.3	1540.7	2328.5	6529.4	1.5	64.2
2012	11616.2	1399.6	2675.4	7483.3	1.6	56.3
2013	12087.6	1344.0	2792.0	7837.2	1.6	112.8
2014	12353.5	1180.4	3074.9	7979.5	2.1	116.6
2015	11790.1	893.6	2850.7	7963.2	2.3	80.3
2016	12221.2	899.5	2936.8	8275.8	2.4	106.7

16-7 铁路机车车辆年末实有数

指 标	单位	2005年	2008年	2009年	2010年	2011年	2012年	2013年	2014年	2015年	2016年
中央铁路											
机车台数总计	台	1600	1560	1232	1705	2111	2041	2011	2048	1946	2099
内燃机车	台	1372	1282	891	1282	1444	1453	1415	1379	1272	1282
客车辆数总计	辆	3969	4286	4579	4608	4751	5094	5100	4933	6606	6671
软座车	辆	75	277	331	333	407	646	707	—	1426	1426
硬座车	辆	1969	1464	1562	1887	1854	1849	1650	1766	1853	1725
软卧车	辆	258	237	275	348	354	374	379	418	457	484
硬卧车	辆	1334	1907	1998	1714	1793	1872	1831	2071	2216	2353
餐车	辆	205	209	214	212	221	220	210	230	250	269
辽宁省境内各分局											
机车台数总计	台	889	967	883	990	1205	1146	1111	1175	1190	1212
内燃机车	台	661	689	542	567	538	558	515	506	518	515
客车辆数总计	辆	2058	2269	2897	3006	3013	3226	3475	3067	4467	4473
软座车	辆	54	127	198	303	65	615	690	—	1402	1402
硬座车	辆	1002	776	978	1208	1180	1158	1105	1172	1179	1069
软卧车	辆	112	210	242	209	531	238	248	255	272	299
硬卧车	辆	708	946	1233	1090	1036	1016	1093	1211	1211	1279
餐车	辆	121	101	121	128	125	119	126	138	140	153

16-8 辽宁省辖区铁路主要站旅客发送量

单位：万人

车站名称	2005年	2008年	2009年	2010年	2011年	2012年	2013年	2014年	2015年	2016年
总　计	**9503.4**	**111958.0**	**13336.0**	**13298.0**	**12016.4**	**12017.5**	**13011.6**	**12819.7**	**12911.8**	**14040.2**
开　原	100.6	153.6	173.7	157.3	143.3	140.1	127.7	138.5	144.9	146.9
铁　岭	178.8	230.4	288.2	297.3	233.2	200.0	187.7	210.6	217.5	220.2
沈　阳	1121.4	1472.9	1509.3	1433.3	1500.5	1618.8	1808.2	2025.6	2182.6	2445.6
苏家屯	138.0	144.8	147.4	142.5	92.2	94.8	98.6	92.8	84.9	79.8
辽　阳	217.4	257.3	280.1	284.0	199.4	218.7	311.1	313.7	332.7	346.41
黑　山	2.2	0.4	0.7	0.3	0.2	…	…	…	…	…
鞍　山	306.9	418.6	477.3	484.5	462.0	441.1	392.6	362.7	335.4	323.7
海　城	145.6	200.8	220.6	236.9	229.1	216.4	203	181.2	160.7	152.5
大石桥	114.0	159.4	160.6	168.9	179.1	175.0	152.1	138.8	127.7	124.6
瓦房店	156.9	223.0	230.1	233.5	279.6	272.6	240.5	215.2	199	199.9
金　州	137.3	179.2	200.7	247.9	209.0	224.5	199.5	173.4	133.7	176.4
南关岭	2.6	2.7	1.8	1.9	1.7	1.7	1.3	1.6	0.4	…
周水子	29.5	33.1	28.6	58.8	64.6	127.7	108.7	74.9	15.5	0.1
大　连	897.5	1207.6	1261.9	1247.9	1350.9	1219.7	1103.9	1073.4	1006.8	953.4
皇姑屯	9.9	10.1	54.1	103.0	68.7	2.8	…	…	…	…
大　成	5.5	5.7	3.7	12.2	4.8	0.8	0.7	1.0	0.9	0.2
抚顺北	96.3	59.1	86.2	84.0	87.1	107.7	112.9	99.6	154	151.3
大官屯	5.1	2.2	6.8	0.9	1.5	2.0	1.7	2.6	3.3	2.8
沈阳东	1.5	1.6	1.7	0.9	1.4	1.0	0.7	0.2	0.2	0.2
沈阳北	1217.6	1680.7	1882.7	1894.3	1709.8	1541.1	1820	1950.2	2071.6	2079.0
营　口	35.1	52.6	66.2	65.5	64.8	66.6	38.4	35.7	27.3	25.0
旅　顺	3.2	5.3	7.7	3.8	3.2	3.3	1.8	0.4	…	…
丹　东	168.0	216.6	248.3	262.0	254.3	239.2	227.6	203.7	275.6	481.6
凤凰城	93.6	115.4	105.4	104.2	111.9	116.1	112.6	106.6	86.4	44.8
本　溪	706.7	1050.0	1232.4	1179.4	850.4	920.3	901.4	707.0	654.8	756.3
本溪湖	34.8	20.7	13.9	6.8	…	…	…	…	…	…
安　平	10.0	9.8	13.3	157.0	17.0	17.2	15.4	0.9	0.8	0.7
沈阳西	3.6	1.8	1.3	1.0	0.6	0.2	0.2	0.3	0.6	0.2
锦　州	406.4	465.3	482.2	464.6	475.6	466.4	499.3	458.5	433.8	442.2
葫芦岛	109.6	169.0	184.4	176.8	173.1	175.1	183.5	167.9	162.4	164.8
大虎山	53.4	79.4	85.7	85.8	90.9	87.8	94.8	97.5	93.9	93.6
渤　海	1.8	0.8	1.7	0.5	0.4	0.3	0.1	…	…	…
盘　锦	40.6	80.9	87.9	84.4	84.8	90.9	112.4	165.1	173.4	197.9
朝　阳	75.3	89.9	91.9	86.9	84.3	83.7	82.7	76.9	74.9	65.9
阜　新	114.7	133.3	142.9	140.6	139.2	145.3	161.4	146.3	135.8	136.6

16-9 辽宁省辖区铁路主要站货物发送量

单位：万吨

车站名称	2005年	2008年	2009年	2010年	2011年	2012年	2013年	2014年	2015年	2016年
总　计	**14270.9**	**17400.0**	**18262.0**	**18622.0**	**18716.2**	**17387.5**	**20484.4**	**19102.8**	**14540.7**	**14657.2**
开　原	69.3	66.9	54.3	33.1	73.0	23.4	34.3	25.7	33.5	33.7
铁　岭	49.2	37.0	88.4	132.2	16.9	11.5	14.1	22.8	50.2	150.3
沈　阳	53.1	31.7	1.5	0.1			…	0.1	…	…
苏家屯	46.4	44.9	62.2	135.2	52.6	36.3	26.2	37.9	46.4	19.1
辽　阳	30.6	27.8	48.5	28.5	68.6	37.2	24.5	7.1	6.9	27.6
黑　山	8.9	6.8	5.5	4.0	0.2	…	1.8	1.2	1.2	0.4
鞍　山	9.2	7.0	1.5	…	…	…	…	2.3	6.1	6.2
海　城	72.4	80.7	89.7	62.2	62.9	61.6	43.4	23.6	16.2	17.1
大石桥	136.0	151.7	121.2	409.4	112.8	106.5	83.4	73.5	42.7	28.7
瓦房店	3.1	1.8	2.4	1.2	2.5	0.8	0.9	6.4	29.2	24.3
金　州	35.7	63.2	63.8	47.6	34.3	22.0	25.6	41.6	58	24.6
南关岭	24.2	25.3	22.8	14.4	21.8	16.2	9.2	6.9	7.3	34.6
周水子	17.2	3.1	2.5	2.1	2.1	1.3	0.4	0.4	1.8	2.4
大　成	105.7	202.8	113.3	101.4	68.5	44.2	32.3	17.1	4.1	4.4
抚顺北	6.7	23.2	2.4	10.3	6.7	3.1	2.9	2.3	4	1.4
大官屯	754.9	588.0	629.9	571.4	512.8	470.1	581.6	563.8	558.6	484.9
沈阳东	59.6	62.7	73.4	81.6	82.2	67.9	68.9	75.0	89.5	122.4
营　口	78.5	118.2	125.1	101.3	90.1	67.1	67.7	38.0	15.4	10.4
甘井子	332.6	269.5	272.2	403.9	380.5	292.7	215.4	221.5	101.2	63.2
旅　顺	4.8	2.9	2.9	2.3	2.1	2.0	1.6	1.7	1.7	51.5
丹　东	194.2	241.5	379.1	303.9	275.4	317.8	446.3	575.5	956.1	61.8
凤凰城	15.5	7.9	4.5	5.2	7.2	5.8	5.2	1.5	2	2.4
本　溪	589.4	1188.1	984.6	1075.7	1078.0	1030.3	1083.9	1062.0	760.2	794.2
本溪湖	168.9	142.9	167.0	143.6	114.0	138.1	130.7	104.9	158.3	125.6
安　平	269.2	370.7	455.1	342.4	394.1	463.5	431.8	431.3	445.8	450.3
沈阳西	15.5	…	…	…	…	…	…	…	…	…
锦　州	300.9	336.7	294.2	303.3	334.8	338.4	342.6	249.9	161.4	164
葫芦岛	290.7	247.4	214.2	252.5	273.8	242.9	157.1	185.2	194.2	155.6
大虎山	11.9	11.4	5.6	1.8	0.0	0.2	0.6	0.1	0.4	0.6
渤　海	174.3	160.3	124.5	110.3	118.9	152.4	186.1	198.2	237	202.9
盘　锦	46.3	53.3	53.4	150.5	177.7	175.7	227.6	173.3	140.8	124.1
朝　阳	45.3	30.9	32.1	32.3	36.9	30.7	23.6	7.4	27	30.5
阜　新	577.8	741.1	772.1	818.7	782.2	638.7	683.6	599.6	431.7	294.9

16-10 民用车辆拥有量

(2016年末)

单位：辆

指　标	总计	总计中:			总计中:			报废
		营运	非营运	校车	进口	个人	新注册	
合　计	**8132544**	**926677**	**7198466**	**7401**	**378592**	**6851096**	**825243**	**222287**
一、汽车	6666827	794711	5864715	7401	377608	5598260	768147	134479
1.载客汽车	5684620	168743	5508476	7401	374626	5095680	696611	51730
#大型	72788	44859	21668	6261	757	6295	6988	4744
中型	52766	4062	47581	1123	848	21247	1694	4290
小型	5493678	119810	5373851	17	370989	5006598	687235	41543
微型	65388	12	65376		2032	61540	694	1153
#轿车	3861286	118709	3742577		118945	3551146	445543	35753
2.载货汽车	871238	570271	300967		2183	428204	66475	30326
#重 型	260703	230020	30683		399	61130	22078	6477
中 型	48040	37967	10073		51	24439	2250	2900
轻 型	561286	301702	259584		1731	341799	42145	20555
微 型	1209	582	627		2	836	2	394
#普通载货	422320	220797	201523		1727	273457	24877	20053
3.其它汽车	110969	55697	55272		799	74376	5061	52423
二、电车	123	123						
无轨	51	51						
有轨	72	72						
三、摩 托 车	921735	29028	892707		680	917862	37040	85109
普通	916630	28995	887635		680	912875	36918	84635
轻便	5105	33	5072			4987	122	474
四、拖拉机	433786		433786			323959	4473	1753
五、挂车	104970	101790	3180		220	9145	15475	844
六、其它类型车	5103	1025	4078		84	1870	108	102

16-11 公路线路年底到达数

(2016年) 单位：公里

指 标	公路里程总计	等级公路					
		合计	专用公路		一般公路		
			高速	一级	二级	三级	四级
本年年底到达数	**119688**	**107035**	**4195**	**3445**	**17705**	**32075**	**49614**
其中：1.干 线 公 路	20281	20261	4195	2636	11774	1492	163
国 道	10021	10021	3442	1515	4820	209	35
省 道	10260	10240	753	1121	6955	1283	127
2.县 道	8756	8756		737	4995	2983	41
3.乡 道	30822	30822		32	708	23505	6577
4.专 用 公 路	887	869		11	68	367	423

16-12 船舶拥有量

指 标	单位	2005年	2008年	2009年	2010年	2011年	2012年	2013年	2014年	2015年	2016年
民用船舶拥有量											
水 运 船 舶	艘	735	862	736	553	564	574	534	535	500	471
净 载 重 吨	吨	2981843	5096348	6222736	7202719	7655909	8113429	8095948	8070791	8089683	8491190
#拖 轮	艘	18	12	11	4	5	11	8	13	11	11
驳 船	艘	25	23	20	11	10	17	10	7	7	9
净 载 重 吨	吨	12710	38651	48214	40011	32719	31006	31108	21721	21721	30668

16-13 全社会水运客货运输量

年 份	货运量(万吨)	#交通部门	货运周转量(万吨公里)	#交通部门	客运量(万人)	#交通部门	旅客周转量(万人公里)	#交通部门
1990	1521	1433	2892885	2891254	302	290	59396	58990
1991	1861	1787	4196000	4194000	355	342	59296	58990
1992	2145	1894	5013673	4829714	465	418	86880	83157
1993	2325	1843	5936798	5072678	521	396	86605	78167
1994	2426	1969	6152164	5314440	501	379	78201	70172
1995	2649	2262	6711204	5823222	533	400	86146	75792
1996	2472	2136	4794110	3721911	553	415	94208	80454
1997	2145	1916	3161179	2360667	540	404	91795	76555
1998	1977	1679	3147000	2231000	474	340	73000	59000
1999	2542	2270	4528000	3465000	595	425	119000	98000
2000	3091	2733	5724000	4723000	616	421	107000	87469
2001	2726	2019	6079116	4576611	602	381	84299	59082
2002	3071	2567	6609993	4908246	626	356	86095	59785
2003	3649	2942	11305708	9875729	542	307	71790	51295
2004	4447		14611161		637		84187	
2005	5730		17381637		650		83902	
2006	7518		23616152		714		91583	
2007	8778		39565875		651		84116	
2008	9267		43330070		597		77776	
2009	9651		48968411		543		70385	
2010	10434		56957104		490		63899	
2011	11632		65293536		549		70435	
2012	12631		74833231		588		75042	
2013	13379		78371594		534		65178	
2014	13810		79795252		542		65215	
2015	13439		79631726		504		59666	
2016	13464		82758208		538		60053	

16-14 沿海港口码头长度和泊位数

港　　名	2005年	2008年	2009年	2010年	2011年	2012年	2013年	2014年	2015年	2016年
港口码头长度(米)	**38699**	**58715**	**55427**	**63654**	**67353**	**73168**	**70622**	**74807**	**82113**	**85430**
#大连港	26119	37045	33318	37563	37855	40749	38149	39449	43956	44642
营口港	5994	11307	11520	13533	15465	16898	16363	17432	18966	19709
丹东港	2605	3352	3677	4814	5326	6407	6407	7723	7626	7626
锦州港	2058	4853	4698	5530	5530	5530	6119	6119	6274	6274
港口码头泊位(个)	**288**	**351**	**320**	**371**	**384**	**399**	**388**	**397**	**443**	**444**
#大连港	192	223	196	225	223	231	217	217	247	247
营口港	47	59	55	68	76	82	76	80	90	93
丹东港	26	26	27	33	40	38	45	47	42	42
锦州港	9	19	18	21	21	21	23	23	24	24

注：1.码头泊位包括浮筒泊位。
2.2005年均为生产用码头长度和泊位。

16-15 沿海港口吞吐量

指　　标	2005年	2008年	2009年	2010年	2011年	2012年	2013年	2014年	2015年	2016年
货物吞吐量(万吨)	**30208**	**48768**	**55513**	**67952**	**78374**	**88502**	**98354**	**103675**	**104859**	**109081**
#大连港	17085	24588	27207	31399	33691	37426	40746	42337	41482	43660
营口港	7537	15085	17603	22579	26085	30107	32013	33073	33849	35217
进　港	13106	22434	26842	32998	37140	44631	50339	51995	53311	54201
#外 贸	5447	7470	10391	16845	17369	12168	14046	15465	17117	17642
内 贸	7659	14964	16451	16153	19771	32463	36294	36530	36194	36560
出　港	17102	26334	28671	34954	41235	43871	48014	51680	51548	54880
#外 贸	4195	4588	3806	4748	5324	5433	5736	6692	6817	6791
内 贸	12907	21746	24865	30205	35911	38438	42279	44988	44731	48089
旅客进出港量(万人)	**659**	**648.8**	**669.5**	**630.7**	**703.5**	**662.2**	**631.3**	**608.2**	**571.4**	**542.1**
进　港	329	328.5	338.8	320.4	354.0	332.5	311.6	310.7	283.7	259.9
出　港	330	320.3	330.7	310.3	349.5	329.7	319.7	297.5	287.7	282.2

16-16 民用航空运输量

指　标	单位	2005年	2008年	2009年	2010年	2011年
(一)客运量	**万人**	**531.9**	**664.1**	**707.9**	**753.7**	**750.5**
国际航线	万人	71.9	87.1	79.9	98.5	90.6
国内航线	万人	457.1	573.3	628.0	655.3	658.4
其中：地区航线	万人	2.9	3.8	4.7	7.3	8.7
(二)旅客周转量	**万人公里**	**732629.0**	**959480.2**	**993579.6**	**1086836.0**	**1096744.2**
国际航线	万人公里	96213.4	128426.9	110980.8	132347.0	125136.7
国内航线	万人公里	635654.9	820718.3	882598.8	954490.0	968947.7
其中：地区航线	万人公里	7991.0	10649.0	12022.3	17751.0	19819.7
(三)货(邮)运量	**吨**	**94355.0**	**104328.1**	**94938.2**	**102411.0**	**88692.6**
国际航线	吨	17888.3	14101.7	9412.5	8976.0	8914.6
国内航线	吨	76406.1	89909.4	85525.7	93436.0	79745.7
其中：地区航线	吨	365.1	317.5	312.0	438.0	485.3
(四)货邮周转量	**万吨公里**	**15769.2**	**17622.5**	**16081.9**	**17059.0**	**15223.6**
国际航线	万吨公里	2117.6	2014.9	1288.3	1355.0	1114.8
国内航线	万吨公里	13651.6	15520.1	14793.6	15704.0	14103.3
其中：地区航线	万吨公里	98.7	87.6	86.0	118.0	128.5
(五)总周转量	**万吨公里**	**81122.0**	**103181.2**	**104626.0**	**108442.0**	**112727.9**
国际航线	万吨公里	10693.6	13460.4	11347.3	12723.0	12221.9
国内航线	万吨公里	80028.4	88712.8	93278.7	95719.0	100264.3
其中：地区航线	万吨公里	811.7	1035.5	990.6	1249.0	1885.7

16-16　续表

指　标	单位	2012年	2013年	2014年	2015年	2016年
(一)客运量	**万人**	**857.3**	**915.1**	**1212.6**	**1353.5**	**1444.6**
国际航线	万人	96.1	97.8	105.3	128.9	137.2
国内航线	万人	761.2	818.5	1098.9	1224.6	1307.4
其中：地区航线	万人	9.6	9.5	15.1	16.1	13.2
(二)旅客周转量	**万人公里**	**1222682.4**	**1322338.5**	**1903916.7**	**1956278.6**	**2089908.0**
国际航线	万人公里	126835.0	124194.3	135100.7	202384.1	220709.4
国内航线	万人公里	1095847.4	1198144.2	1749004.5	1753894.5	1869198.6
其中：地区航线	万人公里	21176.2	21126.3	31161.6	33443.2	27656.8
(三)货(邮)运量	**吨**	**95692.6**	**96032.6**	**120527.0**	**135263.6**	**141830.1**
国际航线	吨	8935.5	8731.9	8635.6	9609.6	9389.0
国内航线	吨	86757.1	87300.7	111573.2	125654.0	132441.1
其中：地区航线	吨	337.6	409.7	446.8	589.7	476.6
(四)货邮周转量	**万吨公里**	**15998.3**	**16034.7**	**20691.0**	**23279.2**	**24341.2**
国际航线	万吨公里	1138.0	1083.9	1107.9	1351.0	1415.9
国内航线	万吨公里	14860.3	14950.8	19496.6	21928.2	22925.3
其中：地区航线	万吨公里	87.7	102.9	108.6	136.3	114.6
(五)总周转量	**万吨公里**	**124473.0**	**124688.5**	**170728.5**	**200990.8**	**201908.5**
国际航线	万吨公里	12918.8	11602.1	13011.1	19136.2	20728.4
国内航线	万吨公里	111554.2	244318.3	155899.6	181854.7	181180.1
其中：地区航线	万吨公里	1955.0	1866.0	2912.8	2997.0	2543.2

16-17 邮电业务基本情况

指　　标	单位	2005年	2008年	2009年	2010年	2011年
邮电业务总量	**亿元**	**450.7**	**819.7**	**948.5**	**1159.9**	**472.2**
邮政业务总量	亿元	23.6	33.2	39.6	37.2	38.2
电信业务总量	亿元	427.1	786.5	908.9	1122.7	434.0
函　　件	亿件	1.3	0.8	0.8	0.8	0.9
包　　件	万件	309.2	243.6	223.6	223.6	219.1
快　　递	万件	804.4	1146.6	1319.6	1400.1	6211.5
报刊期发数	万份	338.9	375.1	356.1	383.7	554.6
固定电话年末用户	万户	1407.8	1604.3	1529.1	1428.0	1353.3
城市电话用户	万户	979.6	1142.1	1075.7	985.8	922.7
农村电话用户	万户	428.3	462.2	453.4	442.2	430.6
年末移动电话用户	万户	1394.9	2421.5	2882.1	3341.8	3844.5
年末国际互联网用户	万户	331.8	455.6	535.4	595.6	665.1
营业网点	处	1685.0	1572.0	1560.0	1564.0	1554.0
邮路总长度	万公里	29.0	30.6	32.6	19.8	13.6
汽车邮路	公里	34187.0	52072.8	55638.4	48162.0	57748.0
铁路邮路	公里	4158.0	4021.0	7296.0	7016.0	7774.0

注：1.邮电业务总量2010年前数据按2000年不变价计算，2011年后按2010年不变价计算。下同。
2.特快专递数据2010年前取至省邮政公司，2011年后取至省邮政管理局。2010年前的汽车邮路和铁路邮路为单程。下同。

16-17 续表

指　　标	单位	2012年	2013年	2014年	2015年	2016年
邮电业务总量	**亿元**	**514.1**	**579.6**	**649.6**	**782.2**	**1162.5**
邮政业务总量	亿元	42.9	50.2	59.5	75.1	101.4
电信业务总量	亿元	471.2	529.5	590.1	707.1	1061.1
函　　件	亿件	0.7	0.7	1.0	0.7	0.4
包　　件	万件	243.3	243.9	203.9	160.1	107.3
快　　递	万件	7757.4	11411.1	16656.4	24674.1	39825.9
报刊期发数	万份	404.0	365.9	327.0	422.2	361.5
固定电话年末用户	万户	1285.1	1222.4	1151.2	1036.2	890.6
城市电话用户	万户	861.3	800.1	—	616.3	771.9
农村电话用户	万户	423.8	422.3	—	419.9	118.7
年末移动电话用户	万户	4291.3	4583.6	4535.5	4429.6	4427.1
年末国际互联网用户	万户	707.9	726.9	772.1	839.3	997.2
营业网点	处	1552.0	1548.0	3846.0	5301.0	5937.0
邮路总长度	万公里	5.0	5.0	5.1	5.4	27.8
汽车邮路	公里	41729.0	42056.0	47992.0	34298.8	68978.0
铁路邮路	公里	7774.0	7374.0	2842.0	2842.0	5871.0

16-18 邮电业务量

年份	邮电业务总量(万元)			函件(万件)	报刊期发数(万份)	快递(万件)	集邮业务(万枚)	移动电话用户(万户)	互联网用户(万户)	固定电话年末用户(万户)		
		邮政业务总量	电信业务总量								城市电话用户	农村电话用户
1980	10576			14908	953					15.4	10.3	5.1
1985	17303			21002	1791					22.4	16.5	5.9
1986	18962			22048	1610	3				24.6	18.5	6.1
1987	21733			24175	1752	5				27.7	21.2	6.5
1988	26878			24464	1325	9	786			32.8	25.8	7
1989	34519			23146	705	20	1337			38	30.5	7.5
1990	83986			21964	1176	20	3586			43.1	35.2	7.9
1991	108122			19454	1123	28	5651	0.2		50.3	41.6	8.7
1992	154881			21281	903	46	7817	0.5		66.6	56.5	10.1
1993	242108			23791	1163	92	9812	1.8		98.8	85.3	13.5
1994	322406			25001	816	166	10940	7.9		155.6	135.9	19.7
1995	500819			24288	698	215	13977	19.8		229.1	194.8	34.3
1996	625297			22317	630	259	17290	36.2	0.1	319	261.7	57.3
1997	883518			21642	701	254.2	22681	67.2	0.5	394.3	309.7	84.6
1998	1322580			23450	745	261.9	24367	128.8	2.3	476.8	366.4	110.4
1999	1578635			18140	594	315.8	24179	207.7	12.2	579.2	439.3	139.9
2000	2426099	87084	2339015	17309	415	389.7	19834	429.3	61.8	699.5	519.7	179.8
2001	2130799	160002	1970796	14867	440	466.6	12014	703.8	163.4	860.7	621.5	239.2
2002	2492992	172483	2320509	13094	379	509.1	7822	846.6	335.9	1016.5	712.4	304.1
2003	2909994	190453	2719542	15985	352	619.8	4413	962.9	382.6	1278.6	907.3	371.2
2004	3651650	204598	3447052	13858	352	744.3	3714	1180.9	448.9	1492.7	1074.4	411.8
2005	4507393	235650	4271743	12466	339	804.4	4371	1394.9	331.8	1661.2	1203.4	449.9
2006	5649857	277553	5372304	9938	380	911.6	3800	1677.8	327.1	1701.8	1229.7	472.1
2007	7061352	293973	6767379	8270	330	1019.8	4465	2097.2	395.5	1728.8	1257.1	471.6
2008	8197008	331618	7865390	8330	375	1146.6	4639	2421.5	458.9	1604.3	1142.1	462.2
2009	9485359	396315	9089044	7486	356	1319.6	4160	2882.1	535.4	1529.1	1075.7	453.4
2010	11599440	372194	11227246	8463	384	1400.1	4399	3341.8	595.6	1428.0	985.8	442.2
2011	4721766	382248	4339518	8776	555	6211.5	6202	3844.5	665.1	1353.3	922.7	430.6
2012	5141147	428941	4712206	7433	404	7757.4	——	4291.3	707.9	1285.1	861.3	423.8
2013	5796430	501524	5294906	6899	366	11411.1	——	4583.6	726.9	1222.4	800.1	422.3
2014	6495529	594900	5900629	10400	327	16656.4	——	4535.5	772.1	1151.2	——	——
2015	7821440	750685	7070755	6865	422	24674.1	——	4429.6	839.3	1036.2	616.3	419.9
2016	11625256	1014450	10610806	4421	361	39826.0	——	4427.1	997.2	890.6	771.9	118.7

16-19 各地区邮电业务量

(2016年)

地区	邮电业务总量(万元)	邮政业务总量	电信业务总量	函件(万件)	报刊期发数(万份)	移动电话用户(万户)	互联网用户(万户)	固定电话年末用户(万户)
全省	**11625256.1**	**1014449.8**	**10610806.3**	**4420.8**	**361.5**	**4427.1**	**997.2**	**890.6**
沈阳	3185879.6	346763.6	2839116.0	1479.4	83.5	1184.8	201.3	180.9
大连	2551653.6	227113.0	2324540.6	699.1	63.0	833.4	149.5	212.0
鞍山	853533.5	76463.3	777070.2	572.4	23.0	327.7	80.7	61.2
抚顺	425068.8	27124.3	397944.5	95.0	19.0	193.6	53.0	36.5
本溪	333382.4	22073.4	311309.0	222.5	13.0	143.7	44.3	23.6
丹东	514047.9	35387.9	478660.0	162.9	22.0	203.6	57.6	60.4
锦州	585414.2	45786.4	539627.8	109.5	23.0	252.6	68.5	61.9
营口	567767.4	31321.8	536445.6	48.7	16.0	211.1	55.5	40.8
阜新	367696.8	14565.9	353130.9	91.5	10.0	150.3	45.7	32.2
辽阳	388069.7	29003.2	359066.5	99.4	17.0	166.6	48.1	25.9
盘锦	398082.6	33637.2	364445.4	45.6	19.0	142.6	35.4	31.4
铁岭	434043.1	30597.9	403445.2	159.9	18.0	198.2	48.2	28.9
朝阳	495233.2	37795.6	457437.6	80.5	16.0	216.1	54.1	53.4
葫芦岛	485619.5	56816.3	428803.1	554.6	19.0	203.0	55.3	41.6

注：邮电业务总量按各个时期的不变价格计算。

16-20 邮电通信水平

指标	单位	2005年	2008年	2009年	2010年	2011年	2012年	2013年	2014年	2015年	2016年
平均每一邮电局所服务面积	平方公里	87.5	93.8	94.6	95.0	95.2	96.9	96.9	38.5	27.9	24.9
平均每一邮电局所服务人口	万人	2.5	2.6	2.7	2.7	2.7	2.8	2.8	1.0	0.8	0.7
设有邮政局所的乡(镇)比重	%	91.3	91.0	87.0	87.0	85.0	86.0	88.8	100.0	100.0	100.0
已通邮的行政村比重	%	100.0	100.0	100.0	100.0	100.0	100.0	100.0	100.0	100.0	100.0
平均每人每年发函件数	件	3.0	2.0	1.8	2.0	2.1	1.8	1.6	2.0	1.6	1.0
平均每百人每年订报刊数	份	8.0	9.0	8.4	9.0	13.0	9.5	8.6	9.0	9.0	8.0
固定电话普及率	部/百人	39.4	37.7	35.4	33.6	30.9	30.2	29	26	24.5	20.3
移动电话普及率	部/百人	33.1	57.0	66.8	78.5	87.8	100.9	108	103	104.7	101.0
进入长话自动网的县(市)比重	%	100	100	100	100	100	100	100	100	100	100
已通固定电话的乡(镇)比重	%	100	100	100	100	100	100	100	100	100	100
已通固定电话的行政村比重	%	100	100	100	100	100	100	100	100	100	100

主要统计指标解释

铁路营业里程 又称营业长度，指办理客货运输业务的铁路正线总长度。凡是全线或部分建成双线及以上的线路，以第一线的实际长度计算；复线、站线、段管线、岔线和特殊用途线以及不计算运费的联络线都不计算营业里程。铁路营业里程是反映铁路运输业基础设施发展水平的重要指标，也是计算客货周转量、运输密度和机车车辆运用效率等指标的基础资料。

铁路正线延展里程 是正线第一线、第二线、第三线和其他正线建筑里程之和，不包括站线、段管线、岔线及特殊用途线的延展里程。它是作为计算铁路线上钢轨、枕木及路基砂石需要量的主要依据。

铁路电气化里程 指在全部铁路营业里程中已安装了供电线路及设备，可以供电力机车牵引列车运行的区段的总里程。电气化里程占铁路营业里程的比重。

铁路自动闭塞里程 为保证列车安全运行，在一个区间，同一时间内，一般只允许一列列车运行，这种保证列车在这个区间安全间隔运行的技术方法称为“闭塞”，自动闭塞里程是指装有列车自动完成闭塞作用设备的铁路里程。自动闭塞里程占铁路营业里程的比重也是反映铁路现代化的重要标志之一。

公路里程 指在一定时期内实际达到《公路工程技术标准 JTJ01-88》规定的等级公路，并经公路主管部门正式验收交付使用的公路里程数。其计算单位为：Km。它包括大中城市的郊区公路以及通过小城镇街道部分的公路里程，也包括桥梁、渡口的长度，但不包括大中城市的街道、厂矿、林区生产用道和农业生产用道的里程。两条或多条公路共同经由同一路段，只计算一次，不得重复计算里程长度。公路里程是反映公路建设发展规模的重要指标，也是计算运输网密度等指标的基础资料。

内河航道里程 也称“内河通航里程”，是反映内河水运网规模、水平和发展情况的主要指标；是指在一定时期内，能通航运输船舶及排筏的天然河流、湖泊水库、运河及通航渠道的长度。包括全年季节性通航累计三个月以上的航道，但不包括仅供零散流放竹、木排的河道。

民用航空航线里程 指民航运输定期班机飞行的航线长度的总和。航线长度按机场之间的距离计算，通常有两种计算方法：将每条航线长度相加称为重复计算航线里程；如将两线或两条以上航线经过同一区段里程，只计算一次航线长度称为不重复计算航线里程。一般常用的是后者，它能确切反映民航运输网的规模，表明民航事业为国民经济服务和方便人民生活程度的主要指标。

输油(气)管道长度 也称“输油(气)里程”，是反映管道运输发展规模和水平的主要指标；是指油品(或天然气)的实际输送距离，一般按输油(气)管道的单线长度计算。若包括复线和备用线长度则称为输油(气)管道延展长度，是指管道辅设的实际长度。我们通常使用的是不包括复线的“输油(气)管道里程”。

货(客)运量 指在一定时期内，各运输部门实际运送的货物(旅客)数量。是反映运输业为国民经济和人民生活服务的数量指标，也是制定和检查运输生产计划，研究运输发展规模和速度的重要指标。货运按吨计算，客运按人计算。货物不论运输距离长短，货物类别，均按实际重要统计；旅客不论行程远近或票价多少，均按一人一次作为客运量统计。半价票、小孩票也按一人统计。

货(客)运密度 指在一定时期内某种运输方式运输线路的某一区段平均每公司线路通过的货物(旅客)运输周转量。计算单位是吨(人)公里/公里。计算公式为:

货(客)运密度=（货物(旅客)周转量／营业线路长度）

货(客)运密度是反映交通运输线路上货物(旅客)运输量运输繁忙程度的主要指标。是平衡运输线路运输能力和通过能力，规划线路建设及改造、配备技术设备，研究运输网布局的重要依据。

货物(旅客)周转量 指在一定时期内，由各种运输工具运送的货物(旅客)数量与其相应运输距离的乘积之总和，是反映运输生产总成果的重要指标，也是编制和检查运输生产计划，计算运输效率、劳动生产率以及核算运输单位成本的主要基础资料。通常以吨公里和人公里为计算单位。计算货物周转量通常按发出站与到达站之间的最短距离，也就是计费距离计算。

铁路货车平均静载重 指铁路货车在始发站静止状态下平均每车装载的货物重量，用以分析货车完成装车时车辆载重力的利用情况。计算单位为“吨”，计算公式为:

货车平均静载重(吨)=（货物发送吨数／装车数）

静载重的多少取决于运送货物的性质、种类、车辆的类型和装载技术的高低。根据货车的平均标记载重与静载重进行对比，可以反映货车载重能力的利用程度。计算公式为:

货车载重力利用率(%)=（货车平均静载重／货车平均标记载重）×100%

铁路货运机车日产量 指平均每台货运机车在一昼夜内所完成的总重吨公里数。它既包括载运货物的重量，也包括车辆本身的自重，它从时间和牵引能力两方面反映了机车运用效率。计算单位为“吨公里”，计算公式为:

货运机车平均日产量(吨公里)=（货运总重吨公里数／货运机车台日数)

沿海主要港口货物吞吐量 指由水运进出沿海主要港区范围，并经过装卸的货物数量，包括邮件及办理托运手续的行李、包裹以及补给运输船舶的燃、物料和淡水。其计量单位为吨。货物吞吐量的货种分类及其主要流向流量，反映了港口在国内外物资交流和对外贸易运输中的地位和作用。吞吐量可以分为进口、出口，又可以分为国内贸易和对外贸易。

邮电业务总量 指以货币表现的邮电部门用于传递信息和提供其他邮电服务的总数量。它综合反映了一定时期邮电工作的总成果，是研究邮电业务量构成和发展趋势的重要指标。根据邮电管理体制不同，分为中央国营业务总量和地方国营业务总量。它用各种邮电分类业务量，如函件件数、电报份数、长话张数、市内电话和农村电话的年均户数、订销报刊累计份数等，分别乘以相应的平均单价(不变价)，加总后再加上出租电路和设备的收入、代用户维护电话交换机和线路等设备的收入、其他业务收入求得。

市内电话 指接入县城(包括个别城镇)及县以上城市的市内电话网上，并按市内电话进行经营管理的电话。按计费办法分为包月制和计次制两种。

(1)住宅电话指话机装在居民住宅里的电话。它包括私人付费、公费和免费三个部分。

(2)私人付费电话指住宅居民自费安装并自己缴纳通话费的电话。

十七、国内贸易

Chapter 17 Domestic Trade

17-1 限额以上批发零售贸易业基本情况

登记注册类型	2012年		2013年		2014年		2015年		2016年	
	法人企业(个)	从业人数(人)	法人企业(个)	从业人数(人)	法人企业(个)	从业人数(人)	法人企业(个)	从业人数(人)	法人企业(个)	从业人数(人)
总　计	**6276**	**333843**	**7385**	**375183**	**6691**	**374511**	**6020**	**359070**	**4954**	**299878**
一、批发业	**3321**	**101057**	**3887**	**133065**	**3376**	**130668**	**2970**	**124740**	**2479**	**92388**
1.按登记注册类型分组										
内资	3223	95487	3782	127366	3272	124132	2883	117248	2397	87031
国有	153	19515	123	14883	99	13354	83	13275	67	11191
集体	40	1044	39	788	30	897	20	731	13	598
股份合作	14	217	13	620	11	516	9	497	6	87
联营企业	3	285	3	46						
国有联营	1	12	2	40						
集体联营										
国有与集体联营	1	243	1	6						
其他联营	1	30								
有限责任公司	678	20531	922	46278	836	46173	795	44304	743	26343
国有独资公司	14	349	30	3310	28	2805	27	2261	24	1596
其他有限责任公司	664	20182	892	42968	808	43368	768	42043	719	24747
股份有限公司	72	10986	85	10560	74	9520	79	9495	78	9181
私营企业	2162	41117	2562	53476	2200	53265	1885	48673	1480	39462
私营独资	192	3826	93	1111	63	1028	57	879	26	384
私营合伙	11	261	4	93	3	85	3	79	2	5
私营有限责任公司	1879	35379	2348	42182	2050	42195	1758	37929	1405	29671
私营股份有限公司	80	1651	117	10090	84	9957	67	9786	47	9402
其他	101	1792	35	715	22	407	12	273	10	169
港澳台商投资企业	24	2551	29	2812	28	2297	19	4193	19	2262
与港澳台商合资经营	6	1066	8	931	6	305	4	283	3	93
与港澳台商合作经营	1	9	2	188	2	190	1	183	1	261
港澳台商独资	17	1476	19	1693	20	1802	13	1822	15	1908
港澳台商独资股份有限公司							1	1905		
外商投资企业	74	3019	76	2887	76	4239	68	3299	63	3095
中外合资经营	16	915	15	975	14	892	13	783	11	732
中外合作经营			1	3	1	3				
外资企业	54	1993	56	1795	56	2493	51	2398	48	2263
外商投资股份有限公司	4	111	4	114	5	851	4	118	4	100
2.按国民经济行业分组										
农、林、牧产品批发业	169	4247	220	5198	219	5187	217	4991	189	3967
食品、饮料及烟草制品批发业	263	19300	312	21043	294	20008	276	20173	253	18168
米、面制品及食用油批发业	74	3058	85	3136	80	3098	79	2784	63	2363
烟草制品批发业	14	7794	15	8368	14	7664	14	7846	14	7169
纺织、服装及家庭用品批发业	210	7457	245	34550	229	36753	217	36445	165	16814
服装批发业	86	2880	114	21896	100	22260	94	22024	62	3155
家用电器批发业	36	1403	37	1482	41	1433	41	1360	40	1282
文化、体育用品及器材批发业	49	1544	61	1558	58	2268	51	3298	45	3087
医药及医疗器材批发业	180	8776	220	9067	196	10250	204	10540	213	11099
矿产品、建材及化工产品批发业	1757	40116	1992	41597	1687	37713	1407	32737	1109	25884
煤炭及制品批发业	240	4048	269	4228	217	3315	138	2300	89	1428
石油及制品批发业	344	15848	381	15340	362	15334	390	15069	334	12966
金属及金属矿批发业	711	10534	731	11595	627	10423	455	7900	349	6182
建材批发业	170	3400	232	3726	166	3019	140	2659	100	1539
化肥批发业	42	1584	56	1452	48	1457	42	1320	30	929
机械设备、五金交电及电子产品批发	624	16119	752	16777	617	15207	523	13023	445	10515
汽车批发业	133	4604	99	3333	86	2726	65	2245	65	1651
汽车零配件批发业			52	1685	47	1628	41	1237	40	1250
摩托车及零配件批发业			12	180	11	175	10	150	8	131
计算机、软件及辅助设备批发业	70	1930	64	1493	56	1276	50	1177	42	1116
贸易经纪与代理	8	1165	11	1442	11	1566	11	1588	12	1828
其他批发业	61	2333	74	1833	65	1716	64	1945	48	1026

注：1.由于行业代码调整，原汽车、摩托车及其零配件批发业被拆分为汽车批发业、汽车零配件批发业和摩托车及零配件批发业，因此，与之对应的2010年、2011年、2012年和2013年数据均为原汽车、摩托车及其零配件批发业数据。
2.由于行业代码调整，原家用电器零售业被拆分为家用视听设备零售业和日用家电设备零售，因此，与之对应的2010年、2011年、2012年和2013年数据均为原家用电器零售业数据。
3.由于行业代码调整，从2014年年报开始增加互联网零售业数据。

17-1 续表

登记注册类型	2012年		2013年		2014年		2015年		2016年	
	法人企业(个)	从业人数(人)	法人企业(个)	从业人数(人)	法人企业(个)	从业人数(人)	法人企业(个)	从业人数(人)	法人企业(个)	从业人数(人)
二、零售业	**2955**	**232786**	**3498**	**242118**	**3315**	**243843**	**3050**	**234330**	**2475**	**207490**
1.按登记注册类型分组										
内资	2873	208600	3410	211613	3214	213561	2958	207033	2388	181594
国有	117	11994	99	7843	88	7378	81	6496	66	5033
集体	102	3862	100	4237	78	2917	65	2527	41	1868
股份合作	20	570	19	315	13	186	10	148	6	88
联营企业	6	579	6	81	4	67	4	65	4	75
国有联营	3	71	4	68	2	23	2	23	2	25
集体联营	3	508	2	13	1	12	1	10	1	6
国有与集体联营										
其他联营					1	32	1	32	1	44
有限责任公司	705	74468	899	83924	879	85721	869	87832	791	82813
国有独资公司	4	1600	7	1547	7	1550	12	1848	14	2724
其他有限责任公司	701	72868	892	82377	872	84171	857	85984	777	80089
股份有限公司	76	31268	84	27283	78	27141	74	25815	61	24425
私营企业	1793	82072	2168	86526	2046	89024	1830	83212	1403	66564
私营独资	466	13233	410	8030	349	7935	303	7805	171	6187
私营合伙	16	178	9	64	8	60	8	58	1	7
私营有限责任公司	1245	66032	1657	75266	1613	78174	1457	72965	1184	58620
私营股份有限公司	66	2629	92	3166	76	2855	62	2384	47	1750
其他	54	3787	35	1404	28	1127	25	938	16	728
港澳台商投资企业	44	10539	52	14908	60	15175	54	13518	50	12793
与港澳台商合资经营	17	3896	19	5845	19	5624	15	4436	14	4090
与港澳台商合作经营							1	30		
港澳台商独资	23	5907	29	8279	37	8812	35	8475	33	8149
港澳台商独资股份有限公司	4	736	4	784	4	739	3	577	3	554
外商投资企业	38	13647	36	15597	41	15107	38	13779	37	13103
中外合资经营	17	7161	13	7394	16	8753	15	8191	14	7602
中外合作经营										
外资企业	19	5986	21	7351	21	5393	20	4726	20	4730
外商投资股份有限公司	1	410	2	852	3	877	2	788	2	701
2.按国民经济行业分组										
综合零售业	349	112812	396	114462	396	118038	378	117319	328	99876
百货零售业	203	77209	227	75082	229	78890	219	76825	194	63963
超级市场零售业	109	32467	115	36107	124	36056	117	37630	112	33782
食品、饮料及烟草制品专门零售业	131	4254	182	5137	157	4892	140	4676	121	3757
纺织、服装及日用品专门零售业	194	11185	235	11872	231	12574	209	11297	165	9286
服装零售业	108	8188	125	8345	127	9081	119	8103	92	6528
文化、体育用品及器材专门零售业	151	7306	169	7524	161	7509	152	6902	143	6594
体育用品零售业	10	444	10	440	8	549	6	391	7	568
图书零售业	63	4597	62	4601	62	4489	58	4177	54	3930
医药及医疗器材专门零售业	188	21591	223	22747	190	21346	174	20917	159	22962
药品零售业	169	21331	198	22480	164	21045	151	20580	138	22539
汽车、摩托车、燃料及零配件专门	1150	48454	1330	50670	1294	51068	1252	47696	1051	44125
汽车零售业	684	29809	776	32298	784	33858	796	31713	718	29321
机动车燃料零售业	351	16681	416	16360	393	15235	366	14371	289	13968
家用电器及电子产品专门零售业	396	16806	448	16998	427	16961	377	15026	314	13357
家用视听设备零售	166	7867	180	8036	69	2330	59	1961	44	1635
日用家电设备零售					105	5950	93	5315	75	4353
计算机、软件及辅助设备零售业	175	6993	197	6912	173	6578	143	5623	124	5241
通讯设备零售业	42	1799	49	1827	59	1905	60	1919	49	1914
五金、家具及室内装修材料专门零	215	5911	286	7745	255	6946	194	5922	109	4368
无店铺及其他零售业	181	4467	229	4963	204	4509	174	4575	85	3165
互联网零售业					2	1025	3	1515	3	1488
邮购及电视、电话零售业	1	1200			2	45	2	45	1	18

17-2 限额以上住宿餐饮业基本情况

登记注册类型	2012年		2013年		2014年		2015年		2016年	
	法人企业(个)	从业人数(人)	法人企业(个)	从业人数(人)	法人企业(个)	从业人数(人)	法人企业(个)	从业人数(人)	法人企业(个)	从业人数(人)
总　计	**1274**	**112109**	**1308**	**103247**	**1216**	**93495**	**1061**	**83978**	**859**	**71790**
一、住宿业	**557**	**60584**	**593**	**56719**	**579**	**51982**	**528**	**47769**	**472**	**42983**
1.按登记注册类型分组										
内资	491	49615	532	47496	523	43588	475	40034	425	36343
国有	117	13955	95	10663	82	9584	73	8820	59	7737
集体	38	2135	36	1893	33	1486	25	1283	20	917
股份合作	2	75	2	70	1	20	1	20	1	35
联营企业	1	48	1	27	2	87	2	89	2	89
国有联营	1	48	1	27	1	27	1	24	1	24
集体联营					1	60	1	65	1	65
国有与集体联营										
其他联营										
有限责任公司	106	15140	130	16509	135	15445	133	14206	142	14834
国有独资公司	4	2126	7	1874	6	1722	6	1741	10	2890
其他有限责任公司	102	13014	123	14635	129	13723	127	12465	132	11944
股份有限公司	10	622	13	763	14	873	12	705	15	1051
私营企业	204	15960	249	17148	248	15674	223	14606	182	11465
私营独资	53	3663	62	2948	60	2907	55	2630	33	1339
私营合伙	6	180	5	132	5	131	5	131	3	107
私营有限责任公司	135	11175	172	13187	173	11862	152	11146	136	9449
私营股份有限公司	10	942	10	881	10	774	11	699	10	570
其他	13	1680	6	423	8	419	6	305	4	215
港澳台商投资企业	33	6973	27	5105	22	4707	20	4331	19	4404
与港澳台商合资经营	19	3843	16	3446	14	3547	13	3272	13	3210
与港澳台商合作经营	3	1098	1	355						
港澳台商独资	10	1936	10	1304	8	1160	7	1059	6	1194
港澳台商独资股份有限公司	1	96								
外商投资企业	33	3996	34	4118	34	3687	33	3404	28	2236
中外合资经营	23	3317	22	2992	23	2791	21	2720	16	1516
中外合作经营	2	264	2	241	2	228	1	110	1	60
外资企业	7	382	10	885	9	668	10	562	9	502
外商投资股份有限公司									1	147
2.按国民经济行业分组										
旅游饭店	411	54107	421	49325	399	44565	367	40842	331	36933
一般旅馆	129	5792	153	6604	163	6741	146	6225	127	5362
其他住宿服务	17	685	19	790	17	676	15	702	14	688

17-2 续表

登记注册类型	2012年		2013年		2014年		2015年		2016年	
	法人企业(个)	从业人数(人)	法人企业(个)	从业人数(人)	法人企业(个)	从业人数(人)	法人企业(个)	从业人数(人)	法人企业(个)	从业人数(人)
二、餐饮业	**717**	**51525**	**715**	**46528**	**637**	**41513**	**533**	**36209**	**387**	**28807**
1.按登记注册类型分组										
内资	639	35889	645	33887	582	29516	494	24924	354	19146
国有	27	1687	22	1316	18	1147	17	1007	12	848
集体	22	566	12	358	10	259	5	127	3	76
股份合作	5	152	3	103	1	5	1	5		
联营企业										
国有联营										
集体联营										
国有与集体联营										
其他联营										
有限责任公司	93	6006	113	7194	111	6628	98	6083	83	5160
国有独资公司			2	88	2	48			1	42
其他有限责任公司	93	6006	111	7106	109	6580	98	6083	82	5118
股份有限公司	10	1006	9	973	9	720	8	624	6	526
私营企业	460	25076	472	23186	421	20025	355	16463	242	11981
私营独资	208	8501	201	7403	182	6482	152	5575	90	3457
私营合伙	8	210	5	149	5	146	5	152	3	96
私营有限责任公司	230	15952	252	14991	223	13051	190	10526	143	8304
私营股份有限公司	14	413	14	643	11	346	8	210	6	124
其他	22	1396	14	757	12	732	10	615	8	555
港澳台商投资企业	22	2305	21	2265	15	2179	12	1979	10	1896
与港澳台商合资经营	9	801	8	568	5	417	4	358	2	316
与港澳台商合作经营			1	17	1	17	1	9	1	9
港澳台商独资	13	1504	12	1680	9	1745	7	1612	7	1571
港澳台商独资股份有限公司										
外商投资企业	56	13331	49	10376	40	9818	27	9306	23	7765
中外合资经营	24	1353	20	1079	16	859	9	632	7	650
中外合作经营	2	861	2	910	2	858	1	9	1	9
外资企业	29	10982	26	8277	20	7960	16	8615	14	6995
外商投资股份有限公司	1	135	1	110	2	141	1	50	1	111
2.按国民经济行业分组										
正餐服务业	663	36749	662	34415	585	29826	488	24674	350	18765
快餐服务业	29	12928	28	10156	28	9914	27	9846	22	8183
饮料及冷饮服务业	12	474	13	592	14	632	10	604	7	622
其他餐饮服务业	13	1374	12	1365	10	1141	8	1085	8	1237

17-3 社会消费品零售总额

(按城乡分) 单位：亿元

年份、地区	社会消费品零售总额	按城乡分	
		城镇	乡村
1978	71.2	52.8	18.4
1985	195.5	137.5	58.0
1986	244.3	175.0	69.3
1987	285.9	205.7	80.2
1988	368.0	269.6	98.4
1989	411.7	307.7	104.0
1990	421.1	322.3	98.8
1991	467.3	363.6	103.7
1992	540.6	415.6	125.0
1993	682.1	589.3	92.8
1994	870.5	756.8	113.7
1995	1122.0	984.4	137.6
1996	1289.4	1130.3	159.1
1997	1450.6	1270.2	180.4
1998	1568.7	1373.0	195.7
1999	1696.1	1493.8	202.3
2000	1847.6	1632.2	215.4
2001	2034.9	1797.8	237.1
2002	2258.4	2005.0	253.4
2003	2330.8	2075.6	255.2
2004	2642.8	2351.2	291.6
2005	2999.0	2669.3	329.7
2006	3434.6	3036.4	398.2
2007	4030.1	3566.5	463.6
2008	4917.5	4350.1	567.5
2009	5812.6	5124.1	688.5
2010	6809.6	6003.0	806.6
2011	8003.6	7446.0	557.7
2012	9256.6	8475.3	781.3
2013	10524.4	9629.1	895.4
2014	11793.1	10678.0	1115.1
2015	12773.8	11575.2	1198.6
2016	13414.1	12112.4	1301.7
沈　阳	3985.9	3688.9	297.0
大　连	3410.1	3277.2	132.9
鞍　山	992.1	842.0	150.1
抚　顺	669.5	628.9	40.6
本　溪	377.4	361.8	15.5
丹　东	542.0	464.8	77.2
锦　州	610.7	531.5	79.2
营　口	502.7	441.9	60.8
阜　新	282.1	210.9	71.2
辽　阳	320.0	291.7	28.3
盘　锦	372.7	327.6	45.0
铁　岭	428.8	277.4	151.4
朝　阳	448.7	405.3	43.4
葫芦岛	471.4	362.4	109.0

注：1.1993年以后是将市和县视为城镇，县以下为乡村。2010年按地区和城乡分组数据为了与历史数据可比按2009年的比重推算。
2.社会消费品零售总额中，不含其他行业零售额。

17-4 各地区社会消费品零售总额

(2016年) 单位：万元

项　目	沈阳市	大连市	鞍山市	抚顺市	本溪市	丹东市	锦州市
社会消费品零售总额	39858992.1	34101246.3	9921056.9	6695021.0	3773503.3	5419729.7	6107005.3
按销售单位所在地分							
1.城镇	36888790.8	32772476.3	8420355.2	6288575.7	3618122.6	4648174.0	5315075.0
其中：城区	35557367.4	30307345.7	6722425.3	5504659.3	3429323.0	3450872.7	4118756.8
2.乡村	2970201.3	1328770.0	1500701.7	406445.3	155380.7	771555.7	791930.3

17-4 续表 (2016年) 单位：万元

项　目	营口市	阜新市	辽阳市	盘锦市	铁岭市	朝阳市	葫芦岛市
社会消费品零售总额	5027306.5	2821338.6	3200165.9	3726914.7	4288287.7	4486721.5	4713707.4
按销售单位所在地分							
1.城镇	4419097.4	2109157.2	2916674.5	3276432.3	2774334.7	4052709.6	3623800.7
其中：城区	3577831.3	1747812.7	2095851.7	2656322.9	1994542.2	2726882.9	2245060.7
2.乡村	608209.1	712181.4	283491.4	450482.4	1513953.0	434011.9	1089906.7

17-5 限额以上批发零售贸易业商品销售总额

(2016年) 单位：万元

登记注册类型、行业	销售总额	#批发	#零售
总　计	**136406298.0**	**102746500.5**	**36724796.7**
一、批发业	**104254939.4**	**99741395.6**	**4513544.3**
1.按登记注册类型分组			
内资企业	101419004.8	97025293.1	4393711.2
国有企业	7167203.4	7103076.6	64126.8
集体企业	216940.1	216940.1	
股份合作企业	23947.1	23938.3	8.8
联营企业			
国有联营企业			
集体联营企业			
国有与集体联营企业			
其他联营企业			
有限责任公司	35159090.5	33272558.2	1886532.4
国有独资企业	3393893.7	3333645.4	60248.3
其他有限责任公司	31765196.8	29938912.8	1826284.1
股份有限公司	35241344.2	33941142.6	1300201.9
私营企业	23571102.5	22429629.0	1141473.6
私营独资企业	127278.9	123307.0	3971.9
私营合伙企业	11381.2	11381.2	
私营有限责任公司	22239028.8	21180519.9	1058509.0
私营股份有限公司	1193413.6	1114420.9	78992.7
其他企业	39377.0	38009.3	1367.7
港、澳、台商投资企业	632589.6	592738.5	39851.5
合资经营企业	217020.6	203946.5	13074.2
合作经营企业	49427.0	49427.0	
独资经营企业	366142.0	339365.0	26777.3
投资股份有限公司			
外商投资企业	1620980.0	1596600.0	24380.3
中外合资经营企业	190281.1	182498.6	7782.9
中外合作经营企业			
外资企业	1361181.7	1347237.2	13944.8
外商投资股份有限公司	69517.2	66864.2	2652.6
2.按国民经济行业分组			
农、林、牧产品批发业	3497552.9	3451012.3	46540.6
食品、饮料及烟草制品批发业	7033176.6	6836650.2	196526.4
米、面制品及食用油批发业	768587.5	735502.6	33084.9
烟草制品批发业	3714143.1	3695076.5	19066.6
纺织、服装及家庭用品批发业	3589594.2	3394650.9	194943.3
服装批发业	820519.9	798154.1	22365.8
家用电器批发	1198077.4	1123976.7	74100.7
文化、体育用品及器材批发业	661717.2	612083.6	49633.6
医药及医疗器材批发业	5267818.2	3613028.3	1654789.9
矿产品、建材及化工产品批发	76212720.3	74395613.6	1817106.7
煤炭及制品批发业	3912653.2	3904162.8	8490.4
石油及制品批发业	45758618.6	44284743.2	1473875.4
金属及金属矿批发业	19526947.0	19303498.8	223448.2
建材批发业	1596974.8	1505536.6	91438.2
化肥批发业	630748.3	630405.9	342.4
机械设备、五金产品及电子产品批发	6738584.7	6259834.9	478749.8
汽车批发	1102607.4	977789.9	124817.5
汽车零配件批发	1165926.2	1131923.2	34003.0
摩托车及零配件批发	71791.8	61263.5	10528.3
计算机、软件及辅助设备批	345700.6	283139.4	62561.2
贸易经纪与代理	312215.5	296869.4	15346.1
其他批发业	941560.1	881652.2	59907.9

17-5 续表 (2016年) 单位：万元

登记注册类型、行业	销售总额	#批发	#零售
二、零售业	**35216357.5**	**3005105.1**	**32211252.4**
1.按登记注册类型分组			
内资企业	30784056.8	2848464.0	4393711.2
国有企业	1239864.4	401260.0	64126.8
集体企业	139410.4	28381.8	
股份合作企业	17658.7	1212.6	8.8
联营企业	14795.7		
国有联营企业	7993.3		
集体联营企业	1456.9		
国有与集体联营企业			
其他联营企业	5345.5		
有限责任公司	13947722.5	1271825.9	1886532.4
国有独资企业	474950.6	104787.5	60248.3
其他有限责任公司	13472771.9	1167038.4	1826284.1
股份有限公司	5202226.9	471462.2	1300201.9
私营企业	10188541.8	669169.1	1141473.6
私营独资企业	463425.7	33282.0	3971.9
私营合伙企业	1730.1	568.0	
私营有限责任公司	9448431.0	618147.4	1058509.0
私营股份有限公司	274955.0	17171.7	78992.7
其他企业	33836.4	5152.4	1367.7
港、澳、台商投资企业	1845030.4	90939.7	39851.5
合资经营企业	842329.5	35417.4	13074.2
合作经营企业			
独资经营企业	929636.9	35114.2	26777.3
投资股份有限公司	73064.0	20408.1	
外商投资企业	1556857.3	16827.1	24380.3
中外合资经营企业	875754.6	16827.1	7782.9
中外合作经营企业	69826.3		
外资企业	535209.5		13944.8
外商投资股份有限公司	44814.4		2652.6
2.按国民经济行业分组			
综合零售业	9625009.5	261227.1	9363782.4
百货零售业	7383002.4	188137.6	7194864.8
超级市场零售业	2101357.8	64576.6	2036781.2
食品、饮料及烟草制品专门零	622566.7	42763.3	579803.4
纺织、服装及日用品专门零售	1240187.3	66592.0	1173595.3
服装零售业	844766.1	32151.7	812614.4
文化、体育用品及器材专门零	763948.7	131924.5	632024.2
体育用品及器材零售	62512.9	3826.1	58686.8
图书、报刊零售	123149.0	4839.6	118309.4
医药及医疗器材专门零售业	2523187.7	413723.5	2109464.2
药品零售业	2418641.4	365133.2	2053508.2
汽车、摩托车、燃料及零配件	15653452.5	1554715.5	14098737.0
汽车零售业	10586354.6	453513.4	10132841.2
机动车燃料零售业	4926115.1	1083664.4	3842450.7
家用电器及电子产品专门零售	2175559.0	214948.6	1960610.4
家用视听设备零售	201115.8	16678.2	184437.6
日用家电设备零售	1182007.7	60051.5	1121956.2
计算机、软件及辅助设备零	301977.7	65273.8	236703.9
通讯设备零售	409690.4	62589.7	347100.7
五金、家具及室内装修材料专门零售	784727.8	52710.7	732017.1
无店铺及其他零售业	1827718.3	266499.9	1561218.4
互联网零售	1543693.4	114828.5	1428864.9
邮购及电视、电话销售	1679.8	77.9	1601.9

17-6　各地区限额以上批发零售贸易业商品销售总额

(2016年)　　单位：万元

登记注册类型、行业	沈阳	大连	鞍山	抚顺	本溪	丹东	锦州
总　　计	**70335706.1**	**31913939.8**	**6092097.0**	**2783693.2**	**1002048.2**	**1502296.7**	**2967084.7**
一、批发业	**53641309.9**	**24213011.7**	**4594301.1**	**1151908.6**	**572746.4**	**615989.1**	**1639410.9**
1.按登记注册类型分组							
内资企业	52988246.0	23039399.1	4575374.5	1095598.7	548996.3	615989.1	1592360.9
国有企业	1390558.8	1464600.4	2115495.9	199731.0	184648.2	189430.5	243379.8
集体企业	127118.0	30619.1	8901.7		6402.1	2052.0	
股份合作企业	16637.5	7309.6					
联营企业							
国有联营企业							
集体联营企业							
国有与集体联营企业							
其他联营企业							
有限责任公司	10745852.9	9706707.7	941507.2	492772.7	119724.3	281508.8	741133.6
国有独资企业	804854.2	304605.2					57107.5
其他有限责任公司	9963802.7	9402102.5	941507.2	492772.7	119724.3	281508.8	684026.1
股份有限公司	30996191.8	1448773.5	382198.2	231947.7	150224.2	64215.2	
私营企业	8899250.5	10366053.7	1121926.1	171147.3	87997.5	75982.6	607847.5
私营独资企业	109464.8	19715.0	15232.5	3675.1		3587.7	
私营合伙企业							
私营有限责任公司	8556175.2	10155887.2	461485.2	167472.2	77304.5	72394.9	607382.5
私营股份有限公司	329191.5	190451.5	645208.4		10693.0		465.0
其他企业	16260.5	15335.1	5345.4			2800.0	
港、澳、台商投资企业	262856.8	261577.7		51725.9	11942.1		16982.0
合资经营企业	10013.0	188096.5			11942.1		16982.0
合作经营企业				49427.0			
独资经营企业	262856.8	73481.2		2298.9			
投资股份有限公司	10013.0						
外商投资企业	390207.1	908774.9	2660.6				25882.0
中外合资经营企业	305588.4	165995.7					
中外合作经营企业	7780.0						
外资企业	374606.7	716621.0	2660.6				
外商投资股份有限公司	264730.0	26158.2					25882.0
2.按国民经济行业分组							
农、林、牧产品批发业	567965.9	1687207.0	60400.2	12949.3		142.4	673490.0
食品、饮料及烟草制品批发业	2131247.9	1993924.4	404785.7	242712.7	203931.0	206955.9	243085.7
米、面制品及食用油批发业	222456.3	231132.3	60964.6	2862.8	57711.4	4340.1	5035.6
烟草制品批发业	898472.2	733053.5	295245.6	165276.1	126936.8		213390.0
纺织、服装及家庭用品批发业	1502579.1	1143239.0	591015.3	49427.0	16085.1	148545.3	124921.6
服装批发业	134671.4	657086.2			8872.1	18243.8	
家用电器批发	798819.9	235850.9				38738.5	117166.2
文化、体育用品及器材批发业	539522.4	97141.3	11626.5				11129.1
医药及医疗器材批发业	3634636.6	914149.6	109452.2	59472.3	90123.1	8870.9	194712.9
矿产品、建材及化工产品批发	42957474.8	13725258.4	3346630.9	742919.2	227261.3	41290.0	177227.8
煤炭及制品批发业	741856.6	2350239.7	28610.6	25643.6	18116.4	18935.7	15594.0
石油及制品批发业	32487906.5	5959852.3	473829.5	430955.1	139012.9		66370.1
金属及金属矿批发业	6226374.7	3377677.0	2682572.4	264772.3	35625.3	17966.4	63141.2
建材批发业	1266435.0	130675.1	13835.9		25516.3		67.5
化肥批发业	420513.2	42521.5	44034.3				2455.0
机械设备、五金产品及电子产品批发	2168702.6	3805173.0	63015.8	17840.5	25030.7	143917.4	188568.5
汽车批发	487295.5	276272.7	16134.7	7671.2		122761.4	58072.3
汽车零配件批发	235679.4	894252.9			2650.1		2369.1
摩托车及零配件批发	54940.3	12086.2	3358.8				
计算机、软件及辅助设备批	288967.4	52180.9					4552.3
贸易经纪与代理	72412.7	112499.5					26275.3
其他批发业	66767.6	734419.2	7374.3	26588.0	10315.5	66267.2	

17-6 续表 1　　　　(2016年)　　　　单位：万元

登记注册类型、行业	沈阳	大连	鞍山	抚顺	本溪	丹东	锦州
二、零售业	**16694396.5**	**7700928.4**	**1497796.1**	**1631784.2**	**429301.5**	**886307.6**	**1327673.8**
1.按登记注册类型分组							
内资企业	15137750.3	6323051.0	1133149.2	1615957.0	360710.9	756897.5	1230154.1
国有企业	1240039.1	48607.1	15313.7		2912.7	3090.5	3402.8
集体企业	87422.4	5813.4	26014.3		2081.6		28972.9
股份合作企业	12880.5	5980.9				429.3	
联营企业		6845.7					1147.6
国有联营企业		6845.7					1147.6
集体联营企业							
国有与集体联营企业							
其他联营企业							
有限责任公司	7072332.5	2449289.9	517127.2	802764.3	142788.0	206686.2	528443.6
国有独资企业	134758.0	7461.9		61891.8			
其他有限责任公司	7032967.4	2441828.0	517127.2	740872.5	142788.0	206686.2	528443.6
股份有限公司	1695399.9	2063353.6	98842.1	537374.6	758.4	367439.2	295388.0
私营企业	4742159.9	1742339.8	475122.2	275818.1	212170.2	179088.5	372799.2
私营独资企业	77964.3	8539.0	85559.9	2625.9	4665.5	17124.7	12155.5
私营合伙企业	1730.1						
私营有限责任公司	4646276.2	1671896.0	356681.5	247621.4	207184.3	157987.0	355645.3
私营股份有限公司	16092.0	61904.8	32880.8	25570.8	320.4	3976.8	4998.4
其他企业	9330.5	820.6	729.7			163.8	
港、澳、台商投资企业	708048.7	764478.5	132929.6		1380.2	14549.3	25120.1
合资经营企业	58496.7	683755.0	86848.5			14549.3	25120.1
合作经营企业							
独资经营企业	674599.2	80723.5	27389.3		1380.2		
投资股份有限公司	1951.8		18691.8				
外商投资企业	849990.4	550964.4		5337.9			28538.5
中外合资经营企业	675114.9	266242.7					
中外合作经营企业	34014.9						
外资企业	310709.4	253469.2		5337.9			28538.5
外商投资股份有限公司	51795.2						
2.按国民经济行业分组							
综合零售业	3065497.0	2246610.8	466213.4	1114433.6	139508.5	163343.1	533239.0
百货零售业	2123696.6	1676875.0	325460.0	1011159.7	103275.6	119997.5	487444.2
超级市场零售业	874412.2	515690.3	139077.2	103273.9	24402.9	43345.6	45249.5
食品、饮料及烟草制品专门零	392400.7	66257.8	36099.9	6998.7	13178.4	21385.4	19620.3
纺织、服装及日用品专门零售	476415.3	304979.7	117138.7	2546.7	26828.6	107901.0	15507.1
服装零售业	331026.0	218401.4	35438.3	2546.7	9551.2	85565.0	8630.9
文化、体育用品及器材专门零	383879.0	225360.2	68221.8		9818.8	18249.4	8158.2
体育用品及器材零售	24607.6	34479.0	2195.4				507.5
图书、报刊零售	53916.3	25811.8	7820.7		4250.5	3090.5	2656.7
医药及医疗器材专门零售业	1722966.0	500045.9	54055.3	31368.6	12088.4	23565.9	27792.2
药品零售业	1640018.6	488998.4	54055.3	28697.5	9304.3	23565.9	26291.0
汽车、摩托车、燃料及零配件	7556456.7	3749040.9	607741.9	231689.7	112030.6	469820.1	653728.1
汽车零售业	5067034.0	2462456.5	528158.9	230993.5	99197.7	221243.9	275344.8
机动车燃料零售业	2445647.7	1262156.7	73770.2		11197.1	247430.1	361310.6
家用电器及电子产品专门零售	1244255.9	396083.8	113490.8	30679.9	59564.6	63767.2	49697.7
家用视听设备零售	1931.4	15980.7	71423.8		3691.9	15276.2	32521.8
日用家电设备零售	730432.8	307822.1	35636.7	26454.3	2701.9	23350.5	9108.3
计算机、软件及辅助设备零	128259.5	44431.4	5846.6		49093.8	21744.0	4621.3
通讯设备零售	309461.6	26886.6	583.7	4225.6	3129.3	2421.5	1529.0
五金、家具及室内装修材料专门零售	283562.7	120624.6	10447.6	209448.9	49184.9	14418.9	18535.5
无店铺及其他零售业	1568963.2	91924.7	24386.7	4618.1	7098.7	3856.6	1395.7
互联网零售	1536865.2						
邮购及电子销售业		1679.8					

17-6 续表 2　　　　(2016年)　　　　单位：万元

登记注册类型、行业	营口	阜新	辽阳	盘锦	铁岭	朝阳	葫芦岛
总　计	**2876535.3**	**1650292.9**	**6357801.2**	**5578271.0**	**1103453.3**	**3019654.6**	**2288423.2**
一、批发业	**1843433.3**	**920154.1**	**5602089.7**	**4842428.3**	**659049.2**	**2426363.0**	**1532744.1**
1.按登记注册类型分组							
内资企业	1842528.3	917295.6	5589175.2	4840709.2	659049.2	2421659.0	1530180.7
国有企业	230928.3	181359.2	184382.2	212129.2	267114.1	212509.8	188732.0
集体企业	4961.6	34876.3				2009.3	
股份合作企业							
联营企业							
国有联营企业							
集体联营企业							
国有与集体联营企业							
其他联营企业							
有限责任公司	1028013.2	320807.9	4912925.0	3505424.2	108451.2	1741126.8	490331.0
国有独资企业		162953.5		635888.2		1451289.1	
其他有限责任公司	1028013.2	157854.4	4912925.0	2869536.0	108451.2	289837.7	490331.0
股份有限公司	275663.4	149873.1	313079.0	527548.0	184576.0	214085.2	307759.9
私营企业	302961.8	230379.1	178789.0	595607.8	98907.9	251927.9	543357.8
私营独资企业		15819.6				2552.7	14210.5
私营合伙企业			7811.2				3570.0
私营有限责任公司	302961.8	209713.2	158216.0	546685.0	95744.0	249375.2	521616.9
私营股份有限公司		4846.3	12761.8	48922.8	3163.9		3960.4
其他企业							
港、澳、台商投资企业		2858.5	12914.5	1719.1			
合资经营企业							
合作经营企业							
独资经营企业		2858.5	12914.5	1719.1			
投资股份有限公司							
外商投资企业	905.0						2563.4
中外合资经营企业	905.0						
中外合作经营企业							
外资企业							2563.4
外商投资股份有限公司							
2.按国民经济行业分组							
农、林、牧产品批发业	14894.3	70414.6	19235.9	43978.9	86979.6	16296.8	243598.0
食品、饮料及烟草制品批发业	382248.7	186785.0	207052.0	128685.2	243942.2	257525.5	200294.7
米、面制品及食用油批发业	112907.2	12846.2	27068.0		4386.7	18611.1	8265.2
烟草制品批发业	209780.4	155461.0	164139.9	117667.7	239555.5	209961.9	185202.5
纺织、服装及家庭用品批发业	4633.5						9148.3
服装批发业							1646.4
家用电器批发							7501.9
文化、体育用品及器材批发业			2297.9				
医药及医疗器材批发业	11782.8	16829.8	6341.7	87317.3	22848.2	76760.0	34520.8
矿产品、建材及化工产品批发	1388060.6	635808.0	5249095.3	4503283.8	279115.8	2042199.7	897094.7
煤炭及制品批发业	54722.7	492262.4	22548.7	2249.3	56444.0	85429.5	
石油及制品批发业	434050.7	140680.1	28373.0	4352502.2	219319.7	446193.6	579572.9
金属及金属矿批发业	439946.9		4852984.8	12816.4		1498408.7	54660.9
建材批发业	112241.3	2865.5	3630.0	13811.1			27897.1
化肥批发业	18486.6			41582.8	3352.1	8327.9	49474.9
机械设备、五金产品及电子产品批发	27136.2	10316.7	47592.8	63286.5	18115.9	11800.5	148087.6
汽车批发			20368.0	40639.5	10383.9	3506.6	59501.6
汽车零配件批发	27136.2			1471.1		2367.4	
摩托车及零配件批发						1406.5	
计算机、软件及辅助设备批							
贸易经纪与代理	14677.2		70474.1	15876.7			
其他批发业					8047.5	21780.8	

17-6 续表 3　　(2016年)　　单位：万元

登记注册类型、行业	营口	阜新	辽阳	盘锦	铁岭	朝阳	葫芦岛
二、零售业	**1033102.0**	**730138.8**	**755711.5**	**735842.6**	**444404.1**	**593291.3**	**755679.1**
1.按登记注册类型分组							
内资企业	984234.1	689114.1	630000.3	629765.8	424962.5	556043.7	711440.7
国有企业	3542.3	1852.0	2129.8	2078.3	4376.7	7134.1	6533.2
集体企业	3302.3	2995.8	849.9	539.5			1897.8
股份合作企业							
联营企业		1456.9					5345.5
国有联营企业							
集体联营企业		1456.9					
国有与集体联营企业							
其他联营企业							5345.5
有限责任公司	486172.1	380357.4	424339.9	175439.1	91638.0	291177.7	283773.7
国有独资企业	114050.3		228354.7			23826.8	
其他有限责任公司	372121.8	380357.4	195985.2	175439.1	91638.0	267350.9	283773.7
股份有限公司	30945.9	18350.0		112040.7	49724.6	25293.8	856.5
私营企业	440361.9	283457.0	202680.7	339668.2	278378.9	232438.1	413034.0
私营独资企业	11710.7	7786.5	3960.5	7716.7	7665.3	14865.5	201963.3
私营合伙企业							
私营有限责任公司	379008.3	275044.9	190728.6	278899.6	255732.9	216481.2	208366.2
私营股份有限公司	49642.9	625.6	7991.6	53051.9	14980.7	1091.4	2704.5
其他企业	19909.6	645.0			844.3		
港、澳、台商投资企业	29883.9	34351.2	20991.0	32098.2	14792.4	13202.8	28157.3
合资经营企业							
合作经营企业							
独资经营企业		34351.2	20991.0	32098.2	14792.4	13202.8	28157.3
投资股份有限公司	29883.9						
外商投资企业	11204.1						
中外合资经营企业	11204.1						
中外合作经营企业							
外资企业							
外商投资股份有限公司							
2.按国民经济行业分组							
综合零售业	355122.8	445705.5	60601.3	252353.2	197439.0	243123.5	341818.8
百货零售业	232408.3	435131.8	27787.0	181674.4	180196.1	167893.3	310002.9
超级市场零售业	122125.1	10573.7	32814.3	68161.8	16687.1	75230.2	30314.0
食品、饮料及烟草制品专门零	33040.9	6209.6	1174.8	14692.4	1462.0	7561.8	2484.0
纺织、服装及日用品专门零售	18949.6	1910.0	101768.4	27625.5	1815.8	11264.8	25536.1
服装零售业	2936.9	1145.0	100270.9	21465.3	486.9	10518.3	16783.3
文化、体育用品及器材专门零	5361.4	4617.2	4286.7	15499.0	4387.2	10557.6	5552.2
体育用品及器材零售				723.4			
图书、报刊零售	3032.8	3084.0	2691.3	3722.3	3440.4	5045.4	4586.3
医药及医疗器材专门零售业	20239.6	4101.5	18648.6	45257.4	5959.7	29890.4	27208.2
药品零售业	20239.6	4101.5	18648.6	41662.4	5959.7	29890.4	27208.2
汽车、摩托车、燃料及零配件	493693.2	224411.3	466906.8	309519.8	197916.5	271784.9	308712.0
汽车零售业	337006.9	216747.0	233662.7	220558.2	184557.8	254777.1	254615.6
机动车燃料零售业	156686.3	3809.4	232621.8	50461.9	13358.7	15996.4	51668.2
家用电器及电子产品专门零售	69973.0	32136.4	41141.6	19440.7	3628.9	16179.9	35518.6
家用视听设备零售	28525.3		16955.0	6971.8		3586.3	4251.6
日用家电设备零售	11247.4	7476.8	2161.8	5801.4	2673.2	7377.5	9763.0
计算机、软件及辅助设备零	10686.5	6267.8	17816.4	1383.9		5216.1	6610.4
通讯设备零售	17720.0	18391.8	4208.4	5283.6	955.7		14893.6
五金、家具及室内装修材料专门零售	8710.1	2066.0		36433.4	27174.1	2928.4	1192.7
无店铺及其他零售业	28011.4	8981.3	61183.3	15021.2	4620.9		7656.5
互联网零售				6828.2			
邮购及电子销售业							

17-7 限额以上批发、零售贸易业商品销售类值

(2016年)

单位：万元

	销售合计	批发	零售
总　计	**136946166.1**	**97938840.0**	**39007326.1**
1.食品、饮料、烟酒类	13337308.4	9165271.3	4172037.1
(1)食品类	7835239.6	4657956.1	3177283.5
#粮油类	4155954.3	3339687.8	816266.5
肉禽蛋类	597833.8	183456.0	414377.8
(2)饮料类	781334.8	381961.5	399373.3
(3)烟酒类	4720734.0	4125353.7	595380.3
2.服装、鞋帽、针纺织品类	9018734.2	3755268.7	5263465.5
(1)服装类	7410519.9	3427170.6	3983349.3
(2)鞋帽类	964895.9	128532.9	836363.0
(3)针、纺织品类	643318.4	199565.2	443753.2
3.化妆品类	610113.4	25766.6	584346.8
4.金银珠宝类	1347934.8	262345.5	1085589.3
5.日用品类	2694595.1	974507.7	1720087.4
6.五金、电料类	683911.4	339024.8	344886.6
7.体育、娱乐用品类	158224.4	15869.2	142355.2
8.书报杂志类	185879.1	54121.9	131757.2
9.电子出版物及音像制品类	22914.4	7572.5	15341.9
10.家用电器和音像器材类	3043822.4	479881.8	2563940.6
11.中西药品类	7163186.6	3242456.2	3920730.4
#西药	5225416.7	2358624.9	2866791.8
中草药及中成药	972471.5	436658.0	535813.5
12.文化办公用品类	1107557.2	379805.0	727752.2
13.家俱类	492238.8	36632.0	455606.8
14.通讯器材类	1475777.5	329944.1	1145833.4
15.煤炭及制品类	3310882.6	3233030.7	77851.9
16.木材及制品类	38128.5	38128.5	
17.石油及制品类	46758010.9	41591240.0	5166770.9
18.化工材料及制品类	6282711.7	6282711.7	
#化肥类	724680.5	724680.5	
19.金属材料类	18889002.6	18889002.6	
20.建筑及装潢材料类	1313342.6	755116.2	558226.4
21.机电产品及设备类	3673746.0	3558591.1	115154.9
# 农机类	114123.5	114123.5	
22.汽车类	11583115.5	1709921.1	9873194.4
23.种子饲料类	519357.8	519357.8	
24.棉麻类	14918.2	14110.7	807.5
25.其他类	3220752.0	2279162.3	941589.7

注：此表为快报数，统计范围为限上法人、产业单位和个体。

17-8 限额以上批发零售贸易业主要财务指标

(2016年)

单位：万元

登记注册类型、行业	流动资产合计	固定资产原价	累计折旧	资产总计	负债合计	实收资本	主营业务收入
总计	**43497146.3**	**7833544.3**	**2957193.9**	**56716949.6**	**45757151.5**	**14592988.9**	**123661198.4**
一、批发业	**32549769**	**3326385.6**	**1315971.2**	**39134324.4**	**32127357.5**	**10741019.7**	**94375712.2**
1.按登记注册类型分组	—	—	—	—	—	—	—
内资	30378092.9	3288806.1	1301131.4	36019565	29894317	10088486.7	92613137.7
国有	3577133.7	427351.2	213746.8	4119114.9	2196956.1	246134.8	6567160
集体	143600.2	7204.6	3644.8	197666.6	210621.8	16013.1	188299.3
股份合作	8765.2	802.8	548.4	9020	7541.1	1341	21749.4
联营企业							
有限责任公司	14908686.7	1163110.3	352046.9	17560965.7	15304111.2	7348574.7	32823838.2
国有独资公司	1183837.1	42220.6	16158.6	1269147.6	1380557.3	174787.6	3372060.6
其他有限责任公司	13724849.6	1120889.7	335888.3	16291818.1	13923553.9	7173787.1	29451777.6
股份有限公司	2394456.3	867107.4	462712.4	3224142.7	3172919.4	279782.9	30750884.3
私营企业	9341378.4	807601.9	265931.1	10883174.4	8981261.1	2192081.7	22218867.8
私营独资	34598	5141.8	1636.9	45044.8	34325	4493.7	118762.8
私营合伙	3637.6	232.9	164.1	3706.5	3624.2	130	10246.3
私营有限责任公司	8935776.8	764565.6	254352.1	10385800.1	8609622	2108160.5	20993675.9
私营股份有限公司	367366	37661.6	9778	448623	333689.9	79297.5	1096182.8
其他	4072.4	15627.9	2501	25480.7	20906.3	4558.5	42338.7
港澳台商投资企业	1017915.2	17996	4609.2	1742725.5	1450216.1	239227.7	535841.8
与港澳台商合资经营	892776.1	1650.6	1076.7	1592281.5	1357948.3	191100	166559.7
与港澳台商合作经营	13117.2	148.8	122.1	13144	13044	100	42245.3
港澳台商独资	112021.9	16196.6	3410.4	137300	79223.8	48027.7	327036.8
港澳台商独资股份有限公司							
外商投资企业	1153760.9	19583.5	10230.6	1372033.9	782824.4	413305.3	1226732.7
中外合资经营	65448.5	4269.3	2281.2	69476.5	61111.3	10626.7	157758.3
中外合作经营							
外资企业	1079157.4	15080.6	7773.8	1293327	714134	401580.2	1046673.9
外商投资股份有限公司	9155	233.6	175.6	9230.4	7579.1	1098.4	22300.5
2.按国民经济行业分组	—	—	—	—	—	—	—
农、林、牧产品批发	1849037.1	196930.5	55421.8	2338439.4	1892330.4	266181.7	3288706.4
食品、饮料及烟草制品批发业	3861410	596658.1	214001.8	4565355.1	2482631	373936.4	6033256
米、面制品及食用油批发业	531037.9	97591.6	37029.5	661384.9	583833.5	52744.3	726325.2
烟草制品批发业	1405683	210294.1	124657.1	1551654.5	110536.6	27163.1	3170882.3
纺织、服装及家庭用品批发	745164.7	128497.7	32039	929032.4	674595.4	190160.1	2805231.1
服装批发业	231405.9	37575.7	13637.1	271746.4	184505.7	39271.4	764605.1
家用电器批发业	240440.2	40964.8	4526.9	292879.2	267255.8	29891.6	719642.7
文化、体育用品及器材批发业	296919.7	28281.5	15389.4	335465.6	220172.9	77879.8	577735.9
医药及医疗器材批发业	2333371.6	174205.6	37685.8	2671854.5	2001851.8	1100139.9	4782843.2
矿产品、建材及化工产品批发业	16503072.8	1970659.5	871657.5	19848385.3	17602724.6	7817739.2	69586553
煤炭及制品批发业	2318760.8	60498	23497.3	2627679.2	2355607.6	199375.6	3612002.2
石油及制品批发业	5172493.6	1472776.9	699549.5	6471909.2	5901950.6	971206.7	40949023.9
金属及金属矿批发业	6655628.9	226565.8	95488.8	8026245.6	7130462.3	6290902	18379354.5
建材批发业	466767.4	59778.7	8278.2	540530.2	395101.7	111813.6	1385593
化肥批发业	664765.9	41051.1	5491.1	787695.5	657113.8	82676	602099.4
机械设备、五金产品及电子产品批发	5991385.8	195251.6	75719	7280138.5	6263119.4	761197	6161285.9
汽车批发	1465210	30199.6	10550.1	2238120.5	1957369.2	235662.2	1020513.7
汽车零配件批发	321060.5	50154.1	13774.1	385999.5	312588.5	32639.2	1060243.6
摩托车及零配件批发	20779	5442.1	685.3	27632.7	17479.4	9367.6	66514.5
计算机、软件及辅助设备批发	91266.6	4249.9	2170.5	100664.5	51935.3	31578.7	304776.4
贸易经纪与代理	222515.6	10570	5622.5	229436.2	142677	44960.8	302865.8
其他批发业	746891.7	25331.1	8434.4	936217.4	847255	108824.8	837234.9

注：1.由于行业代码调整，原汽车、摩托车及其零配件批发业被拆分为汽车批发业、汽车零配件批发业和摩托车及零配件批发业，因此，与之对应的2010年、2011年、2012年和2013年数据均为原汽车、摩托车及其零配件批发业数据。

2.由于行业代码调整，原家用电器零售业被拆分为家用视听设备零售业和日用家电设备零售，因此，与之对应的2010年、2011年、2012年和2013年数据均为原家用电器零售业数据。

3.由于行业代码调整，从2014年年报开始增加互联网零售业数据。

4.由于行业代码调整，2016年年报开始无店铺及其他零售业数据增加货摊零售数据。

17-8 续表 1 (2016年) 单位：万元

登记注册类型、行业	流动资产合计	固定资产原价	累计折旧	资产总计	负债合计	实收资本	主营业务收入
二、零售业	**10947377.3**	**4507158.7**	**1641222.7**	**17582625.2**	**13629794**	**3851969.2**	**29285486.2**
1.按登记注册类型分组	—	—	—	—	—	—	—
内资	9982487.4	3741096.8	1305456.8	15650390.2	12015551.2	3242139.7	26439504.9
国有	123164.4	284534.9	90100.5	621290.9	218723.4	387490.4	1054767.6
集体	35610.9	18822.1	5728.3	55566.1	28938.7	16255.8	126984.1
股份合作	6413.5	1542.6	579	7948.4	5820.3	480.7	16062.2
联营企业	8417.6	1840.3	937.3	9406	7251.1	1170.8	14427.7
国有联营	342.7	523.9	144.2	723.6	22.1	97.1	7826.6
集体联营	6612.5	108.7		6805.4	6804.4	1	1245.2
国有与集体联营							
其他联营	1462.4	1207.7	793.1	1877	424.6	1072.7	5355.9
有限责任公司	4129392.1	1395515.2	503067	6097430.1	5269019	896797.6	11873404.9
国有独资公司	25592.9	123043.6	40736.4	170362	175368.3	17131.6	392354.6
其他有限责任公司	4103799.2	1272471.6	462330.6	5927068.1	5093650.7	879666	11481050.3
股份有限公司	1306574.6	860230.9	368901.4	2709081.2	1599622.7	347597.4	3946313
私营企业	4367915.9	1171403.4	333420.3	6137314.2	4877744.3	1589328.2	9375405.5
私营独资	122402.6	50735.8	15940.7	172404.3	106966.8	45141.6	416861
私营合伙	90.1	95	33	152.2	130	17.2	1730.1
私营有限责任公司	4109960.5	1070466.2	301585.2	5761084.3	4605859	1503095.6	8722168.4
私营股份有限公司	135462.7	50106.4	15861.4	203673.4	164788.5	41073.8	234646
其他	4998.4	7207.4	2723	12353.3	8431.7	3018.8	32139.9
港澳台商投资企业	603524.9	424628.2	167930.4	1125428.9	809752.1	343533.6	1631159.4
与港澳台商合资经营	440095.4	147485.7	83616.1	543974.9	294106.8	116411.6	779608
与港澳台商合作经营							
港澳台商独资	155008.1	268007.8	82506.8	564090.1	506294.7	221493.7	807371.9
港澳台商独资股份有限公司	8421.4	9134.7	1807.5	17363.9	9350.6	5628.3	44179.5
外商投资企业	361365	341433.7	167835.5	806806.1	804490.7	266295.9	1214821.9
中外合资经营	168391.7	146480.9	89584.8	228372.9	184341.1	66960	606253.2
中外合作经营							
外资企业	152252.9	187186.7	71873.8	529633.8	540527	181158.9	538049.8
外商投资股份有限公司	25227.9	6576.9	5237.6	30230.4	68553.6	16977	35058.2
2.按国民经济行业分组	—	—	—	—	—	—	—
综合零售业	3937629.8	2277965.5	818924.8	7024002	5620971.2	1266472.4	6941561.7
百货零售业	3133845.3	1658291.5	587989.3	5626692.9	4021851.2	677639.7	5255577.6
超级市场零售业	778539.4	609206.3	225093.1	1366278.2	1570363.8	582062.9	1569214.1
食品、饮料及烟草制品专门零售业	147727.1	56599.3	16805.7	209549.3	140006.5	50325	344836.1
纺织、服装及日用品专门零售业	471751.6	141446.4	48055.8	664341.6	557102.1	156283.2	798873.2
服装零售业	326580.7	114534.6	35882.7	482328.4	423939.9	126780.5	545914.6
文化、体育用品及器材专门零售	257888.4	96547.8	40183.1	425550.9	317945.5	83518	692280
体育用品及器材零售	11146.7	9725	4381.9	26514.9	26815.5	8025.1	52446.9
图书、报刊零售	96147.3	53269.5	23948	149643.9	110110.2	27465.4	114324.2
医药及医疗器材专门零售业	1249068.1	89575.8	34485.1	1363242.7	1093969.5	164478.9	2177237.6
药品零售业	1182669.3	85701.5	33122.5	1293325.8	1053245.2	149279.5	2079832.2
汽车、摩托车、燃料及零配件专门	4105765.1	1473090.4	565735.8	6606980.9	4909190.2	1764499.9	14299320.2
汽车零售业	3534705.5	758731	260199.8	4769954.3	3852789.9	1089773.9	9933106.9
机动车燃料零售业	470179.2	701952.8	300612.8	1718180.9	943044.7	663492.4	4256428.3
家用电器及电子产品专门零售	528714.4	116185	39136	713423.9	510238.8	201068.3	1947630.7
家用视听设备零售	68906.2	11892.1	3429	103766.8	55383.7	15746	184966.4
日用家电设备零售	230109.5	87208.1	26941.9	360816.5	294085.3	114898.1	1060066.5
计算机、软件及辅助设备零售	128185.7	10672.9	5664.7	139823.3	91123.9	48535.4	269738
通信设备零售	87671.4	4702.8	2166.4	93612.1	61739.1	16626.5	357414.4
五金、家具及室内装修材料专门零	120616.6	162667.6	51849.4	290460.7	257700.2	108945.2	505580.1
货摊、无店铺及其他零售业	128216.2	93080.9	26047	285073.2	222670	56378.3	1578166.6
互联网零售	30073.3	12793.8	5060	39442.4	57288	10800	1320251.1
邮购及电视、电话零售	1333.3	64.6	55.6	1846.3	954.6	900	1579.5

17-8 续表 2 (2016年) 单位：万元

登记注册类型、行业	主营业务成本	主营业务税金及附加	管理费用	营业利润	利润总额	应付职工薪酬	应交增值税
总计	**117321301.5**	**668017.1**	**2033621.7**	**809587.6**	**960643.2**	**1571735.9**	**923940.2**
一、批发业	**90899473.1**	**539591.2**	**898886.6**	**424376.6**	**583694.2**	**735880.5**	**498564.3**
1.按登记注册类型分组	—	—	—	—	—	—	—
内资	89411761.2	534862.6	841915.6	328059	488099.4	690426.1	464949.2
国有	5527219.7	460605.6	175894.2	330038.5	397418.8	166604.3	177515.7
集体	175002.3	480.7	7429.5	44.4	19	4159	866.6
股份合作	19661.3	63.5	759.6	-109.3	-117.4	36257.1	145.2
联营企业							
有限责任公司	31721236.5	33284	255871.8	187777.4	260250.8	183868.9	125030.6
国有独资公司	3245976.4	2281.4	15612.5	41973	43962	19821.7	16405.7
其他有限责任公司	28475260.1	31002.6	240259.3	145804.4	216288.8	164047.2	108624.9
股份有限公司	30743565.4	8286.4	87712.8	-430917.4	-430264.9	136890	43373.1
私营企业	21186232.1	32113.9	313620.1	240032.9	259736.1	162004.4	118013.2
私营独资	107955.5	235.1	3784.8	3530.2	3581.9	1012.2	1304.9
私营合伙	9086.9	2.5	346.1	46.3	42.6	9	
私营有限责任公司	20063123	30091.4	294630.1	177831.7	200511.8	121776.2	106849.8
私营股份有限公司	1006066.7	1784.9	14859.1	58624.7	55599.8	39207	9858.5
其他	38843.9	28.5	627.6	1192.5	1057	642.4	4.8
港澳台商投资企业	448494	1513.8	14340.5	27591.2	29018.6	10869.3	12790.1
与港澳台商合资经营	121884.4	1093.7	2751.3	25821.4	25885.6	1056.3	8395.9
与港澳台商合作经营	37195.9	84.1	456.5	-1791.4	-1777.2	828.9	582.2
港澳台商独资	289413.7	336	11132.7	3561.2	4910.2	8984.1	3812
港澳台商独资股份有限公司							
外商投资企业	1039217.9	3214.8	42630.5	68726.4	66576.2	34585.1	20825
中外合资经营	137607.8	200.9	3652.7	896.6	1001.8	3298	2583.8
中外合作经营							
外资企业	882084.8	2958.2	37756.2	68162.2	65878.5	30547.3	18189.1
外商投资股份有限公司	19525.3	55.7	1221.6	-332.4	-304.1	739.8	52.1
2.按国民经济行业分组	—	—	—	—	—	—	—
农、林、牧产品批发	3179256.1	2861.7	43814	-36080.2	27980.8	17704.5	-2072.8
食品、饮料及烟草制品批发业	4830831.4	464337.8	198806	396666.9	428775.6	181475.8	162251.7
米、面制品及食用油批发业	707213.1	2284.3	15524.4	-19532.3	5384.2	9277.2	4078
烟草制品批发业	2246398	436114.7	134740.4	331210.5	333053	124602.9	132395
纺织、服装及家庭用品批发	2557349	4587.4	70512.8	66056.3	68771.6	79521.8	44065.1
服装批发业	678164	1584.3	31935.1	15903.8	15779.6	24308.3	5172.4
家用电器批发业	688360.8	635	10197.9	-1945.1	-531.5	5882.4	2561
文化、体育用品及器材批发业	510581.3	1935.4	15969.2	15110.9	15816.3	18609.6	3588.2
医药及医疗器材批发业	4364491.5	12927.7	117766.7	130437	135723.7	57160.6	76426
矿产品、建材及化工产品批发业	68570144.3	36118.8	315570.6	-207901.3	-190514	293780.3	152950.7
煤炭及制品批发业	3500642.4	5353.1	27166.8	24707.1	22295.9	9833.8	12981.9
石油及制品批发业	40711690.6	11182.9	143877.1	-395918.3	-388927.2	170278.2	55818.4
金属及金属矿批发业	17997858.6	14331.7	81952.6	60880.1	61234.1	85885.7	59328.2
建材批发业	1282536.7	1495.5	13775.9	65676.1	63612.7	6222.6	7617.9
化肥批发业	584553.3	724.9	5986.6	-2829.5	5444.5	3223.9	5720.5
机械设备、五金产品及电子产品批发	5792210.7	14522	115483.3	70528.5	107020.8	75080.7	52424.7
汽车批发	934541.4	4333.8	18130.5	26633.4	26925.5	8137.3	21097.2
汽车零配件批发	1026990.6	469.3	9427.2	5446.4	5068.9	14878.6	2682.1
摩托车及零配件批发	58302.2	4055.3	491.5	2687.4	2688.3	384.9	194.8
计算机、软件及辅助设备批发	278230.7	407.7	7948.4	12667.7	12917.5	5239.9	3956.1
贸易经纪与代理	291349.3	358	8513.5	-7056.9	-6877.3	6351.9	985.1
其他批发业	803259.5	1942.4	12450.5	-3384.6	-3003.3	6195.3	7945.6

17-8 续表 3 (2016年) 单位：万元

登记注册类型、行业	主营业务成本	主营业务税金及附加	管理费用	营业利润	利润总额	应付职工薪酬	应交增值税
二、零售业	**26421828.4**	**128425.9**	**1134735.1**	**385211**	**376949**	**835855.4**	**425375.9**
1.按登记注册类型分组	—	—	—	—	—	—	—
内资	23971780.4	113331.3	517695.8	409728	402508	730517.1	357082.5
国有	934679.4	2186.5	30063.4	13141.1	17807.9	20642.7	16835
集体	102813.4	793.8	4608	14232.6	14105.1	6073.4	2907.3
股份合作	13098.8	60.2	826	457.3	484.5	287.8	228.1
联营企业	13250.4	20.5	358.2	23.2	-19.6	471.2	81.3
国有联营	7323.6	10.9	107	29.6	-13.2	79.5	1.9
集体联营	1008.7	1.7	102.2	0.9	0.9	13.7	13.4
国有与集体联营							
其他联营	4918.1	7.9	149	-7.3	-7.3	378	66
有限责任公司	10778381.6	43554.6	442693.6	7296.7	24165.4	352398	158738.5
国有独资公司	372048.6	1550.9	9096.3	-6253.2	-6184.3	12645.7	2613.7
其他有限责任公司	10406333	42003.7	433597.3	13549.9	30349.7	339752.3	156124.8
股份有限公司	3624793.8	14588.4	164814.5	226652.5	201846.2	120803.4	32413.3
私营企业	8476969.1	52011.5	361007.7	146397.3	142549	227769.4	145729.1
私营独资	366206	4581	14678.5	18101.4	20285.6	6656.9	7402.1
私营合伙	1577.2	45.2	14.6	12.8	12.8	16	0.8
私营有限责任公司	7906461.6	45068	336098.9	119989.2	112768.6	214632.6	135237.6
私营股份有限公司	202724.3	2317.3	10215.7	8293.9	9482	6463.9	3088.6
其他	27793.9	115.8	1589.7	1527.3	1569.5	2071.2	149.9
港澳台商投资企业	1424742.6	7360.2	75131.7	-2196	2919.9	63147.9	51254.1
与港澳台商合资经营	682665.9	3924.7	50602.8	19059	19410.3	29535.9	29326
与港澳台商合作经营							
港澳台商独资	706505.9	2756.7	23828.5	-27348.6	-22501.1	33120.2	21334.1
港澳台商独资股份有限公司	35570.8	678.8	700.4	6093.6	6010.7	491.8	594
外商投资企业	1025305.4	7734.4	53642.3	-22321	-28478.9	42190.4	17039.3
中外合资经营	542563.7	2077.9	15676.4	-9764.8	-10203.4	14291.5	7361.2
中外合作经营							
外资企业	418327.8	5282.3	26589.8	-2695.5	-4911.7	24292.4	8491.3
外商投资股份有限公司	31551.4	321.6	10368.3	-10565.3	-14058.8	2386.1	1212.8
2.按国民经济行业分组	—	—	—	—	—	—	—
综合零售业	6005446.6	63311.8	517695.8	175125.9	163578.1	296401	102853.1
百货零售业	4565537.9	48165.1	446133.3	269955.2	275765.6	210334.1	77575.1
超级市场零售业	1342986.7	14195.6	67798	-96711	-114336.5	80186.5	23542.4
食品、饮料及烟草制品专门零售业	294393.4	2981.2	16315.6	6222	6086.4	12878.3	8481
纺织、服装及日用品专门零售业	654391.7	8410.9	59301.3	-5061.5	-7262.7	34775.3	16708.3
服装零售业	445596.2	4966	44966.8	-13823	-16742.9	24239.3	9906.2
文化、体育用品及器材专门零售	556006.4	7752.2	85811.2	5156.8	15148.4	30025.2	6328.2
体育用品及器材零售	39870.5	223	4177.4	-1162.8	-1085.8	1906.1	660.9
图书、报刊零售	87996	451	20588.7	-6662.5	2538.1	15552.1	346.2
医药及医疗器材专门零售业	1862869.1	6226.7	60780.5	60975.8	62617.8	84061.4	39501.4
药品零售业	1783976.8	5888.4	56466.4	53979.7	55902.2	82442.6	37599
汽车、摩托车、燃料及零配件专门	13404940.8	26788.6	287643	114881.3	125803.5	303253.7	209893.5
汽车零售业	9377826.3	17711.2	217271.3	50432.5	86383.8	165935.9	155482.8
机动车燃料零售业	3928519.8	8758.3	65524.7	65522.2	40326.9	134619.4	48578.2
家用电器及电子产品专门零售	1753368.8	6596.6	54170	28490.7	9343.2	39804.1	18735.4
家用视听设备零售	161608.6	2155.3	5655.3	6474.4	6622.6	4625.2	2752.3
日用家电设备零售	939741.6	2759.1	26130	11828.8	-7341.9	11621.5	10050.8
计算机、软件及辅助设备零售	246031.3	548	12078.8	2981.1	2918.8	15299.8	1519.8
通信设备零售	336294	1034.3	8754.4	4137	4217	7204.7	4042.4
五金、家具及室内装修材料专门零	442231.4	2731.7	33315.2	789.4	1491.5	14013.4	5674.3
货摊、无店铺及其他零售业	1448180.2	3626.2	19702.5	-1369.4	142.8	20643	17200.7
互联网零售	1217340.5	2252.4	10312.2	-6494.8	-4814.7	14824.5	13350.3
邮购及电视、电话零售	1390.9	6.7	65.8	-37.7	-36.8	99	22.8

17-9 限额以上住宿业和餐饮业经营情况

(2016年) 单位：万元

登记注册类型、行业	法人单位(个)	年末从业人数(人)	营业额	客房收入	餐费收入	商品销售收入	其他收入
总　计	**849**	**71461**	**1716972.8**	**415351.6**	**1175534.7**	**28946.8**	**97139.7**
一、住宿业	**467**	**42749**	**757255**	**372789.3**	**292949.8**	**13945.6**	**77570.3**
1.按登记注册类型分组							
内资	420	36109	605549	300207.1	236463.2	11132.9	57745.8
国有	59	7737	105692	43740	49953.3	866.4	11132.3
集体	19	887	14650	6584.2	5538.3	58.6	2468.9
股份合作	1	35	816.5	787.2	2		27.3
联营企业	2	89	930.7	317.8	369.3	11.7	231.9
国有联营	1	24	374.3	107.6	23.2	11.7	231.8
集体联营	1	65	556.4	210.2	346.1		0.1
国有与集体联营							
其他联营							
有限责任公司	141	14761	249590	122324.7	101506.8	2278.2	23480.3
国有独资公司	10	2890	44640.6	22635.4	19322.3	541.7	2141.2
其他有限责任公司	131	11871	204949.4	99689.3	82184.5	1736.5	21339.1
股份有限公司	15	1051	20135.8	12163.1	6847.3	122.7	1002.7
私营企业	179	11334	211558	113680.2	71625.8	7083.6	19168.4
私营独资	33	1339	16751.4	8684.7	6833	146.6	1087.1
私营合伙	2	79	874.8	771.6	103.2		
私营有限责任公司	135	9389	184098.8	98880	61241.4	6828	17149.4
私营股份有限公司	9	527	9833	5343.9	3448.2	109	931.9
港澳台商投资企业	19	4404	96043.3	42315.4	39238.6	1632	12857.3
与港澳台商合资经营	13	3210	62402.2	28240.3	25908.3	1632	6621.6
与港澳台商合作经营							
港澳台商独资	6	1194	33641.1	14075.1	13330.3		6235.7
港澳台商独资股份有限公司							
外商投资企业	28	2236	55662.7	30266.8	17248	1180.7	6967.2
中外合资经营	16	1516	42354.5	21270.5	13872.6	1135.8	6075.6
中外合作经营	1	60	708	440.4	170.7		96.9
外资企业	9	502	10580.6	7115	2629.9	44.9	790.8
外商投资股份有限公司	1	147	1644	1065.3	574.8		3.9
2.按国民经济行业分组							
旅游饭店	327	36727	633543.6	295420.7	257175.1	10513.4	70434.4
一般旅馆	126	5334	110200.4	69492.7	32298.6	3294.1	5115
其他住宿服务	14	688	13511	7875.9	3476.1	138.1	2020.9

17-9 续表 (2016年) 单位：万元

登记注册类型、行业	法人单位(个)	年末从业人数(人)	营业额	客房收入	餐费收入	商品销售收入	其他收入
二、餐饮业	**382**	**28712**	**959717.8**	**42562.3**	**882584.9**	**15001.2**	**19569.4**
1.按登记注册类型分组							
内资	349	19051	379145.1	39076.3	315698.9	9932.9	14437
国有	12	848	7981.9	2963.9	3991.5	221.4	805.1
集体	3	76	996.2	40.8	920.4		35
股份合作							
联营企业							
国有联营							
集体联营							
国有与集体联营							
其他联营							
有限责任公司	80	5125	88963.8	12439.2	67890.8	1141.7	7492.1
国有独资公司	1	42	275.9	184.8	88.4		2.7
其他有限责任公司	79	5083	88687.9	12254.4	67802.4	1141.7	7489.4
股份有限公司	6	526	6204.2	270.5	5673.8	192.9	67
私营企业	240	11921	267718.4	23263.3	230040.4	8376.9	6037.8
私营独资	88	3397	80238.9	1780.9	76424.5	1684.8	348.7
私营合伙	3	96	1916		1916		
私营有限责任公司	143	8304	180819.2	21418.7	147019.3	6692.1	5689.1
私营股份有限公司	6	124	4744.3	63.7	4680.6		
其他							
港澳台商投资企业	10	1896	72538.7		67074.9	5068.3	395.5
与港澳台商合资经营	2	316	8871.2		8871.2		
与港澳台商合作经营	1	9	415.4		415.4		
港澳台商独资	7	1571	63252.1		57788.3	5068.3	395.5
港澳台商独资股份有限公司							
外商投资企业	23	7765	508034	3486	499811.1		4736.9
中外合资经营	7	650	45780.8	2507	43025.1		248.7
中外合作经营	1	9	191.8		191.8		
外资企业	14	6995	460317.9	125.2	455970.2		4222.5
外商投资股份有限公司	1	111	1743.5	853.8	624		265.7
2.按国民经济行业分组							
正餐服务业	345	18670	360804.3	42482.3	295121	8609.7	14591.3
快餐服务业	22	8183	543231.3		535801.2	3207.6	4222.5
饮料及冷饮服务业	7	622	24163.8		20972	3131.8	60
其他餐饮服务业	8	1237	31518.4	80	30690.7	52.1	695.6

17-10 限额以上住宿业和餐饮业主要财务指标

(2016年)　　单位：万元

登记注册类型、行业	流动资产合计	固定资产原价	累计折旧	资产总计	负债合计	实收资本	主营业务收入
总　计	**1576206.3**	**2983439.4**	**1308759.5**	**4254037.7**	**3419614**	**1417174.2**	**1687493.7**
一、住宿业	**1106990.5**	**2332391.3**	**1076618.2**	**3032945.7**	**2452120.4**	**1077428.6**	**743941.4**
1.按登记注册类型分组							
内资	917777.7	1579441.9	637731.1	2409539.5	1915293.5	717047.6	595006.8
国有	94022	250002	110025.1	284510.8	149354.9	92807.2	102719.1
集体	6807.2	22542.5	12047.2	24686.9	18652.9	55680	14280.6
股份合作	381.8	37	18	678.7	826.4		789.9
联营企业	346.5	385.8	312.6	1318.4	927.8	345	1233.4
国有联营	238.1	385.8	312.6	393.6	800.9	300	374.3
集体联营	108.4			924.8	126.9	45	859.1
国有与集体联营							
其他联营							
有限责任公司	398424.6	825765	299954.6	1196024.5	964271.7	328828.9	244939.5
国有独资公司	20124.8	223895.3	75506.7	183314.3	80711.4	72927.7	41630.1
其他有限责任公司	378299.8	601869.7	224447.9	1012710.2	883560.3	255901.2	203309.4
股份有限公司	7808.9	24856.3	20088.3	34075.9	15939.4	20595.2	17989
私营企业	387065.7	439027.6	189122.3	833820.6	725439.1	218540.5	210879.3
私营独资	15451.5	20919.3	4725.1	52181.3	20805.4	31161.9	17568.8
私营合伙	658.8	36.6	10.3	686.8	299.1	256	874.8
私营有限责任公司	304661.1	380892.9	169721.2	685071	617581.8	165981.7	182053.4
私营股份有限公司	66294.3	37178.8	14665.7	95881.5	86752.8	21140.9	10382.3
其他	22921	16825.7	6163	34423.7	39881.3	250.8	2176
港澳台商投资企业	114627.7	559531.3	293069.9	481158.3	298110.6	271215.7	94162.1
与港澳台商合资经营	89627	358834.7	164609.3	306011.8	226232.6	137420.9	61898.8
与港澳台商合作经营							
港澳台商独资	25000.7	200696.6	128460.6	175146.5	71878	133794.8	32263.3
港澳台商独资股份有限公司							
外商投资企业	74585.1	193418.1	145817.2	142247.9	238716.3	89165.3	54772.5
中外合资经营	63329	132719.8	105626	106046.1	131704.2	63824.2	41853.2
中外合作经营	1306.1	34103.7	26728	8752.6	63043.9	20513	667.9
外资企业	8301.5	25361.6	12589.9	24878.6	38862.4	4578.1	10316.5
外商投资股份有限公司	828.2	507.5	288.4	1609.7	4366.6	200	1572.5
2.按国民经济行业分组							
旅游饭店	923624.3	2181109.2	1021797.5	2684976.7	2152328.5	1014266.4	623635.6
一般旅馆	175228.6	132290.6	50757.2	322857.5	288519.5	58990.2	106496.2
其他住宿服务	8137.6	18991.5	4063.5	25111.5	11272.4	4172	13809.6

17-10 续表 1 (2016年) 单位：万元

登记注册类型、行业	流动资产合计	固定资产原价	累计折旧	资产总计	负债合计	实收资本	主营业务收入
二、餐饮业	**469215.8**	**651048.1**	**232141.3**	**1221092**	**967493.6**	**339745.6**	**943552.3**
1.按登记注册类型分组							
内资	394885	532689.2	164774.9	955903.5	760373	275989.3	366890.7
国有	9453.8	20016.8	4690.2	25316	26970	5582.3	7727.8
集体	225.7	555.1	419.5	370.1	398.1	211.4	996.2
股份合作							
联营企业							
有限责任公司	120147.7	216477.5	41983.7	334434.4	244207.8	174898.7	84984.5
国有独资公司	343.4	1188.9	36.9	1496.3	253.5	1000	221.6
其他有限责任公司	119804.3	215288.6	41946.8	332938.1	243954.3	173898.7	84762.9
股份有限公司	15180.9	12435.6	4809	23110.8	19375.4	1247.3	4872.3
私营企业	246826.5	276470.2	111787.7	562338	465137.2	93025.5	261150.1
私营独资	28266.1	67761.9	23743.4	101121.1	52655.3	28414.3	77195.7
私营合伙	600.6	85.9	39.1	743.7	594.1	158.8	916
私营有限责任公司	217398.2	206863.1	87822.7	456092.3	409773.5	62340.4	178149
私营股份有限公司	561.6	1759.3	182.5	4380.9	2114.3	2112	4889.4
其他	3050.4	6734	1084.8	10334.2	4284.5	1024.1	7159.8
港澳台商投资企业	28332.8	12968	8394.2	41238.7	22949.6	16347.5	71489.2
与港澳台商合资经营	4476	1653	1301.2	5206.8	2190.5	1426	8871.3
与港澳台商合作经营	70.7	42.9	32.4	81.2	260.5	900	415.4
港澳台商独资	23786.1	11272.1	7060.6	35950.7	20498.6	14021.5	62202.5
港澳台商独资股份有限公司							
外商投资企业	45998	105390.9	58972.2	223949.8	184171	47408.8	505172.4
中外合资经营	34207.6	11881.3	6241.3	57410.6	37505.2	21162.7	44389.9
中外合作经营	101.8	19.4	18.4	102.8	2.4	99.5	191.8
外资企业	10654.9	93468.3	52707.5	164462.5	145391.5	25342.2	458847.2
外商投资股份有限公司	1033.7	21.9	5	1973.9	1271.9	804.4	1743.5
2.按国民经济行业分组							
正餐服务业	388326.5	523516.6	163248.1	944360.3	776656.4	282250.8	351829.1
快餐服务业	47366	106304.5	60395.3	222454.7	174577.2	34380	538420.2
饮料及冷饮服务业	9239.6	4331.4	2223	16862	6695.5	5123.2	22888.4
其他餐饮服务业	57807	38123	14773	91692	25825	41106	83718

17-10 续表 2 (2016年) 单位：万元

登记注册类型、行业	主营业务成本	主营业务税金及附加	管理费用	营业利润	利润总额	应付职工薪酬	应交增值税
总计	**732384.9**	**41311.3**	**390671.9**	**-126670.1**	**-118651.1**	**248997.5**	**21090.2**
一、住宿业	**280566.1**	**18082.7**	**263309.6**	**-148064.6**	**-141808.1**	**141145.8**	**9943.2**
1.按登记注册类型分组							
内资	243307.2	13986.4	195454.9	-86304.3	-79526.7	122007.4	8110.4
国有	41456.3	2300.9	40681.2	-9656.5	-6232.2	28474.6	1814.5
集体	7234.7	318.8	3156.2	-530.9	-475.5	2099.4	139.7
股份合作	74.1	13.2	474.2	-41.7	-41.7	125.8	
联营企业	567.6	34.8	370	-21.5	-32.7	292.8	14.6
国有联营	33.0	5.2	211.3	-12.9	-24.1	58.2	14.6
集体联营	534.6	29.6	158.7	-8.6	-8.6	234.6	
国有与集体联营							
其他联营							
有限责任公司	89073.5	5492.4	97403.9	-51431.7	-48856.6	48237.3	3180.1
国有独资公司	22203.5	1211.1	19682.6	-12673.7	-12563.1	10691.2	322.3
其他有限责任公司	66870	4281.3	77721.3	-38758	-36293.5	37546.1	2857.8
股份有限公司	6501.7	426.3	4043.3	566.2	557	2341.7	294.7
私营企业	96680.3	5277.3	48500.1	-24147.8	-23458.1	40236.7	2660.8
私营独资	10188.1	931.5	2761.8	169.9	31.4	3184.9	189.8
私营合伙	550	71.4	42.2	140.9	140.9	251.4	
私营有限责任公司	83118.2	4054	42417.3	-19684.1	-18927.3	34675.3	2080.4
私营股份有限公司	2824	220.4	3278.8	-4774.5	-4703.1	2125.1	390.6
其他	1719	122.7	826	-1040.4	-986.9	199.1	6
港澳台商投资企业	20973.4	2810.8	49742.4	-55661	-56308.7	10035.1	1038.5
与港澳台商合资经营	16362.5	1191.1	25475.2	-48940.4	-49616.2	7443.2	828.6
与港澳台商合作经营							
港澳台商独资	4610.9	1619.7	24267.2	-6720.6	-6692.5	2591.9	209.9
港澳台商独资股份有限公司							
外商投资企业	16285.5	1285.5	18112.3	-6099.3	-5972.7	9103.3	794.3
中外合资经营	12601.5	1003.1	12058.8	-3468.4	-3441.8	5992.3	478.4
中外合作经营	209.2	11.5	776	-606.1	-606	100.9	12.9
外资企业	3024.8	223.8	4202.1	-1341.7	-1200.9	2105.7	265
外商投资股份有限公司	268.7	29.3	981.4	-588.1	-640.1	868.4	38
2.按国民经济行业分组							
旅游饭店	220495.5	15467.9	236758.8	-141319.4	-136236.6	124754.6	8658.3
一般旅馆	51946.1	2402.8	22990.2	-5660.6	-5307.1	14271	1106.9
其他住宿服务	8124.5	212	3560.6	-1084.6	-264.4	2120.2	178

17-10 续表 3 (2016年) 单位：万元

登记注册类型、行业	主营业务成本	主营业务税金及附加	管理费用	营业利润	利润总额	应付职工薪酬	应交增值税
二、餐饮业	**451818.8**	**23228.6**	**127362.3**	**21394.5**	**23157**	**107851.7**	**11147**
1.按登记注册类型分组							
内资	201996.2	11607.5	71263.8	-9121.1	-6424.3	60750.5	6521
国有	3862.1	313.7	3317.5	-2325.6	-2248.6	2250.1	53.4
集体	596.1	42.4	397.5	-209.1	-209	548.8	16.5
股份合作							
联营企业							
有限责任公司	41074.7	2088.2	22382.1	-8427.2	-8000.7	19272.8	1573.2
国有独资公司	118.9	8.6	140.7	-47.8	-55.8	69.2	
其他有限责任公司	40955.8	2079.6	22241.4	-8379.4	-7944.9	19203.6	1573.2
股份有限公司	2535.7	142	796.1	-862.5	-861	1120.3	3.6
私营企业	149148.3	8715.9	43860.5	2396.4	4200.1	36223	4522.3
私营独资	48917.1	3806	7196.6	6385	7428.3	10085.4	1772.4
私营合伙	515.4	47.2	22.5	141.9	139	248.6	25
私营有限责任公司	96296	4780.6	36532.2	-4359.7	-3596.4	25464.1	2503.6
私营股份有限公司	3419.8	82.1	109.2	229.2	229.2	424.9	221.3
其他	4779.3	305.3	510.1	306.9	694.9	1335.5	352
港澳台商投资企业	25330.3	1252.1	6773.2	5768.5	5470.8	16243.2	1088.5
与港澳台商合资经营	5727.1	132.2	1696.9	797.8	633.1	2733.8	502.9
与港澳台商合作经营	274.4	15.9	157.7	-37.2	-37.2	31.3	
港澳台商独资	19328.8	1104	4918.6	5007.9	4874.9	13478.1	585.6
港澳台商独资股份有限公司							
外商投资企业	224492.3	10369	49325.3	24747.1	24110.5	30858	3537.5
中外合资经营	16528.2	1045.4	6636.6	-607.3	-605	11188.3	284
中外合作经营	105.6	3.6	115.8	-64.7	-64.7	29	4
外资企业	206870.4	9287.5	41906.4	25467.2	24827.7	19112.3	3068.8
外商投资股份有限公司	988.1	32.5	666.5	-48.1	-47.5	528.4	180.7
2.按国民经济行业分组							
正餐服务业	190369.5	11665.1	69581.6	-15179.7	-12598.1	59605.5	6001.9
快餐服务业	235923.7	10920.6	49398	29878.2	29213.1	36014.7	3574.7
饮料及冷饮服务业	6442.3	376.5	1623.5	2722.9	2687.6	7300.6	310
其他餐饮服务业	44609	909	15142	10669	10396	17162	2831

17-11 各地区限额以上批发零售贸易业企业资产、负债及所有者权益

(2016年)

单位：万元

地 区	资产合计	#流动资产	负债合计	所有者权益合计
全 省	**56716950**	**43497146**	**45757152**	**10770626**
沈 阳	19247345	14415426	16456208	2768752
大 连	21126045	17045315	16468087	4633557
鞍 山	3492985	2694160	2444530	1048454
抚 顺	1097689	730518	816270	281419
本 溪	561304	396532	458019	103285
丹 东	811606	517196	610887	200719
锦 州	944144	767271	739763	190002
营 口	2008986	1364499	1639274	308306
阜 新	916832	664136	759456	157376
辽 阳	1457414	928887	1312525	144889
盘 锦	2225331	1861378	1867331	332180
铁 岭	688408	492773	520028	147134
朝 阳	997545	765970	705730	272796
葫芦岛	1141318	853086	959043	181757

17-12 各地区限额以上批发零售贸易业企业主要财务指标

(2016年)

单位：万元

地 区	主营业务收入	主营业务成本	主营业务税金及附加	管理费用	管理费用中的税金
全 省	**123661198**	**117321302**	**668017**	**2033622**	**74048**
沈 阳	61524589	59157548	194055	796494	31008
大 连	28934514	27024338	126477	640721	15778
鞍 山	5621650	5190826	72536	90555	7950
抚 顺	1941590	1796147	25832	53809	2595
本 溪	852707	755886	18671	36981	2324
丹 东	1301487	1165074	25108	30904	1020
锦 州	2397192	2206589	30256	72650	1876
营 口	2768865	2563931	40200	57084	2737
阜 新	1221710	1112924	18728	41204	982
辽 阳	6083712	6000235	21543	28266	1287
盘 锦	5138419	4917197	20636	53196	2850
铁 岭	1017398	905803	25682	37051	1025
朝 阳	2821946	2640129	22905	45260	1430
葫芦岛	2035421	1884672	25388	49447	1188

17-13 各地区限额以上批发零售贸易业企业增加值

(2016年)

单位：万元

地　区	增加值合计	本年提取的固定资产折旧	本年应付职工薪酬	主营业务税金及附加	利润总额	管理费用中税金额
全　省	**3696715**	**422271**	**1571736**	**668017**	**960643**	**74048**
沈　阳	912098	147855	593356	194055	-54175	31008
大　连	1256462	110751	440867	126477	562589	15778
鞍　山	408758	19531	107792	72536	200950	7950
抚　顺	117838	15118	42699	25832	31595	2595
本　溪	72138	2765	30013	18671	18366	2324
丹　东	106298	23798	28505	25108	27867	1020
锦　州	114835	8368	52897	30256	21440	1876
营　口	152610	26397	52542	40200	30734	2737
阜　新	68460	8699	35628	18728	4424	982
辽　阳	75014	14589	27018	21543	10576	1287
盘　锦	109029	12500	38781	20636	34264	2850
铁　岭	69912	10314	19239	25682	13652	1025
朝　阳	124174	9699	44373	22905	45767	1430
葫芦岛	109088	11888	58029	25388	12596	1188

17-14 各地区限额以上住宿餐饮业增加值

(2016年)

单位：万元

地　区	增加值合计	本年提取的固定资产折旧	本年应付职工薪酬	主营业务税金及附加	利润总额	管理费用中税金额
全　省	**297681**	**110197**	**248998**	**41311**	**-118651**	**15826**
沈　阳	124069	26336	80820	17073	-2597	2436
大　连	95723	45132	99186	11746	-65251	4909
鞍　山	33372	3650	13635	4729	9609	1750
抚　顺	3007	2792	2977	255	-3100	84
本　溪	5687	2564	3555	559	-3012	2021
丹　东	7742	2624	6207	1529	-3157	539
锦　州	3411	1559	5152	609	-4143	234
营　口	15717	13170	14162	1639	-15103	1849
阜　新	245	401	2681	284	-3234	113
辽　阳	683	1375	3632	348	-4961	290
盘　锦	5571	5564	6667	952	-8112	500
铁　岭	2183	315	3693	380	-2332	127
朝　阳	-1082	1045	2898	422	-5553	106
葫芦岛	1355	3671	3734	786	-7705	870

主要统计指标解释

社会消费品零售额 指各种经济类型的批发零售贸易业、餐饮业、和其他行业对城乡居民和社会集团的消费品零售额的总和。这个指标反映通过各种商品流通渠道向居民和社会集团供应的生活消费品来满足他们生活需要，是研究人民生活、社会消费品购买力、货币流通等问题的重要指标。社会消费品零售额包括：(1)售给城乡居民作为生活用的商品及修建房屋用的建筑材料；(2)售给机关、团体、学校、部队、企业、事业单位的职工食堂和旅店(招待所)附设专门供本店旅客食用，不对外营业的食堂的各种食品、燃料；企业、单位和国营农场直接售给本单位职工和职工食堂的自己生产的产品；(3)售给部队干部、战士生活用的粮食、副食品、衣着品、日用品、燃料；(4)售给来华的外国人、华侨、港澳台同胞的消费品(包括友谊商店、在海关前后设立的免税商店、外轮供应公司等)；(5)居民自费购买的中、西药品、中药材及医疗用品；(6)报社、出版社直接售给居民和社会集团的报纸、图书、杂志，集邮公司(包括邮局集邮专柜)出售的新旧纪念邮票、特种邮票、首日封、集邮册、集邮工具等；(7)旧货寄售商店自购、自销部分的商品零售额；(8)煤气公司、液化石油气站售给居民和社会集团的煤气灶具和罐装液化石油气；

批发零售贸易业商品购、销、存总额 指以各种经济类型的批发、零售贸易业为总体的商品购、销、存。

商品购进总额 指从本企业(单位)以外的单位和个人购进(包括从国外直接进口)作为转卖或加工后转卖的商品。这个指标反映批发零售贸易业从国内、国外市场上购进商品的总量。商品购进总额包括：(1)从工农业生产者购进的商品；(2)从出版社、报社的出版发行部门购进的图书、杂志和报纸；(3)从各种经济类型的批发零售贸易企业(单位)购进的商品；(4)从其他单位购进的商品，如从机关、团体、企业、单位购进的剩余物资，从餐饮业、服务业购进的商品，从海关、市场管理部门购进的缉私和没收的商品，从居民收购的废旧商品等；(5)从国(境)外直接进口的商品。

商品销售总额 指对本企业(单位)以外的单位和个人出售(包括对国(境)外直接出口)的商品。这个指标反映批发零售贸易业在国内市场上销售商品以及出口商品的总量。商品销售总额包括：(1)售给城乡居民和社会集团消费用的商品；(2)售给工业、农业、建筑业、运输邮电业、批发零售贸易业、餐饮业、服务业、公用事业等作为生产、经营使用的商品；(3)售给批发零售贸易业作为转卖或加工后转卖的商品；(4)对国(境)外直接出口的商品。

批发零售贸易业年末库存 指年末各种经济类型的批发零售贸易企业(单位)已取得所有权的商品。它反映各地区、各批发零售贸易企业(单位)的商品库存情况和对市场商品供应的保证程度。期末库存包括：(1)存放在批发零售贸易业经营单位(如门市部、批发站、经营处)仓库、货场、货柜和货架中的商品；(2)挑选、整理、包装中的商品；(3)已记入购进而尚未运到本单位的商品，即发货单或银行承兑凭证已到而货未到部分；(4)寄放他处的商品，如因购货方拒绝承付而暂时存放在购货方的商品和已办完加工成品收回手续而未提回的商品；(5)委托其他单位代销(未作销售或调出)尚未售出的商品；(6)代其他单位购进尚未交付的商品。

城乡集市贸易成交额 指在农村集市和城市集市上买卖双方(包括农民、非农业居民、机关、团体、工商企业、个体商贩)成交的全部商品金额，是反映集市贸易规模的综合性指标。

十八、对外经济贸易

Chapter 18 Foreign Trade and Economy Cooperation

18-1 对外经济贸易基本情况

单位：户、个、亿美元

指 标	2005年	2008年	2009年	2010年	2011年	2012年	2013年	2014年	2015年	2016年
进出口总额	**410.1**	**724.4**	**629.2**	**806.7**	**959.6**	**1039.9**	**1142.8**	**1139.6**	**960.8**	**865.2**
出口总额	234.4	420.5	334.4	431.2	510.4	579.5	645.4	587.6	508.4	430.7
进口总额	175.7	303.8	294.8	375.5	449.2	460.4	497.4	552.0	452.4	434.6
进出口差额	58.7	116.7	39.6	55.7	61.2	119.1	148.0	35.6	56.0	-3.9
外商直接投资合同项目	**2686.0**	**1319.0**	**1629.0**	**1480.0**	**1050.0**	**745.0**	**565.0**	**478.0**	**475.0**	**424.0**
外商直接投资合同金额	**110.2**	**203.0**	**281.8**	**256.4**	**196.4**	**247.7**	**216.3**	**188.0**	**68.4**	**92.2**
实际外商直接投资额	**35.9**	**120.2**	**154.4**	**207.5**	**242.7**	**267.9**	**290.4**	**274.2**	**51.9**	**30.0**
外商投资企业基本情况										
年底登记户数	16542.0	14564.0	12928.0	18377.0	11787.0	17960.0	17250.0	17091.0	17745.0	16949.0
投资总额	815.1	1247.6	1317.8	1476.2	1659.7	1855.6	1832.1	1986.4	2066.4	2132.8
注册资本	495.3	801.3	849.4	975.4	1057.7	1171.3	1135.9	1203.5	1263.5	1318.5
#外方	361.7	642.1	692.9	801.5	864.9	962.6	927.6	986.1	1029.0	1057.4
对外经济合作										
合同金额	7.1	26.2	29.1	19.7	20.0	22.9	27.7	28.1	29.9	16.6
#对外承包工程	5.5	23.2	25.6	17.2	17.5	19.3	23.7	19.6	27.6	14.4
对外劳务合作	1.7	3.0	2.6	2.4	2.4	3.6	3.9	8.5	2.2	2.2
完成营业额	6.5	11.1	18.2	15.1	16.1	19.5	23.8	26.4	26.6	17.6
#对外承包工程	4.3	8.5	15.8	13.2	14.0	16.3	20.6	23.7	24.4	15.6
对外劳务合作	2.3	2.6	2.4	2.2	2.0	3.2	3.1	2.7	2.2	2.0

18-2 外贸进出口总额

单位：亿美元

年 份	进出口总额	出口额	进口额	差额(+、-)	指数(上年=100) 出口额	指数(上年=100) 进口额	出口额指数(1953年=100)
1978	15.9	15.2	0.7	14.5	130.1	190.6	1614.9
1980	40.5	39.8	0.7	39.1	152.9	104.2	4234.0
1985	53.9	50.4	3.5	46.9	101.0	280.6	5363.8
1986	34.3	30.8	3.5	27.0	61.1	100.3	3276.6
1987	42.2	37.9	4.3	33.6	123.0	132.1	4029.8
1988	44.5	38.7	5.8	32.9	102.3	124.9	4121.3
1989	53.4	44.5	8.9	35.6	114.8	154.2	4729.8
1990	63.2	56.1	7.1	49.0	126.0	78.3	5957.4
1991	67.3	57.7	9.6	48.1	103.0	138.3	6138.3
1992	76.6	61.8	14.8	37.0	106.9	153.2	6569.3
1993	84.6	62.1	22.5	39.6	100.7	151.7	6901.1
1994	97.0	68.7	28.3	40.4	110.5	125.5	7627.8
1995	109.9	82.6	27.3	55.2	120.3	96.7	9175.6
1996	112.5	83.4	29.1	54.3	100.9	106.4	9264.4
1997	129.6	88.9	40.7	48.2	106.6	139.9	9877.8
1998	127.4	80.5	46.9	37.1	87.8	75.4	8942.3
1999	137.3	82.0	55.3	26.7	101.9	117.9	9111.1
2000	190.2	108.5	81.7	26.8	132.3	147.7	12055.5
2001	199.1	111.1	88.0	23.1	102.4	107.7	12344.4
2002	217.4	123.7	93.7	30.0	111.3	106.5	13744.4
2003	265.6	146.3	119.3	27.0	118.3	127.3	16255.5
2004	344.4	189.2	155.2	34.0	129.3	130.1	21022.2
2005	410.1	234.4	175.7	58.7	123.9	113.2	26044.4
2006	483.9	283.2	200.7	82.5	120.8	114.2	31466.7
2007	594.7	353.3	241.5	111.8	124.7	120.3	39239.0
2008	724.4	420.5	303.8	116.7	119.0	125.8	46722.2
2009	629.2	334.4	294.8	39.6	79.5	97.0	37155.6
2010	806.7	431.2	375.5	55.7	128.9	127.4	47911.2
2011	959.6	510.4	449.2	61.2	118.4	119.6	56711.1
2012	1039.9	579.5	460.4	119.1	113.5	102.5	64388.9
2013	1142.8	645.4	497.4	148.0	111.4	107.8	69556.7
2014	1139.6	587.6	552.0	35.6	91.0	111.0	69361.9
2015	960.9	508.4	452.5	55.9	86.5	82.0	59997.3
2016	865.2	430.7	434.6	-3.9	84.7	96.0	50817.7

注:1998年以后为海关统计数。

18-3 按贸易性质分进出口总额

单位：万美元

分类	2012年	2013年	2014年	2015年	2016年	2016年比上年增长%
进出口总额	**10399104.9**	**11428474.9**	**11395990.2**	**9608604.1**	**8652126.1**	**-10.0**
出口总额	**5795017.9**	**6454062.6**	**5875923.7**	**5084034.3**	**4306523.4**	**-15.3**
一般贸易	2956298.2	3651281.6	3229525.4	2684446.9	2219637.5	-17.3
国家间、国际组织无偿援助和赠送的物资	2100.4	4493.9	1176.8	1379.8	182.3	-86.8
来料加工装配贸易	478659.3	604354.4	594478.6	497715.8	447882.2	-10.0
进料加工贸易	1828754.5	1674077.6	1556444.0	1306298.5	1305250.2	-0.1
边境小额贸易	63124.4	73051.4	79353.8	62105.4	60154.4	-3.1
对外承包工程货物	29430.8	15666.6	30133.7	35088.9	18436.9	-47.5
租赁贸易	104.6	1035.3	407.9		622.5	
出料加工贸易		1.3	53.3	1370.9	3283.8	139.5
易货贸易		10.4	1.9	2.0	40.8	1939.9
海关特殊监管区域	323885.2	345925.5	381329.0	493125.6	247726.5	-49.8
保税监管场所进出境货物	205978.8	195921.1	244100.5	381335.8	156428.4	-59.0
海关特殊监管区域物流货物	117906.4	150004.4	137228.5	111789.8	91298.1	-18.3
其他贸易	112660.5	84164.6	3019.2	2500.5	3306.3	32.2
进口总额	**4604087**	**4974412.2**	**5520066.6**	**4524569.8**	**4345602.8**	**-4.0**
一般贸易	2603561	2836244.3	3125033.5	2484594.7	2390265.2	-3.8
华侨、港澳同胞、外籍华人捐赠物资	33					
来料加工装配贸易	487389	593380.7	550135.1	468487.5	409602.3	-12.6
进料加工贸易	788930	805442.9	970368.0	606802.0	504957.1	-16.8
边境小额贸易	37091	31443.3	21110.6	19794.3	14769.8	-25.4
来料加工装配进口的设备	600	563.8				
租赁贸易	40	13.2	10.1	40.7	12.7	-68.8
外商投资企业作为投资进口的设备、物品	45479	34974.1	34090.8	21305.2	9571.8	-55.1
出料加工贸易			68.9	1699.8	4388.6	158.2
易货贸易	15	3.5			781.3	
海关特殊监管区域	628434	660481.9	808565.0	911944.2	990523.1	8.6
保税监管场所进出境货物	430512	452865.0	610790.1	645421.8	521883.8	-19.1
海关特殊监管区域物流货物	190083	203100.3	193922.8	259539.8	394007.7	51.8
其他贸易	12515	11861.6	10000.0	9274.3	20417.1	120.1

18-3 续表　　　　单位：万美元

分　类	比重(%)				
	2012年	2013年	2014年	2015年	2016年
进出口总额					
出口总额	**100.0**	**100**	**100**	**100**	**100**
一般贸易	51.0	56.6	55.0	52.8	51.5
国家间、国际组织无偿援助		0.1			
和赠送的物资					
来料加工装配贸易	8.3	9.4	10.1	9.8	10.4
进料加工贸易	31.6	25.9	26.5	25.7	30.3
边境小额贸易	1.1	1.1	1.4	1.2	1.4
对外承包工程货物	0.5	0.2	0.5	0.7	0.4
租赁贸易					
出料加工贸易					
易货贸易					
海关特殊监管区域	5.6	5.4	6.5	9.7	5.8
保税监管场所进出境货物	3.6	3.0	4.2	7.5	3.6
海关特殊监管区域物流货物	2.0	2.3	2.3	2.2	2.1
其他贸易	1.9	1.3	0.1		0.1
进口总额	**100**	**100**	**100**	**100**	**100**
一般贸易	56.5	57.0	56.6	54.9	55.0
华侨、港澳同胞、外籍华人捐赠物资					
来料加工装配贸易	10.6	11.9	10.0	10.4	9.4
进料加工贸易	17.1	16.2	17.6	13.4	11.6
边境小额贸易	0.8	0.6	0.4	0.4	0.3
来料加工装配进口的设备					
租赁贸易					
外商投资企业作为投资进口的设备、物品	1.0	0.7	0.6	0.5	0.2
出料加工贸易					0.1
易货贸易					
海关特殊监管区域	13.6	13.3	14.6	20.2	22.8
保税监管场所进出境货物	9.4	9.1	11.1	14.3	12.0
海关特殊监管区域物流货物	4.1	4.1	3.5	5.7	9.1
其他贸易	0.3	0.2	0.2	0.2	0.5

18-4 各地区进出口总额

单位：万美元

地 区	2007年	2008年	2009年	2010年	2011年	2012年	2013年	2014年	2015年	2016年
进口总额										
总 计	**2414687**	**3038290**	**2948357**	**3755151**	**4491674**	**4604087**	**4974412**	**5519624**	**4524151**	**4345603**
沈 阳	275007	300527	304679	377887	579513	678313	733289	865613	729441	708457
大 连	1729200	2168111	2006491	2472262	2881629	2943100	3138534	3505503	2929176	2750637
鞍 山	100699	150181	152582	246151	273417	173491	218296	188157	69048	97630
抚 顺	23236	34001	42957	50144	38189	26909	21773	23495	23893	23454
本 溪	54510	126198	150165	189236	218424	168557	176685	139176	82277	69474
丹 东	41600	49888	56234	105408	151813	172230	171002	157317	146701	148389
锦 州	33646	46990	94046	113938	111589	127653	143277	181538	107200	97093
营 口	53482	69951	47262	71567	107763	161021	232164	234141	196722	165864
阜 新	992	628	793	2510	4662	9539	6762	4968	6357	2738
辽 阳	48971	46423	22616	28788	25587	31363	23541	34929	42814	37274
盘 锦	6535	10671	8288	11322	26219	40568	48882	25980	51673	182218
铁 岭	2103	1485	1078	8408	1875	8504	21814	33533	26249	24496
朝 阳	4058	3573	8318	8349	22538	22667	15821	18275	19725	14971
葫芦岛	40648	29663	52848	69181	48456	40172	22573	57885	53795	22907
出口总额										
总 计	**3532507**	**4205447**	**3344142**	**4311970**	**5104050**	**5795032**	**6454063**	**5875924**	**5084034**	**4306523**
沈 阳	331933	412336	352349	407717	482512	596514	699581	710285	675132	424684
大 连	2145260	2530561	2177367	2725909	3169350	3468242	3743743	2945693	2576825	2485825
鞍 山	240689	317427	103906	144221	200499	237445	269713	272819	215132	175234
抚 顺	66265	88227	45881	52355	61464	70706	85628	68314	65068	54545
本 溪	123570	242452	64629	158375	193931	240515	269614	310164	253213	188510
丹 东	161847	138491	144908	187443	235980	287511	340612	301553	265738	249400
锦 州	95748	74063	80647	117852	149552	175144	207205	241108	135650	103508
营 口	135281	168578	120037	220593	325860	388176	436890	452392	461471	374850
阜 新	9063	10534	10608	12036	15323	18861	26580	31216	27060	20295
辽 阳	68135	79115	87013	96151	51192	59855	68395	66276	69328	67680
盘 锦	20597	25908	29230	36662	53823	70551	81780	65700	37349	32981
铁 岭	13273	15201	42017	46129	53190	46429	63614	69261	47673	13497
朝 阳	30965	35026	37028	41277	31274	39809	50423	75651	80215	64875
葫芦岛	89881	67528	48522	65250	80100	95273	110287	127733	106206	50640

18-5 海关同主要国家(地区)进出口总额

单位：万美元

国家、地区	进出口总额					进口总额				
	2012年	2013年	2014年	2015年	2016年	2012年	2013年	2014年	2015年	2016年
中国香港	352473	417016	319077	219743	155212	15244	9874	9509	7698	5549
中国澳门	1635	1636	1676	1666	1404	1144	1	191	194	206
日　　本	1558982	1563288	1487737	1265312	1273230	546351	551361	529222	420222	490778
菲 律 宾	61640	69141	79898	114881	86995	22299	24431	31688	41900	24328
韩　　国	901567	944830	956558	872153	801895	344214	404365	418004	418586	398002
泰　　国	143627	218330	179540	120174	117211	55132	119635	86576	41470	37845
马来西亚	145786	232403	270492	162698	103004	55941	42877	32630	34502	20814
新加坡	297949	417894	380372	397823	341003	35708	30076	43435	39821	58761
印度尼西亚	267348	291428	237228	118928	102659	60422	56410	48697	37715	44536
土 耳 其	32100	35466	38628	28702	23978	9025	12080	11871	10761	9874
孟 加 拉	8265	17881	23929	18003	15321	178	334	204	173	152
巴基斯坦	22558	22825	27698	32631	32500	3235	2796	3733	2871	2054
匈 牙 利	19569	25386	31166	33775	31849	7679	13319	17231	18485	21746
德　　国	715864	750283	867786	700179	562039	576246	574033	706706	545328	416399
法　　国	88275	91202	105672	79981	87866	49443	40087	67898	50010	61153
意 大 利	92840	101704	127263	113902	89762	35356	32911	53344	43655	36324
比 利 时	57097	55445	81197	56108	35471	13984	7923	20964	8988	5819
英　　国	116647	159475	137185	108568	151639	22378	27565	41767	31532	88340
丹　　麦	33364	31162	31172	25018	25669	18077	16551	17110	15461	16752
瑞　　典	31538	38505	28847	23650	19929	17135	19897	18680	12463	10746
瑞　　士	18210	13201	18225	15464	13550	12772	8631	14756	11959	10179
奥 地 利	19549	15113	18480	18069	30970	16277	11106	15160	14460	27822
西 班 牙	67262	74580	81293	75851	66079	13553	16228	25363	24017	29341
荷　　兰	179185	235562	158551	122886	163825	24333	64451	15528	13337	37873
俄 罗 斯	245462	241897	243095	301818	325400	135627	128338	125209	208632	245818
波　　兰	53376	39662	39505	43633	43838	4132	6942	17287	21477	22798
捷　　克	13318	14109	17566	23156	26916	6366	6342	13172	19108	22243
罗马尼亚	8655	8246	10049	12937	14926	3346	4143	7299	9635	12673
保加利亚	3142	3910	2607	3309	2931	546	1548	1255	2072	1492
埃　　及	17593	21214	21537	18115	9862	30	15	20	94	200
利 比 亚	33532	4576	5131	6159	14587	29392	41		5193	13865
加 拿 大	153295	167477	161671	135766	123674	69066	71639	78782	67575	61314
美　　国	1023228	1089378	1022220	892816	788118	336354	295019	368638	316840	318007
巴　　西	323068	422674	322229	299850	324724	228292	299696	229158	253242	273995
澳大利亚	401624	472108	464675	325661	346786	286956	391392	369198	231659	299018
新 西 兰	33634	54193	61283	53558	52549	24386	42840	51220	41718	43461

18-5 续表

单位：万美元

国家、地区	出口总额				
	2012年	2013年	2014年	2015年	2016年
中国香港	337229	407142	309568	212045	149663
中国澳门	492	1635	1485	1472	1198
日　本	1012631	1011927	958514	845091	782452
菲律宾	39340	44710	48209	72981	62667
韩　国	557353	540465	538554	453568	403893
泰　国	88496	98695	92964	78704	79366
马来西亚	89845	189525	237862	128196	82190
新加坡	262241	387819	336937	358002	282241
印度尼西亚	206926	235018	188530	81213	58123
土耳其	23075	23386	26757	17941	14104
孟加拉	8087	17547	23725	17829	15169
巴基斯坦	19323	20029	23964	29760	30446
匈牙利	11890	12066	13934	15290	10103
德　国	139618	176249	161080	154851	145640
法　国	38832	51115	37774	29972	26713
意大利	57485	68793	73919	70246	53439
比利时	43113	47522	60233	47119	29651
英　国	94269	131910	95418	77035	63299
丹　麦	15286	14611	14062	9557	8917
瑞　典	14403	18608	10167	11187	9182
瑞　士	5437	4570	3470	3505	3371
奥地利	3272	4008	3320	3609	3149
西班牙	53708	58352	55930	51833	36738
荷　兰	154852	171111	143023	109548	125952
俄罗斯	109835	113558	117886	93186	79582
波　兰	49244	32720	22218	22156	21040
捷　克	6951	7766	4395	4047	4673
罗马尼亚	5308	4103	2750	3302	2253
保加利亚	2595	2362	1351	1238	1439
埃　及	17563	21199	21516	18021	9662
利比亚	4139	4535	5131	966	722
加拿大	84229	95838	82889	68191	62361
美　国	686874	794359	653582	575976	470111
巴　西	94776	122979	93071	46608	50729
澳大利亚	114668	80716	95477	94003	47768
新西兰	9248	11352	10063	11840	9088

18-6 海关主要商品出口数量

品　名	单位	2005年	2008年	2009年	2010年	2011年	2012年	2013年	2014年	2015年	2016年
冻鸡	吨	14923.0	23513.0	17925.0	32393.8	30840.9	19416.0	31172.0	37250.5	42510.5	42741.3
水海产品	吨	312342.0	423595.0	395516.0	441945.7	572674.5	627047.0	680007.0	734760.1	690619.7	688057.4
玉米	万吨	83.5	2.0	1.6	2.3	2.3	14.0	1.3	0.8	0.6	0.1
鲜苹果	吨	26571.0	57371.0	59390.0	61846.9	60582.1	56032.0	62798.0	53704.5	48151.9	51466.5
大豆	吨	123968.0	172235.0	176835.0	82412.2	85979.0	171388.0	121952.0	116834.9	81972.7	78995.5
食用植物油	吨	54876.0	55430.0	46443.0	25521.0	23742.6	34615.0	74529.0	57377.7	34753.4	24147.0
天然蜂蜜	吨	3053.0	3896.0	4323.0	5831.5	3571.8	4326.0	9304.0	10453.5	11799.0	10603.8
蘑菇罐头	吨	8250.0	16913.0	9956.0	17171.6	16376.3	15467.0	16239.0	16647.0	10528.7	12518.5
烤烟	吨	1935.0	3327.0	3784.0	1818.1	2986.8	1678.0	2657.0	3079.6	1811.6	3993.9
滑石	吨	185522.0	228772.0	144826.0	208655.3	246540.2	260084.0	268570.0	281720.8	291103.7	315810.1
原油	万吨	52.3	23.7	28.9	7.6	8.9	11.0		24.0	222.2	47.0
成品油	万吨	314.9	343.9	534.6	487.1	426.3	315.0	475.6	534.9	599.2	722.0
石蜡	吨	344942.0	290621.0	306405.0	284712.2	279939.0	293996.0	299684.0	323606.7	409261.9	396579.5
合成有机染料	吨	14725.0	11529.0	9304.0	8853.2	6367.9	6408.0	4672.0	5290.0	4370.5	6005.0
纸及纸板	吨	4937.0	2930.0	4249.0	5916.0	6963.8	15481.0	35670.0	20913.8	13676.4	11810.4
合成短纤与棉混纺机织物	万米	3790.7	4926.3	3066.2	4131.5	4359.5	3962.0	3605.0	4008.8	3513.9	3784.9
水泥	万吨	63.2	25.8	4.4	11.8	14.5	14.0	10.0	20.6	30.0	5.8
钢材	万吨	300.1	745.2	291.5	567.1	593.0	739.0	818.0	1275.1	1320.1	1219.1
金属加工机床	台	9914.0	31597.0	22267.0	29339.0	28206.0	28332.0	22827.0	25427.0	12720.0	9475.0
轴承	万套	4707.7	4546.0	2713.0	4284.9	5092.4	5224.0	4634.0	5241.8	5834.8	5790.2
电动机及发电机	万个	36095.7	30528.9	21684.8	32271.6	29258.2	26232.0	20515.0	19242.0	17265.6	16914.2
变压器	万个	2321.0	7794.3	8215.2	11468.0	8802.8	5788.0	4844.0	6098.3	4903.7	9740.3
电视机	万个	258.3	481.6	450.4	561.9	470.0	421.0	396.0	370.7	256.0	180.3
汽车和汽车底盘	个	5212.0	23305.0	13828.0	16523.0	19026.0	24924.0	24653.0	38512.0	23351.0	43321.0
船舶	个	6247.0	8425.0	8487.0	10194.0	11433.0	18846.0	20163.0	8969.0	85.0	99.0
皮革服装	万个	202.3	105.5	85.4	61.6	60.5	85.0	53.0	43.1	44.1	21.3
鞋	万双	4029.2	3210.4	2665.7	3503.9	3695.4	6559.0	11265.0	5835.2	2967.0	1863.8

18-7 海关主要商品进口数量

品　名	单位	2005年	2008年	2009年	2010年	2011年	2012年	2013年	2014年	2015年	2016年
大豆	万吨	161.5	75.1	113.0	214.5	195.0	225.0	236.0	231.2	287.9	284.6
食用植物油	吨	50531.0	33270.0	1437.0	3487.5	1514.7	2858.0	3929.0	14052.5	14036.8	77293.5
食糖	吨	8695.0	7175.0	22507.0	28143.1	35910.7	115558.0	603324.0	593851.8	1006821.0	571518.2
天然橡胶	吨	49816.0	54594.0	33988.0	40253.3	41909.0	34158.0	53731.0	61282.8	66582.1	58181.0
纸浆	吨	27097.0	12859.0	23902.0	19226.7	35945.4	66929.0	101957.0	105933.5	88020.5	73497.5
棉花	吨	15381.0	23211.0	15424.0	24078.9	23700.6	29169.0	19624.0	14104.4	3711.7	699.3
铁矿砂及其精矿	万吨	1381.9	2169.0	2915.0	2920.7	3105.6	2592.0	2800.0	3136.8	2527.5	3688.2
煤	万吨	90.2	143.6	610.5	643.7	794.0	952.0	1762.0	1393.4	1424.4	1688.8
原油	万吨	773.1	1157.9	1728.8	1552.1	1166.6	1348.0	1573.0	1855.2	2524.3	3157.8
成品油	万吨	10.8	36.8	47.2	87.1	121.6	159.0	154.0	175.1	161.0	73.8
纸及纸板	吨	32174.0	36777.0	28784.0	34344.5	36916.5	30932.0	32019.0	27935.0	28971.4	29270.9
棉机织物	万米	2809.4	1698.1	1075.8	1180.4	1147.7			1189.2	1129.2	1098.3
合成纤维长丝机织物	万米	7116.8	8331.5	5934.4	6929.5	7895.4	5912.0	6246.0	4938.5	4334.9	4295.8
钢坯及粗锻件	吨	20357.0	7666.0	227156.0	37134.1	16981.5	6401.0	9327.0	18399.3	1984.7	394.5
钢材	吨	590661.0	703322.0	649117.0	756953.4	932075.6	728949.0	667980.0	822510.4	803242.2	810750.6
金属加工机床	个	3419.0	4232.0	14876.0	16677.0	3825.0	2579.0	1796.0	2541.0	2220.0	1321.0
电动机及发电机	万个	3997.5	7277.9	5099.1	4778.9	4514.8	4733.0	3460.0	2675.3	2844.4	2022.3
印刷电路	万个	34216.6	39206.8	34084.8	60204.5	90389.5	65988.0	51329.0	43193.1	32456.3	35501.2
汽车和汽车底盘	个	22531.0	7134.0	7734.0	10788.0	6847.0	19071.0	12059.0	14905.0	7243.0	11539.0

18-8 利用外资概况

单位：个、万美元

年份	总计		对外借款		外商直接投资		外商其他投资	
	项目	金额	项目	金额	项目	金额	项目	金额
签订利用外资合同								
1990	550	85298	70	34403	365	46703	115	4192
1991	720	92238	40	33733	575	54006	105	4499
1992	2264	269694	39	68353	2148	197922	77	3419
1993	4147	431588	27	49074	4054	379615	66	2899
1994	2810	499888	63	50495	2677	448846	70	547
1995	2484	466820	54	60702	2406	397449	24	8669
1996	1901	502673	27	24728	1853	445601	21	32344
1997	1734	550991	17	57080	1698	438835	19	55076
1998	1740	506974	26	46747	1708	438957	6	21270
1999	1785	505987	44	51200	1736	444517	5	10270
2000	1908	555807	17	26983	1883	517775	8	11049
2001	1893	592312	14	31611	1876	546649	3	14052
2002	2132	742914	5	11194	2125	718520	2	13200
2003	2328	982243	1	12000	2327	970243		
2004	2491	866200			2491	866200		
2005	2686	1101596			2686	1101596		
2006	2336	1524039			2336	1524039		
2007	1844	2078104			1844	2078104		
2008	1319	2029661			1319	2029661		
2009	1629	2818381			1629	2818381		
2010	1480	2563510			1480	2563510		
2011	1050	1963942			1050	1963942		
2012	745	2476813			745	2476813		
2013	565	2163235			565	2163235		
2014	478	1879752			478	1879752		
2015	475	684414			475	684414		
2016	424	922046			424	922046		
实际利用外资额								
1990		78725		51749		24831		2145
1991		97157		61429		31360		4368
1992		85931		39512		43916		2503
1993		169055		43402		122731		2922
1994		198135		55230		142388		517
1995		190691		49377		140405		909
1996		237915		44637		167142		26136
1997		305876		29775		221446		54655
1998		314104		71742		220471		21891
1999		303820		85470		206366		11984
2000		301620		35472		255219		10929
2001		358627		33282		311293		14052
2002		425538		20777		391561		13200
2003		571074		12812		558262		
2004		540679				540679		
2005		359042				359042		
2006		598554				598554		
2007		909673				909673		
2008		1201925				1201925		
2009		1544390				1544390		
2010		2075010				2075010		
2011		2426739				2426739		
2012		2679315				2679315		
2013		2903996				2903996		
2014		2742335				2742335		
2015		518516				518516		
2016		299902				299902		

18-9 各地区实际利用外商投资额

单位：万美元

地　区	2005年	2008年	2009年	2010年	2011年	2012年	2013年	2014年	2015年	2016年
总　计	**359042**	**1201925**	**1544390**	**2075010**	**2426739**	**2679315**	**2903996**	**2742335**	**518516**	**299902**
沈　阳	212312	528842	531038	505361	550247	580435	581093	452062	106116	81604
大　连	100153	441180	600199	1003025	1101208	1235033	1359985	1400453	270302	169877
鞍　山	6936	58161	74177	90496	110256	127520	138391	159010	9575	2634
抚　顺	4207	12866	31284	44182	20826	12635	52108	35731	2606	16
本　溪	3856	11305	20108	30100	35214	46140	51449	60084	9887	6076
丹　东	6432	30606	50003	70454	101688	120100	110012	72670	25077	575
锦　州	6647	31090	36805	50045	53780	100409	114009	125457	8781	2142
营　口	7840	32035	50491	86036	110283	121330	133041	140134	5096	2414
阜　新	1328	5166	6413	11013	14958	18295	20506	25106	1669	677
辽　阳	3299	20038	81718	33352	39118	45093	52009	60003	36477	8390
盘　锦	1464	8390	30178	91335	200108	161004	150334	74895	23246	18501
铁　岭	1564	12021	17197	26288	30345	40217	55539	55894	16617	5337
朝　阳	584	5020	7332	11039	14269	18103	21020	25032	1387	1337
葫芦岛	2420	5205	7447	22284	44439	53001	64500	55804	1680	322

注：2015年，我省利用外资调整了统计口径，统计范围为外国投资者在外商投资企业中实际缴付的注册资本额。

18-10 按国别、地区分实际利用外商投资额

单位：万美元

国家、地区	2005年	2008年	2009年	2010年	2011年	2012年	2013年	2014年	2015年	2016年
中国香港	139993	532055	674180	1147685	1610711	1465255	1518436	1207781	412732	132389
中国澳门	1436	7835	32817	30242	12464	13720	26713	8315		
中国台湾	5793	31574	79920	90200	69762	43008	60379	28205	1714	214
印度尼西亚	395		3			50	80			
日　本	41003	98480	115592	126158	144210	214451	430131	301666	23971	24643
马来西亚	4675	6821	13910	8064	1422	1663	8045	10761	119	72
菲律宾	373	924	987	660	8918	2589	2849	1612	1180	
新加坡	13158	26259	26408	50185	13050	37755	112578	109643	24557	12272
韩　国	51435	162223	156053	135474	139784	146673	201222	91633	7992	6528
泰　国	2780	5066	2732	40	2825	4540	587	102		
比利时	495	1000	7		1	1299	815	7371	3520	2045
丹　麦	215		8976	2	6	239	165	34		92
英　国	4861	12907	17235	18597	14813	7016	18839	17751	407	55
德　国	3693	2048	14030	7198	23975	52073	39122	44467	1029	1762
法　国	31	438	1317	1463	1906	2320	3377	1000	17	33
意大利	2426	2397	473	219	1780	6663	13012	1461	113	6
荷　兰	2921	2875	3539	5799	1222	2415	30654	45875	319	17
西班牙	84	492	1242	5324	443	6038	11231	6604	560	163
芬　兰		280		42	28	17	408	83		
瑞　士	503	2856	1194	234	35898	11496	19824	19076	616	14968
加拿大	4499	6390	23996	19657	10580	13413	17122	23386	113	996
美　国	28262	67548	82296	67450	55484	120614	78931	137945	3483	3796
澳大利亚	3949	7863	11457	7177	2225	15287	11221	25468	37	15
新西兰	1005	1466	1152	9057	2070	8590	366	303	75	114

18-11 项目、合同外资额

(按国别、地区分)

单位：个、万美元

国家、地区	2008年		2009年		2010年		2011年		2012年	
	项目	合同外资额	项目	合同外资额	项目	合同外资额	项目	合同外资额	项目	合同外资额
中国香港	337	747395	509	1224091	521	1444286	392	1254359	244	1267282
中国澳门	8	19819	20	65623	22	38708	23	13745	12	4645
中国台湾	90	169541	137	264515	145	260442	48	67519	21	63380
印度尼西亚		-130						-77		
日本	233	198502	231	204429	221	112441	196	85834	176	232852
马来西亚	6	6534	6	11277	8	10005	3	-1814	13	-494
菲律宾	1	-969	2	1235	1	315	3	10115	1	12726
新加坡	34	62084	23	43892	25	34943	27	25182	16	99631
韩国	343	272915	352	418856	256	172781	126	82325	99	77653
泰国	1	5179	1	2600		-876	1	-152	1	5560
比利时		990	2	-136	1	117	2	-197	1	1589
丹麦	1	8237	1	-189		-5		-358	2	196
英国	18	29353	16	6448	5	18198	14	6946	1	8287
德国	17	8173	14	30050	18	7611	15	11022	12	35913
法国	5	-38	6	8653	4	1168	8	4181	3	4522
意大利	5	3045	3	-3156	2	632	7	4031	4	4958
荷兰	11	7437	2	-1014	1	1596	4	2087	5	7348
西班牙	3	2663	3	3025	5	4421	2	5069	5	4524
芬兰		338	1	314						
瑞士	1	58	3	206	2	2686	4	41510	1	3288
加拿大	24	24300	38	64563	28	37098	20	11552	9	16162
美国	89	133151	113	153389	62	44853	37	13561	28	99654
澳大利亚	14	3915	6	9391	18	8931	11	17009	5	7175
新西兰	3	4130	5	724	4	9924	2	18471	2	415

18-11 续表 (按国别、地区分) 单位：个、万美元

国家、地区	2013年		2014年		2015年		2016年	
	项目	合同外资额	项目	合同外资额	项目	合同外资额	项目	合同外资额
中国香港	210	1173266	128	929530	134	519163	93	502072
中国澳门	2	10845	4	13151	3	265	1	32
中国台湾	18	32130	15	23703	19	5777	20	8434
印度尼西亚		57						
日　本	91	261811	70	215911	62	40701	62	-12302
马来西亚	3	4180	4	806		-112	2	-285
菲律宾		1320		-6	1	1602	2	8
新加坡	23	106784	23	78767	21	34444	14	1794
韩　国	86	142270	96	30870	118	6648	112	15999
泰　国		-2215	1	680				-288
比利时		3229			1	3594	3	3077
丹　麦	1	66			1	90		-48
英　国	5	6546	4	-295	4	5451	5	-3678
德　国	12	24781	19	38226	12	1363	16	10808
法　国	4	1074	3	1389	5	306	2	-716
意大利	3	5966	1	631	2	133	2	7
荷　兰	4	-1401	1	3106	2	817	3	1381
西班牙	3	7646	4	1623	1	1805	4	1351
芬　兰	1	218		83			1	136
瑞　士	5	20153	3	23591		300	1	13833
加拿大	11	19383	10	-1287	13	3821	9	632
美　国	23	39902	23	75558	17	-14736	20	23231
澳大利亚	8	14777	5	27145	4	628	4	60982
新西兰		-4		-10385			1	8

18-12 按行业分实际利用外商投资项目及合同额情况

行　　业	2005年	2008年	2009年	2010年	2011年	2012年	2013年	2014年	2015年	2016年
一、合同项目(个)										
总　　计	**2686**	**1319**	**1629**	**1480**	**1050**	**745**	**565**	**478**	**475**	**424**
农、林、牧、渔业	69	37	38	26	32	13	12	17	11	12
采 矿 业	25	7	6	4	6	9	7	2	2	
制 造 业	1717	682	538	463	372	257	124	91	82	87
电力、燃气及水的生产和供应业	15	19	24	26	29	18	9	7	7	6
建 筑 业	42	14	30	28	29	28	3	7	4	4
交通运输、仓储及邮政业	12	18	15	17	18	11	18	11	11	12
信息传输、计算机服务和软件业	129	79	139	86	57	34	23	26	18	22
批发和零售业	151	127	137	185	177	158	165	127	150	144
住宿和餐饮业	125	49	24	40	28	26	15	27	27	18
金 融 业	4	3	2	3	3		5	13	26	14
房地产业	178	43	120	182	75	64	58	38	18	7
租赁和商务服务业	139	164	190	148	112	81	81	73	84	51
科学研究、技术服务和地质勘查业	31	48	291	211	84	33	25	23	24	32
水利、环境和公共设施管理业	3	7	12	14	11	5	7	2	3	2
居民服务和其他服务业	28	12	44	36	11	6	7	7	5	6
教育	2			1				1		
卫生、社会保障和社会福利业	1		2				2		2	1
文化、体育和娱乐业	15	10	17	10	6	2	4	6	1	6
公共管理和社会组织										
国际组织										
二、合同外资额(万美元)										
总　　计	**1101596**	**2029661**	**2818381**	**2563510**	**1963942**	**2476813**	**2163235**	**1879752**	**684414**	**922046**
农、林、牧、渔业	21048	28955	50217	24257	58736	54900	34462	32402	29410	44727
采 矿 业	6938	13548	17037	5373	1897	13639	16001	16275	32926	100
制 造 业	716719	1193627	1006115	690925	590282	1206273	1089177	841844	217191	258787
电力、燃气及水的生产和供应业	10534	48938	34665	34899	96486	67258	92742	58748	3790	-670
建 筑 业	6333	5142	41671	68918	82021	140841	15097	-7775	231	65
交通运输、仓储及邮政业	11875	40903	30601	51753	18496	77602	160889	153403	19725	86614
信息转输、计算机服务和软件业	41606	117275	198482	109805	24811	83029	56605	54026	12375	3388
批发和零售业	32004	49065	14828	50439	79976	82493	142071	88233	76209	85066
住宿和餐饮业	15442	20524	8370	1694	13349	34719	19554	27931	3153	1888
金 融 业	3767	12779	-6778	9500	16368	4366	17546	91870	37033	44567
房地产业	180554	351803	409007	701894	586127	400008	365711	229748	115134	-70274
租赁和商务服务业	29677	57172	145132	116944	115743	120101	66195	171997	87383	360006
科学研究、技术服务和地质勘查业	11235	72689	593208	441232	114210	116458	63882	65050	16058	110182
水利、环境和公共设施管理业	2006	8452	27588	61070	24796	11695	3010	19606	21795	-3201
居民服务和其他服务业	4658	2384	224129	172766	113634	42448	-7152	1763	11339	281
教育	12	37		4				258		
卫生、社会保障和社会福利业	2084	30	4000		79		3983	40	521	13
文化、体育和娱乐业	5104	6338	20109	22037	26931	20983	23462	34333	141	507
公共管理和社会组织										
国际组织										

18-13 按行业分实际利用外商投资额情况

单位：万美元

行　业	2005年	2008年	2009年	2010年	2011年	2012年	2013年	2014年	2015年	2016年
总　计	**359042**	**1201925**	**1544390**	**2075010**	**2426739**	**2679315**	**2903996**	**2742335**	**518516**	**299902**
农、林、牧、渔业	2353	15759	14150	18622	33769	42030	40877	39794	7316	166
采 矿 业	1660	7830	11015	4137	235	8363	24290	18345	13801	9490.5
制 造 业	176122	525614	695686	761130	1132689	1245637	1468341	1301938	120913	88618
电力、燃气及水的生产和供应业	3915	31389	28020	38321	55448	281335	159734	92254	7733	4914
建 筑 业	5575	2636	5826	33075	41593	73382	63142	6316	2126	
交通运输、仓储及邮政业	9059	31017	22499	31424	8658	67133	143036	211107	30018	61208
信息传输、计算机服务和软件业	8315	35468	70799	48026	27845	88680	99319	133314	4415	9837
批发和零售业	4647	19339	28767	35741	103071	75823	120873	97672	9056	49146
住宿和餐饮业	3789	10426	2701	8011	9683	51047	18027	45268	465	2778
金 融 业	559	6149	869	40344	26916	25070	25205	91912	16810	1723
房地产业	98312	448306	353215	702800	697546	458258	577257	499154	270029	53475
租赁和商务服务业	5928	45072	50407	46954	67868	50286	66124	103788	16666	9568
科学研究、技术服务和地质勘查业	1639	13051	132051	115323	54851	106336	40211	55681	5619	1656
水利、环境和公共设施管理业	1132	2995	4504	39741	43274	5509	6661	4345	10169	3703
居民服务和其他服务业	3965	1377	113335	131414	100536	74633	29510	25988	2582	269
教育	98			1	1	2		65		
卫生、社会保障和社会福利业	17		23	1010	7	35	113	26	31	
文化、体育和娱乐业	1835	5497	10523	18936	22119	22756	21276	15368	767	3350
其 他					630					

18-14 年末登记外商投资企业行业分布情况

行业	企业数(户)					投资总额(百万美元)				
	2012年	2013年	2014年	2015年	2016年	2012年	2013年	2014年	2015年	2016年
总　计	**17960**	**17250**	**17091**	**17745**	**16949**	**185564**	**183207**	**198640**	**206639**	**213278**
农、林、牧、渔业	252	217	215	222	197	1822	1839	2155	2477	2356
采 矿 业	48	43	41	40	37	910	694	716	1288	1287
制 造 业	6835	6157	5811	5552	4992	78797	78645	85181	86609	87300
电力、燃气及水的生产和供应业	170	174	177	179	190	7568	10506	11217	11849	10756
建 筑 业	416	387	368	362	312	7301	5635	5147	4944	4559
交通运输、仓储及邮政业	380	417	426	432	3072	5119	6206	7068	7752	9438
信息转输、计算机服务和软件业	2387	2337	2258	2233	420	3062	2646	2660	3113	7995
批发和零售业	2548	2690	2820	3121	1232	4401	6244	7805	9745	1529
住宿和餐饮业	995	1063	1122	1236	2167	1851	1695	1526	1512	3214
金 融 业	231	279	337	411	470	1091	1093	1998	3079	5948
房地产业	1006	994	1002	985	925	54029	48741	52921	52877	52558
租赁和商务服务业	1838	1678	1724	2128	2112	9428	9342	10735	11724	14816
科学研究、技术服务和地质勘查业	486	466	456	495	494	5483	5300	4774	4843	6831
水利、环境和公共设施管理业	72	56	50	48	48	2531	2742	2728	2695	2614
居民服务和其他服务业	181	189	181	187	171	271	366	454	519	515
教育	4	4	4	4	4	1	1	1	1	1
卫生、社会保障和社会福利业	4	5	3	5	6	53	55	5	29	31
文化、体育和娱乐业	107	94	96	104	99	1845	1418	1549	1577	1530

18-14　续表

行业	注册资本(百万美元)									
	2012年	2013年	2014年	2015年	2016年	#外方				
						2012年	2013年	2014年	2015年	2016年
总　计	**117131**	**113599**	**120350**	**126352**	**131848**	**96255**	**92762**	**98611**	**102900**	**105739**
农、林、牧、渔业	1205	1008	1297	1471	1557	1009	1008	1055	1189	1326
采 矿 业	520	374	380	815	814	407	271	274	698	697
制 造 业	42954	42188	43750	44742	45044	33333	32423	33840	34216	34223
电力、燃气及水的生产和供应业	3161	3896	4109	4358	3919	2258	2996	3114	3263	3057
建 筑 业	5322	4189	3727	3617	3393	4797	3835	3421	3306	3066
交通运输、仓储及邮政业	2782	3178	3740	4144	5313	1518	1706	2193	2584	3875
信息转输、计算机服务和软件业	2030	1739	1645	2003	4359	1658	1409	1292	1649	2785
批发和零售业	2392	3056	4040	5054	878	2121	2704	3545	4228	708
住宿和餐饮业	889	984	876	866	1908	660	777	705	693	1350
金 融 业	876	886	1501	2390	5377	687	728	1158	1721	4373
房地产业	40375	37492	40683	41045	40026	34084	31458	34454	34959	33609
租赁和商务服务业	7987	8087	8886	9966	12511	7769	7714	8439	9184	10858
科学研究、技术服务和地质勘查业	3795	3764	2973	2979	3901	3386	3386	2616	2606	3246
水利、环境和公共设施管理业	1579	1583	1565	1665	1643	1462	1444	1441	1494	1482
居民服务和其他服务业	176	233	275	312	311	150	191	234	259	264
教育	0			0					0	
卫生、社会保障和社会福利业	23	25	5	15	17	23	24	4	9	10
文化、体育和娱乐业	1065	771	898	908	877	931	686	826	841	809

主要统计指标解释

利用外资 指我国各级政府、部门、企业和其他经济组织通过对外借款、吸收外商直接投资以及用其他方式筹措的境外现汇、设备、技术等。

外商直接投资 是指外国企业和经济组织或个人(包括华侨、港澳台胞以及我国在境外注册的企业)按我国有关政策、法规，用现汇、实物、技术等在我国境内开办外商独资企业、与我国境内的企业或经济组织共同举办中外合资经营企业、合作经营企业或合作开发资源的投资(包括外商投资收益的再投资)以及经政府有关部门批准的项目投资总额内，企业从境外借入的资金。

对外承包工程 包括各对外承包公司以招标议标承包方式承揽的下列业务(1)承包国外工程建设项目；(2)承包我国对外经援项目；(3)承包我国驻外机构的工程建设项目；(4)承包我国境内利用外资进行建设的工程项目；(5)与外国承包公司合营或联合承包工程项目时我国公司分包部分；(6)以服务成果向业主收费的技术服务项目(包括承担地形地貌测绘；地质资源勘探与普查；建设区域规划；提供设计文件、图纸、生产工艺技术资料和工程技术经济咨询；工程项目的可行性考察、研究和评估；进行技术指导和培训人员等)；(7)对外承包兼营的房屋开发业务。对外承包工程的营业额是以货币表现的本期内完成的对外承包工程的工作量，包括以前年度签订的合同和本年度新签订的合同在报告期完成的工作量。

对外劳务合作 指以收取工资的形式向业主或承包商提供技术和劳动服务的活动。我国对外承包公司在境外开办的合营企业，中国公司同时又提供劳务的，其劳务部分也纳入劳务合作统计。劳务合作营业额按报告期内向雇主提交的结算数(包括工资、加班费和奖金等)统计。

十九、旅游

Chapter 19 Tourism

19-1 旅游事业发展情况

指 标	单位	2005年	2008年	2009年	2010年	2011年	2012年	2013年	2014年	2015年	2016年
入境旅游人数	人次	1301955	2418707	2931954	3617999	4103329	4731340	5031286	2607019	2640052	2736658
外 国 人	人次	1111091	2072737	2507403	3070097	3444122	3885864	4017005	2006223	2046388	2122140
港澳台同胞	人次	190864	345970	424551	547902	659207	845476	1014281	600796	593664	614518
平均逗留天数	天	3.2	3.0	3.1	3.1	3.2	3.2	2.9	2.9	2.6	2.8
国内居民出境人数	人次	212996	969000	1623038	1469022	1324000	1416000	2035000	2503050	2870000	
国内旅游人数	万人次	9860	19836	24195	28278	32564	36282	40427	45925	39711	44873
旅游收入											
国际旅游收入	万美元	73777	152618	185621	225932.9	271314	318345	347713.6	161800	168272	174141
国内旅游收入	亿元	674.7	1635.5	2098.8	2533.4	3159.3	3742.0	4432.6	5190.2	3620.1	4122.2
星级饭店总数	个	499	540	515	543	551	512	512	533	536	534
旅行社数	个	1003	1116	1110	1170	1162	1165	1243	1296	1360	1386

注：2014年入境旅游人数指标改为入境过夜旅游人数。

19-2 按国别分外国入境旅游人数

单位：人次

国 别	2005年	2008年	2009年	2010年	2011年	2012年	2013年	2014年	2015年	2016年
总 计	**1111091**	**2072737**	**2507403**	**3070097**	**3444122**	**4731340**	**5031286**	**2607019**	**2640052**	**2736658**
日 本	429841	708085	869432	1018917	1072999	1035389	742632	362419	531530	550926
菲 律 宾	5932	14701	21446	21327	25659	28556	20541	20109	12430	12408
新 加 坡	17977	36907	40618	51797	75938	95820	106024	69701	37418	46053
泰 国	5002	10285	9483	10725	16563	15390	13966	12546	12193	8992
印度尼西亚	4632	11346	13219	14486	16275	18005	18069	14926	16859	
美 国	31497	63346	77118	118961	119775	117337	122329	55857	64289	67910
加 拿 大	8671	18297	21283	27374	29143	33629	34437	30889	29050	21666
英 国	9659	34614	41504	55666	59156	47153	49747	35742	31956	25109
法 国	6542	17671	16678	22617	25970	32384	34115	20986	19810	18791
德 国	17234	34106	34398	37634	41400	49736	57598	49022	49045	52871
意 大 利	4149	10162	10475	10811	13879	20378	20158	10655	11521	
俄 罗 斯	63459	132801	159078	216104	224800	276869	323372	170418	202173	224550
澳 大 利 亚	7325	14980	18303	21471	26869	35315	35408	28668	27969	20715
新 西 兰	1846	4691	6262	6771	9213	14669	16223	16181	17337	

注：2014年入境旅游人数指标改为入境过夜旅游人数。

19-3 按地区分接待入境旅游人数

单位：人次

地 区	2005年	2008年	2009年	2010年	2011年	2012年	2013年	2014年	2015年	2016年
接待旅游人数	**1301955**	**2418707**	**2931954**	**3617999**	**4103329**	**4731340**	**5031286**	**2607019**	**2640052**	**2736658**
沈 阳	326513	476357	495325	550313	634895	750011	813067	619724	645734	680884
大 连	600030	950045	1050043	1166020	1170035	1284176	1190035	965615	984647	1044100
鞍 山	68409	155055	202293	264607	291745	383265	438511	191082	202246	202264
抚 顺	19669	77201	87069	111529	138539	169685	200307	147030	149152	153321
本 溪	52201	217816	367384	562000	594217	578611	619822	123973	72941	74825
丹 东	103494	190762	267860	326796	400540	491701	530891	116195	120853	134016
锦 州	54952	114820	150381	200134	253092	308580	344131	113675	121006	94576
营 口	17011	49670	59787	85708	155538	198032	241280	69461	75000	77976
阜 新	2313	10953	19190	23000	25531	27225	28633	20353	21138	21420
辽 阳	9803	18080	21058	27864	33470	38506	44332	38763	39156	39693
盘 锦	14464	82110	115000	180936	243895	314184	365184	105758	110018	112310
铁 岭	7051	33054	39827	48061	57203	66057	70210	34495	35100	35805
朝 阳	1544	7563	11010	13847	16626	19073	21268	18555	20005	20500
葫芦岛	24501	35221	45727	57184	88003	102234	123615	42340	43056	44968

注：2014年入境旅游人数指标改为入境过夜旅游人数。

19-4 按地区分旅游外汇收入

单位：万美元

地 区	2005年	2008年	2009年	2010年	2011年	2012年	2013年	2014年	2015年	2016年
旅游外汇收入	**73777**	**152618**	**185621**	**225933**	**271314**	**318345**	**347714**	**161800**	**168272**	**174141**
沈 阳	17272	33009	36999	40024	49980	63195	66451	32837	33081	34404
大 连	40000	65835	72748	80386	80519	87349	81341	46012	51625	53948
鞍 山	4945	12052	15607	22435	21614	27400	50086	14924	15035	15516
抚 顺	504	3439	3965	5882	10828	12982	15123	12128	12218	12536
本 溪	1702	10985	19715	27095	43209	48878	48636	11485	11570	11836
丹 东	3680	9040	12535	16151	21310	26642	24473	8192	8252	8500
锦 州	1841	6512	8317	11820	14754	18506	21213	10972	11054	11319
营 口	718	2159	2641	3728	6186	7187	10657	6221	6267	6442
阜 新	90	488	835	1005	1133	1153	1243	874	881	899
辽 阳	468	1007	1212	1699	2080	1896	2869	2436	2454	2510
盘 锦	747	3828	5486	8916	11095	13327	13201	9454	9525	9773
铁 岭	330	1776	2275	2698	3321	4014	4689	2718	2738	2806
朝 阳	77	464	664	853	1026	1181	1403	1244	1253	1277
葫芦岛	676	2024	2622	3241	4259	4634	6329	2302	2319	2375

19-5 按地区分国内旅游人数及收入

单位：万人次、亿元

地 区	国内旅游接待人数				国内旅游收入			
	2013年	2014年	2015年	2016年	2013年	2014年	2015年	2016年
全 省	**40427.2**	**45925.3**	**39710.7**	**44872.9**	**4432.6**	**5190.2**	**3620.1**	**4122.2**
沈 阳	7574.1	8087.7	5654.5	6333.0	792.2	900.7	497.3	562.8
大 连	5230.9	5619.8	6828.1	7633.8	850.4	965.3	977.2	1105.2
鞍 山	3281.8	3949.5	3514.4	3967.7	323.9	399.1	289.9	329.7
抚 顺	2987.6	3702.5	2682.2	3033.6	327.0	389.4	216.0	246.7
本 溪	3216.1	3545.3	3081.3	3491.1	289.8	360.9	228.3	260.2
丹 东	2990.1	3468.5	3527.8	4014.7	348.6	419.2	307.7	356.3
锦 州	3211.0	3544.9	2070.0	2347.4	222.5	265.5	146.4	167.8
营 口	1620.0	1835.3	2104.9	2399.6	206.4	243.0	181.3	206.7
阜 新	923.6	1042.9	996.0	1140.4	67.2	76.7	68.7	77.8
辽 阳	2454.2	2794.2	1945.6	2216.0	220.9	254.6	156.8	178.0
盘 锦	1911.7	2299.3	1993.1	2262.1	245.8	291.6	162.2	188.1
铁 岭	1660.7	1949.5	1591.3	1799.8	146.1	171.7	115.6	131.2
朝 阳	1431.1	1631.1	1897.6	2168.9	185.5	210.5	129.0	145.9
葫 芦 岛	1934.3	2454.7	1824.0	2064.7	206.1	241.9	143.6	165.9

主要统计指标解释

旅游者人数 (1)入境国际旅游者人数：指来中国参观、访问、旅行、探亲、访友、休养、考察、参加会议和从事经济、科技、文化、教育、宗教等活动的外国人、港澳同胞和台湾同胞的人数。包括入境旅游者和入境一日游游客。不包括外国在我国的常驻机构，如使领馆、通讯社、企业办事处的工作人员；来我国常住的外国专家、留学生以及在岸逗留不过夜人员。

(2)出境居民人数：指大陆居民因公务活动或私人事务短期出境的人数。公务活动出境居民人数包括在国际交通工具上的中国服务员工，因私出境居民人数不包括在国际交通工具上的中国服务员工。

(3)国内旅游者人数：指我国大陆居民和在我国常住 1 年以上的外国人、港澳台同胞离开常住地在境内其他地方的旅游设施内至少停留一夜，最长不超过 12 个月的人数；和国内居民离开惯常住地 10 公里以上，出游时间超过 6 小时不足 24 小时，并未在境内其他地方的旅游住宿设施过夜的国内一日游游客。

国际旅游(外汇)收入 指入境旅游的外国人、港澳同胞和台湾同胞在中国大陆旅游过程中发生的一切旅游支出，对于国家来说就是国际旅游(外汇)收入。

国际旅行社 指经营对外招徕并接待外国人、港澳同胞和台湾同胞来中国、回内地旅游业务的旅行社。

国内旅行社 指负责经营招徕、组团、接待国内游客的旅游业务，以及不对外招徕，负责经营接待国际旅行社或其它涉外部门组织的外国人、港澳同胞和台湾同胞来中国、回内地的旅游业务的旅行社。

星级饭店 指设备、设施、服务符合《旅游饭店星级的划分与评定》(中华人民共和国国家标准)，通过相关旅游管理部门评定，并取得星级饭店称号的饭店(含预备星级饭店)。

二十、金融业

Chapter 20 Financial Intermediation

20-1 金融机构存款、贷款余额

单位：亿元

指　标	2005年	2008年	2009年	2010年	2011年	2012年	2013年	2014年	2015年	2016年
年末存款余额	**11967.0**	**18223.2**	**22758.6**	**27372.5**	**30832.4**	**35303.5**	**39418.0**	**42053.1**	**47758.2**	**51692.5**
其中：财政存款	116.6	306.7	515.6	593.2	655.6	776.6	880.6	864.1	790.9	858.2
储蓄存款	6950.2	10127.3	12030.9	13690.3	15529.6	17967.4	19857.9	21396.8	23995.8	25882.1
委托存款	34.6	129.0	189.0	313.9	137.6	143.2	217.6	242.8		
年末贷款余额	**7958.1**	**11794.6**	**15549.6**	**18689.8**	**22831.7**	**26306.5**	**29722.0**	**33023.5**	**36282.8**	**38685.6**

注：1. 2005-2010年为金融机构(含外资)人民币存款、贷款余额；2011-2014年为金融机构(含外资)本外币存款、贷款余额。下同。
2. 2015年起人民银行《金融机构(含外资)本外币信贷收支合并表》表式调整，相应指标及数据进行调整。2015年财政存款项下数据变更为财政性存款，储蓄存款项下数据变更为住户存款，与往年均不可比。

20-2 金融机构贷款余额

单位：亿元

指　标	2015年	2016年
年末贷款余额	**36282.8**	**38685.6**
一、境内贷款	**36003.1**	**38363.6**
其中：(一)住户贷款	7295.6	8027.0
1.短期贷款	1970.0	1851.1
其中：消费贷款	439.7	417.7
经营贷款	1530.3	1433.5
2.中长期贷款	5325.6	6175.8
其中：消费贷款	4329.4	5109.1
经营贷款	996.2	1066.8
(二)非金融企业及机关团体贷款	28702.4	30336.6
1.短期贷款	11694.2	12424.9
2.中长期贷款	14993.7	15399.5
3.票据融资	1889.2	2309.6
4.融资租赁	1.2	0.5
5.各项垫款	124.1	202.1
(三)非银行业金融机构贷款	5.1	0.1
二、境外贷款	**279.7**	**322.0**

20-3 各地区金融机构存款余额

单位：万元

地区	2013年		2014年		2015年		2016年	
	金融机构存款余额	#储蓄存款余额	金融机构存款余额	#储蓄存款余额	金融机构存款余额	#住户存款余额	金融机构存款余额	#住户存款余额
全省	**394180177**	**198579193**	**420531036**	**213968065**	**477581849**	**239957955**	**516924528**	**258821245**
沈阳	115765816	48215573	124580194	52082604	140353957	58548968	144462659	62599611
大连	119536466	45692427	121530312	47585009	138644566	52370476	147016540	54484457
鞍山	25300889	15911886	28608615	17525473	31093884	19688422	32350864	21412485
抚顺	12838892	9012553	13670394	9764244	15062810	10777801	16151402	11800419
本溪	10293344	6604490	11163021	6889473	11942682	7618742	12843717	7974035
丹东	13629915	9929407	14883139	10839883	16720523	12397483	18681648	13804730
锦州	15172334	10221011	17255308	10941435	20840344	13279502	26552622	14999503
营口	15106731	9267086	17490741	10227215	23365517	11760999	25982961	12961678
阜新	8042587	5044477	8374790	5544579	9124333	6207674	10097298	6620992
辽阳	13221259	7544870	14081856	8154462	16637485	8860529	22296981	9630753
盘锦	12376247	7736680	13067206	8531712	14665557	9534401	16706653	10468372
铁岭	9228533	7039437	10309396	7949393	11223580	8813790	12322489	9761942
朝阳	11608798	8407145	12480463	9196587	13775191	10350939	15738373	11736940
葫芦岛	12057875	7952151	13034910	8735997	14131220	9748029	15719742	10564751

20-4 各地区金融机构贷款余额

(2016年)

单位：万元

地区	金融机构贷款余额	境内贷款				境外贷款
			住户贷款	非金融企业及机关团体贷款	非银行业金融机构贷款	
全省	**386856037**	**383636372**	**80269795**	**303365832**	**745**	**3219665**
沈阳	127982017	126493344	25628885	100864359	100	1488673
大连	118034982	116770435	23891006	92879429		1264548
鞍山	22381556	21932561	3457921	18474640		448994
抚顺	7650812	7650724	2171902	5478821		88
本溪	10768742	10768698	1321938	9446759		44
丹东	11208980	11208411	2731564	8476847		569
锦州	13663181	13663181	2976358	10686822		
营口	18843427	18843363	3487895	15354968	500	64
阜新	8397553	8396968	1649074	6747894		585
辽阳	11812849	11812800	1600579	10212221		49
盘锦	8427693	8427693	1732733	6694814	145	
铁岭	8432437	8431837	2794539	5637298		600
朝阳	9935845	9935125	3216471	6718655		720
葫芦岛	9315962	9301231	3608928	5692303		14731

主要统计指标解释

信贷资金 国家银行用于发放贷款的资金叫信贷资金。中国人民银行信贷资金的来源有各项存款、对国际金融机构负债、流通中货币、银行自有资金及当年结益等。信贷资金的运用有各项贷款、黄金占款、外汇占款、财政借款及在国际金融机构中的资产等。

存款 企业、机关、团体或居民根据可以收回的原则，把货币资金存入银行或其他信用机构保管并取得一定利息的一种信用活动形式。根据存款对象的不同可划分为企业存款、财政存款、机关团体存款、基本建设存款、城镇储蓄存款、农村存款等科目。它是银行信贷资金的主要来源。

贷款 银行或其他信用机构根据必须归还的原则，按一定利率，为企业、个人等提供资金的一种信用活动形式。我国银行贷款，分流动资金贷款、固定资产贷款、城乡个体工商户贷款以及农户贷款等科目。

二十一、服务业

Chapter 21 Service

21-1 分地区重点服务业企业主要财务指标

(2016年) 单位：万元

地 区	企业单位数(个)	固定资产原 价	本年折旧	资产总计	负债合计	所 有 者权益合计	营业收入	营业成本
全 省	**6565**	**53871175**	**2778772**	**130286641**	**73980687**	**56309390**	**30976183**	**23873542**
沈 阳	1878	10940188	547888	26941070	13151894	13788725	7030546	4995612
大 连	2018	19453418	816260	47416975	25155587	22261388	13644874	10755920
鞍 山	457	2002645	135960	5790576	2936878	2853698	1452351	1068189
抚 顺	237	1918986	94468	2426749	997429	1429320	684101	510410
本 溪	126	2082924	76856	7190930	5387475	1803455	627708	525723
丹 东	202	2874569	155227	7192763	5299071	1893692	1165879	733164
锦 州	407	3115638	140867	3878377	2036018	1846247	1100488	893314
营 口	351	6150626	422018	16987345	11374651	5612694	2608083	2252237
阜 新	125	641085	160629	701742	316267	385475	252878	210929
辽 阳	209	1124214	60928	4157744	2827972	1329772	440524	309757
盘 锦	208	875720	39666	3945400	2331702	1613699	674341	568126
铁 岭	86	943970	23718	1158264	574610	583654	394731	332310
朝 阳	113	737910	40303	984697	627263	357434	422940	334638
葫芦岛	148	1009283	63984	1514009	963873	550136	476739	383213

21-1 续表 (2016年) 单位：万元

地 区	营业税金及 附 加	销售费用、管理费用、财务费用合计	营业利润	利润总额	应付职工薪 酬	应交增值税	从业人员平均人数(人)
全 省	**224048**	**6429441**	**1156303**	**2149685**	**5380026**	**515309**	**730496**
沈 阳	63528	1735914	482819	619361	1277508	164116	172661
大 连	82414	2452113	768205	1149303	2539785	175082	276365
鞍 山	13517	262890	97711	170991	202937	35190	39314
抚 顺	4111	176469	-8838	21820	161807	12400	27822
本 溪	11859	293340	-195739	-183831	135163	10833	21926
丹 东	11994	320280	109254	141806	112952	14424	23946
锦 州	7378	202522	6138	23978	172050	15876	34700
营 口	12677	430381	-67572	124072	303509	25949	52316
阜 新	1499	66420	-13499	-5268	55333	4404	9983
辽 阳	6041	121247	-991	20095	81274	12464	17223
盘 锦	3802	109708	-81	11658	115829	8918	16340
铁 岭	1278	75509	-9819	7878	54802	13079	8591
朝 阳	2135	82775	4845	36416	75443	4279	13811
葫芦岛	1816	99870	-16131	11407	91634	18296	15498

21-2 按企业性质分重点服务业企业主要财务指标

(2016年) 单位：万元

项目	企业单位数(个)	固定资产原价	本年折旧	资产总计	负债合计	所有者权益合计	营业收入	营业成本
总计	**6565**	**53871175**	**2778772**	**130286641**	**73980687**	**56309390**	**30976183**	**23873542**
内资企业	6192	40129346	1834246	111948745	64086223	47865958	25289461	20203295
国有企业	607	3518473	216019	10197812	7028312	3169500	3044343	2662818
集体企业	161	215296	12660	961098	609329	351770	233939	142638
股份合作企业	42	71683	2233	172905	149521	23384	55264	40105
联营企业	10	11365	224	19227	21590	-2363	28610	21967
有限责任公司	2196	23850579	947057	76626406	43705246	32921161	12726088	10413384
国有独资公司	187	9784582	341654	30399204	16504245	13894959	4009118	3450535
其他有限责任公司	2009	14065996	605403	46227202	27201001	19026201	8716970	6962849
股份有限公司	272	8689519	386563	12332814	5380266	6952548	3662012	2782080
私营企业	2699	3407151	242575	10969933	6814095	4159274	5161069	3860280
私营独资企业	175	174334	12386	288032	192064	99855	150023	94405
私营合伙企业	72	24010	1888	49028	33332	15696	60715	19811
私营有限责任公司	2291	2981237	208768	9456160	5900645	3555063	4669946	3559796
私营股份有限公司	161	227570	19533	1176714	688053	488661	280385	186269
其他企业	205	365280	26917	668549	377865	290684	378137	280023
港、澳、台商投资企业	123	6184978	237881	6876626	3000654	3875972	1793575	1239438
其中：与港澳台商合资经营企业	45	1299022	58929	1632707	762429	870278	501559	363767
港澳台商独资经营企业	69	3325152	124303	4492265	2170213	2322052	942314	633468
外商投资企业	250	7556851	706645	11461271	6893811	4567460	3893146	2430809
其中：中外合资经营企业	75	3131084	137802	7514662	5244416	2270245	1239865	756887
外资企业	161	3229261	306934	2998854	1366806	1632048	2152105	1303616

21-2 续表 (2016年) 单位：万元

项　　目	营业税金及附加	销售费用、管理费用、财务费用合计	营业利润	利润总额	应付职工薪　酬	应　交增值税	从业人员平均人数(人)
总　　计	**224048**	**6429441**	**1156303**	**2149685**	**5380026**	**515309**	**730496**
内资企业	193826	5214549	319107	1269799	4309355	341716	630945
国有企业	15811	714346	-266764	30721	709807	28115	110989
集体企业	3024	95457	-27968	-28766	73111	4117	16004
股份合作企业	1174	14798	-2750	-3021	7605	703	1949
联营企业	198	2589	3689	4046	1915	131	371
有限责任公司	102663	2562170	-59070	536471	2119586	168871	265774
国有独资公司	33399	874183	-181803	39847	741131	45349	71981
其他有限责任公司	69264	1687988	122733	496623	1378454	123522	193793
股份有限公司	15397	634580	293089	317060	508148	68756	50594
私营企业	52289	1113577	326754	359463	793045	69401	168961
私营独资企业	2192	49602	84	133	26922	818	7822
私营合伙企业	649	27792	13096	13022	13201	1811	2169
私营有限责任公司	47190	960703	212418	241270	708979	61151	149961
私营股份有限公司	2258	75481	101157	105039	43943	5622	9009
其他企业	3270	77032	52125	53827	96139	1623	16303
港、澳、台商投资企业	10821	318950	295854	317230	245930	73768	23807
其中：与港澳台商合资经营企业	3906	85267	86098	88551	64838	10920	5388
港澳台商独资经营企业	5315	187022	154332	166052	141082	53951	14026
外商投资企业	19402	895942	541342	562656	824741	99826	75744
其中：中外合资经营企业	13472	323790	156268	160771	130750	15226	19153
外资企业	4512	481031	359988	367320	521109	69653	43713

21-3 分行业重点服务业企业主要财务指标

(2016年)

单位:万元

行业	企业单位数(个)	固定资产原价	本年折旧	资产总计	负债合计	所有者权益合计	营业收入	营业成本
总计	**6565**	**53871175**	**2778772**	**130286641**	**73980687**	**56309390**	**30976183**	**23873542**
铁路运输业	11	676061	21960	1016943	405906	611036	691761	615124
道路运输业	1056	5725629	270947	10759730	6086686	4673044	2901727	2702856
水上运输业	81	15152258	535709	37862838	22881416	14981422	5308652	4305094
航空运输业	14	1430730	63846	1627354	705736	921618	477389	415160
管道运输业	3	757867	26744	544334	10377	533957	49036	43633
装卸搬运和运输代理业	369	1754808	77786	4974099	2631007	2343092	2360644	2121545
仓储业	227	1470853	68629	7773561	6677229	1096333	2373536	2244097
邮政业	41	353522	13803	318868	155533	163335	629491	540248
电信、广播电视和卫星传输服务	114	13290850	1012424	7678764	2694898	4983865	4122824	2770669
互联网和相关服务	39	54703	7231	181878	78823	103055	208317	139082
软件和信息技术服务业	491	567170	44849	2391218	1058497	1332721	2393297	1663035
房地产业	789	3099784	128389	9505622	5929234	3576387	1393279	791207
其中:物业管理	573	733172	53616	2610496	1680294	930201	839554	552852
房地产中介服务	71	192371	7117	629179	510429	118750	108121	61497
自有房地产经营活动	138	2162456	66559	6223889	3701076	2522814	441663	173962
其他房地产业	7	11784	1098	42058	37435	4623	3942	2896
租赁业	44	358536	28381	1397136	1024730	372406	171611	145873
商务服务业	1126	3262260	134666	26525017	15050397	11474169	2825099	1925220
研究和试验发展	60	278833	15988	1081210	285415	795795	229959	169691
专业技术服务业	759	761873	51455	3418340	1805918	1612422	1875789	1242827
科技推广和应用服务业	97	201454	15779	826708	444215	382493	164551	111836
水利管理业	14	1476575	35570	1120485	68627	1051858	48969	53352
生态保护和环境治理业	16	90279	4358	141991	44878	97113	24391	15667
公共设施管理业	153	372555	16428	1903901	1199014	704887	360516	247819
居民服务业	141	284623	13888	595881	363016	232865	160252	71438
机动车、电子产品和日用产品修理业	107	35710	2469	113994	77527	36467	93383	72779
其他服务业	11	4477	905	7573	3741	3832	6671	3244
教育	149	257746	14659	404773	208220	196553	168317	88953
卫生	253	1113217	75547	1601136	1086618	518406	1238988	1012354
社会工作	6	8230	123	8116	4691	3425	2599	1844
新闻和出版业	54	194718	9065	1165086	554015	611070	235178	152910
广播、电视、电影和影视录音制作业	70	100604	10881	219367	118166	101202	144895	103109
文化艺术业	22	35979	7773	110168	67519	42649	28820	13737
体育	20	94973	3448	154650	159116	-4466	13038	6213
娱乐业	37	529621	59353	430808	190016	240792	90071	48445
其他	191	74679	5719	4425094	1909507	2515587	183133	34486

注：铁路运输业中不含沈阳铁路局数据。

21-3 续表 (2016年) 单位:万元

行　业	营业税金及附加	销售费用、管理费用、财务费用合计	营业利润	利润总额	应付职工薪酬	应交增值税	从业人员平均人数(人)
总　计	**224048**	**6429441**	**1156303**	**2149685**	**5380026**	**515309**	**730496**
铁路运输业	1505	33915	43184	44987	51698	4094	4570
道路运输业	19960	501880	-287834	-17896	585245	45383	117842
水上运输业	31459	830833	315245	462370	534015	63022	42746
航空运输业	3539	79449	-15297	6658	156699	9419	9987
管道运输业	548	1624	3231	3060	10479	966	735
装卸搬运和运输代理业	4253	203632	149880	155875	173633	14845	20328
仓储业	6937	423982	-285919	42546	71629	10025	9716
邮政业	2625	74072	26118	27446	230179	2964	22735
电信、广播电视和卫星传输服务	4227	668995	678624	695958	501373	176328	48023
互联网和相关服务	1129	51788	17039	19990	35523	5815	4289
软件和信息技术服务业	8620	612518	204893	242966	854299	37426	73769
房地产业	41638	559909	60406	81831	402794	16405	91653
其中：物业管理	21922	293682	-23667	-17634	294220	9387	78310
房地产中介服务	2209	47155	34962	35174	55577	2269	7196
自有房地产经营活动	17448	217311	50122	65335	50592	4729	5736
其他房地产业	60	1761	-1012	-1044	2404	20	411
租赁业	725	27545	2490	4760	9642	1876	1046
商务服务业	45991	982276	-21295	47199	564557	27720	116077
研究和试验发展	1932	81815	-26741	-15664	35064	6798	3621
专业技术服务业	18420	499674	113808	134185	537010	55339	55466
科技推广和应用服务业	1645	36173	13454	15525	22183	4720	3468
水利管理业	586	23761	-28721	-28589	15610	77	1514
生态保护和环境治理业	301	7052	1318	1215	5357	2270	1009
公共设施管理业	6771	98175	9562	12317	73254	5679	16382
居民服务业	4934	79580	2636	6822	33291	1743	9136
机动车、电子产品和日用产品修理业	736	19651	494	516	10370	2607	2524
其他服务业	240	3290	-15	-15	2617	124	1048
教育	2157	67267	11398	12562	57086	1359	9614
卫生	1704	190873	73892	74029	292375	644	44681
社会工作	23	815	-160	140	756		227
新闻和出版业	1342	101566	-16866	-5269	50231	7477	6504
广播、电视、电影和影视录音制作业	2804	40201	6654	10690	17436	3261	3032
文化艺术业	351	12175	21989	24436	7934	319	1422
体育	453	15814	-9416	-9424	4804	192	1277
娱乐业	1551	42252	4600	8862	15405	3539	3548
其他	4944	56896	87653	89601	17479	2875	2507

主要统计指标解释

重点服务业企业 指一定规模以上的服务业法人单位，包括：交通运输、仓储和邮政业，信息传输、软件和信息技术服务业，租赁和商务服务业，科学研究和技术服务业，水利、环境和公共设施管理业，居民服务、修理和其他服务业，教育，卫生和社会工作，文化、体育和娱乐业；以及物业管理、房地产中介服务、自有房地产经营活动、其他房地产业等行业。

二十二、教育和科技

Chapter 22 Education, Science and Technology

22-1 教育事业基本情况

指　　标	2008年	2009年	2010年	2011年	2012年	2013年	2014年	2015年	2016年
学 校 数(所)	**17183**	**16092**	**16773**	**16399**	**16009**	**16414**	**16474**	**16201**	**16526**
一、高等教育	**121**	**144**	**148**	**148**	**148**	**149**	**144**	**144**	**144**
研究生培养机构	47(14)	47(14)	47(14)	47(14)	50(14)	51(14)	45(8)	45(8)	45(8)
普通高校	83	107	112	112	112	115	116	116	116
成人高校	24	23	22	22	22	20	20	20	20
二、高中阶段教育	**801**	**776**	**758**	**761**	**734**	**727**	**855**	**702**	**699**
普通高中	435	426	419	422	417	416	415	412	412
职业高中	237	224	214	217	192	190	183	181	180
普通中专	128	125	124	121	124	120	112	108	106
成人中专	1	1	1	1	1	1	1	1	1
技工学校							144		
三、义务教育	**8769**	**7798**	**7254**	**6829**	**6460**	**6277**	**6036**	**5824**	**5550**
普通初中	1707	1686	1657	1637	1607	1572	1533	1517	1521
小学	6987	6037	5523	5118	4779	4631	4429	4234	3954
特殊教育学校	75	75	74	74	74	74	74	73	75
四、学前教育	7492	7374	8613	8661	8667	9261	9439	9531	10133
幼儿园	7492	7374	8613	8661	8667	9261	9439	9531	10133
专 任 教 师(人)	**410267**	**414538**	**422059**	**418452**	**425081**	**427101**	**441753**	**439674**	**445538**
一、高等教育	**56766**	**59110**	**60285**	**61334**	**62972**	**65127**	**66604**	**67478**	**66711**
普通高校	53495	55835	57404	58742	60502	62706	64246	65179	64946
成人高校	3271	3265	2881	2592	2470	2421	2358	2299	1765
二、高中阶段教育	**65425**	**66173**	**66594**	**67766**	**68933**	**69070**	**78204**	**70465**	**71196**
普通高中	42553	43570	44684	45965	47276	48320	48924	50054	50630
职业高中	12057	11279	10983	11021	10387	9954	9910	9473	9671
普通中专	10407	10916	10546	10390	10864	10397	10280	10541	10480
成人中专	408	408	381	390	406	399	400	397	415
技工学校							8690		
三、义务教育	**254472**	**253354**	**249743**	**248905**	**247683**	**244038**	**241986**	**240882**	**241469**
普通初中	101369	101548	100674	101483	101083	99362	98888	98838	98960
小学	151039	149711	146922	145457	144633	142656	141049	140002	140400
特殊教育	2064	2095	2147	1965	1967	2020	2049	2042	2109
四、学前教育	33604	35901	45437	40447	45493	48866	54959	60849	66162
幼儿园	33604	35901	45437	40447	45493	48866	54959	60849	66162
招 生 数(人)	**1963561**	**1865157**	**1845405**	**1856324**	**1791557**	**1797707**	**1748137**	**1665053**	**1640326**
一、高等教育	**370381**	**355645**	**362060**	**382750**	**395836**	**405010**	**388058**	**368659**	**363597**
研究生	25185	27859	29031	30615	31917	32824	31240	32970	33704
博士	2608	2712	2756	2863	2930	2959	2656	2699	2762
硕士	22577	25147	26275	27752	28987	29865	28584	30271	30942
普通高等教育	252385	245312	252234	263843	275676	282103	284838	274148	266074
本科	149941	151604	155215	165587	174209	180758	185716	171243	171363
专科	102444	93708	97019	98256	101467	101345	99122	102905	94711
成人高等教育	92811	82474	80795	88292	88243	90083	71980	61541	63819
本科	34747	31678	30836	33395	32839	31338	33175	29777	31246
专科	58064	50796	49959	54897	55404	58745	38805	31764	32573
二、高中阶段教育	**407310**	**402794**	**384835**	**370734**	**349713**	**340925**	**339647**	**320971**	**324081**
普通高中	244280	248271	240387	236157	228358	222938	208916	209790	212049
职业高中	78835	72557	64558	62942	48218	47008	39381	41723	45023
普通中专	74434	72651	68279	61592	62561	60734	58438	59560	57107
成人中专	9761	9315	11611	10043	10576	10245	10451	9898	9902
技工学校							22461		
三、义务教育	**852454**	**765911**	**746311**	**748139**	**723319**	**709662**	**689434**	**631206**	**634073**
普通初中	458511	427882	397158	376932	369357	358177	356709	304681	319219
小学	393197	337183	348465	370138	353057	350633	331754	325478	313496
特殊教育	746	846	688	1069	905	852	971	1047	1358

注：研究生培养机构分为高校和科研机构两部分，括号内表示的是科研机构数，可培养研究生的高校在普通高校里已经统计过，因此加总时

22-1 续表

指 标	2008年	2009年	2010年	2011年	2012年	2013年	2014年	2015年	2016年
四、学前教育	**333416**	**340807**	**352199**	**354701**	**322689**	**342110**	**330998**	**344217**	**318575**
幼儿园	333416	340807	352199	354701	322689	342110	330998	344217	318575
在 校 学 生(人)	**6864102**	**6713279**	**6594819**	**6541458**	**6440842**	**6271306**	**6260553**	**6154904**	**6079558**
一、高等教育	**1126297**	**1147417**	**1153396**	**1186282**	**1231943**	**1274264**	**1287377**	**1262975**	**1246612**
研究生	70063	76239	82019	87078	90061	93189	92575	94387	99083
博士	11336	11795	12406	12917	13253	13848	13305	13748	14545
硕士	58727	64444	69613	74161	76808	79341	79270	80639	84538
普通高等教育	820374	852467	880247	902231	934078	968034	998281	1005650	998719
本科	561099	582354	602201	624546	645816	675819	705124	710863	710581
专科	259275	270113	278046	277685	288262	292215	293157	294787	288138
成人高等教育	235860	218711	191130	196973	207804	213041	196521	162938	148810
本科	103340	88753	76863	77196	80737	81634	82035	78577	77151
专科	132520	129958	114267	119777	127067	131407	114486	84361	71659
二、高中阶段教育	**1183106**	**1162245**	**1143216**	**1120209**	**1076534**	**1031372**	**1050631**	**960098**	**943951**
普通高中	724152	718333	715443	712632	695933	681460	652613	634787	625066
职业高中	230088	216180	197993	184869	157402	138493	130478	126234	124360
普通中专	206802	204307	203438	193828	194753	183128	173253	169151	163959
成人中专	22064	23425	26342	28880	28446	28291	29489	29926	30566
技工学校							64798		
三、义务教育	**3813895**	**3624247**	**3463738**	**3373006**	**3272873**	**3109523**	**3048614**	**3021001**	**2976275**
普通初中	1437573	1359494	1272295	1195997	1134585	1057488	1055661	1012944	978298
小学	2367350	2255977	2182522	2168074	2129695	2044058	1984633	1999564	1988681
特殊教育	8972	8776	8921	8935	8593	7977	8320	8493	9296
四、学前教育	740804	779370	834469	861961	859492	856147	873931	910830	912720
幼儿园	740804	779370	834469	861961	859492	856147	873931	910830	912720
毕 业 生 数(人)	**1914609**	**1891032**	**1814258**	**1794656**	**1776321**	**1751284**	**1710419**	**1641408**	**1644858**
一、高等教育	**297599**	**319655**	**340816**	**337244**	**334979**	**348911**	**359205**	**377262**	**365037**
研究生	21542	20742	21676	24178	27110	28780	28815	30011	27760
博士	1859	2049	1976	1990	2075	2243	1853	1729	1845
硕士	19683	18693	19700	22188	25035	26537	26962	28282	25915
普通高等教育	202312	206211	219564	236341	235984	241049	247510	258296	263530
本科	111074	125788	132522	140017	147471	146687	152303	160236	165815
专科	91238	80423	87042	96324	88513	94362	95207	98060	97679
成人高等教育	73745	92702	99576	76725	71885	79082	82880	88955	73747
本科	34487	43375	38932	30912	26711	28631	31039	31132	31080
专科	39258	49327	60644	45813	45174	50451	51841	57823	42667
二、高中阶段教育	**386741**	**396094**	**368743**	**376031**	**369270**	**359393**	**370325**	**331017**	**322747**
普通高中	256952	248791	226130	233805	237962	231626	231520	223546	216098
职业高中	63311	72545	76029	69010	57464	52033	44915	43681	44441
普通中专	61674	68063	61075	66918	65725	68035	63361	57036	55356
成人中专	4804	6695	5509	6298	8119	7699	6993	6754	6852
技工学校							23536		
三、义务教育	**924178**	**904926**	**853770**	**814048**	**782898**	**752689**	**693601**	**643376**	**667996**
普通初中	464040	475495	455348	435895	410708	386556	335469	337313	347100
小学	459368	428542	397516	377227	371386	365054	357346	305116	319861
特殊教育	770	889	906	926	804	1079	786	947	1035
四、学前教育	**306091**	**270357**	**250929**	**267333**	**289174**	**290291**	**287288**	**289753**	**289078**
幼儿园	306091	270357	250929	267333	289174	290291	287288	289753	289078
每一教师负担学生数(人)									
普通高等学校	15.3	15.3	17.2	17.7	17.2	17.7	17.7	17.8	17.5
小 学	15.7	15.1	14.9	14.9	14.7	14.3	14.1	14.3	14.2

22-2 各级各类学校情况

年份	普通高等学校	中等专业学校	#中等师范学校	普通中学	农业中学职业中学	小学	幼儿园	盲、聋哑学校
一、学校数(所)								
1986	64	160	31	2507	750	15762	7177	35
1987	64	163	31	2517	734	15729	6672	38
1988	63	169	32	2509	681	15732	11416	46
1989	63	167	31	2499	653	15679	8633	48
1990	63	166	31	2489	618	15630	9714	51
1991	62	167	31	2478	613	15540	9300	53
1992	61	165	30	2457	598	15230	9372	52
1993	61	166	30	2433	608	14805	12536	53
1994	61	165	30	2448	606	14655	10923	52
1995	61	171	30	2459	594	14594	11220	50
1996	61	173	29	2447	561	14464	9945	51
1997	62	174	30	2434	537	14386	10176	53
1998	61	170	26	2444	523	14084	9899	52
1999	64	151	12	2429	450	13748	9935	52
2000	58	133	9	2401	383	13356	9990	50
2001	61	119	5	2376	333	12739	6913	73
2002	66	137	5	2362	340	12161	6639	75
2003	69	130	5	2341	298	11339	7033	75
2004	70	127	4	2317	309	10281	6891	75
2005	75	125	4	2274	285	9311	7069	74
2006	77	127	4	2237	274	8434	7071	74
2007	78	133	4	2181	252	7670	7229	75
2008	83	128	4	2142	237	6987	7492	75
2009	107	125	4	2112	224	6037	7374	75
2010	112	125	4	2076	214	5523	8613	74
2011	112	121	4	2059	217	5118	8661	74
2012	112	124	4	2024	192	4779	8667	74
2013	115	120	2	1988	190	4631	9261	74
2014	116	112	2	1948	183	4429	9439	74
2015	116	108	2	1929	181	4234	9531	73
2016	116	106	2	1933	180	3954	10133	75
二、教职工数(人)								
1986	52404	22437	4052	170815	18218	233434	64637	1169
1987	54572	23448	4577	176662	20075	235433	69138	1208
1988	56047	24981	4656	181151	20998	241978	88908	1364
1989	58438	24885	4926	182481	20918	246153	81554	1431
1990	57825	25143	5049	184851	20920	249322	77645	1551
1991	58277	24832	4869	187373	21253	248415	78709	1686
1992	59008	25295	4904	189663	20774	248454	82566	1775
1993	59138	25492	4973	186545	21518	239700	83082	1876
1994	58687	25429	5029	184758	21266	237673	71633	2056
1995	58455	25757	5044	189553	22979	237981	69346	1847
1996	57727	25935	4785	189329	21597	235189	64877	1907
1997	57359	25368	4424	188057	22068	233770	62089	1882
1998	58078	24387	3681	175632	20291	224535	56463	2012
1999	59590	22602	1984	175820	19443	222460	54582	1891
2000	61707	18651	1457	175455	17858	216677	52422	1911

22-2 续表 1

年 份	普通高等学校	中等专业学校	#中等师范学校	普通中学	农业中学职业中学	小学	幼儿园	盲、聋哑学校
2001	65237	16211	719	178162	16974	211684	39271	2375
2002	69667	16560	622	177547	17104	205229	39592	2457
2003	75632	15615	627	179521	20123	199829	42852	2474
2004	79093	15062	423	180225	20480	194973	45983	2563
2005	82816	15052	422	180016	20833	190548	48558	2565
2006	84535	15658	639	177916	20683	180474	50258	2589
2007	87215	16789	536	177652	18464	176929	52539	2598
2008	89848	16437	541	178899	17746	173159	56110	2646
2009	91974	16935	535	180483	16740	170584	59595	2658
2010	93183	16096	560	180343	16080	167199	78647	2682
2011	94834	15664	525	182269	15896	164991	64742	2642
2012	96584	15840	501	182553	14903	163205	71829	2648
2013	97536	14847	304	180436	14119	162234	77888	2657
2014	97927	14299	294	179522	13911	160104	88145	2764
2015	97924	14551	283	179642	13111	158311	98455	2741
2016	98546	14285	268	178577	13105	157058	108441	2797
三、教师数(人)								
1986	21196	9586	2060	117852	11417	195086	33925	742
1987	21963	10114	2264	123376	12645	197593	34294	790
1988	22640	11466	2495	129309	13195	206399	37070	884
1989	23933	11587	2545	130884	13091	209873	44427	964
1990	23292	11633	2665	132769	13067	212196	42776	1061
1991	23384	11703	2642	135487	13464	211353	43835	1152
1992	23503	11856	2686	137044	13045	210141	49473	1257
1993	23575	12003	2661	135397	13336	201664	48909	1254
1994	23530	12129	2735	135499	13429	202349	43828	1378
1995	23400	12378	2730	137185	13765	198815	44598	1326
1996	23079	12502	2592	139660	13561	198408	43103	1369
1997	23109	12435	2367	140643	13915	197347	42274	1334
1998	23394	12282	2059	138546	13983	192539	38981	1398
1999	25179	11286	1103	139497	13691	191011	37881	1357
2000	27508	9285	795	139731	12517	185884	36383	1399
2001	30364	8441	391	142503	11875	181444	22801	1743
2002	33819	8742	337	142232	11798	175549	23521	1829
2003	38086	8521	349	144016	13453	170947	24946	1854
2004	40697	8472	257	144608	13718	167203	26937	1927
2005	43960	8728	259	144647	14031	163589	28594	1903
2006	46816	9230	401	143219	13932	155848	29818	1948
2007	50344	10492	354	143532	12432	153693	31217	2012
2008	53495	10407	360	143922	12057	151039	33604	2064
2009	55835	10916	359	145118	11279	149711	35901	2095
2010	57404	10546	381	145358	10983	146922	45437	2147
2011	58742	10390	362	147448	11021	145457	40447	1965
2012	60502	10864	391	148359	10387	144633	45493	1967
2013	62706	10397	236	147682	9954	142656	48866	2020
2014	64246	10280	232	147812	9910	141049	54959	2049
2015	65179	10541	207	148892	9473	140002	60849	2042
2016	64946	10480	202	149590	9671	140400	66162	2109

22-2 续表 2

年 份	普通高等学校	中等专业学校	#中等师范学校	普通中学	农业中学职业中学	小学	幼儿园	盲、聋哑学校
四、在校学生数(人)								
1986	107434	81860	26526	2014999	149910	4189324	928257	3446
1987	112652	89384	30526	2048761	137783	4107393	937057	3617
1988	120510	97540	31018	1962214	146140	4082650	1270266	3958
1989	122543	102879	28894	1830394	147422	4126831	976651	4065
1990	123314	103902	28442	1810876	149780	4073374	936852	4468
1991	124777	104269	28888	1887654	151572	3915360	1037576	4769
1992	134671	110011	29447	1969532	155112	3736363	1134184	5089
1993	155554	124707	32019	1911632	155231	3686796	1257278	5100
1994	171284	133067	33162	1922132	167876	3750611	1090474	5186
1995	179412	140870	32182	2008338	182984	3751941	1021123	5050
1996	182684	143911	27537	2029776	185244	3790718	936111	4815
1997	188159	149730	24426	1950241	195742	3886760	879987	4870
1998	199223	155459	23723	1884915	207315	3829655	853886	4882
1999	235819	156847	18872	1961673	194860	3666131	838133	4837
2000	297710	148905	16845	2167017	170517	3444172	835542	4933
2001	372336	143044	7949	2323395	154398	3230517	726634	8590
2002	450536	151810	2857	2398928	164241	3061398	667930	8926
2003	514191	173347	4006	2410745	186817	2891925	675118	8429
2004	583465	208597	4233	2360549	197555	2794330	673088	8539
2005	659351	220233	4438	2314498	201774	2666155	685587	8296
2006	720548	209940	4596	2268575	218446	2546811	715301	8300
2007	777758	202506	3921	2220860	227583	2452598	725300	8742
2008	820374	206802	3464	2161725	230088	2367350	740804	8972
2009	852354	204307	3178	2077827	216180	2255977	779370	8776
2010	880247	203438	3105	1987738	197993	2182522	834469	8921
2011	902231	193828	2727	1908629	184869	2168074	861961	8935
2012	934078	194753	2415	1830518	157402	2129695	859492	8593
2013	968034	183128	1706	1738948	138493	2044058	856147	7977
2014	998281	173253	1396	1708274	130478	1984633	873931	8320
2015	1005650	169151	1256	1647731	126234	1999564	910830	8493
2016	998719	163959	1208	1603364	124360	1988681	912720	9296
五、招生数(人)								
1986	32827	33191	11544	715455	69237	748948		690
1987	34756	34311	10929	683593	57539	669707		757
1988	38398	36156	10388	657379	59625	674101		1012
1989	35149	31655	8539	610627	59407	710199		635
1990	35102	30047	8911	629468	55550	596030		975
1991	36094	33803	9101	696406	58782	523096	498215	836
1992	45129	39517	10232	721178	60251	559753	596844	768
1993	55071	44226	10398	653170	60781	652210	689042	705
1994	52183	43849	9637	690513	68753	750424		750
1995	53310	43821	7957	756666	67881	703538	607336	715
1996	55048	41930	6385	660620	61469	643884	564749	766
1997	56373	47282	7732	600728	74485	611404	527969	721
1998	60302	45681	7290	668295	75897	512002	502367	693
1999	87851	42839	3523	755550	56341	503795	481840	609
2000	110211	30399	3743	830026	50470	508907	483092	576
2001	127577	37222	2303	817663	52691	484661	440299	913

22-2 续表 3

年 份	普通高等学校	中等专业学校	#中等师范学校	普通中学	农业中学职业中学	小学	幼儿园	盲、聋哑学校
2002	151116	56814	1376	812406	63208	463091	394029	1082
2003	163802	73948	1708	820180	72508	432650	376388	803
2004	184473	78223	1582	766071	66032	416143	358325	738
2005	210495	83121	1446	761646	73151	379941	344990	698
2006	220608	70802	1341	763321	94223	388660	344455	753
2007	234466	67808	1152	711588	88520	395108	339963	986
2008	252385	74434	1049	702791	78835	393197	333416	746
2009	245312	72651	1073	676153	72557	337183	340807	846
2010	252234	68279	1069	637545	64558	348465	352199	688
2011	263843	61592	848	613089	62942	370138	354701	1069
2012	275676	62561	726	597895	48218	353057	322689	905
2013	282103	60734	459	581115	47008	350633	342110	852
2014	284838	58438	451	565625	39381	331754	330998	971
2015	274148	59560	383	514471	41723	325478	344217	1047
2016	266074	57107	404	531268	45023	313496	318575	1358
六、毕业生数(人)								
1986	20583	22752	6138	494658	43709	704016		459
1987	29394	26932	7019	522777	54614	680861		405
1988	31552	28004	9724	587835	42195	637753		471
1989	32708	26326	10882	572508	47204	593257		429
1990	33768	29716	9400	550359	45627	591654		377
1991	33530	33223	8484	538346	49550	660343	415665	419
1992	35208	33377	9564	540132	50882	685996	516460	439
1993	33615	30449	7821	542163	50122	630759	650232	330
1994	35923	30362	8588	575786	49965	636786		478
1995	44072	33966	9304	601421	51246	672482		522
1996	51068	37503	11093	573876	57709	576164		543
1997	49591	40340	10497	626046	63502	500252		513
1998	47557	37850	7721	686541	66788	555892		527
1999	49964	40100	7158	618065	60060	644042		551
2000	49834	35843	5921	551157	70175	722325		467
2001	60271	42499	4825	581476	66852	679852	379010	883
2002	72791	42856	559	666377	53324	622536	366891	871
2003	98908	47479	1964	740994	48605	595278	350428	790
2004	115889	39344	715	752884	50831	511757	324423	878
2005	144984	58457	1045	757448	61219	499069	299493	971
2006	154970	60828	1451	766410	62835	506789	307386	853
2007	169576	67809	1739	717773	60167	480567	308819	799
2008	202312	61674	1175	720992	63311	459368	306091	770
2009	206211	68063	995	724286	72545	428542	270357	889
2010	219564	61075	971	681478	76029	397516	250929	906
2011	236341	66918	918	669700	69010	377227	267333	926
2012	235984	65725	909	648670	57464	371386	289174	804
2013	241049	68035	620	618182	52033	365054	290291	1079
2014	247510	63361	742	566989	44915	357346	287288	786
2015	258296	57036	500	560859	43681	305116	289753	947
2016	263530	55356	419	563198	44441	319861	289078	1035

22-3 研究生数

单位：人

年 份	招生数	在校学生数			毕业生数		
		小计	攻读硕士学位	攻读博士学位	小计	攻读硕士学位	攻读博士学位
1985	2091	3687	3170	155	584	578	6
1986	1989	5009	4146	208	670	639	13
1987	1771	5570	4857	317	1193	838	17
1988	1575	5160	4668	379	1929	1604	24
1989	1322	4637	4180	417	1763	1599	86
1990	1404	4343	3858	462	1677	1558	84
1991	1320	4144	3581	563	1500	1401	75
1992	1415	4290	3671	619	1245	1159	85
1993	2016	4955	4185	770	1307	1222	85
1994	2602	6274	5298	976	1273	1138	135
1995	2367	7236	5972	1264	1425	1272	153
1996	2647	7787	6313	1474	1962	1753	209
1997	2978	8304	6621	1683	2316	2106	210
1998	3197	9164	7292	1872	2126	1852	274
1999	4005	10574	8203	2371	2426	2101	325
2000	5804	13655	10726	2929	2910	2532	378
2001	7898	18446	14637	3809	2971	2589	382
2002	9569	23949	19131	4818	3674	3135	539
2003	13242	31796	25694	6102	5027	4395	632
2004	16254	40678	33392	7286	6726	5914	812
2005	18901	49772	41340	8432	9342	8315	1027
2006	20998	58424	49283	9141	11516	10249	1267
2007	22407	65025	55403	9622	15177	13530	1647
2008	24490	67806	57622	10184	21010	19446	1564
2009	27104	73997	63345	10652	20160	18432	1728
2010	29031	82019	69613	12406	21676	19700	1976
2011	30615	87078	74161	12917	24178	22188	1990
2012	31917	90061	76808	13253	27110	25035	2075
2013	32824	93189	79341	13848	28780	26537	2243
2014	31240	92575	79270	13305	28815	26962	1853
2015	32970	94387	80639	13748	30011	28282	1729
2016	33704	99083	84538	14545	27760	25915	1845

22-4 分学科研究生情况

(2016年)

单位：人

项 目	招生数	博士	硕士	在校学生数	博士	硕士	毕业生数	博士	硕士
总 计	**33704**	**2762**	**30942**	**99083**	**14545**	**84538**	**27760**	**1845**	**25915**
哲 学	168	28	140	601	160	441	171	19	152
经济学	1713	187	1526	4679	800	3879	1497	117	1380
法 学	1749	86	1663	4914	451	4463	1556	60	1496
教育学	1866	26	1840	4571	88	4483	1593	9	1584
文 学	1549	19	1530	3990	70	3920	1290	15	1275
历史学	158	4	154	507	16	491	144		144
理 学	2228	242	1986	6740	1100	5640	1897	164	1733
工 学	12410	1340	11070	37916	7830	30086	9536	734	8802
农 学	904	87	817	2352	464	1888	695	92	603
医 学	5660	528	5132	15911	1994	13917	5020	464	4556
军事学									
管理学	4188	215	3973	13722	1572	12150	3362	171	3191
艺术学	1111		1111	3180		3180	999		999
普通高校	**33665**	**2762**	**30903**	**98950**	**14532**	**84418**	**27714**	**1845**	**25869**
哲 学	168	28	140	601	160	441	171	19	152
经济学	1713	187	1526	4679	800	3879	1497	117	1380
法 学	1739	86	1653	4885	451	4434	1546	60	1486
教育学	1866	26	1840	4571	88	4483	1593	9	1584
文 学	1549	19	1530	3990	70	3920	1290	15	1275
历史学	158	4	154	507	16	491	144		144
理 学	2228	242	1986	6740	1100	5640	1897	164	1733
工 学	12381	1340	11041	37812	7817	29995	9500	734	8766
农 学	904	87	817	2352	464	1888	695	92	603
医 学	5660	528	5132	15911	1994	13917	5020	464	4556
军事学									
管理学	4188	215	3973	13722	1572	12150	3362	171	3191
艺术学	1111		1111	3180		3180	999		999
科研院所	**39**		**39**	**133**	**13**	**120**	**46**		**46**
哲 学									
经济学									
法 学	10		10	29		29	10		10
教育学									
文 学									
历史学									
理 学									
工 学	29		29	104	13	91	36		36
农 学									
医 学									
军事学									
管理学									
艺术学									

22-5 普通高等学校基本情况

单位：人

项目	2013年						2014年					
	学校数（所）	招生数	在校学生数	毕业生数	教职工数	#专任教师	学校数（所）	招生数	在校学生数	毕业生数	教职工数	#专任教师
总计	**115**	**282103**	**968034**	**241049**	**97536**	**62706**	**116**	**284838**	**998281**	**247510**	**97927**	**64246**
综合大学	14	44549	155117	45319	15998	9846	13	43437	148343	41645	15303	9515
理工院校	50	130467	451323	108894	43934	28500	51	133864	473721	113539	44651	29764
农林院校	5	15516	46602	11292	4416	2685	5	15087	49379	11928	4314	2736
医药院校	13	22102	80863	16402	9856	6428	13	23061	86665	16965	10052	6613
师范院校	9	22156	75375	19868	8586	5723	10	23070	77075	20715	8785	5886
语文院校	2	3692	14544	3787	954	784	2	3396	14265	3539	997	806
财经院校	11	21089	68508	17533	6011	3683	11	21045	70916	18499	5940	3787
政法院校	3	5239	14525	2341	1666	932		4440	15660	5000	1649	937
体育院校	2	2034	7968	1980	925	495	2	2075	8038	1981	926	497
艺术院校	5	11226	38350	9934	3855	2778	5	11160	39093	10032	3961	2847
民族院校	1	4033	14859	3699	1335	852	1	4203	15126	3667	1349	858

22-5 续表

单位：人

项目	2015年						2016年					
	学校数（所）	招生数	在校学生数	毕业生数	教职工数	#专任教师	学校数（所）	招生数	在校学生数	毕业生数	教职工数	#专任教师
总计	**116**	**274148**	**1005650**	**258296**	**97924**	**65179**	**116**	**266074**	**998719**	**263530**	**98546**	**64946**
综合大学	13	40328	146619	40627	15431	9676	13	40120	144317	41383	15288	9755
理工院校	51	128763	476979	120840	44266	29785	52	124229	476033	124239	44537	30116
农林院校	5	14592	49849	13747	4396	2970	5	13844	48830	14346	4368	2970
医药院校	13	22067	90089	18272	10405	7063	13	22429	91442	20638	9824	6347
师范院校	10	22713	78139	20685	8469	5743	10	22423	78823	20918	8464	5730
语文院校	2	3234	13715	3636	943	763	3	5500	19716	5291	1542	1176
财经院校	11	21454	72702	19195	6192	3993	10	19298	68353	18300	5845	3761
政法院校	3	4229	14639	5361	1669	974	3	3844	13853	4852	1678	972
体育院校	2	2036	8033	1996	899	522	2	1872	7856	1935	880	515
艺术院校	5	10386	38661	10437	3998	2832	4	8165	32502	8042	4852	2720
民族院校	1	4346	16090	3485	1256	858	1	4350	16994	3586	1268	884

22-6 高等教育学校(机构)学生数

项目	2013年				2014年			
	招生数	在校学生数	毕(结)业生数	授予学位数	招生数	在校学生数	毕(结)业生数	授予学位数
研究生数	32824	93189	28780	28421	31240	92575	28815	28604
博士	2959	13848	2243	2021	2656	13305	1853	1735
硕士	29865	79341	26537	26400	28584	79270	26962	26869
普通本科、专科生	282103	968034	241049	145225	284838	998281	247510	150590
本科	180758	675819	146687	145225	185716	705124	152303	150590
专科	101345	292215	94362		99122	293157	95207	
成人本科、专科生	90083	213041	79082	4767	71980	196521	82880	4696
本科	31338	81634	28631	4767	33175	82035	31039	4696
专科	58745	131407	50451		38805	114486	51841	
网络本科、专科生	108705	258143	66645	3306	98503	266157	82546	4315
本科	55729	132811	31085	3306	51958	142276	38365	4315
专科	52976	125332	35560		46545	123881	44181	
在职人员攻读博士、硕士学位	6828	21507		4337	6589	22614		4779
自考助学班		2148	1774			3395	564	
研究生课程进修班		1634	1637			1681		
普通预科生		1664					798	
进修及培训		99504	188749			90140	197203	
留学生	5147	9873	3663	1055	5106	11623	3595	1073

22-6 续表

项目	2015年				2016年			
	招生数	在校学生数	毕(结)业生数	授予学位数	招生数	在校学生数	毕(结)业生数	授予学位数
研究生数	32970	94387	30011	29721	33704	99083	27760	27090
博士	2699	13748	1729	1573	2762	14545	1845	1667
硕士	30271	80639	28282	28148	30942	84538	25915	25423
普通本科、专科生	274148	1005650	258296	158727	266074	998719	263530	164454
本科	171243	710863	160236	158727	171363	710581	165851	164454
专科	102905	294787	98060		94711	288138	97679	
成人本科、专科生	61541	162938	88955	5597	63819	148810	73747	5577
本科	29777	78577	31132	5597	31246	77151	31080	5577
专科	31764	84361	57823		32573	71659	42667	
网络本科、专科生	107842	267720	94383	4697	108291	275232	92028	5548
本科	57130	147276	46194	4697	58292	153523	47866	5548
专科	50712	120444	48189		49999	121709	44162	
在职人员攻读博士、硕士学位	4763	21024		5347	4587	20114		5107
自考助学班		882	1026			422	34	
研究生课程进修班								
普通预科生		1379				1472		
进修及培训		184028	244095			326933	370649	
留学生	5934	13646	4424	1421	6671	16207	4942	1561

22-7 普通本科分学科学生数

单位：人

项 目	2013年			2014年		
	招生数	在校学生数	毕业生数	招生数	在校学生数	毕业生数
总 计	**180758**	**675819**	**146687**	**185716**	**705124**	**152303**
#师范	6711	24008	5942	7169	26077	5931
哲 学	79	347	56	79	326	87
经济学	8847	32673	7184	9070	34142	7436
法 学	4514	15762	3709	4221	16191	4024
教育学	4757	16672	3498	5041	17853	3684
文 学	13401	54010	13636	13508	53631	13086
历史学	377	1343	306	352	1361	311
理 学	8425	31245	6823	8999	32457	6991
工 学	73180	270860	59334	76081	284560	61550
农 学	2257	7411	1508	2325	8053	1516
医 学	14402	57708	9810	14766	62121	10414
军事学						
管理学	31091	114528	25416	31373	118474	26551
艺术学	19428	73260	15407	19901	75955	16653

22-7 续表

单位：人

项 目	2015年			2016年		
	招生数	在校学生数	毕业生数	招生数	在校学生数	毕业生数
总 计	**171243**	**710863**	**160236**	**171363**	**710581**	**165851**
#师范	6202	26546	6218	6301	26939	6471
哲 学	73	299	83	73	274	84
经济学	8382	34878	7669	8893	35484	8298
法 学	4051	16287	4112	3739	16137	4094
教育学	4572	18454	3823	4763	18792	4194
文 学	12160	51697	13336	12440	50753	13123
历史学	318	1344	324	338	1362	293
理 学	7529	32199	7016	7499	31654	7464
工 学	69892	287059	64098	70197	286357	67735
农 学	2088	8377	1673	2173	8440	1884
医 学	14076	64773	11176	14254	66372	12465
军事学						
管理学	29484	119991	28186	29221	119257	29408
艺术学	18618	75505	18740	17773	75699	16809

22-8 普通专科(高职)分学科学生数

(2016年)

项　目	招生数	在校学生数	毕业生数
总　计	**94711**	**288138**	**97679**
总计中：师范生	8110	21735	6730
农林牧渔大类	2711	8322	2593
资源环境与安全大类	1671	6079	2556
能源动力与材料大类	800	3040	1388
土木建筑大类	6671	23605	8746
水利大类	376	1090	238
装备制造大类	15878	52219	18438
生物与化工大类	1834	6533	2125
轻工纺织大类	201	747	297
食品药品与粮食大类	1576	3936	1107
交通运输大类	7307	21244	6448
电子信息大类	9419	25839	6816
医药卫生大类	6540	17424	6064
财经商贸大类	17791	53747	17719
旅游大类	4001	11564	3735
文化艺术大类	3757	12776	5051
新闻传播大类	320	1206	420
教育与体育大类	12236	33630	11850
公安与司法大类	567	2158	1149
公共管理与服务大类	1055	2979	939

注：2016年，教育部教育事业统计修订发布了《普通高等学校高等职业教育专科(专业)目录(2015年)，修订后大类维持原来19个不变，但排序和划分有所调整，因此无法与往年对接。

22-9 成人本科分学科学生数

项目	2013年			2014年		
	招生数	在校学生数	毕业生数	招生数	在校学生数	毕业生数
总计	**31338**	**81634**	**28631**	**33175**	**82035**	**31039**
#师范生	555	2291	985	378	1345	882
哲学	21	54		17	71	
经济学	330	1175	332	239	851	563
法学	2211	4965	2484	1855	4356	2376
教育学	1635	4712	1724	1843	4477	1958
文学	1911	4636	2272	1886	4208	2212
历史学	13	41	17	12	33	19
理学	300	739	296	339	737	331
工学	11095	28029	9759	11042	27838	10701
农学	504	1022	474	619	1171	413
医学	6912	19577	5233	8593	22430	5418
管理学	5984	15320	5650	6292	14596	6553
艺术学	422	1364	390	438	1267	495

22-9 续表

项目	2015年			2016年		
	招生数	在校学生数	毕业生数	招生数	在校学生数	毕业生数
总计	**29777**	**78577**	**31132**	**31246**	**77151**	**31080**
#师范生	410	1141	614	511	940	364
哲学	13	86		18	97	7
经济学	364	780	410	295	762	298
法学	1620	3603	2141	1395	3169	1711
教育学	1793	4370	1851	2195	4353	2082
文学	1330	3630	1879	1416	3057	1898
历史学	31	50	13	45	86	9
理学	281	715	299	437	792	350
工学	9408	24777	11514	7765	21326	10628
农学	545	1184	440	700	1266	587
医学	8730	24816	6054	10920	28416	7064
管理学	5234	13361	6079	5617	12687	5990
艺术学	428	1205	452	443	1140	456

22-10 成人专科分学科学生数

(2016年)

项　　目	招生数	在校学生数	毕业生数
总　　计	**32573**	**71659**	**42667**
总计中：师范生	687	1351	688
农林牧渔大类	475	1173	442
资源环境与安全大类	339	1118	1038
能源动力与材料大类	106	436	380
土木建筑大类	1312	4115	2574
水利大类	60	110	71
装备制造大类	4683	10651	7385
生物与化工大类	115	353	315
轻工纺织大类	7	7	2
食品药品与粮食大类	114	262	138
交通运输大类	1549	3281	2301
电子信息大类	2969	5944	2822
医药卫生大类	5030	12993	10161
财经商贸大类	7785	16060	7853
旅游大类	1130	2135	932
文化艺术大类	1074	1960	1338
新闻传播大类	78	151	81
教育与体育大类	4040	7452	3376
公安与司法大类	364	766	353
公共管理与服务大类	1343	2692	1105

注：2016年，教育部教育事业统计修订发布了《普通高等学校高等职业教育专科(专业)目录(2015年)，修订后大类维持原来19个不变，但排序和划分有所调整，因此无法与往年对接。

22-11 网络本科分学科学生数

项目	2013年			2014年		
	招生数	在校学生数	毕业生数	招生数	在校学生数	毕业生数
总计	**55729**	**132811**	**31085**	**51958**	**142276**	**38365**
#师范生						
哲学						
经济学	1856	4877	1536	1948	4946	1708
法学	1088	3231	1253	1171	3233	964
教育学						
文学		26	4		4	
历史学						
理学		38	11		22	16
工学	23203	52355	9967	18573	53759	15391
农学						
医学	10224	26870	6047	11217	31812	6096
管理学	19358	45398	12267	19049	48500	14190
艺术学		16				

22-11 续表

项目	2015年			2016年		
	招生数	在校学生数	毕业生数	招生数	在校学生数	毕业生数
总计	**57130**	**147276**	**46194**	**58292**	**153523**	**47866**
#师范生						
哲学						
经济学	1982	4996	1743	2348	5454	1648
法学	1343	3269	1105	1775	3832	967
教育学						
文学						
历史学						
理学		19	1		12	4
工学	20840	53936	18723	18412	52186	18757
农学						
医学	12042	34128	7698	14278	38860	9056
管理学	20923	50928	16924	21479	53179	17434
艺术学						

22-12 网络专科分学科学生数

(2016年)

项　目	招生数	在校学生数	毕业生数
总　计	**49999**	**121709**	**44162**
#师范生			
农林牧渔大类			
资源环境与安全大类	660	4718	3502
能源动力与材料大类	2987	7877	2984
土木建筑大类	9164	24973	11076
水利大类	909	2199	952
装备制造大类	3983	11434	3647
生物与化工大类			
轻工纺织大类			
食品药品与粮食大类			
交通运输大类	963	2373	857
电子信息大类	2094	4161	1155
医药卫生大类	8052	19935	5736
财经商贸大类	13227	27395	8073
旅游大类	227	443	150
文化艺术大类			
新闻传播大类			
教育与体育大类			
公安与司法大类	716	1380	529
公共管理与服务大类	7017	14821	5501

注：2016年，教育部教育事业统计修订发布了《普通高等学校高等职业教育专科(专业)目录(2015年)，修订后大类维持原来19个不变，但排序和划分有所调整，因此无法与往年对接。

22-13 各类中等职业学校(机构)基本情况

(2016年)　　单位：人

项　目	学校数(所)	毕业生数	招生数	在校学生数	教职工数	
						#专任教师
1. 调整后中职	26	11619	15319	40175	3473	2622
2. 普通中等专业学校	80	43737	41788	123784	10812	7858
# 中等师范学校	2	419	404	1208	268	202
3. 成人中专	1	6852	9902	30566	535	415
4. 职业高中	180	44441	45023	124360	13105	9671

22-14 中等职业学校(机构)学生分科类情况

(2016年)

单位：人

项　目	招生数	#应届毕业生	#初中毕业生	在校学生数	毕业生数	#获得职业资格证书
总　计	**112032**	**92470**	**88512**	**318885**	**106649**	**69623**
其中：女	47182	39992	38422	140195	48153	29587
农林牧渔类	15694	4073	3810	48865	12944	7887
资源环境类	257	97	97	1455	749	728
能源与新能源类	155	140	140	782	214	160
土木水利类	1559	1445	1196	4532	3023	1987
加工制造类	16467	15438	14482	48268	19554	14480
石油化工类	490	403	378	2020	1558	1467
轻纺食品类	124	109	107	365	167	141
交通运输类	13994	13210	12941	38058	10952	8570
信息技术类	12840	11245	10958	35401	13504	8805
医药卫生类	10023	8629	8375	30084	8802	5379
休闲保健类	1730	1590	1564	5002	1913	1558
财经商贸类	9898	8867	8251	26372	8113	4884
旅游服务类	6907	6417	6269	18284	6197	4361
文化艺术类	7243	6561	5895	19471	5428	2402
体育与健身	1466	1452	1447	4001	1175	614
教育类	12472	12230	12038	33243	11496	5846
司法服务类	182	67	67	691	123	63
公共管理与服务类	217	198	198	777	240	166
其他	314	299	299	1214	497	125

22-15 普通高中学校和学生情况

(2016年)

单位：人

项　目	学校数(所)	高级中学	完全中学	十二年一贯制学校	招生数	在校学生数	毕业生数
总　计	**412**	**325**	**64**	**23**	**212049**	**625066**	**216098**
教育部门	316	274	37	5	180397	538183	190771
其他部门办	1	1			202	705	376
地方企业							
社会力量办	95	50	27	18	31450	86178	24951
城区	310	234	58	18	143702	423793	147419
教育部门	227	190	33	4	118638	355785	126182
其他部门办	1	1			202	705	376
地方企业							
社会力量办	82	43	25	14	24862	67303	20861
镇区	97	88	5	4	65844	193675	66236
教育部门	87	82	4	1	60273	177746	62896
其他部门办							
地方企业							
社会力量办	10	6	1	3	5571	15929	3340
乡村	5	3	1	1	2503	7598	2443
教育部门	2	2			1486	4652	1693
其他部门办							
地方企业							
社会力量办	3	1	1	1	1017	2946	750

22-16 普通初中学校和学生情况

(2016年)

单位：人

项　　目	学校数(所)	初级中学	九年一贯制	招生数	在校学生数	毕业生数
总　　计	**1521**	**992**	**529**	**319219**	**978298**	**347100**
教育部门	1480	974	506	298246	917359	327536
其他部门办	7	4	3	380	1215	481
地方企业						
社会力量办	34	14	20	20593	59724	19083
城区	628	485	143	171694	512714	181516
教育部门	596	470	126	155818	466698	166566
其他部门办	6	4	2	380	1215	446
地方企业						
社会力量办	26	11	15	15496	44801	14504
镇区	587	344	243	115162	362583	128880
教育部门	579	341	238	110275	348317	124559
其他部门办	1		1			35
地方企业						
社会力量办	7	3	4	4887	14266	4286
乡村	306	163	143	32363	103001	36704
教育部门	305	163	142	32153	102344	36411
其他部门办						
地方企业						
社会力量办	1		1	210	657	293

22-17 普通小学学校和学生情况

(2016年)

单位：人

项　　目	学校数(所)	招生数	在校学生数	毕业生数
总　　计	**3954**	**313496**	**1988681**	**319861**
教育部门	3925	307155	1945376	311607
其他部门办		73	1024	235
地方企业				
社会力量办	29	6268	42281	8019
城区	1100	182051	1101052	167489
教育部门	1081	177048	1069275	162057
其他部门办		73	1024	221
地方企业				
社会力量办	19	4930	30753	5211
镇区	659	80545	536079	92496
教育部门	652	79313	525516	89949
其他部门办				14
地方企业				
社会力量办	7	1232	10563	2533
乡村	2195	50900	351550	59876
教育部门	2192	50794	350585	59601
其他部门办				
地方企业				
社会力量办	3	106	965	275

22-18 各级普通学校毕业生升学率和学龄儿童入学率

单位：%

年　份	学龄儿童入学率	小学升初中	初中升高级中学
1991	99.0	92.5	37.1
1992	99.0	92.6	38.7
1993	99.0	90.3	39.1
1994	99.1	93.4	40.9
1995	99.4	93.0	41.7
1996	99.3	96.0	41.9
1997	99.4	96.1	44.7
1998	99.4	95.7	48.2
1999	99.3	95.2	50.0
2000	99.3	93.9	57.4
2001	99.7	95.6	57.4
2002	99.4	98.1	66.3
2003	99.7	98.7	68.1
2004	99.7	99.2	74.7
2005	99.7	99.3	82.7
2006	99.8	99.6	85.4
2007	99.9	99.4	94.4
2008	99.9	99.8	97.7
2009	99.9	99.8	97.7
2010	99.9	99.9	97.3
2011	99.9	99.9	93.4
2012	99.9	99.5	92.9
2013	99.9	98.1	94.9
2014	99.9	99.8	96.2
2015	99.9	99.9	94.8
2016	99.9	99.8	94.8

注：初中升高级中学包含升入技工学校(2015年数据)。

22-19 教育发展水平

年 份	各类学校在校生占全省人口(%)	平均每万人口中有(人)			大中小学生各占学生总数(%)		
		大学生	中学生	小学生	大学生	中学生	小学生
1985	17.4	25.9	549.1	1150.6	1.5	31.5	65.9
1986	17.6	29.0	584.1	1130.4	1.6	33.1	64.0
1987	17.2	30.0	582.8	1094.8	1.7	33.7	63.2
1988	16.8	31.7	554.6	1074.0	1.9	32.9	63.7
1989	16.3	31.8	513.6	1071.7	1.9	31.2	65.2
1990	15.6	31.6	464.7	1045.3	2.0	29.6	66.7
1991	15.7	31.8	519.2	996.8	2.0	33.0	63.3
1992	15.1	34.1	598.8	946.3	2.3	33.1	62.8
1993	17.9	38.7	470.6	918.0	2.2	26.6	51.2
1994	18.2	44.7	524.7	941.7	2.5	28.8	51.7
1995	18.0	46.0	538.8	922.5	2.6	30.0	51.4
1996	15.8	46.8	604.6	927.7	3.0	38.3	58.7
1997	15.9	48.4	584.6	953.3	3.0	36.9	60.1
1998	15.1	50.3	540.7	921.3	3.3	35.8	60.9
1999	17.2	60.2	563.8	893.5	3.9	38.2	58.9
2000	21.5	71.4	596.2	825.7	4.8	39.9	55.3
2001	22.3	87.9	618.4	762.3	6.0	42.1	51.9
2002	22.5	107.4	647.3	730.0	7.2	43.6	49.2
2003	19.3	123.7	666.8	695.9	8.3	44.9	46.8
2004	18.0	140.2	664.8	671.5	9.5	45.0	45.5
2005	17.5	158.0	655.8	638.9	10.9	45.1	44.0
2006	18.7	172.0	643.8	607.9	12.1	45.2	42.7
2007	16.5	184.7	629.6	582.5	13.2	45.1	41.7
2008	16.4	193.9	614.1	559.4	14.2	44.9	40.9
2009	15.8	200.8	588.4	531.3	15.2	44.6	40.2
2010	15.5	206.8	561.4	512.8	16.1	43.8	40.0
2011	15.6	279.0	569.2	509.9	20.5	41.9	37.5
2012	15.1	289.5	544.0	500.5	21.7	40.8	37.5
2013	15.0	300.2	512.2	481.5	23.2	39.6	37.2
2014	14.8	303.8	501.3	468.3	23.9	39.4	36.8
2015	14.7	297.6	480.1	471.1	23.8	38.4	37.7
2016	14.5	294.7	469.3	470.2	23.9	38.0	38.1

注：2011-2016年大学生包含研究生、普通本专科及成人本专科在校生。

22-20 各地区普通高等学校基本情况

(2016年)

单位：人

地区	学校数(所)	招生数	在校学生数	毕业生数	教职工数	#专任教师
总计	**116**	**266074**	**998719**	**263530**	**98546**	**64946**
沈阳	47	106796	403589	103906	42589	27123
大连	30	74591	290217	71623	28132	18639
鞍山	3	8537	32937	9299	2853	2069
抚顺	5	10899	41049	11535	3263	2273
本溪	2	3289	12869	3297	1326	775
丹东	3	7587	26478	7732	2499	1558
锦州	9	20272	78290	21933	7099	5049
营口	3	6622	19124	4898	1507	1035
阜新	2	6827	28259	9122	2738	2115
辽阳	3	5249	16981	5629	1287	1074
盘锦	2	2297	6865	2501	1190	494
铁岭	4	6267	18809	5232	2098	1307
朝阳	1	1975	5393	1740	737	491
葫芦岛	2	4866	17859	5083	1228	944

22-21 各地区中等职业学校基本情况

(2016年)

单位：人

地区	学校数(所)	招生数	在校学生数	毕业生数	教职工数	#专任教师
总计	**287**	**112032**	**318885**	**106649**	**27925**	**20566**
沈阳	82	27938	77691	25240	8115	5570
大连	54	16339	47325	16831	4126	3042
鞍山	16	5975	16530	5641	1580	1179
抚顺	13	4061	13355	5173	1463	1083
本溪	9	2224	7644	3787	1269	1010
丹东	16	6519	18940	6586	1375	1016
锦州	9	8709	26830	6964	1566	1200
营口	14	6582	16928	4337	1468	1167
阜新	13	4314	14443	6159	1428	1090
辽阳	9	3961	12438	4303	808	645
盘锦	7	4283	9894	3161	634	529
铁岭	19	6022	17563	6501	1142	826
朝阳	14	9245	23408	7844	1936	1390
葫芦岛	12	5860	15896	4122	1015	819

22-22 各地区普通高中基本情况

(2016年) 单位：人

地区	学校数(所)	招生数	在校学生数	毕业生数	教职工数	#专任教师
总计	**412**	**212049**	**625066**	**216098**	**60230**	**50630**
沈阳	85	36297	105732	34392	11286	9553
大连	77	30477	90400	31538	9426	7881
鞍山	36	16046	46887	15866	4408	3648
抚顺	23	8888	26172	9288	2960	2396
本溪	15	6882	19836	6849	1987	1647
丹东	23	13097	38369	13982	3297	2816
锦州	27	14053	41534	14832	3679	3026
营口	14	9240	29125	10628	2832	2523
阜新	20	10340	29828	10656	2357	1978
辽阳	14	7824	23451	8018	2283	1918
盘锦	11	9118	28355	10666	2636	2255
铁岭	20	14080	40222	13495	3253	2775
朝阳	28	21675	62579	21158	6140	5054
葫芦岛	19	14032	42576	14730	3686	3160

22-23 各地区普通初中基本情况

(2016年) 单位：人

地区	学校数(所)	招生数	在校学生数	毕业生数	教职工数	#专任教师
总计	**1521**	**319219**	**978298**	**347100**	**118347**	**98960**
沈阳	211	55316	161571	55527	19169	15106
大连	212	44426	134164	47760	15982	14020
鞍山	129	24527	82023	29372	10329	8349
抚顺	82	12269	37265	13323	5580	4642
本溪	44	8594	28078	9951	4239	3314
丹东	102	16784	54457	19028	6675	5744
锦州	102	22423	66133	23403	7559	6298
营口	87	18454	55374	20361	6077	5617
阜新	74	13620	43019	15883	5908	4604
辽阳	64	12397	40564	15645	4997	4187
盘锦	59	12823	38635	13053	5073	3937
铁岭	106	21249	65260	23400	8309	7236
朝阳	138	30360	92887	33492	10514	8875
葫芦岛	111	25977	78868	26902	7936	7031

22-24 各地区普通小学基本情况

(2016年) 单位：人

地区	学校数(所)	招生数	在校学生数	毕业生数	教职工数	#专任教师
总计	**3954**	**313496**	**1988681**	**319861**	**157058**	**140400**
沈阳	272	62599	374068	55348	25549	22856
大连	508	54262	309071	44639	20800	18725
鞍山	522	25009	165390	25335	13216	10921
抚顺	118	11904	74806	12304	7243	6523
本溪	64	8431	52741	8615	5705	4361
丹东	441	13869	91611	16944	9068	8274
锦州	340	18067	125857	22616	10797	9834
营口	150	17989	113298	18474	7657	7306
阜新	71	12201	80791	13850	7973	7139
辽阳	152	10584	72209	12471	6032	5293
盘锦	44	9817	66431	11423	5600	5202
铁岭	251	17211	122807	21470	11250	10172
朝阳	561	28745	188203	30376	15072	13613
葫芦岛	460	22808	151398	25996	11096	10181

22-25 各地区特殊教育基本情况

(2016年) 单位：人

地区	学校数(所)	招生数	在校学生数	毕业生数	教职工数	#专任教师
总计	**75**	**1035**	**1358**	**9296**	**2797**	**2109**
沈阳	15	213	376	1870	631	417
大连	11	209	236	1772	468	350
鞍山	7	31	26	475	262	186
抚顺	3	82	54	421	108	93
本溪	2	29	27	232	63	49
丹东	6	52	75	717	225	192
锦州	7	51	59	511	200	156
营口	4	120	72	631	170	140
阜新	5	53	80	449	142	108
辽阳	3	—	20	295	98	78
盘锦	1	15	28	160	27	25
铁岭	4	122	103	605	133	115
朝阳	3	47	98	681	133	97
葫芦岛	4	11	104	477	137	103

22-26 各地区每十万人口各级学校平均在校生数

(2016年)　　单位：人

地　区	幼儿园	小学	初中阶段	高中阶段	高等学校
总　计	**2158**	**4702**	**2313**	**2380**	**2947**
沈　阳	2394	5121	2212	1921	7053
大　连	2628	5207	2260	1995	6252
鞍　山	2280	4780	2371	2079	1193
抚　顺	1687	3466	1727	1900	2040
本　溪	1865	3488	1857	1822	1040
丹　东	1738	3848	2287	2282	1160
锦　州	1867	4159	2185	2204	3488
营　口	2147	4871	2381	2168	834
阜　新	1868	4263	2270	2464	2081
辽　阳	1811	4034	2266	2220	960
盘　锦	2221	5130	2983	2734	530
铁　岭	1889	4088	2172	2083	635
朝　阳	2114	5521	2725	2625	176
葫芦岛	2326	5405	2816	2358	649

注：高中阶段为生源数据且各市不含技工学校数据。

22-27 科技活动基本情况

指　标	单位	2005年	2008年	2009年	2010年	2011年	2012年	2013年	2014年	2015年	2016年
科技活动人员	万人	18.6	20.4	23.5	21.9	23.8	25.5	27.6	28.2	25.6	25.1
#科学家和工程师	万人	12.3	14.8								
研究与试验发展折合全时人员	万人年	6.7	7.9	9.2	8.5	8.1	8.7	9.5	10.0	8.5	8.8
#科学家和工程师	万人年	5.6	6.8								
科技经费筹集额	亿元	217.0	363.4								
#政府资金	亿元	42.7	78.4								
企业资金	亿元	153.3	263.3								
金融机构贷款	亿元	7.4	9.2								
科技经费内部支出	亿元	204.2	346.1								
#劳务费	亿元	36.2	57.0								
固定资产购建费	亿元	43.0	96.7								
研究与试验发展经费支出	亿元	125.3	194.2	241.1	287.5	363.8	390.9	445.9	435.2	363.4	372.7
#基础研究	亿元	3.0	5.1	6.2	7.3	11.6	14.8	15.7	20.1	26.7	23.8
应用研究	亿元	23.2	29.6	25.8	36.2	52.7	60.9	55.6	62.3	61.1	64.8
试验发展	亿元	93.1	153.0	209.1	244.0	299.5	315.2	374.6	352.9	275.6	284.2
研究与试验发展经费支出占生产总值比重	%	1.6	1.1	1.6	1.6	1.6	1.6	1.6	1.5	1.3	1.7
技术市场成交额	亿元	86.5	99.7	119.8	130.7	159.7	230.7	180.0	250.9	292.0	340.8
专利申请受理数	件	15672	20899	25803	34218	37123	39490	45996	37860	42153	52603
发明	件	3267	6499	7125	9884	14715	19740				
实用新型	件	8192	10348	12634	14996	17684	15691				
外观设计	件	4213	4052	6045	9338	4724	4059				
专利申请授权数	件	6195	10665	12198	17093	19176	21216	21656	19525	25182	25104
发明	件	942	1516	1994	2357	3164	3995				
实用新型	件	4235	8256	8585	12067	13584	14824				
外观设计	件	1018	893	1620	2669	2428	2397				

22-28 科学研究和开发机构基本情况

指　标	单位	2005年	2008年	2009年	2010年	2011年	2012年	2013年	2014年	2015年	2016年
科技活动人员	万人	2.00	2.00	1.90	1.81	1.88	1.93	2.26	2.34	2.45	2.25
#科学家和工程师	万人	1.60	1.60								
研究与试验发展折合全时人员	万人年	0.55	0.59	1.09	1.13	1.22	1.29	1.38	1.38	1.38	1.44
#科学家和工程师	万人年	0.49	0.55								
#基础研究	万人年	0.05	0.06	0.10	0.13	0.12	0.16	0.17	0.16	0.26	0.28
应用研究	万人年	0.16	0.20	0.36	0.37	0.40	0.52	0.54	0.45	0.54	0.46
试验发展	万人年	0.34	0.32	0.63	0.63	0.70	0.61	0.65	0.78	0.58	0.70
科技经费筹集额	亿元	26.0	41.6								
#政府资金	亿元	14.9	25.7								
企业资金	亿元	6.4	8.5								
金融机构贷款	亿元										
科技经费内部支出	亿元	25.9	38.1								
# 劳务费	亿元	6.5	9.7								
固定资产购建费	亿元	5.3	8.2								
研究与试验发展经费支出	亿元	11.2	16.9	31.1	44.2	45.7	53.3	58.8	56.0	62.2	71.9
#基础研究	亿元	1.0	1.8	2.6	3.3	3.7	5.6	5.4	6.4	10.1	8.0
应用研究	亿元	3.2	5.9	12.3	14.7	16.1	22.1	27.0	22.4	29.7	32.8
试验发展	亿元	5.0	6.1	16.2	26.2	26.0	25.7	26.3	27.2	22.4	31.2

22-29 大中型工业企业科技活动基本情况

指　标	单位	2008年	2009年	2010年	2011年	2012年	2013年	2014年	2015年	2016年
有科技活动的企业	个	303			253	276	369	356	311	334
占全部企业的比重	%	22.0			13.8	12.5	16.3	17.2	20.1	28.4
科技机构数	个	332	399	358	280	309	354	320	281	266
科技活动人员	万人	10.5		10.5	11.4		12.8		10.3	
#科学家和工程师	万人	7.1								
研究与试验发展折合全时人员	万人年	4.0	5.2	4.5	4.0	4.2	4.6	4.8	3.8	3.7
#科学家和工程师	万人年	3.3								
科技机构科技活动人员	万人	3.8	4.1		3.1	4.2	4.0	3.7	4.3	3.8
#科学家和工程师	万人									
科技经费筹集额	亿元	242.3								
#政府资金	亿元	20.9								
企业资金	亿元	213.9								
金融机构贷款	亿元	6.1								
科技经费内部支出	亿元	233.2								
#开发新产品经费支出	亿元	122.6	199.2	196.7	241.8	254.4	293.6	268.6	213.1	200.1
科技经费支出占主营业务收入比重	%	1.6	1.4	1.0	1.1	1.1	1.2	1.1	1.2	
研究与试验发展经费支出	亿元	129.0	166.4	191.3	238.2	259.8	290.8	272.0	209.9	209.3
技术引进经费支出	亿元	22.7	27.4	6.4	3.5	5.2	5.5	7.3	5.5	2.6
消化吸收经费支出	亿元	3.2	4.7	4.6	3.0	6.1	4.7	3.1	3.2	2.7
购买国内技术支出	亿元	20.3	18.9	15.8	17.4	14.4	6.2	4.2	5.8	3.9

22-30 高等学校科技活动情况

指　标	单位	2005年	2008年	2009年	2010年	2011年	2012年	2013年	2014年	2015年	2016年
科技活动人员	万人	2.6	3.3	5.7	5.8	5.9	5.7	6.4	6.6	7.3	7.5
# 科学家和工程师	万人	2.2	2.8								
研究与试验发展机构	个	277	396								
研究与试验发展折合全时人员	万人年	1.3	1.6	1.5	1.6	1.5	1.6	1.7	1.7	1.7	1.8
# 科学家和工程师	万人年	1.3	1.6								
# 基础研究	万人年	0.4	0.6	0.6	0.6	0.6	0.6	0.7	0.8	0.8	0.8
应用研究	万人年	0.6	0.9	0.8	0.8	0.9	0.9	0.9	0.8	0.8	0.9
试验发展	万人年	0.3	0.1	0.1	0.1	0.1	0.1	0.1	0.09	0.1	0.1
科技经费筹集额	亿元	21.4	31.6								
# 政府资金	亿元	8.0	12.8								
企业资金	亿元	11.6	17.3								
金融机构贷款	亿元										
科技经费内部支出	亿元	19.1	28.0								
# 劳务费	亿元	3.9	4.3								
固定资产购建费	亿元	2.7	5.2								
研究与试验发展经费支出	亿元	12.3	21.1	23.6	24.5	32.6	37.3	41.4	42.3	46.6	43.0
# 基础研究	亿元	1.4	3.1	3.6	4.0	7.9	8.6	10.3	13.6	16.2	15.7
应用研究	亿元	7.1	9.9	11.8	15.8	20.5	18.9	19.8	24.7	26.0	23.2
试验发展	亿元	3.7	8.1	8.3	4.7	4.2	9.8	11.3	4.0	4.3	4.1

主要统计指标解释

普通高等学校 指按照国家规定的设置标准和审批程序批准举办的，通过全国普通高等学校统一招生考试，招收高中毕业生为主要培养对象，实施高等教育的全日制大学、独立设置的学院和高等专科学校、高等职业学校和其他机构。

大学、独立设置的学院主要实施本科层次以上教育，高等专科学校、高等职业学校实施专科层次教育，其他机构是承担国家普通招生计划任务不计校数的机构。包括普通高等学校分校和批准筹建的普通高等学校等。

成人高等学校 指按照国家规定的设置标准和审批程序批准举办的，通过全国成人高等学校统一招生考试，招收具有高中毕业或同等学历的在职从业人员为主要培养对象，利用函授、业余、脱产等多种形式对其实施高等学历教育的学校。包括职工高等学校、农民高等学校、管理干部学院、教育学院、独立函授学院、广播电视大学、其他机构等。其他机构是承担国家成人招生计划任务不计校数的机构。

小学学龄儿童净入学率 指调查范围内已入小学学习的学龄儿童占校内外学龄儿童总数(包括弱智儿童，不包括盲聋哑儿童)的比重。计算公式为:

小学学龄儿童净入学率=已入学的小学学龄儿童数/校内外小学学龄儿童总数 × 100%

国家财政性教育经费 包括国家财政预算内教育经费，各级政府征收用于教育的税费，企业办学校教育经费，校办产业、勤工俭学和社会服务收入用于教育的经费。

财政预算内教育经费 指中央、地方各级财政或上级主管部门在年度内安排，并计划拨到教育部门和其他部门主办的各级各类学校、教育事业单位，列入国家预算支出科目的教育经费，包括教育事业拨款、科研经费拨款、基建拨款和其他经费拨款。

科技活动 指在自然科学、农业科学、医药科学、工程与技术科学、人文与社会科学领域(简称科学技术领域)中，与科技知识的产生、发展、传播和应用密切相关的有组织的活动。可分为研究与试验发展(R&D)、研究与试验发展成果应用及相关的科技服务三类活动。该定义是联合国教科文组织考虑成员国特别是发展中国家开展科技统计工作的需要，而对科技活动所作的统计界定。

科技活动人员 指直接从事科技活动、以及专门从事科技活动管理和为科技活动提供直接服务，累计的实际工作时间占全年制度工作时间 10%及以上的人员。(1)直接从事科技活动的人员包括：在独立核算的科学研究与技术开发机构、高等学校、各类企业及其他事业单位内设的研究室、实验室、技术开发中心及中试车间(基地)等机构中从事科技活动的研究人员、工程技术人员、技术工人及其它人员；虽不在上述机构工作，但编入科技活动项目(课题)组的人员；科技信息与文献机构中的专业技术人员；从事论文设计的研究生等。(2)专门从事科技活动管理和为科技活动提供直接服务的人员，包括：独立核算的科学研究与技术开发机构、科技信息与文献机构、高等学校、各类企业及其他事业单位主管科技工作的负责人，专门从事科技活动的计划、行政、人事、财务、物资供应、设备维护、图书资料管理等工作的各类人员，但不包括保卫、医疗保健人员、司机、食堂人员、茶炉工、水暖工、清洁工等为科技活动提供间接服务的人员。该指标用来反映投入科技活动人力的规模。

科学家与工程师 指科技活动人员中具有高、中级技术职称(职务)的人员和不具有高、中级技术职称(职务)的大学本科及以上学历人员。该指标用来反映投入科技活动人力的素质。

研究与试验发展（R&D） 指在科学技术领域，为增加知识总量，以及运用这些知识去创造新的应用进行的系统的创造性的活动，包括基础研究、应用研究、试验发展三类活动。国际上通常采用 R&D 活动的规模和强度指标反映一国的科技实力和核心竞争力。

基础研究 指为了获得关于现象和可观察事实的基本原理的新知识(揭示客观事物的本质、运动规律，获得新发现、新学说)而进行的实验性或理论性研究，它不以任何专门或特定的应用或使用为目的。其成果以科学论文和科学著作为主要形式。用来反映知识的原始创新能力。

应用研究 指为获得新知识而进行的创造性研究，主要针对某一特定的目的或目标。应用研究是为了确定基础研究成果可能的用途，或是为达到预定的目标探索应采取的新方法(原理性)或新途径。其成果形式以科学论文、专著、原理性模型或发明专利为主。用来反映对基础研究成果应用途径的探索。

试验发展 指利用从基础研究、应用研究和实际经验所获得的现有知识，为产生新的产品、材料和装置，建立新的工艺、系统和服务，以及对已产生和建立的上述各项作实质性的改进而进行的系统性工作。其成果形式主要是专利、专有技术、具有新产品基本特征的产品原型或具有新装置基本特征的原始样机等。在社会科学领域，试验发展是指把通过基础研究、应用研究获得的知识转变成可以实施的计划(包括为进行检验和评估实施示范项目)的过程。人文科学领域没有对应的试验发展活动。主要反映将科研成果转化为技术和产品的能力，是科技推动经济社会发展的物化成果。

研究与试验发展人员 指参与研究与试验发展项目研究、管理和辅助工作的人员， 包括项目(课题)组人员，企业科技行政管理人员和直接为项目(课题)活动提供服务的辅助人员。反映投入从事拥有自主知识产权的研究开发活动的人力规模。

研究与试验发展人员全时当量 指全时人员数加非全时人员按工作量折算为全时人员数的总和。例如:有两个全时人员和三个非全时人员(工作时间分别为 20%、30%和 70%)，则全时当量为 2+0.2+0.3+0.7=3.2人年。为国际上比较科技人力投入而制定的可比指标。

专业技术人员 指从事专业技术工作和专业技术管理工作的人员，即企事业单位中已经聘任专业技术职务从事专业技术工作和专业技术管理工作的人员，以及未聘任专业技术职务，现在专业技术岗位上工作的人员。包括工程技术人员，农业技术人员，科学研究人员，卫生技术人员，教学人员，经济人员，会计人员，统计人员，翻译人员，图书资料、档案、文博人员，新闻出版人员，律师、公证人员，广播电视播音人员，工艺美术人员，体育人员，艺术人员及企业政治思想工作人员，共十七个专业技术职务类别。用来反映科技人力资源情况。

科技活动经费筹集 指从各种渠道筹集到的计划用于科技活动的经费，包括政府资金、企业资金、事业单位资金、金融机构贷款、国外资金和其他资金等。反映各社会经济主体对促进科技进步所做的努力。

政府资金 指从各级政府部门获得的计划用于科技活动的经费，包括科学事业费、科技三项费、科研基建费、科学基金、教育等部门事业费中计划用于科技活动的经费以及政府部门预算外资金中计划用于科技活动的经费等。

企业资金 指从自有资金中提取或接受其他企业委托的，科研院所和高校等事业单位接受企业委托获得的，计划用于科研和技术开发的经费。不包括来自政府、金融机构及国外的计划用于科技活动的资金。

金融机构贷款 指从各类金融机构获得的用于科技活动的贷款。

科技活动经费内部支出 指报告年内用于科技活动的实际支出，包括劳务费、科研业务费、科研管理费，非基建投资购建的固定资产、科研基建支出以及其他用于科技活动的支出。不包括生产性活动支出、归还贷款支出及转拨外单位支出。反映科技投入实际完成情况。

劳务费 指以货币或实物形式直接或间接支付给从事科技活动人员的劳动报酬及各种费用。包括各种形式的工资、津贴、奖金、福利、离退休人员费用、人民助学金等。反映改善科技人员待遇情况。

固定资产购建费 指报告年内使用非基建投资购建的固定资产和用于科研基建投资的实际支出额，即固定资产实际支出和科研基建投资实际完成额之和。固定资产是指长期使用而不改变原有实物形态的主要物资设备、图书资料、实验材料和标本以及其他设备和家具、房屋、建筑物。反映用于改善科研条件和科研手段方面的投入情况。

新产品 指采用新技术原理、新设计构思研制、生产的全新产品，或在结构、材质、工艺等某一方面比原有产品有明显改进，从而显著提高了产品性能或扩大了使用功能的产品。既包括政府有关部门认定并在有效期内的新产品，也包括企业自行研制开发，未经政府有关部门认定，从投产之日起一年之内的新产品。用来反映科技产出及对经济增长的直接贡献。

二十三、文化、体育和卫生

Chapter 23 Culture, Sports and Public Health

23-1 文化事业基本情况

项　　目	2006年	2008年	2009年	2010年	2011年	2012年	2013年	2014年	2015年	2016年
一、文化事业机构数(个)	**19085**	**17479**	**15255**	**14690**	**13563**	**13054**	**12910**	**12915**	**11741**	**11798**
文化部门	10338	6475	2279	2130	2106	2093	2074	2075	2062	2043
其他部门	8747	11004	12976	12560	11457	10961	10836	10840	9679	9755
二、文化事业人员数(人)	**92380**	**68767**	**78359**	**75215**	**70313**	**67659**	**71622**	**71620**	**66014**	**62190**
文化部门	61946	33248	19677	19044	19307	19731	20009	20008	19197	16914
其他部门	30434	35519	58682	56171	51006	47928	51613	51612	46817	45276
三、各类文化艺术事业单位数(个)										
文化馆、艺术馆	123	123	122	122	122	123	123	122	124	125
公共图书馆	126	128	128	128	128	129	129	128	129	130
博物馆	37	54	61	61	61	62	63	63	64	65
电影院										
艺术表演场所	50	40	40	38	38	30	26	28	26	26
艺术表演团体	66	65	63	52	38	23	23	24	23	21
电影放映单位										

23-2 广播电视事业

项　　目	单位	2011年	2012年	2013年	2014年	2015年	2016年
一、职工人数	**人**	**27332**	**28531**	**28436**	**28700**	**28165**	**27725**
二、广播事业情况							
广播电视台	座						79
发射台及转播台	座	35	34	34	35	37	37
发射机功率	千瓦	1200	1225	1225	1171	1141	1141
平均每天播音时间	小时	83	80	80	1842	1861	1885
广播人口综合覆盖率	%	98.51	98.59	98.63	98.81	99.00	99.05
年广播节目制作时间	小时	442709	432646	393806	389989	384687	387654
新闻	小时	59338	60348		51608	53296	54337
综艺	小时	136956	133584		125417	119364	112757
专题	小时	148479	135010		125651	123633	128695
广播剧	小时	2176	7652		6049	6231	8707
广告	小时	58229	56210		44174	43600	44709
其他	小时	37529	39839		37089	38562	38447
三、电视事业情况							
电视发射及转播台	座	368	368	369	359	209	208
发射机功率	千瓦	583	581	579	497	572	577
平均每周播出时间	小时	14017	14065	14120	14183	14283	14304
电视人口综合覆盖率	%	98.64	98.68	98.72	98.96	99.07	99.13
电视节目制作时间	小时	184320	176710	184836	178639	173285	180179
新闻	小时	30247	28514		28712	29943	32319
综艺	小时	53809	50333		50705	49112	46972
专题	小时	30122	37961		36516	39549	46268
影视剧	小时	1080	1335		1414	1504	429
广告	小时	42997	35758		33521	30170	31449
其他	小时	26064	22806		27771	23003	22741

注：2016年广播电台、电视台数为广播电视台数。

23-3 图书、杂志和报纸出版情况

年份	图书				杂志			报纸		
	种数(种)	#新出版	总印数(万册)	总印张数(万印张)	种数(种)	总印数(万册)	总印张数(万印张)	种数(种)	总印数(万份)	总印张数(万印张)
1991	3603	2799	22000	94000	242	15000	33000	67	99000	71000
1992	3203	2336	21000	90000	255	16000	30000	70	94000	70000
1993	3602		23000	120000	289	16000	38000	84	87000	88000
1994	4419	2986	24000	108000						
1995	3585	1975	18000	79000	295	15000	34000	88	90000	88000
1996	4419	2228	23000	107000	288	14000	31000	97	88000	117000
1997	4979	2678	22000	104000	286	14000	31000	89	99000	124000
1998	5251	2838	24000	114000	274	13000	31000	85	105000	175000
1999	5256	2711	23000	106000	277	13000	32000	85	110000	206000
2000	5008	2752	17082	108047	289	8634	22369	87	125845	319018
2001	5117	2719	18176	123953	306	14043	33907	97	124584	1097498
2002	6632	3026	16374	106225	321	12896	31246	17	52989	110635
2003	6519	2826	15428	92405	322	10881	30241	17	50631	150874
2004	5511	2899	11666	83959	234	6891	25647	81	145408	510101
2005	6598		12394	88222	325	10890	30251	81	145800	510235
2006	7370		12355	91425	324	8025	30537	123	159117	720835
2007	5533	3043	6686	51332	326	10793	39720	122	268855	743621
2008	7216	3592	13588	85791	322	10033	39777	81	179132	830147
2009					317	8424	37759	113	144362	702087
2010	9060	4925	14705	115552	317	4507	40073	75	156800	820203
2011	9883	5208	15148	120937	316	10003	41657	73	161277	998342
2012	9994	5596	11680	95977	312	9840	41715	69	165968	989664
2013	10737	6772	11788	96271	315	9185.15	39698	70	163232	814552
2014	11942	7405	12713	103992	315	8964.98	38376.95	70	151009.9	848948
2015	10964	5806	12557	98363	312	8846.84	37294.49	70	132935	617000
2016	10385	4993	14758	117616	313	8767	36434	68	103862	380836

注：2002年报纸为省级报纸统计数。

23-4 图书出版分类构成情况

(2016年)

项目	种数(种)	总印数(万册)	总印张(千印张)
标准图书合计	**10383**	**14757.76**	**1176151.41**
马列主义、毛泽东思想	25	36.05	2591.48
哲学	97	41.28	5765.13
社会科学总论	188	49.16	7816.08
政治、法律	168	52.60	8764.83
军事	16	4.65	781.65
经济	1002	375.48	68070.16
文化、科学、教育、体育	4352	11436.42	805571.88
语言、文字	609	303.82	35940.71
文学	1179	1659.72	138010.66
艺术	915	234.40	21874.62
历史、地理	276	102.81	15094.89
自然科学总论	3	0.62	108.62
数理科学、化学	151	41.49	5943.76
天文学、地球科学	26	9.99	966.10
生物科学	37	12.65	1309.26
医药、卫生	265	88.80	12004.18
农业科学	41	12.98	1502.54
工业技术	715	205.90	29394.56
交通运输	214	59.68	11109.28
航空、航天			
环境科学	39	11.88	881.78
综合性图书	65	17.40	2649.23
非标图书合计	2	0.60	6.00

23-5 体委系统职工人数

(2016年) 单位：人

人员分类	合计	#优秀运动队	#体育运动学校	#少儿业余体校	#公共体育场馆	#体育服务公司
全 省						
运动员	1236	1190	46			
专职教练员	308	289	19			
专职文化教师	61	18	43			
科技人员	23	23				
宣传出版人员						
医务人员	23	23				
管理人员	396	363	33			
其它人员	162	157	5			

23-6 运动员历年创世界纪录情况

年 份	项数(项)	#女子	人数(人)	#女子	次数(次)	#女子
1986	1	-	1	-	1	-
1987	3	2	7	5	12	9
1988	2	2	4	4	9	9
1989	10	10	4	4	10	10
1990	2	1	4	3	2	1
1991	8	8	6	6	10	10
1992	3	3	8	8	20	20
1993	20	18	14	12	30	27
1994	3	3	4	4	4	4
1995	1	1	1	1	1	1
1996	2	2	1	1	3	3
1997	9	9	5	5	11	11
1998	17	15	14	12	20	18
1999	13	12	9	8	22	21
2000	4	3	2	1	7	6
2001	4	4	6	6	4	4
2002	11	11	7	7	13	13
2003	13	-	7	-	34	-
2004	4	4	3	3	4	4
2005	3	3	3	3	4	4
2006	3	3	1	1	3	3
2007						
2008						
2009	3	3	2	2	4	4
2010						
2011	1	1	1	4	4	4
2012	3	3	1	1	4	4
2013						
2014						
2015						
2016	1	1	1	1	1	1

注:总计的项数和人数中剔除了历年重复数(以下同)。

23-7 运动员分项获得世界冠军情况

(2016年)

项 目	项数(项)	#女子	人数(人)	#女子	次数(次)	#女子
总 计	**4**	**4**	**7**	**6**	**10**	**9**
蹼 泳	1	1	3	2	6	5
跆拳道	1	1	1	1	2	2
羽毛球	1	1	1	1	1	1
排 球	1	1	2	2	1	1

23-8 运动员近年获得世界冠军情况

年 份	项数(项)	#女子	人数(人)	#女子	次数(次)	#女子
1986	6	4	8	4	8	4
1987	4	3	6	4	8	6
1988	2	1	4	3	10	8
1989	11	10	5	4	11	10
1990	11	7	7	4	12	8
1991	15	13	7	5	16	14
1992	6	5	8	7	13	12
1993	24	24	18	18	24	24
1994	4	4	7	5	12	8
1995	7	3	9	5	8	4
1996	6	6	5	5	8	8
1997	7	7	4	4	7	7
1998	14	8	11	9	15	8
1999	14	12	9	8	15	13
2000	9	7	6	5	9	7
2001	9	9	4	4	9	9
2002	12	10	10	8	12	10
2003	18	-	12	-	19	-
2004	11	10	11	10	12	11
2005	6	6	6	6	6	6
2006	11	10	11	10	11	10
2007	14	14	12	12	20	20
2008	13	13	10	10	15	15
2009	7	7	4	4	7	7
2010	6	6	12	12	13	13
2011	7	9	11	23	26	23
2012	7	5	9	7	8	6
2013	13	11	12	10	15	13
2014	7	7	5	5	7	7
2015	8	6	6	5	10	8
2016	4	4	7	6	10	9

23-9 运动员分项创获亚洲冠军情况

(2016年)

项 目	项数(项)	#女子	人数(人)	#女子	次数(次)	#女子
总 计	**4**	**3**	**7**	**4**	**6**	**4**
赛 艇	1		2		1	
蹼 泳	1	1	3	2	3	2
摔 跤	1	1	1	1	1	1
击 剑	1	1	1	1	1	1

23-10 与外国体育活动交往情况

项 目	单位	2006年	2008年	2009年	2010年	2011年	2012年	2013年	2014年	2015年	2016年
来我省的体育团体											
次 数	次	6	29	15	10	5	5	8	4	5	6
人 数	人	97	214	188	98	74	92	151	57	84	120
我省派出的体育团体											
次 数	次	104	42	15	20	13	10	2	4	21	25
人 数	人	336	176	108	140	164	101	38	20	256	315

23-11 卫生机构、床数、人员数

(2016年)

机构分类	机构个数(个)	实有床位数(张)	在岗职工(人)				
			合计	卫生技术人员			
				小计	执业(助理)医师		注册护士
						执业医师	
总　计	**36131**	**284399**	**365736**	**277499**	**109806**	**98989**	**119147**
一、医院	**1190**	**239374**	**243583**	**198036**	**70669**	**67200**	**95724**
综合医院	694	162053	176045	145365	51526	49266	71862
中医医院	139	24740	24699	20070	7963	7410	8074
中西医结合医院	10	1685	1864	1519	619	580	660
民族医院	1	300	250	209	79	67	68
专科医院	339	50097	40584	30774	10455	9851	15002
口腔医院	27	505	2382	2003	1021	960	753
眼科医院	34	1662	2517	1490	451	431	723
耳鼻喉科医院	1	80	63	45	13	11	21
肿瘤医院	5	4388	3181	2578	974	970	1185
心血管病医院	3	250	177	121	54	43	56
胸科医院	1	336	250	182	57	53	95
妇产(科)医院	40	5061	8317	6268	2269	2185	3045
儿童医院	4	1219	2162	1800	589	587	859
精神病医院	53	18225	6824	5000	1295	1173	2910
传染病医院	15	5496	4482	3433	1043	1006	1640
皮肤病医院	10	494	660	478	151	146	237
结核病医院	6	2097	1149	790	221	208	425
骨科医院	24	2970	2259	1889	797	697	761
康复医院	27	3141	1747	1223	366	327	563
整形外科医院	6	135	216	160	37	36	112
美容医院	14	242	703	518	190	176	248
其他专科医院	69	3796	3495	2796	927	842	1369
护理院	7	499	141	99	27	26	58
二、基层医疗卫生机构	**33931**	**36711**	**97231**	**61832**	**31750**	**25433**	**19856**
社区卫生服务中心(站)	1165	5926	16557	13982	5834	5131	5803
社区卫生服务中心	378	5926	12146	10085	4045	3505	4069
社区卫生服务站	787		4411	3897	1789	1626	1734
卫生院	1034	30693	25165	18741	8738	5708	5195
街道卫生院	20	269	277	224	115	88	71
乡镇卫生院	1014	30424	24888	18517	8623	5620	5124
中心卫生院	255	10945	9706	7475	3432	2350	2130
乡卫生院	759	19479	15182	11042	5191	3270	2994
村卫生室	20120		27572	2474	2050	992	424
门诊部	589	92	6348	5480	2838	2562	1961
综合门诊部	255	34	3453	2991	1518	1401	1004
中医门诊部	66	40	574	480	281	267	116
中西医结合门诊部	15		148	139	69	61	50
专科门诊部	253	18	2173	1870	970	833	791
诊所.卫生所.医务室	11023		21589	21155	12290	11040	6473
诊所	9703		18691	18357	10864	9903	5737
卫生所、医务室	1320		2898	2798	1426	1137	736

23-11 续表 1(2016年)

机构分类	机构个数(个)	实有床位数(张)	在岗职工(人)				
			合计	卫生技术人员			
				小计	执业(助理)医师	执业医师	注册护士
三、专业公共卫生机构	**854**	**3334**	**22231**	**16096**	**6777**	**5849**	**3042**
疾病预防控制中心	133		7586	5650	2930	2470	435
省属	1		383	260	126	125	2
省辖市(地区)属	17		2279	1789	946	911	124
地辖市属	79		3373	2556	1245	962	245
县属	25		1216	807	488	364	37
其他	11		335	238	125	108	27
专科疾病防治院(所、站)	85	1995	2834	2070	943	784	590
专科疾病防治院	7	796	612	466	198	185	150
职业病防治院	6	796	593	454	186	174	150
其他	1		19	12	12	11	
专科疾病防治所(站、中心)	78	1199	2222	1604	745	599	440
口腔病防治所(站、中心)	11		346	282	156	141	84
精神病防治所(站、中心)	2	430	184	126	46	21	70
结核病防治所(站、中心)	49	593	1319	932	399	312	258
职业病防治所(站、中心)	3	100	136	104	51	45	12
地方病防治所(站、中心)	10		193	151	90	77	12
药物戒毒所(中心)	1	76	41	6	1	1	3
其他	2		3	3	2	2	1
健康教育所(站、中心)	10		197	87	69	60	6
妇幼保健院(所、站)	110	1210	4838	3768	1959	1766	1036
省属	1	53	184	149	46	46	53
省辖市(地区)属	12	22	425	331	206	201	47
地辖市属	66	647	2660	2129	1118	1007	630
县属	25	488	1417	1045	518	443	284
其他	6		152	114	71	69	22
妇幼保健院	37	1128	2643	2104	978	888	699
妇幼保健所	45	62	1436	1104	655	592	221
妇幼保健站	28	20	759	560	326	286	116
急救中心(站)	13	129	1091	628	286	279	311
采供血机构	23		1455	1010	204	184	495
卫生监督所(中心)	90		2577	2135			
省属	1		97	80			
省辖市(地区)属	14		731	636			
地辖市属	56		1222	1022			
县属	19		527	397			
计划生育技术服务机构	390		1653	748	386	306	169
四、其他卫生机构	**156**	**4980**	**2691**	**1535**	**610**	**507**	**525**
疗养院	15	4980	1528	935	352	303	428
医学科学研究机构	6		114	65	28	28	6
医学在职培训机构	3		50	11	4	1	2
临床检验中心(所、站)	5		106	55	1	1	
统计信息中心	4		54	4			
其他	123		839	465	225	174	89

23-11 续表 2(2016年)

机构分类	药师(士)	技师(士)		其他	其 他 技术人员	管理人员	工勤技能 人 员
			检验师				
总 计	**13463**	**15383**	**10676**	**19700**	**14699**	**19171**	**29269**
一、医院	**10029**	**10991**	**7301**	**10623**	**10641**	**13239**	**21667**
综合医院	6695	7930	5177	7352	6965	8317	15398
中医医院	1684	1088	716	1261	1289	1343	1997
中西医结合医院	101	105	58	34	82	78	185
民族医院	35	8	7	19	1	37	3
专科医院	1506	1856	1341	1955	2272	3459	4079
口腔医院	27	44	18	158	76	122	181
眼科医院	53	61	49	202	248	516	263
耳鼻喉科医院	2	1	1	8		4	14
肿瘤医院	133	173	105	113	112	233	258
心血管病医院	4	7	5		17	10	29
胸科医院	14	16	10		5	41	22
妇产(科)医院	263	416	350	275	587	709	753
儿童医院	104	119	93	129	109	121	132
精神病医院	199	185	140	411	336	580	908
传染病医院	263	293	229	194	255	329	465
皮肤病医院	46	30	25	14	39	53	90
结核病医院	55	62	44	27	50	80	229
骨科医院	97	161	64	73	103	122	145
康复医院	57	59	36	178	131	167	226
整形外科医院	7	4	4		4	24	28
美容医院	23	26	25	31	49	71	65
其他专科医院	159	199	143	142	151	277	271
护理院	8	4	2	2	32	5	5
二、基层医疗卫生机构	**2955**	**2205**	**1399**	**5066**	**2226**	**2771**	**5304**
社区卫生服务中心(站)	924	688	502	733	695	970	910
社区卫生服务中心	764	568	403	639	553	732	776
社区卫生服务站	160	120	99	94	142	238	134
卫生院	1334	1145	656	2329	1401	1606	3417
街道卫生院	16	11	7	11	14	18	21
乡镇卫生院	1318	1134	649	2318	1387	1588	3396
中心卫生院	532	461	263	920	466	504	1261
乡卫生院	786	673	386	1398	921	1084	2135
村卫生室							
门诊部	234	301	195	146	130	195	543
综合门诊部	138	232	150	99	46	111	305
中医门诊部	60	21	14	2	10	16	68
中西医结合门诊部	8	9	7	3			9
专科门诊部	28	39	24	42	74	68	161
诊所.卫生所.医务室	463	71	46	1858			434
诊所	418	41	22	1297			334
卫生所、医务室	45	30	24	561			100

23-11 续表 3(2016年)

机构分类	药师(士)	技师(士)		其他	其　他 技术人员	管理人员	工勤技能 人　　员
			检验师				
三、专业公共卫生机构	**407**	**2068**	**1880**	**3802**	**1507**	**2755**	**1873**
疾病预防控制中心	84	1211	1169	990	452	895	589
省属		124	124	8	11	74	38
省辖市(地区)属	39	498	488	182	158	212	120
地辖市属	29	416	392	621	154	430	233
县属	11	140	133	131	108	134	167
其他	5	33	32	48	21	45	31
专科疾病防治院(所、站)	127	213	146	197	229	309	226
专科疾病防治院	31	61	52	26	64	34	48
职业病防治院	31	61	52	26	58	33	48
其他					6	1	
专科疾病防治所(站、中心)	96	152	94	171	165	275	178
口腔病防治所(站、中心)		2		40	14	35	15
精神病防治所(站、中心)	5	4	2	1	38	11	9
结核病防治所(站、中心)	80	107	64	88	87	172	128
职业病防治所(站、中心)	4	19	13	18	21	8	3
地方病防治所(站、中心)	7	18	14	24	4	15	23
药物戒毒所(中心)		2	1		1	34	
其他							
健康教育所(站、中心)	2	1	1	9	73	23	14
妇幼保健院(所、站)	143	366	308	264	244	505	321
省属	8	13	11	29	6	14	15
省辖市(地区)属	5	59	51	14	28	47	19
地辖市属	78	192	167	111	130	245	156
县属	48	88	65	107	73	176	123
其他	4	14	14	3	7	23	8
妇幼保健院	92	188	150	147	117	219	203
妇幼保健所	33	127	114	68	73	185	74
妇幼保健站	18	51	44	49	54	101	44
急救中心(站)	13	8	6	10	58	74	331
采供血机构	11	214	213	86	184	111	150
卫生监督所(中心)				2135	71	242	129
省属				80		14	3
省辖市(地区)属				636	6	38	51
地辖市属				1022	36	124	40
县属				397	29	66	35
计划生育技术服务机构	27	55	37	111	196	596	113
四、其他卫生机构	**72**	**119**	**96**	**209**	**325**	**406**	**425**
疗养院	37	25	19	93	97	193	303
医学科学研究机构	9	7	7	15	15	33	1
医学在职培训机构	4			1	11	20	8
临床检验中心(所、站)		51	51	3	2	15	34
统计信息中心	1			3	31	16	3
其他	21	36	19	94	169	129	76

23-12 各地区卫生机构、床位数

(2016年)

地区	卫生机构数(个)	#医院	#乡镇卫生院	#门诊部	#疾病预防控制中心(防疫站)	#妇幼保健院(所站)	医疗机构实有床位数(张)	每千人口医疗机构床位数(张)
总计	**36131**	**1190**	**1014**	**589**	**133**	**110**	**284399**	**6.50**
沈阳	5008	268	115	164	16	15	63908	7.71
大连	4145	141	93	233	19	12	43345	6.20
鞍山	3285	94	72	50	8	8	24238	6.72
抚顺	1425	64	48	27	9	8	14796	7.14
本溪	721	38	34	20	8	7	11567	6.77
丹东	1542	46	76	16	10	5	18622	7.74
锦州	2400	72	71	1	8	8	16216	5.29
营口	2816	126	48	21	9	6	13642	5.59
阜新	1409	52	64	1	8	8	11408	6.43
辽阳	1864	61	37	10	8	8	15119	8.20
盘锦	971	55	32	12	6	3	9317	6.49
铁岭	3119	41	94	11	9	7	12100	4.57
朝阳	4545	78	134	15	8	8	16774	5.69
葫芦岛	2881	54	96	8	7	7	13347	5.23

23-13 各地区卫生机构人员数

(2016年)

单位：人

地区	卫生机构人员合计	#卫生技术人员	#执业(助理)医师	#注册护士	每千人口执业(助理)医师数	每千人口注册护士数
总计	**365736**	**277499**	**109806**	**119147**	**2.51**	**2.72**
沈阳	84844	68854	26504	30613	3.20	3.69
大连	64057	50394	19726	23143	2.82	3.31
鞍山	28608	21882	8251	9722	2.29	2.70
抚顺	16720	13274	5561	5650	2.69	2.73
本溪	13667	10753	3665	5114	2.15	2.99
丹东	18197	13531	5413	5727	2.25	2.38
锦州	18448	12854	5146	4914	1.68	1.60
营口	19040	13594	5824	5433	2.39	2.23
阜新	16176	11890	4360	5344	2.46	3.01
辽阳	13655	9978	4187	4121	2.27	2.23
盘锦	12888	9650	3862	4049	2.69	2.82
铁岭	18949	12879	5916	4568	2.23	1.72
朝阳	24716	17153	6933	6585	2.35	2.23
葫芦岛	15771	10813	4458	4164	1.75	1.63

主要统计指标解释

文化事业机构 指从事专业文化工作和为专业文化工作服务的独立建制的单位。不包括这些单位另外举办独立核算的其他机构和各部门的业余文化组织。该指标主要反映文化事业机构发展规模水平。

艺术表演团体 指从事戏曲、音乐、舞蹈、杂技等专业艺术表演，有独立帐户的单位，不包括半工半艺、半农半艺和民间职业剧团。该指标主要反映全国专业艺术表演团体发展规模水平。

艺术表演观众人数(人次) 指售票、包场演出或民族地区免费演出的艺术表演观众人次数，不包括彩排审查和内部观摩演出的观看人次数。该指标主要反映全国观看专业艺术表演团体演出的效益规模。

卫生机构 包括医疗机构、疾病预防控制中心(防疫站)、采供血机构、卫生监督及监测(检验)机构、医学科研和在职培训机构、健康教育所等。

医疗机构 包括医院、社区卫生服务中心(站)、疗养院、卫生院、门诊部、诊所(卫生所、医务室)、妇幼保健院(所、站)、专科疾病防治院(所、站)、急救中心(站)和临床检验中心。医疗机构分为非赢利性医疗机构和赢利性医疗机构。

医院 包括综合医院、中医医院、中西医结合医院、民族医院、各类专科医院和护理院。

卫生技术人员 指卫生机构中医生、护理人员、药剂人员、检验人员等卫生技术人员。

医生 指在医疗、预防保健机构工作且取得《执业医师证书》的执业医师和执业助理医师。

卫生服务总费用 反映全国当年用于医疗卫生保健服务所消耗的资金总额，用筹资来源法测算。政府预算卫生支出指各级政府用于卫生事业的财政预算拨款。社会卫生支出指政府预算外的卫生资金投入，主要表现为社会医疗保险。其中包括如企事业单位和乡村集体经济单位举办的医疗卫生机构的设施建设费，企业职工医疗卫生费，行政事业单位负担的职工公费医疗超支部分等。居民个人卫生支出指城乡居民用自己可支配的经济收入支付的各项医疗卫生费用和医疗保险费用。

二十四、其他社会活动

Chapter 24 Others Social Activities

24-1 历届省人民代表大会的代表人数

届 别	年份	代表总数			占代表总数比重(%)	
			#女代表	#少数民族代表	#女代表	#少数民族代表
一 届	1954	588		100		17.00
二 届	1959	566	107	39	18.90	6.89
三 届	1964	795				
四 届	1975					
五 届	1978	1200	292	160	24.33	13.33
六 届	1983	900	219	146	24.33	16.22
七 届	1988	725	142	118	19.59	16.28
八 届	1993	745	159	115	21.34	15.44
九 届	1998	622	123	97	19.77	15.59
十 届	2003	619	108	102	17.45	16.48
十一届	2008	616	115	87	18.67	14.12
十二届	2013	619	140		22.62	

24-2 历届省政治协商会议的委员人数

届 别	年份	委员总数			占委员总数比重(%)	
			#中国共产党委员	#少数民族委员	#中国共产党委员	#少数民族委员
一 届	1954	122	28	16	22.95	13.11
二 届	1959	376	123	32	32.71	8.51
三 届	1963	403	125	31	31.02	7.69
四 届	1977	586	245	57	41.81	9.73
五 届	1983	595	220	65	36.97	10.92
六 届	1988	696	245	83	35.20	11.93
七 届	1993	695	242	81	34.82	11.65
八 届	1998	723	283	97	39.14	13.42
九 届	2003	750	284	98	37.87	13.07
十 届	2008	796	285	119	35.80	14.95
十一届	2013	845	321	129	37.99	15.27

24-3 工会组织情况

年 份	工会基层组织数(个)	全省已建工会组织的基层单位的职工与会员人数(人)				工会专职工作人员数(人)
		职工人数	#女职工	会员人数	#女会员	
1985	22763	8267000	3388000	7421000	3078000	43709
1986	23190	8341973	3462049	7605645	3202109	47842
1987	24742	8536873	3532603	7880001	3257621	47301
1988	25753	8712119	3611855	8034410	3370064	41910
1989	27217	8840457	3665482	8181168	3394077	44150
1990	27836	8968227	3750636	8340951	3497883	46875
1991	28642	8979281	3768625	8387414	3541636	48521
1992	29222	9164759	3828618	8567567	3584922	45584
1993	30083	9177011	3781547	8537051	3540817	41276
1994	27629	9133500	3843987	8420047	3501514	31215
1995	28448	9290683	3987323	9234588	3796173	36167
1996	27517	9095895	3796520	8577752	3564856	39693
1997	24310	8395588	3276594	7180188	2956720	33321
1998	23317	7198855	2994485	6694517	2784204	23766
1999	21647	6199418	2529928	5659855	2315330	21406
2000	41167	8018747	3360629	7515909	3100980	27396
2001	64659			8155000		
2002	41715	8877337	2566828	8606854	2454640	18372
2003	35717	7933711	2540304	7698113	2388475	18683
2004	39963	8402783	2947246	8223150	2820343	20346
2005	43614	8830676	3351654	8621046	3121658	19626
2006	48691	9685316	2927952	9371941	2756933	19931
2007	54264	10882834	2709465	10459638	2578179	21363
2008	67933	11757290	3002389	11338255	2879836	60436
2009	70531	17864409	2998480	11338291	2941172	41272
2010	70055	10617046	3082698	10383383	3025012	32154
2011	91353	9427994	3342545	9114672	3250838	44785
2012	103187	10093887	3551648	9813753	3484323	43643
2013	93575	10154010	3598173	9920926	3527320	56282
2014	93869	10228166	3651549	10021327	3593884	42984
2015	90042	9892794	3563935	9703638	3504419	38938
2016	107787	9551024	3456394	9382733	3404450	35139

注:1998年以后工会专职工作人员数为工会专职干部人数。

24-4 妇联组织情况

单位：个

项　目	2008年	2009年	2010年	2011年	2012年	2013年	2014年	2015年	2016年
妇联组织总计									
一、地方妇联	**1709**	**1634**	**1871**	**1633**	**1612**	**1662**	**1683**	**1664**	**1640**
省级和市级	15	15	15	15	15	15	15	15	15
县(市)、区、乡(镇)级	1144	1103	1063	1034	1023	1042	1106	1022	977
街道妇联	550	516	793	584	574	605	657	642	662
二、农林场妇联									
建立基层妇代会组织数	15313	17427	11216	11133	10937	15713	18681	17251	2818
#一类妇代会									
二类妇代会									
各类妇女工作委员会	10489	31010	22491	20324	18075	34737	33702	31171	783
各类妇女联谊组织数	79		47						17
民主党派中的妇女组织	59	68	53	77	76				32

24-5 律师、公证、调解工作基本情况

项　目	单位	2008年	2009年	2010年	2011年	2012年	2013年	2014年	2015年	2016年
一、律师工作										
律师事务所	个	569	586	644	685	719	741	820	883	930
律师	人	5943	6298	6648	7430	7925	8540	9130	9667	10765
专职律师	人	5443	5649	5985	6771	7204	7762	8210	8820	9515
兼职律师	人	500	313	339	349	337	339	379	387	397
聘请担任常年法律顾问的单位	处	7722	9319	8243	7963	8745	9221	10800	9958	10022
民事诉讼代理	件	35373	40558	43807	41708	48999	52395	56301	56982	68136
经济诉讼代理	件									
行政诉讼代理	件	2747	1757	1535	1486	1769	1868	1848	2012	3401
刑事 辩 护	件	17631	22447	19336	21584	20660	22402	25473	24990	19137
非诉讼法律事务	件	13211	16783	14339	17649	13095	12999	17986	12252	12228
解答法律咨询	万人次	16.16	15.90	15.77	19.16	17.89	16.35	13.78	14.82	16.63
代写法律事务文书	万件	3.80	3.46	3.80	2.98	3.08	2.56	2.6	2.84	2.87
涉外及港澳台	件	9	85	284	234	199				
二、公证工作										
公证处	个	107	106	106	106	108	108	105	103	103
公证人员	人	1141	1118	1118	1219	1260	1356	1390	1399	1408
#公证员	人	546	510	510	523	516	521	519	509	487
公证员助理	人	245	252	252	342	342	451	528	525	542
办理公证文书	万件	66.40	74.00	74.80	74.67	71.62	77.03	64.74	28.77	66.13
三、人民调解工作										
专职司法助理员	人	3892	2642	3449	3824	4744	3603	4842	5024	4777
人民调解委员会	个	20682	19929	20267	20008	20118	20289	19523	19516	19470
调 解 人 员	万人	15.50	17.40	17.20	15.17	15.09	15.37	13.57	13.41	13.16
调解民间纠纷	万件	13.31	16.10	15.30	17.71	16.13	18.48	23.05	21.85	14.13

24-6 国内公证文书分类

(2016年)

分　　类	办证件数(件)	比重(%)
合　　计	**483522**	**100.0**
合同(协议)	91390	18.90
继承	84532	17.48
单方法律行为	138885	28.72
现场监督	12487	2.58
保全证据	4423	0.91
公司章程	121	0.03
组织资格	22	0.00
财产权	58	0.01
身份	2234	0.46
收养关系	30	0.01
婚姻状况	2393	0.49
亲属关系	3220	0.67
有无违法犯罪记录	405	0.08
其他有法律意义事实	4732	0.98
证书(执照)	2740	0.57
签名(印鉴)	53261	11.02
文本相符	35301	7.30
赋予执行效力	31325	6.48
执行证书	1470	0.30
抵押登记	2508	0.52
提存	54	0.01
保管	1	0.00
其他	11930	2.47

24-7 涉外公证文书分类

(2016年)

分　　类	办证件数(件)	比重(%)
合　　计	**175838**	**100.00**
合同(协议)	279	0.16
继承	90	0.05
委托	1789	1.02
声明	1475	0.84
遗嘱	0	
其他单方法律行为	126	0.07
公司章程	84	0.05
组织资格	86	0.05
收养关系	4	0.00
婚姻状况	11651	6.63
亲属关系	36362	20.68
出生	22943	13.05
死亡	834	0.47
生存、居住	361	0.21
学历(学位)	9591	5.45
经历	246	0.14
职务(职称)	122	0.07
身份	966	0.55
有无违法犯罪记录	21572	12.27
其他有法律意义事实	3291	1.87
证书(执照)	18456	10.50
签名(印鉴)	5142	2.92
文本相符	21427	12.19
其他	18941	10.77

24-8 调解民间纠纷分类

项　目	调节纠纷(件)							
	2009年	2010年	2011年	2012年	2013年	2014年	2015年	2016年
合　计	**161055**	**152950**	**177117**	**161251**	**184754**	**230504**	**218510**	**141390**
婚姻	42316	34582	41944	35019	41080	50005	48265	31116
继承								
赡、抚、扶养								
家庭								
房屋宅基地	10741	10701	13488	8916	10714	12544	11975	6670
债务								
生产经营					5193	6961	6096	3540
邻里	42316	48363	59923	58896	73095	95775	91536	61679
损害赔 偿	8067	6973	5866	5748	5955	7712	6416	3309
其他	57615	86913	55896	52672	48717	57507	54222	35076

24-8 续表

项　目	各类纠纷所占比重(%)							
	2009年	2010年	2011年	2012年	2013年	2014年	2015年	2016年
合　计	**100**	**100**	**100**	**100**	**100**	**100**	**100**	**100**
婚姻	26.27	22.61	23.68	21.60	22.24	21.69	22.09	22.01
继承								
赡、抚、扶养								
家庭								
房屋宅基地	6.67	7.00	7.62	5.50	5.80	5.44	5.48	4.72
债务								
生产经营					2.81	3.02	2.79	2.50
邻里	26.27	31.62	33.83	36.32	39.56	41.55	41.89	43.62
损害赔 偿	5.01	4.56	3.31	3.54	3.22	3.35	2.94	2.34
其他	64.23	56.82	31.56	32.48	26.37	24.95	24.81	24.81

24-9 交通事故发生情况

(2016年)

类　别	发生起数(起)	死亡人数(人)	受伤人数(人)	损失折款(万元)
总　计	**4962**	**1989**	**4564**	**1885.8**
机动车	4475	1779	4140	1671.1
#摩托车	1503	594	1323	338.0
拖拉机	23	10	18	4.0
非机动车	196	40	190	26.0
#自行车				
行人乘车	33	19	18	15.3
其　他	2	2		0.4

24-10 结婚登记和离婚情况

年　份	准予登记结婚(对)			准予登记离婚(对)
		初婚(人)	再婚(人)	
1984	387829	748957	26701	8810
1985	419729	811197	28261	8963
1986	440722	845008	36436	14416
1987	472011	900299	43723	19006
1988	415219	785176	45262	22379
1989	395049	739189	43448	22530
1990	383976	710383	57569	24459
1991	340245	628962	51528	23541
1992	411425	772983	49867	24565
1993	330506	612579	48433	26825
1994	294877	539149	50605	29890
1995	304103	553927	54279	29554
1996	308500	560821	56179	30279
1997	275310	496601	54019	32828
1998	264684	473115	56253	34772
1999	257598	462363	52833	34657
2000	272644	482897	62391	35300
2001	253586	448154	59018	40376
2002	235007	402638	67376	40731
2003	250933	427360	74506	49299
2004	290391	496718	84064	74093
2005	257021	426672	92552	79680
2006	308815	516992	106182	77273
2007	288947	481636	101872	86000
2008	321107	519911	128017	92354
2009	381661	624029	139293	101452
2010	321965	504961	138969	99762
2011	372640	610054	135226	111152
2012	372862	669605	76119	113198
2013	369619	671778	67460	123743
2014	345097	627524	62670	126197
2015	316977	575281	58673	126826
2016	312562	554958	70166	136114

24-11 各地区结婚登记和离婚情况

(2016年)

地　区	准予登记结婚(对)			准予登记离婚(对)
		初婚(人)	再婚(人)	
全　省	**312562**	**554958**	**70166**	**136114**
沈　阳	65183	113724	16642	31137
大　连	49686	87060	12312	19608
鞍　山	26341	48418	4264	10674
抚　顺	14249	24544	3954	7719
本　溪	10753	18738	2768	5796
丹　东	15350	28050	2650	6919
锦　州	15998	28725	3271	6895
营　口	22471	40733	4209	8556
阜　新	11869	21771	1967	5613
辽　阳	12726	24256	1196	4918
盘　锦	10856	19408	2304	5042
铁　岭	21927	35649	8205	11008
朝　阳	17133	31674	2592	5676
葫芦岛	16742	30895	2589	6367
省本级	1278	1313	1243	186

24-12 收养性社会福利事业单位基本情况

(2016年)

指　标	单位数(个)	工作人员数(人)	床位数(张)	年末收养人数(人)
收养性福利事业单位				
#光荣院	22	402	2818	1309
社会福利院	49	1952	12809	8043
城市养老服务机构	912	9444	95754	49536
农村养老服务机构	399	3450	38345	23586

备注：本报表中养老服务机构均来源于民政统计系统，口径为有法人证的养老服务机构。

24-13 各地区城乡居民最低生活保障制度情况

(2016年)

地　区	城乡居民最低生活保障情况			
	城镇低保人数(人)	保障资金(万元)	农村低保人数(人)	保障资金(万元)
全　省	**620121**	**351762.9**	**778820**	**191056.6**
沈　阳	64375	40064.2	52830	9912.1
大　连	39331	27628.6	49275	17760.0
鞍　山	35605	22655.6	31413	7808.1
抚　顺	78185	37343.9	41097	8733.2
本　溪	35233	17851.3	15902	4294.2
丹　东	33598	17459.6	47883	12836.4
锦　州	25419	14201.1	64639	17052.6
营　口	48731	20059.0	70444	16163.6
阜　新	74174	60037.1	48273	10926.7
辽　阳	31931	16037.2	57846	16136.7
盘　锦	14177	9175.6		
铁　岭	39307	21225.7	105542	28369.8
朝　阳	55620	22314.9	80216	14955.7
葫芦岛	44435	25709.1	113460	26107.5

24-14 各地区优抚事业基本情况

(2016年)

单位：人

地　区	优抚对象总人数	革命伤残人员	烈军属人数(三属)	在乡复员军人	其他人员
全　省	**213620**	**26265**	**5361**	**16830**	**25614**
省本级	46	46			
沈　阳	26525	4620	537	1126	1660
大　连	30179	4545	715	2645	5224
鞍　山	9723	2142	323	1235	750
抚　顺	7949	1228	491	826	1312
本　溪	7650	1408	194	910	666
丹　东	12031	2052	358	1449	1355
锦　州	23622	2184	634	1885	3129
营　口	13162	1501	279	842	1921
阜　新	9386	788	217	625	1609
辽　阳	6318	868	299	483	985
盘　锦	3410	585	112	463	728
铁　岭	23323	1427	289	1623	2785
朝　阳	22338	1629	389	1511	1556
葫芦岛	17958	1242	524	1207	1934

24-15 基本养老保险参保人员情况

单位：万人

年份、地区	城镇职工基本养老保险				城乡居民社会养老保险（万人）	城镇职工基本养老保险（亿元）		城乡居民基本养老保险（亿元）	
	合计	在职职工	#企业(含其他)	离退休人数		基金收入	基金支出	基金收入	基金支出
2000	1029.9	748.9	679.7	281.0		181.4	166.3		
2001	1022.8	733.9	666.7	288.9		192.1	179.5		
2002	1039.2	737.0	669.6	302.2		250.1	201.1		
2003	1070.4	754.9	688.6	315.5		262.7	217.7		
2004	1101.0	767.2	695.1	333.8		301.5	246.4		
2005	1193.6	832.8	760.5	360.8		354.9	288.2		
2006	1248.8	865.8	790.2	383.0		425.9	352.7		
2007	1299.7	891.6	825.8	408.1		511.9	428.6		
2008	1406.3	976.4	910.6	429.9		664.8	529.9		
2009	1457.4	1008.0	943.8	449.4		739.1	647.0		
2010	1496.9	1024.2	961.5	472.7		837.6	759.3		
2011	1556.6	1070.1	1008.2	486.5		1039.4	883.6	29.4	16.6
2012	1609.2	1098.8	1036.9	510.4		1212.3	1052.6	41.0	26.6
2013	1729.5	1171.7	1109.5	557.8		1422.2	1251.1	42.8	31.1
2014	1769.2	1167.3	1107.3	601.9	1032.0	1534.2	1477.9	45.8	37.4
2015	1780.2	1139.7	1079.3	640.5	1034.7	1630.2	1743.2	63.1	56.3
2016	1800.2	1120.5	1056.7	679.7	1039.6	1676.1	1930.3	59.0	53.5
沈　阳	380.7	255.0	248.2	125.7	114.0	345.0	353.7	8.9	7.9
大　连	298.2	198.1	184.1	100.1	129.2	369.1	330.2	15.3	14.4
鞍　山	104.6	64.4	59.8	40.2	82.7	73.3	112.4	3.8	3.3
抚　顺	93.1	51.2	50.4	41.9	43.4	65.9	111.9	2.1	1.7
本　溪	79.9	49.0	43.9	30.9	29.6	54.5	81.0	1.3	1.0
丹　东	96.0	50.8	48.4	45.2	42.7	55.1	99.5	2.4	2.3
锦　州	91.8	54.0	47.0	37.8	103.7	69.0	97.5	4.5	4.0
营　口	82.6	52.6	49.8	30.0	54.4	63.5	83.4	2.7	2.4
阜　新	57.2	36.2	33.8	21.0	42.1	32.3	51.3	2.1	2.0
辽　阳	67.7	40.0	38.0	27.7	31.8	48.3	65.0	2.0	1.9
盘　锦	62.7	37.7	33.4	25.0	23.1	46.4	54.9	0.7	0.5
铁　岭	59.3	35.6	32.9	23.7	90.3	40.5	56.5	4.3	3.9
朝　阳	62.9	44.1	41.6	18.8	145.0	41.3	50.3	4.5	4.6
葫芦岛	60.1	40.2	38.0	19.9	107.7	40.5	53.2	4.5	3.8
省本级	203.5	111.7	107.2	91.8		331.2	329.4		

24-16 各地区失业保险情况

单位：万人

年份、地区	参保人数	企业				事业单位	领取失业保险金人数
			国有企业	集体企业	其他企业		
2000	694.0	638.4	415.6	164.2	24.8	54.5	18.2
2001	648.0	590.0	364.6	158.4	34.2	66.5	20.3
2002	591.1	517.2	315.7	128.4	37.7	73.9	82.0
2003	622.2	486.3	248.4	124.6	77.4	102.5	67.0
2004	616.2	467.3	214.0	120.7	94.2	108.8	81.7
2005	607.7	454.6	204.4	119.2	93.9	108.9	46.5
2006	614.1	456.3	209.2	116.1	92.8	109.0	25.9
2007	622.1	458.9	209.3	115.9	93.9	106.2	19.6
2008	622.7	472.1	199.9	117.1	111.0	99.4	15.7
2009	625.3	473.8	207.3	112.5	125.5	97.0	13.4
2010	626.9	489.8	202.3	85.9	134.6	95.9	11.4
2011	632.3	495.7	194.6	94.8	143.5	97.4	9.7
2012	660.7	517.6	209.7	83.9	158.0	97.0	7.4
2013	663.2	520.1	202.0	85.9	232.1	92.6	7.5
2014	664.3	522.4	203.9	83.7	234.8	88.7	8.5
2015	665.3	521.9	197.1	76.2	171.5	89.1	9.7
2016	665.4	527.5	197.5	76.6	173.2	88.2	10.7
沈　阳	140.1	116.7	34.6	21.2	36.6	17.3	2.7
大　连	140.1	95.2	35.4	11.2	9.6	16.8	3.1
鞍　山	54.9	48.8	14.6	8.5	23.3	6.1	0.4
抚　顺	48.8	45.2	21.5	4.7	18.1	2.6	0.7
本　溪	40.1	35.5	19.4	9.3	5.5	3.0	0.5
丹　东	22.8	20.1	5.5	4.0	10.0	2.0	0.3
锦　州	33.2	26.0	13.7	5.3	5.8	7.2	0.2
营　口	23.9	21.5	3.0	0.4	14.4	1.1	0.7
阜　新	19.6	14.3	5.2	0.8	8.0	4.7	0.2
辽　阳	22.7	19.0	5.9	2.1	9.6	3.5	0.4
盘　锦	35.2	28.0	13.5	0.1	14.0	3.0	0.4
铁　岭	25.9	20.7	9.2	3.1	4.7	5.2	0.2
朝　阳	23.9	14.8	3.6	1.2	9.8	6.9	0.2
葫芦岛	24.1	15.8	6.6	4.6	3.7	5.0	0.7

注：表中数据来自人社厅(2012年铁岭不含昌图、葫芦岛不含绥中)。铁岭含昌图，葫芦岛含绥中。

24-17 城镇基本医疗保险情况

单位：万人、亿元

年份、地区	参保人数				基金收支情况	
	合计	在职职工	退休人员	城镇居民	基金收入	基金支出
2000	108.1	71.5	36.6		7.5	5.2
2001	304.3	216.9	87.4		11.6	7.0
2002	619.0	430.3	188.7		27.1	15.5
2003	697.6	480.4	217.2		38.0	26.3
2004	783.7	536.4	247.3		53.7	39.8
2005	864.2	584.2	280.0		68.6	55.2
2006	959.3	651.9	307.4		91.5	66.6
2007	1200.2	741.3	346.5	112.4	116.2	84.3
2008	1507.4	822.8	386.5	298.1	153.7	109.9
2009	1895.7	902.6	444.5	548.6	202.5	146.9
2010	2056.2	944.6	464.1	647.5	215.7	181.8
2011	2120.1	1005.3	494.1	620.7	257.4	227.9
2012	2251.9	1062.1	524.8	664.9	301.8	272.1
2013	2333.3	1077.9	546.9	708.5	348.3	312.2
2014	2387.2	1072.5	576.7	738.0	377.7	349.4
2015	2396.2	1053.7	597.7	744.8	414.9	394.2
2016	2376.0	1022.7	612.9	740.4	440.5	410.8
沈阳	497.8	199.1	139.4	159.3	132.4	118.1
大连	510.1	293.9	103.1	113.1	112.4	103.9
鞍山	176.9	59.9	50.0	67.0	22.2	22.1
抚顺	146.2	51.1	54.8	40.3	20.2	22.5
本溪	108.4	44.1	32.8	31.5	13.9	14.8
丹东	104.8	45.8	34.3	24.7	15.5	14.3
锦州	127.0	56.3	51.2	19.5	16.1	14.3
营口	116.3	43.2	26.1	47.0	16.6	15.9
阜新	86.4	32.0	23.5	30.9	10.1	9.8
辽阳	84.7	38.2	22.8	23.7	16.2	14.8
盘锦	110.4	37.5	15.7	57.2	20.2	19.0
铁岭	101.5	43.0	22.9	35.6	12.9	11.5
朝阳	101.8	30.6	14.6	56.6	12.1	11.9
葫芦岛	93.0	41.3	17.8	33.9	13.4	13.0
省本级	10.6	6.8	3.8		6.3	4.9

主要统计指标解释

社会福利事业单位 指集中收养社会孤老、残、幼的机构，包括由民政部门管理的社会福利院、儿童福利院、精神病人福利院和城镇集体举办的福利院及农村集体举办的敬老院以及优抚医院和具有收养能力的社区服务中心等。该指标主要反映我国在社会福利性单位投入的水平。

社会福利事业单位收养人数 包括民政部门管理和城镇、农村集体举办的社会福利事业单位中收养的老人、少年儿童、缺乏生活自理能力的残疾人员和精神病人。该指标主要反映收养性社会福利单位的收养能力。

社会福利企业单位 指以安置城镇有一定劳动能力的盲、聋、哑和肢体残疾人员就业为目的，享受国家减免税待遇的国有或集体企业。包括福利工厂、福利商业和服务业、假肢厂和安置农场等单位。该指标主要反映我国对残疾人照顾的特殊政策。

农村五保户 指农村中既无劳动能力，又无经济来源的老、弱、孤、残的农民，其生活由集体供养，实行保吃、保穿、保住、保医、保葬(孤儿保教)，简称“五保”，享受五保待遇的家庭叫五保户。该指标主要反映农村弱势群体的人员数量。

离婚率 指当年离婚人数占年平均人口的比重，计算公式为:

离婚率=当年离婚对数 × 2/年平均人口数 × 1000‰

聋儿入普幼普小率 指本年度内进入普通幼儿园、普通小学的聋儿数与在训聋儿数(不含当年新收训聋儿数)之比。该指标主要反映经过康复训练的聋儿进入普通幼儿园和普通小学的情况。

综合防治康复精神病人数 指在开展精神病防治康复工作地区，采取不同形式，接受综合性防治康复措施、开放式管理的精神病人数。该指标主要反映精神病患者接受治疗康复情况。

监护率 指通过监护小组、家庭病床、工疗站、社会就业以及精神卫生机构，接受社会化、综合性、开放式治疗与康复的精神病人占经调查摸底、登记在册的精神病人数的百分比。该指标主要反映对精神病患者落实治疗康复措施的情况。

精神病人社会参与率 指生活能自理，并参加生产劳动和社会生活的精神病人数占监护精神病人数的百分比。该指标主要反映精神病人康复状况和参与社会的情况。

未入学适龄残疾儿童少年 指根据义务教育法规定应接受义务教育，但因各种原因未能入学的适龄视力残疾、听力与言语残疾、智力残疾、肢体残疾、精神残疾、多重残疾儿童少年。适龄残疾儿童少年的年龄段参照各省级人民政府依照义务教育法规定的入学年龄。该指标主要反映因各种原因未能入学的适龄残疾儿童的年度变化,为制定残疾儿童义务教育发展规划及其应采取的方针、政策和措施提供依据,同时为各地开展资助残疾儿童就学工作提供依据。

律师 指依法取得律师执业证书，担任法律顾问，民事(刑事、行政)案件代理人、刑事案件辩护人、办理非诉讼业务，解答法律询问，代写法律事务文书等，为社会提供法律服务的人员。

公证人员 指在公证处工作的人员总称，包括公证处主任、副主任、公证员、公证员助理(助理公证员)和其他从事辅助性工作的人员。

公证文书 指公证处根据当事人申请，依照事实和法律，按照法定程序制作的，具有法律效力的司法证明文书。根据公证书用途和使用地，公证书分为国内公证书、国内经济公证书、涉外民事公证书、涉外经济公证书四类。

调解员 指在人民调解委员会担负调解民间纠纷工作的人员，包括调解委员会的委员和调解小组的调解员。该指标主要反映从事人民调解工作的人员数量。

调解民间纠纷 指调解委员会按照法律规定，根据自愿原则，用说服教育的方法调解民间发生的有关民事权利和义务争执的件数，包括调解成功数和调解未成功数。该指标主要反映人民调解委员会的工作量。

立案 指人民检察院对受理的报案、控告、举报或自首及自行发现的犯罪线索、犯罪嫌疑人进行初步调查后，认为存在职务犯罪事实和应追究刑事责任，并决定作为刑事案件进行侦查的诉讼活动，是追究犯罪的开始。该指标主要反映人民检察院依法将职务犯罪线索作为刑事案件进行侦查的诉讼活动。

大案 指贪污、贿赂案数额在 5 万元以上，挪用公款案数额在 10 万元以上，集体私分、巨额财产来源不明、隐瞒境外存款案数额在 50 万元以上以及按照《人民检察院直接受理的渎职、侵权重、特大案件标准(试行)》认定的案件。该指标主要反映人民检察院立案查办的职务犯罪案件中经济损失大、社会危害严重的案件。

要案 指县、处级以上干部的犯罪案件。该指标主要反映国家工作人员中县、处级以上干部因职务犯罪被人民检察院依法立案侦查的情况。

决定逮捕 指人民检察院对直接受理、自行侦查的案件，认为需要逮捕犯罪嫌疑人时，依据法律做出的逮捕决定。该指标主要反映人民检察院对直接受理的案件行使决定逮捕权的情况。

批准逮捕 指人民检察院对公安机关、国家安全机关、监狱管理机关提出逮捕的犯罪嫌疑人进行审查，根据事实，依法做出逮捕决定。该指标主要反映人民检察院对提请逮捕机关提请逮捕犯罪嫌疑人进行审查后依法做出批准逮捕决定的情况。

决定起诉 指人民检察院对公安机关、国家安全机关、监狱管理机关和检察机关内设机构反贪污贿赂部门等移送起诉的案件进行审查，根据事实，做出提起公诉的案件。该指标主要反映人民检察院对各种刑事案件向人民法院提起公诉的情况。

申诉 指经检察机关信访部门审查处理后，移送到检察机关申诉部门的申诉案件，包括不服检察机关处理决定和不服法院刑事判决和裁定的申诉的案件。

受理劳动争议案件数 指劳动争议仲裁委员会根据国家有关规定，对劳动争议当事人的申请予以审查，符合受理条件而正式立案、准备处理的劳动争议案件数。

基本养老保险

1.（参保）职工人数：指报告期末按照国家法律、法规和有关政策规定参加基本养老保险并在社保经办机构已建立缴费记录档案的职工人数，包括中断缴费但未终止养老保险关系的职工人数，不包括只登记未建立缴费记录档案的人数。

2.（参保）离退休人员人数：指报告期末参加基本养老保险的离休、退休和退职人员的人数。

3.基本养老保险基金收入：指根据国家有关规定，由纳入基本养老保险范围的缴费单位和个人按国家规定的缴费基数和缴费比例缴纳的养老保险基金，以及通过其他方式取得的形成基金来源的收入。包括单位和职工个人缴纳的基本养老保险费、基本养老保险基金利息收入、上级补助收入、下级上解收入、转移收入、财政补贴和其他收入。

4.基本养老保险基金支出：指按照国家政策规定的开支范围和开支标准从养老保险基金中支付给参加基本养老保险的离休、通休、退职人员个人的养老金、丧葬抚恤补助，以及由于保险关系转移、上下级之间调剂资金等原因而发生的支出。包括离休金、退休金、退职金、各种补贴、医疗费、死亡丧葬补助费、抚恤救济费、社会保险经办机构管理费、补助下级支出、上解上级支出、转移支出、其他支出等。

5.基本养老保险基金累计结余：指截止报告期末基本养老保险基金收支相抵后的累计余额。

离休、退休、退职人员 指正式办理了离休、退休、退职手续，并享受相应的离休、退休、退职待遇的人员。

基本医疗保险

1.参保人数：指报告期末按国家有关规定参加基本医疗保险的人数。包括参加保险的职工人数和退休人员人数。

2.基金收入：指根据国家有关规定，由纳入基本医疗保险范围的缴费单位和个人，按国家规定的缴费基数和缴费比例缴纳的基金，以及通过其他方式取得的形成基金来源的款项，包括：单位缴纳的社会统筹基金收入、个人缴纳的个人账户基金收入、财政补贴收入、利息收入、其他收入。

3.基金支出：指按照国家政策规定的开支范围和开支标准从社会统筹基金中支付给参加基本医疗保险的职工和退休人员的医疗保险待遇支出，和从个人帐户基金中支付给参加基本医疗保险的职工和退休人员的医疗费用支出，以及其他支出。包括：住院医疗费用支出、门急诊医疗费用支出、个人账户基金支出、其他支出。

4.基金累计结余：指截止报告期末基本医疗保险的社会统筹和个人帐户基金累计结余金额。包括银行存款、财政专户、债券投资和其他。

失业保险

1.参保人数：指报告期末按照国家法律、法规和有关政策规定参加了失业保险的城镇企业事业单位的职工及地方政府规定参加失业保险的其他人员的人数。

2.失业保险基金收入：指按照规定从企业、事业及其他单位筹集的失业保险费及其他并入失业保险基金收入的总额。包括单位和个人缴纳的失业保险费、失业保险基金利息收入、上级补助收入、下级上解收入、转移收入、财政补贴和其他收入。

3.失业保险基金支出：指报告期内为保障失业人员和下岗职工基本生活、促进其再就业等支出的基金总额。包括失业救济金、医疗费、死亡丧葬补助费、抚恤救济费、转业训练费支出、失业保险经办机构管理费、补助下级支出、上解上级支出、转移支出和其他支出。

4.基金累计结余：指截止报告期末失业保险基金收支相抵后的累计余额。

工伤保险

1.参加保险人数:指报告期末依据国家有关规定参加工伤保险的职工人数。

2.享受保险待遇人数:指劳动者因工负伤致残、死亡或因患职业病致残，根据有关规定享受工伤保险待遇职工或供养直系亲属人数。包括伤残人数、职业病人数、因工死亡人数、供养直系亲属人数。

3.基金收入:指根据国家有关规定，由参加工伤保险的单位按国家规定的缴费基数和缴费比例缴纳的工伤保险基金，以及通过其他形式取得的形成基金来源的款项。包括：单位缴纳的社会统筹基金收入、财政补贴收入、利息收入、其他收入。

4.基金支出:指按照国家政策规定的开支范围和开支标准从工伤保险基金中支付给参加工伤保险的人员及供养直系亲属工伤保险待遇支出及其他支出。包括工伤医疗费、伤残补助金、工亡补助金、护理费、丧葬补助费、工伤预防费用、职业康复费用和其他支出。

5.基金累计结余:指截止报告期末工伤保险基金累计结余金额。包括银行存款、财政专户、债券投资和其他。

生育保险

1.参保人数:指报告期末依据有关规定参加生育保险的职工人数。

2.基金收入:指根据国家有关规定，由参加生育保险的单位按照国家规定的缴费基数和缴费比例缴纳的生育保险基金，以及通过其他方式取得的形成基金来源的款项，包括：单位缴纳的基金收入、利息收入和其他收入。

3.基金支出:指按照国家政策规定的开支范围和开支标准，从生育保险基金中支付给参加生育保险的职工，因妊娠、分娩和计划生育手术而享受的待遇及其他支出。包括：生育津贴、医疗费用支出及其他支出。

4.基金累计结余:指截止报告期末生育保险基金累计结余金额。包括银行存款、财政专户、债券投资和其他。

离休、退休、退职人员保险福利费用 指离休、退休、退职人员实际得到的生活费用总额，包括从社会保险经办机构和单位得到的费用。

1.离休金：指按规定支付给离休人员的生活费用。

2.退休金：指按规定支付给退休人员的生活费用。

3.退职生活费：指按规定支付给退职人员的生活费用。

4.医疗卫生费：指单位直接支付给离休、退休、退职人员的医疗费、住院费以及住院伙食补助等费用。

5.其他：指离休金、退休金、退职生活费和医疗卫生费以外的其他保险福利费用，如丧葬抚恤救济费、生活补贴、物价补贴、冬季取暖补贴等。

附　录

Appendix

附录1　2016年各省(市、区)

地　区	地区生产总值				第一产业增加值		第二产业增加值	
	绝对值(亿元)	位次	比上年增长(%)	位次	绝对值(亿元)	位次	绝对值(亿元)	位次
全　国	**744127.2**		**6.7**		**63670.7**		**296236.0**	
北　京	24899.3	12	6.7	28	129.6	29	4774.4	23
天　津	17885.4	19	9.0	4	220.2	28	8003.9	17
河　北	31827.9	8	6.8	26	3492.8	8	15058.5	6
山　西	12928.3	24	4.5	30	784.6	25	4926.4	22
内蒙古	18632.6	16	7.2	24	1628.7	20	9078.9	13
辽　宁	**22037.9**	**14**	**-2.5**	**31**	**2173.0**	**14**	**8504.8**	**15**
吉　林	14886.2	22	6.9	25	1498.5	21	7147.2	20
黑龙江	15386.1	21	6.1	29	2670.5	10	4441.4	25
上　海	27466.2	11	6.8	26	109.5	30	7994.3	18
江　苏	76086.2	2	7.8	14	4078.5	3	33855.7	2
浙　江	46485.0	4	7.5	20	1966.5	15	20517.8	4
安　徽	24117.9	13	8.7	6	2567.7	11	11666.6	11
福　建	28519.2	10	8.4	8	2364.1	12	13912.7	9
江　西	18364.4	17	9.0	4	1904.5	16	9032.1	14
山　东	67008.2	3	7.6	16	4929.1	1	30410.0	3
河　南	40160.0	5	8.1	9	4286.3	2	19055.4	5
湖　北	32297.9	7	8.1	9	3499.3	7	14375.1	7
湖　南	31244.7	9	7.9	13	3578.4	6	13181.0	10
广　东	79512.1	1	7.5	20	3693.6	5	34372.5	1
广　西	18245.1	18	7.3	23	2798.6	9	8219.9	16
海　南	4044.5	28	7.5	20	970.9	24	901.7	30
重　庆	17558.8	20	10.7	1	1303.2	22	7755.2	19
四　川	32680.5	6	7.7	15	3924.1	4	13924.7	8
贵　州	11734.4	25	10.5	2	1846.5	17	4636.7	24
云　南	14870.0	23	8.7	6	2195.0	13	5799.3	21
西　藏	1150.1	31	10.0	3	105.0	31	429.9	31
陕　西	19165.4	15	7.6	16	1693.8	18	9390.9	12
甘　肃	7152.0	27	7.6	16	973.5	23	2491.5	27
青　海	2572.5	30	8.0	12	221.2	27	1250.0	29
宁　夏	3150.1	29	8.1	9	240.0	26	1475.5	28
新　疆	9617.2	26	7.6	16	1649.0	19	3585.2	26

注:1.地区生产总值绝对值按现价计算，速度按不变价计算。
2.工业增加值统计范围是全部国有及规模以上非国有工业企业。
3.本部分数据为各地(含辽宁省)快报数，与年报略有出入。
4.不包括港澳台数据，以下各表同。

主要经济指标

第三产业增加值		人均地区生产总值				全社会固定资产投资	
绝对值（亿元）	位次	绝对值（元）	位次	比上年增长（%）	位次	绝对值（亿元）	位次
384220.5		**53980.2**		**6.1**		**606465.7**	
19995.3	5	114653.3	2	6.2	27	7943.9	25
9661.3	15	115053.0	1	7.4	11	12779.4	21
13276.5	11	42736.4	19	6.1	28	31750.0	5
7217.4	22	35197.7	27	4.0	30	14198.0	18
7925.1	19	74068.5	6	6.8	20	15080.0	17
11360.0	**13**	**50313.6**	**14**	**-2.4**	**31**	**6692.2**	**27**
6240.5	24	54266.4	12	7.3	12	13923.2	19
8274.3	17	40431.6	21	6.5	24	10648.3	22
19362.3	6	113614.6	3	6.9	19	6755.9	26
38152.0	2	95257.1	4	7.5	7	49663.2	2
24000.6	4	83538.5	5	6.7	23	30276.1	6
9883.6	14	39091.8	25	7.7	6	27033.4	10
12242.3	12	73950.9	7	7.5	9	23237.4	11
7427.8	20	40106.2	23	8.4	3	19694.2	13
31669.0	3	67706.2	9	6.7	21	53322.9	1
16818.3	7	42247.0	20	7.5	8	40415.1	3
14423.5	10	55038.4	11	7.5	10	30011.7	7
14485.3	9	45931.0	16	7.3	13	28353.3	9
41446.0	1	72786.6	8	6.2	26	33303.6	4
7226.6	21	37876.4	26	6.3	25	18236.8	14
2171.9	28	44251.9	17	6.7	22	3890.4	28
8500.4	16	57902.1	10	9.6	2	16048.1	16
14831.7	8	39694.5	24	7.0	18	28812.0	8
5251.2	25	33127.1	29	9.8	1	13204.0	20
6875.6	23	31264.7	30	8.0	4	16119.4	15
615.2	31	35143.1	28	7.8	5	1596.0	31
8080.7	18	50398.0	13	7.0	16	20825.3	12
3687.0	27	27457.7	31	7.2	14	9664.0	24
1101.3	30	43531.0	18	7.1	15	3528.1	30
1434.6	29	46918.5	15	7.0	17	3794.2	29
4383.0	26	40427.1	22	5.3	29	10287.5	23

附录1 续表 1

地 区	商品房销售面积				商品房销售额			
	绝对值（万平方米）	位次	比上年增长（%）	位次	绝对值（亿元）	位次	比上年增长（%）	位次
全 国	**157348.5**		**22.5**		**117627.0**		**34.8**	
北 京	1658.9	27	6.7	27	4561.6	10	29.7	14
天 津	2711.1	19	53.1	1	3478.2	14	94.3	1
河 北	6682.3	10	14.1	23	4301.8	12	27.6	17
山 西	2061.1	23	29.4	8	1027.1	26	32.4	12
内蒙古	2527.9	21	6.7	28	1149.1	23	9.2	28
辽 宁	**3711.9**	**16**	**-5.2**	**31**	**2256.9**	**17**	**0.1**	**30**
吉 林	1919.3	24	28.7	9	1029.6	25	26.0	20
黑龙江	2117.3	22	6.0	29	1121.0	24	9.1	29
上 海	2705.7	20	11.3	25	6695.8	5	31.5	13
江 苏	13962.1	2	22.3	12	12293.0	2	46.4	6
浙 江	8636.8	6	44.3	3	9605.1	3	52.5	3
安 徽	8499.7	7	37.7	5	5035.5	8	49.4	5
福 建	4915.3	12	21.7	13	4530.8	11	26.4	18
江 西	4691.8	13	34.9	6	2678.4	16	43.7	7
山 东	11789.9	3	21.2	15	6902.9	4	27.6	15
河 南	11306.3	4	32.1	7	5612.9	6	42.3	8
湖 北	7427.2	9	18.9	17	4994.1	9	36.4	11
湖 南	8085.4	8	27.1	10	3751.9	13	37.0	10
广 东	14611.6	1	25.1	11	16214.6	1	41.7	9
广 西	4215.4	14	19.6	16	2207.5	18	26.3	19
海 南	1508.5	28	43.4	4	1490.2	22	51.6	4
重 庆	6257.1	11	16.3	20	3432.0	15	16.3	22
四 川	9300.5	5	21.2	14	5358.9	7	27.6	16
贵 州	4156.9	15	16.8	19	1790.5	20	13.9	25
云 南	3639.7	17	15.7	21	1917.8	19	15.1	23
西 藏	74.6	31	45.5	2	38.1	31	81.0	2
陕 西	3262.7	18	9.5	26	1785.2	21	11.8	26
甘 肃	1679.5	26	17.0	18	873.5	27	23.9	21
青 海	437.9	30	11.4	24	236.4	30	14.8	24
宁 夏	966.1	29	15.1	22	409.7	29	10.6	27
新 疆	1828.2	25	0.2	30	846.8	28	-0.3	31

居民消费价格指数(上年＝100)				农林牧渔业总产值				粮食	
绝对值	位次	比上年增长(%)	位次	绝对值(亿元)	位次	比上年增长(%)	位次	绝对量(万吨)	位次
102.0		**2.0**		**112091.3**		**3.5**		**61625.0**	
101.4	25	1.4	25	338.1	29	-9.9	31	53.7	31
102.1	7	2.1	7	494.4	26	3.3	21	196.4	26
101.5	22	1.5	22	6083.9	6	3.5	19	3460.2	7
101.1	31	1.1	31	1534.0	24	3.2	24	1318.5	18
101.2	30	1.2	30	2794.2	20	3.1	25	2780.3	10
101.6	**20**	**1.6**	**20**	**4421.8**	**12**	**-2.6**	**29**	**2100.6**	**13**
101.6	18	1.6	18	2724.9	21	3.2	23	3717.2	4
101.5	23	1.5	23	5197.8	9	5.5	5	6058.5	1
103.2	1	3.2	1	285.1	30	-9.2	30	99.2	30
102.3	5	2.3	5	7235.1	3	0.8	28	3466.0	6
101.9	11	1.9	11	3146.1	15	2.5	27	752.2	23
101.8	16	1.8	16	4655.5	10	3.4	20	3417.4	8
101.7	17	1.7	17	4155.7	13	3.7	17	650.9	24
102.0	9	2.0	9	3130.3	16	4.1	14	2138.1	12
102.1	8	2.1	8	9325.9	1	4.4	11	4700.7	3
101.9	10	1.9	10	7799.7	2	4.5	9	5946.6	2
102.2	6	2.2	6	6278.4	5	4.9	7	2554.1	11
101.9	13	1.9	13	6081.9	7	3.6	18	2953.2	9
102.3	4	2.3	4	6078.4	8	2.9	26	1360.2	17
101.6	19	1.6	19	4591.4	11	3.3	22	1521.3	15
102.8	2	2.8	2	1470.4	25	4.3	12	177.9	27
101.8	15	1.8	15	1968.3	22	4.5	8	1166.0	21
101.9	12	1.9	12	6831.1	4	4.0	16	3483.5	5
101.4	27	1.4	27	3097.2	17	6.2	2	1192.4	20
101.5	21	1.5	21	3633.1	14	5.8	4	1902.9	14
102.5	3	2.5	3	173.0	31	12.6	1	101.9	29
101.3	29	1.3	29	2985.8	18	4.1	15	1228.3	19
101.3	28	1.3	28	1778.0	23	4.2	13	1140.6	22
101.8	14	1.8	14	338.8	28	5.4	6	103.5	28
101.5	24	1.5	24	493.6	27	4.4	10	370.6	25
101.4	26	1.4	26	2969.7	19	6.0	3	1512.3	16

附录1 续表 2

地 区	油料		蔬菜		水果		糖料	
	绝对量(万吨)	位次	绝对量(万吨)	位次	绝对量(万吨)	位次	绝对量(万吨)	位次
全 国	**3629.5**		**79779.7**		**28351.1**		**12340.7**	
北 京	0.6	31	183.6	29	79.0	27		
天 津	1.6	29	450.4	27	61.5	28		
河 北	156.5	8	8193.4	2	2138.5	3	93.1	8
山 西	15.4	25	1294.5	22	840.8	14	3.3	22
内蒙古	220.0	6	1502.3	20	316.3	22	267.4	5
辽 宁	**81.3**	**14**	**2257.5**	**11**	**802.3**	**15**	**9.4**	**20**
吉 林	82.5	13	852.4	24	241.1	26	1.4	23
黑龙江	21.7	24	936.8	23	259.9	24	11.4	18
上 海	0.9	30	334.2	28	50.6	29	0.6	24
江 苏	131.9	9	5593.9	4	893.0	12	9.0	21
浙 江	29.1	23	1865.1	19	724.3	18	62.1	11
安 徽	214.8	7	2774.7	10	1043.5	9	20.4	16
福 建	31.0	21	1951.6	14	853.8	13	37.0	14
江 西	122.0	10	1420.2	21	617.4	19	65.8	10
山 东	326.8	3	10327.0	1	3255.4	1	0.0	27
河 南	619.1	1	7807.6	3	2871.3	2	23.5	15
湖 北	329.8	2	4001.7	7	1010.4	10	37.5	13
湖 南	242.9	5	4196.4	6	1048.2	8	66.2	9
广 东	113.3	11	3569.1	8	1717.0	7	1479.3	3
广 西	68.9	17	2928.8	9	1882.5	5	7461.3	1
海 南	11.2	27	579.8	26	395.4	21	204.6	6
重 庆	62.7	20	1875.1	18	408.7	20	9.7	19
四 川	311.3	4	4388.6	5	979.3	11	49.6	12
贵 州	103.4	12	1878.5	17	243.9	25	117.8	7
云 南	68.5	18	1968.6	12	759.1	16	1738.4	2
西 藏	6.2	28	70.7	31	1.5	31		
陕 西	63.8	19	1896.2	16	2017.8	4	0.2	25
甘 肃	76.0	15	1951.5	15	738.0	17	16.6	17
青 海	30.0	22	170.0	30	4.0	30	0.1	26
宁 夏	14.7	26	593.1	25	305.8	23		
新 疆	71.4	16	1966.5	13	1790.9	6	555.0	4

肉类合计		猪肉		牛肉		羊肉	
绝对量(万吨)	位次	绝对量(万吨)	位次	绝对量(万吨)	位次	绝对量(万吨)	位次
8537.8		**5299.1**		**716.8**		**459.4**	
30.4	29	21.8	27	1.4	29	1.2	28
45.5	26	29.2	26	3.5	25	1.6	26
457.7	5	265.4	7	54.3	4	32.4	4
84.4	24	57.5	22	5.9	24	7.4	19
258.9	15	72.1	21	55.6	3	99.0	1
430.9	**6**	**219.2**	**12**	**41.6**	**8**	**8.7**	**15**
260.4	14	130.6	18	47.1	5	4.8	20
231.2	16	138.2	16	42.5	6	12.8	10
17.4	31	13.5	28	0.1	31	0.5	31
355.6	12	216.4	13	3.1	27	8.3	16
118.1	21	90.7	19	1.3	30	1.9	25
411.4	9	244.9	10	16.5	15	17.3	8
225.6	17	136.0	17	3.2	26	2.5	24
330.9	13	242.9	11	14.4	18	1.3	27
777.5	1	383.5	4	67.0	2	38.4	3
697.0	2	450.6	2	83.0	1	26.4	6
425.2	7	322.2	5	23.2	11	8.9	14
529.8	4	434.8	3	20.4	12	12.0	12
415.5	8	264.4	8	7.1	23	0.9	30
411.2	10	249.8	9	14.7	17	3.3	23
76.3	25	42.9	24	2.6	28	1.1	29
210.8	18	151.3	15	9.2	21	4.1	22
696.3	3	494.5	1	36.9	9	26.9	5
199.3	19	155.0	14	17.9	14	4.5	21
375.6	11	283.7	6	35.2	10	15.1	9
27.7	30	1.5	31	16.2	16	8.2	17
111.7	22	85.9	20	8.0	22	8.0	18
97.3	23	49.0	23	20.0	13	21.1	7
36.0	27	10.5	29	12.2	19	12.0	11
30.9	28	7.5	30	10.4	20	10.5	13
161.0	20	33.9	25	42.5	7	58.3	2

附录1 续表 3

地区	原油		发电量		生铁		粗钢	
	绝对量(万吨)	位次	绝对量(亿千瓦小时)	位次	绝对量(万吨)	位次	绝对量(万吨)	位次
全国	**19968.5**		**61424.9**		**70073.6**		**80836.6**	
北京			434.4	29				
天津	3273.3	3	617.5	27	1660.8	13	1798.9	15
河北	546.0	9	2630.6	10	18398.4	1	19260.0	1
山西			2535.1	11	3641.1	5	3936.1	5
内蒙古	44.9	15	3949.8	4	1469.4	15	1813.2	14
辽宁	**1017.3**	**7**	**1778.8**	**16**	**6033.9**	**4**	**6029.0**	**4**
吉林	610.7	8	760.3	25	847.6	22	832.0	22
黑龙江	3656.0	1	900.4	23	354.0	25	372.3	25
上海	6.5	19	807.3	24	1587.2	14	1709.1	16
江苏	166.0	12	4709.4	2	7174.1	2	11080.5	2
浙江			3197.7	6	848.0	21	1299.6	19
安徽			2252.7	13	2242.7	8	2731.3	8
福建			2007.4	14	980.4	18	1516.8	17
江西			1085.4	22	2082.0	9	2241.5	10
山东	2295.3	5	5329.3	1	6769.2	3	7167.1	3
河南	315.7	10	2652.7	9	2862.9	6	2849.5	7
湖北	58.1	13	2479.0	12	2323.3	7	2948.5	6
湖南			1385.1	18	1791.4	10	1827.8	13
广东	1556.3	6	4263.7	3	1670.2	12	2283.2	9
广西	47.4	14	1346.5	19	1216.4	17	2109.6	11
海南	29.4	17	287.7	30			27.6	29
重庆		21	701.2	26	287.8	26	366.5	26
四川	10.8	18	3273.9	5	1733.2	11	2007.7	12
贵州			1904.0	15	371.4	24	515.9	24
云南			2692.5	8	1277.2	16	1417.3	18
西藏			54.5	31				
陕西	3502.4	2	1757.4	17	856.0	19	924.7	20
甘肃	40.4	16	1214.3	20	494.3	23	628.4	23
青海	221.0	11	553.0	28	96.6	28	114.9	28
宁夏	6.2	20	1144.4	21	154.3	27	159.2	27
新疆	2564.9	4	2719.1	7	849.9	20	868.4	21

钢材		水泥		农用化肥		汽车		主营业务收入	
绝对量(万吨)	位次	绝对量(万吨)	位次	绝对量(万吨)	位次	绝对量(万辆)	位次	绝对值(亿元)	位次
113801.2		**241352.6**		**7128.6**		**2811.9**		**1151617.5**	
162.8	28	510.3	30			238.0	7	19413.6	21
8667.1	4	788.6	28	13.4	28	52.9	17	27835.8	14
26150.4	1	9898.6	13	226.2	12	128.6	10	46729.4	6
4279.0	7	3851.5	22	438.7	7	0.7	28	13957.0	22
2016.8	17	6298.4	18	250.2	11	2.1	24	19797.9	19
5906.3	**5**	**4011.0**	**21**	**58.8**	**21**	**107.9**	**11**	**23802.0**	**15**
961.4	23	3086.8	24	15.9	27	254.0	4	23268.3	16
332.8	26	3381.0	23	63.5	20	7.6	22	11166.5	23
2080.1	16	418.4	31	1.8	29	260.8	3	33844.3	13
13469.7	2	18038.1	1	210.1	13	138.6	9	157789.5	1
3760.9	9	10848.0	11	32.3	25	58.1	14	65307.6	5
3225.8	12	13584.1	6	291.7	9	139.1	8	41645.9	9
2859.6	13	8106.0	15	52.0	23	21.8	20	42124.1	8
2585.0	15	9553.3	14	149.4	16	53.6	15	35518.7	12
9788.2	3	16156.1	2	531.4	5	86.9	12	150034.9	2
4667.9	6	15672.1	3	542.1	4	58.5	13	79195.7	4
3563.8	11	11600.5	9	1164.9	1	243.5	6	45169.9	7
1998.7	18	12239.7	7	109.5	17	47.7	18	37686.5	11
4113.3	8	15080.6	4	69.5	19	280.1	1	127363.1	3
3644.7	10	12034.9	8	94.3	18	245.3	5	21978.4	18
36.3	30	2227.9	25	51.7	24	6.7	23	1660.3	30
1234.2	20	6790.2	17	182.0	14	266.3	2	22947.6	17
2837.2	14	14615.5	5	531.0	6	53.0	16	40639.3	10
526.2	25	10798.5	12	639.7	2	1.6	26	10654.9	24
1654.7	19	11104.4	10	279.5	10	13.3	21	10342.0	25
1.8	31	623.3	29					170.7	31
1233.8	21	7264.0	16	153.4	15	42.0	19	19776.8	20
665.9	24	4640.4	19	32.1	26	1.2	27	7711.5	27
125.1	29	1895.4	27	552.4	3			2227.1	29
164.1	27	1984.7	26	55.0	22			3636.1	28
1087.6	22	4250.2	20	336.3	8	2.1	25	8222.3	26

附录1 续表 4

地 区	主营业务成本		利润总额		资产总额		负债合计	
	绝对值(亿元)	位次	绝对值(亿元)	位次	绝对值(亿元)	位次	绝对值(亿元)	位次
全 国	**984902.9**		**68803.2**		**1068296.7**		**596034.0**	
北 京	16167.3	20	1549.3	16	42848.6	7	19607.3	10
天 津	23812.4	14	1984.9	13	24646.8	18	15244.8	17
河 北	40926.6	6	2610.0	8	43754.2	6	24174.9	7
山 西	11813.2	22	208.7	26	33194.1	12	25253.5	6
内蒙古	16537.6	19	1242.1	19	29677.6	15	18451.0	14
辽 宁	**20203.8**	**15**	**657.6**	**22**	**35829.1**	**11**	**22628.7**	**9**
吉 林	19524.1	16	1241.8	20	18785.4	23	9869.3	23
黑龙江	9595.0	23	244.0	25	14744.8	25	8360.3	26
上 海	27001.5	13	2906.2	6	39258.2	9	19017.8	12
江 苏	135424.7	1	10525.8	1	114307.6	1	59709.2	1
浙 江	54908.2	5	4322.7	5	69755.3	4	38621.5	4
安 徽	36471.0	8	2078.9	12	32845.4	13	18648.8	13
福 建	36310.5	9	2643.3	7	31317.5	14	16375.3	15
江 西	31181.8	12	2399.4	10	21432.7	19	10366.1	22
山 东	131911.3	2	8643.1	2	104715.5	3	56578.2	3
河 南	69430.1	4	5174.1	4	59165.5	5	28132.5	5
湖 北	38784.3	7	2441.4	9	36640.1	10	19499.2	11
湖 南	31823.1	11	1620.5	14	24743.2	17	13057.5	18
广 东	107569.0	3	8025.4	3	104720.0	2	58614.2	2
广 西	18819.2	18	1287.7	18	15838.8	24	9742.5	24
海 南	1296.5	30	103.5	29	2740.5	30	1521.6	30
重 庆	19510.5	17	1584.2	15	19313.4	21	11809.6	21
四 川	34491.7	10	2176.1	11	40163.6	8	23608.6	8
贵 州	8668.3	24	658.7	21	13468.9	26	8603.8	25
云 南	8166.6	25	309.1	24	19427.4	20	12389.2	19
西 藏	129.4	31	16.5	31	1076.4	31	550.9	31
陕 西	16118.6	21	1472.4	17	28153.3	16	15609.5	16
甘 肃	6733.9	26	116.1	28	11883.1	27	7751.4	27
青 海	1871.4	29	76.9	30	6107.0	29	4170.8	29
宁 夏	3066.9	28	137.7	27	8477.1	28	5732.1	28
新 疆	6634.4	27	345.1	23	19265.6	22	12334.1	20

客运量		货运量		社会消费品零售总额			
绝对量（万人）	位次	绝对量（万吨）	位次	绝对值（亿元）	位次	比上年增长（%）	位次
1900194.3		**4386761.8**		**332316.3**		**10.4**	
61519.2	14	20734.0	29	11005.1	12	6.5	30
18377.2	25	50505.6	25	5635.8	24	7.2	29
50701.3	17	210585.9	5	14364.7	8	10.6	17
26373.8	24	167076.2	11	6480.5	22	7.4	28
15735.2	26	186726.1	10	6700.8	20	9.7	22
73632.1	**10**	**207064.1**	**6**	**13414.1**	**10**	**4.9**	**31**
34909.6	22	45059.5	26	7310.4	17	9.9	21
39385.8	21	53569.2	24	8402.5	15	10.0	20
14415.6	27	88324.0	21	10946.6	13	8.0	26
133580.2	1	202070.5	9	28707.1	3	10.9	15
105018.0	6	215557.9	4	21970.8	4	11.0	13
81105.6	9	364566.9	2	10000.2	14	12.3	5
51649.3	16	120351.7	17	11674.5	11	11.1	12
62876.0	13	138117.7	16	6634.6	21	12.0	8
63462.6	12	285385.9	3	30645.8	2	10.4	18
120528.2	5	206086.6	8	17618.4	5	11.9	9
102989.6	7	162459.9	12	15649.2	6	11.8	10
121760.4	4	206526.7	7	13436.5	9	11.7	11
130345.4	2	366838.9	1	34739.1	1	10.2	19
48698.6	18	160760.6	14	7027.3	19	10.7	16
13911.5	28	21785.6	28	1453.7	28	9.7	23
61254.9	15	107966.1	19	7271.4	18	13.2	1
123745.8	3	160970.3	13	15601.9	7	12.4	4
89464.1	8	89525.8	20	3709.0	25	13.0	2
46519.1	19	115504.5	18	5722.9	23	12.1	6
1154.8	31	1970.6	31	459.4	31	12.5	3
69820.0	11	149045.5	15	7367.6	16	12.0	7
41626.3	20	60660.7	23	3184.4	26	9.5	24
5933.5	30	16880.9	30	767.3	30	11.0	14
8756.6	29	43259.7	27	850.1	29	7.7	27
32148.0	23	71961.3	22	2825.9	27	8.4	25

附录1 续表 5

地 区	进出口总额				出口总额			
	绝对值(亿美元)	位次	比上年增长(%)	位次	绝对值(亿美元)	位次	比上年增长(%)	位次
全 国	**36855.7**		**-6.8**		**20981.5**		**-7.7**	
北 京	2820.3	5	-11.7	21	518.4	7	-5.2	6
天 津	1026.5	8	-10.2	18	442.9	8	-13.4	18
河 北	466.2	14	-9.5	16	305.8	12	-7.2	10
山 西	166.4	23	13.4	1	99.3	22	17.9	1
内蒙古	116.2	25	-8.8	15	43.7	25	-22.6	25
辽 宁	**865.2**	**9**	**-9.8**	**17**	**430.7**	**9**	**-15.1**	**19**
吉 林	184.4	21	-2.3	3	42.1	26	-8.8	13
黑龙江	165.4	24	-21.3	30	50.4	23	-37.2	29
上 海	4338.4	3	-3.4	6	1834.7	4	-6.3	8
江 苏	5095.3	2	-6.6	12	3192.7	2	-5.7	7
浙 江	3365.0	4	-3.0	5	2678.6	3	-3.1	4
安 徽	443.3	15	-7.3	14	284.4	14	-11.9	17
福 建	1568.5	7	-7.1	13	1036.8	6	-8.0	12
江 西	400.8	16	-5.5	9	298.1	13	-10.0	14
山 东	2342.1	6	-2.7	4	1371.6	5	-4.7	5
河 南	711.9	10	-3.5	7	427.9	10	-0.6	3
湖 北	393.5	17	-13.6	24	260.2	16	-10.9	16
湖 南	262.5	19	-10.4	20	176.7	18	-7.7	11
广 东	9555.1	1	-6.6	11	5988.6	1	-6.9	9
广 西	478.3	13	-6.4	10	229.6	17	-17.8	23
海 南	113.3	26	-18.9	28	21.2	29	-43.3	30
重 庆	627.7	11	-15.7	26	406.9	11	-26.3	26
四 川	493.2	12	-3.7	8	279.3	15	-15.6	20
贵 州	56.9	28	-53.4	31	47.4	24	-52.4	31
云 南	198.9	20	-18.8	27	114.8	21	-30.9	28
西 藏	7.8	31	-14.4	25	4.7	31	-19.6	24
陕 西	299.2	18	-1.9	2	158.3	19	7.0	2
甘 肃	68.8	27	-13.5	23	40.9	27	-29.7	27
青 海	15.2	30	-21.2	29	13.7	30	-16.8	22
宁 夏	32.7	29	-12.5	22	25.0	28	-15.7	21
新 疆	176.6	22	-10.2	19	156.1	20	-10.8	15

城镇常住居民人均可支配收入				农村常住居民人均可支配收入			
绝对值(元)	位次	比上年增长(%)	位次	绝对值(元)	位次	比上年增长(%)	位次
33616		**7.8**		**12363**		**8.2**	
57275	2	8.4	11	22310	3	8.5	15
37110	6	8.8	4	20076	4	8.6	12
28249	22	8.0	19	11919	14	7.9	23
27352	24	5.9	30	10082	24	6.6	30
32975	9	7.8	24	11609	19	7.7	25
32876	**10**	**5.6**	**31**	**12881**	**9**	**6.8**	**29**
26530	29	6.5	27	12123	12	7.0	28
25736	30	6.3	29	11832	16	6.6	31
57692	1	8.9	3	25520	1	10.0	2
40152	4	8.0	20	17606	5	8.3	17
47237	3	8.1	18	22866	2	8.2	18
29156	14	8.2	13	11720	17	8.3	16
36014	7	8.2	14	14999	6	8.7	11
28673	15	8.2	15	12138	11	9.0	10
34012	8	7.8	22	13954	8	7.9	22
27233	25	6.5	28	11697	18	7.8	24
29386	13	8.6	7	12725	10	7.4	27
31284	11	8.5	9	11930	13	8.5	14
37684	5	8.4	10	14512	7	8.6	13
28324	21	7.2	26	10359	22	9.4	6
28453	18	8.0	21	11843	15	9.1	9
29610	12	8.7	6	11549	20	9.9	3
28335	20	8.1	16	11203	21	9.3	7
26743	28	8.8	5	8090	30	9.5	4
28611	16	8.5	8	9020	28	9.4	5
27802	23	9.2	1	9094	27	10.3	1
28440	19	7.6	25	9396	26	8.1	19
25693	31	8.1	17	7457	31	7.5	26
26757	27	9.0	2	8664	29	9.2	8
27153	26	7.8	23	9852	25	8.0	21
28463	17	8.3	12	10183	23	8.0	20

附录2 2016年省辖市

指标名称	单位	沈阳		大连		鞍山	
		全市	市辖区	全市	市辖区	全市	市辖区
一、行政区划							
所辖行政区数	个	10	-	7	-	4	-
所辖行政县(旗)数	个	2	-	1	-	3	-
所辖行政县级市数	个	1	-	2	-	1	-
二、土地面积及水资源							
行政区域土地面积	平方公里	12860	5116	12574	2567	9255	792
建成区面积	平方公里				396		172
城市现状建设用地面积	平方公里				385.42		172.05
其中：居住用地	平方公里				111.10		58.62
公共管理与公共服务用地	平方公里				30.30		7.69
商业服务业设施用地	平方公里				21.92		8.90
工业用地	平方公里				100.03		53.57
物流仓储用地	平方公里				9.97		3.92
道路交通设施用地	平方公里				54.25		27.07
公用设施用地	平方公里				11.03		3.72
绿地与广场用地	平方公里				46.82		8.56
本年征用土地面积	平方公里				2.31		2.10
其中：耕地	平方公里				0.31		1.38
水资源总量	万立方米	322800	-	174900	-	248600	-
三、人口与就业							
(一)人口							
年末户籍人口	万人	734.40	586.49	595.63	398.26	345.75	149.77
其中：女	万人	371.55	298.48	299.65	201.22	171.91	76.00
年平均人口	万人	732.41	584.46	594.60	397.36	345.90	149.93
年出生人口	人	69427	57908	56109	39419	27120	10708
年死亡人口	人	60820	50235	39823	27818	26779	14023
年末总户数	万户	268.39	217.53	213.87	148.25	120.15	56.03
常住人口	万人	829.20	692.20	698.70		360.50	157.69
其中：城镇人口	万人	667.92	-	547.29	-	260.21	-
(二)从业人员							
从业人员期末人数(城镇)	人	1292643	1231370	1077544	966479	479003	347902
第一产业(农、林、牧、渔业)	人	2987	1338	5914	1358	2934	788
第二产业	人	547777	534135	495948	442409	240085	197985
其中：采矿业	人	21302	21302	1804	1804	2916	1948
制造业	人	266385	261267	399234	361495	156611	136521
电力、热力、燃气及水生产和供应业	人	32624	29763	15646	13873	13348	10356
建筑业	人	227466	221803	79264	65237	67210	49160
第三产业	人	741879	695897	575682	522712	235984	149129
其中：批发和零售业	人	78822	76794	47836	46702	17261	12817
交通运输、仓储及邮政业	人	96253	92863	69078	66033	22878	10794
住宿和餐饮业	人	25682	25528	17250	16806	3427	2689
信息传输、软件和信息技术服务业	人	22064	21744	63764	63677	3432	3275
金融业	人	60453	60453	69654	63926	16728	14402
房地产业	人	26920	26399	39588	38994	8797	6650

基本情况(地区数)

抚顺		本溪		丹东		锦州	
全市	市辖区	全市	市辖区	全市	市辖区	全市	市辖区
4	-	4	-	3	-	5	-
3	-	2	-	1	-	2	-
	-		-	2	-	2	-
11272	1416	8411	1518	14967	941	10047	825
139	139	136	109	77		172	112
139.34	139.34	116.24	92.00		96.36	202.93	72.88
34.73	34.73	40.75	27.56		30.34	44.94	27.57
9.82	9.82	8.73	6.80		4.23	10.94	5.97
7.21	7.21	13.48	12.72		6.23	7.26	1.92
47.22	47.22	24.77	21.90		22.60	87.47	17.31
4.91	4.91	1.29	0.93		2.36	6.30	0.95
8.01	8.01	15.37	13.76		16.48	19.21	10.28
5.59	5.59	2.78	1.88		2.55	2.52	1.68
21.85	21.85	9.07	6.45		11.57	3.44	2.11
1.31	1.31	2.01	1.65			2.40	1.31
1.31	1.31	1.09	1.09			1.58	0.72
394500	-	303500	-	767400	-	121941	-
214.83	140.46	149.99	91.63	237.86	77.97	302.16	97.30
107.89	71.35	75.14	46.49	118.77	39.83	150.83	49.75
215.29	140.85	150.60	92.09	238.01	77.99	302.36	97.24
14073	8551	9777	5160	17806	5901	18163	6791
14764	11228	16084	11066	18152	6265	16274	5501
85.07	58.49	56.51	36.23	84.25	30.14	103.52	36.11
207.10		170.80	104.34	240.60		306.30	103.71
156.32	-	133.33	-	158.51	-	165.10	-
249669	214652	227655	185988	229921	137254	292688	221913
4048	1260	844	25	5030	76	8661	1623
127084	118610	121755	102980	90590	58625	104400	94420
32114	28076	12194	9880	2215	184	4977	3539
61006	59598	70668	63660	48196	34434	53243	49376
11296	10561	7512	6776	7823	4832	11185	9528
22668	20375	31381	22664	32356	19175	34995	31977
118537	94782	105056	82983	134301	78553	179627	125870
9604	9223	5040	4392	7094	6021	8923	7334
9199	7069	9040	8262	7087	4667	13688	9305
963	817	1449	872	2289	2167	1389	849
2379	2194	3850	3170	3784	2900	6540	5824
11025	9677	10343	9810	9233	6574	16584	16571
3759	3208	2755	2223	9981	8477	5455	4620

附录2 续表 1

指标名称	单位	沈阳		大连		鞍山	
		全市	市辖区	全市	市辖区	全市	市辖区
租赁和商业服务业	人	32316	30231	24648	22854	11904	7922
科学研究和技术服务业	人	51356	49900	19314	18451	16028	12058
水利、环境和公共设施管理业	人	36249	32996	14870	13903	12709	8082
居民服务、修理和其他服务业	人	6942	6579	2421	2359	3028	2546
教育	人	122953	109846	85442	70247	47763	25596
卫生和社会工作	人	79551	72717	47589	38602	25295	16731
文化、体育和娱乐业	人	15346	14742	10797	10190	3851	2989
公共管理、社会保障和社会组织	人	86972	75105	63431	49968	42883	22578
国际组织	人						
城镇私营和个体从业人员	人	1631429		932084		235083	207347
城镇登记失业人数	人	102166	93713	100356	79461	30457	23711
四、综合经济							
(一)地区生产总值(当年价格)	**万元**	**55464498**	**49225697**	**68101998**	**38556875**	**14619713**	**7395813**
第一产业增加值	万元	2663562	1289258	4627782	1834435	1000200	61235
第二产业增加值	万元	21515580	19665865	28498541	19275049	5239730	3318094
第三产业增加值	万元	31285356	28270574	34975675	17447391	8379783	4016484
地区生产总值(2010年价格)	万元	55325609	49113270	68214983	38759970	14896435	7395962
人均地区生产总值	元	66893	71120	97470	113529	40532	46901
地区生产总值增长率	%	-5.60	-2.93	6.50	6.64	-10.30	-5.00
(二)财政							
公共财政收入	万元	6209494	5227173	6119041	5403776	1329602	1008280
其中：税收收入	万元	5116436	4916393	4866238	4415679	967143	721808
其中：企业所得税	万元	804669	782681	760683	719833	85056	65126
个人所得税	万元	262219	258304	308850	292504	23957	18777
公共财政支出	万元	8253935	3783372	8702783	7240779	2499227	1658295
其中：一般公共服务支出	万元	781680	532537	695107	575551	230387	146339
科学技术支出	万元	223880	49663	205481	201922	11573	9713
教育支出	万元	1151256	738177	1093409	829943	316868	167629
文化体育与传媒支出	万元	129381	29411	115076	99010	28024	15928
医疗卫生支出	万元	555839	278475	570303	479050	201852	88152
节能环保支出	万元	276547	32189	163232	122455	28508	16379
城乡社区事务支出	万元	968154	563110	1474823	1161815	189161	154103
交通运输支出	万元	236549	32047	217301	207449	45457	32033
社会保障和就业支出	万元	1877382	516112	1798966	1624833	804448	643083
住房保障支出	万元	299877	135246	294100	249271	138805	102388
(三)金融							
年末金融机构人民币各项存款余额	万元	142427559	138068458	141794778	129751491	32076366	22088604
其中：城乡居民储蓄存款余额	万元	61455466	57779368	52776562	43734621	21254130	12518614
年末金融机构人民币各项贷款余额	万元	125696109	123253528	110047982	102893838	21364276	16801326
五、规模以上工业							
(一)工业企业数	**个**	**2371**	**1710**	**1745**	**1265**	**740**	**232**
其中：内资企业	个	2077	1430	1172	754	685	210
其中：国有企业	个	18	17	23	20	8	4
私营企业	个	1447	874	750	431	412	104
港、澳、台商投资企业	个	83	79	105	87	21	10
外商投资企业	个	211	201	468	424	34	12

抚顺		本溪		丹东		锦州	
全市	市辖区	全市	市辖区	全市	市辖区	全市	市辖区
3400	2851	6424	6265	1911	1001	9666	7632
4423	3798	2498	2029	8209	4263	10553	8012
8121	6776	5313	3035	9007	6621	6279	4236
617	519	420	375	764	591	1864	1035
22808	16410	17235	11957	27655	10356	39450	22932
14274	11271	15426	12452	17951	9753	20245	13716
2565	2301	1571	1185	1918	1248	3225	2627
25400	18668	23692	16956	27418	13914	35766	21177
342741		248021	209987	210329		333996	322669
27584	23996	21830	18175	21240	7876	25719	17007
8650721	**7308829**	**7667098**	**5319574**	**7512352**	**2143736**	**10328139**	**5348747**
583029	153468	677610	174813	1278037	85026	2055872	191296
4358179	4064068	3332483	2598126	2311417	711836	3532559	2285319
3709513	3091293	3657005	2546635	3922898	1346874	4739708	2872132
9053850	7428478	7681795	5332384	7716442	2101550	10332341	5354491
41741	50577	44745	47517	31223	27336	33692	55003
-7.10	-4.30	-8.80	-7.00	-2.10	1.60	-6.55	-1.23
773283	600788	555520	432882	684913	188947	848118	651940
611965	535261	367271	289570	496022	179111	650830	494827
47724	40162	23516	17127	72064	41626	98210	88913
20146	18005	11573	9773	14407	8813	20346	16714
1751798	389959	1376437	982129	1870057	236611	2170940	1004287
131513	42779	96437	63021	142925	28786	151425	83877
4272	376	5920	3498	11081	589	9223	8151
184715	60522	189195	118828	302438	45005	293422	125162
16030	1979	26744	19171	30457	1141	31241	16092
114899	30501	90584	59229	142242	21846	191764	58929
30351	3054	36788	25163	68376	331	41239	13328
91715	42480	106458	81802	133135	17515	128530	86640
42366	5292	62392	31803	49643	5629	54747	25834
654894	87074	381303	336854	449385	44804	586769	346871
99256	32645	113462	95142	61724	26936	22467	15579
15943085	12893709	12111293	9387514	18425637	9106000	26416301	19449741
11615109	9218496	7905083	5774349			13764166	7730894
7593099	6086872	9157327	7955472	11049605	5974000	13528818	10400787
215	**157**	**164**	**113**	**336**	**81**	**377**	**137**
189	134	148	102	296	65	331	100
6	4	2	1	4	2	2	2
91	57	47	33	189	39	220	43
10	9	10	8	8	6	19	14
16	14	6	3	32	10	27	23

附录2 续表 2

指标名称	单位	沈阳		大连		鞍山	
		全市	市辖区	全市	市辖区	全市	市辖区
(二)工业总产值(当年价)	**万元**	**53372034**	**49234617**	**62693934**	**49532980**	**11469179**	**7626536**
其中：内资企业	万元	29172332	25311954	39819009	28062852	10778264	7324613
其中：国有企业	万元	181825	175846	486896	476599	4483780	4436526
私营企业	万元	8064424	4968964	13387230	4669093	3779995	1475688
港、澳、台商投资企业	万元	2848529	2721861	2015160	1714906	294576	121324
外商投资企业	万元	21351173	21200802	20859765	19755222	396339	180599
(三)企业财务							
从业人员平均人数	万人	43.30	39.00	54.30	42.90	19.95	14.64
流动资产合计	万元	42922896	41454784	51650928	44913371	16250986	12260973
固定资产合计	万元	23536104	21135832	30756669	20444986	8870542	6537092
主营业务收入	万元	54845748	50605419	60216103	48614944	16236213	9186093
主营业务成本	万元	44808074	41195696	48953217	38801438	14198389	7766009
主营业务税金及附加	万元	1201429	1170870	2464811	2404823	159275	112442
本年应交增值税	万元	1451349	1356277	1517445	1405246	474225	361814
利润总额	万元	2746242	2542026	2958209	2573355	194890	-18773
六、交通运输、通讯与能源							
(一)交通运输							
公路客运量(全社会)	万人	15244.00	-	7647.00	-	5769.00	-
公路货运量(全社会)	万吨	21503.00	-	27251.00	-	19248.00	-
水运客运量(全社会)	万人		-	386.00	-		-
水运货运量(全社会)	万吨		-	12612.00	-		-
民用航空客运量	万人	674.00	-	771.04	-		-
民用航空货邮运量	吨	67300	-	74440	-		-
沿海港口货物吞吐量(规模以上)	万吨		-	43660.01	-		-
内河港口货物吞吐量(规模以上)	万吨		-		-		-
境内公路总里程	公里	12842	-	12968	-	7447	-
其中：高速公路里程	公里	653	-	531	-	229	-
民用汽车拥有量	辆	1879654	-	1372287	-	584310	-
其中：私人汽车拥有量	辆	1566535	-	1175097	-	354948	-
(二)邮电通信							
年末邮政局(所)数	处	229	147	241	158	102	36
邮政业务收入	万元	315198	-	234678	-	56251	-
电信业务收入	万元	1066256	-	895271	-	289224	-
固定电话年末用户数	万户	188.75	-	212.02	-	61.22	-
移动电话年末用户数	万户	1226.28	-	833.38	-	327.66	-
其中：3G移动电话用户	万户	187.70	-	620.58	-	221.22	-
互联网宽带接入用户数	万户	207.80	-	149.55	-	80.68	-
(三)能源电力							
能源消费总量	万吨标准煤	893	-	1707	-	1843	-
全社会用电量	万千瓦时	3255920	2714322	3210706	2663863	2672653	2113452
其中：工业用电	万千瓦时	1602926	1280400	2021987	1734750	2268382	1880214
城乡居民生活用电	万千瓦时	573368	509718	460795	329763	189942	97888
七、贸易、外经与旅游							

抚顺		本溪		丹东		锦州	
全市	市辖区	全市	市辖区	全市	市辖区	全市	市辖区
7992755	**7559611**	**7443741**	**6841815**	**4265652**	**894214**	**6182119**	**4478315**
7588840	7165775	6021244	5514720	3674210	750157	4717341	3211754
106455	98096	10969	1769	20719	15659	38432	38432
993227	736548	425701	308077	1222323	262179	1485844	358037
154441	151282	1377462	1319055	48414	29342	670097	633344
249474	242554	45035	8040	543028	114715	794681	633217
11.07	9.97	9.21	7.82	7.03	1.90	6.57	4.47
4523026	3861304	7786060	7180851	4378999	976113	4918087	3037649
5479789	5141179	5411209	4958914	2396817	682308	3499750	1972990
8035906	7576289	7937710	7313753	4201245	898767	6272029	4519945
5909689	5549989	6934355	6471216	3552668	730485	4738134	3239438
759693	750645	58266	50582	23137	7555	589854	577689
453387	428257	120157	83489	88515	26948	236755	202435
395846	398840	235375	179481	208766	51036	281819	187880
2109.00	-	2159.00	-	3908.00	-	4463.00	-
8780.00	-	7835.00	-	6829.00	-	16311.00	-
	-		-	92.85	-		-
	-		-	331.55	-	152.49	-
	-		-		-		-
	-		-		-		-
	-		-	15788.34	-	8949.33	-
	-		-	15.00	-		-
7045	-	4519	-	9382	-	8896	-
267	-	209	-	343	-	234	-
269247	-	135599	-	356565	-	470231	-
161751	-	107711	-	310655	-	244000	-
86	26	69	39	95	27	121	34
27957	-	23892	-	37581	-	38023	-
156940	-	114523	-	172819	-	204877	-
36.50	-	24.90	-	60.36	-	61.94	-
193.60	-	162.87	-	203.56	-	252.60	-
126.58	-	30.90	-	138.87	-	157.95	-
53.01	-	46.35	-	55.80	-	68.47	-
1146	-	1114	-	205	-	247	-
1027471	910164	1248816	1132474	887318		767375	424777
804874	750416	1078780	1009323	615355		433134	286416
115395	80706	82444	56440	126589		153019	56800

附录2 续表 3

指标名称	单位	沈阳		大连		鞍山	
		全市	市辖区	全市	市辖区	全市	市辖区
(一)贸易							
社会消费品零售总额	万元	39858992	37352423	34101246	29653697	9921057	5056779
限额以上批发零售贸易业商品销售总额	万元	70335706	69421501	31500916	28196163	6092097	4328887
限额以上批发零售企业数(法人数)	个	1626	1547	1236	1006	373	258
其中：零售业	个	754	722	420	362	219	143
(二)外经							
货物进口额(海关数)	万美元	708457	-	2706004	-	97630	-
货物出口额(海关数)	万美元	424684	-	2438384	-	175234	-
外商直接投资合同项目	个	132	131	206	197	2	2
当年实际使用外资额	万美元	81606	77625	300200	296777	2634	2088
(三)旅游							
入境游客(含一日游游客)	人次	686668	-	1044021	-	202264	-
其中：外国人	人次	549361	-	886875	-	163002	-
港、澳、台同胞	人次	137307	-	157146	-	39262	-
国际旅游(外汇)收入	万美元	34404	-	53948	-	15516	-
国内游客	人次	63330230	-	76338000	-	39677133	-
国内旅游收入	万元	5627534	-	11000000	-	3297146	-
八、固定资产投资							
(一)固定资产投资							
固定资产投资(不含农户)	万元	16316212	14446928	14363557	11141659	4736858	2189600
房地产开发投资	万元	7096706	6856978	5351742	4863482	1495845	1056195
其中：住宅	万元	4903834	4736851	3924658	3567886	1077826	809371
全年新增固定资产	万元	8554408	7070840	6142303	3570950	1677114	779633
(二)房地产							
商品房销售面积	万平方米	1184.32	1123.16	707.49	650.11	302.41	146.47
其中：住宅	万平方米	1099.39	1045.70	654.62	605.96	268.06	136.16
其中：别墅、高档公寓	万平方米	13.62	13.53	15.12	15.05	2.20	1.66
商品房销售额	万元	8441568	8241662	6617770	6335219	1248624	702425
其中：住宅	万元	7517359	7352289	5969343	5739362	1067855	633625
其中：别墅、高档公寓	万元	141935	141495	251774	251257	13393	9365
待售面积	万平方米	957.02	883.84	1038.36	844.00	230.35	140.40
九、教育、科技、文化与卫生							
(一)教育							
学校数							
其中：普通高等学校数	所	47	47	30		3	
中等职业教育学校数	所	112	109	78	70	23	12
普通中学数	所	296	239	289	205	165	68
普通小学数	所	272	235	508	302	522	67
成人高等学校数	所	7	7	7		1	1
专任教师数							
其中：普通高等学校专任教师数	人	27123	27123	18639		2069	2069
中等职业教育学校专任教师数	人	6440	6255	4195	3760	1580	723
普通中学专任教师数	人	24659	20101	21901	15850	11997	5876
普通小学专任教师数	人	22856	17566	18725	13483	10921	3589
成人高等专任教师数	人	671	671	451		222	222
在校学生数							

抚顺		本溪		丹东		锦州	
全市	市辖区	全市	市辖区	全市	市辖区	全市	市辖区
6695021	5782098	3773503	2628820	5419730	2430590	6107005	3663600
2783693	2722601	1237514	1152063	1438670	1259527	2967085	2748071
118	111	189	152	134	82	206	140
70	68	157	134	104	57	122	80
23454	-	69474	-	148389	-	97093	-
54545	-	188510	-	249400	-	103508	-
8	4	7	5	13	7	9	7
16	15	6076	6076	578	316	2142	1702
153321	-	74825	-	134300	-	94576	-
77477	-	35460	-	131780	-	79105	-
75844	-	39365	-	2520	-	15471	-
12536	-	11836	-	7783	-	11319	-
30335746	-	34910781	-	40146719	-	23474264	-
2466962	-	2601944	-	3567000	-	1677823	-
1571218	1315204	2349774	1730020	2802029	1271320	3797753	1710714
565671	520399	283064	222259	800511	340386	1042617	785241
421870	390873	213838	177270	624760	286940	852457	653079
1814490	1684214	928721	441556	1155853	818033	1816473	552397
156.25	134.40	72.78	44.34	210.03	106.52	161.16	88.93
140.32	121.81	64.78	42.18	197.51	98.04	140.43	73.02
1.58	1.58			4.08	3.71	2.65	2.62
695383	606022	319938	207298	983163	596022	634099	408595
591803	524039	273642	190181	866148	504398	524525	321455
9414	9414			47176	45216	11058	10914
190.18	141.86	127.05	117.65	198.18	59.08	181.63	108.28
7	7	7	7	3	3	9	9
13	10	13	11	15	12	9	5
105	61	58	37	125	39	129	43
118	60	64	35	441	74	340	58
2	2	1	1	1	1		
2432	2432	3348	3348	1558	1558	5049	5049
1083	928	1981	1749	1016	557	1200	761
7038	4736	6226	3879	9817	2690	9324	3240
6523	3834	5705	3279	7017	2022	9834	2912
159	159	141	141	60	60		

附录2 续表 4

指标名称	单位	沈阳		大连		鞍山	
		全市	市辖区	全市	市辖区	全市	市辖区
其中：普通高等学校在校学生数	人	403589	403589	290217		34113	34113
中等职业教育学校在校学生数	人	87577	84545	68487	61114	16530	11893
普通中学在校学生数	万人	26.73	22.06	22.46	16.49	12.89	5.10
普通小学在校学生数	万人	37.41	30.94	30.91	23.64	16.54	5.69
成人高等学校在校学生数	人	63695	63695	39768		11654	11654
(二)科技							
科技活动人员	人	100281	99579	74374	70793	12398	11762
R&D人员数	人	53010	52639	49109	45528	4748	4321
R&D内部经费支出	万元	1389462		1328019	1233046	161534	155536
专利申请受理量	项	22163	22005	14034	13367	3429	3119
专利申请授权量	项	9528	9338	6791	6425	1912	1638
其中：发明	项	2853		2309	2234	438	407
(三)文化							
体育场馆数	个	18	16	60	51	7	4
剧场、影剧院数	个	63	63	6	6	11	8
公共图书馆图书总藏量	千册	14259.00	13947.00	18981.50	17787.43	2854.00	2072.00
订销报刊杂志累计份数	千份	125071.30		99573.00	81862.00	39926.80	26340.00
广播节目综合人口覆盖率	%	100.00	100.00	99.48	100.00	98.32	100.00
电视节目综合人口覆盖率	%	100.00	100.00	99.86	100.00	97.91	100.00
有线电视入户率	%	81.70	90.54	81.70	100.00		78.69
(四)卫生							
医院、卫生院数	个	383	262	315	227	174	71
医院、卫生院床位数	张	61894	57548	42301	32010	20807	12751
医生数(执业医师+执业助理医师)	人	26504	25518	19485	16224	5548	3407
注册护士	人	30613	29925	23069	19214	7728	5332
十、人民生活							
在岗职工平均人数	万人	119.51	113.60	100.80	90.71	45.62	32.38
在岗职工工资总额	万元	8060411.00	7772590.00	7435103.40	6835355.90	2197520.30	1714464.20
在岗职工平均工资	元	67444	68421	73764	75350	48164	52948
(一)居民收支							
工资性收入	元	21290		22281		18372	
经营净收入	元	6500		3220		2971	
财产性收入	元	2570		2680		1852	
转移性收入	元	8775		9868		8248	
城镇居民人均可支配收入	元	39135		38050		31443	
城镇居民人均消费支出	元	27655		27119		19939	
其中：食品烟酒	元	7919		7584		5796	
衣着	元	2849		2257		2048	
居住	元	3931		5817		3723	
生活用品及服务	元	2100		1752		1206	
交通和通信	元	4305		3581		2390	
教育文化娱乐	元	3386		2836		2590	
医疗保健	元	1810		2464		1618	
其他用品及服务	元	1354		828		568	

抚顺		本溪		丹东		锦州	
全市	市辖区	全市	市辖区	全市	市辖区	全市	市辖区
44021	44021	28904	28904	27617	27617	82851	82851
13355	11288	9743	9141	16316	12548	26830	21538
6.34	4.08	4.79	2.93	9.28	2.59	10.77	3.85
7.48	4.68	5.27	3.11	9.16	2.69	12.59	4.43
1776	1776	2740	2740	3466	3466	22682	22682
8072	7915	5065	3686	5890		9055	
4047	3995	3720	2767	3275		5532	
80188	78736	169920	164928	43758		125320	
1533		589	521	271		2039	
684		283	236			1294	
104		52	44			217	
16	13	8	8	7	4	49	33
13	11	8	6	13	5	11	5
1143.32	983.20	1664.00	1392.00	1345.87	109.50	1463.31	1006.74
25481.00		19400.30	13687.68	23793.00		29852.20	15338.60
98.96	100.00	99.66	99.88	99.00	99.00	99.18	100.00
98.85	100.00	99.45	99.64	98.00	98.00	99.15	100.00
97.50	98.00	65.02	60.00	70.00	75.00		99.60
112	61	75	37	122	40	143	37
13187	10417	11415	8850	14293	6429	15583	8215
5561	4414	2751	2048	5413	2599	9661	5799
5650	4695	4321	3298	5727	3005	4914	3415
24.59	21.07	23.15	18.97	21.46	13.31	28.88	21.88
1295851.50	1145235.20	1048975.50	875218.70	832014.00	484783.40	1419803.00	1149246.30
52708	54355	46662	46137	38763	36410	49162	52520
14302		15570		13918		15265	
2918		3205		2852		3300	
1352		1879		1150		1683	
9895		8483		8191		8235	
28467		29137		26111		28484	
20632		22763		17904		19203	
5866		6783		5697		5098	
1863		2188		1791		1917	
3702		3555		3243		4215	
1203		1277		1005		1055	
2295		2863		2066		2470	
2563		2569		1876		2078	
2401		2430		1660		1843	
739		1098		564		526	

附录2 续表 5

指标名称	单位	沈阳		大连		鞍山	
		全市	市辖区	全市	市辖区	全市	市辖区
(二)居民生活							
每百户城镇居民家庭拥有量							
其中：家用汽车	辆	25		29		23	
消毒碗柜	台	5		5		3	
洗碗机	台	1		1		1	
固定电话	部	69		58		33	
移动电话	部	217		206		231	
其中：接入互联网	部	63		107		155	
计算机	台	92		74		79	
其中：接入互联网	台	78		65		67	
电冰箱(柜)	台	102		103		100	
彩色电视机	台	107		107		113	
中高档乐器	架	14		7		7	
照相机	架	63		36		33	
摄像机	架	14		10		8	
洗衣机	台	100		92		97	
城镇居民人均住房建筑面积	平方米	32.10		28.68		27.09	
居民消费价格指数(上年为100)	%	101.70		101.86			101.40
十一、社会保障							
城镇职工基本养老保险参保人数	人	3807050	3632045	1980806	1749157	1115631	759169
城镇居民社会养老保险参保人数	人	1139500	522196	1263762	508143	826809	58784
城镇职工基本医疗保险参保人数	人	3385242	3240780	3969895	3472428	1099163	897286
城镇居民基本医疗保险参保人数	人	1592760	1525651	1130598	995155	670097	431089
失业保险参保人数	人	1400512	1343474	1454642	1315304	549353	452308
工伤保险参保人数	人	1789224	1660901	2626748	2430362	596105	423160
生育保险参保人数	人	2962467	2846616	1601066	1451555	471103	344564
社会福利院数	个	174	137	300	242	180	86
社会福利院床位数	张	43000	30324	45442	26188	18977	9690
社区服务设施数	个	931	931	792	670	330	255
城市社区综合服务设施覆盖率	%	100.00	100.00	100.00	100.00	99.10	99.22
城市居民最低生活保障人数	人	64375	41372	39860	28161	35605	30551
十二、公共管理							
(一)事故							
交通事故死亡人数	人	442	331	237	168	151	75
交通事故损失额	万元	451	406	526	308	161	81
火灾事故死亡人数	人	20	20	23	17	3	3
火灾事故损失额	万元	961	648	1555	759	472	202
(二)社会治安							
刑事案件立案数	起	8526	7123	5608	4160	2853	1425
刑事罪犯总数	人	9666	8295	7549	5618	3742	1964
其中：青少年人数(年龄14-25周岁)	人	1216	1150	759	528	421	257
十三、市政公用事业							
(一)基础设施							
城市维护建设资金支出	万元	-	1041224	-	676862	-	148910

抚顺		本溪		丹东		锦州	
全市	市辖区	全市	市辖区	全市	市辖区	全市	市辖区
14		13		18		23	
2		2		2		4	
36		36		69		60	
206		219		213		192	
100		128		119		95	
58		69		71		73	
52		62		64		68	
95		99		101		101	
104		105		117		114	
4		4		5		4	
19		27		21		27	
6		7		6		7	
92		92		94		97	
25.00		25.45				30.83	
101.80		101.20		101.50		101.80	
918478		805587	649073	916064	498226	805800	114223
433823		295904	52146	415942	46428	1037113	95374
1059652		768702	632853	800865	500041	1075245	572891
403375		314665	249512	247172	122727	195381	4953
488025		401026	360005	228027	166000	331789	263443
553019		399044	329917	276230	173028	369259	289404
433028		275066	207451	268212	157003	259111	189872
156	105	109	86	115	56	135	45
12284	8730	9336	6405	8845	3707	9650	3200
1956	1828	228	170	192	117	1088	235
99.68	99.64	100.00	100.00	100.00	100.00	35.15	60.23
78185	68088	35236	25584	32649	13493	25419	13003
104	59	77	56	136	42	98	31
68	31	39	28	39	9	33	12
7	5					2	2
1137	367	439	191	441	46	486	267
6238	4991	1446	947	5091	1524	4574	2118
2214	1376	1755	1252	2223	804	3443	1519
218		181	97	279	93	628	308
-	42143	-	54362	-		-	38199

附录2 续表 6

指标名称	单位	沈阳		大连		鞍山	
		全市	市辖区	全市	市辖区	全市	市辖区
年末实有城市道路面积	万平方米	-	6129	-	4729	-	1724
排水管道长度	公里	-	4206	-	2757	-	794
供水综合生产能力(包括自备水源)	万立方米/日	-	219.20	-	177.20	-	61.57
供水总量	万吨	-	71482.60	-	40745.80	-	14616.13
售水量	万吨	-	53706.12	-	30364.70	-	9376.00
其中：居民家庭用水量	万吨	-	30174.55	-	13941.50	-	3761.00
用水人口	万人	735.65	587.88		330.39		137.10
用水普及率	%	100.00	100.00		100.00		100.00
供气总量（人工煤气、天然气）	万立方米	-	78330	-	25435	-	15845
其中：居民家庭用气量	万立方米	-	21169	-	17846	-	9294
用气人口	人	-	6238600	-	2332000	-	1284000
液化石油气供气总量	吨	-	122800	-	155228	-	5204
其中：居民家庭用量	吨	-	18620	-	49887	-	5202
用液化气人口	人	-	510300	-	872200	-	87000
(二)公共交通							
年末实有公共汽(电)车营运车辆数	辆	-	5444	-	5425	-	1747
全年公共汽(电)车客运总量	万人次	-	100231.90	-	96168.30	-	27264.50
年末实有出租汽车数	辆	-	17844	-	11645	-	5375
轨道交通线路长度	公里	-	115	-	167	-	
轨道交通客运总量	万人次	-	30989.56	-	15469.60	-	
(三)绿地							
绿化覆盖面积	公顷				18804		6783
其中：建成区	公顷				17778		6783
绿地面积	公顷				18386		6166
其中：建成区	公顷				17355		6166
公园绿地面积	公顷				3666		1521
公园面积	公顷				2121		501
十四、环境保护							
工业废水排放量	万吨	5547.39	-	27708.99	-	3097.76	-
工业废气排放量	万立方米	19986425.52	-	##########	-	55193159.59	-
工业二氧化硫产生量	吨	191648	-	197840	-	140581	-
工业二氧化硫排放量	吨	37530	-	51021	-	58168	-
工业氮氧化物产生量	吨	77974	-	97578	-	64334	-
工业氮氧化物排放量	吨	42044	-	58249	-	52544	-
工业烟(粉)尘产生量	吨	2764003	-	4374447	-	2010530	-
工业烟(粉)尘排放量	吨	30130	-	32710	-	78425	-
工业重金属产生量	吨		-	2	-		-
工业重金属排放量	吨		-		-		-
一般工业固体废物综合利用率	%	77.84	-	95.31	-		-
污水处理率	%		-	95.00	-		-
污水处理厂集中处理率	%		-	95.00	-		-
生活垃圾无害化处理率	%	100.00	-	100.00	-		-
空气质量达到及好于二级的天数	天	249.00	-	299.00	-	290.00	-

抚顺		本溪		丹东		锦州	
全市	市辖区	全市	市辖区	全市	市辖区	全市	市辖区
-	1416	-	1042	-	921	-	1161
-	954	-	362	-	450	-	512
-	129.00	-	117.58	-		-	79.90
-	20344.43	-	25789.14	-	5968.00	-	14094.00
-	14469.59	-	23775.14	-	3674.00	-	6764.00
-	2633.15	-	1906.75	-	1821.00	-	2499.00
128.92	128.92	112.09	91.00	64.00		132.67	87.20
	98.62	98.52	99.56	100.00	100.00	100.00	100.00
-	52464	-	4155	-	6041	-	7316
-	6096	-	1662	-	3870	-	4506
-	769000	-	794300	-	636300	-	883000
-	38288	-	4358	-	13260	-	4
-	24306	-	2170	-	4416	-	4
-	520000	-	110000	-	23000	-	10000
-	1188	-	785	-	959	-	602
-	24100.60	-	26998.00	-	11500.30	-	14399.30
-	4121	-	2744	-	1932	-	4018
-		-		-		-	
-		-		-		-	
5725	5725	88056	87007	3362	3356	6396	4977
5725	5725	6262	5274	2915	2908	4908	3728
5200	5200	24186	23191	3029	3001	4760	3672
5200	5200	6119	5188	2817	2810	4717	3651
1400	1400	1301	982	730		1674	1278
		669	437	662		617	378
2167.04	-	2052.88	-	1650.00	-	2099.80	-
23380882.50	-	42661276.22	-	7697098.90	-	9154036.35	-
109324	-	62696	-	59946	-	65581	-
24680	-	32824	-	9772	-	15442	-
54904	-	43160	-	18405	-	20388	-
22780	-	34792	-	7961	-	9999	-
2511227	-	2440304	-	677689	-	673084	-
37455	-	97303	-	8803	-	17260	-
	-		-		-		-
	-		-		-		-
42.56	-	45.01	-	92.10	-	88.97	-
75.00	-	97.08	-	71.23	-	89.80	-
75.00	-	95.12	-	46.07	-	89.80	-
100.00	-	100.00	-	100.00	-	100.00	-
284.00	-	316.00	-	309.00	-	246.00	-

附录2 续表 7

指标名称	单位	营口		阜新		辽阳	
		全市	市辖区	全市	市辖区	全市	市辖区
一、行政区划							
所辖行政区数	个	4	-	5	-	5	-
所辖行政县(旗)数	个		-	2	-	1	-
所辖行政县级市数	个	2	-		-	1	-
二、土地面积及水资源							
行政区域土地面积	平方公里	5242	702	10355	490	4788	1111
建成区面积	平方公里	261	189		77	137	105
城市现状建设用地面积	平方公里	239.31	166.70		76.50	136.23	105.27
其中：居住用地	平方公里	39.75	18.02		20.73	48.17	37.88
公共管理与公共服务用地	平方公里	15.86	11.99		3.90	5.16	3.40
商业服务业设施用地	平方公里	15.97	8.88		6.42	8.53	8.14
工业用地	平方公里	89.37	69.61		18.97	35.52	26.98
物流仓储用地	平方公里	8.22	7.38		3.20	7.53	7.05
道路交通设施用地	平方公里	44.87	34.99		12.47	20.28	14.74
公用设施用地	平方公里	3.64	2.81		0.69	3.80	2.54
绿地与广场用地	平方公里	21.63	13.02		10.12	7.24	4.54
本年征用土地面积	平方公里	0.08	0.08			7.49	7.49
其中：耕地	平方公里	0.03	0.03			5.06	5.06
水资源总量	万立方米	74445	-	83614	-	131460	-
三、人口与就业							
(一)人口							
年末户籍人口	万人	232.83	93.23	188.92	76.12	178.61	86.97
其中：女	万人	114.98	46.92	95.13	39.12	88.55	43.75
年平均人口	万人	232.72	93.01	189.19	76.27	178.79	87.08
年出生人口	人	17451	7511	12205	4756	11078	5683
年死亡人口	人	15129	5603	13892	6242	10870	5841
年末总户数	万户	88.68	37.57	67.83	30.37	68.53	34.21
常住人口	万人	244.00	109.92	177.50	71.80	184.40	92.00
其中：城镇人口	万人	156.60	-	103.64	-	113.96	-
(二)从业人员							
从业人员期末人数(城镇)	人	256601	199428	152441	107048	157753	124746
第一产业(农、林、牧、渔业)	人	951	852	3478	70	2807	1824
第二产业	人	91046	74667	51720	44659	73517	64843
其中：采矿业	人	330	49	19681	19318	294	294
制造业	人	63761	53640	9298	7254	50631	47547
电力、热力、燃气及水生产和供应业	人	9401	8532	7573	6454	1390	995
建筑业	人	17554	12446	15168	11633	21202	16007
第三产业	人	164604	123909	97243	62319	81429	58079
其中：批发和零售业	人	13032	9835	4652	3476	3342	3014
交通运输、仓储及邮政业	人	37141	34212	3875	2312	4520	4257
住宿和餐饮业	人	3622	3347	611	494	333	323
信息传输、软件和信息技术服务业	人	3667	3228	2702	2239	2080	2080
金融业	人	14047	14043	9791	8243	6921	5857
房地产业	人	3177	2739	2142	2069	3230	2926

盘锦		铁岭		朝阳		葫芦岛	
全市	市辖区	全市	市辖区	全市	市辖区	全市	市辖区
3	-	2	-	2	-	3	-
1	-	3	-	3	-	2	-
	-	2	-	2	-	1	-
4065	2029	12985	659	19698	1138	10414	2347
75	75	57	57	57	57	157	93
74.94	74.94	49.81	49.81	56.55	56.55	144.72	90.44
27.19	27.19	19.72	19.72	16.90	16.90	55.45	29.14
6.08	6.08	2.09	2.09	4.70	4.70	11.60	4.95
4.16	4.16	3.60	3.60	3.08	3.08	8.25	4.01
20.21	20.21	10.06	10.06	17.30	17.30	28.45	23.42
1.97	1.97			0.58	0.58	2.75	0.91
9.76	9.76	4.68	4.68	8.70	8.70	19.17	17.47
1.17	1.17	4.93	4.93	1.42	1.42	3.21	1.80
4.40	4.40	4.70	4.70	3.87	3.87	14.70	7.95
3.57	1.21	0.04	0.04	4.86	1.05	0.67	0.40
2.62	0.92	0.04	0.04	2.67	0.41	0.30	0.09
37520	-	381812	-	135860	-	206600	-
130.09	102.64	299.86	43.44	341.08	61.39	280.48	98.47
65.09	51.28	148.14	21.88	166.34	30.88	136.58	48.95
129.81	102.42	300.12	43.48	340.99	61.25	280.29	98.31
10785	8538	17594	2497	29613	5176	24406	8667
6168	4632	16324	2613	19958	3054	18258	6909
47.21	38.02	111.06	16.13	112.99	20.13	98.82	37.41
143.60	116.90	265.00	43.90	294.90	66.41	255.20	94.30
103.84	-	129.27	-	131.29	-	122.06	-
442102	375259	228303	62755	243395	97571	216868	139922
165434	115634	16751	60	1796	52	4914	322
161252	155971	86851	17316	71458	27510	89925	77884
96871	96871	40676		3487	1	8502	6410
34584	30494	21363	8011	33023	9063	49330	46199
4969	4914	8447	3168	9531	6649	6132	3940
24828	23692	16365	6137	25417	11797	25961	21335
115416	103654	124701	45379	170141	70009	122029	61716
6386	5840	9401	7810	10001	8899	4745	3834
7489	7020	6246	2342	7173	2660	7109	4204
2221	2080	335	126	673	463	1344	533
2005	2005	3170	2525	3236	2953	3173	3134
10253	9901	6852	1207	17117	10876	11028	8542
3784	3704	3558	1334	3729	1544	2690	1772

附录2　续表 8

指标名称	单位	营口		阜新		辽阳	
		全市	市辖区	全市	市辖区	全市	市辖区
租赁和商业服务业	人	4596	4446	1439	1255	1962	1665
科学研究和技术服务业	人	3394	2376	2325	1657	2261	1712
水利、环境和公共设施管理业	人	7700	5018	5922	3660	6489	4613
居民服务、修理和其他服务业	人	606	404	385	149	434	356
教育	人	21307	11063	24719	13707	15667	8591
卫生和社会工作	人	12555	7591	13056	8949	10898	7874
文化、体育和娱乐业	人	1971	1474	1571	1270	1360	1147
公共管理、社会保障和社会组织	人	37789	24133	24053	12839	21932	13664
国际组织	人						
城镇私营和个体从业人员	人	591672	418929	227499	204522	175973	
城镇登记失业人数	人	18117	8496	21614	18955	15271	12420
四、综合经济							
(一)地区生产总值(当年价格)	**万元**	**11562477**	**7335429**	**4078179**	**2022941**	**6668819**	**4338714**
第一产业增加值	万元	1109436	273211	964371	48850	720924	155457
第二产业增加值	万元	4714585	3002633	1107912	812819	2722276	2167691
第三产业增加值	万元	5738456	4059585	2005896	1161272	3225619	2015566
地区生产总值(2010年价格)	万元	11741406	7309391	4271486	2187077	6420516	4191297
人均地区生产总值	元	47358	66714	22956	32141	36145	49813
地区生产总值增长率	%	-7.50	-6.45	-12.30	-10.40	-4.20	-2.49
(二)财政							
公共财政收入	万元	1051831	825775	358394	263169	707749	509320
其中：税收收入	万元	826527	643351	259800	192776	549075	402574
其中：企业所得税	万元	91708	76319	33186	24364	69105	55020
个人所得税	万元	21821	17557	8123	6522	14600	11037
公共财政支出	万元	1978871	1297027	1379752	686286	1425655	999986
其中：一般公共服务支出	万元	155538	105827	103353	68170	139889	93917
科学技术支出	万元	3707	3086	3076	2833	6044	4786
教育支出	万元	217182	125480	232631	107013	187116	104309
文化体育与传媒支出	万元	31976	26679	19683	10809	14904	9482
医疗卫生支出	万元	137786	73500	115742	49583	115975	86479
节能环保支出	万元	11403	9051	18765	7650	14343	9476
城乡社区事务支出	万元	193208	126412	57825	26616	128713	100914
交通运输支出	万元	178807	166937	33686	8174	32788	23319
社会保障和就业支出	万元	569841	358513	327087	257851	373568	288710
住房保障支出	万元	63454	48108	18557	10844	78954	63833
(三)金融							
年末金融机构人民币各项存款余额	万元	25813756	19117374	10056732	7540821	21973453	17446561
其中：城乡居民储蓄存款余额	万元	12169260	7384413	6585452	4529119	9551613	6155386
年末金融机构人民币各项贷款余额	万元	18544613	14968547	8393718	6632405	11689383	8851257
五、规模以上工业							
(一)工业企业数	**个**	**580**	**331**	**237**	**141**	**223**	**122**
其中：内资企业	个	481	266	220	131	202	107
其中：国有企业	个	1	1	5	4	4	4
私营企业	个	323	175	161	103	129	50
港、澳、台商投资企业	个	30	21	9	3	7	3
外商投资企业	个	69	44	8	7	14	12

盘锦		铁岭		朝阳		葫芦岛	
全市	市辖区	全市	市辖区	全市	市辖区	全市	市辖区
10447	10159	2445	917	2307	1688	4757	3669
4349	4115	6051	2269	2993	1026	4564	2272
8653	7948	6523	2446	9137	5267	6714	3140
732	691	429	61	4543	4107	902	379
17775	14401	28592	5180	39197	8473	26387	9572
8683	7840	15675	5878	18080	5673	13394	4950
2656	2485	1445	542	1322	637	836	252
29983	25465	33979	12742	50633	15743	34386	15463
182758	155300	245521	92070	238331	74316	240988	
19243	19243	20873	5772	21352	11108	27524	
10125344	**8342324**	**5892359**	**1252782**	**7165334**	**1800369**	**6473518**	**3172837**
1213115	699245	1396544	43966	1793909	154680	1093193	173116
4492536	3720661	1919968	432123	1758366	515901	2249878	1433370
4419693	3922418	2575847	776693	3613059	1129788	3130447	1566351
10582516	8596512	6677958	1278894	7174671	1788527	6475738	3171815
70486	73506	22223	28813	24285	27094	25347	41017
-4.10	-3.10	-4.60	-1.20	-6.00	-2.84	1.10	-0.20
1004831	913379	565822	105562	510204	254735	607138	320684
822419	752026	345149	81226	366110	169468	470419	274285
48887	44906	33943	8630	31900	18824	40512	21906
19622	18255	13058	5304	13339	6492	14771	11908
1831204	1564301	2011336	149374	2151690	662041	1867305	386579
178395	154728	206014	28887	158728	59061	170648	49323
12559	9592	8271	1040	3364	1258	2631	417
179672	148651	306482	25050	328459	83740	303972	95035
70149	65550	23013	1737	26200	10015	24277	795
113835	87214	160748	12595	211414	47375	147708	27260
25576	20172	36025	3150	35836	12528	11029	1884
168391	136129	90061	13343	95621	61638	95390	25932
22375	19995	44445	2830	48571	10706	70132	9680
357988	325356	342831	17594	508275	179802	455471	98018
107804	95087	36152	18113	74442	15702	40298	14945
16706653	15036000	12234423	5636729	15679175	7393912	15720000	9278725
10468372	9212000	9695428	4189503	11704860	5130500	10180400	
8427693	7416000	8411929	3721506	9925807	5964970	9316000	5391680
345	**257**	**240**	**58**	**240**	**61**	**211**	**64**
320	238	220	50	224	59	201	61
3	3	2		3	1	3	3
193	136	144	32	148	35	113	21
7	6	8	2	10	2	1	1
18	13	12	6	6		9	2

附录2 续表 9

指标名称	单位	营口		阜新		辽阳	
		全市	市辖区	全市	市辖区	全市	市辖区
(二)工业总产值(当年价)	**万元**	**11554940**	**8598289**	**2652321**	**1886966**	**6839931**	**5629705**
其中：内资企业	万元	8493300	6195777	2426075	1754331	4716891	3595523
其中：国有企业	万元	5801	5801	209879	208148	39402	39402
私营企业	万元	2179555	1099957	1326340	951548	1578088	627076
港、澳、台商投资企业	万元	967916	886034	97025	21454	1646179	1564294
外商投资企业	万元	2093724	1516478	129221	111181	476861	469888
(三)企业财务							
从业人员平均人数	万人	10.47	6.91	6.89	5.92	6.94	5.51
流动资产合计	万元	11183150	7633340	2688680	1935776	7672564	6333238
固定资产合计	万元	7298929	6061783	2960806	2163156	3308823	2537129
主营业务收入	万元	11669472	8409954	2601328	1872434	6718172	5739794
主营业务成本	万元	10140715	7252908	2137292	1547881	5436658	4577092
主营业务税金及附加	万元	289208	254143	21548	18436	349245	339686
本年应交增值税	万元	307734	227542	89972	80297	262111	226898
利润总额	万元	154083	122031	107332	50638	50754	80152
六、交通运输、通讯与能源							
(一)交通运输							
公路客运量(全社会)	万人	2759.00	-	1155.00	-	3043.00	-
公路货运量(全社会)	万吨	15432.00	-	4579.00	-	13474.00	-
水运客运量(全社会)	万人		-		-		-
水运货运量(全社会)	万吨	270.00	-		-		-
民用航空客运量	万人		-		-		-
民用航空货邮运量	吨		-		-		-
沿海港口货物吞吐量(规模以上)	万吨	35217.02	-		-		-
内河港口货物吞吐量(规模以上)	万吨		-		-		-
境内公路总里程	公里	4500	-	7465	-	3821	-
其中：高速公路里程	公里		-	311	-	159	-
民用汽车拥有量	辆	340836	-	235219	-	280057	-
其中：私人汽车拥有量	辆	276183	-	211546	-	160358	-
(二)邮电通信							
年末邮政局(所)数	处	78	32	97	26	104	63
邮政业务收入	万元	35399	-	15811	-	34648	-
电信业务收入	万元	199773	-	120845	-	135754	-
固定电话年末用户数	万户	40.79	-	32.16	-	25.86	-
移动电话年末用户数	万户	211.08	-	150.31	-	166.55	-
其中：3G移动电话用户	万户	164.46	-	108.79	-	102.43	-
互联网宽带接入用户数	万户	52.91	-	45.73	-	48.08	-
(三)能源电力							
能源消费总量	万吨标准煤	1373	-	237	-	458	-
全社会用电量	万千瓦时	2254239	1633248	500130	390101	1096217	851194
其中：工业用电	万千瓦时	1921309	1391132	324317	262697	902654	742062
城乡居民生活用电	万千瓦时	132745	70873	97250	55432	91172	49418
七、贸易、外经与旅游							

盘锦		铁岭		朝阳		葫芦岛	
全市	市辖区	全市	市辖区	全市	市辖区	全市	市辖区
15726293	**13247372**	**4273054**	**860581**	**3771403**	**1420431**	**5724848**	**3804606**
14661449	12504374	3889046	708233	3619177	1404878	5541140	3710152
593078	593078	23793		17450	5297	15943	15943
5422385	4242192	1705072	237990	960956	239012	1467617	621720
535674	520558	116553	86555	89501	15553	8473	8473
529170	222440	267455	65793	62725		175235	85981
15.31	14.18	8.30	1.30	6.10	1.66	6.80	4.50
9298586	8066260	2955973	713951	3254151	886246	2976358	1802361
10450588	9750725	3913489	769604	2307469	1121592	2812253	1510965
18483360	14743502	4515492	894290	3817753	1419427	5633772	3709639
18165660	14640721	3994526	799456	3279905	1192249	4361557	2700044
781386	769273	46136	7418	37378	6991	599413	585117
547211	500803	149731	21285	128034	45448	226723	169969
-1867393	-1910664	-24753	-1899	32805	42117	127995	51142
2439.00	-	3552.00	-	2171.00	-	2637.00	-
12928.00	-	7012.00	-	4891.00	-	11298.00	-
	-		-		-	59.00	-
67.46	-		-		-	30.00	-
	-		-		-		-
	-		-		-		-
2994.33	-		-		-	2457.00	-
	-		-		-		-
3975	-	11670	-	15768	-	9350	-
141	-	314	-	386	-	229	-
302721	-	408260	-	467684	-	419069	-
216590	-	227291	-	223233	-	198680	-
77	59	124	23	180	24	143	50
36152	-	35022	-	40022	-	41791	-
135054	-	163008	-	186098	-	169605	-
31.44	-	28.86	-	53.36	-	42.00	-
142.58	-	198.18	-	216.14	-	203.00	-
102.90	-	129.46	-	144.84	-	127.00	-
35.40	-	48.23	-	54.09	-	55.00	-
906	-	543	-	600	-	613	-
798159	678400	710369		824878		920278	
605955	527200	445973		589089		629374	
67171	54400	118819		114853		108225	

附录2　续表 10

指标名称	单位	营口		阜新		辽阳	
		全市	市辖区	全市	市辖区	全市	市辖区
(一)贸易							
社会消费品零售总额	万元	5027307	2891456	2821339	2186042	3200166	1933953
限额以上批发零售贸易业商品销售总额	万元	2876535	1944959	1650293	1405360	6253081	6032574
限额以上批发零售企业数(法人数)	个	219	112	148	107	102	77
其中：零售业	个	139	83	95	76	60	50
(二)外经							
货物进口额(海关数)	万美元	165864	-	2738	-	37274	-
货物出口额(海关数)	万美元	374850	-	20295	-	67680	-
外商直接投资合同项目	个	19	17	1		5	5
当年实际使用外资额	万美元	2414	2413	677	153	8390	8390
(三)旅游							
入境游客(含一日游游客)	人次	78000	-	21420	-	39693	-
其中：外国人	人次	75993	-	19120	-	31034	-
港、澳、台同胞	人次	1983	-	2300	-	8659	-
国际旅游(外汇)收入	万美元	6245	-	899	-	2510	-
国内游客	人次	23996000	-	11404053	-	22159852	-
国内旅游收入	万元	2106000	-	777862	-	1779808	-
八、固定资产投资							
(一)固定资产投资							
固定资产投资(不含农户)	万元	4101911	2702852	889792	350576	1978142	1088413
房地产开发投资	万元	956106	685266	256566	189380	384667	309987
其中：住宅	万元	676989	500614	116532	95999	230303	184933
全年新增固定资产	万元	2019795	1289658	615885	409431	1019372	599160
(二)房地产							
商品房销售面积	万平方米	178.25	137.37	65.51	45.41	77.86	47.45
其中：住宅	万平方米	154.34	121.76	57.53	41.47	74.70	45.07
其中：别墅、高档公寓	万平方米	0.87	0.87				
商品房销售额	万元	735294	585423	245562	185536	325400	205945
其中：住宅	万元	613084	507970	203378	157064	300972	188817
其中：别墅、高档公寓	万元	3425	3425				
待售面积	万平方米	321.19	262.10	216.39	158.01	55.89	42.46
九、教育、科技、文化与卫生							
(一)教育							
学校数							
其中：普通高等学校数	所	3	3	2	2	2	2
中等职业教育学校数	所	16	14	13	12	10	7
普通中学数	所	101	39	94	40	78	37
普通小学数	所	150	54	71	37	152	34
成人高等学校数	所			2	2	1	1
专任教师数							
其中：普通高等学校专任教师数	人	1035	1035	2115	2115	987	987
中等职业教育学校专任教师数	人	1401	1101	1090	886	911	716
普通中学专任教师数	人	10153	5681	6582	2866	6994	3568
普通小学专任教师数	人	7306	2925	7139	2612	4404	2129
成人高等专任教师数	人			179	179		
在校学生数							

盘锦		铁岭		朝阳		葫芦岛	
全市	市辖区	全市	市辖区	全市	市辖区	全市	市辖区
3726915	3436470	4288288	1330716	4486722	1224399	4713707	2686928
5578271	3176557	1085792	823026	3019655	1019929	2233956	1075307
179	157	91	39	142	67	178	92
100	92	55	26	90	48	109	56
182218	-	24496	-	14971	-	22907	-
32981	-	13497	-	64875	-	50640	-
6	6	6	2	9	6	7	2
18501	18501	5337	1274	1337	1337	322	112
112310	-	35805	-	20500	-	44968	-
25842	-	16705	-	13937	-	42968	-
86468	-	19100	-	6563	-	2000	-
9773	-	2806	-	1277	-	2375	-
22621460	-	17997875	-	21689031	-	20647358	-
1880787	-	1311890	-	1458951	-	1658815	-
6014213	4869248	1222429	271233	2439102	433649	1780282	876580
873281	801002	581296	159888	461850	205496	798529	398282
677624	623493	424515	114770	333964	133042	575049	263325
4280565	3715486	495397	115694	1048759	140834	671604	337376
253.50	236.46	123.79	57.69	103.43	28.94	115.12	38.52
224.22	211.60	107.55	48.54	91.81	26.87	107.81	34.95
3.12	2.48					0.03	
955008	893905	479283	247920	379059	121817	508916	167210
780583	742352	391724	193391	317892	107146	461945	140841
18208	15314					165	
259.48	254.52	123.39	5.75	122.24	73.83	105.80	38.45
2	2	4	4	1	1	2	
7	5	19	13	16	11	10	2
70	54	126	22	166	30	130	33
44	42	251	28	561	90	460	84
		1	1	2	1		
494	494	1307	1307	491	491	957	
529	426	826	428	1390	701	795	103
6192	5086	10011	2297	13929	2933	10191	2551
5202	4169	10172	1540	13613	2524	10181	3333
		32	32	59	59		

附录2 续表 11

指标名称	单位	营口		阜新		辽阳	
		全市	市辖区	全市	市辖区	全市	市辖区
其中：普通高等学校在校学生数	人	21155	21155	38192	38192	17180	17180
中等职业教育学校在校学生数	人	18067	15599	14443	12351	13722	11208
普通中学在校学生数	万人	8.45	3.97	7.28	2.94	6.40	3.18
普通小学在校学生数	万人	11.33	5.31	8.08	3.13	7.22	3.55
成人高等学校在校学生数	人	2031	2031	1235	1235	2000	2000
(二)科技							
科技活动人员	人	5126	3186	3987	3388	6270	6019
R&D人员数	人	3253		1888	1585	2554	2396
R&D内部经费支出	万元	96313		19532	16407	78458	74739
专利申请受理量	项	1240	861	961		933	629
专利申请授权量	项	618	435	430		506	341
其中：发明	项	103	79	124		84	66
(三)文化							
体育场馆数	个	19	10	17	10	10	8
剧场、影剧院数	个	19	14	3	1	14	12
公共图书馆图书总藏量	千册	1457.00	1214.47	500.60	373.62	945.00	855.00
订销报刊杂志累计份数	千份	28012.11	20687.30	77.34	68.38	2625.50	1836.87
广播节目综合人口覆盖率	%	99.45	100.00	96.15	100.00	98.00	99.00
电视节目综合人口覆盖率	%	99.82	100.00	98.47	100.00	85.00	93.00
有线电视入户率	%	62.22		35.11	41.90	57.00	68.27
(四)卫生							
医院、卫生院数	个	176	84	116	47	102	64
医院、卫生院床位数	张	13642	8028	11411	8401	12917	10020
医生数(执业医师+执业助理医师)	人	5824	3621	3000	1979	4187	3130
注册护士	人	5433	3366	4675	3642	3538	3038
十、人民生活							
在岗职工平均人数	万人	26.25	20.46	15.05	10.80	15.78	12.34
在岗职工工资总额	万元	1233496.30	981826.50	746537.70	536811.20	860277.90	717775.60
在岗职工平均工资	元	46999	47996	49601	49912	54507	58142
(一)居民收支							
工资性收入	元	18456	18456	12425			15988
经营净收入	元	5268	5268	1807			3322
财产性收入	元	1388	1388	831			1731
转移性收入	元	7206	7206	8919			7092
城镇居民人均可支配收入	元	32318	32318	23980			28133
城镇居民人均消费支出	元	20478	20478	17761			20042
其中：食品烟酒	元	6051	6051	5502			5597
衣着	元	2033	2033	1675			1910
居住	元	4175	4175	2925			3917
生活用品及服务	元	1496	1496	1159			1544
交通和通信	元	2450	2450	2090			2187
教育文化娱乐	元	2250	2250	2073			2578
医疗保健	元	1441	1441	1860			1571
其他用品及服务	元	582	582	476			737

盘锦		铁岭		朝阳		葫芦岛	
全市	市辖区	全市	市辖区	全市	市辖区	全市	市辖区
6865	6865	18809	18809	5393	5393	19483	
9894	8307	14129	9020	19715	7858	13147	1186
6.70	5.88	10.55	2.39	15.55	3.65	12.14	2.72
6.64	5.58	12.28	2.36	18.82	3.97	15.14	5.02
		2492	2492	8210	8210		
8317	7170	4604	769	3722	1265	3391	1710
4418	3700	1301	217	1707	396	1399	1001
144296	134000	17392	1951	51637	14322	21336	12354
1363	1130	780	290	762	459	1160	383
627	530	437		427	271	748	236
65	50	59		74	36	225	111
10	9	8	3	7	2	5	
3	2	14	4	10	5	12	7
688.00	584.00	729.81	215.89	905.00	531.14	993.84	238.10
23644.15	18198.69	115.00	43.13	27803.52	8886.99	3149.00	
100.00	100.00	96.85	98.42	99.01	100.00	99.50	100.00
100.00	100.00	97.76	100.00	99.02	100.00	98.10	100.00
25.84	26.00	52.13	100.00	46.18	47.20	98.10	100.00
87	72	138	27	212	33	150	42
9184	8279	11458	3347	16483	5333	12050	5408
3862	3590	5916	1821	6933	2227	4458	2169
4049	3882	4568	1580	6585	2461	4164	2380
42.30	35.59	22.34	5.15	23.56	9.34	19.68	12.60
1816425.50	1669448.20	973970.00	248617.40	1127017.60	450817.00	997978.01	659416.02
42944	46904	43596	48240	47846	48269	50711	52368
24746		12429		12823		14531	
2815		2401		2384		3580	
1510		991		1220		1430	
5251		5967		5954		6795	
34322		21788		22381		26338	
21897		14816		16114		16055	
5715		4445		4432		4737	
2474		1496		1542		1270	
3963		2833		3045		3220	
1533		741		987		1053	
3394		1583		2130		1766	
2672		1790		2373		2130	
1314		1578		1231		1505	
832		350		374		372	

附录2 续表 12

指标名称	单位	营口		阜新		辽阳	
		全市	市辖区	全市	市辖区	全市	市辖区
(二)居民生活							
每百户城镇居民家庭拥有量							
其中：家用汽车	辆	23	23	11			22
消毒碗柜	台	9	9				6
洗碗机	台	2	2				
固定电话	部	43	43	23			27
移动电话	部	189	189	205			202
其中：接入互联网	部	112	112	134			110
计算机	台	59	59	69			64
其中：接入互联网	台	50	50	64			59
电冰箱(柜)	台	98	98	97			97
彩色电视机	台	114	114	107			105
中高档乐器	架	3	3	2			4
照相机	架	18	18	18			28
摄像机	架	5	5	4			5
洗衣机	台	95	95	97			94
城镇居民人均住房建筑面积	平方米	31.62	31.62	27.65			29.00
居民消费价格指数(上年为100)	%	101.47	101.47	101.20		101.00	101.00
十一、社会保障							
城镇职工基本养老保险参保人数	人	788906	509552	536151	394866	645578	214074
城镇居民社会养老保险参保人数	人	544485	44756	17840	13966	318016	76516
城镇职工基本医疗保险参保人数	人	692613	487987	554159	472201	610439	458527
城镇居民基本医疗保险参保人数	人	470164	253083	309123	235247	237261	162714
失业保险参保人数	人	239123	114604	196152	150102	227253	183688
工伤保险参保人数	人	334189	248789	224137	179846	270280	85888
生育保险参保人数	人	271150	206920	145510	117179	194200	67825
社会福利院数	个	114	64	101	40	72	41
社会福利院床位数	张	11308	6462	9314	3498	11294	7264
社区服务设施数	个	268	184	297	163	298	276
城市社区综合服务设施覆盖率	%	91.70	95.50	100.00	100.00	33.83	89.32
城市居民最低生活保障人数	人	48731	24724	107000	74017	31931	23614
十二、公共管理							
(一)事故							
交通事故死亡人数	人	110	57	80	40	89	44
交通事故损失额	万元	94	48	106	62	91	13
火灾事故死亡人数	人	2		2	1	2	2
火灾事故损失额	万元	4183	4121	635	146	253	193
(二)社会治安							
刑事案件立案数	起	5867	2703	6732	4382	1751	1449
刑事罪犯总数	人	2065	881	1770	1080	2099	1800
其中：青少年人数(年龄14-25周岁)	人	197	47	140	114	39	27
十三、市政公用事业							
(一)基础设施							
城市维护建设资金支出	万元	-	110042	-	15907	-	20953

盘锦		铁岭		朝阳		葫芦岛	
全市	市辖区	全市	市辖区	全市	市辖区	全市	市辖区
39	39	13		12		18	
4	4	2		1		2	
2	2	1		1		1	
42	42	36		71		47	
200	200	194		197		210	
98	98	71		73		96	
74	74	48		60		62	
54	54	37		52		54	
101	101	90		95		96	
110	110	98		106		105	
5	5	2		1		4	
31	31	13		19		14	
6	6	5		2		4	
97	97	91		95		94	
32.47	32.47	27.49		31.27		27.17	
101.40	101.40	101.12	101.12	101.00		101.30	
605932	484046	546876	261548	415649	166005	574210	137977
232086	145000	603587		1450179	147396	1071300	220000
531577	481722	658749		452601	195279	531960	106866
572425	414042	355826		565660	189796	271357	141952
352807	331964	258603		238998	96844	241274	37435
336016	323639	294014		261226	107398	309117	49585
197011	180595	263170		183146	85216	233068	40581
32	16	9	3	163	43	6	1
4024	2619	1831	405	9206	1366	963	397
234	214	210	81	1235	243	204	
100.00	100.00	90.00	90.00	92.54	206.00	87.60	
14177	9149	46490	12977	55620	19762	44476	13750
140	83	105	23	93	28	120	44
157	121	107	12	25	18	63	25
7	7			1		2	
287	155			633	107	939	
3003	2400	1507	304	2137	626		
938	750	1003	90	1275	142	1758	343
120	96	142	9	184	33	365	62
-	86946	-	26728	-	26398	-	37920

附录2 续表 13

指标名称	单位	营口		阜新		辽阳	
		全市	市辖区	全市	市辖区	全市	市辖区
年末实有城市道路面积	万平方米	-	1711	-	994	-	1385
排水管道长度	公里	-	1380	-	619	-	952
供水综合生产能力(包括自备水源)	万立方米/日	-	53.40	-	35.00	-	45.50
供水总量	万吨	-	9863.00	-	7493.80	-	7570.78
售水量	万吨	-	6411.00	-	6106.00	-	4661.37
其中：居民家庭用水量	万吨	-	2369.00	-	3256.00	-	1933.55
用水人口	万人	139.32	88.70		76.38	100.79	78.26
用水普及率	%		100.00		99.97	100.00	100.00
供气总量（人工煤气、天然气）	万立方米	-	4341	-	4294	-	8736
其中：居民家庭用气量	万立方米	-	2066	-	554	-	1246
用气人口	人	-	712300	-	500000	-	429000
液化石油气供气总量	吨	-	10000	-	5200	-	11315
其中：居民家庭用量	吨	-	6000	-	4810	-	11315
用液化气人口	人	-	40000	-	170000	-	347300
(二)公共交通							
年末实有公共汽(电)车营运车辆数	辆	-	909	-	459	-	590
全年公共汽(电)车客运总量	万人次	-	13695.50	-	6640.90	-	9955.00
年末实有出租汽车数	辆	-	3093	-	2771	-	2611
轨道交通线路长度	公里	-		-		-	
轨道交通客运总量	万人次	-		-		-	
(三)绿地							
绿化覆盖面积	公顷	6866	4734		3574	5267	4467
其中：建成区	公顷	6524	4392		3337	5086	4467
绿地面积	公顷	6166	4162		3184	4974	4181
其中：建成区	公顷	6039	4035		2997	4795	4181
公园绿地面积	公顷	1470	1042		998	1062	856
公园面积	公顷	1089	664		669	364	215
十四、环境保护							
工业废水排放量	万吨	1891.07	-	700.95	-	4541.92	-
工业废气排放量	万立方米	58480434.55	-	6944082.62	-	11978720.74	-
工业二氧化硫产生量	吨	91003	-	128747	-	72643	-
工业二氧化硫排放量	吨	35251	-	41513	-	12664	-
工业氮氧化物产生量	吨	52835	-	22899	-	35201	-
工业氮氧化物排放量	吨	29776	-	8723	-	16769	-
工业烟(粉)尘产生量	吨	3409327	-	1554512	-	2385933	-
工业烟(粉)尘排放量	吨	95883	-	7985	-	14015	-
工业重金属产生量	吨	3	-	12	-		-
工业重金属排放量	吨		-		-		-
一般工业固体废物综合利用率	%	93.70	-	81.60	-	6.00	-
污水处理率	%	85.77	-	98.18	-	100.00	-
污水处理厂集中处理率	%	85.77	-	88.50	-	100.00	-
生活垃圾无害化处理率	%	71.39	-	100.00	-	100.00	-
空气质量达到及好于二级的天数	天	260.00	-	306.00	-	281.00	-

盘锦		铁岭		朝阳		葫芦岛	
全市	市辖区	全市	市辖区	全市	市辖区	全市	市辖区
-	974	-	640	-	446	-	581
-	657	-	402	-	667	-	691
-	70.55	-	22.10	-	24.45	-	38.67
-	8344.28	-	3646.79	-	3022.80	-	4980.00
-	6982.28	-	2408.67	-	1973.70	-	4108.00
-	1818.00	-	1204.86	-	931.40	-	2558.00
73.43	73.43	44.68	44.68	54.00	54.00	91.81	53.12
100.00	100.00	100.00	100.00	100.00	100.00	92.00	100.00
-	3196	-	7058	-	1251	-	8200
-	3057	-	2244	-	757	-	1966
-	630800	-	370000	-	545000	-	446400
-	12817	-	3268	-	5570	-	34198
-	10967	-	1363	-	3700	-	9100
-	103500	-	70000	-	90000	-	33800
-	619	-	454	-	283	-	507
-	10403.90	-	4479.90	-	5900.00	-	6985.20
-	3281	-	2264	-	1969	-	3079
-		-		-		-	
-		-		-		-	
3086	3086	2102	2102	2870	2870	5430	3318
3086	3086	2102	2102	1550	1550	5430	3273
2866	2866	1926	1926	1410	1410	5379	3371
2866	2866	1926	1926	1400	1400	5379	3371
937	937	531	531	624	624	1577	805
400	400	324	324	272	272	1125	498
2821.44	-	956.83	-	485.83	-	1943.94	-
893.85	-	1047.75	-	28992769.38	-	1353.96	-
71327	-	150479	-	81568	-	482557	-
29617	-	15897	-	21674	-	23762	-
24025	-	59540	-	33369	-	36924	-
15960	-	16889	-	22903	-	14959	-
562490	-	3271625	-	1365963	-	1785350	-
14437	-	16937	-	55464	-	6859	-
	-		-		-	930	-
	-		-		-	13	-
89.66	-	64.28	-	79.66	-	86.50	-
100.00	-	100.00	-	100.00	-	90.90	-
100.00	-	100.00	-	99.20	-	90.90	-
100.00	-	100.00	-	100.00	-	92.30	-
280.00	-	265.12	-	326.00	-	252.00	-

附录3 2016各市市辖区

区名称	行政区域土地面积(平方公里)	年末户籍人口(万人)	年平均人口(万人)	常住人口(万人)	年出生人口(人)	年死亡人口(人)	年末总户数(万户)
沈阳市							
和平	58.90	66.29	65.72	70.4	6371	5736	24.33
沈河	59.50	71.00	71.10	84.4	6266	6226	26.51
大东	100.10	67.29	67.73	79.2	5927	6447	25.67
皇姑	66.20	82.42	82.11	94.6	7721	7045	30.00
铁西	286.10	91.12	90.99	115.9	9747	8411	34.51
大连市							
中山	40.00	36.05	36.06		3137	2618	13.77
西岗	24.00	29.06	29.20		2458	2526	11.42
沙河口	35.00	64.46	64.67		6424	4589	24.08
鞍山市							
铁东区	41.77	54.60	54.10	54.0	3169	3358	19.57
铁西区	29.89	37.87	37.87	37.9	1947	3169	14.75
立山区	48.41	40.89	41.07	40.3	2564	4274	15.88
抚顺市							
新抚	107.15	29.82		29.9	1928	2222	12.19
东洲	604.00	29.44	30.53	30.5	1521	2821	13.04
望花	109.14	30.06			1658	2504	12.70
丹东市							
元宝	91.60	18.23	18.23	21.6	1385	1504	7.47
振兴	130.08	37.28	37.28	42.3	2858	2977	14.41
锦州市							
古塔	67.62	25.27	25.44	25.3	1593	1382	9.47
凌河	30.00	37.04	37.14	37.0	2191	2173	14.17
营口市							
站前	82.32	27.40	27.34	30.1	2289	2125	11.27
西市	314.90	17.17	17.21	19.9	1186	1260	7.52
辽阳市							
白塔	35.00	36.26	36.26	36.8	2481	2408	14.63
文圣	305.00	12.74	12.79	12.7	875	892	4.72
宏伟	149.80	13.93	13.94	14.5	874	819	5.40

注：1.本表数据为快报数。
2.标黄为新调整指标。

基本情况

从业人员期末人数(城镇)(万人)	#第二产业	#第三产业	城镇私营和个体从业人员(人)	城镇登记失业人数(人)	地区生产总值(当年价格)(万元)	第二产业增加值	第三产业增加值	地区生产总值(2010年价格)(万元)
19.25	6.38	12.87	153298	13638	7022714	1192164	5829102	6934686
20.37	8.61	11.76		15571	8536331	1307857	7228474	8459525
11.65	7.24	4.41	103845	15011	6549173	4419279	2128391	6582256
11.39	2.30	9.08		12592	4389340	787717	3601089	4325837
19.79	13.85	5.93		20963	7745385	4995958	2675578	7778939
15.87	0.74	15.13			6835787	288078	6547709	6804716
9.75	3.46	6.27			3117013	511034	2605979	3084740
10.65	3.56	7.10			3612540	770736	2841804	3578616
11.73	3.27	8.24	3871	214	3017722	475278	2540402	2995626
7.90	4.26	3.61			726148	187579	535068	668726
9.89	6.90	2.94	78546	7688	1422602	826886	591598	1399226
9.44	6.17	3.28	52065	4886	2091764	761632	1317576	2089868
2.70	1.68	0.91			2092952	1788742	261121	2151494
3.20	2.00	1.20		3536	744671	369995	363947	749457
					554728	147587	400539	551098
8.02	3.26	4.76	6694	4425	1116151	298272	795900	1108672
3.39	2.11	1.27	83350	2337	1673288	760629	911162	1659647
3.25	2.03	1.21	174232	4345	1155756	525421	628906	955715
2.70	1.14	1.55			1262096	567640	693187	1298172
1.24	0.74	0.50	3332		1031265	582290	446896	1072605
4.86	1.49	3.37		7996	1487395	333851	1152519	1481258
1.73	1.27	0.46	33015	740	385983	148543	187834	375952
4.00	3.80	0.20		1961	1467791	1239976	215348	1374647

附录3 续表 1

区名称	人均地区生产总值(元)	地区生产总值增长率(%)	公共财政收入(万元)	税收收入	公共财政支出(万元)	一般公共服务支出	科学技术支出
沈阳市							
和平	99754	3.6	850536	831116	408517	70436	1664
沈河	101141	3.5	849629	814029	422256	78790	5277
大东	82692	0.4	699115	681374	393957	62225	2013
皇姑	46399	3.5	360712	328579	277264	40178	349
铁西	66828	-3.8	911372	851753	601354	37464	3090
大连市							
中山		7.6	161036	142710	201568	27141	1528
西岗		6.5	127908	123633	183333	45643	2031
沙河口		6.8	153349	136088	205547	22457	396
鞍山市							
铁东区	87780	-4.9	97352	89274	139856	17114	186
铁西区	92976	-35.0	107160	84570	95388	9488	228
立山区	78331	-12.5	124743	120293	187710	25948	4498
抚顺市							
新抚	72631	3.1	101512	92864	60196	8504	133
东洲	68554	-5.0	246814	210247	76844	4667	35
望花	24765	-0.2	69013	63669	58482	8598	105
丹东市							
元宝	30437	1.0	44209	41934	67837	9309	164
振兴		3.0	221792	218159	87701	13931	180
锦州市							
古塔	65774	-2.2	42963	34972	55298	8835	120
凌河	31203	4.2	50518	45299	65623	10047	224
营口市							
站前	41944	-8.1	121019	112319	68150	11723	289
西市	51900	-4.6	117713	111393	96488	17168	697
辽阳市							
白塔	40806	4.3	92477	90244	70487	9954	137
文圣	30289	-8.0	54841	48323	74541	10412	84
宏伟	105399	-6.8	137745	136029	104499	11943	690

教育支出	文化体育与传媒支出	医疗卫生支　出	城乡社区事务支出	社会保障和就业支出	住房保障支　出	规模以上工业企业数(个)	规模以上工业总产值(当年价、万元)	内资企业
69869	8814	29491	48347	99648	18389	28	509665	460780
93654	2568	32136	58307	90215	10951	31	447650	417745
91612	2856	30474	70267	51320	18604	128	19088393	3804429
100179	2851	19622	31633	33761	8435	19	1925416	1925416
110530	734	41683	180795	76785	14224	273	13307121	9034345
40070	1845	14652	29907	63748	11126	7	98340	82154
26804	2348	13114	19916	51380	8929	15	3172745	3166695
54232	743	9734	28214	62581	2209	30	1484163	1322707
29330	473	4715	20848	40977	13557	4	45431	45431
18253	315	3706	9478	30097	9886	122	1071905	986970
25074	407	5451	38565	45815	13319	79	1215954	1117374
10160	97	3475	4518	17057	2934	11	632743	533747
12503	208	7681	3409	21616	6286	51	4659989	4584496
12539	175	5652	4313	19371	3253	20	1224498	
12292	420	5116	6490	12308	14500	23	183935	144280
16001	198	9598	9366	21487	5307	19	152605	66336
10573	175	2244	6609	19313	414	15	1969468	1942302
15243	182	4572	6178	20515	2227	8	113873	78282
7402	186	2793	6014	19583	13422	62	755699	676336
8296	222	2146	5572	22940	6630	38	183633	166953
9700	257	4945	3404	35200	2224	10	130697	99788
5653	414	3021	6151	13552	8325	63	244008	244008
14115	712	5672	10401	15637	5350	42	4503259	2586300

附录3　续表 2

区名称	港、澳、台商投资企业	外商投资企　业	规模以上工业从业人员平均数(万人)	规模以上工业流动资产合计(万元)	规模以上工业固定资产合计(万元)	规模以上工业主营业务收入(万元)	规模以上工业主营业务成本(万元)
沈阳市							
和　平	42329	6556	0.90	1070503	711560	531531	464531
沈　河	29905		1.06	1143010	425787	558179	513790
大　东	124966	15158997	7.61	9573657	5418816	19599789	15174143
皇　姑			2.06	1812430	361982	1827083	1664829
铁　西	1196614	3076162	12.44	16196291	6211479	14045338	11820988
大连市							
中　山	16186		0.12	78236	13010	99444	88687
西　岗		6050	1.46	7678842	3002367	2877225	2669890
沙河口		161456	1.84	1428047	928603	1727611	1519314
鞍山市							
铁东区			0.20	60296	76636	42639	40470
铁西区	22885	62050	1.58	1565557	440238	1048237	893906
立山区	66663	31917	2.78	1836662	864463	1244337	1024467
抚顺市							
新　抚	7605	91391	0.33	237824	494630	134776	114653
东　洲	5190	70303	2.99	729928	2325104	4725349	3135067
望　花			1.80	1038794	852381	1244261	1114330
丹东市							
元　宝	11819	27836	0.50	150053	73699	184851	136918
振　兴	9466	76804	0.58	185803	63249	167029	140779
锦州市							
古　塔		27166	1.23	307167	755105	1975787	1150286
凌　河	21683	13908	0.46	203870	92392	114191	77357
营口市							
站　前	37815	41547	0.84	691875	310390	796658	460998
西　市	4462	12218	0.31	201717	46129	201794	174735
辽阳市							
白　塔		30909	0.30	273638	122888	130229	97907
文　圣			0.42	347174	409322	375163	317220
宏　伟	1551200	365800	3.60	4981941	1757603	4606194	3679210

主营业务税金及附加(万元)	规模以上工业本年应交增值税(万元)	规模以上工业利润总额(万元)	社会消费品零售总额(万元)	限额以上批发零售贸易业商品销售总额(万元)	限额以上批发零售企业数(法人数、个)	当年实际使用外资额(万美元)	固定资产投资(不含农户)(万元)	房地产开发投资(万元)
3523	16459	-40970	8074662	7501198	382	7109	2691037	1587977
4233	8696	-33784	10509699	41879386	305	2978	2121385	652193
857264	727426	1447225	2871598	3600774	182	4284	1201207	688477
2347	3801	59560	3089556	3554151	115	15595	1631189	788421
67315	271066	181042	5952597	5704921	260	23157	1851965	593179
359	803	2089	7215847	8109495	210	12372	991067	975607
16318	24407	116078	3009401	2039269	92	6727	217138	171605
6361	38352	42263	5295585	1516182	120	6711	613186	391397
217	1657	-3868	2634085	3046794	78	517	565976	465711
4736	30347	44853	1697157	853271	105		1056577	320667
16394	37294	1621	646701	203530	38	1547	358507	210017
585	-299	-4456	2612924	1475728	36	15	205894	139446
729308	321260	407996	787856	134011	16	25	221478	56189
5739	31997	-11052	818002	371878	19		230252	42294
3705	9828	15795	977435	183279	33	23	234259	146102
622	4043	-1181	1204370	460603	50		165238	121563
563755	131170	55219	15613621	729397	41		186015	82135
608	4229	7387	1480012	539577	25		352544	282329
223972	52085	10974	968871	455887	45	180	511772	232181
893	4920	4417	149802	47662	12	185	561798	59948
1547	2192	5040	1280040	496999	26	5	199954	160837
7761	14673	1503	88805	30650	9		353294	76281
332429	188980	15584	163040	5239535	20	5400	162923	38370

附录3 续表 3

区名称	住宅 (万元)	全年新增 固定资产 (万元)	商品房 销售额 (万元)	住宅 (万元)	待售面积 (万平方米)	普通中学数 (所)	普通小学数 (所)
沈阳市							
和平	846800	494749	1500344	1380866	66.1	21	24
沈河	326777	924557	805293	687696	350.3	23	30
大东	551937	909172	601445	552733	33.1	20	28
皇姑	527076	1060101	1063310	728798	42.0	28	27
铁西	477281	397316	447045	399703	30.6	41	43
大连市							
中山	680185	273477	984734	786281	87.4	13	22
西岗	93972	44530	60637	57239	8.4	11	20
沙河口	166647	220830	596095	462636	58.5	20	31
鞍山市							
铁东区	388489	194880	309057	277778	14.0	10	22
铁西区	215694	337543	123549	104808	24.0	12	21
立山区	178181	178782	254281	235751	89.0	15	18
抚顺市							
新抚	97459	58102	56613	39180	1.7	6	16
东洲	45912	124749	34973	31334	27.5	10	16
望花	34492	298318	63689	62701	16.1	10	12
丹东市							
元宝	132900	3	136549	131248	9.9	1	10
振兴	90529	140452	183520	156703	6.8	2	19
锦州市							
古塔	41420	13259	76828	49017		1	10
凌河	269533	24270	128354	90225	24.5		13
营口市							
站前	225927	136496	96034	96034	9.8		11
西市	42635	411081	68955	47638	73.7		9
辽阳市							
白塔	119836	66305	91800	87802	25.8		13
文圣	13117	144130	54317	47831		6	6
宏伟	23263	26468	27905	21262	13.9	6	8

普通中学专任教师数（人）	普通小学专任教师数（人）	普通中学在校学生数（万人）	普通小学在校学生数（万人）	医院、卫生院数（个）	医院、卫生院床位数（张）	医生数(执业医师+执业助理医师)（人）	注册护士（人）	在岗职工平均人数（万人）
2762	1538	2.70	2.98	33	14662	5538	8159	17.94
2734	1902	2.27	3.43	48	6568	3408	4057	18.21
1864	1372	1.95	2.80	56	8880	2941	4114	11.12
3160	2085	3.74	4.53	45	9658	3407	4150	10.17
2830	2324	3.66	5.23	43	9832	3863	5419	19.18
1278	1062	0.99	1.41	17	5118	2135	2667	13.23
811	790	0.61	1.20	25	3813	2151	3056	8.96
1262	1280	1.01	2.49	32	7960	4788	5938	9.98
1188	1131	0.96	2.07	31	4874	1527	2251	9.25
1458	1176	0.69	1.53	11	2352	662	1110	5.00
1245	1091	0.78	1.31	12	4095	969	1518	6.47
612	697	0.38	0.89	11	560	495	405	8.42
647	843	0.68	0.34	15	822	869	329	2.52
605	770	0.31	0.88	8	1356	349	400	3.40
82	360	0.06	0.50	1	20	153	85	
109	801	0.77	1.20	13	260	514	363	7.44
62	747	0.03	0.92	215	361	539	473	3.49
	1098		1.60	2	244	39	30	3.21
	657		1.17	36	1573	1111	914	2.40
	514		0.59	5	190	525	338	2.24
	990		1.32	8		80	58	4.42
446	409	0.05	0.38	9	706	305	350	0.89
681	419	0.64	0.61	6	1391	450	643	3.90

附录3　续表 4

区名称	在岗职工工资总额(万元)	城镇居民人均可支配收入(元)	城镇居民社会养老保险参保人数(人)	城镇居民基本医疗保险参保人数(人)	失业保险参保人数(人)	社会福利院数(个)	社会福利院床位数(张)
沈阳市							
和平	1311490	41060	4971	111289	305137	9	1844
沈河	945426	40978			270254	12	1840
大东	1001626	37142			169000	1	280
皇姑	640241	36842			141085	14	2027
铁西	1151222	37150	54271	806787	201253	13	2113
大连市							
中山	1175192	42298				16	1480
西岗	653050	41027				22	1548
沙河口	793071	40810				25	1644
鞍山市							
铁东区	563636	65388	110366		21091	26	2489
铁西区	197951	31168	91388		17247	22	1311
立山区	210553	31471	81506		12783	16	1920
抚顺市							
新抚	529781	31484				23	1568
东洲	117074	27027	202797	170452	70659	18	1517
望花	164262	25303	13853	115521	59845		
丹东市							
元宝		27275				11	520
振兴	280111	28532				12	514
锦州市							
古塔	203984		17295	22481	8970		
凌河	155727	31452	21675	25612	10646	13	370
营口市							
站前	1229115	35843	41672		25000	24	1617
西市	100550	32234	19468		12952	16	652
辽阳市							
白塔	236601		5396	86690	20139		
文圣	45912		20372	13847	5650	6	879
宏伟	290458		10848	29853	20457	9	1020

社区服务设施数（个）	城市居民最低生活保障人数（人）	交通事故死亡人数（人）	交通事故损失额（万元）	刑事案件立案数（起）	刑事罪犯总数（人）	绿地面积（公顷）	公园绿地面积
19111	7784	14	18	3266	1342	1012	535
9685	18738	23	39	5225	1019	1969	451
106	8864		15	982	1057	2171	435
124	8098	21	55	4376	1263	1778	608
592	14140	20		1361	1973	1799	955
63	2560	4	6	378	399		
73	2754	6	17	320	535		
102	5343	13	46	526	713		
770	85610			552	742	2500	267
156	10700			395	500	448	44
94	11391			308	539	241	99
6	13470			363	279	290	10
378	19388			206	248	1200	142
	19776			289	389	225	96
35	5516			395	265		
	7405			768	185	1025	
	4426					1	1
24	6314						
	6969			242	309		
	10315						
70	15005	15		522	486		
19	29882			130	147		
	2318	15		151	147	591	125

附录4　沈阳经济区主要经济指标

年　份	年末总人口（万人）	生产总值（亿元）	固定资产投资（亿元）	社会消费品零售总额（亿元）	实际利用外商直接投资（亿美元）	出口总额（亿美元）	地方财政一般预算收入（亿元）
2005	1609.0	4165.7	2077.8	1492.4	23.1	50.3	254.9
2006	1615.2	4906.7	2661.9	1707.6	33.2	65.8	308.0
2007	1623.1	6064.5	3466.3	2004.0	54.7	83.1	403.9
2008	1627.2	7308.2	4548.6	2451.3	63.1	114.0	514.1
2009	1630.1	7994.3	5577.7	2897.2	73.8	65.4	595.4
2010	1630.3	9633.5	6884.3	3315.0	70.3	85.9	877.7
2011	1631.1	11361.1	7845.4	3896.1	75.6	99.0	1136.2
2012	1627.9	12600.6	9658.3	4506.1	81.2	120.5	1313.3
2013	1627.2	13395.9	10955.2	5124.4	87.5	139.3	1415.5
2014	1628.3	12947.0	11032.2	5743.9	76.7	142.8	1406.1
2015	1622.4	13019.1	8564.7	6225.1	16.5	127.8	930.8
2016	1623.0	9307.1	2695.2	6344.9	9.9	91.1	957.6

注：本表数据按新版沈阳经济区(沈阳、鞍山、抚顺、本溪、辽阳)划分标准计算。

附录5　沿海经济带主要经济指标

年　份	年末总人口（万人）	生产总值（亿元）	全社会固定资产投资（亿元）	社会消费品零售总额（亿元）	实际利用外商直接投资（亿美元）	出口总额（亿美元）	地方财政一般预算收入（亿元）
2005	1746.1	3980.8	1822.7	1280.1	12.5	180.7	231.8
2006	1757.7	4729.6	2366.2	1466.4	25.9	213.5	304.8
2007	1769.9	5696.3	3176.8	1719.3	34.8	264.9	406.2
2008	1779.6	6948.9	4245.7	2087.6	54.9	300.5	518.0
2009	1784.9	7613.7	5450.5	2467.3	77.5	260.1	636.3
2010	1784.7	9259.9	7349.2	2902.0	132.3	335.4	898.8
2011	1785.9	11150.9	8119.7	3410.6	161.2	401.5	1181.4
2012	1782.5	12646.8	10012.9	3945.5	179.1	448.5	1404.0
2013	1778.3	13742.3	11590.1	4484.3	193.2	492.1	1544.0
2014	1782.3	13614.7	11569.2	5022.9	186.9	413.4	1436.9
2015	1776.5	13534.3	8004.6	5439.4	33.4	358.3	978.1
2016	1779.1	11410.4	3286.0	5909.6	19.4	329.7	1031.6

附录6　辽西北主要经济指标

年　份	年末总人口（万人）	生产总值（亿元）	全社会固定资产投资（亿元）	社会消费品零售总额（亿元）	实际利用外商直接投资（亿美元）	出口总额（亿美元）	地方财政一般预算收入（亿元）
2005	834.0	618.9	266.1	226.6	0.3	3.4	39.9
2006	837.6	736.5	443.9	260.7	0.8	4.0	40.2
2007	838.7	931.7	643.3	306.8	1.5	5.3	55.8
2008	839.3	1216.9	1000.3	378.7	2.2	6.1	79.5
2009	841.0	1411.8	1352.9	448.0	3.1	9.0	108.7
2010	836.7	1757.4	1809.5	592.9	4.8	9.9	176.4
2011	838.0	2167.1	1761.2	696.9	6.0	10.0	242.1
2012	834.4	2456.2	2165.2	805.0	7.7	10.5	285.7
2013	832.5	2649.3	2484.3	915.8	9.7	14.1	286.6
2014	833.6	2467.0	1920.3	1026.3	10.6	17.6	266.3
2015	830.8	2121.2	1105.4	1109.3	2.0	15.5	142.2
2016	829.9	1713.6	455.1	1159.6	0.7	9.9	133.3

附录7 2016年各市

县 名	行政区域面积(平方公里)	乡(镇)个数(个)	常住户数(户)	常住人口(万人)	户籍人口(万人)	其中：农业户籍人口(万人)	第一产业从业人员(人)	第二产业从业人员(人)
苏家屯区	782		159778	48.3	42.7	19.8	54892	18831
浑南区	803		240355	48.1	35.0		37715	71966
沈北新区	892		131761	42.8	32.2	16.5	51254	107484
于洪区	499		247755	66.2	46.1	16.7	25758	28529
辽中区	1470	15	167245	42.3	52.3	35.6	128370	52309
康平县	2167	12	121222	32.0	35.0	25.0	77739	15332
法库县	2320	19	138233	40.1	44.8	35.2	154403	45714
新民市	3318	24	247355	65.4	68.1	50.5	164727	51844
甘井子区	492				76.8			
旅顺口区	406		111628	30.6	20.8	1.7		
金州区	1741				79.8	19.4	73792	
普兰店区	2678	6	252000	74.2	74.5	39.5	136128	48053
长海县	142	5	30503	8.4	7.2	0.3	23544	2764
瓦房店市	3643	21	329269	108.0	99.6		206217	85556
庄河市	4114	21	287756	91.5	90.4	63.1	192259	120334
千山区	341	3	35697	11.0	10.2	10.0	24531	14541
台安县	1393	10	117737	36.9	36.9	29.2	126775	36930
岫岩满族自治县	4502	21	150609	51.5	51.0	37.0	124888	55905
海城市	2566	21	383235	118.5	108.0	77.5	185065	261574
顺城区	348	3	173783	43.0	43.0	6.0	15288	13118
抚顺县	1701	8	37447	10.8	11.6	9.5	48093	11921
新宾满族自治县	4287	15	102068	29.6	29.7	20.3	91388	19926
清原满族自治县	3921	14	122693	33.1	33.1	22.5	98844	13630
平山区	179		119300	33.0	30.3	1.7	3970	77690
溪湖区	322		27548	7.2	7.3	3.7	11872	19871
明山区	413		130702	41.9	34.2	2.6	10247	15496
南芬区	619		29596	7.2	7.3	2.3	8002	4700
本溪满族自治县	3342	11	98717	31.4	28.7	17.4	44216	26795
桓仁满族自治县	3547	12	104095	30.2	29.6	20.2	66767	31647
元宝区	92	1	81136	21.6	18.2	1.6	4220	8039
振兴区	248	3	171994	49.8	42.5	6.9	12668	61626
振安区	651	5	63402	19.0	17.0	9.0	30174	20348
宽甸满族自治县	6115	22	148300	42.3	48.9		125786	23219
东港市	2399	15	210978	66.0	60.6		140095	80012
凤城市	5515	18	186993	56.6	56.7		145114	54056
太和区	220		55492	12.9	14.7	9.2	23899	18621
黑山县	2497	20	201521	60.0	60.5	48.3	184405	31528
义县	2476	16	130478	39.9	41.8	33.9	121666	35257
凌海市	2585	17	173800	52.2	51.4	40.9	140874	42944
北镇市	1701	14	168611	53.6	51.6	43.7	168795	22692
鲅鱼圈区	259	3	144108	48.2	37.4	12.4	27225	26720

农业县区基本情况

第三产业从业人员（人）	地区生产总值（万元）	第一产业增加值（万元）	农业（万元）	林业（万元）	牧业（万元）	渔业（万元）	第二产业增加值（万元）	其中：采矿业（万元）	第三产业增加值（万元）
35715	2213116	166363	111971	8244	41025	5123	1177856	1032052	868897
135815	3801233	52825	38350	4315	10061	99	1733506	1453977	2014902
77045	2936521	207835	92188	1155	105580	8912	1739914	1590715	988772
31749	2989580	108705	84062	4414	14677	5552	1178655	976710	1702220
50342	2185435	676196	316900	8126	281720	69450	711092	686495	798147
32008	1307966	340519	146900	15000	176719	1900	450260	395261	517187
42213	2069320	382612	168590	21240	190947	1835	858784	822970	827924
72270	2310973	651173	383796	8536	227928	30913	803266	724576	856534
	8900625	94462	29510	3650	4710	56592	4635206	3703046	4170957
	2448032	194785	32710	1426	23156	137493	1269349	1140799	983898
	16113350	637231	230947	3474	114499	288311	9921915	7946230	5554204
59331	4523258	853258	330109	11172	271191	240786	2131645	1740905	1538355
18641	912939	501088	1226	151	350	499361	57998	41628	353853
92865	9019748	952812	494278	8398	209770	240366	4744099	4401530	3322837
150763	5940265	1311650	373236	18802	181496	738116	2694275	2146059	1934340
12542	525603	42078	29127	171	11503	1277	274930	209518	208595
57990	1045450	300531	149901	545	130568	19517	259381	173911	485538
70783	1070046	260116	201537	2154	46502	9923	299137	230360	510793
266520	5000559	378371	217767	909	144325	15370	1308576	944576	3313612
9208	1247834	52607	29252	6608	14208	2539	341054	142990	854173
12847	307257	106323	41030	31181	21762	12350	111686	52005	89248
37488	488243	161129	58306	35709	38222	28892	102074	57983	225040
29611	526072	162109	64382	16805	53513	27409	108675	77544	255288
110125	1800090	14290	6728	1017	6497	48	261600	70700	1524200
48297	641467	43862	17502	4856	20599	905	384098	184982	213507
11066	1171013	74123	22650	25147	25765	561	408685	74964	688205
3000	178368	42537	11230	5469	22953	2885	57406	50023	78425
32951	1210874	230189	69254	92378	50489	18068	364103	278156	616582
58142	1135976	272609	99451	112548	43585	17025	349302	265142	514065
19839	554728	6602	4757	193	1542	110	147587	79527	400539
81414	1116507	22335	8665	62	1687	11921	298272	53971	795900
21757	466782	56089	43459	2666	6616	3348	261948	133168	148745
37865	802984	225807	72428	34226	38087	81066	200746	156554	376431
107116	2238841	677934	185350	1449	48318	442817	687731	128112	873176
91474	1697856	236384	86263	37389	71978	40754	489160	325409	972312
20269	783702	85008	72080		12928		414508	331637	283870
79540	1329667	587736	277196	1182	297453	11905	245137	237976	496794
47364	1027138	315576	117885	4472	188938	4281	287219	281956	424343
48775	1523981	565263	258674	3031	178005	125553	489018	455559	469700
45317	1187845	496002	287888	1780	195265	11069	218533	199895	473310
42032	3648832	109503	27028	3444	8773	70258	1621075	1303331	1918254

附录7 续表 1

县　　名	行政区域面积（平方公里）	乡(镇)个数（个）	常住户数（户）	常住人口（万人）	户籍人口（万人）	其中：农业户籍人口（万人）	第一产业从业人员（人）	第二产业从业人员（人）
老边区	217	3	43676	11.8	10.8	4.0	17124	14554
盖州市	2946	19	240198	65.5	69.8	46.7	186647	66229
大石桥市	1598	13	262239	68.6	69.8	47.6	125452	91380
海州区	71	1	107942	27.1	26.4	1.7	2920	11605
新邱区	126	1	33814	8.2	8.1	1.6	4665	4350
太平区	95	2	67598	15.9	15.9	0.7	2303	4491
清河门区	98	2	20380	6.8	6.7	2.3	5397	4311
细河区	70	1	55080	15.0	15.0	1.3	2311	23189
阜新蒙古族自治县	6218	35	228851	64.5	72.2	61.6	240206	44795
彰武县	3623	24	145690	40.6	40.6	32.9	133476	18514
文圣区	305	2	47193	12.7	12.7	7.1	86	3395
宏伟区	150	2	53985	14.5	13.9	4.0	10595	41573
弓长岭区	335	2	38361	8.9	8.9	3.3	9713	3801
太子河区	269	4	54627	15.9	15.9	11.2	32099	22356
辽阳县	2480	15	160955	46.7	47.2	40.7	131001	39400
灯塔市	1170	11	171928		44.4	34.8	123267	23834
双台子区	127	2	87247	23.8	20.0	4.0	10568	8367
兴隆台区	279		230901	59.9	44.8	2.2	12884	58010
大洼区	1734	10	143176	42.4	37.8	12.3	103302	46298
盘山县	2008	13	90276	28.1	27.5	11.7	105654	17340
银州区	78	1	118226	30.0	31.0	2.0	2800	3832
清河区	480	3	32798	9.5	9.5	2.3	20733	9459
铁岭县	2250	14	136451	38.4	38.8	32.8	107854	38846
西丰县	2683	18	102000	27.8	34.0	27.0	124653	13965
昌图县	4317	33	27000	81.0	102.8	75.2	240230	82133
调兵山市	262	3	95201	23.0	23.4	3.0	16741	51602
开原市	2838	18	198850	51.4	57.9	33.7	118266	38229
双塔区	431	4	135897	43.1	40.7	9.6	20371	17024
龙城区	636	6	65494	20.7	20.7	11.4	36962	23790
朝阳县	3758	26	164323	57.1	56.3	53.2	201377	70197
建平县	4868	24	187408	58.8	58.6	45.4	181812	60695
喀喇沁左翼蒙古族自治县	2232	19	135539	42.8	42.9	30.2	100684	19313
北票市	4419	27	194983	52.8	57.0	40.8	135281	28753
凌源市	3282	22	206101	65.1	65.1	50.2	163707	57295
连山区	1150	9	157315	42.0	42.0	18.0	48996	45068
龙港区	181	1	90055	23.3	23.3	3.3	9703	74825
南票区	993	10	104141	28.4	28.4	20.0	56296	21508
绥中县	2763	25	197291	57.2	64.8	52.1	202096	41559
建昌县	3196	28	179009	59.8	63.1	56.4	162238	44423
兴城市	2102	19	195622	58.3	54.1	39.8	124605	12653

第三产业从业人员（人）	地区生产总值（万元）	第一产业增加值（万元）	农业（万元）	林业（万元）	牧业（万元）	渔业（万元）	第二产业增加值（万元）	其中：采矿业（万元）	第三产业增加值（万元）
14408	1670330	163144	35182	3363	29913	94686	1025598	905499	481588
90301	1650739	448475	233939	10283	90927	113326	486921	363642	715343
78195	2621042	445707	242760	4731	122898	75318	1216332	1100010	959003
25620	540316	5997	1657		4340		98633	58560	435686
2602	187895	9451	2833		6618		85501	62286	92943
6380	360073	7555	2339	3	5252		209595	156875	142923
3247	128460	10559	3520	979	6060		62500	61000	55401
45752	336402	6966	2164	1682	2959	161	84559	42889	244877
28871	1213110	496089	250112	10290	234127	1560	190311	164230	526710
54639	837218	420057	176825	35919	206924	389	101269	75829	315892
5625	385983	49606	26740	279	22432	155	148543	140305	187834
22967	1467791	12467	6385	114	5968		1239976	1167313	215348
4995	318245	18614	8605	1728	7596	685	121582	112602	178049
24217	511761	75781	36961	2721	28087	8012	214763	176312	221217
43619	1162684	273956	133379	6783	81315	52479	269362	188620	619366
47115	1198961	291511	174183	2281	75865	39182	305878	251487	601572
23016	1320288	16755	10191	246	2664	3654	671894	511386	631639
209880	2970309	17422	12851		3378	1193	936998	699905	2015889
90422	2581092	665068	297652	1012	82796	283608	1232349	916030	683675
42249	1423367	513869	236469	182	99748	177470	539685	454014	369813
6718	756799	6933	5899	100	823	111	170869	33100	578997
10793	286160	22412	10966	223	10893	330	135220	123124	128528
69147	889007	213869	125619	4730	79087	4433	293999	252766	381139
47035	494338	191133	85753	7759	92811	4810	100999	76180	202206
119914	1440479	552992	337626	9545	200115	5706	379389	149534	508098
11467	872155	41005	26169	185	14300	351	557061	517917	274089
55734	933055	353688	173886	13669	159035	7098	150923	122187	428444
60814	1176766	56293	20024	2650	33618		195902	110035	924571
20642	618641	102845	52664	15525	34586	70	314039	228971	201757
62039	878184	301106	161944	15758	122981	423	175931	121477	401147
94710	1033294	310941	135485	28286	147088	82	190640	133751	531713
50198	856080	311014	192845	18770	98942	457	165576	123036	379490
47135	1093851	314565	164468	12255	137353	489	219025	148710	560261
66633	1372126	447190	319238	11661	111700	4591	294112	236240	630824
38440	1565837	45674	29506	414	14558	1196	963411	770021	556752
78572	1204917	24880	8356	21	2918	13585	377262	169774	802775
25901	402083	102562	65954	1195	35413		92697	86755	206824
45569	1384665	485290	215992	3277	131502	134519	400651	263075	498724
115986	653749	187543	82017	11207	92428	1891	129652	50849	336554
63632	1043842	246273	85643	4579	60988	95063	151325	98565	646244

附录7 续表 2

县　　名	其中：农林牧渔服务业（万元）	公共财政收入（万元）	各项税收（万元）	公共财政支出（万元）	其中：农林水事务支出（万元）	科学技术支出（万元）	医疗卫生支出（万元）	教育支出（万元）
苏家屯区	4020	162441	147581	231754	33615	501	26061	56587
浑南区	2245	673130	634192	466517	32694	31457	26367	63294
沈北新区	15434	275432	250855	396608	43469	114	21853	53703
于洪区	16977	368119	329036	342724	18255	4914	22086	50741
辽中区	47245	76687	47878	242421	37614	284	28702	48008
康平县	12800	57988	50054	243360	77878	84	26600	45379
法库县	23174	86707	73760	263922	83855	117	25389	52404
新民市	21328	96979	75856	328727	96551	343	39300	65516
甘井子区	5122	374217	352344	422876	6210	6302	24798	102035
旅顺口区	16389	203466	145508	286633	11418	1823	16770	39295
金州区	61316	1253097	1023935	1322251	71093	56213	69517	197216
普兰店区	84996	140060	115644	371189	33192	393	30438	90671
长海县	84807	46706	10018	137499	27923	1144	9024	16411
瓦房店市	93617	434051	282373	759473	74586	1784	35190	151496
庄河市	105860	234508	254338	565032	85650	632	47036	95559
千山区	1262	50100	78844	108015	14175	439	8767	14561
台安县	5697	42603	32460	180019	50548	285	23882	26483
岫岩满族自治县	4119	56797	42559	226881	35460	574	28571	34932
海城市	8394	221922	262034	425771	45806	1001	61247	87824
顺城区	2677	104739	96434	96889	6465	65	9775	17309
抚顺县	2994	31247	18349	99308	26661	16	8614	12416
新宾满族自治县	4824	36643	27566	188224	57353	300	18315	29369
清原满族自治县	4445	48606	30790	190815	58880	73	18291	28768
平山区	610	28777	18458	44592	1932	113	2726	8307
溪湖区	1546	74707	98870	75984	2553	2831	5043	7852
明山区	1710	47439	36839	69278	5040	121	5554	12829
南芬区	1653	12490	7972	35634	5660		2672	5505
本溪满族自治县	2952	70013	45367	194832	31400	291	14618	36063
桓仁满族自治县	2843	52625	32334	199476	43720	2131	16737	34304
元宝区	246	44209	41934	67619	2138	164	5116	12292
振兴区	462	311257	190690	108765	5430	180	10072	20461
振安区	2087	35232	31304	82747	23778	245	7132	16712
宽甸满族自治县	9331	49188	38409	252688	62046	429	24862	53929
东港市	20695	117700	103967	391899	81471	628	39269	69349
凤城市	11930	100168	62755	313238	55680	276	30376	76321
太和区	316	46524	39792	80246	10718	251	7904	14463
黑山县	7940	38000	31123	331610	96101	156	38349	40542
义县	3892	40500	29973	240352	71484	221	23579	33462
凌海市	8168	77675	64105	288533	85583	461	32800	46839
北镇市	10304	52277	30802	306158	97139	234	38107	47417
鲅鱼圈区	700	303078	273613	289310	8030	357	19318	40322

年末金融机构各项存款余额（万元）	其中：居民储蓄存款余额（万元）	年末金融机构各项贷款余额（万元）	耕地面积（公顷）	设施农业占地面积（公顷）	农业机械总动力（万千瓦特）	化肥使用量（折纯量）（吨）	农药使用量（吨）	地膜使用量（吨）	有效灌溉面积（公顷）
			37111	1557	39	10834	348	268	9031
1059875	994344	492108	23995	104	11	6930	169	132	2040
3034626	201272	2078979	41667	234	35	8501	334	770	19947
234852	119090	1031548	26067	1304	18	6037	158	303	11480
1179649	1027167	351175	102205	8557	52	30051	521	710	47880
953952	774230	667763	123661	220	38	28297	427	515	18890
1134405	982959	734112	155394	400	46	41176	868	1142	37393
2320265	1978583	1179169	216333	15626	125	68681	988	4395	86000
			1221	572	8	805	137	8	640
3360389	2056926	1592168	6364	1083	35	4232	247	91	3260
17416722	8773130	12992948		5397	15	22454	1184	743	32416
4842951	3734301	2022694	115765	5423	61	32284	2530	355	13210
470304	384506	287573	1364	14	6	194	13	4	220
6368000	4692000	4166740	83677	4727	71	49962	3847	1916	1950
5336786	4032153	2793905	132330	19581	54	44242	2186	1498	49845
			8086	61	15	5231	355	51	5890
1251000	1114000	1251000	101440	6201	33	31086	760	510	26170
2128441	1904000	1149667	57516	1613	29	26339	1094	458	10770
6991091	5986466	2822623	83269	6480	56	41977	1260	748	31280
			8334	123	6	1916	56	20	882
362845	302820	236327	23577	190	11	3498	132	59	3312
1134527	948311	426745	57406	358	29	10171	567	94	7573
1234344	971365	587049	33339	197	23	12633	383	139	8373
1087729	681780	1055679	1689	27	1	541	18	10	1128
			2411	76	4	693	48	35	208
			3173	147	2	892	46	156	230
393021	219581	87000	5050	13	1	842	73	23	42
1372986	1081140	726293	32357	35	17	3896	318	50	1959
1363979	1062737	475562	35362	138	15	5851	261	177	7554
			1255	64	0	394	6	12	210
			4348	130	2	1476	22	18	2430
			12133	341	7	3085	88	188	3380
1617442	1424823	679694	40513	165	29	12391	690	595	4990
4258053	3255411	2328953	79111	3961	53	32919	986	524	51990
2696892	2356501	1389397	59963	902	49	17023	713	6423	18590
651252	646018	502535	9533	710	7	2786	151	98	3324
1940995	1702219	667905	171816	5520	69	69109	1828	580	34133
1216165	984631	626873	80435	2297	40	19982	255	318	16352
1834455	1561809	930979	114717	3527	37	30625	2036	1865	47800
2015006	1825905	990225	80971	11754	56	41161	1971	399	58913
8125869	3142197	9488555		500	12	4957	501	84	2860

附录7 续表 3

县　　名		公共财政收入（万元）		公共财政支出（万元）				
	其中：农林牧渔服务业（万元）		各项税收（万元）		其中：农林水事务支出（万元）	科学技术支出（万元）	医疗卫生支出（万元）	教育支出（万元）
老边区	3490	164096	138336	115879	15316	203	9648	10687
盖州市	4958	88693	72074	340073	43829	24	35845	39330
大石桥市	359	137363	111102	341771	47166	597	28441	52372
海州区	135	27068	22566	49767	1409	62	3875	18138
新邱区	318	32484	24360	24500	2150	32	2218	7197
太平区	99	10904	8773	31212	1549	103	1744	14658
清河门区	480	23100	13450	23100	750	55	530	5347
细河区	280	16106	13226	46089	2861	87	2891	11729
阜新蒙古族自治县	18343	57037	38123	413026	163689	140	41636	81237
彰武县	14074	38188	28901	280440	106485	103	24523	44381
文圣区	136	54841	48323	74541	4477	84	3021	5653
宏伟区	71	137745	136029	104499	4754	690	5672	14115
弓长岭区	60	35790	29534	57539	4656	48	3313	6276
太子河区	2036	36367	33981	55634	6399	174	3490	5798
辽阳县	2060	79129	57903	209500	36827	1055	17845	48291
灯塔市	16573	258462	88598	270923	45026	203	11651	34516
双台子区	384	56456	52311	91555	4742	152	5390	7290
兴隆台区	418	182866	309931	202916	4781	4530	6211	38040
大洼区	12866	290706	411081	532111	55294	2083	23581	44023
盘山县	4718	99829	111524	289916	54348	2976	5600	30740
银州区	109	60769	119224	77986	5999	168	7473	11909
清河区	368	28531	43609	53074	11087	92	4129	9800
铁岭县	646	52002	46800	219302	73827	362	23561	33201
西丰县	310	25723	16091	193436	57328	1149	17629	33791
昌图县	7548	51518	39182	508190	154044	303	52522	96880
调兵山市	61	66518	60020	105025	11298	216	8040	25560
开原市	670	56307	62178	236212	49523	1110	24390	43182
双塔区	6165	56352	50022	107199	10842	115	10685	19399
龙城区	3064	48460	46178	96435	16667	91	11576	13192
朝阳县	14901	41613	32141	285708	75668	344	26983	47262
建平县	9737	56048	44104	294031	88896	173	29682	45433
喀喇沁左翼蒙古族自治县	6856	33039	25293	242564	54644	154	27078	46516
北票市	2260	45720	34243	326529	84851	453	36362	47259
凌源市	4503	79049	60870	342129	87187	982	43919	58433
连山区	1145	177398	154863	182647	22848	165	10650	54546
龙港区	532	117997	104109	95396	3034	129	4478	22401
南票区	3691	25289	15313	58434	20646	123	12132	18088
绥中县	11130	96000	73296	375289	123778	98	34201	61835
建昌县	5926	33054	23133	301441	71119	229	31281	54526
兴城市	5401	92401	108806	300529	57342	165	31657	46836

年末金融机构各项存款余额（万元）	其中：居民储蓄存款余额（万元）	年末金融机构各项贷款余额（万元）	耕地面积（公顷）	设施农业占地面积（公顷）	农业机械总动力（万千瓦特）	化肥使用量（折纯量）（吨）	农药使用量（吨）	地膜使用量（吨）	有效灌溉面积（公顷）
579845	458853	264533	7000	118	12	1822	124	45	8000
2393500	1923786	1114839	34093	5020	35	28798	2770	1349	22350
4327539	3012076	2471389	66991	793	41	23542	946	991	34000
1735260	1123743	1210472	1400	25	1	697	8	2	25
			3299	49	3	1006	10	1	787
			933	28	1		14	8	280
53500	45470	37100	3814	350	3	1054	44	18	350
			2124	75	3	1224	6	17	140
1480892	1194881	1081357	318004	2403	134	241433	2302	727	73613
1035019	861452	679956	130565	739	78	65912	2220	356	35207
			8500	67	2	1593	439	20	1533
			2839	114	2	282	47	10	309
694814	585744	187953	4863	67	2	700	30	15	
			14832	489	7	2684	182	458	7856
2511210	1760665	1469345	81640	2359	31	25656	756	524	16991
2071500	1682277	1401726		97	31	20100	30	1200	35660
3390271	2124221	1710254	4233	29	4	1923	70	8	3667
19445000	9432000	8215000	6665	151	6	5097	85	4	6588
2286983	1446228	1095327	67699	4902	25	21964	451	274	53997
1571781	1194740	451639	59127	6615	31	22700	452	497	40266
3888800		2431000	1866	80	2	1800	20	3	1
499696	381759	383802	15116	104	6	3325	129	55	151
1037700	600309	583790	104291	1079	35	32842	1679	187	25934
833152	691168	626740	80295	825	47	23945	695	262	16410
2232809	1842791	1666997	284000	1845	96	96522	30224	5547	115
1814510	1435916	1015334	13926	34	8	3829	145	103	3682
1753573	1539031	1384833	118494	1475	48	36132	1021	427	57390
1471524		68385	10644	416	5	2031	9	196	2729
580559	477668	769182	17229	320	10	4050	22	165	7780
842488	716732	671505	93371	2190	38	28424	84	664	30833
2380030	1635058	1065169	183466	1684	39	25866	267	2899	46315
1291245	1037114	787385	63586	5200	19	8389	115	798	29750
2093627	1537575	949082	116899	5205	46	19951	47	1820	22017
2520410	2031417	1160669	46243	13594	19	13211	120	1554	25270
407123	322998	142448	25008	297	15	8810	258	73	2541
5672803	2936821	3574494	2475	25	1	786	22	9	200
358438	165408	74892	33297	784	18	3135	307	193	6842
2400137	2032963	1399984	81628	4640	49	33390	3946	478	26660
1327180	1046881	701044	68517	1429	16	19317	354	151	7085
2664897	1910030	1823213	77831	1184		17157	739	107	12710

附录7 续表 4

县名	农作物播种面积(公顷)	粮食作物播种面积(公顷)	其中：良种播种面积(公顷)	其中：稻谷(公顷)	小麦(公顷)	玉米(公顷)	大豆(公顷)	油料播种面积(公顷)
苏家屯区	33991	28370	28370	9520		18010	380	193
浑南区	22576	21200	21200	870		18150	2180	671
沈北新区	38306	27070	27070	12310		14170	120	100
于洪区	23466	19867	19867	7003	34	12536	81	
辽中区	94224	74690	74690	35520	530	37200	820	3733
康平县	102725	74670	73000	2650	150	55400	3970	20292
法库县	123925	96730	96730	4760	310	84610	2670	7850
新民市	205567	152570	152570	39760	750	104150	2210	3673
甘井子区	1221	306				242	45	1
旅顺口区	3385	1612	1612		110	1350	60	7
金州区	36018	23114	20803	468		18307	2867	623
普兰店区	79305	64600	66030	6000		43500	8040	4008
长海县	717	615	590			524	24	3
瓦房店市	90042	76897	72159	1000		51860	11309	1564
庄河市	111770	99924	94020	14669		62372	13481	1695
千山区	9219	7985	7985			7855	88	109
台安县	80168	70960	70960	17370	290	51470	900	3026
岫岩满族自治县	60396	49030	47700	1830		40950	3000	2341
海城市	94263	80390	80390	19510		59700	790	448
顺城区	5538	4579	4579	505		3821	106	72
抚顺县	15695	13540	13540	2450		9950	300	213
新宾满族自治县	39673	34130	34130	8970		21280	3170	23
清原满族自治县	41715	33230	33230	7730		21000	3440	21
平山区	1088	815		20		755	18	
溪湖区	2332	1960		63		1857	27	123
明山区	2760	2023	2023	121		1807	48	16
南芬区	2538	1972	1972			1861	69	
本溪满族自治县	23020	20070	20070	1680		15850	700	81
桓仁满族自治县	26270	22770	22770	7450		13530	990	90
元宝区	856	550	550	26		402	36	1
振兴区	3899	3288	3288	1836		1429	23	
振安区	9467	6621	6621	344		5648	225	65
宽甸满族自治县	37359	29827	29827	505	60	25456	2120	618
东港市	80277	69720	69720	44900		21510	750	2367
凤城市	58591	50700	50700	4330		40350	2870	689
太和区	8843	5675	5675			5400	137	86
黑山县	155341	131250	145466	5290	70	119030	1340	15061
义县	83008	64270	64270			58120	1550	11068
凌海市	100885	81720	81720	15490		58060	1880	4719
北镇市	93856	68570	68570	11830		52970	1500	8596
鲅鱼圈区	3470	2729				2425	92	14

花生（公顷）	蔬菜播种面积（公顷）	粮 食 总产量（吨）	其中：稻谷（吨）	小麦（吨）	玉米（吨）	大豆（吨）	油料产量（吨）	花生（吨）	糖料产量（吨）
	4975	220000	75594		143217	471	855	855	
671	539	156500	7830		138926	9744	1810	1810	
100	4293	209600	93929		111445	349	390	390	
	3599	171000	57000	195	112000	274			
3733	15056	610100	331521	2385	269577	2214	11668	11668	
20052	4953	501000	20419	315	435135	6800	59108	58478	
7850	6042	601000	41583	930	534368	6089	22542	22542	
3280	29160	1054000	355273	2250	656450	6600	10266	9583	
1	876	1291			1091	125	1	1	
7	1773	8320		711	7000	195	31	31	
576	9989	105415	3210		88020	7289	3487	1659	
3913	9579	308400	39600		236320	8100	18099	17444	
3	97	3840			3444	70	9	9	
1307	9615	358615	4500		299959	17226	4696	4546	
1694	6769	530865	93648		385896	26895	6599	6595	
109	925	50968			50667	223	117	117	
3026	5199	503400	133459	1196	361386	3038	8500	8500	
2341	8431	264000	12970		237546	4050	6950	6950	
448	11524	567700	146691		417066	2023	1337	1337	
71	687	30217	4166		24648	349	189	184	
213	1349	101000	16395		77698	675	865	865	
23	1666	205000	61565		135915	6419	78	78	
21	1413	206000	52178		144762	5160	61	61	
	266	5180	130		4933	48			
123	200	13360	430		12822	73	1145	1145	
16	651	13244	898		12062	108	46	46	
	565	11942			11668	174			
54	1247	135008	11970		108176	1260	323	143	
83	1238	149000	58740		83210	1539	227	207	
1	208	4161	247		3475	50	4	4	
	467	26397	15605		10712	80			
65	2595	33206	1310		29737	454	168	168	
248	2279	157316	2696	168	143639	4699	1046	453	
2351	6070	501000	337424		148285	1594	10263	10257	
689	3803	251300	24904		213858	3444	2149	2149	
86	3058	26137			25332	401	288	288	
14310	8340	1003000	47650	520	911130	3310	44033	41220	
10958	6960	355300			332155	2718	31754	31589	2760
4588	9169	540900	141800		377700	2360	14236	14031	3263
8596	15657	509000	95410		404526	2145	29312	29312	
14	591	15021			13845	326	31	31	

附录7 续表 5

县　名	农作物播种面积(公顷)	粮食作物播种面积(公顷)	其中：良种播种面积(公顷)	其中：稻谷(公顷)	小麦(公顷)	玉米(公顷)	大豆(公顷)	油料播种面积(公顷)
老边区	6056	5665		2989		2636	40	
盖州市	40072	29062		2511		23937	1232	111
大石桥市	54215	50314		32110		17374	523	61
海州区	1548	1362	1362			1336	8	
新邱区	2690	2397	2397	22		2250	15	105
太平区	984	880				861	7	
清河门区	4100	3101	3101			3040	45	34
细河区	2069	1132				1089	22	434
阜新蒙古族自治县	324799	203617				203167	4521	81478
彰武县	181246	124996	124996	5234	132	103947	8566	45202
文圣区	10576	8927		1228		7591	2	3
宏伟区	2293	2078		13		2037	10	17
弓长岭区	2886	2483		125		2263	44	70
太子河区	16924	13592		5512		7569	80	541
辽阳县	65524	58815	58815	16991		40326	307	196
灯塔市	56042	50832		22037		28257	23	223
双台子区	3955	3667		3585			82	
兴隆台区	6665	6412		6375		34	3	
大洼区	68348	57843	50153	53997		672	3174	
盘山县	64019	56890	56890	40600		14200	1980	103
银州区	1825	1566		616		884	33	1
清河区	10405	10198		151		9734	147	1
铁岭县	80284	74160		19810		50410	3180	85
西丰县	54695	47279	47279	4950		41277	265	
昌图县	326468	272381	272381	11333		251387	1239	22667
调兵山市	12250	10602	10602	514		9859	229	
开原市	88680	75490	73510	20010		51470	3330	281
双塔区	12303	7589			98	6712	98	125
龙城区	17229	16054	16050			15151	32	25
朝阳县	83381	69970	69970		300	63710	100	1032
建平县	151622	141310	141310	20	30	88340	860	2525
喀喇沁左翼蒙古族自治县	50504	40540	38918		200	32850	510	531
北票市	85998	66760	65000		160	60750	350	902
凌源市	63492	37350	29648	10	90	31230	480	38
连山区	23232	19217	19217			18029	268	2089
龙港区	2252	2245				2206	5	8
南票区	27592	23663	23663	5	1	22340	108	969
绥中县	86821	61010	58968	6450		37350	8260	9079
建昌县	49320	45000	45000			34400	1900	39
兴城市	60390	33940		400		30220	1020	23893

花生（公顷）	蔬菜播种面积（公顷）	粮食总产量（吨）	其中：稻谷（吨）	小麦（吨）	玉米（吨）	大豆（吨）	油料产量（吨）	花生（吨）	糖料产量（吨）
	375	41385	24445		16805	135			
111	7967	126340	25734		91138	3394	227	227	
61	3480	468200	369845		96175	1148	214	214	
	186	3199			3094	13			
105	188	6610	165		6075	23	189	189	
	104	1909			1847	24			
34	378	14689			14516	122	140	140	
434	104	3807			3774	16	273	273	
81332	10363	1103495			1020381	8260	197274	183456	
45130	7488	916001	39861	574	828396	19143	119067	118332	
3	1164	77933	10898		66365	6	8	8	
17	198	11000	78		10770	18	25	25	
25	172	23815	1331		20489	99	148	55	
541	2867	106217	45474		58311	244	427	427	
193	5274	491703	154645		32725	876	876	852	
133	9848	423305	191408		228091	64	271	236	
	288	28993	28741			252			
	253	50123	49841			12			
	9856	523000	507763		4965	10272			
103	6056	511000	380677		123000	4683	221	221	2369
1	249	13432	6181		7041	99	4	4	
1	175	74915	1187		72514	446	3	3	
85	5717	566001	151710		400760	7871	147	147	
	3024	456351	36909		413044	790			
22477	12119	2791889	104241		2601789	3400	75591	75536	
	1274	81113	5012		75414	687			
281	7630	657000	171160		470230	10000	960	960	
14	4299	26725		450	24216	90	873	203	
8	1175	66253			63346	29	30	11	
253	11711	435000		600	410250	180	4091	1063	
18	3753	902100	101	151	691691	1262	5857	62	85625
147	8469	256000		1125	246746	207	1470	580	
252	17387	541200		982	506967	859	2437	766	
	25292	161000	64	466	148030	900	34		
2089	1697	89650			85012	563	4309	4309	
8	128	9903			9785	14	15	15	
969	2916	94981	32	5	84968	271	2506	2506	
9056	16646	362900	53213		259956	13010	27169	27116	
38	3390	161100			124093	3962	129	127	
23713	2536	181000	2306		160708	2552	73992	73722	

附录7 续表 6

县 名	园林水果产量(吨)	肉类总产量(吨)	猪肉产量(吨)	禽蛋产量(吨)	奶类产量(吨)	蔬菜产量(吨)	水产品产量(吨)	规模以上工业总产值(万元)
苏家屯区	36818	20896	11339	8492	13546	225073	16636	1771042
浑南区	23258	6926	3704	3799	2727	41699	180	4065537
沈北新区	11668	83854	16520	35744	64164	145633	6500	5600267
于洪区	14000	14335	12310	5216	5525	188474	11832	1093693
辽中区	87904	152161	81976	49834	3525	1055456	113774	1541859
康平县	29731	115256	60083	15931	29207	298987	4541	837727
法库县	22580	156418	98253	10239	318964	171320	2169	2045004
新民市	69252	135209	107400	49497	44625	1433704	72890	1677352
甘井子区	25447	4834	3923	254	823	37643	76684	3571497
旅顺口区	37321	19026	5231	21022	7747	79474	208005	2226589
金州区	127028	76239	18881	50224	27597	202783	394978	22257478
普兰店区	333543	199978	103304	60504	7555	552094	225661	2384233
长海县	387	374	303	165		2434	656614	56488
瓦房店市	735773	245911	71582	56775	8020	554423	168113	11017000
庄河市	312755	194241	38815	45915	425	409658	618403	6265979
千山区	127161	3271	1796	29343	297	41303	2108	740488
台安县	103259	162980	63436	77600	2411	523172	29360	957046
岫岩满族自治县	37714	62287	4388	14928	352	561807	15352	322039
海城市	180492	135456	66182	144829	3990	947180	23200	2563558
顺城区	17671	10535	3929	4675	606	33827	965	290385
抚顺县	54912	11958	4050	7761	15280	23198	2579	145456
新宾满族自治县	7023	27108	7071	5412	222	47947	4301	162188
清原满族自治县	5961	40118	5579	15946	15	27536	4660	125501
平山区	790	3075	2558	885		10736	30	147922
溪湖区	8662	5681	3299	2346	1643	12290	145	549044
明山区	1337	8917	6288	5229	121	27744	185	160379
南芬区	2580	5796	2830	2061	350	33499	350	120467
本溪满族自治县	9749	37908	18738	10093	1072	53329	4992	423997
桓仁满族自治县	31127	31713	15099	9011		52195	2303	207549
元宝区	500	1268	408	388	976	10441	231	182371
振兴区	3253	3923	2239	2629	985	15104	81960	1668730
振安区	8135	15758	5468	6023	4505	105402	2610	474639
宽甸满族自治县	59489	47094	4404	9511	2343	82650	79000	421854
东港市	70512	70057	17522	86270	2995	383663	461705	892960
凤城市	10364	64284	7570	19193	3540	143392	24500	625099
太和区	6772	2680	2208	4831	15165	351249	360	687318
黑山县	85327	640276	131119	77837	4973	676560	12003	246785
义县	37443	156425	93255	39493	321041	369726	2240	611389
凌海市	85433	135594	93534	47057	21140	626883	183664	479282
北镇市	235093	121566	67462	67066	5795	545988	11867	366348
鲅鱼圈区	102608					30311	126800	3907788

规模以上工业企业从业人员年平均人数（人）	规模以上工业企业主营业务收入（万元）	公路里程（公里）	民用汽车拥有量（辆）	固定电话用户（户）	移动电话用户（户）	互联网宽带接入用户（户）	全社会用电量（万千瓦时）	社会消费品零售总额（万元）	出口总额（万美元）
23464	1694567	994		96813	329167	55936	197808	1576140	10594
43440	4220322	992	23991	119652	225651	24243	228778	2208797	83753
74174	5094720	865	9802	80541	605481	59465	169111	990975	50057
23406	1083799	1043	30141	11503	131307	70007	159025	1040356	16960
28279	1540325	1626	108100	100000	373000	233700	98269	1038223	6021
7222	832464	1863	29500	60800	248000	56000	58868	517980	1182
38656	2162527	1902	26000	50754	272767	59201	124691	645671	2431
25708	1119309	2648	34728	117950	488000	80200	113523	1342919	8523
51570	3212289			162230	350025	110765	342646	5608560	258800
29630	1718199	288	46800	79816	549118	61433	117976	844450	115062
159163	23751354	1265	218765	418099	2084398	218619	865936	5568227	911944
41943	2033587	2290	70980	145396	505140	57119	148425	1726829	107826
782	56445	330	5636	20100	92170	13030	14040	165378	1054
62379	7797600	2611	139825	196386	868616	86864	301664	2249389	60956
57773	3972761	3276	92456	164173	566545	70974	119109	2032783	96893
6308	784568	337						78835	1069
7967	1259445	1529	46060	57210	328880	57210	171771	819054	6164
6556	319167	2715	35848	67100	420000	64600	87500	913174	3880
38610	5471509	2194	134286	201260	1069900	146880	693000	2932021	35432
5638	289083	525	23759	152099	178133	32853	78898	1410793	7821
2147	154266	1231	14516	35942	60524	31264	48348	99008	657
2624	164402	1963	23829	57621	187366	51782	29548	393990	
6239	140949	600	25979	51509	231612	47858	32688	419925	1273
250	170372	110	9375	92125	122340	16311	391660	1591127	0
21847	618062	219	9421	42051	118731	53048	123246	256899	6879
6819	156742	201	28642	119027	200726	8723	211632	826853	1337
4115	124752	350	420	18000	48000	11000	38000	50939	
19702	444013	1453	10256	75010	56921	7410	55919	554725	
7416	230803	1722	8216	39327	209008	47014	35849	492959	1153
4251	183714	71						977435	18530
22121	1592927	150						1248482	129495
6072	468042	732	2900	53123	60129	9903	29993	204673	14157
4436	438351	3443	23807	121700	72000	29800	55563	717044	3255
20243	874923	2163	51875	187270	267200	62343	118899	1342618	64410
12904	643289	2905	34412	154058	408355	69000	188630	929478	12210
12484	782395	332	16754	32017	74043	37675	79343	230937	4854
5683	253320	429	68321	90777	385531	75101	66193	706496	1843
7783	602163	1843	28765	61555	229413	45201	54934	298162	7088
12804	518373	1925	68237	50000	394000	105500	88400	811682	6168
4137	378229	1700	34562	109265	361238	47326	63245	627066	3904
26356	3534058	285	17280	96690	96292	9449	659700	1264424	157669

附录7 续表 7

县 名	园林水果产量(吨)	肉类总产量(吨)	猪肉产量(吨)	禽蛋产量(吨)	奶类产量(吨)	蔬菜产量(吨)	水产品产量(吨)	规模以上工业总产值(万元)
老边区	629	11445	4484	3635	375	36651	92000	2176446
盖州市	556386	54137	13600	47307	689	365587	204600	974693
大石桥市	56403	65615	13800	39935	757	232422	100600	1981959
海州区	296	1374	708	1763	2438	7721		154709
新邱区	1500	4349	1670	2180	911	10396		146319
太平区	695	3384	2800	2340	1350	4965		421119
清河门区	3800	8912	2515	580	390	25690		180200
细河区	102	1167	1010	780	231	5656		134258
阜新蒙古族自治县	81116	307539	181134	81192	84656	323202	730	473511
彰武县	114938	169539	121871	26553	129230	331789	5000	294982
文圣区	8420	8182	2832	9901	668	40899	800	363681
宏伟区	3520	4030	2865	2977	210	10136		4503259
弓长岭区	2510	1708	606	1513	50	9657		21390
太子河区	6632	9852	6759	4279	2824	61025		612790
辽阳县	56831	34819	18144	15128	655	303053	31400	886065
灯塔市	23707	41563	26077	21030	728	374162	61850	324161
双台子区		1650	1251	1770		10818	2530	442091
兴隆台区	28	1205	737	985	196	6219	1080	1735060
大洼区	10492	130842	29350	16618	4480	658536	229850	5074924
盘山县	5465	91585	33307	53567	6735	472648	141475	2478922
银州区	1417	1941	612	247	493	23341	290	169103
清河区	2917	129870	3768	1968	6127	2516	246	323187
铁岭县	41753	71391	58331	6565	5425	312812	5275	1466050
西丰县	32060	49513	25440	6685	32950	133813	1648	160717
昌图县	24325	160300	138000	55200	4000	573881	5208	438836
调兵山市	5050	8224	6039	789	297	68890	380	679021
开原市	72836	158020	56250	11477	16760	368500	6304	557067
双塔区	16293	10198	5299	15805	2160	107857		331397
龙城区	9813	21882	16299	9471	2805	40916	70	1087035
朝阳县	188179	93615	60754	57567	4920	909267	361	170261
建平县	24750	114473	77479	44967	101472	194904	140	270362
喀喇沁左翼蒙古族自治县	27016	90385	38960	49946	196	804834	950	226650
北票市	34579	212071	89122	56428	11117	696135	650	395670
凌源市	18708	93068	29782	31328	1584	1221238	480	266521
连山区	45664	10234	7328	9587	1910	49015	3400	2234078
龙港区	806	3186	1665	2890	1740	8911	42005	1126648
南票区	37758	18040	14305	23047	5443	143427		241762
绥中县	780116	181858	122924	11142	300	1248062	245005	663655
建昌县	44429	66528	56749	15538	391	162394	3304	189482
兴城市	62422	73685	43771	8095	4666	171624	175002	676080

规模以上工业企业从业人员年平均人数（人）	规模以上工业企业主营业务收入（万元）	公路里程（公里）	民用汽车拥有量（辆）	固定电话用户（户）	移动电话用户（户）	互联网宽带接入用户（户）	全社会用电量（万千瓦时）	社会消费品零售总额（万元）	出口总额（万美元）
14924	2354794	407		19000	136000	28000	359875	223146	11330
10823	1173222	2086	94086	148526	455936	49875	127452	782559	15711
24799	2086296	1632	109405	101086	584924	97875	493539	1353292	62155
5628	1645445	520	8758	45274	438127	26742	14753	1401730	564
2513	144323	86					15447	71267	
6640	416374	60					14948	120696	2190
2260	175566	62	3801	9945	49700	11000	21900	46769	
3774	123473	165	3191	32712	128990	38621	21071	228151	894
7168	451714	3864	148500	123000	408000	151000	105949	447821	4026
2420	264480	2684	42031	101216	154168	40368	40613	187476	
5029	348231	241						88805	1689
36144	4606194	176						163040	38941
713	21470	317	9856	13579	96853	7862	17584	205824	821
10246	637863	285	10756	38721	94236	44519		196244	16403
8482	648126	1582	4636	135335	123508	23142	283667	434943	6807
5806	330252	1061	44086	67618	337063	80190	236176	831270	232
3579	566519	755	37558	45362	66233	54274	37106	1009707	5426
19772	2046130	1010	103621	250216	280615	271309	58603	1812377	5747
28784	5364424	1320	40523	125000	419000	80000	87980	629619	14447
12427	3739857	1833	22946	65646	338852	44498	73288	290445	7159
4105	192017	153		108732	91417	158966	53723	583782	
4134	328178	382	11550	9181	91956	15468	28043	185601	86
8394	1506887	2328	14897	24300	260449	36254	47518	384922	1398
1709	225177	1354	13689	40112	202340	26538	25830	359711	1267
4814	459155	4430	19210	181803	219530	18250	71657	864000	664
50585	95488	363	28092	24603	139912	35763	22827	491885	1056
4449	551450	2411	39003	56723	517759	80811	69419	856759	5818
7589	336810	305	8326	3007	17950	22634	74678	880717	
14527	1082618	418	1730	32140	23760	3850	191446	343681	
4681	183224	2721	17000	72944	315315	39887	53198	607990	6722
4971	282640	3576	53600	140000	424000	65000	81320	658277	2322
7589	235986	779	21185	77280	310410	29130	100830	480574	8214
9925	416127	1156	51878	97800	353000	67400	104915	713823	
9470	273364	2129		298000	374000	153000	186816	801659	10745
20876	2229776	904	7038	35339	136448	16448	242648	1544000	5651
16252	941478	210	6820	42850	86460	6704	53285	849280	21410
6929	191502	877	496	61365	70688	10330	40490	293643	3531
5055	668913	2520	57131	63321	416058	72151	77691	824644	5697
3300	187369	2617	29503	93480	441105	48491	50743	284095	
10872	645758	1898	48522	122010	368560	32073	84377	837958	10711

附录7 续表 8

县 名	当年实际使用外资金额(万美元)	固定资产投资(万元)	新增固定资产(万元)	房地产开发投资(万元)	住宅(万元)	普通中学(所)	小学数(所)	普通中学专任教师数(人)
苏家屯区	1462	437480	593689	188319	138250	24	27	1542
浑南区	13099	1631345	807733	970424	767903	6	24	894
沈北新区	6033	1197721	178140	326536	236046	17	9	1609
于洪区	3908	1170033	1156791	1002047	812184	17	34	875
辽中区		513566	363294	59405	52597	24	9	1439
康平县		289465	213501	32487	29150	18	7	1286
法库县	1548	858546	1100190	47931	40981	6	22	1362
新民市	2432	721273	206305	159310	96852	30	8	1340
甘井子区	23192	1982499	292506	1089584	898554	22	71	2160
旅顺口区	7280	937297	198453	274519	256297	16	27	983
金州区	91750	3546886	611719	1215499	985107	40	65	3258
普兰店区	6705	1008179	373588	349063	171314	30	62	1708
长海县		70126	47087	1000	800	7	8	289
瓦房店市	1503	1223765	783186	372568	306045	43	70	3105
庄河市	1920	1245242	596339	114692	50058	34	129	2697
千山区	12308	178551	68428	59800	27007	9	14	508
台安县	114	367282	56234	67468	51642	18	97	1068
岫岩满族自治县		467281	214441	32948	25047	26	130	1183
海城市	454	1712695	626806	339234	191766	39	254	2865
顺城区		272205	338574	236832	174293	10	16	620
抚顺县	1	105333	40028	1800		10	8	275
新宾满族自治县		75081	51991	14580	9750	18	31	904
清原满族自治县		75600	38257	28892	21247	14	35	700
平山区		280100	243900	36200	26602	9	19	1072
溪湖区	4412	664488	16598	69647		4	14	139
明山区	464	350530	18605	107478	7791	2	9	70
南芬区		151145	151145	8900	8900	1	4	140
本溪满族自治县		335185	347022	22660	5330	10	16	1124
桓仁满族自治县		284569	268878	38145	31238	8	20	473
元宝区	23	234259	2803	146102	132900	1	10	82
振兴区	170	816237	42650	168170	132050	4	24	237
振安区	123	126357	58972	26114	21990	10	34	504
宽甸满族自治县	10	139490	137729	48780	40839	24	131	1008
东港市	233	777897	551026	178858	120109	30	113	1923
凤城市		613322	330264	232487	176872	24	127	1426
太和区		302265	202428	120648	110586	5	21	295
黑山县		411085	214665	75070	67971	8	80	1391
义县	3	460959	460959	51889	35046	21	105	1371
凌海市	440	817473	391207	79561	65430	30	38	1511
北镇市		412156	174288	50856	30931	20	78	1924
鲅鱼圈区	2048	812573	353390	317757	167429	15	32	1773

小学专任教师数（人）	普通中学在校学生数（人）	小学在校学生数（人）	专业技术人员（人）	农业技术人员（人）	全年专利授权数（件）	公共图书馆图书总藏量（千册）	医疗卫生机构床位数（床）	医疗卫生机构技术人员（人）	执业(助理)医师（人）
1419	14887	21683			325	174	3814	3972	1366
1556	9443	22194	9312	4210		290	1954	2330	547
1439	20045	20424	10822	225	150	206	1912	1551	811
1603	9259	31391	423	310	420	290	1626	462	203
1536	18267	21814	5752	170	129	154	1195	2015	1280
529	12282	15870	5605	500		250	1177	1200	766
1757	13375	17530	8543	1179	70	111	980	947	447
2090	15960	32509	8989	485	172	145	2532	2965	695
3126	27148	65008	6870	254	778	683	5336	7903	3852
809	9773	14093	10061	145	74	272	2010	1947	596
3719	37322	67076	10979	244	547	1824	2547	1857	846
1982	13574	25189	9317	207	30	300	3226	3205	1071
270	2640	3169	1502	120	9	159	280	351	123
2630	20698	40617	34478	316	231	1845	7119	6308	2888
2348	26350	28925	16949	1170	130	1211	3298	3780	2010
468	4552	4925	3515	289		125	222	276	123
1721	8816	15808	5048	201	43	51	1665	2162	718
1906	14371	26198	7250	500	15	85	1712	1921	1190
4801	31319	65653	13140	653	135	189	4244	3398	3319
965	4635	12161	4850	50		10	366	351	184
447	2208	4129	1518	110	21	35	449	273	135
1020	8456	11231	6625	487	34	65	1114	1025	372
1228	6460	12642	4403	67	3	95	1365	1684	615
1347	6528	12474	3392	29	29	12	105	135	53
522	916	4872	30	12	172	40	200	61	31
913	407	10571	1323	77	42	145	89	1239	507
368	1010	1740	587	13		8	75	67	20
1078	10125	14467	5270	480	17	20	1190	1383	434
1170	5529	12586	4810	103	9	100	1273	786	376
360	614	5179	1358	13	26	38	20	288	45
1046	1240	13655	1300	3	25	7	2131	1081	669
621	2093	5253	1787	89	84	54	370	408	171
1867	11252	16607	6835	495	5	97	2237	2259	654
2021	17936	25148	11228	481	68	170	2867	2880	1476
2439	14471	23324	8650	470	85	105	3613	2410	1149
563	1932	5088	2273	200	25	11	373	306	208
2129	11294	23660	7964	853	15	72	2008	1659	1024
1880	13930	17521	5702	412	38	110	1208	1502	393
1612	18117	18425	7310	650	14	136	2154	1436	296
1734	18865	22187	7085	583	20	130	1669	1141	1100
1130	21575	30495	4721	126	56	238	2862	4321	1874

附录7 续表 9

县　　名	当年实际使用外资金额(万美元)	固定资产投资(万元)	新增固定资产(万元)	房地产开发投资(万元)	住宅(万元)	普通中学(所)	小学数(所)	普通中学专任教师数(人)
老边区		692258	324274	75380	64621	4	3	364
盖州市	1	830573	151546	78286	60875	33	43	1677
大石桥市		568486	578591	192554	115500	22	51	1605
海州区		92902	102522	81043	45856	6	10	660
新邱区	28	11790	11790			3	4	109
太平区		81395	21406	21989	18767	7	8	310
清河门区		21900		1115	900	2	8	171
细河区	125	119230	30487	80510	28220	4	9	357
阜新蒙古族自治县	524	321899	89112	16665	7116	21	43	1661
彰武县		173518	77934	50521	13417	29	26	1894
文圣区		353294	144130	76281	13117	6	6	446
宏伟区	5400	163772	26468	38370	23263	6	8	681
弓长岭区	2896	272000		6200		2	3	203
太子河区	2862	101457	28135	34244	2900	1	12	29
辽阳县	94	337975	337975	56512	56303	20	64	1281
灯塔市		497140	296833	11315	1650	15	62	1013
双台子区	247	60	113411	280497	275875	6	14	528
兴隆台区	6275	1374128	565986	94512	37349	22	31	1732
大洼区	15958	2890594	2642937	425993	310266	17	22	1772
盘山县		1144965	565079	72279	54131	15	13	1779
银州区		150018	32661	138324	96724		22	
清河区	1274	59989	25479	16764	13246	4	5	240
铁岭县	1327	342271	111438	106625	62027	6	37	866
西丰县		111540	24175	13587	8797	13	38	978
昌图县	518	192244	37822	96256	62406	39	38	3431
调兵山市		96429	25600	49681	40432	9	14	614
开原市	2218	208691	31695	155486	136083	26	57	1948
双塔区		232834	195068	152187	93052	4	23	181
龙城区		180069	64950	53309	39990	7	49	415
朝阳县	201	430778	63076	30364	29014	35	156	2507
建平县	130	241455	127460	30551	25096	31	55	2120
喀喇沁左翼蒙古族自治县	30	430243	67370	45610	38047	11	38	1941
北票市		444884	455883	80810	63255	27	84	2222
凌源市		363296	137039	69019	45510	30	31	3188
连山区	12	515000	263319	174344	121259	15	47	1040
龙港区	100	285636	37868	223938	142066	6	10	658
南票区		75944	21300			12	13	810
绥中县		285501	99130	146099	131516	30	113	2292
建昌县		96300	58277	17911	13401	23	140	2171
兴城市	100	451382	76485	227207	159692	25	88	2430

小学专任教师数(人)	普通中学在校学生数(人)	小学在校学生数(人)	专业技术人员(人)		全年专利授权数(件)	公共图书馆图书总藏量(千册)	医疗卫生机构床位数(床)	医疗卫生机构技术人员(人)	
				农业技术人员(人)					执业(助理)医师(人)
480	2497	5104	2960	142	68	34	460	688	348
2220	15503	26751	6514	485	34	100	2135	2236	1031
2223	15027	33137	8063	191	126	761	3106	2974	1987
851	3857	9624	1767	15	6	12	4535	3695	119
334	642	2426	731	11	13	10	200	284	92
409	2071	4571	1291	46			640	624	235
295	1290	2910	360	31		10	116	225	125
495	4791	9780	1257	54	9	42	350	759	227
3134	17705	30672	10468	1480	25	90	1920	2172	998
2656	13606	28810	7602	410	10	45	1705	1961	390
407	504	3669	254	36		15	466	463	213
419	6354	6129	1604	54		66	1391	450	44
337	1568	3448	841	20	4	34	1264	511	275
486	188	3463	8051	1655	10	10	181	112	67
1563	10744	18481	5536	108	46	55	1990	812	402
1728	11256	19053	5929	163		60	1140	687	619
786	4036	10303	4062	42		20	1091	761	370
1568	18719	25399	3629	40		58	2992	2647	985
1361	17136	17785	10172	1045	32	231	2095	1173	755
875	7493	9241	6257	251	51	92	1027	599	276
985		16965	1663	50		9	350	495	199
319	2004	3256	1359	10	45	6	587	212	139
1272	5918	11428	4406	397	236	60	1160	881	695
1050	6931	12142	4561	458	23	71	1067	1524	455
4292	22320	2093	23830	12385	42	56	3416	2523	1404
727	4776	8834	8533	108	53		1330	1828	817
1953	13010	24474	14075	1592		82	2290	3365	1157
1828	1220	30093	2496	80		60	152	1191	513
901	3154	8336	1758	26	37	10	480	520	357
2429	21411	35037	8700	317	28	96	1079	1151	450
2150	24940	29338	8509	803	31	470	1945	2790	1508
2149	21526	20983	8749	891	35	60	1656	2493	763
2135	21313	22806	12440	520	6	108	3644	2308	2033
2733	31023	40200	10023	1020	29	104	3284	924	
1507	13835	25187	166	28	27	155	1160	4590	2119
766	6803	13014	1819	10	142	30	2980	1356	638
1368	6082	11885	2354	67		18	987	443	204
2082	29264	33988	6077	505	52	73	1145	1069	705
3023	26607	37971	10681	188	15	80	2477	2004	1056
2035	15615	27500	8960	626	424	82	1712	1306	450

附录7 续表 10

县　名	城镇居民人均可支配收入(元)	农村居民人均纯收入(元)	各种社会福利收养性单位数(个)	各种社会福利收养性单位床位数(床)	城镇基本养老保险参保人数(人)	城镇基本医疗保险参保人数(人)	失业保险参保人数(人)	新型农村合作医疗参保人数(人)
苏家屯区	35330	16521	13	1937	89256	195000	63561	179778
浑南区	40979	17976	11	2098	347500	271226	109500	139124
沈北新区	35521	16483	9	1103	115221	190253	80437	151245
于洪区	41080	18204	19	3720	194000	249000	68000	73263
辽中区	30850	14842	6	236	22815	71823	23778	338092
康平县		13173	10	1250	130799	44688	12650	238013
法库县			10	1604	222050	43026	20188	323506
新民市		14415	12	2060	2475	108701	35350	482838
甘井子区	38653				26253			
旅顺口区	37563		13	1692	136935	189461	39473	47724
金州区			26	3061	335102	911800	235013	220396
普兰店区	14749	7655	27	2637	140000	234046	34666	578550
长海县	27037		4	454	16534	68919	8806	1300
瓦房店市		15215	47	6844	119293	346165	57000	575882
庄河市	29934		30	5920	93979	253338	42898	614003
千山区		26654	17	1365	39619	24705	13245	91388
台安县		14074	20	2300	64725	67620	5725	293166
岫岩满族自治县		13395	25	1433	42524	52365	8554	377093
海城市		15499	41	3894	225027	119527	41693	728111
顺城区	31734		32	2328	164649	119340	57693	48347
抚顺县			10	846	15589	23549	9775	89980
新宾满族自治县			16	1044	57615	52893	22584	205390
清原满族自治县		11985	23	1752	51535	30432	10386	211018
平山区	32159		5	256	139856	33346	130023	16633
溪湖区	56086		12	2074	15689	12456	14516	31619
明山区	32324		38	2200	6103	14842		31591
南芬区			2	330	15789	24660		27384
本溪满族自治县			7	585	66210	73611	22001	151173
桓仁满族自治县		13569	11	1130	67806	56739	19000	181212
元宝区	27275	13450	11	520				16154
振兴区	27321		19	856				61734
振安区	26481	13450	22	1485				91982
宽甸满族自治县		13000	11	758	88725	28691	18013	281799
东港市			25	2070	175612	124906	18000	427349
凤城市		15868	35	1913	134000	179000	27990	357000
太和区			10	503	25811	20107	3944	71468
黑山县			21	1234	39872	165387	16182	438523
义县			20	1717	34373	55803	11738	290074
凌海市			32	2084	67490	119577	23062	374866
北镇市			23	1420	8838	102046	17364	371483
鲅鱼圈区	36416		16	2653	105524	255258	51485	162052

新型农村社会养老保险参保人数(人)	城镇居民最低生活保障人数(人)	农村居民最低生活保障人数(人)	森林面积(公顷)	自然保护区面积(公顷)	工业二氧化硫排放量(吨)	氮氧化物排放量(吨)	烟(粉)尘排放量(吨)	污水处理厂数(座)	污水处理厂集中处理率(%)
	2188	3514	10995	4267	1278	2128	1461	2	86
42256	1322	1907	17000		2305	2507	894	3	100
80121	1106	1240	5151		4821	2201	5011	6	100
67873	3760		8412		5268	3901	4224	11	82
189000	3850	14365	10000		1497	459	1429	1	100
	2702	7353	50000	12750	3193	1912	777	3	95
	3106	8881	38568	30356	1621	9334	5356	1	90
282280	5239	11647	64045	467	574	847	632	3	100
	7040		17449		15123	20016	5845		
24428	1298	1855	14538	9072	722	779	560	3	91
	3911	4356	39967	181825	3973	7924	3647	5	76
380000	3757	12565			1333	1136	1631	1	80
500	1229		6428	1720	269	58		33	65
430780	7314	15224	132378		2701	2033	2776	3	90
342672	3599	21580	168493	3775	2975	1774	1076	13	78
12531	667	2519	9932						
187884	685	6611	37682	11620	1446	774	2596	5	99
145458	1479	10489	330812	10568	8368	3389	2821	1	75
448299	3261	9428	94359	35268	31120	6694	11100	4	95
32822	13877	2795	15980		806	842	1325	1	92
62964	427	4529	112675	10434	110	39	382	19	79
114341	4788	10498	338956	10460	450	351	575	6	95
146913	4881	14848	278904	18931	124	484	752	2	80
3517	6251	752	10223		737	264	724	1	100
4068	20490	4163	18392	1547	1046	435	716	2	99
7929	6237	1662	27589		405	243	431	1	90
14165	1686	1191	50333		1210	340	1000	1	85
101521	4730	5896	273322	2524	2645	6385	3341	1	99
142225	5246	6159	280000	15200	684	265	482	1	83
7431	5516	669	4267		260	159	575	1	
16615	5973	3279	4631		4078	1581	4321		
	2664	2275	40400	2261	1092	1092	943	1	
95722	5803	15158	478467	43717	2715	574	1643	1	94
149921	2583	13109	50507	81430	1928	287	1801	2	85
129900	10538	12770	296269	66795	5740	1705	7640	2	90
31509	828	1116	1895			830	972		
151924	4062	16828	18686	6000	1874	612	105	3	100
178208	3992	18889	87379	6375	554	425	378	2	100
241897	3153	14407	35843		4932	2570	3203	5	80
259980	1320	11877	3860	3859	1009	782	2047	2	100
21930	6380	4199	2333		905	648	2152	2	86

附录7 续表 11

县 名	城镇居民人均可支配收入(元)	农村居民人均纯收入(元)	各种社会福利收养性单位数(个)	各种社会福利收养性单位床位数(床)	城镇基本养老保险参保人数(人)	城镇基本医疗保险参保人数(人)	失业保险参保人数(人)	新型农村合作医疗参保人数(人)
老边区	34262		5	468	40342	46030	25167	56982
盖州市		12329	17	1700	124000	127500	17500	436218
大石桥市	31250	15359	21	1382	101385	232107	44937	372635
海州区	25316	14553	14	781	50866	57021	12580	11926
新邱区	22155		5	268	21157	12386	4947	16054
太平区	23304		14	1520	21305	20011	10050	10520
清河门区	21500	11000	1	52	3600	2700	1450	16647
细河区	28032	24010	7	900	23316	36010	11140	11177
阜新蒙古族自治县	19900	13004	33	1483	84071	86200	26990	549577
彰武县	21324	10525	16	1116	47016	40913	19331	321251
文圣区	24189	12969	6	755	31860	88587	5650	64606
宏伟区	38148	15581	9	1020	50071	45820	20457	33457
弓长岭区	27637		7	675	19754	7894	8578	27137
太子河区	23515		3	308	35379	84430	11403	92676
辽阳县		13644	14	1051	105021	68054	25042	344687
灯塔市		11401	10	577	145560	34506	18716	342554
双台子区	26233		3	815	39261	140196	19140	
兴隆台区	42635		1	340	85474	223703	51997	24827
大洼区		15205	11	639	106348	134921	47580	194786
盘山县		15251	8	1700	78472	36465	29749	184668
银州区	26644		13	1809	24881	24177	15448	23054
清河区	24732		8	1065	12839	19256	10332	48195
铁岭县		13499	7	998	50089	68906	24887	308272
西丰县		11034	5	906	45500	77794	10816	240256
昌图县		12395	18	1950	101919	192013	25146	797935
调兵山市		13714	1	200	57097	78162	58416	51547
开原市			6	3200	81276	103960	33392	372914
双塔区	24847		12	857	23600	17146	10863	92100
龙城区	23217		12	1032	22731	60506	12099	140283
朝阳县			29	2450	79027	41454	26050	436368
建平县		11157	15	1717	77508	133851	25813	378888
喀喇沁左翼蒙古族自治县	24982	11136	6	1020	29060	39876	25895	277634
北票市			38	1516	93372	111027	36000	337122
凌源市		11248			66452	148043	27016	409513
连山区	25507	11676	14	1266	51671	111465	850	140411
龙港区	33952		4	429	38262	91182	18680	33122
南票区	18571		8	634	21103	46144	4005	145626
绥中县			25	3250	87744	127077	16005	414510
建昌县			107	2484	52612	72146	11953	481161
兴城市		11308	10	1628	72837	103446	15663	381652

新型农村社会养老保险参保人数(人)	城镇居民最低生活保障人数(人)	农村居民最低生活保障人数(人)	森林面积(公顷)	自然保护区面积(公顷)	工业二氧化硫排放量(吨)	氮氧化物排放量(吨)	烟(粉)尘排放量(吨)	污水处理厂数(座)	污水处理厂集中处理率(%)
17100	1400	2585	927		512	267	732	1	99
342595	12828	43865	186000	31947	1459	309	1355	3	87
213074	11179	19538	50110					1	71
8880	22329	1192	457		1765	1396	753		
1089	8141	606	3289		13356	1432	954		
2198	21486	793	2057		2500	95	100		93
7007	9650	1212	900		1500	110	2600	4	90
800	9976	411	2466		1127	282	1571	2	92
249769	2931	13866	150900	22243	7817	2491	830	8	100
143671	2601	16201	4		6087	413	10121	1	99
20372	29882	44897	255		1755	4816	2359	1	
11734	2318	1511	6073		3837	3107	1448	1	100
17173	1820	1771	20039		1385	1426	2340	1	95
33527	25296	57496	1350					1	100
120014	5497	24700	10000	2177	3624	6158		4	90
123015	2820	20172	15969		4177	6608	7201	3	9
37042	4659		185		11851	6220	3416	1	100
	1875		1000		89	83	116		100
62807	2615		2423	17469	3510	2495	4385	9	100
50752	5436		10536	400	1654	435	1557	10	70
4120	8063	497	592		4414	1663	23670	1	99
30623	1933	4589	26797		1294	3662	2191	1	81
176612	1896	17643	72725	32051					
144108	6370	23315	142000	6667	884	239	1065	2	100
357214	9538	35198	59900		887		36	1	90
18643	3961	3008	3232		2968	4492	1860	4	97
157045	7673	20324	128200	2536	1323	948	990	2	95
	14292	5108	1847		39034	53	421	1	80
93306	5475	8386		4857	939	59		2	
296575	666	13283	76924	37645				1	
278114	3466	13688	242667	13134	2573	2486	2766	1	80
173000	3595	9931	84667	17346	1569	1091	1843	1	89
188850	22303	12977	36115	3333	576	1443	2520	1	100
274882	5983	18820	39580	57574	3758	5528	8022	2	99
97783	3913	16425	45425	10008	1520	90	101		
11912	1255	829	3669		455	167	411		
114690	8582	15123	25600		1564	1264	538	1	81
300365	5636	29848	149882	13494	3365	2958	889	5	100
312430	7397	25066	96634	22349	249	203	159	4	94
235551	6385	24901	54770	15680	635	604	512	3	90